중국음식문화사

중국음식
문화사

K. C. CHANG 외 지음 이시재 옮김

일조각

중국 역대 왕조

하夏 왕조	기원전 21세기~18세기
상商 왕조	기원전 18세기~12세기
주周 왕조	기원전 12세기~221년
진秦 왕조	기원전 221년~207년
한漢 왕조	기원전 206년~기원후 220년
삼국三國(위魏/촉蜀/오吳)	220~265
진晉 왕조	265~420
육조六朝*	420~589
수隋 왕조	581~618
당唐 왕조	618~907
오국五國**	907~960
송宋 왕조	960~1279
원元 왕조	1271~1368
명明 왕조	1368~1644
청淸 왕조	1644~1911

* 본 표는 원서의 시대 구분을 따랐다.

중국음식문화의 전통과 변화

    하버드대학의 고고학 교수 장광지張光直, Chang Kwang-chih(1931~2001)의『중국음식문화사: 인류학적 및 역사적 관점』은 중국의 음식문화에 대한 통사적 연구서이다. 중국의 음식문화를 다루는 서적은 많이 출판되어 있지만, 이처럼 고대부터 현대에 이르기까지 시대사의 구분에 따라 기술한 역사서는 많지 않다. 장 교수는 원래 고고학자로서 상商대의 청동기를 연구하였다. 그는 청동기를 해석하면서 이들 모두가 먹고 마시는 음식과 밀접한 관련이 있다는 것을 발견하였다. 음식에 대한 그의 연구는 고고학적 발견과 해석에서 출발하여 인류학자들과 공동기획으로 만든 음식인류학 강의, 그리고 역사학자, 인류학자, 고고학자들과 연계한 이 책의 기획으로까지 이어졌다.

    이 책은 인류학적 및 역사적 관점에서 중국음식문화를 다루고 있지만, 동시에 음식문화를 매개로 중국의 역사와 문화를 들여다볼 수 있을 만큼 풍부한 내용을 갖추고 있다. 여기에 사용된 자료는 실로 방대하다. 시와 소설 등의 고전문학, 경전, 역사서, 인류학적 현장조사, 여행기록, 고고학적 발굴보고서 등이 포함되어 있다. 더욱이 그 대부분의 자료는 원래 한문으로 되어 있는 것을 영어로 번역하여 사용하였기 때문에 그 원전을 찾아보고 다시 확인할 필요가 있었다. 또한 로마자로 표시된 중국관련 인명, 지명, 작품명, 관련 단어들은 최대한 한자로 병기하도록 하였다.

이 책은 여러 분야의 학자들의 공동작업이었기 때문에 각기 학문분야에 따른 방법론에 약간의 차이가 있다. 그러나 이 책을 관통하는 일반적 특성은 음식사회학에서 말하는 음식체계Food system, 즉 음식의 생산, 유통, 가공, 소비에 걸친 모든 구조와 과정으로 이루어지는 체계를 대체로 잘 다루고 있다는 점이다. 음식체계의 구조와 과정은 자연환경과 생태, 인구와 자원분포, 역사와 문화, 사회구조, 정치체제에 따라 변화한다. 이 책을 통해서 중국의 고대, 중세, 근세에 대체로 음식체계가 어떻게 변해왔는지 알 수 있다.

일반적으로 음식의 선택은 자연의 생태환경이 지닌 한계를 벗어날 수가 없다. 강수량이 적은 초원에서는 양이나 소를 키워 그 젖과 고기를 가공하여 이를 주식으로 먹는다. 강수량이 더 많으면 밀 또는 옥수수를 재배하고, 강수량이 더 집중되면 벼농사를 지어 밥을 주식으로 한다. 그러한 기초적인 자연조건을 인정하면서도 이 책에서 저자들이 취한 일관된 관점은 인간은 음식을 사회문화적으로 선택한다는 점이다. 음식은 신체의 유지에 필요한 영양을 공급하기도 하지만, 음식사회학의 주제는 오히려 음식체계에서 볼 수 있는 사회적 관계, 권력현상, 문화적 표현, 종교의례에 관련된 것들이며, 이러한 부분에 대해서 이 책은 매우 풍부한 정보를 제공한다. 제례와 축제, 연회 등 종교적, 사회적 행사에 쓰이는 음식을 통해 어떤 문화를 표상하였는지가 밝혀진다.

중국의 음식문화는 자연재해와 기근이 만연하던 중국의 오랜 역사 가운데서 형성된 합리적인 선택이었다는 주장도 있다. 그 합리적 선택은 작물과 품종의 선택, 외래식품의 수용과 가공 및 소비방법을 통해서 최소한의 토지, 자원, 노동을 동원하여 최대한의 효과를 낼 수 있도록 최적의 조합Minimax을 추구한다는 것이다. 한대에는 서역에서 들여온 새로운 음식, 16세기가 되면 신대륙에서 발견된 식물의 도입 등으로 중국의 음식문화는 한층 풍부해졌다.

중국인들은 중국을 지대물박地大物博의 나라, 즉 땅이 크고 물자가 풍부하다는 자부심을 갖고 있으며, 중국음식은 자연조건에 따라 그 다양성의 극치를 보여준다. 내륙의 건조지대와 해안의 습윤지대의 차이, 밭농사 중심의 화북지역과 벼농사를 주로 짓는 화남지역, 중국 남단의 아열대 식생대 등 다양한 자연조건에 따라 음식문화에도 큰 편차가 있다.

이 책의 저자 중의 한 사람인 앤더슨E. N. Anderson에 의하면, 중국의 전통적인 음식체계는 송·원 시대에 완성되었으며, 20세기에 이르기까지 큰 변화가 없었다고 한다. 송대에는 생산력의 증강, 도시의 발달, 상업의 성장 등으로 음식문화가 크게 발달했다.

중국의 음식문화는 동아시아 음식문화의 발전에 큰 영향을 주었다. 한국, 일본, 베트남, 태국 등의 음식문화 형성은 중국문화의 영향을 빼고는 생각할 수 없다. 중국으로부터의 종자의 전래, 한의학의 전파, 유교의 보급, 조리도구와 조리법의 도입 등 동아시아는 음식체계를 구성하는 다양한 변수를 공유하고 있었다. 중국음식문화와의 공통성과 여타 나라의 독자성의 비교도 중요한 연구과제이다.

이 책은 1977년에 출간되었으므로 개혁개방 이후의 중국음식문화의 변화는 다루고 있지 않다는 한계를 갖고 있다. 중국본토에서는 공산주의 혁명 이후, 특히 '문화혁명' 기에는 자유로운 음식문화의 발달이 저지되었다. 문화혁명이 종식되고 개혁개방 이후 중국대륙에도 그동안 정체되었던 음식문화가 새롭게 발전하기 시작하였다. 농업생산력의 향상, 외래음식의 유입, 식자재의 다양화, 식습관의 변화 등으로 중국의 음식문화에도 큰 변화가 진행 중이다. 그러나 현대 중국의 다양한 음식문화의 등장에도 불구하고 긴 역사를 통해서 형성된 중국음식문화의 기본은 큰 변화가 없는 것처럼 보인다.

역자가 가톨릭대학교 사회학과 재직 중 음식사회학을 강의하였고, 이 책은 강의에서 사용한 중요한 참고도서 가운데 하나이므로 꼭 번역해야겠다고 생각하였다. 2013년 7월 13일 번역을 시작하였으니 6년이나 걸렸다. 원저는 영어로 되어 있으나, 중국어의 로마자 표기법이 현재의 북경표준 중국어와 달라서 하나하나 대조하고 다시 중국문헌을 찾아보아야 하기 때문에 시간이 많이 걸렸다. 일조각의 김시연 사장님께서도 이 책에 특별히 관심을 갖고 원고를 처음부터 끝까지 꼼꼼하게 체크해 주시고 적절한 코멘트를 많이 해 주셨다. 또한 이 책을 편집한 한정은 선생 또한 번역상의 오역을 포함하여 많은 지적을 해 주고 원문대조 등을 해 주어 번역의 완성도를 크게 높여 주었다. 출판을 흔쾌하게 받아준 일조각에 이 자리를 빌려 감사드린다.

2019년 12월

이시재

차례

일러두기

1. 이 책은 인류학자 K. C. Chang의 주도로 편찬한 『Food in Chinese Culture―Anthropological and Historical Perspectives』(New Haven and London, Yale University Press, 1977)을 번역한 것으로, 원서에서 중국의 문헌을 인용한 경우 원래 문헌을 찾아 번역하였다.
2. 고대부터 청대까지의 중국 내 인명과 지명, 사물 등은 한국어 한자음으로 표기했다.
   (예) 푸젠성→복건성, 콩즈→공자, 샤오빙→소병)
   청대 이후의 시대나 외국의 인명과 지명, 사물의 명칭 등은 현행 〈외래어표기법〉에 따라 표기했다.
3. 일본식 혹은 중국식 한자는 전부 한국식 한자로 바꾸어 표기했다.
4. 본문에서 원서의 주는 숫자 앞에 *를 표시하고 각 장의 뒤에 실었고, 옮긴이 주는 숫자로 표시하여 구분하였다.
5. 잡지, 신문, 단행본은 겹낫표(『 』)를 사용하고, 논문, 법령, 발표문, 기타 문서는 홑낫표(「 」)를 사용하여 나타냈다.
6. 원서에서 참고문헌은 모두 영어로 표기되어 있으나 비(非)영미권 문헌들 중 한자음으로 써 온 책의 제목, 저자, 출판사명은 관용에 따라 표기하고, 출판 지역은 현지 발음으로 표기했다.
   (예) Chiu Tan'ng Shu→ 구당서舊唐書, Chung Hua shu chü→ 중화서국, Peking→베이징, Commercial Press→상무인서관)
7. 사진 및 그림 자료의 대부분은 원서의 것을 그대로 실었으며, 본문 내용의 이해를 돕기 위해 몇몇 자료를 추가했다. 새로 삽입한 사진 및 그림 출처는 다음과 같다.
   〈제2장〉
   • 홍문연회 벽화(그림 22, 23)
     중국 위키피디아(https://zh.wikipedia.org) (낙양고묘박물관 소장)
   • 무영산 잡기 백희용(그림 24)
     중국 위엔린망(http://gj.yuanlin.com)(중국역사박물관 소장)

   〈제4장〉
   • 청명상하도(그림 29, 30)
     중국 위키피디아(https://zh.wikipedia.org)(202쪽)(북경고궁박물원 소장)
   • 한희재야연도(그림 32)
     중국 위키피디아(https://zh.wikipedia.org)(북경고궁박물원 소장)

서론

장광지K.C.CHANG

음식의 소비가 생명 유지를 위한 화학 처리 과정 중 중요한 부분이라는 것은 자명한 사실이나, 우리는 음식이 단순한 생명 유지 이상의 것이라는 점을 종종 간과한다. 우리가 생활과 종種을 유지하는 데 음식과 비슷한 비중으로 중요하고 직접 관여하는 또한 가지는 바로 섹스이다. 전국戰國 시대의 철학자이며 인간성을 면밀하게 관찰한 고자告子는 "식욕과 성욕은 자연이다食色, 性也"(Lau 1970, p.161)라고 말했다. 그러나 이두 가지 활동은 전적으로 다르다. 우리는 식습관에 비해 성적 욕구의 추구를 동물적 기질에 더 가까운 것으로 생각한다. 또한 음식은 섹스에 비해 그 다양성의 범위가 무한히 넓다. 사실 인간의 문화를 이해하는 데 있어서 음식의 중요성은 바로 그 무한한 다양성에 있다고 할 수 있으며, 그 다양성이 종의 생존에 반드시 필요한 것은 아니다. 생존의 욕구를 위해서라면 인간은 어디에 살든지 칼로리, 지방질, 탄수화물, 단백질, 그리고 비타민만으로 계산된 똑같은 음식을 먹으면 된다(Pyke 1970, pp.7~12). 그러나 실상은 그렇지 않다. 서로 다른 배경을 가진 사람들은 매우 다른 방식으로 먹는다. 조리를 하는 기본 재료가 다르며, 식재료의 보관 방법, 손질하는 요령, 요리 방법(요리를 한다고 하면)이 다르고, 음식의 양과 종류가 다르며, 좋아하는 맛과 싫어하는 맛에 차이가 있고, 음식을 제공하는 관습, 식기, 그리고 음식의 속성에 대한 신념 등 모두가 다양하다. 이렇듯 '음식 변수'는 많다.

음식 연구에 대한 인류학적인 접근법은 이러한 음식 변수들을 분리시키고 확인하며, 체계적으로 배열하고, 왜 이러한 변수들의 일부가 연결되어 있거나 분리되어 있는지를 설명한다.

편의상 우리는 음식 변수를 위계적으로 설명하는 분할척도로서 **문화**를 사용한다. 여기에서 우리는 문화라는 단어를 그것을 공유하는 집단의 행동 패턴, 혹은 스타일을 의미하는 분류개념으로 사용한다. 식습관은 이와 관련하여 중요할 뿐만 아니라 심지어 결정적인 기준이 된다. 동일한 문화를 공유하고 있는 사람들은 동일한 식습관을 갖고 있는데, 이는 곧 같은 음식 변수의 조합을 공유하고 있다는 얘기다. 다른 문화권의 사람들끼리는 음식 변수의 조합이 달라지니 우리는 문화가 다르면 음식의 선택도 달라진다고 말할 수 있을 것이다(여기에서 **선택**이라는 말은 어떤 선택지가 선택의 대상이라기보다는 강제적일 가능성이 있기 때문에 반드시 적극적으로 사용되지는 않는다). 이러한 선택은 왜 일어나며, 무엇이 그 선택을 결정하는가? 식습관 연구에서는 이러한 물음이 항상 제일 먼저 등장한다.

동일한 문화에서도 식습관은 반드시 같지 않다. 사실 원칙적으로 같을 수 없다. 동일한 일반 음식 유형이라도 좁은 범위 내에서, 또한 다른 상이한 사회적 상황 속에서 음식 변수들은 다르게 나타나고 있다. 사회계급이 다르거나 직업이 다른 사람들은 다른 방식으로 먹는다. 또한 축제 기간, 애도 기간, 일상생활에서 사람들은 각기 다른 방식으로 먹는다. 종교 분파가 다르면 음식 규칙도 달라진다. 남자와 여자도 인생의 여러 단계에 따라 서로 다른 방식으로 음식을 먹는다. 개인에 따라 미각도 다르다. 그런 차이 가운데 어떤 것은 취향의 일부일 수도 있으나, 다른 것들은 절대적인 규정일 수도 있다. 이들 변수의 차이를 확인하고 설명하며, 사회생활의 다른 측면과 연결시키는 것 또한 진지한 음식 연구자로서의 과제가 될 것이다.

또한 체계적으로 연계된 음식 변수들은 다채롭고 오랜 역사의 시간적인 관점에 따라 배열될 수 있다. 우리는 식습관이 긴 기간에 걸쳐 어떻게 변화하였는지를 살펴보고 그 변화의 이유와 결과를 규명할 것이다.

이러한 관찰은 화학적 처리 과정이라기보다는 문화적 과정으로서 음식 연구를 위한 이론적 방법론의 골조를 만드는 데 단순하고 실제적인 단서를 제공한다. 이상하게 들릴지 모르지만 모든 인간, 모든 문화, 모든 사회생활에서 음식이 갖는 명백한 중요성에도 불구하고 인류학의 연구 문헌에서는 그러한 연구 방법의 틀을 찾아볼 수가 없다. 그 연구 방법의 틀에는 이론적으로 적합한 연구 영역의 범위가 어디까지이며, 통상 알고 있지만 때로는 잘 풀리지 않는 문제가 무엇인지, 그리고 주제를 다루기 위한 공인된 절차가 어떤 것이어야 하는지가 포함된다. 친족, 정부, 경제와 종교는 그러한 틀을 갖고 있다. 그러나 음식이나 의복처럼 일상생활에 속하는 범주의 몇몇은 그러한 틀을 갖지 못했다. 나는 음식 연구에도 방어가 가능한 고유 영역의 경계선이 있으며, 그 중심에는 생명의 문제가 놓여 있고, 이는 논리적이고 대개는 실천적인 방법으로 다룰 수 있다고 생각한다. 그러한 신념을 실천으로 옮기고 다양한 접근법의 이점을 찾아내기 위해서 우리는 사례 연구가 필요하다. 이에 대해 중국의 음식 문화보다 더 좋은 사례가 있을 수 있을까?

분명 중국의 음식은 다양성을 갖고 있으며, 아마도 비교 대상이 되는 다양한 다른 음식들의 전통보다 훨씬 오래된 기록의 역사를 갖고 있다. 적어도 이러한 사실은 내가 '문화 속의 음식' 연구를 발전시키는 데 중국의 음식을 사례로 사용하고자 한 숨은 이유이다.

중국 요리에 대한 나의 관심은 차치하고, 중국 음식에 대한 당초 나의 학문적 관심은 상商대와 주周대의 청동기 연구에서 비롯하였다. 의례용 그릇의 사용은 음식과 주류의 준비 및 진설陳設과 관련되어 있다. 그러나 주요한 음식 변수에 대한 이해 없이는 원래 청동그릇이 어떻게 사용되었는지 이해하기 어렵다는 것을 알았다. 이와 관련된 나의 연구(Chang 1973a)로 확신한 것은, 적어도 문화의 심장에 도달하는 가장 좋은 방법 중 하나는 위장胃腸을 통해야 한다는 것이다. 1972년 가을, 예일대학의 두 동료 에밀리 M. 어헌Emily M. Ahern 교수와 앨리슨 리차드Alison Richard 교수는 음식과 식사에 관한 나의 대학원 세미나에 함께했다. 내가 발견한 한 가지는 음식과 식사에 관한 연구에 있어서 엄격한 방법론은 아직 충분히 개발되지 않았다는 점이다. 1973년 늦은 봄, 나는 중국 전 역사에 걸친 기간의 음식 만들기와 음식 사용의 의미, 그리고 그에 관련된 사실들을 일차적으로 함께 검토할 것을 이 책의 공동 저자들에게 요청하였다. 그때 나는 이 작업은 하나의 문화에 속한 음식 변수의 비교적 자세한 연구가 될 것이며, 우리들의 결론과 관찰은 음식 변수와 수천 년에 걸친 여타 문화와의 변화와 상호 관계를 이해하는 데 공헌하게 될 것이다, 물론 우리들의 노력은 중국 연구자들에게 관심거리가 될 것이다, 또한 대부분의 음식 연구에 대해서도 어느 정도 생산적인 접근법을 보여주는 데 기여하도록 해야 할 것이라고 말했다.

나는 위에서 '일차적인 검토'라고 말했으나 사실 엄격하게 말하자면 정확한 것이 아니다. 시노다 오사무篠田統는 일련의 박학한 저작물인 「중국식경총서中國食經叢書」(Shinoda and Tanaka 1970)의 집대성과 단행본 『중국식물사中國食物史』(Shinoda 1974)를 통해서 중국 음식 연구의 영역을 거의 독보적으로 개척해 왔다. 그러나 그가 강조하는 점은 우리들과는 아주 다르다. 시노다의 연구는 기술된 역사에 초점을 맞추었고, 우리들은 분석과 해석에 중점을 두었다. 분석과 해석은 역사적인 기술이 없으면 불가능하다. 그러나 그의 연구 성과 덕분에 우리들은 수많은 사실들을 집적하는 일차적인 작업에 필요한 수고를 덜게 되었다. 따라서 우리들의 작업은 시노다의 작업에서 한 발짝 더 내디딘 셈이다.

내가 처음으로 요청한 뒤 우리 동료들 한 사람 한 사람이 모여 주었다는 것은, 모르긴 몰라도 무언가 심오하고 의미심장한 일이 벌어지고 있다는 생각이 들었다. 나의 요구 조건은 간단했다. 즉 각자가 맡은 연구 시기에 일어난 핵심적인 사실들을 제시할 것, 그리고 그 자료 혹은 각자의 마음속에 어렴풋이 떠오른 주제가 있다면 그것들을 토론해 달라는 것이었다. 방법론에 있어서도 저자들은 어떤 단일하게 준비된 틀을 사용하지 않았으며, 각각의 장章은 그들 각자의 자료를 이용하기에 가장 생산적인 접근법이라고 생각되는 것을 보여주면 되었다. 중국 문화의 전통 가운데 음식 변수의 지속성과 변화의 패턴과 관련하여 각 저자들은 각자의 연구 시기에 대해 책임을 지고 있으며, 전반적인 효과는 각 장이 적절한 순서에 따라 읽히기 때문에 평이하다는 점이다. 우리의 노력은 방법론과 중국 음식사의 탐색 단계에 머물러 있으므로 결론에 해당하는 장은 없다.

이 책은 다음 세 가지 목적을 위해 쓰였다. 즉, 이 책은 '사례 연구'로 이 연구를 통해서 '문화 속의 음식'을 연구하는 학자들은 10명의 동료들이 자료를 어떻게 분석하고 해석해 왔는지를 보게 될 것이다. 또한 이 책은 중국의 식습관에 대해 기술한 역사로, 여기에서 독자들은 사소한 사실들(두부는 언제 만들기 시작하였으며, 중국인들은 언제부터 젓가락을 사용하기 시작하였는지 등)과 심오한 사실(중국인들에게 큰 영향을 미친 미 대륙의 음식 작물—구체적으로는 고구마, 옥수수 등)을 발견하게 될 것이다. 마지막으로, 이 책은 중국의 문화사에도 중요한 공헌을 하게 될 것이다. 중국 문화사에서 음식과 식습관은 다면적인 역할을 갖고 있다. 이 분야는 비교적 새로운 분야이고, 여러 저자들이 참여했기 때문에 탐구의 폭과 창조성은 더 보장되었지만, 그렇기 때문에 독자들은 공통의 패턴을 발견하거나 일반화를 끌어내는 데에는 더 어려움이 있을 것이다.

나 자신이 일반화한 것은 특히 다음과 같은 물음과 관련되어 있다. 중국 음식의 특징은 무엇인가? 물론 이 물음에 대해서는 여러 가지 수준의 대답이 있을 수 있다. 중국의 한 도시에 있는 레스토랑의 단골손님이라면 메뉴판에 실린 구체적인 요리들을 말할 것이다. 현대 가족의 니즈needs에 상응하는 요리책은 중요한 성분과 식기, 그리고 레시피를 들 것이다. 현대 중국의 문화를 배우는 학생이라면 공통분모와 지역적인 다양성에 대한 박식한 일반화를 말할 것이다. 이 모든 특성화는 분명히 정확하다. 그러나 그들은 아주 다른 목적을 갖고 있다. 이 책에서 다루는 자료와 연구는 수천 년에 걸친 음식 스타일의 특성을 밝히는 데 필요한 기초를 제공한다. 이 기간 동안 어떤 변수들은 존속하였고, 어떤 변수들은 사라졌으며, 어떤 것들은 수정되었고, 다른 새로운 변수들이 추가되기도 하였다. 따라서 나는 우리들이 보유한 모든 자료를 관통하는 공통의 주제는 다음과 같은 것이라고 생각한다.

1. 어떤 문화의 음식 스타일이라도 사용 가능한 천연자원이 무엇인가에 따라 결정된다는 것이 명백한 사실이다. 세계 역사상 구석기 시대의 수렵인들은 동물 고기에 크게 의존했다. 그들은 고기를 굽거나, 말리거나, 소금에 절이거나, 그리고 불에 달군 돌을 사용해서 삶는 것과 같이 아주 간단한 기술로 조리하였다. 사실상 인류의 선사 시대 초기에는 아마 음식의 종류와 조리법은 다양성에 한계가 있었을 것이다. 그러나 초기 단계부터 과일, 견과, 딸기류, 유충, 씨앗, 그리고 기타 식용물의 채집 활동은 인간의 음식 공급에 있어서 중요한 역할을 담당하였다. 이러한 식량 공급은 관련된 동식물의 자연적인 분포 유형에 따라 지역 간 차이가 있다. 그러므로 초기 인류의 음식—특히 후기 구석기 시대로 갈수록 점점 지역의 음식 자원을 많이 사용하게 되는—은 이미 **지역** 생태계의 음식 연쇄 고리를 형성했다. 경작한 식물과 가축화된 동물이 많은 사람들에게 대량의 음식으로 제공되기 시작했을 때, 음식습관의 지역 패턴이 점점 뚜렷해졌다. 왜냐하면 가정에서 사용할 수 있게 된 최초의 식물과 최초의 동물은 오직 특정한 지역에서만 자라고 이미 적응할 수 있게 되었기 때문이다.

그래서 중국 음식이 다른 무엇보다도 중국 땅에서 오랫동안 번창하며 자라온 동식물들의 조합으로 특징지어진다는 것은 놀라운 일이 아니다. 그 자세한 목록을 여기서 다룰 수 있는 것은 아니며, 양적인 자료는 확보할 수가 없다. 다음 목록은 아주 대략적인 것이다.

전분 식품: 조(기장)[1], 쌀, 수수, 밀, 옥수수, 메밀, 얌yam, 고구마.
콩류: 대두, 누에콩(잠두), 땅콩, 녹두.
채소: 아욱, 아마란스, 배추, 겨자채, 순무, 무, 버섯.
과일: 복숭아, 살구, 자두, 사과, 대추, 배, 돌능금, 산사, 용안, 리치, 오렌지.
육류: 돼지고기, 개고기, 쇠고기, 양고기, 사슴고기, 닭, 오리, 거위, 꿩고기,
　　　 많은 물고기류.
향신료: 고추, 생강, 마늘, 파, 계피.

이런 의미에서 중국 요리는 이러한 기본적인 식재료로 만든 것이다. 식재료는 어느 곳이나 같지 않기에, 중국 음식은 단순하게도 그들이 사용하는 식재료로 지역적 특성을 갖추기 시작한다. 식재료만으로 특성화를 규정하는 것은 충분하지 않지만, 이는 특성화를 하는 데 좋은 출발점이 된다. 예컨대 위에 열거한 목록과 낙농 식품이 우위를 차지하고 있는 식재료 목록을 비교해 보면 두 음식 전통 사이의 중요한 대조점을 발견하게 된다.

식재료의 독특한 조합에서 주목해야 할 점은 역사에 따라 이것들이 변화했다는 것이다. 음식에 관한 한 중국인들은 수입품에 대해 저항할 만큼 민족주의적이지 않았다. 사실 외국의 식재食材들은 역사 초기부터 선뜻 채택되었다. 밀과 양, 그리고 염소는 선사 시대에 서아시아로부터 도입되었을 것이며, 많은 과일과 채소도 한漢대와 당唐대에 중앙아시아로부터 들여왔고, 땅콩과 고구마는 명明대에 연안 무역을 통해서 들어왔다. 이 모든 것들은 중국 음식에 있어서 불가분의 식재료들이다. 동시에 상고 시대에 낙농 생산품과 낙농 과정이 지속적으로 도입되었고, 또 그 시대의 상류층이 낙농 식품의 진미를 즐겼음에도 불구하고 오늘날까지 우유와 낙농 제품이 중국 요리에서 중요한 자리를 점유한 적은 없다. 이러한 선택은 그들의 구조적, 혹은 스타일 측

1　원문에서는 millet으로 표기했는데, 이는 조·기장·수수를 다 포함하는 개념이다.

면의 양립 가능성에 따라 외국 수입품을 수용하거나 거부하게 되는 토착문화의 기반과 관련시켜 설명될 수 있을 뿐이다. 나중에 언급하겠지만 한편으로는 중국의 음식 전통의 내부 분할과도 연결된다.

2. 중국의 음식 문화는 가공하지 않은 식재료의 준비에서부터 입에 들어가기 직전의 한 술에 이르기까지 상호관련된 변수들의 복합complex으로 이루어져 있다. 이 복합은 기타 대부분의 음식 전통과 비교할 때 매우 특별한 점이 있다. 이 복합의 기초에는 판飯(즉 곡식과 기타 전분음식)과 차이菜(즉 채소와 고기 요리)의 구분이 있다. 균형 있는 식사를 준비하려면 적절한 양의 판과 차이가 포함되어야 하며, 식재도 두 가지 궤를 따라서 준비해야 한다. 곡식은 알곡 그대로이거나 분말로 요리되며, 다양한 형태로 식사의 절반을 차지하는 판을 구성한다. 판은 밥(좁은 의미로는 '조리된 쌀'), 밀이나 좁쌀을 찐 것, 옥수수가루로 만든 찐빵, 빙餠(팬케이크), 국수 등으로 구성된다. 나머지 반을 구성하는 것은 채소와 고기를 먹기 좋게 잘라 다양한 방식으로 조합하여 조리된 각각의 요리인 차이이다. 전분 중심의 주식과 고기와 채소로 만든 부분을 분명하게 같이 조합한 식사도 있다. 예컨대 자오쯔餃子(소가 들어 있는 반달 모양 만두), 파오쯔包子(소가 들어 있는 둥근 만두), 훈툰餛飩(국물과 먹는 물만두), 셴빙餡餠(밀가루반죽을 얇게 펴서 속에 고기나 채소를 넣어 굽거나 기름에 튀긴 요리)과 같은 것은 판과 차이가 서로 결합은 되어 있지만 혼합되어 있지는 않으며, 각자가 적절한 비율과 나름의 구분을 유지하고 있다(피皮, 즉 껍질부분은 판이고, 속을 채우는 셴餡은 차이이다).

차이를 준비하기 위해서는 원칙상 복수複數의 식재료를 사용하고 향신료를 혼합하여야 한다. 또한 차이는 무엇보다도 식재료를 통째로 사용하는 것이 아니라 보통은 잘라서 쓰며, 각각의 요리에 따라 아예 다른 향신료가 결합되어 들어간다. 예컨대 같은 돼지고기라도 주사위 모양으로 썰기도 하고, 얇게 편을 뜨기도 하며, 좁쌀 크기로 다지기도 하고, 갈아서 쓰기도 한다. 또한 다른 고기와 식물성 식재료와 향신료가 혼합될 때 참으로 여러 가지의 모양, 풍미, 색깔, 맛, 그리고 향기를 낸다.

판과 차이를 구별하는 것처럼 위에서 기술한 차이의 준비 원칙들은 중국의 음식 문화, 특히 요리 기구의 영역에서도 많은 특징을 설명해 준다. 우선 판용 요리 기구와 차이용 요리 기구가 구별되며, 조리용 기구와 담아내는 그릇이 각기 따로 있다. 현대의 주방에서도 **판궈**(饭锅, 밥솥)와 **차이궈**(菜锅, 웍이라 불리는 중화 프라이팬)는 아주 다르며, 원칙적으로 상호 호환이 불가능한 도구이다. 마찬가지로 상商대의 청동그릇에서도 **궤이**(櫃, 쌀통)와 **도우**(豆, 고기 담는 그릇)는 대비된다. 우리가 규정한 **차이**를 준비하기 위해서는 예나 지금이나 마찬가지로 모든 중국인의 주방에는 조리용 칼이나 고기를 자르는 큰 식칼, 그리고 도마가 표준 기구들이다. 요리된 곡물을 입에 넣기 위해, 그리고 고기와 채소로 섞어 만든 요리를 덜어서 손님에게 나누어 주기 위해 젓가락은 손이나 다른 도구에 비해 훨씬 사용하기 편한 것이라는 것이 증명되었다(스푼과 포크에 비해 그렇다는 것이며, 스푼은 젓가락과 함께 사용되고 있다).

중국 음식의 상호 연관된 특성의 복잡함을 간단하게 말하자면, 중국의 **판―차이** 원칙이라고 할 수 있다. 중국 요리사를 미국의 주방에 들여보내 중국 식재료나 미국 식재료를 제공한다면, 그 사람은 (a) 일정량의 **판**을 만들고, (b) 식재료를 썰어서 그것들을 다양한 방식으로 조합하여, (c) 몇 가지의 요리와 수프 한 가지 정도를 만들어 낼 것이다. 또한 보다 제대로 된 식재료를 제공한다면 그 음식의 '중국성'은 증대하겠지만, 설령 식재료가 완전히 미국산 재료에 미국식 요리 기구가 주어진다고 해도 그것은 여전히 중국 음식일 것이다.

3. 위의 예시들은 중국식 식사가 상당한 융통성과 적응성이라는 특징을 갖고 있다는 것을 보여 준다. **차이** 요리는 식재료들의 혼합으로 구성되어 있기 때문에 그 독특한 모습과 맛, 그리고 향기는 식재료의 정확한 가짓수에 의존하는 바가 없으며, 대개의 경우 어떤 특정 식재료 한 가지에만 의존하지 않는다. 여러 가지 요리로 구성되는 식사의 경우에도 마찬가지이다. 형편이 여유로울 때는 몇 가지 비싼 재료가 더해질 수 있으며, 어려울 때는 그것들이 생략되더라도 만회할 수 없는 상황이 발생하는 일은 없다. 식재료가 계절적으로 맞지 않으면 대체물을 사용할 수 있다. 기본 원칙상 '중국' 요리는 잘 사는 사람들이나 가난한 사람들이, 그리고 식재 공급이 어려울 때나 풍족할 때나, 심지어는 익숙한 식재료를 구할 수 없는 외국에서도 언제나 만들 수 있다. 이러한 중국식 요리법이 중국인들을 오랜 역사 동안 곤궁의 시대를 버텨낼 수 있게 해 주었을 것이다. 물론 중국인들은 적응해야만 하는 그들의 필요성과 욕망 때문에 그들만의 방식으로 요리를 해 왔을지도 모른다.

이러한 적응력에서 나타나는 특징은 적어도 두 가지가 있다. 그 첫 번째는 중국인들의 야생식물 자원에 대한 지식이 놀랍다는 점이다. 백과사전이라 할 수 있는『본초강목本草綱目』(이시진李時珍 1930 ed.)에는 수천 가지의 식물이 기록되어 있으며, 각 식물 해설에서는 식용인지 아닌지를 밝히고 있다. 중국의 농민들은 그들이 사는 곳 주변에서 자라는 모든 식용 식물에 대해 알고 있었던 것으로 보이며, 그곳에는 숱한 종류의 식물들이 자라고 있었다. 대부분의 식물은 식탁에 일상적으로 올라오지 않지만, 기근이 발생하면 구황 작물로서 소비될 수 있도록 쉽게 조정된다. 여기에서도 이러한 융통성이 발휘된다. 보통 때는 보다 적은 가짓수의 익숙한 식재료만 사용하지만, 필요하다면 아주 다양한 야생초를 이용할 수 있다. 이러한 '구황 작물'에 관한 지식은 살아 있는 문화로서 세심하게 전수되어 왔다. 분명한 것은 이러한 지식이 긴 세월 동안 자주 사용되지 않은 채 창고에 방치되는 일은 없었다는 것이다.

이처럼 탁월한 적응성에 공헌한 중국 음식습관의 또 한 가지 특징은 보존음식이 대단히 많고 매우 다양하다는 점이다. 양적인 비교를 위한 자료는 부족하지만, 중국인들은 대부분의 다른 나라 사람들에 비해 더 숱한 방식으로 더 많은 양의 식품을 보존하고 있다는 인상이 두드러진다. 중국에서는 음식을 훈제로 보존하기도 하고, 소금이나 설탕에 절이기도 하고, 액체에 담그기도 하고, 절임을 만들기도 하며, 말리고, 다양한 종류의 간장에 담그기도 한다. 그리고 식재료의 전체 영역, 즉 곡물, 고기, 과일, 난류卵類, 채소와 기타 모든 것을 이렇게 보존한다. 이런 방법을 통하여 중국인들은 식재 조달이 어렵거나 희소성이 발생할 경우를 대비한다.

4. 중국의 식사법은 음식에 대한 그들의 이념이나 신념에 의해 특징지어진다. 이러한 이념이나 신념은 음식의 조리와 섭취의 방법과 예법에 적극적으로 영향을 준다. 중국 음식에서 가장 중요한 이념은―십중팔구 견고하기는 하지만 아직 과학적으로 뒷받침할 근거가 밝혀지지 않은 이념―사람들이 취하는 음식의 종류와 양은 건강과 밀접한 관련이 있다는 것이다. 으레 음식은 건강에 영향을 미칠 뿐만 아니라, 특정한 시기에 특정인의 건강 상태에 따라 시기적절한 음식을 선택해야 한다. 그러므로 음식 또한 약이다.

질병의 예방이나 치료를 위해 식단을 규제하는 것은 분명 중국인이나 서양인이나 마찬가지이다. 서양의 일반적인 사례로는 관절염 환자를 위한 식단이라든지 최근 유기농 음식에 열광하는 현상을 들 수 있다. 그러나 중국의 경우에는 뚜렷이 구별되는 근본적인 원칙이 있다. 중국인의 관점에서 보면 신체는 음양의 기본 원칙에 따라 기능한다. 여러 음식도 음의 성질이 있는 것과 양의 성질이 있는 것으로 분류될 수 있다. 신체에서 음양의 힘이 균형을 이루지 못하면 문제가 생기지만, 적당량의 음 혹은 양의 음식을 취하면 신체 내 음양의 불균형을 바로잡을 수가 있다. 신체가 균형 잡힌 상태라 하더라도 음식을 한 가지에 치우쳐서 많이 먹으면 신체의 특정 부분만 너무 강해져서 질병을 유발할 수가 있다. 이러한 믿음은 기원전 수 세기 전인 주周 왕조 시대에 문서로 기록되었으며, 그것은 아직까지도 중국 문화의 지배적인 개념이다. 유진과 마르자 앤더슨Eugene and Marja Anderson이 쓴 이 책의 제8장에서는 남중국인들의 개념을 상세하게 논의한다. 에밀리 어헌(Ahern, 1973)은 대만인들이 가진 비슷한 개념을 다루었다. 북부 중국의 어떤 지방에서는 차가운(涼), 즉 냉한 음식과 뜨거운(熱) 음식의 대비와 같은 것이 생겨났으며, 어떤 때는 해열(바이훠, 敗火)과 발열(샹훠, 上火)의 형태를 취하기도 한다. 후자의 경우 열은 선험적으로 거의 바람직하지 않은 것으로 간주된다. 그러나 '냉—열'의 대비는 반드시 그 자체의 어느 쪽이 더 유익하거나 더 해롭다는 것을 의미하는 것은 아니다. 중국인들은 전통적으로 보통 기름기가 많고 튀긴 음식, 고추와 같이 매운 향신료, 기름진 고기, 기름기가 있는 식물성 음식(땅콩과 같은 것)은 '열'로, 대부분의 수생 식물, 대부분의 갑각류(특히 게), 그리고 일부 콩(녹두와 같은 것)은 '냉'으로 분류한다. 예컨대 신체의 종기가 나거나 혹은 원인을 알 수 없는 열이 나는 것은 더운 음식을 너무 많이 먹었기 때문이고, 반면 평범한 감기에 걸린 사람이 게와 같은 '차가운 음식'을 더 먹어 신체에 '냉기'가 더해지면 감기가 더욱 악화될 수 있다는 것이다.

그러나 음양과 냉열의 균형만이 음식 건강의 지침은 아니다. 적어도 두 가지 다른 개념이 토착적인 중국 음식 전통에 있다. 그중 하나는 음식을 소비하는 데 있어서 **판**과 **차이**의 적절한 분량이 섭취되어야 한다는 것이다. 사실 두 가지 가운데 **판**은 보다 근본적이며 필요불가결한 것이다. 전국의 모든 식당에서는 **판**을 주식으로, 그리고 **차이**를 부식으로 부르고 있다. **판**이 없으면 **배**를 가득 채울 수가 없지만, **차이**가 없으면 단지 음식이 덜 맛있을 뿐이라는 것이다. 또 하나의 개념은 검약이다. 먹고 마시는 일에 탐닉하면 그것 때문에 왕조가 멸망할 수도 있는 구실이 되기도 한다. 개인별 수준에서, 중국의 부모님들이 말하는 이상적인 일상에서의 식사량은 70%(치펀바오, 七分飽) 정도만 배를 채우는 것이다. 이와 관련하여 중국의 민간사상에서 곡물은 거의 신성시되고 있다. 즉 곡물은 결코 갖고 놀아서도 안 되고 낭비해서도 안 된다. 아이들은 누구든 자기 밥그릇에 담긴 밥을 다 먹지 않으면 장래 곰보와 결혼하게 될 것이라는 말을 듣는다(Liu 1974, pp.146~48). 여기서 알 수 있는 것은 설령 판—차이와 검약을 고려하는 점 모두가 건강에 기반을 두고 있다 하더라도, 적어도 이 부분은 중국의 식자원에 대한 개념이 전통적으로 빈곤과 관련되어 있다는 점이다.

5. 마지막으로, 아마도 중국의 음식 문화의 가장 중요한 측면은 중국 문화에 있어서 차지하는 음식 그 자체의 중요성이라고 말할 수 있다. 중국 요리가 세계에서 가장 위대하다는 주장은 굉장한 논쟁을 불러일으키며, 본질적으로 적절하지 않다. 그러나 다른 어떤 문화도 중국인만큼 음식 지향적이지 않다는 주장은 예외 없이 받아들이고 있다. 이러한 지향성은 중국 문화 그 자체만큼이나 오래된 것이다. 『논어(『위령공衛靈公 편』)』에 따르면 위령공이 공자孔子(기원전 551~479)에게 군사적 전술에 대해 물었을 때, 공자는 "나는 사실 고기를 진설하는 적대俎와 고기 접시豆에 관한 일은 들은 바가 있으나, 군사에 관한 일은 배우지 않았다"[2]라고 답했다(Legge 1893). 사실 중국에서 신사로서 갖추어야 할 가장 중요한 자격 요건 중 하나는 음식과 술에 관련된 지식과 기술이었을 것이다. 『사기史記』의 묵자墨子에 의하면 상나라를 건국한 탕湯왕의 재상이었던 이윤伊尹은 원래 요리사였다고 한다. 사실 어떤 자료에서는 이윤의 요리 기술이야말로 그가 탕왕의 총애를 받게 된 연유였다고 기록되어 있다.

왕궁에서 주방의 중요성은 『주례周禮』에 기록된 인사 기록에서 많이 발견된다. 왕의 관저를 운영할 책임을 진 4,000명 가운데 2,271명, 거의 60%에 달하는 인원이 음식과 술을 다루었다. 왕, 왕비, 그리고 왕세자가 매일 먹는 메뉴를 담당하는 162명의 주방장도 포함되어 있으며, 70명의 육류 전문가, '내부'(가족) 소비를 위한 식사를 만드는 요리사도 128명이나 되었다. 또 다른 128명의 요리사들이 '외부'(손님) 소비를 위

---

2 원문은 "俎豆之事, 則嘗聞矣, 軍旅之事, 未之學也"(『논어』 제15편). 원래 俎豆는 '제사를 지내다'라는 뜻이다.

한 요리를 만들었으며, 62명의 보조 주방 요리사도 있었다. 그뿐만 아니라 335명의 곡물, 채소, 과일 전문 요리사, 62명의 사냥고기 전문 요리사, 342명의 생선 전문 요리사, 24명의 자라 및 조개 전문 요리사, 28명의 육류 건조사, 110명의 주류 담당자, 340명의 술 따라주는 사람들, 170명의 '여섯 종류 음료' 전문가, 94명의 얼음 다루는 사람, 31명의 대나무 그릇을 나르는 사람, 61명의 고기 접시를 진설하는 사람, 62명의 절임과 양념 전문가, 그리고 62명의 소금 다루는 사람 등도 있었다.

전문가들에 따르면 이는 단지 왕의 미각적 쾌락에 공헌하기 위해서만은 아니었다. 식사는 매우 중대한 업무이다. 여러 가지 의전을 기술한 『의례儀禮』에서 음식은 예식과 분리될 수 없다고 기록되어 있다(Steele 1917 참조). "중국이라는 나라가 남은 인류에게 남겨줄 수 있는 가장 정확하고 완전한 저술"(Legge 1885, p.12)이라고 불리는 『예기禮記』에는 다양한 경우에 따라 제공되어야 하는 적합한 음식 종류와 올바른 식사예법에 대한 언급으로 가득하고, 또한 중국 요리 최초의 레시피도 일부 포함되어 있다. 주대의 진품텍스트라고 말할 수 있는 『좌전』(左傳, 원명은 『좌씨춘추』, 한나라 때에는 『춘추좌씨전』이라고 불리었음)과 『맹자孟子』에도 국가의 가장 중요한 상징으로서 요리 도구인 세발 달린 정鼎의 사용에 대한 언급이 포함되어 있다. 나는 고대 중국인들이 세계에서 유별나게 음식과 식사에 정신이 팔린 사람들이었다고 자신 있게 말할 수는 없다. 그러나 자크 제르네Jacques Gernet(1962, p.135)처럼 "의심할 여지도 없이, 중국인은 이 영역에서는 다른 어떤 문명인보다도 더 위대한 발명 능력을 보여주었다"고 말하는 사람도 있다.

서로 상이한 문화와 문명에 속한 사람들 사이에 음식과 식사에 관한 상대적인 창조 능력과 몰입하는 정도가 얼마만큼인지를 측정하기 위해서는 객관적인 기준이 필요할 것이다. 어떤 사람들이 음식과 식사에 더 몰입하는가? 중국인들도 그에 속하는가? 다른 사람들과 비교하여 그들의 몰입 정도를 어떻게 측정할 수 있을까? 아마도 다음과 같은 양적인 기준, 구조적인 기준, 상징적 기준, 그리고 심리적 기준을 사용할 수 있을 것이다.

1. 양적인 기준에서 가장 직접적인 측정은 음식 그 자체를 대상으로 해야 할 것이다. 얼마나 정교하게 음식을 다루는가? 한 사람이 요리할 수 있는 요리의 절대 가짓

수를 보면 아마도 그들의 요리가 얼마나 정교한지를 바로 알 수 있는 지표가 될 것이다. 또한 음식에 소비되는 소득의 비율도 또 다른 양적 기준으로 사용될 수 있을 것이다. 예컨대 현대 미국인들과 중국인들을 비교해 보면, 중국인들이 미국인들보다 음식에 소비하는 소득의 비중이 큰 것으로 알려져 있다. 그런 의미에서 전자가 후자에 비해 식사에 더 많이 몰입한다고 말할 수 있다. 분명히 말해 두지만 이것은 사람들의 부富와 상당 부분 관련이 있다. 그러나 이는 가난한 사람들이 부자들에 비해 음식을 획득하고 소비하는 데에 비교적 더 많은 시간과 노력이 필요하다는 것을 의미한다. 이러한 차이는 상대적으로 그들의 문화적 구성에 유의미한 차이를 만들어 내고 있음에 틀림없다. 더욱이 사람의 음식에 대한 **욕구**need의 절대적인 최대치는 있을지라도 사람들이 실제로 **쓰는** 돈의 한계는 없다. 비슷한 정도의 부를 가진 두 사람일지언정, 그들의 선택에 따라 식사에 실제로 투입하는 소득의 비율은 아주 달라질 수도 있다.

2. 구조상, 어떠한 각양각색의 음식들이 각기 다른 문화의 다양한 행사나 특유의 사회적, 혹은 의례적 상황에서 쓰일까? 어떤 사람들은 아주 다른 상황에도 별로 차별성이 없는 음식을 사용할 것이며, 또 다른 사람들은 비슷한 경우에도 각기 다른 음식을 사용할 수 있을 것이다. 특정한 음식과 음료에 연관된 그릇이나 신념, 금기, 에티켓에도 의미가 있을 것이다. 이 모든 것들은 음식 및 이와 관련된 행동이나 기타 등을 나타내는 용어 체계의 연구를 통해서 접근할 수 있을 것이다. 음식과 관련된 사항을 지시하는 용어가 많을수록 이 용어 체계는 더 많은 분류 체계에 따라 배열될 수 있으며, 더 많은 사람들이 음식에 몰입했다고 말할 수 있다.

3. 세 번째 기준은 상징적인 것이다. 음식과 음료는 때때로 소통의 수단으로 사용되고 있기 때문에 사람들은 다양한 사람들 사이에서 소통의 목적으로 사용되는 정도를 확인하려고 노력한다. 의례에서 음식의 사용 범위와 정교함은 좋은 지표가 된다. 여기에서 다시 용어 체계는 찰스 프레이크Charles Frake의 민속용어분류 가설에 준해서 살펴보면 타당성을 지닌다. 즉, "반드시 소통되어야만 하는 특정 사회 현상에 관한 정보에서 드러나는 특유의 사회적 맥락이 많으면 많을수록 현상의 범주화와는 대조

적이고 상이한 수준의 가짓수 또한 많아진다"는 것이다(Frake 1961, p.121).

4. 네 번째 기준은 심리적인 것이다. 사람들은 일상생활에서 식사에 대해서 얼마나 많이 생각하고 있을까? 아니면, 달리 말해서 식사에 대한 기대는 단기적으로는 사람들의 행동을 제어하는 요인으로서 얼마나 작용할까? 마찬가지로, 가령 죽음에 대한 예측이 장기적으로는 사람들의 행동을 규제하는 데 얼마나 강력한 요인으로 작용할까? 퍼스(Firth 1939, p.38)는 티코피아Tikopia족에 대해서 "음식을 얻는다는 것은 평소에 하는 주요한 일에 해당하며, 식사는 단순히 일하는 사이에 가지는 중간휴식이 아니라 그 자체가 목적이다"라고 언급했다. 심리적 몰두를 보여주는 또 한 가지 사례는 임어당(林語堂 1935, p.338)의 문장에서도 발견된다. "어떤 음식도 간절히 기다리고, 토론하고, 먹고, 그리고 평을 하지 않으면 진정 즐길 수가 없는 것이다. …… 우리가 어떤 특별한 음식을 먹기 훨씬 오래전부터 우리는 그것을 생각하고, 마음속 이리저리 떠올리며, 가까운 친구들과 함께 나누어 먹는 은밀한 즐거움을 예상하고, 우리들의 초청장에 이를 언급한다." 임어당이 좋아하는 중국의 식도락가는 250년 전에 살았던 이어李漁(1611~1680, 이립옹李笠翁이라고도 함)라는 신사였다. 이어는 게를 좋아했다. 그는 그의 문집(Li 1730, vol.15, sec. 「게」)에서 다음과 같이 썼다. "게에 관한 것이라면, 나의 마음은 게에 중독되었고 내 입은 그 맛을 즐기며, 내 평생 단 하루도 그것을 잊은 적이 없다."

이러한 사실들로 인하여 우리는 중국인들이 음식에 가장 많이 몰입한 사람에 속할 것이다라는 관찰로 되돌아왔다. 최근의 많은 저작들 가운데 레비스트로스(Lévi-Strauss 1964, 1965, 1966, 1968)는 음식, 요리, 식사 예법, 그리고 그것들에 대한 사람들의 생각을 통해서 인류의 보편적인 표현을 확립하고자 노력하였다. 그러나 이러한 것들은 모두 문화의 가장 뚜렷한 상징에 속하며, 그것들을 이해하기 위해서는 무엇보다도 그들의 독특함과 그들이 문화를 독특하게 상징화시키는 방법을 이해해야 한다. 이런 의미에서 음식과 식사에 대한 중국인들의 몰입은 설명을 자체적으로 제공한다. 중국인들의 빈곤을 요리의 장점으로 보려는 시도도 많았다. 제르네(Gernet 1962, p.135)는 중국인들의 요리를 발명하는 능력을 '영양실조, 가뭄, 기근'과 관련시켜서 설명하였다. 이러한 난제들이 중국인들로 하여금 강제로 "가능한 한 모든 식용 가능한 채소와 곤충, 그리고 동물의 내장까지도 현명하게 이용"하게 만들었다는 것이다. 위에서 언급한 바와 같이 이것은 분명히 말해 중국인들의 식습관의 어떤 측면을 설명하는 데엔 유용하다. 그러나 빈곤과 이에 따른 철저한 자원 탐색은 요리를 발명하는 능력을 신장시키는 데에 유리한 환경을 제공하기는 했지만, 그 원인이라고까지 말할 수는 없는 것이다. 만약 그런 것이라면 가난한 사람의 수만큼 많은 요리의 대가들이 나와야 하는 것이다. 그 밖에도 중국인들은 가난할 수는 있으나, 모트Mote가 지적한 것처럼 그들은 대체로 잘 먹는다. 아마도 음식과 식사가 중국인들의 생활양식의 중심을 이루고 중국인들의 기풍ethos의 일부를 이루고 있다는 단순한 이유로 중국인들은 이 영역에서 발명 능력을 보여주었다.

위에서 특징을 잡은 것과 같이 중국의 음식 전통은 식재료의 독특한 조합을 갖춘 것으로, 판—차이 원칙에 따라 조리되고 제공되며, 몇 가지 융통성이 발휘된 특징이 전형화되었고, 다양한 건강식품에 관한 굳건한 신념과 연관되어 있다. 더욱이 전통은 문화의 모든 영역 가운데 특별한 자리를 차지한다. 이러한 전통은 적어도 3천 년 동안 집대성되었고, 분명히 그 세월 동안 변화는 있었지만 그 근본은 변하지 않았다. 나는 이런 결론이 적어도 본서의 여러 장에서 등장할 것이라고 생각한다.

이러한 전통 가운데 수많은 음식 변수들은 헤아릴 수 없는 방법으로 중국 문화의 하위 구분과 다양한 사회적 상황에 따라 연계된다. 음식의 종류, 수량, 그리고 예법 등의 여러 측면에서 나타난 차별적인 표현에 의해 중국인들은 음식을 하위 구분이나 상황의 상징으로서 사용하거나 간주하고 있다.

가장 명백한 하위 구분은 지방으로 나누는 것이다. 중국의 음식 스타일을 지방으로 나누는 데에는 몇 가지 방식이 있다. 그러나 그것들은 모두 북경, 상해, 홍콩, 타이베이와 같은 주요한 국제도시의 요리 스타일에 기초하고 있다. 우리는 북경 요리京菜, 산서山西 요리, 산동山東 요리, 호남湖南 요리, 호북湖北 요리, 영파寧波 요리, 사천四川 요리, 복주福州 요리, 조주潮州 요리, 광주廣州 요리 등등에 대해 들었다. 각각의 요리 스타일은 그 지방이나 도시가 대표하는 것에 의해 특징이 만들어진다. 그러나 이것은 지방의 스타일이라기보다는 레스토랑 음식을 분류한 것이다. 예컨대 북경 사람들은 북경에는 북경 요리 같은 것이 없다고 말할 것이다. 북경 외곽의 레스토랑에서 제공되는 북경 요리는 실제로 북중국 전체의 많은 지역 특산물을 결합한 음식 스타일이다. 지방의 요리 스타일을 완전히 조사하는 것—분명히 지방에 따라 요리 스타일에 중요한 차이점은 있다—은 중국 전역의 현장 연구 방법에 의해 이루어질 수 있을 뿐이다. 그리고 대도시뿐만 아니라 촌락에 이르기까지 중국 전역에 걸쳐 수집된 레시피 연구로 보완될 수 있을 것이다.

또 하나의 하위 구분은 경제적으로 상이한 계급의 음식 스타일이다. 전통적으로 음식은 경제적 지표로 간주되었다. 예컨대 왕조의 공식기록 가운데 경제와 관련된 저작에는 식화食貨, 즉 「음식과 돈」이라는 제목이 붙어 있을 때도 있다. 북경의 방언에는 직업을 갖는다는 의미로 '자오구嚼穀'(생활비)[3]라는 말이 있으며, 또 직업을 잃었다는 의미로 '밥그릇을 깼다打破了飯碗'는 표현을 쓴다. 계급의 대비를 음식 스타일의 대비로 표현하는 중국인의 방식은 그리 놀라운 일은 아니다. "부잣집朱門에서는 술과 고기가 썩어나가는데, 길바닥에는 얼어 죽은 송장들이 나뒹구네"[4]라는 말은 흔한 불평이다. (기원전 4세기경) 맹자도 비슷한 대비를 말하였다. 즉 "주방에는 기름진 고기가 있고 마구간에는 살찐 말이 있으나, 한편에서는 사람들이 배를 곯고 도시외곽에는 굶어 죽은 송장이 땅바닥에 널브러져 있다."(Lau 1970, p.52). 조나단 스펜서Jonathan Spencer는 그의 저서 가운데 청대를 다룬 단원에서 존 바로우John Barrow의 관찰을 인용했는데, "음식의 종류별 분포에 있어서 세계의 다른 어떤 국가에 비하더라도 중국의 부자와 가난한 사람들 간의 격차가 더 크다"라고 한 것은 놀라운 일이 아니다.

음식의 검약이 바람직하다는 믿음도 계급의 관점에서 재검토해야 한다. 농민에게는 검약이 꼭 필요한 요소이다. 그러나 특권층에게 검약은 의지에 따라 준수하거나 무시할 수 있는, 확연히 구분되는 일종의 덕목이다. 혁명이념의 관점에서 음식 스타일은 착취자와 피착취자를 구분하는 상징 가운데 하나로 종종 선택되기도 하였다. 1920년대 호남湖南 기지에서 공산당 계열의 농민협회는 다음과 같이 연회 규칙을 만들었다.

---

3   원문은 이를 직역하여 '곡식을 씹는다the grains to chew'라고 되어 있다.

4   "朱門酒肉臭, 路有凍死骨"(『自京赴奉先县咏怀五百字』).

호화로운 연회는 대체로 금지되었다. 상담현湘潭縣 소산韶山에서는 손님에게 세 종류의 육류 음식, 즉 닭고기, 생선, 그리고 돼지고기만을 제공하는 것으로 결정되었다. 또한 죽순, 해초, 당면[5]도 금지되었다. 형산현衡山縣 연회에서는 요리를 여덟 가지 내로 제공하도록 결정하였다. 예능현醴陵縣 동삼지구東三地區에서는 다섯 종류의 요리만 하는 것이 허용되었고, 북부 제2지구에서는 고기 요리 하나와 채소 요리 세 가지만 허용되었다. 한편 서부 제3지구에서는 신년연회가 전면 금지되었다. 상향현湘鄉縣에서는 결코 호화롭다고는 할 수 없는 모든 '계란말이湘鄉蛋糕卷[6]를 곁들인 티파티'마저 금지하였다. …… 상향현 가모嘉謨에서는 값비싼 음식을 금지시켰고, 조상께 제사를 지낼 때도 과일만 사용하였다(Mao 1927, p.50).

허용되는 음식의 양과 호화로운 수준뿐만 아니라, 식사의 상이한 체계도 이념적인 차원의 특징이 있다(예를 들어 H. Kao 1974). 독특한 음식 변수와 관련된 다른 하위 구분에는 각각의 금기와 선호가 있는 다양한 종교적 규칙도 포함된다. 또한 중국 내 다양한 민족과 다양한 직업집단은 각기 편한 대로 그에 맞는 식사 스타일을 갖추었다.

나는 앞서 중국인들이 특별히 음식에 몰두하고 있으며 많은 사회적 상호작용의 중심에 음식이 있고, 그래서 많은 사회적 상호작용을 수반하며 또한 상징한다는 점을 지적하였다. 중국인들은 사회적 관계에 있어서 상호작용하고 있는 상대방의 상대적 지위와 상호작용이 지닌 성격의 관점에서 세세하고 정확한 차별성, 그리고 그 차별성의 뉘앙스를 인정하고 있다. 결과적으로 그들은 모든 사회적 상호작용의 일부를 구성하는 언어표현을 돕기 위해 불가피하게 음식을 사용하는 것이다. 음식에는 헤아릴 수 없을 만큼 다양성이 있으며, 그 다양성은 말로 전달할 수 있는 것보다 훨씬 미묘하게 표출되는 것이다. 중국 음식문화의 각각의 하위 구분 내에서 음식은 상호작용에 관련된 정확한 사회적 차별성을 표현하기 위해 더욱 분화된 방식으로 다시금 사용되는 것을 알 수 있다.

사회적 언어로서 음식의 역할은 상호작용하는 당사자들의 지위가 상호작용을 하고

---

5   난편(南粉) 혹은 샹편(湘粉)이라고 불리며, 호남 지역에서 먹는 당면류. 누에콩, 녹두, 완두콩 등을 원료로 만든 국수이다.

6   계란과 고구마전분, 기름기 없는 돼지고기 살코기로 만든다.

행위가 발생하는 상황에 의해 결정된다. 상황의 주요한 유형을 몇 가지 사례로 볼 수 있다. 식사는 가족, 친척, 그리고 친구들이 모이는 일상적인 행사이지만 제공되는 음식으로 참가자들 간의 정확한 거리감을 정확하게 규정할 수가 있다. 프랜시스와 베라 쉬Francis and Vera Hsu는 그들의 저서에서 신년 축제에 자오쯔를 먹는 것에 대해서 기술했다. 신년 음식으로 자오쯔가 적합한 이유는 많다. 그러나 가장 큰 이유는 만두를 만드는 과정이 복잡하지 않기 때문에, 바쁜 일상 가운데 서로 만나 대화를 나눌 수 없는 가족 구성원들과 가까운 친척들이 함께 만들고 소비할 수 있기 때문이다.

그러나 자오쯔는 친밀하고 단순한 음식이긴 하되 손님을 대접하기에는 적절한 음식은 아니다. 전용 요리사와 하녀를 둔 사람이 손님을 초대했다면 그들이 호화스러운 식사를 만들어 대접하는 일은 어려운 일이 아니다. 그러나 주인 영감이나 주인 마님이 직접 주방에 가서 그 집만의 특별한 음식을 만들고, 마님이 직접 음식을 서빙한다면(음식을 주방에서 식탁으로 내오는 일) 이는 아주 특별한 손님임에 틀림없다. 조리기술과 음식의 맛이 요리사의 것보다 좋든 아니든 그것은 별로 중요하지 않다. 어머니가 귀가 한 자녀를 위해 좋아하는 음식을 요리하거나, 처녀가 자신의 구혼자를 위해 특별한 음식을 만들거나, 남편이 지금 막 출산한 아내를 위해 술에 담근 닭고기를 요리할 때 음식과 더불어 사랑의 말이 전달되고 소비된다. 이 관점에서 중국인들은 다른 어떤 민족과 차이가 없다. 그러나 중국에는 음식으로 의사표시를 할 수 있는 특정한 언어(음식 변수)가 있다.

격식을 갖추고 치르는 행사이고 사회적으로 부과된 지위를 가진 인사에게는 그에 부합하는 음식을 제공해야 한다. 왜냐하면 관계자들은 제공되는 음식의 종류와 양으로 그것이 무엇을 의미하는지—더 정확하게 말하면, 특별한 노력을 기울인 것인지 아니면 무례한 것인지— 정확하게 알 수 있기 때문이다. 스펜서의 사례는 이를 잘 설명해 주고 있다. 일본 나가사키에 거주하는 중국 상인들의 1급 식사는 열여섯 가지, 2급 식사는 열 가지, 3급 식사는 여덟 가지 요리코스로 되어 있으며, 만주국의 황실연회에는 여섯 개의 기본등급이, 중국 황실에는 다섯 가지 등급이 있다. 중화민국에서는 식당 연회에도 가격에 따른 등급이 있다. 즉 500위안, 1,000위안, 10,000위안짜리 연회 등 그 등급은 상황과 대접하는 손님이 얼마나 중요한지에 따라 바뀐다. 상황이나 참가자들의 지위에 비해 너무 높은 등급이면, 교양 없는 벼락부자가 주제를 모르고 과잉 행위를 저지른 것으로 낙인이 찍힌다. 또한 너무 낮은 등급으로 연회를 치르면, 구두쇠라고 손가락질을 받게 된다. 다양성의 범위가 아주 넓기 때문에, 그리고 음식의 언어를 배우는 데에는 시간이 오래 걸리기 때문에 무엇이 정확하게 적합한지를 아는 것이 너무나 중요하다.

계급에 따라 다양성의 범위도 달라진다. 경제적 능력과 그에 따른 당연한 것으로 여겨지는 지식—즉 언어학적 코드—에 따라서 기대치도 다양하다. 『홍루몽紅樓夢』에서 주인공 가보옥賈寶玉이 직면한 어색한 상황은 스펜서가 적절하게 말했듯이, 음식의 계급장벽을 잘 나타낸 증명이다. 보옥이 모처럼 그의 하녀의 집을 방문하였을 때 "케이크, 건과, 견과를 정성 들여 담은 접시는 〔그녀와 가족들이〕 젊은 주인에게 대접할 수 있는 최고의 것들이었다. 그러나 보옥의 하녀는 '거기 차려진 음식 중에서 주인어른이 드실 거라고 기대할 수 있는 것은 하나도 없다'는 슬픈 사실을 알 수 있었다." 주인과 하녀는 식사에 대한 상호작용이 없었기 때문에 그 상황에 적합한 음식 언어를 찾을 수가 없었던 것이다.

음식언어학은 경제적 장벽이 생生과 사死, 성聖과 속俗의 간극보다 뛰어넘기 어려운 것이라는 것을 시사하고 있다. 중국인들에게는 상중에 준수해야 할 명료한 음식 규정이 있으며, 의례 때 사용하는 음식에 관한 복잡한 관습이 있다. 음식이 의례적 맥락에서 사용될 수 있는 다양한 방법은 물론 상호작용하는 당사자들의 지위와 직접 관련이 있다(의례적 상황에서는 살아 있는 사람과 죽은 사람, 인간과 신이 다 같이 포함된다). 대만의 중국인 촌락에서 이루어지는 회당會黨 제례와 묘소 제례에 사용되는 음식의 다양한 쓰임새에 관한 에밀리 어헌의 연구는 특히 이 점을 잘 밝히고 있으며, 다음 문단에서 약간 길게 인용하고자 한다.

전반적으로 묘소 제례는 회당 제례와 근본부터 다르다. 가장 명백한 차이는 음식의 종류이며, 묘소에 진설되는 음식은 회당의 것과는 대조된다. 보통 기일에 지내는 제사의 제물은 제실이나 집안의 신단에 둔 위패 앞에서 진설되는데, 이 제물은 좀 더 고기가 많고 다른 진미가 포함되어 있지만 촌락인들의 일상적인 음식과 본질적으로 동일하다. (중략) 젓가락과 공기는 항상 사용한다. 제사를 지낸 다음 음식은 가족과 손님들이 따로 조리를 하지 않고 그대로 먹는다.

이와 아주 대조적으로, 묘에 진설되는 음식은 잠재적으로는 식용 가능하지만 물에 불린 것도, 조미한 것도, 요리한 것도 아니다. 그 대부분은 말린 것이거나 맛이 없다. 이 제사는 기본적으로 12개의 작은 그릇에 담은 식재료로 구성되어 있으며, 다양한 종류의 마른 버섯, 말린 생선과 고기, 말린 국수와 말린 두부가 통상 포함되어 있다.

이런 제물의 차이와 신에게 바치는 음식류에 대한 다른 자료를 같이 검토해 보면, 초자연적 존재에게 바치는 음식의 종류는 헌납을 받는 존재와 헌납할 것을 만드는 살아 있는 존재 간의 차이가 지표라는 점을 시사한다. 제물의 차이에 따른 척도는 자연 상태로 존재하는 잠재적 음식을 식용 가능한 것으로 전환시키는 것도 그중 하나이다. (중략)

헌납을 하는 인간과 신의 차이가 나는 정도에 따라 초자연적인 존재에게는 보다 덜 변형된, 그래서 인간의 음식과 덜 유사한 음식이 제공된다. 예컨대 모든 초자연적인 것 가운데 조상들은 음식을 헌납하는 자들과 가장 가까운 사이일 것이다. 제실이나 집안의 제단에 계신 조상들은 독특하고 각자의 개성 있는 정체성을 가진, 우리가 잘 알고 있는 일가친척이다. 그들에게는 말을 걸 수 있고, 사죄를 드리며, 감사를 드릴 수 있다. 조상들은 접근 가능하며 친밀한 존재이므로, 그들에게는 제물을 헌납하는 사람들이 소비하는 것과 똑같은 것을 제공한다. (중략)

훨씬 높은 수준에 있는 신은 등급에 따라 다른 제물을 받는다. 초자연적인 위계 체계에서 가장 낮은 지위를 차지하는 신인 토지공土地公은 양념을 하지 않고 칼로 자르지 않는 점을 제외하면 인간의 것과 유사한 음식을 받는다. 토지공은 단지 인간과 조금 다를 뿐이다. (중략)

가장 높은 위계 체계에 다다르면 최고의 신인 천공天公[7]은 정성스럽게 예배를 드릴 때에 가장 가공되지 않은 음식을 받는다. 몇 개의 꼬리털은 뽑지 않은 채 남겨 두고 내장은 꺼내어 목에 걸어 둔 생닭과 살아 있는 물고기, 마찬가지로 내장을 꺼내어 목에 걸어 둔 삶지 않은 돼지 한 마리, 그리고 때로는 뿌리와 잎이 그

---

7 복건성, 대만, 동남아시아 화교 집단 등에서 예배하는 가장 높은 하늘의 신 티콩(Thi Kong)을 의미한다. 파이티콩(拜天公, Pai Thi Kong)은 음력 정월 9일에 지내는 제사이다.

대로 붙어 있는 뿌리째 뽑은 두 대의 사탕수수와 날고기와 같이 익히지 않고 통째로 바치는 채소로 구성된다. (중략) 내가 생각하기에는 천공이 인간의 음식과는 현저히 다른 음식을 헌납받는 이유는 그 자신이 인간을 비롯하여 제실이나 가정에서 섬기는 조상신들과 같은 인간과 유사한 존재와는 너무 다르기 때문이다. (중략)

제실에서 조상에게 드리는 제물과 묘소에서 조상에게 드리는 제물은 스케일에 차이가 있다. (중략) 이 스케일의 차이가 두 장소에 계신 조상들 간에 어떤 차별성을 띠는지 조사하게 되었다. 천공신에게 날것, 살아 있는 것, 혹은 말린 음식을 드리는 것은 권력과 접근성이라는 면에서는 인간과 거리가 있다는 것을 표시한다. 마찬가지로 묘소에 말린 음식을 올리는 행위도 제실의 거주자로서의 조상과 묘소의 거주자로서의 조상과 큰 격차를 특징짓는 것이라고 말할 수 있다. (중략)

종합해서 말하면, 주거지 외곽에 위치한 묘소는 접근을 통제할 수 없다는 점에서 제실과는 아주 다르다. 묘소에는 망자들의 영혼이 자유롭게 출몰할 수 있다. 그곳에 잠들어 있는 조상들은 존재하기는 하지만 익숙하고 관찰이 가능한 현세, 즉 양陽의 세계의 일부는 아니다. 누구나 묘소에 찾아가면 그는 음陰의 세계의 입구에 노출되는 것이 되며, 위험한 귀신들을 그들만의 방식대로 다루지 않으면 안 된다. 그와는 대조적으로 조상의 영혼이 제실에 나타나 양의 세계에 되돌아오면 살아 있는 사람들은 그들을 자신들이 잘 알고 있는 친밀한 조상으로서 대하게 될 것이다. 이러한 차이는 (중략) 제실에 진설되는 식용 가능한 음식과 묘소에 헌납되는 식용 불가능한 물품들과의 대조를 명료하게 해 주는 출발점이다(Ahern 1973, pp.166~74).

이상의 논의를 보아 다양성의 범위는 상이한 정도의 '조리' 상태로 구성된다. 그러한 것으로서 상호작용하는 초자연적인 파트너의 수가 많거나, 각각의 특성이 복잡하거나, 음식언어의 뉘앙스가 하나하나 잘 정제되어 있는 영역에서도 이는 여러 변수 가운데 상대적으로 단순하고 강력한 예시이다. 우리는 중국의 초기 의례 기록 가운데 상商대의 신탁神託용 갑골문자에서 조상제사를 준비하는 왕들이 점괘占卦로 제물을 대접받는 측과 그들이 원하는 희생제물의 종류와 수에 대해서 상의를 하였다는 것을 알 수 있다. 소? 양? 어린이? 인간? 몇이나―하나? 다섯? 사십? 이런 식으로 상의를 하였다. 후대, 그리고 현대에 와서는 종류와 수량이 관행화되어, 제물을 바치는 측과 받게 되어 있는 측 사이에 서로 이해하고 있기 때문에 아마도 이렇게 물어 볼 필요가 없어졌을 것이다. 결과적으로, 민족지 연구자들은 제공되는 제물음식을 통해서 제사대상의 사회적 거리와 신성한 세계의 위계질서, 신들의 지위를 판별할 수 있다.

이상의 관찰로 보아 음식의미론food semantics은 중국의 사회 체계, 혹은 음식이 사회적 상호작용에 중요한 역할을 하는 어떤 사회 체계에 대해서도 잠재적으로 결실을 거둘 수 있는 연구 영역임을 알 수 있다. 음식의미론을 이용하여 나는 용어 체계(즉 위계적 분류)와 음식, 음료, 보존과 조리 과정, 조리 도구, 담아내는 그릇, 요리하는 사람과 같은 것과 관련된 행동과 신념 등 체계의 기능적인 적합성을 알아보았다.

나는 여기에서 인류학적 접근법으로 본 중국 음식 연구에 관해 다음과 같은 이슈를 논의하였다. 즉 중국 음식 문화의 전통이 지닌 특성, 중국 전통에서 음식 문화 하위 부분, 사회적 상호작용의 중국식 체계에 대한 접근법으로서의 음식의미론을 궁극적으로 유도해 낼 수 있는 음식 변수에 대한 세밀한 연구 등이다.

중국처럼 긴 역사문명을 바탕으로 제공되는 자료를 이러한 연구에서 이용할 때 생기는 이점은 역사적 관점을 견지하고 연구를 할 수 있다는 것이다. 명백하게도 시노다의 연구와 같이 중국의 음식에 대한 역사적인 서술은 그 자체로서 흥미로운 것이며, 분석적인 역사 연구를 위해 필요불가결한 것이다. 그러나 우리는 다른 두 가지 상호 연관된 이유로 중국 음식사에 관심이 있다. 그 첫 번째는 역사적 차원이 문화 속의 음식 연구를 위한 분석적인 틀 안에서 얼마만큼의 의미가 있는가를 보는 것이다. 두 번째는 음식의 역사가 중국의 문화사 및 사회사 연구에 새로운 차원을 부가하는―있다 하면 어느 정도까지― 접근법으로서 사용될 수 있는지를 찾아내는 일이다.

이 책은 그러한 노력의 출발점에 지나지 않는다. 본서의 다채로운 장들을 읽고 나 자신이 문득 떠올린 생각은 무엇이었을까? 나는 다음과 같은 두 가지를 생각하였다. 첫째는 중국 역사의 음식 연구 부문에선 지속성이 변화를 광범위하게 압도하고 있었다는 점이다. 둘째는 충분한 변화로 중국 역사의 시대 구분에 새로운 관점을 제공할 수 있는 일차적인 노력에 정당성을 부여할 수 있었다는 점이다. 전자는 자기 설명적이다. 그것은 중국 문화사의 '전통 속의 변화 패턴'을 보여주는 또 하나의 증명이며, 더이상 해설을 필요로 하지 않는다. 변화에 관해서 말하자면 본서는 각 장별로 시초부터 현재까지의 중국 음식 문화가 변화하는 역사를 다루고 있다. 나는 우리 저자들에게 각 시기에 일어난 중요사건과 관련하여 각자 스스로 말할 수 있도록 했다. 그러나 단 한 가지, 내가 하고 싶은 말은 대부분의 변화는 특정한 음식습관을 가진 사람들의 지리적 이동과 관련이 있지만 사회의 전체적인 편성과 관련하여 진정으로 중요한 변화는 아주 드물다는 것이다.

중국의 음식사에서 나는 적어도 두세 개의 아주 중요한, 첫 단계에 놓인 문턱을 인정할 수밖에 없다. 그 문턱에서 전부는 아니더라도 대부분의 다른 변수의 편성, 혹은 재편성에 의미 있는 영향을 준 어떤 음식 변수의 변화가 나타났다. 첫 번째 문턱은 농경의 시작이다. 북쪽에서는 기장과 기타 곡식을, 남쪽에서 쌀과 기타 식물을 재배하였다. 이것만으로도 중국 요리의 **판—차이** 원칙을 확립할 수 있었다. 야생초나 야생동물에 대한 농경 이전의 지식이 전수되었다는 점과 중국의 특징을 갖춘 식재료의 목록에 공헌하고 있다는 점은 의심할 여지도 없다. 또한 조리와 보존 방식, 음식과 건강에 대한 관념, 그리고 농경으로의 전환은 추측컨대 누적되고 점진적으로 일어났다. 그러나 중국의 음식 스타일은 중국의 농업을 빼고서는 단연코 상상도 할 수 없는 일이다.

내가 생각하는 두 번째 문턱은 고도의 계층 분화가 일어난 사회의 시작이다. 가능성으로서는 하夏 왕조 시기로부터, 그리고 명백하게는 기원전 18세기의 상 왕조[8]까지는 계층 사회가 등장했다. 새로운 사회의 재편성은 본질적으로 음식자원의 분배를 기초로 삼았다. 한편으로는 땅을 갈아 생산을 하고 그들이 생산한 많은 부분을 국가에 바쳐야 하는 음식물 생산자가 있었고, 다른 한편으로는 경작보다도 관리를 맡은 음식 소비자가 있었다. 그 지위가 그들로 하여금 섬세한 요리 스타일을 만들 수 있는 여유와 자극을 제공하였다. 그렇게 계층화된 착취—피착취 사회를 중국의 유명한 전통적인 관용어법으로 '식인食人'사회라고 간주한다는 것은 놀라운 일이 아니다. 음식선線

---

8 상 왕조는 기원전 1600년경부터 기원전 1046년까지로, '기원전 18세기의 상 왕조'는 원문의 오류이다.

을 따라 중국인을 분할하는 상황은 중국 음식 문화의 경제적 하위 구분을 만들어 내었다. 중국의 위대한 요리들은 오랜 기간과 넓은 영역에 걸친 지혜에 기초하고 있다. 그러나 대부분은 자산을 가진 유한계급의 식도락가의 노력을 통해서, 그리고 사회적 관계의 복합적이고 다층화된 패턴에 걸맞은 복잡하고 엄격한 음식예법에 의해 중국 요리가 가능해졌다.

이 두 번째 문턱에 의해 시작된 역사적 구분은 하 왕조와 상 왕조에서 출발하여 지난 수십 년 전에 이르기까지 중국의 전체 역사를 포함한다. 우리가 중국의 전통적인 음식 문화로 알고 있는 것은 바로 이 구분에 의한 음식 문화이다.

주어진 정보가 정확하다면 세 번째 문턱은 지금 우리 시대에 발생하고 있다. 중화인민공화국에서는 음식에 기초한 사회적 양극화는 음식자원이 엄밀히 국가적으로 분배되면서 무너진 것으로 보인다. 이런 사정과 관련하여 나는 많은 것을 알고 있지 못하며, 중국 음식 문화의 다른 측면들—즉 건강 측면, 미식가의 지위, 사회적으로 차별 등을 두는 음식의 사용—이 어떻게 변하고 있으며, 변화하였는지, 그로 인하여 음식배분의 근본적인 변화가 있었는지에 대해서 자료를 갖고 있지 않다. 그러나 그 변화의 잠재성은 명백히 존재한다.

I. 고대 중국

장광지K.C.CHANG

우리의 고대 중국 음식 연구는 대략 기원전 5000년~3200년 사이의 앙소仰韶 문화[1]를 시작으로 기원전 200년 전의 주周 왕조에서 끝난다. 중국문명 중에서도 바로 이 시기에 중국의 조리와 식사 등 후대의 음식 스타일의 많은 부분이 형성되고 굳어졌다. 우리는 시기를 훨씬 더 거슬러 올라갈 수도 있으며, 북경원인의 식습관부터 시작할 수도 있다. 그러나 중국의 홍적세洪積世 전 기간 동안 걸친 음식에 관련된 자료는 지극히 빈약하다. 북경원인은 사냥한 고기, 특히 대부분 굵은 뿔이 달린 사냥한 사슴 고기나 팽나무 열매 같은 야생식물을 먹고 살았다. 아마도 불을 이용하여 고기를 구워 먹었을 것이다. 그러나 자세한 요리법에 대해서는 우리는 아무것도 알 수가 없다(Chaney 1935; Movius 1949, p.392). 다른 구석기 유적에서도 사냥고기(때때로 구운 고기)와 야생식물을 쓴 것이 발견되었으나, 고대 수렵민들의 식습관의 발견(예컨대 Brothwell and Brothwell 1969)에 필요한 과학적 조사는 아직 중국에서는 시작되지 않았다. 이와 같이 우리는 중국인들이 농경을 시작하고 정착하여 조리와 식사 도구들과 쓰레기더미 유물을 남겨준 이후에야 비로소 중국인들의 음식, 음료 그리고 조리에 대한 실질적인 지식을 얻을 수 있다. 그러나 그런 경우에도 우리는 그럭저럭 완전한 그림을 그릴 수 있는 문헌기록이 도래하기를 기다려야 했다(Lin 1957; Shinoda 1959).

고대 중국의 다양한 문화의 식습관을 기술하기에 앞서 이들 문화를 간단히 살펴 보자. 중국 북부 지역에서 기원전 5000년부터 4000년까지 존속한 앙소 문화는 농경촌락과 채색도자기의 특징을 지녔다. 기원전 3000년부터 기원전 2000년대 초기에는 흑색과 회색도자기가 분포된 점이 특징인 용산龍山 문화로 중국 북부 지역을 채웠다.

---

1 중국 감숙성 황하강 유역에서 발생한 신석기 문화로서 그 지속기간은 기원전 5000년에서 기원전 3000년경까지이다.

뒤이어 기원전 1850년경 상商 문명[2]이 일어났다. 기원전 1100년경부터 기원전 200년 경까지는 주周 문명이 일어났던 기간이다. 중국 중부와 남부의 문화적 경로는 약간 다르다. 앙소 문화와 흡사하게도 인도차이나에는 호아빈히안Hoabinhian[3]이라고 알려진 빗살무늬 도자기의 특징을 지닌 초기의 문화가 있다. 기원전 4000년에는 선진적인 쌀 농사 문화가 회하淮河에서 (광동성의) 주강珠江계곡에 이르는 연안 지역의 몇 군데에서 형성되었다. 이 문화는 고고학에서는 용산 문화로 알려져 있다. 중국 북부의 용산 문화는 사실상 북부 용산 문화로 간주될 수 있다. 용산 문화는 중국 남부 지역까지 이어지지만, 상 문명과 주 문명은 점차 남쪽으로 흘러들어갔다. 마침내 기원전 2세기에 진秦과 한漢은 대부분의 중국을 통일하였다(K. C. Chang 1968 참조).

우리의 상과 주 문명 연구는 일차적으로 문헌자료에 기초하고 있으나 고고학적 연구가 선사 시대 문화의 주된 정보원이 되고 있다. 첫 번째 절을 제외하면, 이 장은 저번에 출판된 논문(K. C. Chang 1973)에서 대부분을 가져왔다.

식재료

곡물

고대 시기를 통틀어 북부 지역의 중심이 되었던 곡물은 다양한 종류의 조Millet[4](그림 1)이다. 서안西安 부근의 반파半坡에 위치한 앙소 문화 유적지에서는 조의 유물이 다수 발견되었다(Shih 등 1963, p.223). 조는 다른 지역에서도 보고되었으며, 신석기 시대의 중국인들의 주식이었던 것으로 보인다(K. C. Chang 1968, p.89). 상나라에서 곡물을 의미하는 화(ho,禾)도 조를 지칭하는 것이라고 일부 학자들이 주장하였다(H. W. Yü 1957, p.105). 이것은 또한 다른 글자인 직(ji, 稷)과도 동일시되고 있다. 직은 서주西周 시기의 주식이었던 것으로 알려져 있다. 사실 주나라의 시조는 후직后稷인데 곡식

---

2 상대는 기원전 1600경부터 시작하였다. 원문 오류.

3 기원전 12,000년에서 10,000년경의 중석기 시대 베트남의 유적을 가리킨다.

4 millet은 기장, 조 등을 포함한 씨앗이 작은 곡물을 통칭한다.

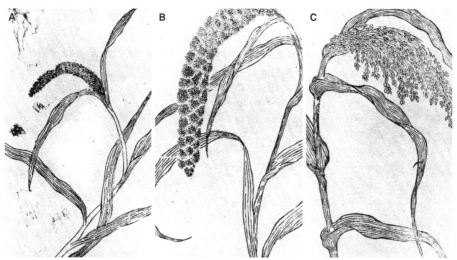

그림 1. 조기장류. A. 조(粟, setaria italica germanica) B. 수수(梁, setaria italica maxima) C. 기장(黍, Panicum miiaceum)(우치준吳其濬, Wu, Ch'i-chün. 1936 ed.『식물명실도고장편植物名實圖考長編』, 상하이, 상무인서관.)

의 신으로 불린다.『식경食經』에서도 직稷이라는 글자는 가장 자주 등장하는 곡물의 이름 가운데 하나였다(Ch'i 1949, pp.268~69). 춘추 시대 이래 직이라는 글자의 등장 빈도는 줄어들었고, 새로운 단어인 량梁이 그 중요성을 대신하는 것 같았다(Ch'ien 1956, pp.16~17). 어떤 식물학자들은 직과 량이 **이탈리카**italica로 동일시되지만 종류는 다르다고 하는데, 직은 이삭이 작고 생산성이 낮은 품종이고, 량은 보다 좋은 품질(C. J .Yü 1956, p.120)이라고 한다.

고대 중국 북부에서 조와 비견할 만한 중요한 또 하나의 곡식은 바로 기장黍이다. 이 식물의 고고학적 유물은 산서山西성 형촌荊村에 있는 앙소 유적지에서만 보고되었다(Bishop 1933, p.395). 그러나 상나라와 주나라의 기록문헌에서 이 식물은 매우 중요한 위치를 차지하고 있다. 이 기장은 곡식임에 틀림없으며, 갑골문자(H. W. Yü 1957; P. C. Chang 1970),『시경詩經』(Ch'i 1949), 그리고 다른 주대의 문헌(C. Y. Hsü 1971 참조)에도 자주 등장한다.

조와 기장은 고대 중국인들의 전분 식품이었다. 문헌에서 "곡물" 또는 "곡식"이라고 언급한 것은 대체로 이러한 종류를 지칭하는 것이었다. 식물학자들은 어느 곡물에

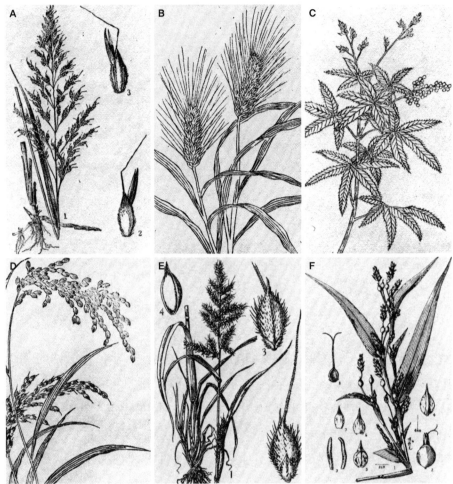

그림 2. 다른 주요곡물. A. 수수(高粱, Andropogon sorghum) B. 보리(麥, triticum aestivum) C. 마(麻, Cannabis sativa) D. 벼(稻, Oryza sativa) E. 피(稗, Echinochloa crusgalli) F. 율무(薏苡, Coix lacryma-jobi) (A, E, F는 경이리耿以禮, Keng, I-li. 1959에서 인용. B, C, D는 우치준, 1936 ed.에서 인용.)

대해서도 널리 인정된 원산지 정보를 제공하고 있지 않았지만, 많은 학자들은 북부 중국이 이 곡물들의 원산지라고 간주하였다. 그러나 구세계의 다른 지역도 이 곡물의 원산지가 될 가능성이 있다(Renfrew 1973; Whyte 1973). 비록 이들 곡식에 대한 식물학적 역사는 앞으로 더 많이 연구되어야 하고 또 그럴 만한 가치가 있지만, 북부 중국에서 매우 중요한 위치를 점하고 있다는 것만으로도 조와 기장이라는 곡식은 중국적인 독특함을 갖고 있다고 말할 수 있다. 적어도 야생의 조는 북부 중국의 자연에서 자라고 있었으며(Keng 1959, p.710~13) 중국인들은 신석기 시대(Bishop 1933, p.395)부터 주대(W. Y. Lu 1957, p.60)에 이르기까지 이를 이용했다.

이 문제의 기간 동안 다른 곡물(그림 2)도 북부 중국에서 재배되었다. 여기에는 밀麥, 마麻, 보리麰 그리고 벼稻 등이 포함되어 있다. 이러한 곡물들은 상과 주 시대의 문헌에 따르면 중요하게 취급된 것으로 보이지만 그것들에 대한 고고학적 증거는 취약하다. 보리의 유물은 보고되지 않았고, 다른 것들도 한두 가지 사례만이 앙소 문화 유적과 관련하여 알려져 있을 뿐이다(K. C. Chang 1968, p.89). 밀은 북부 회하淮河 계곡에서 출토된 것이라고 알려져 왔다. 그러나 유물의 연대를 추정해 보면 신석기 시대부터 서주 연대에 걸쳐 다양하게 분포한다(Chin 1962; Yang 1963). 앙소 유적지에서도 고량高粱(수수)이라고 알려진 유물이 보고되었다. 그러나 그것이 같은 품종인지는 의문스럽다(Ho 1969a, b). 그것이 고대 중국에서 재배되었다는 것을 명시하는 문헌상의 증거는 없다.

주대 말기쯤까지 북부 중국에서는 기장과 재래종 조가 일반적인 곡물로 간주되었다. 그리고 신종 조와 쌀이 보다 비싼 고급 곡물로 간주되었다(Ch'ien 1956, p.22). 비록 고대의 북부 중국은 지금보다 더 따뜻하고 습도도 높았지만, 북쪽에서는 쌀이 널리 재배될 수 없었기 때문에 조를 선호하였을 것이다. 그러나 중부와 남부 중국에서는 북쪽 조의 역사만큼이나 쌀의 역사가 길 것으로 추측된다. 탄화된 곡물과 짚 그리고 점토에 새겨진 흔적이 청련강靑蓮崗, 굴가령屈家嶺, 양제良渚와 중국의 중앙 및 동남해안과 관련된 문화 유적지에서 광범위하게 발견되었다. 이러한 문화들이 하나로 모여 공동의 깃발 아래에 용산 문화로서 분류되었고, 그 시기는 기원전 3000년에서 4000년으로 거슬러 올라간다(K. C. Chang 1968, pp.144~45; 1973). 쌀을 나타내는 말인 도(tao, 稻)는 상대의 각석刻石에서 일단 확인(Hu 1945, p.87)되고 있으나, 주대의 기록에는 쌀이 남쪽에서 주도적인 작물이었다는 점이 명백하게 남아 있다.[1]

기타 식물성 식품

오늘날 중국에서 사용되는 가장 중요한 콩 종류로는 대두와 땅콩이 있다. 땅콩의

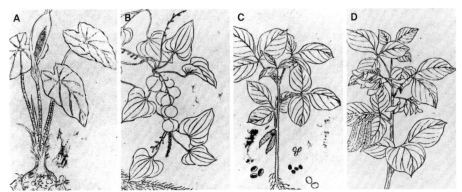

그림 3. 기타 식용식물과 콩. A. 타로 B. 얌 C. 대두 D. 팥 (우치준, 1936 ed.)

원산지는 남미 대륙의 저지대라고 일반적으로 인식되고 있는 데다(Krapovickas 1969; Leppik 1971), 16세기까지는 중국에 도입되지 않았고 고구마와 거의 비슷한 시기에 도입되었다고 믿고 있었다(Ho 1955, p.192). 그러나 땅콩 유적은 절강성浙江省(절강성 문물관리위원회 1960)과 강서성江西省(Ch'in 등 1962)에 있는 용산 문화 유물 가운데서 발견되었다. 이 땅콩 유물은 방사성 탄소 측정에 의하면 기원전 3000년의 지층에서 발견되었다고 한다(K. C. Chang 1973). 일부의 학자들은 땅콩이 그렇게 이른 시기에 발견되었다는 주장에 대해서 의문을 품고 있다. 그들은 참깨와 잠두도 동일한 지층에서 보고되었다는 점을 지적하였고, 또한 이러한 식물들은 후대까지 중국에 도입되지 않았다고 추정하였다(Ho 1969a, pp.205~09; An 1972, pp.40~41; Harlan and de Wet 1973, p.54). 또한 용산에서 보고된 것으로 알려진 땅콩은 이후 16세기까지 중국의 문헌에서 사라졌었다는 것도 주목하여야 한다.

대두(그림 3-C)는 주나라 문헌에서는 숙菽으로 알려져 있었으며, 일반적으로 중국의 한 지방에서 최초로 경작되었다고 여겨진다(Hyomowitz 1970; Leppik 1971). 그러나 고문서학에 근거하면 그들의 역사는 서주 이전보다 더 거슬러 올라갈 수는 없다(T. C. Hu, 1963). 최초로 알려진 고고학적 발견은 고작 춘추 시대의 유물이었다(S. C. Chang 1960, p.11).

식물학자들은 다른 많은 콩류도—예컨대 벨벳콩과 팥(그림 3-D)—중국에서는 고대부터 경작됐을 것이라고 추정한다. 그러나 이러한 콩들이 고대기에 경작됐다는 물증은 아직 나오지 않았다. 일반적으로 잠두의 원산지는 지중해로 간주되며, 이는 전

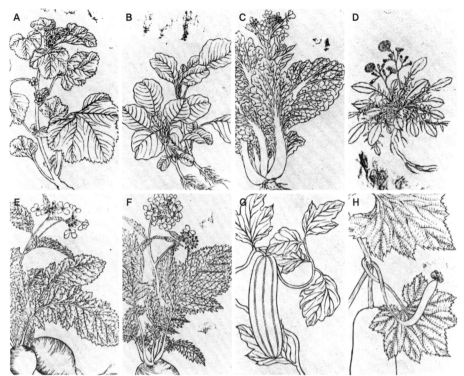

그림 4. 중국 채소. A. 아욱 B. 아마란스 C. 배추 D. 방가지똥 E. 무 F. 순무 G. 멜론 H. 박 (우치준, 1936 ed.)

산양錢山漾의 용산 문화 유적지에서 얻은 대표적인 고고학적 발견의 주인공이다. 어찌됐건 전국 시대의 문헌(Hsu 1970, p.6)에서 우리는 이런저런 콩이 식용으로 널리 쓰였고, 북부 중국 여러 지역에서 때로는 값싼 식품이었다는 것을 알 수 있다.

남부 중국과 열대 동남아시아에서 타로토란과 얌, 대형얌과 중국얌(그림 3-A, 3-B)이 중요한 작물이었던 것은 일반적으로 인정되고 있다. 그러나 중국에서는 여태까지도 이러한 식물에 대한 고대부터의 고고학적 유물은 어떤 것도 발견되지 않았다. 그렇지만 남부 중국에서는 그 일부, 혹은 대부분이 오래전부터 쌀만큼이나 중요한 식품이었다.

『시경』에는 채소로 불릴 수 있는 적어도 46가지의 식물명이 있으며 그 대부분은 야생식물로(Lu 1957) 자주 등장하며, 다른 자료에서도 중요한 것으로 알려진 것들 가운데는 아욱葵, 박瓜, 박葫, 순무蔓菁, 부추韭, 고들빼기苦, 야생방가지똥茶, 일반적인 부들蒲, 여뀌蓼, 도꼬마리葈, 다양한 종류의 쑥蔞·蘩·艾·蕭·薇, 고사리蕨, 살갈퀴薇, 일종의 백모白茅, 연근藕이 있다. 그 밖에도 중국 배추, 겨자채, 마늘, 파, 비름, 중국 물밤, 죽순 등이 중요하다(H. L. Li 1969, 1970)(그림 4). 그러나 이 가운데 몇 개만 고고학적으로 실증되었을 뿐이다. 반파 유적지에서 출토된 씨앗의 유물 가운데서 배추속 식물이 확인되었으나 여러 가지 채소 종류일 수도 있다(Shih 등 1963, p.223). 멜론씨앗은 천산양의 용산 문화 유적지(절강성, 1960)와 산시성의 춘추 시대 도시였던 후마後馬에서 발견되었다(S. C. Chang 1960, p.11).

동물성 식품

동물은 고대 중국인들에게 고기와 기름, 그리고 뼈, 뿔, 가죽, 깃털을 제공하였다. 그러나 젖이나 유제품은 사용되지 않았다는 것이 분명하다. 몇몇 포유동물이 가축화되었지만 대부분의 새와 물고기 등을 포함한 다른 동물들은 포획되었다. 가축화된 동물 가운데 개와 돼지는 중국 역사상 가장 오래된 역사를 지녔다. 그것들은 신석기 시대의 앙소 유적지와 용산 유적지, 그리고 상대와 주대의 유적지에서 대량으로 발견되었다. 그것들이 육류의 주요 원천이었다는 것은 의심할 여지가 없다.

소, 양, 염소도 앙소 유적지에서 발견되었다. 그러나 이것들은 용산 시대가 도래하기 전까지 충분히 가축화가 되지 않았던 것으로 보인다. 안양安陽의 상대 유적지에서는 양, 소 그리고 물소(Teilhard de Chardin and C. C. Young 1936; C. C. Young 등 1949)의 뼈가 다수 출토되었다. 그러나 시(C. J Shih 1953)는 그 뼈가 대개 생활 쓰레기 더미보다는 제물 매장지에서 발견되었다는 점을 지적하였다. 갑골문자와 고대 문헌으로 추정해 보면, 쇠고기와 양고기는 의례를 위하여 사용되었다는 것이 분명하다. 물론 이것들은 의례적인 맥락과는 상관없이 소비되기도 했지만, 돼지고기만큼 일반적으로 소비되지는 않았을 것이다.

야생동물 가운데 사슴과 토끼는 고대의 전 기간을 통틀어 가장 빈번하게 소비되었을 것이다. 가장 일반적으로 사용된 사슴은 아마도 사불상麋鹿과 꽃사슴[5], 그리고 고라니였다. 테야르와 영Teilhard and Young은 상대의 사람들이 사슴의 뿔을 이용하기

---

5 ニホンジカ, sika deer. 시카는 통상적으로 일본 사슴을 지칭하며 몸통에 흰점이 박혀 있다.

위하여 사불상을 포획하였다고 생각하였다. 그 밖에도 들개, 멧돼지, 야생마, 곰, 오소리, 호랑이, 판다, 집쥐, 대나무쥐竹鼠, 원숭이, 여우, 그리고 영양을 포함한 다른 많은 야생동물도 사냥감이었다. 그러나 그렇게 잡힌 동물의 수량이 반드시 중요한 것은 아닌 것 같다. 고래, 코끼리, 맥貊, 그리고 우수리 지역의 곰의 뼈가 안양에서 발견되었다. 이러한 뼈를 보고 테야르와 영은 이런 육류는 수입된 고급음식이 아닐까 추정하였다.

주대의 문헌에서 자주 언급된 가금류에는 닭, 영계, 거위, 메추라기, 자고새(혹은 핀치새), 꿩, 참새, 마도요도 포함되어 있다. 닭은 상대의 갑골문자에 자주 등장하였으며 안양의 유적지에서 많이 발견되었다(C. J. Shih 1953). 안양에서는 또한 잿빛 독수리와 은색꿩, 그리고 공작새 뼈도 출토되었다(Paynter 1960, 개인적인 소통을 통해서 정보를 얻음). 독수리와 닭뼈는 반파에서도 확인되었다. 그러나 이 닭이 가축이었는지는 의문스럽다.

여러 종류의 고고학적 유물들은 앙소 시대의 반파촌에서는 당연히 물고기가 주요한 식품원이었다는 점을 보여 주었다. 다만 반파에서 고고학적으로 확인된 유일한 물고기는 잉어의 일종이었다. 여러 종류의 잉어들(보통 잉어, 푸른색 잉어, 초어草魚, 그리고 눈불개)이 안양에서 확인되었다(Wu 1949). 그리고 노란 동자개는 안양과 호남성 서부의 묘저구廟底溝계곡의 용산 유적지 등 양쪽에서 확인되었다(An Cheng, Hsieh 1959). 또한 안양에서는 바닷물고기인 회색 숭어류도 출토되었다.

다른 수산물에는 거북과 다양한 조개도 포함되어 있다. 벌, 매미, 달팽이, 나방, 개구리도 이상에서 언급한 기타 동물성 식품에 속한다.

음료, 양념, 조미료

주대의 문헌은 네 종류의 알코올음료酒를 언급하고 있다. 즉 예醴, 락酪, 료醪, 그리고 창鬯이다(S. S. Ling 1958, p.887)[6]. 링(Ling 1958)은 이것이 모두 발효주이며, 과일과 딸기류로 만든 락酪 이외에는 모두 곡물, 주로 조나 기장으로 만들었다고 보고 있다(Ling 1961도 참고할 것). 여러 종류의 곡식 발효주를 상商대의 중국인이 사용했다는

---

6 각각 단술, 과일주, 탁주(막걸리), 그리고 왕이 사용하는 제사용 술(울창주)을 가리킨다.

것은 더 이상 자세하게 논할 필요가 없다. 청동기와 도자기로 만든 음주용 그릇에 대한 문헌설명과 고고학적인 유물들은 상대의 귀족들이 이런 탐닉에 얼마나 빠져 있었는지를 지적한다. 고고학자들은 심지어 알코올 주류가 제조되었던 공장으로 생각되는 장소도 발견하였다(하남河南성 문화국 문물공작대 1959, p.29). 상대의 일부 음주용 그릇의 형태는 신석기의 용산 문화에서도 발견되었고, 알코올음료는 중국에서 틀림없이 최소 그만큼 오래된 것이다. 알코올음료의 역사가 앙소 문화까지 거슬러 올라갈 수 있을지에 대해서는 논란이 일고 있다(Y. S. Li 1962; Y. Fang 1964).

상대 혹은 주대의 모든 연회와 많은 식사, 그리고 중요한 의례행사에 알코올음료는 필요불가결한 부분이다. 그 쓰임새는 너무 많고 잘 알려져 있어서 여기에서는 다 기술할 수가 없다. 그러나 술은 요리에도 사용되었다(다음 원주3 참조, 예컨대 '최고급 진미').

주대의 문헌(예를 들어 『좌전左傳』 「소공昭公20년」)에는 혜[7]醯가 조미료로 언급된다. 이것은 일반적으로 '식초'로 번역되었다. 그러나 우리는 그 제조법이나 성분에 대해서는 아무것도 알지 못한다. 신맛은 매실로부터 얻는 것으로 알려져 있다. 때때로 매실은 가장 중요한 조미료로 소금에 절인 염매鹽梅로서 언급되었다. 또한 고기로 만든 해醢(젓)라는 장도 사용되었다. 십중팔구 간장은 주대 말기쯤에 등장한 것으로 보인다(『사기』, 「화식貨殖열전」). 사람들에게 알려진 다른 향신료로는 산초椒와 계피桂가 있다.

요리법, 요리와 도구

요리법과 요리

어떤 중국 요리책(Chao 1972, p.39)에는 20가지의 요리법을 열거하고 있다. 삶기, 찌기, 굽기, 홍샤오紅燒[8], 청돈淸炖[9], 냄비에 넣어 오래 삶기, 볶기, 튀김, 적은 기름으

---

7 『좌전』 「소공20년」에 의거하여 liu를 혜로 바로 잡았음.

8 돼지고기나 쇠고기, 생선 등을 살짝 볶고 나서 간장, 기름, 설탕 등으로 색을 내고 검붉은 색이 될 때까지 조려서 익힌 요리.

9 닭고기나 소고기 등에 간장을 넣지 않고 푹 삶은 요리.

로 볶기, 두 개 이상의 요리를 합치기[10], 기름을 끓여 끼얹기, 물에 담그기, 가볍게 씻기, 차가운 것을 섞기, 지글지글 튀기기, 소금절이기, 절임, 우려내기, 말리기, 훈제 등이다. 이 영역과 관련된 연구를 위해서는 문헌자료를 본질로 삼아야 하며, 주대에서만 적합한 자료를 얻을 수 있다. 우리는 주대의 자료를 먼저 논의하고 그다음에 좀 더 시대를 거슬러 올라가고자 한다.

우리는 주대의 문헌에서 어떤 방법들은 정확하게 검증하기 어렵지만 상기의 여러 가지 요리법을 발견할 수 있다. 오늘날 매우 중요한 요리법인 볶음stir-frying은 주목해야 하는 예외에 해당한다. 주대의 중국인들은 볶음요리를 하지 않았던 것으로 보인다. 그들의 중요한 요리법은 삶기, 찌기, 굽기, 약한 불에 오래 뭉근하게 익히기, 소금에 절이기, 말리기였다.

중국 요리를 중국답게 만드는 것은 본질적으로 요리방법에 있는 것이 아니라 음식 재료가 요리되기 전에 어떻게 손질되었으며, 그 재료가 어떻게 결합되어 독특한 요리를 만들어 내는지가 중요하다고 일컬어진다. 임어당(1935, p.340)은 "중국의 모든 요리법은 결합하는 기술에 달렸다"고 말했다(Lin and Lin 1969, p.12 도 참조). 요리는 향신료와 재료를 결합한 기초를 바탕으로 디자인된다. 이것은 중국 요리가 단일한 맛으로 구성되지 않는다는 것을 의미하는 것은 아니지만, 중국 요리의 전 범위를 통틀어 보는 관점에서는 잘게 썬 식재료와 향신료의 결합이 특징이라는 것을 의미한다. 이런 중요한 의미에서 주대의 요리도 분명히 '중국적'이다. 주대의 문헌에 나타난 요리법은 '자르고 요리한다'는 뜻의 할팽割烹이라고 한다(이 말은 지금도 일본에서 사용되고 있다). '자르다' 혹은 '저미다'를 의미하는 많은 단어들이 있다. 요리 가운데 가장 일반적인 것은 갱羹이었으며, 일종의 고깃국 혹은 고기 스튜와 같은 것으로 여러 가지 향신료의 혼합을 특징으로 하는 요리법이다.[*2] 그러나 중국식 요리에서 향신료의 혼합은 단지 출발점에 지나지 않는다. 각각의 요리에 적용되는 재료의 비율, 각각 가해지는 열의 양과 지속시간, 각 단계마다 적용되는 양념 또한 중요하다. 『여씨춘추呂氏春秋』에서는 "요리 솥 안에 있는 여러 가지 음식이 너무나 맛있어서 그것을 표현할 수가 없다"(「효행

---

10 미리 요리한 재료를 합쳐서 추가로 조미를 하는 경우 작은 쪽이 큰 쪽을 만난다는 의미. 예컨대 샐러리배추와 만난 새우(shrimp cakes meet celery cabbage).

람孝行覽」, 「본미本味」[11]절, C. J. Yin 1958, p.14)고 했다.

주대부터 그러한 요리를 향한 노력이 있었기 때문에, 현대 중국에서 그와 마찬가지로 단순한 것부터 복잡한 것까지 수백, 수천 가지의 개별적인 요리가 만들어졌음에 틀림없다. 자료의 성격상 우리가 약간은 알고 있는 대부분의 요리는 제의祭儀용과 상류층이 즐겼던 연회 요리들이었다. 이를테면 단순한 야채 요리 레시피는 거의 알려지지 않았다. 그러나 아무리 레시피가 복잡하더라도 많은 요리들이 정성스럽게 만들어졌고, 그것들은 인생에서 가장 값진 향락 가운데 하나였다. 『초사楚辭』[12]의 「초혼招魂」이라는 두 편의 시만큼 이것을 더 생생하고 설득력 있게 설명한 것은 어디에도 없다. 이 시는 영혼이 다시 행복한 삶을 위하여 되돌아 올 것을, 말하자면 미각을 만족시키는 좋은 요리가 있는 삶으로 돌아오길 간청하는 시이다. 「초혼」에서 우리는 다음과 같은 시를 읽을 수 있다.

오 영혼이여, 돌아오소서. 어찌하여 그렇게 먼 곳으로 가야했습니까?
모두가 도착하여 온가족이 모였습니다.
요리도 각양각색으로 준비했답니다.

쌀, 좁쌀, 새로 수확한 보리에다가
향긋한 메조까지 섞었습니다.

아주 쓴맛과 짠맛, 신맛이 있어 음식은 매우 맛있어지듯이,
매운맛과 단맛 또한 전부 쓰임이 있습니다.
살진 소의 쇠심줄은 훌륭한 요리가 되는데,
이를 흐물흐물해질 정도로 푹 고아내면 향이 폴폴 납니다.
이것은 신맛과 쓴맛과 조합이 좋으므로

---

11 원문에는 'pei wei'로 되어 있으나 원래는 'pen wei', 즉 본미가 맞다.
12 한대 경학가인 유향劉向이 편집한 시가 총집. 「초혼」은 전국 시대 시인이자 정치가인 굴원屈原의 작품이라는 설(사마천)도 있으나 마찬가지로 전국 시대 시인인 송옥(宋玉)의 작품이라는 설이 더 유력하다.

오나라에서는 상에 내가는 국으로서 인기가 많았다고 합니다.
뭉근하게 삶아낸 자라, 불에 구운 새끼양은
신선한 사탕수수로 만든 당액柘漿에 찍어서 드십시오.
고니 고기엔 새콤달콤한 녹말소스를 끼얹어 요리하였고,
청둥오리 고깃덩어리는 가마에서 삶아냈으며,
기러기와 작은비둘기는 끓는 기름에서 튀겨냈습니다.
오향닭 수육에 오래 졸여서 끓인 거북탕을 합치니
그 맛은 농후한 데다 비위가 상하지도 않습니다.

꽈배기 과자粔籹와 꿀을 넣은 쌀떡은 간식으로 삼으시고,
거기에다가 기장엿도 듬뿍 올렸습니다.
옥처럼 맑고 투명한 술에는 벌꿀을 한 국자 섞어
사람들이 즐기도록 손잡이 달린 술잔羽觴에 가득 따르도록 하겠습니다.
술지게미를 걸러낸 전국술醇酒을 얼음으로 차게 식혀두면
마신 다음 순수하고 진한 감칠맛이 온몸을 상쾌하게 할 것입니다.
호화로운 연회석이 이미 마련되었는데,
차린 술은 모두 다 신선들이 마실 법한 미주玉液琼漿뿐이랍니다.

(Hawkes 1959, p.107)

「대초大招」라는 또 한 편의 시에서는 잃어버린 영혼을 불러들이는 뇌물로 맛있는 요리와 고급음식, 그리고 술이 헌상되었다.

오곡은 높이 쌓아 10장丈도 더 넘고,
줄풀菰粱밥도 상 위에 가득 차려놓았습니다.
가마솥에 가득한 푹 삶아진 고기는
갖은 맛이 어울려 한층 향기롭습니다.
왜가리, 비둘기, 그리고 고니까지 다 넣은
승냥이 고깃국을 드셔 보십시오.

오 혼령이시여, 돌아오소서!

마음껏 맛보시옵소서.

신선하고 육즙 가득한 거북이와 기름진 닭고기는

초나라의 산양젖으로 맛을 내었습니다.

돈육장과 말린 개고기에는

잘게 썬 고수 줄기를 약간 더했고

오나라의 개사철쑥으로 만든 쑥절임은

너무 눅지도 않았고 맛을 잃지 않았습니다.

오 혼령이여, 돌아오소서!

당신이 선택한 것을 마음껏 즐기십시오!

구운 재두루미와 찐 청둥오리, 그리고 삶은 메추라기도 상 위에 내놓았고

튀긴 붕어, 뭉근하게 고아 낸 곤줄박이도 있습니다.

맛이 어찌나 상쾌한지 여태 입안에 향이 남아 있습니다.

오 혼령이여 오시옵소서!

당신 앞에 펼쳐 놓은 음식을 고르십시오.

네 가지 맛좋은 술은 이미 잘 익어서

맛이 떫지도 않을뿐더러 자극적이지도 않습니다.

가장 향기로운 술맛을 즐기는 방법은 얼음으로 차게 식힌 뒤 마시는 것으로,

아랫사람들이 몰래 마시게 두어선 아니될 것입니다.

오나라의 감주를 누룩으로 빚은 후

초나라 청주를 섞어 만들었습니다.

오 혼령이시어, 돌아오소서!

무섭거나 두려워서 벌벌 떨지 말고!

(Hawkes 1959, p.111)

초국의 요리 스타일은 북부 중국의 스타일과는 조금 다른 것 같다. 이 시에서 입에 침이 흐를 만큼 생생하게 기술한 음식들은 의심할 여지도 없이 훨씬 차분한 스타일이 기는 하지만, 기본적으로 동 시대의 북부 중국의 『예기禮記』에서 드러난 것과 동일하

다. 북부에서는 동물 혹은 물고기는 전례典禮나 연회와 관련하여 기록된 모든 중요한 요리에 사용되는 주요 식자재이다. 한동안 생고기(성腥)도 사용했고, 털을 뽑지 않은 동물 한 마리를 통째로 굽기도 했다(포炮). 그러나 고기는 말리거나 요리하거나 소금에 절이는 경우가 더 많았다. 말리는 경우 고기는 사각형(포脯)이나 직사각형으로 길고 가느다란 조각(수脩)으로 잘라 생강, 계피 등으로 조미하여 건조한다. 요리를 하는 경우에 고기는 다음 세 가지 중 하나로 자른다. 즉 뼈가 붙은 채로 자르는 삭削, 잘게 저미는 자胾, 얇게 써는 회膾이다. 그다음에는 끓이든가(자煮), 뭉근하게 삶든가(유臑), 찌거나(증蒸) 굽는다(구炙, 번燔, 소燒). 요리 과정에 다른 재료들이 투입된다 하더라도 만약 다른 재료가 적고 목적이 전적으로 맛을 보완하기 위한 것이라면 그 결과는 고기 요리가 된다. 맛의 '조화'를 얻기 위하여 중요한 재료의 양을 같게 했을 때, 그리고 요리 방법이 끓이거나 뭉근하게 삶은 것이라면 고깃국, 즉 갱羹이 된다. 몇몇 고기 요리를 예로 들어 보면, 새끼돼지는 뭉근한 불에 끓여 방가지똥에 싸고 그 속은 여뀌로 채운다. 닭고기는 여뀌로 속을 채우고 장을 곁들인다. 물고기는 여뀌로 속을 채우고 계란으로 양념을 한다. 거북이도 속을 같은 것으로 채우고 장으로 양념한다(「내칙」, 『예기』, Legge 1885, p.460). 고기갱의 종류는 달팽이장蠯과 줄의 열매[13]로 조미한 꿩고기갱, 밀가루로 옷을 입히고 잘게 썰어 말린 닭고기로 만든 갱, 찧은 찹쌀을 넣은 개고기갱과 토끼고기갱을 함께 먹는 갱 등이 있다. 이러한 갱에는 쌀경단을 넣기는 하지만 여뀌풀은 들어가지 않는다(같은 책.)

마지막으로 고기는 때때로 소금에 절이거나 장醬으로 사용되기도 한다. 이러한 목적으로 생고기나 조리한 고기 전부 다 사용할 수 있다. 그러나 『예기』의 권위 있는 해설가인 정현鄭玄(서기 200년경)은 단 한가지의 레시피만 제시하였다. "해醢(뼈없는 고기로 만든 육장)와 니臡(뼈있는 고기로 만든 육장)를 만들려면 우선 고기를 말려서 자르고 발효된 곡식과 소금, 좋은 술과 혼합한 뒤 단지에 보관한다. 이 장은 100일 후에 먹을 수 있다"(『예기』, 1:1). 육장이나 절임은 뜨거운 요리나 국의 재료로 종종 사용되기도 했다. 삶고 건조하는 것 외에도 절임은 식인 풍습에서 선호하는 방식인 것으로 보인다. 항아리의 육장이 되어 일생을 마친 유명한 역사적 인물로는 상나라의 구후九

---

13 습지에서 자라는 외떡잎 풀. 중국에서는 교백(茭白)이라고 부르며 그 줄기의 밑둥치를 먹는다.

候[14](「은본기殷本紀」, 『사기』)와 공자의 제자 자로子路(「단궁檀弓」편, 『예기』)가 있다.

주대의 음식으로 유일하게 정교한 레시피가 남아 있는 것은 『예기』(「내칙」편)에 기술된 노인들을 위하여 특별히 요리한, 이른바 팔진미八珍味이다. 염장고기 튀김을 밭벼쌀밥에 올려 먹는 요리, 염장고기 튀김을 조밥에 올려 먹는 요리, 새끼돼지나 양고기에 대추를 넣어 굽는 요리, 고기를 두들겨 납작하고 부드럽게 만든 요리, 술에 담근 고기 요리, 두들겨 말려서 먹는 고기, 각종 고기와 쌀로 만든 경단, 그리고 간과 비계 등이다.[*3]

자신들의 특징적인 요리를 만들고 그 요리를 차리기 위하여 주대의 중국인들은 독특한 주방 도구와 용기 세트를 구비하였다. 그뿐만 아니라 그들은 정교한 술잔 세트를 갖추고 있었다. 음식 및 음료 도구들과 관련된 현재의 청동기 분류와 문헌적 어휘 목록에 대한 설명은 다음 절에서 중요한 범주로 다루도록 하겠다(Hayashi 1964 참조).

음식 도구

• 조리 기구

조리 기구에는 정鼎, 력鬲, 언甗, 증甑, 부釜, 확鑊, 조灶가 포함된다. 이 모든 것은 도기와 청동으로 만들어졌다. 다만 조는 화덕이기 때문에 도기로만 만들어졌다. 정, 격과 확은 삶거나 약한 불에서 오래 뭉근하게 끓이는 데 사용되며 언, 증, 그리고 부는 찌는 데 사용한다.

• 보존 및 저장용 그릇

이 부분은 곡식을 담은 항아리의 고고학적인 유물과 고기와 채소로 만든 육장과 절임에 대한 기록에 기초하여 추정하는 범주이다. 비록 일부 술 용기(아래 참조)가 명확히 이런 목적으로 사용되었다고 하지만 청동그릇이 사용된 것 같지 않다. 그러나 대체로 도기 병과 항아리가 가장 많이 사용되었다.

---

14 구후는 자신의 아리따운 딸을 주왕의 침실에 들여보냈는데, 딸이 순종하지 않는 바람에 주왕이 격노하여 그녀를 죽이고 구후로 육장을 담갔다("九候有好女, 入之紂, 九候女不喜, 紂怒, 殺之 而醢九候.")는 전설이 있다.

• 취사 도구와 그릇

기본적인 종류 다섯 가지를 이 범주에 넣는다. 즉 젓가락, 주걱, 국자, 곡류음식을 담기 위한 주식용 그릇, 고기와 채소 요리를 담아내는 취사 도구들이다. 처음 세 가지는 상대나 주대에 사용되었다는 것 이외에는 덧붙일 말이 없다. 그러나 그 시기에는 젓가락보다도 손을 더 많이 사용하였을 것으로 추정된다. 주식을 위한 그릇과 요리를 위한 그릇은 형태와 소재 면에서 복잡하다. 곡물 음식을 담는 그릇은 궤簋, 수盨, 보簠 그리고 대敦와 같은 것으로 대부분 청동기, 도기, 그리고 바구니로 만들어졌다. 한편 요리를 담는 그릇은 두豆, 변籩, 그리고 조俎로서 대부분 도기, 나무, 바구니로 되어 있다. 두는 고기요리를 담는 그릇으로 가장 중요하며, 상대에는 청동으로 만들어진 적이 없다(C. J. Shih 1969). 다르게 표현하면 청동그릇은 주로 주식을 담기 위하여 사용했던 것이지 요리용 그릇은 아니었다. 이것이 중요한 차별성이며 아래에서 다시 언급하게 될 것이다.

음료 용기

물과 술을 담는 용기: 청동기, 도기, 나무 및 기타 등등.

술잔: 청동기, 호리병박, 칠기, 도기.

국자: 청동기, 나무, 호리병박.

이러한 그릇의 조합과 주대의 독특한 요리법은 명백히 밀접한 관련을 맺고 있다. 주대의 중국인들은 주식을 가루로 정제해서 요리하기보다는 전곡으로 먹는 일이 더 많았다. 그래서 그들은 그것을 요리하기 위하여 찜 도구를 사용하였고, 입이 넓적한 그릇에 주걱과 젓가락으로 그것을 담았다. 고기와 채소 요리는 소량으로 제공되었다. 정鼎과 력鬲을 비롯한 다른 요리 도구들은 이를 요리하는 데 사용되었고, 젓가락은 음식을 더는 데 도움이 되었다.

주대의 음식 도구의 독특한 조합은 주대만큼 문헌이 남아 있지 않는 상대와 신석기 시대의 요리법을 연구하는 데 주요한 기초가 된다. 여기에서는 개략적인 일반화를 할 수 있을 뿐이다. 말하자면, 신석기의 앙소 문화에서 상과 주에 이르기까지의 고대 중국의 요리와 취사 도구들은 본질적으로 동일하다는 것이다. 우리는 선사 시대의 젓가락을 하나도 가지고 있지 않지만, 상대와 주대의 많은 청동기 그릇은 과거로 더 거슬러 올라갈 수 있고, 그 이전의 재료인 점토를 쓰던 시대의 중간쯤까지 이를 수도 있다. 그러나 다른 부분에서도 연속성은 거의 전면적이다. 주 시대의 요리법의 많은 부분, 혹은 그 대부분은 상이나 심지어 그 이전의 선사 시대에 그 기원이 있었다는 결론을 내릴 수 있다.

식사, 연회 그리고 음식의 의례적 사용

영양학적인 관점에서 볼 때 일단 식재료가 요리로 만들어지면 그것이 어떤 도구를 사용하여 제공되든 간에 소비될 뿐이며, 위장에 들어가면 모든 식사과정이 끝난다. 식사를 삶에 대한 주요관심에 포함시키는 사람의 입장에서 보면, 식사 그 자체는 배고픔과 음식에 대한 기다림을 만족시키는 것 이외에 어떤 결과도 가져오지 않는다. 그러나 행동의 특별한 패턴을 지키면서 타인과 함께하는 식사는 가장 높은 단계에 속한다. 음식은 생명을 유지하기 위하여 섭취하는 것이지만, 주어진 대로 받아먹고 나누는 것은 아니다. 이러한 감정은 주대의 시에서도 표현되었다(「규변頍弁」)[15].

끝이 우뚝 솟은 가죽 고깔모자
실로 이것은 무엇이란 말인가?

당신의 술은 맛이 좋고,
당신의 요리는 뛰어나다네.
어찌 그것이 타인의 것이겠는가?
전부 형제들 것이지 타인의 것이 아니라네.

(『시경』 「소아小雅」편, Waley 1960)

---

15 『시경』 「소아」편에 실린 시. 직역하면 '끝이 우뚝 솟은 고깔'이라는 뜻으로 실제로는 관리들이 착용하던 관면(冠冕)을 얘기한다.

다른 한 편의 시 「벌목伐木」에서 다음과 같이 그 감정을 알 수 있다.

산비탈에서 나무를 하고, 걸러낸 술을 한가득 차려라.
제기籩豆는 가지런히 차리고, 형제들은 소원해지지 말거라.
사람이 덕을 잃으면, 말린 밥乾餱부터 못 쓰게 될지어다.

(같은 책)

다른 시들은 연회의 분위기와 음식을 기술하고 있다. 여기에서 우리는 크릴이 말하는 "음식은 인생의 즐거움"이라는 주장에 동의해야 한다(Creel 1937, p.323과 그다음 페이지). 그러나 식사는 엄숙한 사교이며, 엄격한 규칙의 지배를 받는다. 주나라의 시인이 조상제사와 연회에 대해 말했듯이 "모든 관습과 의례는 지켜져야 하고, 웃음 하나, 말 한마디가 제자리에 있어야 한다"는 것이다(『초자楚茨』, Waley, 인용구절에서).

우선 식사의 진설부터 보기로 하자. 중국에서 테이블과 의자를 펼쳐 놓는 것은 보다 근대에 와서 생긴 특징이다. 북송(960~1127) 이전에는 그런 것이 없었다(Shang 1938, p.119~20). 상과 주대에 선비士계급은 개별적으로 깔아 놓은 자리에 무릎을 꿇고 앉아서 먹었다. 의자는 사람들을 돕기 위하여 옆에 갖다 놓을 때도 있었다. 『시경(「대아大雅」편)』의 「행위行葦」에서는 음식진설을 다음과 같이 노래하고 있다.

형제들이여, 서로서로 사이좋게 지내시고
아무도 빠지지 말고 허물없이 대하십시오.
그대들을 위하여 대자리筵도 좀 깔아두었고,
작은 상几도 조금 놓았습니다.

깔아 놓은 대자리에다 자리를 겹쳐서 깔고,
차려 둔 작은 상에는 시종들을 준비시켜 두었습니다.
주인은 손님들을 위하여, 손님들은 주인을 위하여 건배합시다.
주인이 주둥이 넓은 술잔爵을 씻으면 손님들은 꼭지가 두 개 달린 큰 잔斝을
올립니다.

육장醢醯과 함께 구운 고기와 찐 고기도 들입니다.
아주 맛있는 내장 요리와 머리고기膫 요리도 있으니,
노래도 부르고 북도 칩시다.

(Waley, 인용구절에서)

또「공류公劉」라는 시에서는

충직한 류劉 대공은
도읍을 정하려는 원대한 계획을 갖고 계신다.
품위 있고 점잖은 모습으로
대자리와 작은 상을 마련하니
이미 사람들이 관례에 따라
그에 맞춰 무리지어 앉았다.

(같은 책)

각 사람들의 옆이나 앞에는 한 끼 식사로 음식과 술이 담긴 그릇이 한 세트로 진설되었다. 식사의 정의는 중대한 것이다. 이는 곡식으로 만든 음식과 고기와 채소로 만든 요리, 그리고 물이나 술, 혹은 그 둘 다를 갖추어야 한다(이것에 대해서는 이후에 더 자세하게 언급할 것이다). 각자 배를 채우기 위하여 큰 그릇 네 개에 담긴 곡식을 먹어야 하는 것으로 알려졌다(「권여權輿」편, 『시경』). 그러나 요리의 가짓수는 개인의 지위와 연령에 따라 다양했다.

『예기』에 따르면 고관들은 여덟 접시豆의 요리를, 낮은 계급은 여섯 접시를 받았다. 60세 남성은 세 접시를 받고, 70세는 네 접시, 80세는 다섯 접시, 그리고 90세는 여섯 접시를 제공받는다(「향음주鄕飮酒」편).

이러한 방식으로 그릇과 요리는 사람의 앞, 그리고 옆에 진설된다.

뼈가 있는 고기는 왼쪽에, 그리고 얇게 썬 고기는 오른쪽에 진설한다. 알곡음식은 [사람의] 왼쪽에, 국은 [사람의] 오른쪽에 진설하며, 다지고 구운 고기는 [토막

내고 얇게 저민 고기의) 바깥쪽에, 그리고 절임과 육장은 안쪽에 배치한다. 파와 찐 파는 이에 따라서 놓고, 마실 것과 술은 오른쪽에 진설한다. 말리고 양념한 고기 가 진설될 때에는 접힌 부분이 왼쪽을 향하도록 하며 끝부분은 오른쪽을 보도록 한다(「곡례曲禮」, 『예기』, Legge 1885, p.79).

손님이 건배할 잔은 왼쪽에 두고, 〔다른 사람들이〕 마시는 술잔은 오른쪽에 둔다. 손님을 시중드는 사람의 잔이나 주인의 잔, 그리고 주인의 보좌가 마시는 잔은 모 두 오른쪽에 배치한다. 조린 생선을 먹도록 진설할 때는 꼬리가 앞을 향하도록 한다. 겨울에는 물고기의 기름진 뱃살이 오른쪽으로 향하도록 한다. 여름에는 물고기의 등이 오른쪽을 향하도록 한다. …… 모든 장醬은 오른쪽 〔손〕으로 들며 왼쪽에 배치한다. …… 동물의 머리가 음식에 포함될 때는 주둥이를 앞으로 놓아 제물로서 쓸 수 있게끔 한다. 술 주전자를 든 사람은 술을 따라야하므로 가장 상 석上席을 고려하여 그 왼편에 서 있어야 한다. 술 주전자와 술병은 주둥이 부분이 술을 준비하는 사람 쪽으로 향해야 한다(「소의少儀」, 『예기』) 같은 책, p.78~79, 또한 관자管子의 「제자직弟子職」도 참조).

말이 나온 김에 어린이들은 일찍이 오른손으로 식사를 하도록 훈련을 받고 있다는 것도 언급되어야 한다(「내칙」, 『예기』).

마지막으로 식사 자리에서의 엄격한 규칙이 정해져 있다. 『예기』에 의하면 다음과 같은 것들이 매우 중요하다(「곡례」 「소의」, 『예기』, Legge 1885 참조).

1. "만약 손님이 (주인보다) 지위가 낮다면, 손님은 〔밥〕그릇을 들고 일어나서 (그가 받은 대우를) 사양해야 한다. 그러면 주인은 일어나 손님이 나가지 못하도록 해야 한다. 이후에 비로소 손님은 자리에 앉는다."

2. "주인이 손님을 안내하여 (조상님을 위한 요리인) 제사음식을 대접할 때는, 가장 먼저 진설했던 음식부터 들여온다. 뼈가 붙은 고기 요리부터 시작하여 그다음에 〔다른 요리들을〕 전부 올릴 것이다."

3. "그들이 세 번 먹은 다음, 주인은 손님들에게 얇게 썬 고기 요리를 대접할 것이

며, 그다음부터 다른 요리로 이어질 것이다."

4. "손님은 주인이 다 먹을 때까지 술로 입을 헹구어선 안 된다."

5. "〔젊은 사람이〕 연장자의 식사 시중을 들 때 주인이 직접 손으로 무엇인가를 건네주면, 그는 예를 올리고 먹어야 한다. 만약 주인이 그런 식으로 건네주는 게 아니라면, 예를 갖출 필요 없이 먹어야 한다."

6. "높은 지위의 사람과 식사를 할 때는 손님이 먼저 약간 맛을 보고 멈추어야 한다. 음식을 씹지 않고 삼켜서는 안 되며, 술을 벌컥벌컥 들이켜서도 안 된다. 조금씩 그리고 자주 한입씩 먹어야 한다. 빨리 씹으려고 입에 음식이 들어 있는 채로 얼굴을 찌푸려서는 안 된다."

7. "하나의 요리를 다른 사람과 함께 먹을 때는 심할 정도로 〔급하게〕 먹어서는 안 된다. 〔곡식〕음식 그릇 하나에 요리를 다 담아 먹을 때는 손을 씻을 필요는 없다."

8. "〔곡식〕음식을 엉기게 하지 말고, 여러 가지 요리를 한꺼번에 삼키지 말아야 하며, 국을 들이마시지 말아야 한다."

9. "먹을 때는 소리를 내지 말아야 하며, 뼈를 이빨로 오도독 소리 날 정도로 씹지 말아야 한다. 먹던 생선은 중간에 돌려놓지 말고, 개한테 뼈다귀를 던지지 말 것이며, (먹고 싶은 것을) 게걸스럽게 먹지 말아야 한다."

10. "밥을 (식도록) 늘어놓지 말 것이며, 밥을 먹을 때는 젓가락을 사용하지 않는다."

11. "채소가 들어간 국은 벌컥벌컥 마시지 말도록 해야 할 것이며, 거기에 양념을 치지 말아야 할 것이다. 이빨을 쑤시지 말고 육장을 들이키지 말라. 손님이 양념을 넣는다면, 주인은 더 좋은 국을 만들지 못한 것에 대해 사죄를 할 것이다. 손님이 장을 벌컥 마신다면, 주인은 그의 빈궁함을 사죄할 것이다."

12. "고기가 수분이 많고 (부드럽다면) 이로 끊어 먹을 수가 있다. 그러나 마른 고기는 그렇게 할 수가 없다. 구운 고기는 큰 덩어리 채로 삼키지 말아야 한다."

13. "식사가 끝나면, 손님은 (자기 방석) 앞에서 꿇어 앉아 〔밥이 든〕 그릇과 육장 접시를 시중드는 사람에게 건네면서 치우기 시작해야 한다. 그때 주인은 일어나 손님의 행동을 가로막는다. 그다음에야 손님은 다시 자리에 앉는다."

이 모든 식탁 좌석배치와 식사예법은 주대 후기의 상류층 사족士族들의 것이라는

그림 5. 전국 시대 청동기에 새겨진 의례풍경. 상하이박물관 소장품(Weber, Charles D. 1968.)

점을 기억할 필요가 있다. 그들이 이 규범을 어느 정도 철저하게 지켰는지, 이 규범이 북부 중국과 상류층을 넘어선 부류에게도 적용되었던 것인지, 혹은 상대와 주대 전기의 중국인들도 동일하거나 비슷한 규칙을 갖고 있었는지 우리는 알 수가 없다. 『시경』에 실린 많은 시에서 나타난 묘사를 통해 추정하자면, 초기의 식사와 연회는 더 열과 성을 다해 함께 즐기고, 『예기』에 기록된 것보다 덜 형식적인 형태였던 것 같다(그림 5). 공자가 "거친 밥을 먹고, 물을 마시며, 팔을 베개 삼아 지내지만 나는 여전히 이 가운데 만끽하고 있다飯疏食飮水, 曲肱而枕之, 樂亦在其中矣"(『논어論語』, Legge 1893)고 널리 선언했을 때, 그는 명백히 최소한의 수준에 있는 음식을 생각하고 있었으며, 위에서 말한 모든 규칙이나 예법이 없는 식사만으로도 식사가 될 수 있다는 것을 생각하였다. 그러나 이는 단지 공자의 철학적인 이론이 아닐까?(명심해야 한다. 실생활에서의 공자는 미각문제에 있어서 유별났고, 다루기에는 까다로운 사람이라는 것을 어록*4의 다른 부분에서 볼 수 있다.) 가난한 사람들이라고 해서 꼭 친구가 없는 촌놈이었을까? 그들이 끼리끼리 모이면 그들만의 규칙이 없었을까? 그들에게도 규칙이 있었을 것이다. 다만 안타깝게도 그들의 규칙은 기록으로 보존되어 있지 않다.

음식의미론

　고대 중국의 식습관 혹은 식사시스템에도 메리 더글러스Mary Douglas가 사용한 바와 같은(1971) 언어학적인 의미의 기호code가 있을까? 고대 중국 문명의 본질은 먹고 대접하는 주식(곡식)과 요리를 바탕으로 기호화되어 있을까? 딱히 기호는 아니더라도 다음과 같은 체계가 적절한 것 같다.

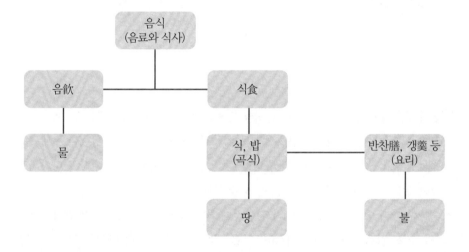

　영어와 달리 중국어에서는 (현대어나 고대어나 마찬가지로) 음식飮食, 즉 먹는 것과 마시는 것을 결합한 단어가 있다. 이것은 물론 음(마시는 것)과 식(먹는 것)으로 된 합성어이다. 그리고 후술하겠지만, 그 분기점은 문헌에서도 명백하게 보인다. 식食 안에서도 분명히 좁은 의미에서 곡물로 만든 밥飯을 의미하는 식食과 고기와 채소로 만든 요리(현대적 용어로 **차이菜**) 간에는 뚜렷하고 강한 이분법이 있다. 나는 이러한 음식분류의 배열과 그와 연관된 신념이나 규칙은 식사에 있어서 중국식의 구조적 본질이라고 생각한다. 그리고 이것은 적어도 주대부터 현대에 이르기까지 변화하지 않았다.

고대의 문헌에서는 먹고 마시는 것들을 열거하는 부분 어디에서나 음식을 대조하는 동일한 체계가 보인다. 다음은 몇 가지 눈에 띄는 사례들이다(굵은 글씨는 첨가).

"회回[16]여, 너의 덕을 경탄할지어다! 대바구니簞에 담은 밥食 한 그릇과 표주박瓢에 담은 물飮 한 바가지를 갖추고, 이토록 누추한 거리陋巷에 살고 있으나, …… 그의 기쁨은 그에 개의치 않을 지어다"(「옹야雍也」편, 『논어』, Legge 1893, p.188).

(검오黔敖는) 왼손에는 먹을 것食을 받쳐들고, 오른손에는 마실 것飮을 쥔 채 그에게 말했다. "불쌍한 사람아, 와서 먹어라"(「단궁」 하편, 『예기』, Legge 1885, p.195).

거친 밥을 먹고, 물을 마시며, 팔을 베개 삼아 지내지만 나는 여전히 이 가운데 만끽하고 있다(「술이述而」편, 『논어』, Legge 1893, p.200).

(연나라의 백성들이) 대바구니에 밥을, 항아리에 국(물)을 담아 갖고 나와簞食壺浆 (제나라의) 왕의 군사를 환영하였다(「양혜왕梁惠王」, 『맹자』, Legge 1895, p.170).

이러한 문장은 최소한의 식사는 약간의 곡식(일반적으로 잡곡밥)과 약간의 물로 구성되어 있다는 것을 밝혀주고 있다. 그러나 음식의 정교함의 정도를 따라 올라 가면 우리는 제3의 사물, 즉 요리를 발견하게 된다. 『예기』의 「내칙(가족 규칙)」에서 요리, 즉 샨膳이라는 범주가 반(飯, 즉 食)과 음飮 사이에 추가된다. 샨에는 다양한 고기 요리가 20접시豆나 기록되어 있다. 『주례周禮』에서는 선부膳夫가 왕의 식, 음, 요리(선수膳饈)를 담당한 것으로 되어 있다. 선수는 다양한 요리를 지칭하였다. 요리는 고기를 포함하고 있을 때도 있어서, 식食 범주 안에서 곡식을 끓인 식食과 갱(羹, 즉 국)과는 대조를 이룬다. "갱과 끓인 곡식, 즉 식食은 왕자부터 일반인들에 이르기까지 모든 사람들이 차별하지 않고 사용했다"(「내칙」, 『예기』, Legge 1885, p.464). "작은 소쿠리에 담은 식(곡식)과 큰 그릇에 담은 갱"(「고자告子」편, 「진심盡心」편 『맹자』), "콩으로 만든 판(飯, 밥)

---

16 안회(顔回). 중국 춘추 시대 노나라 사람으로 공자의 수제자.

과 채소와 고기 넣은 갱"(『전국책戰國策』).

중국 음식에 있어서 곡식과 요리의 대비는 아주 중요한 삶의 방식이다. 부웨이 양 차오Buwei Yang Chao는 그녀의 책에서 다음과 같이 지적하고 있다(1972, p.3).

어디에서나 중요한 개념은 판飯(좁은 의미에서), 즉 '밥'과 차이(cai, 菜), 즉 '요리'의 대조이다. 가난한 사람들은 주식으로 밥 혹은 다른 곡물 요리를 많이 먹고 약간 의 차이, 즉 요리를 먹는다. 요리는 밥에 곁들여질 뿐이다. 가능하다면 중국의 어 린이들은 밥을 적게 먹고 요리를 많이 먹고 싶어 한다. 그러나 잘 사는 가정의 어 린이들조차도 그들이 밥을 즐겨 먹으면 착하다고 칭찬받는다. 이 모든 것은 중국 음식에서 밥과 요리 사이의 대립을 선명하게 보여 주는 것들이다. 국수나 찐빵 또 한 '밥', 즉 곡물음식으로 간주된다.

이것을 2,000년 이상 이전의 공자에 대한 다음의 문장과 비교해 보자. "고기가 많 이 있더라도, 식(밥)의 양과 적절한 비율을 넘어서는 것은 허락되지 않았다"(『논어』, 「향당鄕黨」편). 한 가지 확실한 건, 공자나 차오가 모두 중국의 어린이들(그 부모들)은 곡식음식(주식이며, 기본적이고 절대적으로 중요한 음식)과 요리(이 때 곡식에 '맞추다', 곡식을 '보충하다', 혹은 곡식을 '보완하다'라는 의미로 '배倍'를 사용하여 곡식을 먹기 쉽고, 즐길 수 있도 록 하는 것으로서)를 명백하게 구별하고 요리에 지나치게 탐닉하지 않아야 한다고 강하 게 주장했다는 점이다.

곡식음식과 요리의 한 가지 차이는 곡식으로 만드는 음식이고, 또 하나는 불로 요 리하는 음식(주로 고기)이라는 것이다. 우리는 『예기』의 「왕제王制」편에서 다음과 같은 중국인들의 사방四方에 자리한 '야만인'들의 분류법을 볼 수 있다.

5개 지역의 인간—중국인과 융·이(戎夷) 등 사이(四夷)[17]—은 모두 그들만의 독 특한 특징을 갖고 있다. 그 특징은 변할 수 없다. 동쪽에 있는 부족은 이夷라고 불 리며 그들은 머리를 묶지 않고, 몸에는 문신을 하였다. **그들 중 일부는 불로 요리하**

---

17 원문은 "中國 戎夷, 五方之民"이다.

지 않은 음식을 그채로 먹는다. 남쪽의 부족은 만蠻이라 불리는데, 그들은 이마에 문신을 하고, 발은 서로 안쪽으로 굽었다. **그들 중 일부는 불로 요리하지 않은 음식을 먹는다.** 서쪽에 있는 부족은 융戎이라고 불리는데 그들도 머리를 묶지 않고 가죽옷을 입는다. **그들 중 일부는 곡식을 먹지 않는다.** 북쪽의 부족은 적狄이라고 불리는데, 그들은 동물과 새의 가죽을 입고 있으며 동굴에서 생활한다. **그들 중 일부조차 곡식을 먹지 않는다**(Legge 1885, p.229, 굵은 글씨는 추가).

고기를 불에 익혀 먹지 않거나 또 곡식을 먹지 않는 것, 즉 이 두 가지 요소를 모두 갖추지 못한 부족은 명백하게 중국인이 아니라고 간주되었다. 그러나 이 두 가지는 동일하지 않다. 어떤 부족은 곡식을 먹지만 생고기를 먹으며, 또 다른 부족은 불에 익힌 고기를 먹지만 곡식을 먹지 않는 경우도 있다. 그 어느 쪽도 중국인이 되기에 충분한 조건은 아니다. 정의를 내리자면 중국인은 곡식을 먹고, 고기는 불에 익혀 먹는다. 곡식과 불로 요리한 고기(요리의 주재료)는 중국의 식사 체계에서 대비되는 항목이다.

곡식으로 만든 음식과 관련된 요리의 부차적인 특성은 식食이라는 단어가 일반적인 음식을 지칭하기도 하고, 특정한 곡물음식을 지칭하기도 할 뿐만 아니라, 주대 중국의 상례 시 금기사항에서도 드러난다. 『예기』에 따르면 "매장 후에도 상주는 거친 곡식과 물만 마셔야 한다. 말하자면 그는 채소나 과일은 먹지 않는다. …… 졸곡제를 지내고 나서야 상주는 채소와 과일을 먹는다. 그다음 제사를 지낸 후에 상주는 고기를 먹는다"(「상대기喪大記」편, 『예기』, Legge, 인용구절, pp.183~84). 이 말은 곡식과 물이 기본주식이며, 이 기본을 넘어서면 채소와 과일이 고기에 앞서서 등장할 수 있다는 것을 의미한다. 또한 고기를 다시 먹게 될 때 처음에는 마른 고기를, 그리고 그다음에 신선한 고기를 먹을 수 있다(「상대기」편, 『예기』). 정리해서 말하자면, 다음과 같은 두 가지 점이 아주 확고하게 성립될 수 있다. 즉 첫째는 음식의 범주 가운데, 곡식─요리의 대비가 있다는 점이며, 둘째는 둘 가운데 곡식이 요리보다 상위이거나 기본이라는 것이다.

주대의 문헌에서 우리는 의례의 기원에 대한 두 가지 다른 설명을 발견할 수 있다. 하나는 곡식을 중심으로 전개되는 논의이고, 또 하나는 고기 요리를 위한 불의 사용에 관한 것이다. 첫째, 곡물의 주제와 의례의 기원은 「생민生民」에서 전해진 바와 같이 주대의 민간 전설에서 등장한다.

태초에 첫 주나라 사람을 낳은 건
바로 강원姜嫄이다.
어찌 아이를 낳았냐고 하면,
지극정성으로 제사를 지내고 기도하여
자식을 낳지 못하는 불운이 사라지도록 빌었다.

마침내 그녀는 옥황상제의 엄지발가락의 발자국을 밟고
몸을 옮겨가 드넓은 곳에서 쉬었다.
아이를 배고 은거한 채로 낳고 기르니
그 아이가 바로 후직(后稷, 곡식의 신)이다.

산달을 다 채워서 아이가 태어났는데,
모체母體를 자르거나 가르는 아픔도 없었고, 상처도 흉터도 없었다.
이 아이의 영험함이 밝아
옥황상제의 심기가 편하도록
제사를 성대히 지냈기에
아이가 무사히 태어난 것이다.

아아, 아기를 골목길에 버렸건만,
소와 양들은 살뜰히 보살폈다.
아아, 아기를 드넓은 숲속에 갖다 놓았건만,
나무를 전부 베어 버렸다.
아아, 아기를 차가운 얼음 위에 두었건만,
새가 날개로 아기를 품어주었다.
드디어 새가 떠나버리자, 후직은 울부짖기 시작했고,

그 울음이 길고도 우렁차서
온 거리를 가득 채웠도다.

후직은 기어 다니기 시작했을 때부터
뛰어나게 총명했고
머지않아 음식을 집어 입으로 가져갔다.
그는 콩을 심었는데,
이 콩은 쑥쑥 자라났으며,
조를 심어 이삭을 거두고,
마麻와 보리는 들판을 가득 채웠으며,
작은 오이들이 주렁주렁 열렸다.
후직의 농사는 전통 방식을 성실하게 따랐다.
무성한 잡초를 제거하고
기장黃茂을 심었다.
싹이 트기 전까지 곡식을 돌보고
씨를 온 곳에 뿌렸으며,
이삭이 사방으로 뻗어나 우거져서
그 낟알이 단단하고 좋을지니
그 이삭은 고개를 숙일지어다.
하여 후직은 태邰나라에 정주하였다.

아아, 후직은 백성들을 보우하사 좋은 종자를 하사했으니
평범한 검은 기장秬과 한 껍질 안에 낟알이 두 개씩 들어 있는 검은 기장秠,
붉은 차조와穈 흰 차조芑 모두가 주어졌다.
으레 검은 기장들은 두루 심어 키운 뒤
알곡을 베어 밭두렁 위에다 쌓아 놓았다.
붉은 차조와 흰 차조는 두루 심어 키운 뒤
어깨와 등에 둘러메고

집으로 돌아가 조상제사를 지냈다.

허면 조상제사는 어떻게 차려야 하는가?
곡식을 맷돌에 빻아서 정미精米를 가려내고,
체질을 하여 겨를 걸러낸다.
쌀을 씻고 불려서
밥을 한 솥 가득 안친다.
의견을 나누고 생각을 한데로
마땅히 정성스럽게 제사를 준비하여,
개사철쑥과 고기기름을 올리고
숫양고기를 준비하여 노제軷를 지낸다.
그 고기를 굽고 꺼지지 않게 불을 더 세게 지펴
새해의 풍양豊穰을 기원祈願한다.

성대한 제사를 지내기 위하여 제기를 준비하고,
준비한 제기를 제사상 위에 올린다.
곧 좋은 냄새가 피어오르니,
상제가 기꺼워하신다.
이 향기가 정말로 좋기에
비로소 후직은 제사를 지내기 시작하였고
한 치의 오점도 결점도 없는 제사를,
오늘날까지 이어오고 있다.

(「대아」편, 『시경』, Waley 1960, pp.241~43)

　　여기에서 고기가 언급되기는 하지만, 후직은 무엇보다도 '곡식의 신'이었고 따라서 곡식이 의식에서 중심적인 역할을 했다. 또 다른 이야기는 의식과 고기 요리와의 관계이다. 이것은 『예기』의 「예운禮運」에 실려 있다. 이 부분은 학자들이 도교적인 것이라고 오랫동안 의심해왔던 많은 이념과 개념을 포함하고 있다(Kao 1963, pp.38~41). 다음 설명은 아마도 앞서 소개한 시, 즉 주나라 시대의 지배자의 전통을 담은 시보다는 일반 농민의 전통에 더 가까울 것이다.

　상고 시대의 예는 음식으로부터 시작하였다. 그때는 아직 질그릇이 발명되지 않아서 사람들은 기장과 돼지고기를 돌 위에 올린 다음 구워 먹었다. 그들은 흙을 움푹하게 파서 항아리 모양을 만들고 그곳에 고인 물을 두 손으로 떠서 마셨으며, 진흙으로 손잡이를 빚어 옹기북을 두드렸다. (이렇듯 준비는 단순했으나) 그들의 관점에서는 이러한 방식으로 귀신에게 경의를 표할 수 있었다.

　(이윽고) 한 사람이 죽으면 그 가족은 얼른 지붕에 올라가, '여보시오. ○○여, 돌아오시오' 하고 길게 소리치며 그 혼을 부른다. 그다음에 그들은 망자의 입에 생쌀을 넣고 (그에게 올리는 제물로서) (요리한) 고기 한 덩어리를 입에 넣는다. 그렇게 하고 그들은 (영혼이 간 곳으로 생각되는) 하늘을 바라본 뒤 땅에 망자의 신체를 묻는다. 육체體魄[18]와 동물의 영혼은 땅 밑으로 가지만, 지적능력을 갖춘 영혼은 하늘로 올라간다. 또한 이와 같이 산 자들이 머리를 남쪽으로 하여 자는 것과 반대로 망자는 머리를 북쪽으로 향하게 눕힌다. 이 모든 것에서도 초기의 관습을 지금도 따르고 있다.

　예전의 상고 시대 왕들에게는 궁실宮室이 없었다. 겨울에는 그들이 판 동굴에서 살았고, 여름에는 그들이 엮어 만든 둥우리에서 살았다. 그들은 아직 불의 변화무쌍한 능력을 알지 못했으며, 나무와 식물에서 나는 열매와 날짐승과 들짐승의 날고기를 먹고 그 피를 마셨다. 또한 심지어 짐승의 털이 붙은 고기도 그대로 먹었다. 그들은 아마亞麻와 비단의 사용을 몰랐기 때문에 짐승의 깃털과 가죽으로 몸을 가렸다.

　후대에 성인聖人이 나타나 (지식을 갖춘) 인간은 여러 가지로 불을 이용하는 법을 알게 되었다. 그들은 금속으로 주조하고 진흙으로 만든 후방 탑 구조물을 세워 창문과 문이 달린 궁실을 지었다. 그들은 불을 이용하여 굽고, 말리고, 삶고, 태우는 요리를 하였다. 그리고 술과 장醬을 담갔다. 그들은 아마와 누에고치를

---

18 고대 중국에서는 사후 혼(魂)은 천상으로 올라가지만, 백(魄)은 시체에 남아 있다고 한다. 그런 의미에서 혼백은 영혼과 육체를 다 포함하는 것이다.

가공하여 아마포와 비단을 만들었다. 이와 같이 그들은 산 자들에게 먹을거리를 공급하였고, 망자亡者들, 즉 귀신과 신에게는 제물을 바쳤다. 이 모든 것들에 있어서 우리는 상대上代의 예禮를 따른다.

이와 같이 (망자의 대표자를 모셔 놓은) 방에 현주玄酒[19]를 진설하고, 감주甘酒 단지는 (출입)문 옆에 두고, 황주黃酒는 제실에, 그리고 청주淸酒는 마루 아래쪽에 비치한다. 희생 제물을 올려놓을 삼각대나 받침대를 준비한다. 비파琵琶와 칠현금七絃琴은 피리와 낭랑한 소리가 나는 편경編磬, 종, 북과 함께 각각 제자리를 차지하였다. (혼령에게 제물을 바치는) 주례자와 (망자 가족의 대표인) 상주는 조심스럽게 예법을 다잡는다. 의식의 모든 목적은 그들의 조상신을 포함한 천상의 혼을 지상으로 불러들이는 것이다. 제례를 통해 군신관계의 규범을 바로하고, 부자 간의 감정을 두텁게 하며, 형제 간의 화목함을 나타내고, 높고 낮은 계급 간의 관계를 조절하며, 부부가 각자 자기의 응당한 자리를 갖고 있다는 것을 나타낸다. 이 모든 것은 하늘의 축복을 지키기 위함이라는 것을 말해준다.

축문에서는 여러 가지 미칭美稱을 사용한다. 모든 제사에는 현주를 사용하며, 제사상에는 (제물의) 피와 털, 깃털이 먼저 헌상되고, 그다음에 생고기가 진설된다. 그다음에 뼈가 붙은 삶은 고기를 진설한다. 주인은 거친 삼베돗자리를 깔고, 술병과 술잔 위에 올이 거친 천을 덮는다. 주인은 색을 물들인 비단옷을 입고 감주와 청주를 바친다. 그리고 구운 고기와 석쇠에 익힌 고기가 헌상된다. 지배자와 그 부인은 역할분담을 하며 이 제물들을 바치는데, 이 모든 것은 조상의 혼백을 기쁘게 하고, 육체를 떠나 보이지 않는 영혼들과 (현존하는) 자손들이 더불어 공동체를 이뤄내기 위함이다.

이 제사가 끝나면 모든 걸 치우고 덜 익힌 음식까지 요리하는 순서가 된다. 끓이고 난 다음에 개, 돼지, 송아지, 양고기를 따로따로 모아 각각 동그랗거나 네모진 납작한 접시와 대나무와 일반 나무로 만든 기다란 접시, 국그릇에 모두 채워진다. 제사의 축문은 주인이 신에 대한 효경孝敬의 뜻을 나타내야 하고, 신이 내리는 축복도 조상이 자손을 사랑하는 마음으로 가득 차 있어야 한다. 이것이야말

---

19 고대 중국에서 제례용 술의 대용품으로 맑은 물, 청수(淸水)를 사용하는데 이것을 현주라고 부른다.

로 모든 것이 순조로운 대길大吉이라고 말할 수 있다. 이로서 예禮의 대성大成을 이루게 된다(Legge, 인용구절에서, pp.368~72).[20]

「생민」과 「예운」에서 인용한 두 가지 이야기는 주로 판飯—차이菜를 각각 대조한 측면만을 언급하고 있다. 왜 이렇게 대조했을까? 왜 이들은 각기 다른 이야기에서 다르게 강조되었을까? 두 개의 계급, 두 개의 민족 혹은 두 가지 전통의 혼합이라는 측면에서 중국 식사 체계의 기본개념을 설명하고 싶은 충동이 생긴다. 가장 흔한 메인 콤비로 간주되는 음식(곡식)이 좀더 나중에 나온 발명이라는 점은 매우 흥미롭다. 또한 이것은 중국인이 야만인들과의 대립되는 존재라는 것을 확인시켜주는 방법이기도 하다. 그러나 의례의 기원에 대한 두 개의 스토리의 자세한 분석까지 포함하여 이 모든 것은 더욱 심화된 연구 대상이 되어야 한다. 이것과 관련해서 말한다면 나는 식사의 이항二項 구조는 중국 문명에 스며들어 있는 이원론의 일부이며, 음과 양의 개념이 여기에서도 일정한 역할을 하고 있다고 생각한다. 이 모든 것에 대한 완전하거나 만족할 만한 정도의 실증은 아직 발견되지 않았다. 그러나 나는 현재로서는 음식을 담는 그릇의 고고학 연구로 되돌아가고 싶다. 왜냐하면 이 영역에서나마 희미한 빛 한 줄기를 볼 수 있기 때문이다.

음식 사상

나는 위에서 상대와 주대의 청동기와 도기는 당대 중국인의 식습관의 맥락에서 연구될 수 있을 것이라고 주장하였다. 지금 우리는 그러한 맥락의 출발선상에 있다. 우리가 고고학이라는 범위 내에서 얻을 수 있는 음식 용기에 대한 새로운 통찰이란 과연 무엇일까?

나에게 가장 중요한 통찰은 음식 용기 연구는 단일한 재료로 만들어진 그릇에 한정

---

20 이 부분은 『예기』 「예운」편의 일부이며, 영문 번역을 기초로 중국어 원문을 참고하였다. 명백하게 오류라고 생각되는 영문 번역 부분은 중국어 원문 및 백화문 번역에 의거하여 수정하였다.

해서는 안 된다는 점이다. 우리들은 고고학에서 청동기, 도기, 칠기 등등을 상호 별개의 범주로 연구해 왔다. 식사와 의례에 실제로 사용된 용기를 보면, 여러 가지 재료—즉 청동, 도기, 호리병, 나무, 칠기, 상아, 뼈 등등—로 만든 그릇들이 항상 혼재된 상태였다. 확실하게 추정하거나 증명할 수 있는 것은 아니지만, 다양한 재료의 물리적 속성에 따라 용기의 사용 용도와 재료 간에 그럴 듯한 상관관계가 존재했다. 서로 다른 재료로 만든 용기의 조합을 지배하는 규칙이 존재하는지 아닌지는 흥미로운 질문이다.

하나의 자명한 규칙은, 청동기가 대부분 곡식으로 만든 음식과 술을 담는 용기로 한정되었다는 점이다. 변籩과 두豆는 고기 요리를 담아내는 매우 중요한 두 종류의 용기로 이것들은 모두 나무, 대바구니, 혹은 도기로 만들어졌다. 상대와 주대 초기에는 이것들이 청동으로 만들어졌다고는 알려지지 않았다. 주대의 후반기에 비로소 청동으로 만든 두가 등장하였지만, 그래도 도기나 나무로 만든 두가 훨씬 많았다. 이 짧은 중간 시기와 한대漢代 초부터 그 이후까지의 기간에는 오히려 거의 전적으로 나무 용기가 다시 등장하였다(Shih 1950, p.10). 시짱루石璋如, Shih Chang-ju는 상대에 청동제 두를 제작하는데 실패한 이유는 재료의 물리적 속성 때문이라고 설명하려 했다. "은대殷代에 만들어진 대부분의 청동기 그릇은 액체를 담는 데는 적합하였지만, 고체를 담는 데는 적합하지 않았다. 반면 두는 고체를 담는 그릇이었던 것 같다. 나무로 만든 두에 문양을 새기고 빨갛게 칠하면 아주 황홀한 모습이 된다. 은대에 청동의 두가 없었던 이유는 두를 주조하기에 청동이 적합하지 않았거나, 금속기술의 수준이 낮아 원하는 모양의 청동제 두를 만들어 내지 못했을 가능성도 있다"(Shih 1969, p.79).

또 다른 해석은 상대의 사람들이 용기를 음식 용기와 술 용기 두 종류로 나누어 하나는 곡식(요리한 곡식이거나 발효시킨 곡식 혹은 술)을 담고, 또 하나는 고기가 포함된 내용물을 담았다는 것이다. 질그릇, 나무그릇, 대바구니는 두 종류를 다 담을 수 있는 용기였지만, 청동기는 고기류가 아니라 곡식류를 담는 용기로 주조되었다는 것이다. 말하자면 청동기는 요리를 담아내기 위한 것이 아니었다.

우리는 단지 왜 이렇게 되었을까를 추정할 수 있을 뿐이다. 아마도 상대와 주대의 사람들은 의식적으로 음식과 술을 오행五行과 유사한 범주로 분류했을 수도 있다. 또한 각기 다른 용기의 재료는 특정한 규칙에 의해 어떤 특정한 음식, 어떤 특정한 술과 맞닿아있다는 점이다. 우리는 오행—금金, 목木, 수水, 화火, 토土—의 사상을 어디까지 거슬러 올라가 추적할 수 있는지는 알 수 없다. 리우 삔시용劉斌雄(1965, p.108)에 따르면 오행은 상대에 널리 보급된 기본적인 우주론적 개념 체계일 뿐만 아니라, 심지어 오행은 궁중의 사회적 구분과도 관련이 있었다는 것이다. 그러나 다른 논자들(예를 들어 H. S. Li 1967, p.47)에 의하면 음양오행설은 훨씬 후대에 생겨난 것이라고 한다. 어찌되었던 간에 전국 시대(묵자)와 한대 초기(회남자淮南子, 『사기』)의 문헌에 불火과 쇠金는 상호갈등을 빚고 대립적이라고 간주되었다. 그리고 이들 서로가 접촉하게 된다면 일반적으로 불이 쇠를 이긴다. 곡식음식은 주대의 개념에서는 땅과 연관되어 있는 반면, 가열한 고기가 주재료로 나오는 요리는 불과 연관되어 있다는 것을 앞서 보여주었다. 땅土과 쇠金는 서로 조화롭지만 불火과 쇠金는 서로 조화롭지 못하다. 만약 이 사상이 좀 더 일찍 등장하였더라면, 아마도 이 사상은 왜 요리를 청동기에 담지 않았는지를 설명하는 데 도움이 되었을 것이다. 분명한 것은 고기가 일상적인 요리에 꼭 필요한 요소는 아닐 수 있었고, 어떤 요리는 채소만으로 구성되었다는 점이다. 그러나 고기는 부자들에 의한, 부자들을 위한 의식용 요리에는 빠짐없이 포함되어 있었다. 마찬가지로 청동기는 부자들이 사용하였다. 전례주의자가 특정한 범주의 그릇에 청동을 쓰는 걸 피했다면 틀림없이 거기엔 이유가 있었을 것이다.『예기』(「교특생郊特牲」편)에서 우리는 음식의 성격과 그에 적합한 그릇에 대한 다양한 언급을 볼 수 있다.

4. 그들은 연회와 조상을 뫼시는 사당에서 지내는 춘체春禘에서 음악을 연주한다. 그러나 노인들을 위한 잔치나 추체秋禘에서는 음악을 연주하지 않는다[21]. 이 모든 것은 당대 만연했던 음양陰陽의 섭리를 따른 것이다. 모든 술은 양을 북돋우기 위함이며, 모든 음식은 음을 북돋우기 위함이다.

31. 정鼎이나 조俎의 숫자는 홀수(양)로 사용해야 하며, 변籩과 두豆의 숫자는 짝수(음)로 사용해야 하는데, 이것은 음양의 이치를 따르는 것과 같다.

---

21 춘체추상(春禘秋嘗). 봄에 지내는 큰 제사에서는 음악을 연주하나 가을에 지내는 제사에서는 음악을 연주하지 않는다.

5. 변과 두는 물과 땅에서 생산된 것을 담는 데 사용한다.

24. 교제郊祭[22]를 지낼 때 쓰는 제기는 질그릇과 박그릇이며, 이것들은 (생산력을 가진) 자연의 하늘과 땅을 상징하는 것이었다(Legge 1885, pp.418~19).

일반적인 두에 담겨 나오는 채소절임은 자연의 조화로운 힘을 바탕으로 자란 수생 식물로 만든 것이며, 곁들어지는 장은 뭍에서 난 것으로 만들었다.

나중에 나온 두에 담겨 나온 요리는 뭍에서 난 것이며, 곁들어진 장은 물에서 난 것으로 만들었다. 변과 두에 담긴 음식은 물과 뭍에서 난 것이며, 감히 평소에 맛볼 수 있는 것이 아닌 아주 귀한 요리이니, 이것은 바로 신에게 바치기 위함이지 절대 사사로이 음식을 맛보려함이 아니다(같은 책, p.434).

이상과 같이 술은 양이며, 식사는 음이다. 그러나 식사에서도 어떤 음식은 양이고 어떤 것들은 음이다. 불로 요리된 대부분의 요리는 양으로 추정되며, (땅에서 난) 곡식을 기반으로 만든 식사나 음료는 대체로 음이다. 어떤 음식이 어떤 재료로 만든 그릇에 담아야 하는지에 대한 규칙이 있을 것이며, 전반적인 규칙은 양은 음과 결합하고, 음은 양과 결합한다는 것이다. 우리는 그 규칙을 전혀 알지 못하나, 사회조직의 영역에서 발견한 이원론적 원칙을 음식과 그릇에서 다시 접하게 된다(K. C. Chang 1964). 다만 이 음양이원론이 오행과 어떻게 결합하여 작용하는지는 아주 흥미로운 문제이다.

이와 관련된 몇 가지 물음에는 용기에 새겨진 장식과 상대 및 주대의 중국인들의 음식 체계에서 각 용기의 역할 사이에서 발생가능한 상관관계가 포함된다. 예를 들자면 그릇에 담을 고기 종류에 맞는 이미지로 그릇을 장식했느냐 아니냐인데, 표면적으로 보면 답은 아니라고 쉽게 말할 수 있다. 왜냐하면 신화적 동물은 분명히 식재료는 아니었으며 상대와 주대의 청동기를 장식하였던 동물들은 신화적인 것임에 틀림없었기 때문이다. 그러나 신화적 동물은 항상 거의 실제 동물에 기초하였다. 가장 일반적이며 대표적인 것들은 소, 양, 호랑이 등이었다. 그것들은 모두 식용 동물이었을 것이

---

22 교제(郊祭, border sacrifice)는 자연을 숭배하는 천지제사이며, 일단(日壇), 천단(天壇), 월단(月壇), 지단(地壇) 등에서 제사를 올린다.

다. 그리고 보다 덜 대표적인 것들로는 사슴, 코끼리, 코뿔소, 그리고 염소가 있다. 새는 특히 장식품으로 사용되었다. 그 종류를 일일이 확인하기 어렵지만, 숱한 종류의 새가 주요한 식자재였음에는 틀림없다. 이와 같이 이 문제는 더 많은 추가적인 연구를 하지 않으면 쉽게 결말을 짓기 어렵다.

흥미로운 사실은, 송대 이후의 학자들이 수많은 신화적인 동물들을 타오티에饕餮[23]라고 불렀다는 것이다. 타오티에가 주대 청동기의 장식 모티브 가운데 하나인지 아닌지는 확실히 알 수 없다(『여씨춘추呂氏春秋』에서는 "주대의 정鼎은 타오티에로 장식되었다"라고 되어 있음). 그러나 『좌전左傳』(문공文公 18년)에 의하면 타오티에는 식탐으로 유명한 고대 악한의 이름이며, 자기만을 위하여 과식하는 자라고 한다. 『묵자』(「절용節用」, 즉 소비의 절약 2부)에서 우리는 고대의 성왕聖王들이 음식과 술에 대한 규칙을 인정했다는 것을 볼 수 있다.

고대 성왕은 먹고 마시는 것에 관한 법飮食之法을 만들고 이렇게 말했다. "그저 배고픔을 채우고 원기를 북돋을 수 있게 된다면, 호흡은 강해지고 갈비뼈는 튼튼해지며, 귀와 눈이 밝아지게 된다면 그것으로 충분하다. 다섯 가지 맛의 고른 조합과 각기 다른 달콤한 냄새의 조화를 지나치게 추구하지 말라. 먼 나라에서 수입된 진귀한 음식을 구하지 말라."

우리는 이런 것들이 법이라는 것을 어떻게 알 수 있을까?

"옛날 요 임금이 제국을 지배하고 있었을 때, 그의 제국은 남쪽의 교지交趾에서부터 북쪽의 유도幽都에 이르렀으며, 태양이 뜨는 곳에서 태양이 지는 곳까지 동서로 뻗어 나갔다. 그에게 복종하지 않는 자가 없으며, 존경하지 않는 자가 없었다. 그럼에도 요 임금은 자신이 아주 좋아하는 음식이 나오더라도 두 종류 이상의 곡물黍稷을 취하지 아니하고, 국과 고기를 함께 먹지 아니하였다. 그는 토류

---

23 도철. '식탐이 심한 사람' 혹은 '식충이'라고 번역하기도 한다.

그림 6. 상(商)대의 축연. 알톤 S. 토베이Alton S. Tobey의 그림(잡지 『라이프Life』, 1961. 9. 29.)

土壩[24]에 담은 밥을 먹고, 토형土形[25]에 담은 국을 먹으며, 국자로 술을 마셨다. 조상을 부앙俯仰하고 손님을 접대하며 예의를 차리는 모든 걸 성군은 하지 않았다"(Mei 1929, pp.120~21).

물론 이것은 묵자 자신의 철학이다. 그러나 현대에서와 마찬가지로 고대에서도 음식과 술에 대한 과도한 탐닉은 경고의 대상이다. 상기해 보면, 공자도 '많이 먹지 않았다'. 타오티에 문양은 억제와 절제를 상기시키기 위하여 식기에 사용되었을 것이다. 그러나 상대 사람들의 식사와 음주에 대한 기록은 사실이며, 그러한 식탐에 주의를 준 것은 명백하게 무시되었다(그림 6).

---

24 밥을 담는 질그릇.

---

25 고대의 탕이나 갱을 담는 질그릇.

과도한 탐닉은 청동기를 사용할 수 있는 상류층에만 해당되는 사항이었다. 대부분의 사람들에게는 아마도 질그릇의 도토陶土가 기본적인 그릇 재료이었을 것이다. 적어도 질그릇은 모든 재료 가운데서 견고하고, 조리, 보존, 저장, 음주 및 밥과 요리용 그릇 등 모든 용도로 사용되었다는 점은 고고학적으로도 중요하다. 고고학적 유물은 질그릇이 식사의 모든 영역에서 알맞은 용도로 쓰였다는 점을 보여주었다. 주대의 두 고고학적 매장지, 즉 서안 부근(Chung-kuo 1962)과 낙양洛陽(Chung-kuo 1959)의 많은 분묘에서 질그릇이 출토되었다. 거의 대부분의 무덤에서는 식사를 준비하고 차리는 데 필요한 그릇 세트가 개별 매장지마다 발견되었다. 그 세트에는 조리용 및 음식용 그릇(력鬲, 궤簋), 육류 요리용 그릇(두豆) 그리고 음용 그릇(후瓠, 관罐)도 포함되어 있다. 이것은 우리가 주대의 문헌으로 작업한 계층학적인 분류법이 고고학적으로도 유의미하다는 것을 시사한다. 또한 청동기와 도기 연구를 포함한 고대 중국의 고고학적 연구에, 문헌자료가 그리고 문헌자료만이 제공할 수 있는 정보와 같은 것이 필요불가결하다는 것을 시사한다.

미주

1. 『주례』「직방職方」편에 후기 주대 및 한대의 구주九州*의 주요산물은 다음과 같다.

   양주(揚州, 양자강 하류): 쌀

   형주(荊州, 양자강 중류): 쌀

   예주(豫州, 호남성 및 회하淮河): 오곡(기장, 조, 콩, 보리, 쌀)

   (쩡캉청Cheng k'ang che'ng의 주석 참조.)

   청주(靑州)(산동성 동쪽): 쌀, 보리

   옌주(兗州)(호남성 북쪽, 산동성 서북, 하북성 남부): 4곡(기장, 조, 쌀, 보리)

   옹주(雍州)(북·중부 산서성): 기장, 조

   유주(幽州)(하북성 북부): 3곡(기장, 조, 쌀)

   기주(冀州)(중부 하북성, 북부 산서성): 기장, 조

   병주(并州)(중·남부 섬서성): 오곡(예주와 동일)

   ---

   * 구주는 시대에 따라 내용이 달라진다. 『주례』의「직방」에서는 상기 9개의 주이나 다른 자료에는 유주와 병주가 빠지고 그 대신 량주梁州와 서주徐州가 들어간다. 또한 후대에는 구주를 중국 전역으로서 지칭하기도 한다.

2. 갱은 『좌전』에 기록된 바와 같이 기원전 521년, 주대의 한 철학자−정치가−가 언급한 은유적 담론의 기초가 되었다.

   제후齊候가 사냥에서 돌아왔을 때, 안자晏子는 천대遄臺에 올라가 시중을 들고 있었다. 자유(子猶, 거據라고도 알려짐)가 말을 타고 전속력으로 달려갔다. 공公은 '오직 거據만이 나와 잘 맞는다(和)'라고 말하였다. 안자는 '거는 동조자(同)이니, 어찌하여 공과 잘 맞는다(和)고 할 수 있을까요!' 공은 '화和와 동同이 어떻게 다르단 말인가?'라고 물었다. 안자는 '그것은 다릅니다.'라고 대답하였다.

   "화는 갱으로 설명될 수 있습니다. 생선갱과 고기갱을 끓일 때는 물과 불, 식초, 채소절임, 소금, 매실이 필요합니다. 장작으로 이를 끓여야 하며, 요리사가 이 식재료들을 모두 섞습니다. 그렇게 몇 가지 맛의 균형을 조화롭게 맞추면서 너무 모자란 것은 보충하고, 너무 많이 들어간 것은 뺄 수가 있습니다. 이렇게 해서 군자君子는 갱을 먹고, 마음은 평정을 얻게 될 것입니다.

   임금과 신하와의 관계도 마찬가지입니다. 왕이 옳지 못한 것을 승인하는 경우가 있을 때, 신하는 그 부당함을 지적하여 그 승인을 완전히 옳은 것으로 바꾸도록 해야 합니다. 또한 왕이 지당한 것을 승인하지 않는 경우, 신하는 그 지당함을 내세워 승인을 거부하는 상황이 일어나지 않도록 해야 합니다. 이와 같이 정치는 고르게(平) 해야 옳은 것이 침해당하지 않고, 그것으로 인해 백성들의 마음에 갈등이 없을 것입니다. 이리하여 다음과 같은 옛 송시訟詩가 있습니다(『시詩』 IV, iii, od.II).”

  “여기엔 제대로 잘 만든 갱이 있는데,
  적당한 비율로 맞춘 재료를 미리 준비해두었었다.
  이것만 있으면 그를 초대하는데 아무 말도 필요 없다.
  이렇게만 하면 대접하는데 어떤 다툼도 일어나지 않는다.”

  “고대의 왕들은 오미五味의 원칙을 세웠습니다. 그렇게 하여 오음五音의 조화를 만들고, 스스로 마음의 평정을 얻었으며, 그들의 정치를 완성하였습니다(Legge 1871, p.684).”

  안자는 그의 깊은 생각을 전달하는 은유법으로서 요리를 사용한 주대의 유일한 철학자는 아니었다. 장자도 또 다른 사례이다. 그는 요리사의 칼솜씨로 도道의 미묘한 점을 설명하였다(Lin and Lin, 1969, p.23).

3. 『예기팔진禮記八珍』은 다음과 같다.**

  순오淳熬란 소금에 절인 고기를 부쳐서 밭벼밥(흰밥) 위에 올려 녹인 기름으로 맛을 내는 요리이다. 순모淳母란 소금에 절인 고기를 부쳐서 기장밥 위에 올려 녹인 기름으로 맛을 내는 요리로 순오와 비슷하다.
  포炮란 어린 돼지를 잡아 내장을 꺼내고, 대추로 배를 채워, 그것을 다시 물억새풀萑과 암삼苴으로 묶고 진흙을 발라서 굽는 요리이다. 진흙은 다 마르면 제거한다. 이것을 다루기 위하여 손을 씻은 다음, 박막皽을 제거하고 쌀가루로 풀을 쑤어 돼지에 발라 고기를 연하게 만든다. 그다음에 고기가 잠길 정도로 대량의 기름을 부어 전체를 튀긴다. 큰 솥에 뜨거운 물을 채우고, 그 안에 작은 삼각정鼎을 올려 잘게 썬 향초와 준비한 육포를 담는다. 뜨거운 물에 삼각정이 빠지지 않도록 3일 밤낮으로 쉬지 않고 불을 지핀다. 그런 다음에 육장과 식초醯醢를 넣어 맛을 조절한다.
  도진擣珍이란 소, 양, 사불상, 사슴과 노루를 잡아 이들의 등심만을 취하고, 분량은 쇠고기랑 똑같이 한다. 이를 납작해질 때까지 앞뒤를 뒤집어 가면서 두드리고, 심줄을 제거하며, 익힌 다음 또 껍질을 제거하면 고기가 부드러워진다柔.
  지漬란 금방 잡은 쇠고기를 구하여, 얇게 썰어 모든 고깃결을 끊고 좋은 술에 하룻밤 담가 그다음 날 먹는 요리이다. 먹을 때는 육장, 식초와 매실즙을 곁들어 내놓는 요리이다.
  위오爲熬는 쇠고기를 두드려 껍질 부분을 제거한다. 이것을 물억새풀로 만든 받침대에 올려놓고, 계피와 생강조각을 뿌려주고, 소금을 친다. 다 마른 다음에야 먹을 수 있다. 양고기도 소고기와 마찬가지로 이렇게 가공할 수 있다. 또한 사불상, 사슴, 노루도 이렇게 가공한다. 촉촉한 고기를 원한다면 육장을 넣고 지진 다음에 먹고, 말린 고기를 원하면 두드려 준 다음 그대로 먹으면 된다.

삼섬糝은 쇠고기, 양고기, 돼지고기를 같은 양으로 구하여 이를 잘게 썰고 쌀과 2대1의 비율로 섞은 뒤, 경단 모양으로 빚고 튀긴다.

간요肝膋는 패狽***의 간을 취하여 그것을 패의 내장기름으로 감싼다. 이를 물에 적신 뒤 바싹해지도록 굽는다. 구울 때 여뀌풀을 향신료로 사용해서는 안 된다. (고기를 연하게 만들기 위해서) 쌀가루로 풀을 만들어 고기에 바르는데, 잘게 자른 늑대의 가슴비곗덩어리가 이를 대신할 수 있다(Legge 1885, pp.468~70).

<hr>

** 이 부분은 중국어 원문을 참조하여 번역하였으며, 한자 표현은 원문에서 가져왔다.
*** 이리와 비슷하게 생긴 전설 속의 짐승. 이리보다는 앞다리가 더 짧다.

4. "그는 쌀을 곱게 정미하는 것을 싫어하지 않았으며 고기를 아주 작게 써는 것도 싫어하지 않았다. 그는 쌀이 열이나 습기에 의해서 신맛으로 변해 상해 버린 것은 먹지 않았다. 그리고 맛이 간 생선이나 고기는 먹지 않았다. 그는 변색되거나 나쁜 냄새가 나는 것도 먹지 않았으며, 잘못 요리한 것, 계절이 맞지 않는 것도 먹지 않았다. 그는 제대로 자르지 않은 고기는 먹지 않았다. 적합한 장(소스) 없이 제공된 음식도 먹지 않았다. 그는 시장에서 산 술과 말린 고기를 취하지 않았다. 그가 먹을 때 생강이 들어 있지 않으면 결코 먹지 않았다. 그는 많이 먹지 않았다"(『논어』, 「향당」편, Legge 1893, pp.468~70).

2. 한漢

위잉시YING-SHIH YÜ

기원전 558년, 융戎족[1]의 귀족이 중국의 정치가에게 말했다. "우리가 먹고 마시는 것, 입는 옷은 중국과는 아주 다르다"(『좌전左傳』, 「양공襄公」14년). 이토록 간단한 문장에서도 춘추 시대의 융족 귀족이 중국과 비중국을 정확하게 구분하였다는 점이 시사된다. 문화는 생활양식으로 정의되는 경우도 있다. 그렇다면 문화적으로 먹고 마시는 것보다 더 근본적인 것이 있을까? 나는 이러한 가정하에 중국 한나라의 음식과 술 연구를 통해 한漢 문화를 이해해 보려고 한다.[1]

　최근 아주 저명한 몇몇의 인류학자들이 모든 인류에게 공통적인 음식이 갖는 보편적 의미를 찾으려는 야심찬 작업에 돌입하였다. 아직 수련과정 중인 역사학자로서 내가 이러한 인류학자들의 새로운 시도에 뛰어 들기에는 너무나 부족한 것이 많다. 그러므로 내가 이 연구에서 수행하려는 중심과제는 한대의 중국인들이 먹었던 음식과 술이 어떤 것인지를 밝히고, 그들이 어떻게 먹고 마셨는지를 밝히는 데 한정될 것이다. 다행스럽게도, 지난 3~4년 사이 중국의 고고학은 한漢대의 요리사料理史에 대해서 의미 있는 조명을 해 주었다. 그러나 제 아무리 중요하고 흥미진진한 고고학적인 발견이라도 그것을 충실하게 사용하기란 쉽지 않다. 왜냐하면 우선 고고학적인 발견은 매우 분산되어 있고, 또한 그것이 우리들에게 유의미한 것이 되려면 일종의 역사적인 배경이 있어야 하기 때문이다. 그런데 2,000년 이상 떨어진 후대에 살고 있는 우리가 한대의 중국인들과 함께 먹고 마시기에는 시간적으로 너무 동떨어져 있다. 그렇지만 나는 여기에 기술하는 내용이 그런 역사적인 배경의 출발점 그 이상을 제공하는데 지나지 않는다 하더라도, 내가 들인 노력이 완전한 실패로 끝났다고 간주하지 않을 것이

1　서융(西戎)이라고 하여 (한족의 입장에서) 서쪽에 사는 야만인이라는 뜻.

다. 그리고 나는 보다 현명하고 학식 있는 자들을 위해 한대의 중국인들이 어떠한 방법으로 먹고 마셨는지에 대한 흥미진진하고 매혹적인 문제를 (장래의 연구 테마로) 남겨 두기로 했다.

한묘漢墓 1호 마왕퇴馬王堆에서 발굴된 음식과 식료품

1972년, 중국은 호남湖南성 장사長沙의 외곽에서 현재는 한묘 1호 마왕퇴로 알려진 놀라운 고고학적 발굴을 했다고 발표하였다. 처음에 이 발굴이 세계적인 명성을 얻게 된 것은 무덤의 주인공 때문이었다. 무덤 주인의 신체는 아주 잘 보존되어 있어서 관 뚜껑을 열었을 때 그녀의 피부, 근육, 그리고 내장 기관까지 어느 정도 탄력을 유지하고 있었다. 원래 이 무덤은 기원전 175년에서 145년 사이의 것으로 추정되었다. 1973년에 이루어진 제2호 및 제3호 무덤의 발굴로 이 무덤에 묻힌 여성의 신원이 보다 명확하게 밝혀졌다. 그녀는 대후軑侯(기원전 193~186 재임) 리창利蒼의 부인이며, 기원전 168년 이후 몇 년 지난 뒤 약 50세 즈음에 죽은 것으로 추정되었다(호남성 1974, 46~48). 물론 21세기라는 긴 기간에 걸쳐 시체가 그토록 훌륭한 상태로 보존된 것은 의학사의 기적으로서 간주되어야 한다는 점도 타당한 주장이다. 그러나 여기에서 특히 우리들의 관심을 끌었던 점은 한대 중국 음식과 식사에 대한 온전한 정보를 얻게 된 것이었다.

이 부인의 식도와 위, 창자에서 138.5개의 황갈색 머스크멜론甛瓜의 씨가 발견되었다. 이것은 그녀가 남편을 따라 죽기 얼마 전에 머스크멜론을 먹었다는 것을 명백하게 보여주는 증거였다. 그녀의 남편은 한묘 2호에 묻혀 있는데 부인 묘의 서쪽에 접하고 있다. 머스크멜론은 그녀가 생전에 즐겼던 많은 식품 가운데 하나였을 뿐이었다. 한묘 1호에서 발굴된 풍부한 매장품 가운데에는 48개의 대나무 통, 51개의 다양한 형태의 질그릇이 포함되어 있었다. 대부분의 매장품에는 식품이 담겨 있었다(그림 7, 8). 그 밖에도 농산물을 담았던 마대자루 여러 장도 무덤의 부속실에서 발굴되었다. 무덤에 부장되었던 모든 음식의 종류가 밝혀졌고, 전체 목록은 다음과 같다(호남성 1973,

그림 7. 서한 시대 묘인 마왕퇴(馬王堆)에서 발견된 접시에 담긴 음식(『장사마왕퇴 1호 한묘』, 1973.)

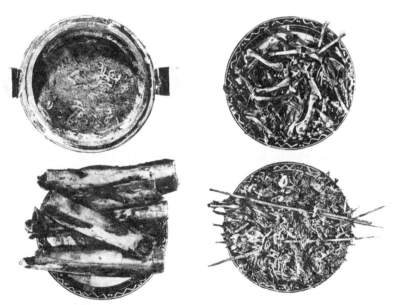

그림 8. 마왕퇴에서 발견된 네 가지 음식(『장사마왕퇴 1호 한묘』, 1973.)

87
제2장 한漢

1:35~36).

곡식: 벼, 밀, 보리, 기장, 조, 콩, 팥.
씨앗: 대마, 아욱, 겨자.
과일: 배, 대추, 매실, 소귀나무열매楊梅.
뿌리: 생강, 연근.
동물고기: 토끼, 개, 돼지, 사슴, 소, 양(Y. T. Kao 1973, pp.76~78 참조).
새고기: 기러기, 원앙, 오리, 자고새竹鷄, 닭, 학, 꿩, 홍비둘기, 멧비둘기, 올빼미, 까치, 참새.
물고기: 잉어, 붕어, 도미, 두 가지 다른 두 종류의 잉어(은조银鲴, Xenocypris argentea Gunther와 노란뺨잉어Elopichthys bamausa Richardson), 쏘가리鱖魚.
향신료: 계피, 산초, 자목련, 양강良薑.

음식물 이외에도 글씨가 새겨진 312개의 죽간竹竿이 발견되어, 음식뿐만 아니라 조리법에 대한 정보를 추가적으로 제공해 주고 있다. 그 죽간은 유물 가운데 발견되지 않았던 식품을 조목별로 기록하였다. 예를 들면 채소류로서는 멜론, 죽순, 타로, 야생생강, 명아주, 조류에는 메추라기, 야생오리, 계란이 기록되었다. 이 모든 것들은 좋은 보완 자료들이다. 보다 중요한 것은 죽간에는 한대 요리에서 조미료와 그 사용법도 전해주고 있다는 점이다. 조미료에는 소금, 설탕, 꿀, 장醬(간장), 시豉(소금에 발효시켜 까맣게 변한 콩), 누룩麴도 포함되어 있다. 요리와 보존 방법으로는 굽기, 데우기, 볶기, 찌기, 튀김, 끓이기, 염장, 건조, 그리고 절임이 포함되어 있다.

이 죽간에 언급된 다양한 요리도 주목할 가치가 있다. 우선 첫 번째로 주목할 요리 종류는 고기 덩어리나 채소, 혹은 두 가지가 다 들어간 진한 국물 요리인 갱羹이다. 요리 목록에서 가장 먼저 등장하는 것은 아홉 개의 정鼎에 담긴 '대갱大羹'(그림 9)*2이다. 갱은 고대로부터 한대에 이르기까지 중국인에게 가장 일반적인 주요리라고 할 수 있다. 다음을 보고 알 수 있듯이, 갱은 여러 재료의 혼합으로 만들어진 것이 특징이다. 그러나 대갱만은 그렇지 않았다. 『예기』의 저자나 정중(鄭衆, 1세기)과 같은 한대의 유학자들 모두는 대갱은 제사용이던 손님 접대용이던 간에 본래 담백한 맛을 강조하기 위

그림 9. 마왕퇴 한묘에서 발견된 죽간. 묘에 진설된 음식을 적은 목록이다(『장사마왕퇴 1호 한묘』, 1973).

해 항상 조미료를 쓰지 않았다는 점에 동의했다(『예기』, 8:8a; cf. Legge 1967, 1:435, 『주례』, 「정주鄭注」, 4:35). 왕충(王充, 기원전 27~100?)도 "대갱은 반드시 맛이 담백해야 한다[2]"(왕

2 원문은 "대갱필유담미(大羹必有淡味)"라고 한다.

충 1974 ed.,p.452)고 했다. 죽간에 기록된 아홉 개의 대갱은 각각 소, 양, 사슴, 돼지, 어린 돼지兒豬, 개, 야생오리, 꿩, 그리고 닭으로 만들어졌다.

혼합 갱은 으레 고기를 곡물이나 채소와 섞어서 양념한 뒤 조리한 것이다. 죽간 11번은 우백갱牛白羹으로 '쇠고기국밥'과 정확하게 일치한다(호남성 1973, pp.131~32). 고기와 곡식으로 만든 갱이 한대의 아주 일반적인 유형의 갱이었다는 점은 중요한 지적이다. 죽간에 기록된 다른 혼합 갱은 다음과 같다. 즉 사슴고기—염장 물고기—죽순, 사슴고기—타로, 사슴고기—팥, 닭고기—박, 잉어—쌀, 날철갑상어—염장 물고기—연근, 개고기—미나리, 잉어—연근, 쇠고기—순무, 양고기—순무, 돼지고기—순무, 쇠고기—큰방가지똥(야생초), 개고기—큰방가지똥의 혼합 갱이다.

죽간은 한대의 중국인들이 다양한 동물의 각기 다른 부분을 사용함으로써 중국인들의 맛이 어떻게 차별화되어 왔는지도 보여주었다. 죽간에서 사슴의 뱃살, 소의 뱃살, 개의 뱃살, 양의 뱃살, 쇠고기 목살, 사슴고기 목살, 돼지고기 어깨살, 소 위장, 양 위장, 소의 입술살牛脣, 소의 혀, 소의 폐 그리고 개의 간을 언급하고 있다. 죽간 98호는 도기그릇에 담긴 말고기로 만든 육장에 대해서도 언급했다. 문헌자료에서 말고기는 한대의 중국에서 즐겨 먹는 음식이었다는 것으로 잘 알려져 있지만, 말의 유물은 발견되지 않았다(Y. T. Kao 1973, p.78). 한대에는 말고기 가운데 간은 유일하게 식용 불가능한 부분이었다. 마왕퇴의 한묘 1호의 주인공과 동시대의 사람인 서한의 효경孝景황제(기원전 156~141 재임)는 "누구든 다른 고기는 먹되 말의 간을 먹지 않는다고 해서 음식 맛을 모른다고 비난할 수 없다"라고 말했다(『사기』1, p.3123). 한 무제武帝(기원전 140~87 재임)도 방사方士 란대欒大에게, 그의 전임자인 소옹少翁이 제국의 명령을 따르지 않아 처형된 것이 아니라 '우연히 말의 간을 먹었기' 때문에 죽었다고 말했다(『사기』1, p.1390; 1961, 2:46). 사실인지 아닌지는 모르겠으나, 한대 사람들은 일반적으로 말의 간은 치명적인 독성을 가진 것으로 믿었다. 무덤에서 발견된 방대한 식품 목록 가운데 말의 간이 없었다는 사실은 이 가정이 일반인들 사이에 널리 퍼진 믿음이라는 것을 확인하는 데 도움을 주었다.

또 다른 2개의 마왕퇴 한묘에 대한 사전 보고서에 따르면, 유사한 음식 유물과 목록이 한묘 3호에서도 발견되었다. 곡식과 고기는 한묘 1호의 것과 본질적으로 같았다. 그러나 오렌지, 감 그리고 마름[3]과 같은 약간의 과일이 추가적으로 확인되었다(호남성 1974, p.45). 마왕퇴 한묘 발굴의 연대 추정은 한대 중국의 음식과 식사 연구에 있어서 가장 중요한 고고학적 공헌이라는 점이 강조되어야 할 것이다.

마왕퇴 발굴을 두 배로 흥미롭게 만든 것은 한묘 1호에서 발견된 식품 목록이『예기』의「내칙」편에 실린 목록과 놀라울 만큼 일치한다는 점이다. 대체로 위에 열거한 모든 식재료와 요리 목록은 그 장(「내칙」편)에서도 발견된다(『예기』, 8:19a~21b; Legge 1967, 1:459~63). 그러나 2천 년이 훨씬 지난 지금, 「내칙」의 음식 목록은 종이에 쓰인 규칙으로만 남아 있었고 이는 마치 중국인의 속담 중 '그림의 떡'이나 다름없는 것으로 우리들의 배고픔을 충족시켜주지 못했다. 마침내 마왕퇴에서의 고고학적 발견은 규칙을 현실로 탈바꿈하게 했다.

한대의 벽화와 석판 부조물에 묘사된 주방 장면

최근의 중국 고고학은 한대의 음식과 식사 연구에 한 단계 더 중요한 차원의 정보를 제공하게 되었다. 나는 한대의 묘에서 발견된 주방과 연회의 모습을 그린 많은 벽화와 석판 부조물의 발견에 대해 특별히 언급하고자 한다. 한대의 문헌, 특히 시와 부(賦, 시와 산문의 혼합체인 운문시)는 주방과 연회 모습에 대해 기술하고 있다. 그러나 그들 가운데 그 어떤 것도 벽화와 부조물에 표현된 생생하고도 생동감 넘치는 모습과는 비교가 되지 않는다. 나는 이 절과 다음 절에서 몇몇 한묘에서 발견된, 이런 모습이 담긴 그림과 석판 부조물을 논할 것이다. 또한 나의 주장을 보완하기 위해 고고학적 증거와 문헌 증거를 동시에 추가로 제시할 것이다.

매우 정교한 주방 장면(그림 10)은 1960~61년에 하남성 신밀新密시 타호정打虎亭에서 발굴된 한묘 석벽에 새겨진 부조물 가운데서 발견되었다(C. H. An and Y. K. Wang 1972, p.61). 이 장면은 주방에서 일하고 있는 열 사람을 묘사하였다. 그림의 중간 윗부

---

3 영문명 water caltrop, 학명 genus Trapa이다. 물밤(영문명 water chestnut, 학명 Eleocharis dulcis)과 혼용하고 있으나 다른 식물로 구별된다.

그림 10. 하남(河南)성 신밀(新密)시에 있는 타호정(打虎亭)에서 발견된 동한 말기의 주방풍경 벽화(『문물』제10호, 1972.)

분에는 한 사람이 큰 정鼎에 담겨 끓고 있는 고기를 휘젓고 있다. 정의 반대쪽에 있는 사람은 오른편 상층 구석에 있는 화덕으로 장작을 운반하고 있다. 화덕 쪽에 있는 또 다른 사람은 화덕 위에서 무언가를 요리하고 있는 것처럼 보인다. 그림의 중심부 왼쪽에는 두 사람이 주방에서 걸어 나오고 있는 것으로 보이는데, 앞에 있는 사람은 생선 요리가 담긴 접시를 들고 있고, 나머지 사람은 술잔과 다른 요리그릇이 놓인 둥근 쟁반을 들고 가고 있다. 또 아래 왼편 구석에는 큰 가마솥釜이 걸려 있고, 솥 옆에 한 사람이 서서 긴 자루가 달린 국자를 사용하는 것—아마도 솥에서 갱을 퍼내는 것이라고 생각됨—으로 보아 갱이 조리되고 있는 것처럼 보인다. 그림의 중간 아래쪽에서 그와 마주보고 있는 사람은 웅크리고 앉아서 오른손으로는 손짓을 하면서 왼손으로 대야에 있는 무언가를 씻거나 섞고 있다. 웅크리고 있는 사람은 국자를 든 사람에게 갱을 어디에 퍼담아야 할지를 가르쳐 주는 것처럼 보인다. 웅크리고 있는 사람의 뒤쪽 오른편에는 한 사람이 큰 용기에 양손을 넣어 작업을 하고 있다. 마지막으로 아래 오른편에는 물통이 걸린 나무 구조물에 둘러싸인 우물이 있다. 우물과 오른편의 큰 단지 사이에는 우물에서 물을 길어 올리는 사람이 한 명 있고, 물단지의 반대쪽에는 다른 사람이 고정시켜 둔 물그릇에 물을 채우고 있다.

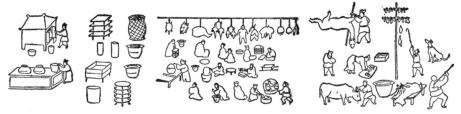

그림 11.　요녕성 요양시 봉태자 묘에 있는 동한 말기 묘의 주방 벽화(『문물참고자료』 제5호, 1955.)

위에서 기술한 것 외에도 이 생생한 그림을 통해 한대 주방에 관한 다른 사실도 밝혀낼 수 있다. 예를 들면 이 그림 전체에 흩어져 있는 한대의 음식 그릇과 조리 도구의 다양한 유형 및 사용법을 알 수 있다. 더욱 흥미로운 사실은 상부 왼쪽 구석에 다양한 종류의 고기가 걸려 있는 거치대가 두 개나 있다는 점이다. 고기의 종류는 쉽사리 확인할 수 없지만, 분명히 조류부터 동물고기에 속하는 것들이다. 그렇지만 두 개의 고기 거치대 바로 밑바닥에 놓여 있는 소머리와 소다리는 분명히 알아볼 수 있다.

또 하나의 중요한 주방 장면은 (남만주 지역의) 요양遼陽시의 서북 교외에 위치한 봉태자棒台子에 자리 잡은 후한 말기의 벽화무덤에서 발견되었다. 이 무덤은 1944년 가을, 마을 사람들이 처음 발견하였다. 그러나 1955년에 이르러서야 비로소 자세한 해설이 발표되었다(W. H. Li 1955). 1945년 여름, 이곳의 무덤과 벽화의 존재는 요양에 있던 일본 고고학자들에게 알려졌고 그들은 노련한 솜씨로 벽화의 탁본을 떴으나, 불행하게도 제2차 세계 대전이 끝나고 만주 땅을 빈손으로 떠나게 되는 바람에 그들이 수개월 동안 고생한 노동의 결실을 학계에 알리지 못하였다(W. Fairbank 1972, pp.146~47, 174~78). 이와 같이 봉태자 묘의 주방 장면 벽화 탁본이 없어졌기 때문에 그 후의 논의는 리원신Li Wen Xin의 보고서와 그의 드로잉에 전적으로 의존하게 되었다.

이 주방 장면(그림 11)에서의 요리 작업은 방금 묘사한 타호정 묘보다 훨씬 스케일이 크다. 총 22명이 주방에서 일하고 있는 것으로 보인다. 타호정 묘에서는 요리사와 조수가 모두 남자인데 비해, 이 장면에서는 적어도 네 명의 여성이 포함되어 있다. 주방에서의 여성들의 역할은 주방의 18명의 남성들의 역할에 비해 그렇게 고군분투해야 하는 일 같지는 않다. 예컨대 한 여성은 화덕에서 막 그릇을 집으려는 참이고 또 다른 여성은 찬장에서 그릇을 꺼내고 있다. 다른 두 여성도 바닥에 앉아 뭔가 부담 없는 일을 하고 있다. 반대로 남성들의 일은 고기를 굽거나, 음식을 혼합하고, 어떤 식재료를 두드려 부드럽게 만드는 등 기술이 필요하거나 물리적으로 좀 더 큰 힘이 필요한 것들이었다. 타호정에서의 장면보다 여기에서의 작업 범주가 훨씬 넓다. 막노동으로는 소나 돼지를 잡는 것부터 시작해서 오리털을 뽑는 것까지 다양하다.

타호정 장면과 마찬가지로 고기는 주방의 나무거치대에 걸려 있는 것으로 보인다. 그러나 여기에서는 여러 가지 고기가 잘 그려져 있어서 대부분의 것들을 분간해 낼수 있다. 리원신에 의하면 왼쪽에서 오른쪽 순으로 거북이, 동물머리, 거위, 꿩, 새(종류 미상), 원숭이, 동물 심장과 허파, 애저(새끼돼지), 말린 생선, 생물생선이 걸려 있다. 각각의 고기가 나무거치대에 단단하게 못으로 고정되어 있는 쇠갈고리에 걸려 있다. 이러한 고기 거치대는 최근 하남성의 한漢묘에서도 최소 다섯 개의 고기 갈고리가 발견된 것으로 보면, 한대의 주방에서는 대단히 일반적인 것이었음에 틀림없다(하남성 1973, pp.47~48).

봉태자 묘의 주방 장면에는 또 다른 종류의 거치대가 있다. 이 거치대는 한대의 다른 벽화에서는 아직 발견된 적이 없다. 거치대는 꼭대기 근처에 두 개의 수평 막대기가 걸린 높은 장대로 되어 있다. 이 막대기에 길게 자른 고기, (아마도 소시지처럼 속을 채운) 창자, 위장 등이 걸려 있다. 막대기들은 아주 높이 세워져 있고 고기를 집기 위한 긴 손잡이가 있는 갈고리를 사용하는 것이 보였다. 고기를 이렇게 높은 곳에 매달아 놓은 까닭은 개와 같은 땅을 돌아다니는 동물들이 먹지 못하게 하기 위해서였다.

그림 12. 요녕성 요양시 삼도호(三道壕)의 후한 시대 묘의 주방 벽화(『문물참고자료』 제5호, 1955.)

이 점을 설명하기 위해 장대 바로 밑에는 필경 군침을 흘리며 막대기에 달린 고기를 바라 보고 있는 개가 묘사되어 있다.

이와 유사한 주방 장면은 요양시의 삼도호三道壕의 2호 동굴과 4호 동굴(그림 12), 그리고 삼도호 무덤 1호의 벽화 등 한대의 다른 묘의 벽화에서도 발견되었다(W. H. Li 1955; 동북박물관 1955, p.52~54). 무량사武梁祠와 기남沂南(두

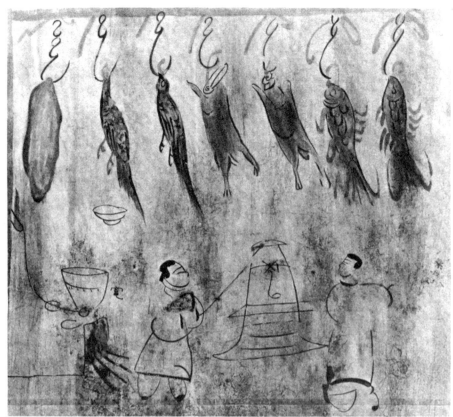

그림 13. 홀링거 무덤에서 발견된 한대의 주방 그림(『한당벽화』, 1974.)

곳 다 산동성)에서 발견된 유명한 한대의 석판부조에도 주방 장면이 존재한다(Shinoda 1974, p.49; Hua-tung 1954, p.41; Tseng 등 1956, pp.20~21, pl. 48). 특별히 언급할 가치가 있는 것은 내몽고에 발견된 두 점의 주방 그림이다. 1956년 5월, 벽화가 잔뜩 그려진 한나라의 묘는 내몽고의 투워커투워托克托현에서 발굴되었으며, 이것은 해당 지역에서는 첫 번째로 발견된 사례이다. 이 주방 장면은 무덤의 왼쪽 방 후면과 전면, 그리고 왼쪽 벽 위에 그렸다. 여기에는 용기, 화덕, 검은 돼지, 황색 개, 닭 두 마리, 그리고 고기거치대가 그려져 있었고, 고기거치대에는 꿩 한 쌍, 고기 덩어리, 물고기 두 마리, 닭 두 마리, 쇠고기 덩어리가 걸려 있다(F. I. Lo 1956, p.43). 최근 1972년에는 또 하나의 중요한 벽화가 수원绥远시 허린거얼和林格尔에 위치한 한대의 무덤에서 발견되

그림 14. 사천성 성도(成都)에서 발견된, 주방 모습을 묘사한 한묘의 탁본(하호천何浩天, Ho, Hao-t'ien, 『한화여한대사회생활漢畵與漢代社會生活』, 타이베이, 중화총서, 1969.)

그림 15. 가욕관에서 발견된 주방 벽돌 그림(『문물』 제12호, 1972.)

었다. 주방 장면(그림 13)은 동물의 머리, 창자, 물고기, 고기, 꿩, 산토끼가 걸려 있는 고기 거치대뿐만 아니라 요리하고 있는 사람과 물을 긷는 사람 등을 보여주고 있다(내몽고 1974, p. 11; 일본 기타규슈北九州 회화박물관 1974, pl.19; 미상 1974, pl. 26). 여기에서 묘사된 두 개의 장면은 요양, 하남, 산동성에서 발견된 것과 거의 일치하고 있다. 얼핏 보면 한대 상류층의 주방 설치는 대략 표준화되었다고 말할 수 있을 것 같은데, 이는 하남성과 산동성과 같은 중국 내륙이건 만주나 몽골과 같은 변경지대이건 상관없이 일치하기 때문이다.

예컨대 나무거치대나 들보 위에 고기를 걸어 두는 것은 한대의 보편적인 관습이었다. 사천四川성에서 발견된 채색벽돌(그림 14)(H. T. Ho 1958, p.96)과 감숙甘肅성 가욕관嘉峪關(그림 15)(Chia-yu: Kuan Shih 1972, p.40, fig.34)에서 새롭게 발견된 벽화 두 개에서는 모두 고기거치대가 주방의 중심에 자리 잡은 모습을 볼 수 있다. 거치대에 대롱대롱 매달려 있는 고기의 모습 때문에 '육림肉林'이라는 용어가 생겨난 것으로 보인다(『한서漢書』, 61:76). 그러나 이러한 관행은 한대 이전부터 확실히 있었던 것으로 보인다. 사마천司馬遷은 이미 상 왕조의 마지막 왕 주紂를 언급할 때, '걸어 놓은 고기가 숲을 이룬다懸肉爲林'라는 표현을 썼다(『사기』 2, 3:11a). 전체적으로 보면, 여러 장소에서 발견된 한대의 벽화에서 음식 재료와 조리도구 면에서는 지역적 차이를 찾을 수가 없다. 거치대에 걸려 있는 세 가지 범주(땅짐승, 날짐승, 물짐승)에 속하는 동물고기가 마왕퇴한묘 1호에서 발견된 고기 목록과 기본적으로 일치한다는 점은 매우 흥미롭다.

그러나 고대 이래로 사용되어온 얼음 창고가 주방 장면이 담긴 벽화에서 아직 발견되지 않았다는 점은 한대 주방의 흥미로운 특징이다(N. H. Lin 1957, pp.136~37). 왕충에 의하면, 한대의 중국인들은 식품저장을 위해 겨울에 얼음을 깨서 얼음 창고氷室를 만들었다고 한다. 음식, 특히 고기를 어떻게 썩히지 않고 보존시키느냐가 한대 중국인들이 당면한 난제였던 것이었다. 나아가 왕충은 몇몇 상상력이 풍부한 학자들은 자동적으로 바람이 불어 음식을 차게 유지할 수 있는 일종의 '고기용 송풍기'까지 생각해 냈다고 전하였다(왕충 1974 ed., p.268).

한대의 연회: 그림과 실제

한대의 벽화에는 주방 장면에 비해 연회 장면이 훨씬 더 많다(그림 16~21). 편의상 우리는 타호정에서 출토된 그림부터 시작해서, 다른 고고학과 역사학의 증거들을 제시하며 논의를 넓혀 가고자 한다.

이 연회 모습(그림 16)은 중심에서 전개되기 시작한다. 그림 중심부에는 아주 낮은 직사각형 모양의 나무로 만들었을 법한 긴 의자에 앉아 있는 사람과 그 사람의 오른편 및 뒤쪽으로 가림막을 쳐 놓은 모습이 펼쳐진다[3]. 비슷한 모습으로 긴 의자에 앉은 사람은 주인이다. 그의 오른쪽에는 주인을 향해 보고 있는 손님이 앉아 있다. 주인의 왼쪽에는 두 사람의 손님이 앉아서 아주 정중하게 대화하고 있는 것이 보인다. 손님들은 탑상에 앉지 않고 돗자리에 앉아 있다. 주인의 뒤편 오른쪽 끝에는 하인이 또 다른 두 손님을 안내한다. 그 밖에도 네 명의 남자 하인들이 음식과 술을 나르고 있다.

주인의 긴 의자 앞에는 한대에 안案이라고 했던, 낮고 직사각형 모양의 차림상이 놓여 있다. 상 위에는 술잔과 그릇이 놓여 있다. 이러한 종류의 긴 상은 나무의자의 크기에 맞추어 특별히 제작한 것 같다. 가림막이 쳐진 두 개의 똑같은 긴 의자와 그에 크기를 맞춘 상은 삼도호 4호 무덤에서도 발견된다. 흥미로운 사실은 삼도호 상에는 붓도 확실히 꽂혀 있었다는 점이다(W. H. Li 1955, p.30, figs 18~20). 가림막을 쳐 놓은 의자에 딸린 상은 음식과 술만을 위한 것이 아니라고 결론을 내려도 무방할 것 같다. 일반적인 음식상은 연회 장면에서 손님들 앞에 놓여있는 것보다 크기가 훨씬 작다. 그래서 정숙한 맹광孟光이 그녀의 남편 양홍梁鴻에게 식사를 가져갈 때마다 어떻게 "그상을 그녀의 눈썹 높이까지 올릴 수 있었는지[4]"가 설명이 된다(『후한서後漢書』, 83:14a). 한대의 상은 두 가지 모양, 즉 둥근 모양과 직사각형(간혹 정사각형) 모양이다. 봉태자 벽화의 주방 그림에서처럼 상을 쓰지 않을 때는 주방에 쌓아 놓았는데, 낙양洛陽 소구燒溝에서도 사기 재질의 탁자가 이런 식으로 쌓인 채 발견되었다(이문신 1955, p.27,

---

4 『후한서』 83권 중의 고사. 거안제미(擧案齊眉), 즉 '눈썹 높이까지 상을 들어올려 남편에게 식사를 가져간다'는 의미로서 한대의 식사예법 중의 하나이다.

그림 16. 타호정 묘에서 발견된 한대의 연회(『문물』 제10호, 1972.)

그림 17. 산동성 금향(金鄕)현의 주유(朱鮪)석실에서 발견된 한대의 연회를 묘사한 그림(Wilma Fairbank, 1972.)

그림 18. 요녕성 대련시 영성자(營城子)에 있는 한묘 벽화 중 조상제사 그림(Wilma Fairbank, 1972.)

그림 19. 사천성 성도의 식사와 음주를 묘사한 한대의 벽돌 그림의 탁본(Wilma Fairbank, 1972.)

fig.14; 낙양구 고고발국대: 1959, pp.137~39, fig. 64, pl.35). 둥근 상은 충(qiong, 한자 불명)이라고 부른다(허신 1969 ed., p.122; 구선영 1937, p.131).

우리는 타호정 벽화가 어떤 연회를 그린 것인지는 잘 모른다. 묘의 주인은 후한 시대 하남 홍농弘農 지방의 태수인 장백아張伯雅라고 잠정적으로 확인되었으니 아마도 그가 관저에서 부하들에게 베푼 잔치 중의 하나였을 것이다. 어쨌든 이 장면에서 주인은 한가운데 상석으로 추정되는 자리를 차지하고 있다. 이러한 자리 배치는 한대의 중국에서는 태수에게나 부하들에게는 당연한 것이었다. 이와 비슷한 자리 배치는 산

그림 20.　가욕관 묘의 연회 장면을 묘사한 벽돌 그림(『문물』 제12호, 1972.)

그림 21.　가욕관 묘의 벽돌 그림　왼쪽은 음식 서빙, 오른쪽은 연회와 음악연주를 묘사했다(『문물』 제 12호, 1972.)

동성에 위치한 효당산孝堂山의 유명한 한나라 제실의 석판부조에 새겨진 연회 장면에 서도 찾아 볼 수 있다(K. Lao 1939, p.100).

　타호정 장면은 연회의 시작부분만을 보여준다. 이 때문에 그림에는 마실 것만 나올 뿐 음식은 보이지 않는다. 따라서 우리는 한대 '연회'의 구성에 대한 좀 더 구체적인 지 식을 얻기 위해서는 역사상 존재했던 연회의 기록을 보아야 한다. 이 시기의 가장 유 명한 연회는 기원전 206년에 열렸던 '홍문연鴻門宴'이다. 이 위대한 역사적인 사건을 보기에 앞서 우선 궈모뤄郭沫若가 홍문의 연회를 예술적으로 표현했다고 인정한 한대 의 벽화(그림 22)를 소개하도록 하겠다. 주홍색, 녹색, 청색, 황색, 그리고 갈색으로 그려진 이 벽화는 1957년 낙양에서 발굴된 초기 한묘에서 출토되었다. 이 묘는 기원 전 48년에서 기원전 7년 사이의 것으로 추정된다. 우리가 아는 벽화가 그려진 한묘가 모두 후한대의 것임을 생각하면, 이 벽화는 중국에서 발견된 벽화분묘 가운데 가장 오래된 것이라고 할 수 있다(하남성 1964, pp.107~25, pl.2; 미상 1974, pls.2, 3).

　궈모뤄는 이 벽화에 대해 다음과 같이 설명한다. 묘실의 뒤쪽 벽은 홍문연회의 스 토리를 묘사한 장면으로 장식했다. 오른쪽에는 한 사람이 커다란 쇠고기 덩어리를

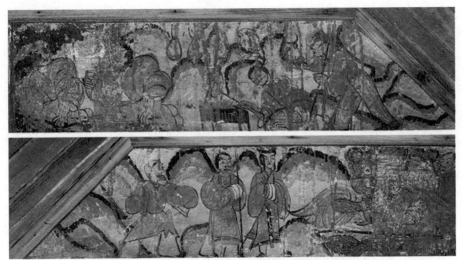

그림 22. 낙양 초기의 한묘에서 출토된 「홍문연회」 벽화

화덕 위에서 굽고, 또 다른 사람이 막대기를 들고 옆에서 지켜보고 있다. 사람들의 뒤에 있는 벽에는 쇠고기 덩어리과 황소머리가 걸려 있다. 화덕의 왼쪽에는 두 사람이 마루에 앉아서 술을 마시고 있다. 뿔로 만든 잔을 들고 있는 사람은 아마도 항우項羽일 것이며, 좀 더 우아한 자태로 앉아있는 사람은 유방劉邦일 것이다. 유방 옆에 서 있는 사람은 항백項伯을 나타낸다. 유방의 왼편에 꿇어앉은 거대한 호랑이는 사실 문에 그려진 그림이다. 호랑이 그림의 왼쪽에 공수한 채로 서 있는 두 남자는 장량張良과 범증范增이고 손에 칼을 들어 유방을 찌르려고 하는 사나운 얼굴의 남자는 항장項莊일 것이다(궈모뤄 1964, p.6).

이 장면은 틀림없이 연회가 군막에서 거행된 것임을 묘사하고 있다. 그러나 이것이 홍문연을 그린 것인지는 논란거리이다. 사마천은 『사기』에서 다음과 같이 연회를 완벽하고 생생하게 묘사하고 있다.

항우(항왕項王)는 바로 그날 유방(패공沛公)을 붙잡아 두고 함께 술을 즐겼다. 그와 항백은 동쪽을 향해 앉았고, 아부(亞父)[5] (범증)는 남쪽을 향해 앉았다. 유방은

---

5 아부는 아버지에 버금가는 존재라는 의미로 가까운 어른을 부르는 존칭이다. 『초한지』에서는 범증의 별칭으로 사용되었다.

북쪽을 향해 앉았으며, 유방을 보좌하고 있는 장량은 서쪽을 향해 배석하였다. 몇 차례나 범증이 여러 차례 항우에게 눈길을 주고, 요대의 패옥佩玉을 잡으며 행동을 개시하라는 신호를 주었으나 항우는 반응하지 않았다. 범증이 자리에서 일어나 바깥으로 나가 항장을 불러 말했다.

"주군께서는 다른 이를 해치실 성정이 아니오. 그러니 자네가 들어가 술을 올리고 칼춤을 추겠다는 청을 올리시오. 그러고선 유방을 찔러 죽이시오. 그렇게 아니하면 우리 모두가 그의 포로가 될 것이오."

항장이 안으로 들어가 술을 올리고 나서 "주군과 패공이 함께 술을 즐기는 자리임에도, 군영 안이라 흥을 돋울 것이 없으니 제가 칼춤이라도 출 것을 허하여 주시옵소서"라고 말했다.

항우가 "좋다"라고 말하자, 항장은 자기 칼을 빼고 춤을 추기 시작했고, 항백 역시 칼을 빼들어 춤을 추니 흡사 새의 날개처럼 유방의 몸을 가리는 바람에 항장은 공격할 수 없었다. 이에 장량이 밖으로 나가 군영 문 앞에 이르렀을 때 번쾌樊噲를 만났다. 번쾌가 "오늘은 어떻소?"라고 묻자 장량은 "매우 위급하오. 지금 항장이 칼춤을 추는 척하면서 패공을 해치려 하오"라고 대답하였다.

번쾌는 "이리 급할 때가 있나! 소신을 안으로 들게 해주시오, 내 목숨을 걸고 패공을 지키리다"라고 말했다. 그는 즉시 칼을 차고 방패를 품은 채 군막 문 안으로 들어갔다. 도끼창을 엇갈리게 맞대고 있던 위사衛士들이 저지하며 들여보내지를 않으려 하니 번쾌는 그들을 방패로 쳤고, 위사들이 앞으로 고꾸라지자 군영 안으로 들어갈 수 있었다. 장막을 열어젖히고 서쪽을 향해 선 채 항우를 매서운 기세로 노려보니, 머리털이 솟구치고 안각眼角은 찢어질 듯 했다. 항우가 꿇어앉은 채로 칼을 잡으며 "이 자는 누구냐?"라고 묻자, "이 자는 패공의 호위를 맡은 번쾌입니다"라고 장량이 답했다. "장사壯士로구나! 내 그에게 술 한잔 내리마"라고 항우는 말했다.

명을 받들어 술잔斗에 술을 채웠고, 번쾌는 감사의 뜻으로 절을 한 뒤 똑바로 서서 술을 마셨다.

"저자에게 돼지 앞다리彘肩(돼지 어깨살) 하나를 주어라"라고 항우는 말했다. 명을 받들어 날것의 돼지다리 하나를 받은 번쾌는 땅바닥에 방패를 뒤집어놓고, 그 위에 돼지고기를 올려 둔 다음, 칼로 고기를 얇게 썰어 먹기 시작하였다. "장사여! 좀 더 마시고 싶은가?"라고 항우는 소리쳤다.

"신은 결코 죽음을 피하지 않습니다. 그러니 어찌 내리는 술을 피하겠습니까?"라고 번쾌는 되받아쳤다.

항우는 바로 대답하질 못하다가 "앉거라"라고 말했다.

번쾌는 장량 옆에 자리를 잡았고, 유방은 얼마 안 있다 자리에서 일어나 화장실로 가면서 번쾌를 불러 데리고 나갔다(『사기』, Yang and Yang 1974, pp.218~19).

벽화와 이 이야기를 대조해 보면, 우리는 이 두 사례가 일치하는 부분보다 그렇지 않은 부분이 더 많다는 것을 바로 알 수 있다. 자리 배치가 다르고 벽화에 번쾌가 보이지 않아서 벽화의 이야기가 홍문연에 관한 것이라고 단언하기 어렵다. 궈모뤄가 항장으로 해석한 왼쪽 끝에 서 있는 용맹스러운 사람은 위대한 역사가(사마천)의 서술에 등장하는 번쾌와 더 비슷한 것 같다. 하지만 그렇게 되면 이 장면에서 항장은 빠지게 된다. 그뿐만 아니라 원래는 항장과 항백이 연회에서 함께 칼춤을 추는 것으로 되어 있지 않는가?[6]

그렇지만 낙양에서 발굴된 벽화가 홍문연회의 장면인지 아닌지를 확인하는 것이 우리의 목적은 아니다. 우리의 관심사는 이 벽화가 한대의 연회를 이해하는데 어떤 실마리를 제공해 줄 것인가이다. 첫 번째로 주목할 점은 연회에서의 자리 배치이다. 이것은 『사기』에는 기록이 있지만 『한서』에는 기록이 없다. 우리가 이미 본 바와 같이, 이 연회에서는 항우와 그의 숙부 항백이 동쪽을 향해 앉았는데 항우가 숙부와 함께 동석한 자리는 의심할 여지도 없이 상석이고 따라서 동쪽을 향한 자리는 한대의 연회에서 가장 상석이다. 한 무제 치하의 승상이었던 전분田蚡의 사례를 들겠다. 어느 날 전분이 손님을 주연酒宴에 초대하여 그의 형 개후蓋侯는 남향으로 앉게 하고, 본인은 동쪽으로 향하는 상석을 차지하였다. 그는 아무리 형이라도 승상의 위계가 먼저라고 설명하였다(같은 책, p.361)[*4]. 또 기원전 32년에는 승상 광형匡衡도 공식 연회에서 그의 신하에게 상석인 동향 자리를 지정함으로써 예의범절의 규칙을 위반하였다고 비난

---

6 이 표현은 항장과 항백이 『사기』에서는 칼춤을 함께 추는 것으로 되어 있는데, 벽화에서 항장이 빠진다면 벽화와 『사기』의 기술이 더욱 더 일치하지 않는다는 것을 역설적으로 표현한 것이다.

을 받았다(『한서』, 76:25a). 이 특수한 규칙은 한 나라 때에 만들어진 것은 아니며, 적어도 주대 말기까지 거슬러 올라갈 수가 있다는 점을 지적해야 할 것이다(P. H. Shang 1938, pp.283~84). 그러므로 홍문연의 자리 배치는 확실히 의미가 있다. 이는 유방이 실제로 항우를 자신의 윗선으로 받아들이고 있다는 중요한 메시지를 전해주고 있다. 따라서 연회에서 제자리를 차지한 항우가 유방을 없애버릴 마음을 접은 것

그림 23. 「홍문연회」 벽화 중 고기를 굽는 모습

도 이 때문이라고 후세의 사람들은 설명한다. 사실 식사 방식 또한 미묘한 정치적 기술이 되었다.

이런 역사적 연회에 대한 또 하나의 관찰은 고기 요리에 관한 것이다. 낙양 벽화무덤의 연회 장면에서는 화덕 위에 쇠고기 덩어리를 굽는 사람이 묘사되었다. 네 개의 발이 달린 직사각형의 화덕은 아마도 인근 소구의 한묘군에서 발견된 쇠화덕을 모델로 그려졌다(낙양구 고고발굴대: 1959, pl.58, figs. 3, 4). 흥미롭게도 그림(그림 23)에 나타난 전 과정은 야외 바베큐의 장면만큼이나 현대인들의 안목을 자극하였다. 그러나 이 벽화 부분이 홍문연회에서 나타난 고기 요리 방법을 시사한 것이라 하더라도 과장은 아니라고 생각한다. 우리는 항우가 번쾌에게 익히지 않은 돼지다리 날고기를 통째로 내주고 먹으라고 한 것을 되새겨 볼 필요가 있다. 돼지다리가 먹을 수 없을 정도로 반만 구웠거나 훨씬 더 날것에 가까운 고기 덩어리였다 하더라도 그것은 놀랄 만한 일이 아니다. 그저 갑작스러운 항우의 명령 때문에 요리사가 고기를 충분히 익히지 못했을 뿐일 수도 있다. 자세히 읽어보면, 앞서 언급한 벽화와 같이 연회장에서 즉석 요리가 이루어진다는 것을 고려해야 항우의 명령부터 번쾌가 돼지다리를 먹는 것까지 사건의 연쇄를 더 잘 이해할 수 있을 것이다. 어찌됐건 이 연회는 전시에 군영에서 열렸다는 것을 기억해야 한다. 더욱이 삶거나 구운 고기는 한대의 중국인들에게는 귀한 요리였다. 예컨대 가의賈誼(기원전 201~168)는 흉노족을 중국 쪽으로 끌어들이기 위해 국경 지역에 위치한 한나라 식당 메뉴에 구운 고기를 포함할 것을 제안하였다. 그의 낙관적인 계산은 '흉노족이 우리들의 익힌 밥과 갱죽, 구운 고기와 술을 점차 갈망하게 되면

그림 24. 무영산 잡기 백희용(無影山雜技百戲俑)

이것은 그들의 치명적인 약점이 될 것이다'라는 것이었다(가의, 1937 ed.,4:41). 감숙성 가욕관에 있는 후한 후기의 벽화무덤에서도 구운 (혹은 삶은) 고기가 발견되었다. 그러나 이 고기는 잘게 썰어 삼지창 모양의 꼬챙이에 꽂아 상에 진설하였다(가욕관 시문물 청리소조, p.25, pl.7, fig. 1, and fig.34 on p.40).

　마지막으로 홍문연회에서 항장은 '군영 안이라 흥을 돋울 일이 없으니'라고 말하면서 칼춤을 추었다. 이 말은 우리들에게 한대의 연회에 또 하나의 요소, 즉 오락이 있었음을 알려준다. 항상 그런 것은 아니지만, 한대의 공식적인 연회에는 음악, 춤, 곡예 등과 같이 다양한 종류의 볼거리가 포함되어 있었다. 사실 한대의 많은 벽화와 석면 부조물에 묘사된 연회 장면에는 일종의 기분전환을 위한 오락이 필수적으로 포함되어 있었다. 고고학적으로는 제남濟南 무영산無影山에 위치한 초기 한묘에서 근래 발굴된 입상立像 한 벌(그림 24)이 이 점을 확실하게 설명하고 있다. 입상은 편의상 네 개의 그룹으로 나눌 수 있다. 두 소녀가 마주보고 춤을 추고 있으며, 네 남자가 곡예를 하고 있고, 두 소녀와 다섯 남자가 악기를 연주하며, 세 사람의 신사들이 쇼를 즐기면서 술을 함께 마시고 있다(제남시 박물관 1972, pp.19~24). 일반적으로 한대의 연회에는 음악과 춤이 수반되었다. 부의傳毅[7]와 장형張衡[8]의 부賦, 「춤舞賦」은 공식적인 연회에 일반적으로 가무가 따른다는 것을 명확하게 보여주고 있다(엄가균 1958 ed., pp.705~06, 769). 장형은 연회에서의 각 퍼포먼스 순서에 대해 보다 구체적인 정보를 제공한다. 그에 의하면 음악이 시작될 때 술이 나오고, 술 마시는 사람들이 취했을 때 아름다운 소녀가 일어서서 춤을 춘다는 것이다. 약식 만찬이어도 음악연주가 등장할 때도 있다. 장우張禹(기원전 ?~기원전 5)[9]는 때때로 그의 사랑하는 제자 대숭戴崇을 데리고 악대가 연주하는 내실로 들어가 먹고 마셨다(『한서』, 81:14a).

한대의 벽화에서 나타나는 연회 장면은 실제로 거행된 연회의 골격만을 보여주고 있을 뿐이다. 역사적 기록도 대체로 연회 때 제공된 음식 및 술의 종류나 어떤 방식으로 제공되었는지에 대해 침묵하고 있다. 그러므로 한의 연회에 대한 생생한 실체를 알기 위해서는 서술적인 면이 돋보이는 문학작품을 검토해야 한다. 그러나 또 다른 성격의 난제를 마주해야 한다. 이러한 문학작품들에서 언급된 음식은 오늘날 우리들에게 이름으로만 알려진 것들이다. 이 이름들은 매승枚乘(기원전 2세기)으로부터 서간徐干(3세기 초)까지 한대의 작가들이 남긴 12수 이상의 부[10]賦에서 찾을 수 있다.

식별 가능한 음식 가운데 다음과 같은 것들이 한의 연회에서 자주 언급된 식재료 혹은 요리들이다*[5].

육류: 쇠고기 치마살, 살찐 개, 곰발, 표범 가슴살, 어린 돼지, 사슴고기, 양 어깨살.
조류: 구운 올빼미, 야생오리 갱, 참새국물, 야생거위구이, 닭고기, 흰기러기, 학.
생선: 곱게 저민 생잉어, 농어(동정호洞庭湖에서 잡은 것), 자라 갱, 삶은 자라.
채소: 죽순, 식용 골풀순, 부추, 순무.
향신료: 생강, 계피, 산초.
과일: 리치, 배, 개암, 멜론, 오렌지, 살구.

---

7 동한의 시인(?~90 추정).

8 동한의 과학자, 문학자(78~139).

9 서한의 승상, 유학자.

10 『시경』의 영향을 받은 시와 산문 혼합체의 운문.

조미료: 작약芍藥장, 소금, 매실장, 육장, 설탕, 꿀, 식초.

물론 윗 목록이 식재료와 요리 전부를 망라한 것은 결코 아니다. 그러나 한의 연회에서 중국인들이 어떤 종류의 음식을 즐겼는지를 어느 정도 이해할 수 있다.

그러나 이상의 목록이 더 유의미한 것이 되기 위해서는 약간의 보충설명이 필요하다. 첫째, 요리법에는 뭉근하게 푹 끓이기, 삶기, 굽기, 볶기, 찌기, 그리고 절이기가 포함되어 있다는 것이다. '조화'를 이루기 위해 '오향(쓴맛, 신맛, 매운맛, 짠맛, 단맛)'의 혼합이 요리학의 근본이라는 생각을 포함하고 있다. 이런 점에서 한대의 중국 요리는 혁신적이라기보다는 전통적이라고 말할 수 있다. 그러나 식재료의 절단은 이전보다는 더 철저하게 강조한 것 같다. 후한 시대의 몇몇 작가들은 고급 음식의 특징으로 생선은 다지거나 얇게 포를 떠야하고, 고기는 최대한 얇게 썰어야 한다고 언급하였다. 뒤에서도 보겠지만, 한대에는 음식 및 요리 역사상 중요한 새로운 발전이 있었다. 한대의 중국인들이 단순히 고전적인 고대의 음식전통을 그대로 따랐다고 생각한다면 오산이다.

두 번째는 곡식으로 만든 음식이 한대 연회에 관한 문학 기술에 항상 등장했다는 것이다. 쌀(맵쌀과 찹쌀)과 조(특히 량梁이라 불리는 고급 조)는 아주 맛있는 것으로 칭송되었다. 그러므로 우리는 이 두 개의 곡식이 다른 곡식보다 더 선호되었다고 생각할 수 있다.

세 번째는 술은 당연히 연회에서 필요불가결한 부분이라는 것이다. 기원전 2세기의 작가 추양鄒陽은 술에 관한 그의 부賦에서 단술醴과 술酒 두 가지의 알코올음료로 나누었으며, 술은 쌀과 밀로 만들어진다고 말했다(갈홍 1937 ed., 4:4a~5b). 단술과 술을 구별하는 것은 장형의 『칠변七辯』에서도 발견되는데 술은 색깔이 진하고 단술은 흰색이라고 한다(엄가균 1958 ed., p.775). 한 왕조 초기 초원왕楚元王[11]의 궁에 목穆이라는 유학자가 있었는데, 술을 좋아하지 않는 그를 위해 왕은 연회를 열 때 항상 단술을 준비시켰다. 당나라의 경학자 안사고顏師古에 따르면 단술은 맛이 달며, 술보다 누룩麴은 적게 넣고 쌀은 더 많이 넣어 만든다고 했다(『한서』, 36:26). 고대로부터

---

11 한 고조 유방의 이복동생 유교(劉交)가 초국에 부임하였기에 초원왕이라고 부른다.

연회 때 단술과 술은 두 개의 다른 술잔尊에 담겨 있다(『의례儀禮』, 「향음주례鄕飮酒禮」
편). 이러한 방식이 한대에도 여전히 답습되었다. 후한의 시에서는 "북쪽 방에서 손님
을 모시기 위해 두 개의 술잔尊을 진설하여 하나는 맑은 술, 또 하나는 흰색 단술을
각각 담는다"(곽무천 1955 ed., vol.2, 37권, p.2). 또 한편으로는 술(혹은 청주淸酒, 맑은 술)
이 좀 더 인기가 있었는데 생각한 바와 같이 술이 단술보다 훨씬 도수가 높다. 후한의
사전 『석명釋名』[12]에 의하면 단술은 하룻밤만 묵히면 만들 수 있는 것이지만(유희 1939
ed., p.66), 6세기의 가사협賈思勰에 의하면 청주의 발효는 상당히 복잡한 과정을 거치
기 때문에 더 오랜 시간이 걸린다고 했다(석성한 1958, 3:460~62).

하북성에서 발견된 초기 한대의 것으로 추정되는 두 기의 만성한묘滿城漢墓에서는
총 33개의 토기 술병이 1968년에 발굴되었다. 그중 몇 개에는 '차조秫술', '단막걸리
醪', '쌀술' 그리고 '상존上尊급의 차조술'이라고 술 이름이 새겨져 있었다. 3세기 초 채
옹蔡邕이 원소袁紹에게 보낸 편지에는 단술 또한 밀로 만들어졌다는 것이 언급되었다
(엄가균 1958 ed., p.872). 이처럼 한대의 술은 쌀, 조, 밀과 같은 사실상 거의 모든 종류
의 곡식으로 만들었다는 것을 알 수 있다(석성한 1962, p.81도 참조).

상존이라는 용어는 좀 더 설명이 필요하다. 여순如淳이 인용한 한나라의 법에 의하
면 쌀로 빚은 술은 상존(상급)으로 분류되었고, 기장稷으로 빚은 술은 중존(중급)으
로, 그리고 조粟로 빚은 술은 하존(하급)으로 분류되었다. 그러나 안사고는 술의 등급
은 어떤 곡식으로 빚었는지와는 상관이 없는 일이라고 믿었다. 오히려 한대의 술 등
급은 진한 정도에 따라 결정되며, 진하면 진할수록 더 좋은 술이라는 것이다(『한서』,
71:12b). 서한 중산정왕中山靖王인 유승劉勝[13]과 그 부인의 묘에서 나온 '상존급의 차조
술' 이라는 명문이 발견되면서 안사고의 이론이 어쨌든 지지를 받게 되었다.

우리는 무엇보다도 한의 연회에서 어떤 음식과 술을 일반적으로 먹고 있었는지를
알아냈다. 지금은 손님들에게 음식과 술을 내가는 순서를 재구성해야 할 시점이다.
맨 처음에는 술을 손님들에게 내간다. 이것은 앞서 인용한 후한대의 시에서도 나타나
지만 마찬가지로 홍문연회에서도 나타난다. 번쾌가 처음에 술 한 잔을 받고, 그 다음

---

12 중국어 사전.

13 서한 6대 황제인 한 경제(효경황제)의 7번째 아들. 『삼국지연의』의 유비가 직계자손인 것으로 알려져
있다.

에 돼지다리를 받았던 것을 떠올려보면 된다. 이 최초의 술이 제공된 다음 갱으로 연회의 포문을 연다. 『의례』에서는 "갱이 준비되면 주인은 손님들에게 자리에 앉도록 권한다"(p.89). 2세기의 응소應劭[14]는 당시 조와 고기로 만든 갱이 연회에 참석하는 손님에게 항상 첫 번째로 대접하는 요리라는 기록을 남겼다(엄가균 1958 ed., p.680). 갱 다음에는 무엇이든 간에 다른 요리가 뒤따랐다. 합리적으로 생각해 보면 곡식 음식이 맨 나중에 제공된다는 것은 분명하다. 위에서 인용한 후한의 시를 더 들여다 보면, 연회가 끝날 무렵 주인은 손님들이 너무 오랫동안 기다리지 않도록 주방에다 밥을 빨리 준비하도록 독촉한다고 밝히고 있다(곽무천 1955 ed., 『전당시』 37, 1b). 한나라의 중국인들은 오늘날 그네들의 후손과 마찬가지로, 어떤 종류든 곡식 음식이 제공되지 않으면 식사가 끝난 게 아니라고 생각했다. 이와 같이 2세기 초의 갈공葛龔은 지난 어느 날 저녁 친구가 찾아왔을 때 밥이 없어 새우 요리만 제공할 수밖에 없었기에 친구에게 사과의 편지를 써야 한다고 생각하였다(엄가균 1958 ed., p.780).

마지막으로, 식사가 끝나면 손님에게 마치 식사의 일부로서가 아니라 양식의 디저트처럼 과일을 대접한 것으로 보인다. 왕충은 공자가 조밥을 먼저 먹은 다음 복숭아를 먹었다는 일화를 말하면서 이것이 올바른 식사 순서라고 생각하였다(왕충 1974 ed., p.451). (2세기 초의) 부의도 그의 저서 『칠격七激』에서 식사가 끝난 다음 영주永州산 배를 대접했다는 것을 분명히 기록하였다(엄가균 1958 ed., p.706). 그러나 연회의 끝이 반드시 식사와 음주의 끝이라고는 말할 수 없다. 응소에 의하면 연회가 끝난 다음에도 주인은 손님들과 계속 마시기를 원하는 경우도 있었다. 그러한 경우는 주방에 새로운 음식을 만들라고 하기에는 너무 늦었으므로 산초, 생강, 소금, 그리고 시(豆豉, 소금에 발효시킨 콩)로 양념한 말린 고기나 생선을 대신 내놓았다(엄가균 1958 ed., p.676). 이 일화는 이미 중국인들은 빠르면 후한 시대부터 술을 마실 때는 항상 약간의 안주를 곁들이는 습관을 발전시켜 왔다는 것을 보여준다.

한의 연회에 관한 논의를 마무리하면서 기원전 1세기 왕포王褒의 유명한 「노예계약僮約」을 인용해 보겠다. 기원전 59년의 「계약」은 왕포가 사천성 성도成都에서 변료便了라는 이름의 수염을 기른 노예를 샀다는, 약간 유머가 섞인 일화이다. 왕포가 노예

---

14 동한의 학자(기원전 153~196), 환제(桓帝) 시대의 명신.

에게 시킨 수많은 가사일 가운데 손님을 위한 연회 준비도 포함되어 있었다. 「계약」은 다음과 같다.

　　손님이 집에 오면, 그(노예)는 주전자를 가지고 가서 술을 구해 온다. 물을 긷고 저녁식사를 준비한다. 그릇을 씻고 쟁반을 정리한다. 밭에서 마늘을 뽑아오고 채소는 썰고 고기를 자른다. 고기를 다지고 뿌리채소를 넣어 갱을 만든다. 생선을 얇게 썰고 자라를 굽는다. 차를 끓이고 음식을 그릇에 담는다(Wilbur 1943, p.385).

　이 문장은 자명하다. 한 가지 유의해야 할 의문점은 중국에서는 이렇게나 일찍부터 차를 마셨는가라는 것이다(Wilbur 1943, p.391, n.19). 그러나 「계약」을 비롯한 여러 문헌적 증거에 의거한 결과, 고염무顧炎武[15]는 사천 지역에서는 한대 이전부터 차를 마시기 시작했다는 결론을 내리기에 이르렀다(1929 ed., 3:55~57). 차 마시기가 중국의 여타 지역, 특히 북쪽 지방의 관습으로서 퍼져나간 것은 훨씬 후대로 추정된다(여사면 S. M. Lü 1948, 2:1136~37).

일상생활의 음식과 식사

　내 재량으로 다룰 수 있는 증거자료의 성격 때문에 한나라의 음식과 식사에 관한 나의 논의는 상류층에 한정되었다. 즉 마왕퇴에서 나온 식재료와 음식 목록과 다양한 무덤 벽화에 그려진 주방과 연회 장면, 홍문연회와 같이 숱한 진미를 맛본 문인들이 남긴 입에 침이 고이게 하는 묘사는 전부 한나라 시대 6천만 백성 가운데 작은 일부에 지나지 않는 부유층과 권력자들에게만 한정된 것이다. 이제부터 나는 한대 중국인들의 일상생활 가운데 대다수의 사람들이 가장 일반적으로 가용했던 음식이 어

15　1613~1682. 명나라 말기부터 청나라 초기의 사상가, 경학가, 음운학 학자.

떤 종류인지 찾아내지 않으면 안 된다. 이는 말하기는 쉽지만 실천하기는 어려운데, 역사적 기록물이나 고고학적 발견은 대개 상당한 재산을 가진 사람들의 삶을 비춰주기 때문이다. 그뿐만 아니라 때로는 비교와 대조를 위해서 부유층에 관한 토론도 할 만한 가치가 있다.

곡식은 오늘날 중국인들에게도 그렇듯이 한대의 중국인들에게도 주요 음식이었다. 그렇다면 한대 중국에서 주로 경작되었던 곡식으로는 어떤 것이 있었을까? 당대 중국인들은 고대인들의 전통에 따라 종종 '오곡五穀', '육곡六穀', '팔곡八穀' 혹은 '구곡九穀'을 언급했다. 그러나 한대부터 현대까지의 학자들은 이러한 곡식의 정체를 밝히는 데 완벽한 합치를 이끌어 낸 적이 없다(제사화 1949, pp.266~69). 비록 문헌상의 혼란이 남아 있기는 하지만, 최근의 고고학적 발견 덕분에 우리는 한대의 중국인들이 먹고 살아온 주식이 무엇인지 훨씬 확실한 기반을 바탕으로 확인할 수 있게 되었다.

이 연구의 출발점에서 제시했던 목록에서와 같이, 마왕퇴 한묘 1호에서 발굴된 것은 벼, 밀, 보리, 기장과 조, 콩, 붉은 편두lentil이다. 편두를 제외한 나머지는 모두 전통적인 경학자와 문헌학자들의 식별자료목록에 이런저런 방식으로 포함되어 있다. 곡식은 다른 곳에서도 출토되었다. 1953년 낙양 서북외곽에 위치한 소구에서는 전한 중세에서 후한 후기의 것으로 추정되는 983개의 토기로 만든 곡식그릇이 145개의 무덤에서 발굴되었다. 많은 그릇에 남은 곡식은 다양한 조(수수, 조, 야생조 등), 마麻, 콩, 벼, 율무였다. 그뿐만 아니라 대부분의 그릇에는 그 안에 들어 있는 식품의 내용을 표시한 명문銘文이 새겨져 있었다. 위에 열거한 곡식 이외에도 우리는 밀, 보리, 콩, 팥, 정미한 벼(쌀), 기타 등등을 발견할 수 있다(낙양구 고고발굴대 1959, pp.112~13, table 26). 소구에서 출토된 벼는 일본인 전문가에 의해 분석되었는데, 흥미롭게도 인디카(장립)쌀과 유사하다고 한다(Nakao 1957). 1957년에는 명문을 새긴 더 많은 곡식그릇에 벼가 담겨진 채로 낙양의 또 다른 지역인 금곡원金谷園 마을에서 발견되었다(황사빈, 1958). 이러한 고고학적 발견에 근거하여 우리는 한대의 중국인들이 일반적으로 입수가능한 곡식의 주요 범주에는 다양한 종류의 조와 벼, 밀, 보리, 콩, 팥, 그리고 마가 포함되어 있었다는 것을 자신 있게 말할 수 있다. 이러한 고고학적인 목록을 기원전 1세기의 범승지氾勝之가 쓴 농학서에 기록된 '구곡九穀'과 맞춰보면 매우 비슷하다는 점을 특히 주목할 필요가 있다(석성한 1959a, pp.8~11). 한나라의 경학자였던 정흥鄭

興과 정현鄭玄은 그들의 농업지식을 주로 책을 통해서 얻었지만, 이와 달리 범승지는 전문적인 농학자인 데다가 실제로 장안 부근에서 사람들에게 농업을 가르쳤다(석성한 1959a, pp.42~44).

이 모든 곡식이 한대의 중국 전 지역에서 똑같은 비중으로 가용된 것은 아니라고 굳이 말할 필요는 없다. 중국 북부에서는 고대부터 다양한 종류의 조粟류[16]가 주곡이었던 반면 남부 중국인들의 주된 전분 식품은 쌀이었다. 이러한 사정은 한대까지 지속되었던 것 같다. 그뿐만 아니라 한대 중국에서 전체적으로 쌀보다 조류를 훨씬 많이 생산했다는 것에는 신빙성이 높은 이유가 있다(S. H. Ch'i 1949, pp.304~05). 『회남자淮南子』에 의하면 오직 양자강의 물만이 벼농사에 적합하다고 했다(유문전 1974, 4:10a). 반고班固는 그가 저술한 『한서』 지리지에서 사천과 초나라 지역(주로 호남 및 호북 지역)을 주요 쌀 생산 지역으로 꼽았다(『한서』, 28b:20a, 33b~34a). 이 점은 최근의 고고학적 발굴에 의해서도 사실임이 증명되었다. 1973년, 전한대의 9기의 무덤군이 호북성 강릉江陵의 봉황산에서 발굴되었다. 묘 8, 9, 10호에서는 다양한 종류의 음식과 400개 이상의 명문이 새겨진 죽간이 출토되었다. 유물에는 쌀, 멜론 씨앗, 과일 껍질, 달걀, 조粟류, 밤, 그리고 채소 씨앗이 포함되어 있다. 또한 많은 죽간은 곡물에 대한 정보를 제공하였다(장강 유역 제2기 문물고고공작인원훈련반 1974, pp.41~54). 쌀, 찹쌀, 조류, 밀, 콩, 그리고 마가 죽간에 기록되었다. 죽간의 개수와 출토된 곡식의 양으로 판단해 볼 때 쌀과 조류, 특히 쌀이 한대 해당 지역의 주식이라는 결론을 내려도 무방할 것이다(황성장 1974, pp.76~77). 이와는 대조적으로 낙양의 소구묘에서는 쌀보다 다양한 조류가 훨씬 많이 출토되었다는 점을 눈여겨 볼 만하다(낙양구 고고발굴대 1959, pp.112~13). 남북 간에 지리적인 차이를 인정한다면, 한대의 중국에서는 조류가 대체로 쌀보다는 주곡으로서 더 일반적이었다고 해도 억지주장은 되지 않을 것이다. 예로부터 귀족들조차 쌀은 매우 비싸고 맛있는 곡식이라고 간주하였다. 한 왕조 때 이 상황이 급격히 변화되었다는 증거는 없다.

쌀과 조류 다음으로 대중적인 곡물로는 밀, 보리, 콩과 마가 있었다. 마에 대해서

---

16 영어표기로는 millet이며, 여기에는 조(粟, Setaria italica germanica), 수수(粱, Setaria italica maxima), 기장(黍, Panicum miliaceum)이 모두 millet으로 통칭된다(제1장 그림 1 참조). 그래서 millet을 조류라고 번역한다.

우선 한 마디 하고자 한다. 전통적으로 중국에서 마는 옷감을 짜는 데 쓰이는 기본 재료라는 것이 상식이었다. 그러나 마의 씨앗도 먹을 수 있다는 것이 증명되었고, 때문에 고대인들은 이것을 종종 '곡식'으로 분류하였다.『염철론鹽鐵論』에서도 일찍이 한대 유학자인 포구자包丘子가 마의 씨앗을 곡식으로 먹었다고 얘기하고 있다(환관 1974 ed., p.41; 포구자에 대해서는 왕패정 1958, p.65를 볼 것). 그러나 음식으로서 마의 씨앗은 다른 곡류에 비해 중요한 것으로 간주되지는 않았던 것 같다.

아주 가난한 사람들에게 콩과 밀은 조류에 비해 훨씬 더 긴요한 곡식이었다. 중국 한대에 (다양한 종류의) 조류가 다른 곡식에 비해 더 많이 생산되었다는 것은 틀림없지만, 조류의 소비량 역시 훨씬 더 많았을 것으로 추정된다. 그러므로 부족한 조류의 대체물로서 콩과 밀은 항상 필요했다. 반고가 지적했듯이, 가난한 사람들은 콩을 씹고 물을 마셨다(『한서』91:3a, Swann 1950, p.419).『염철론』에서도 역시 가장 단출한 식사로 '콩갱'을 언급하였는데(환관 1974 ed., p.71), 범승지는 그 이유를 다음과 같이 잘 설명해주었다.

콩은 흉년이 드는 해에도 쉽사리 많이 수확된다. 그렇기에 고대인들에게 기근에 대비하는 식량으로서 콩을 재배하는 것은 극히 자연스러운 일이다. 모든 가족 구성원에게 공급할 정도인 콩의 재배면적은 일인당 5무畝의 비율로 계산해야 한다. 이것은 농업의 '기본'이다(석성한 1959a, pp.19~21).

밀은 콩과 마찬가지로 거친 곡식이라고 간주되었다. 풍이馮異[17]가 광무제와 군인들이 군사작전을 할 당시 그들을 위해 황급히 콩죽과 밀가루 음식을 만들었다는 유명한 일화가 있다. 수년 후 황제는 풍이에게 편지를 보내면서 그가 만들어 준 콩죽과 밀가루 음식에 대해 아직까지 답례를 하지 않았음을 사과하였다(『후한서』17:3a and 12a). 또한 왕충도 "비록 콩과 밀은 거칠기는 하지만 우리들의 배고픔을 달래줄 수 있다"고 말했다(1974 ed., p.131). 서기 194년에는 수도 주변에 큰 기근이 발생하여 곡물의 가격이 천정부지로 올랐다. 정제하지 않은 조 한 곡斛에 50만 전이나 하였으며, 콩이나 밀

---

17 ? ~ 34 추정. 동한의 개국명장이자 군사가.

은 한 곡에 20만 전이었다(『후한서』, 9:8a)*⁶. 이것은 결론적으로 콩과 밀은 조류에 비해 곡식으로서는 훨씬 급이 낮다는 걸 보여 준다. 만약 어떤 고관이 죽었을 때 그가 남긴 곡식이 몇 곡의 밀이나 보리 뿐이라면 청백리의 삶을 살았다고 높게 칭송받을 것이다(『후한서』, 31:22b, 77:4b).

그러나 같은 곡식이라도 정제된 것과 거친 것에는 상당한 차이가 있다. 한대에는 보통 도정하지 않은 1곡의 곡식(穀 혹은 粟)으로 정미精米 0.6곡 정도를 생산했다(L. S. Yang 1961, p.154). 그러나 정미가 도정하지 않은 곡식에 비해 0.7의 비율을 차지하게 되면, 정미가 거친 것粟으로 간주되었다(장언張偃의 『사기』 1 해설, 130:5a). 가난한 사람들을 위한 곡식은 훨씬 더 조악할 때도 있었다. 조(糟, 곡식으로 술을 빚고 남은 지게미)와 강(糠, 속껍질)도 곡식으로 언급되었다(『후한서』, 41. 18b~19a)¹⁸. 『사기』의 「색인」에서는 조강糟糠을 가난한 사람의 음식으로 규정하였다(『사기』 1, 61:8b). 그러나 이것은 단지 문학적인 과장일 수도 있다. 맹강孟康(180~260 추정)에 의하면 강糠은 도정하고 남은 밀겨를 말한다(『한서』 40:11b). 어쨌든 조강은 가장 조악할 수 있는 곡식을 표현한 것이다.

그렇다면 한대의 중국인들이 일상생활에서 곡물 요리와 함께 곁들였던 요리는 어떤 것이었을까? 일반적인 답은 갱이다. 『예기』에서는 "갱은 서민부터 왕자에 이르기까지 지위와는 무관하게 모든 사람들이 먹었다"고 되어 있다. 정현은 갱이 식사의 주식이라고 언급하였다(『예기』, 8:22a). 지금껏 등장한 한대의 경학자들은 분명히 자기들의 일상생활에서 겪은 경험을 바탕으로 말했다. 갱은 고기로, 혹은 고기 없이도 만들 수 있다. 다음은 한대의 고기갱에 관한 유일하고도 확실하게 남은 기록이다.

명제明帝(58~75 재임) 치하에서 회계會稽(지금의 절강성) 출신인 육속陸續은 수도 낙양의 감옥에 갇혔다. 어느 날 그는 고기갱 한 그릇을 받았는데, 이것으로 육속은 그의 어머니가 자신을 만나러 낙양에 왔다는 것을 금방 알아챘다. 그는 주위의 사람들에게 방금 자신이 받은 갱이 다름 아닌 그의 어머니가 끓인 것임에 틀림없다고 말해주었다. 그는 다음과 같이 묘사하였다. "우리 어머니는 고기를 자를

---

18 조강지처는 가난한 시절 이런 거친 음식을 먹고 함께 고생한 아내라는 뜻이다.

때 항상 완전한 정사각형 모양으로 덩어리를 내고, 파는 정확하게 1촌寸 길이로 자른다"(『후한서』, 81:21a~b).

이 일화를 통해서 고기와 파를 넣어 뭉근하게 끓이는 갱이 일반적이었다는 것을 알 수 있다. 한대의 중국에서는 고기갱은 일상적이기 보다는 사치스러운 것이었다. 왕망王莽[19]의 치하일 때 장안 주민들이 일상적으로 어떤 음식을 먹는지를 궁금해 하는 왕망에게 어떤 환관이 장터에서 고급 조밥과 고기갱을 사서 바쳤다(『한서』, 99c:21b~22a). 환관이 저지른 이러한 기만 행위는 고기갱이 일반 평민들이 쉽게 손에 넣을 수 있는 음식이 아니라는 것을 증명한 것이다. 1세기의 학자로 (산서성) 태원太原 사람인 민중숙閔仲叔은 가난한 데다 몸도 아프고, 나이도 들었으나 너무나도 먹고 싶은 고기갱을 구할 수가 없었다. 그 대신 그는 매일 고깃간에서 돼지 간을 한 덩어리씩 샀는데 아마도 그 간에 비타민이 풍부하게 들어 있다는 것을 알지 못했을 것이다(『후한서』, 53:2a). 비록 쇠고기와 양고기가 한대의 시장에서 수요가 더 많았지만, 민중숙이 사먹고 싶었던 것은 돼지고기였을지도 모른다(왕충 1974 ed., p.221). 특히 쇠고기가 귀했는데 이는 황소가 유용한 동물이라 정부가 때때로 도살금지령을 내렸기 때문이다(『후한서』 41:3a~b; 응소 1937 ed., 9:5a~6a; 엄가균 1958 ed., pp.543~44). 원칙적으로 고기는 연로한 사람들이나 귀족들만을 위한 것으로 제한되었다(여사면 1947, pp.571~72). 기원전 179년의 칙령에서 문제文帝는 제국 내의 모든 노인들(80세 이상)들에게 매달 곡식과 고기, 그리고 술을 나눠주도록 하였다(『한서』, 4:6b~7a). 한 왕조 내내 이와 유사한 칙령은 여러 차례 발표되었다. 그러나 담당 관료들이 이 칙령을 진지하게 받아들이지 않았다는 것을 보여주는 증거자료가 많이 남아 있다.

모든 동물성 고기 가운데 닭고기는 다른 종류보다도 일반인들이 입수할 가능성이 더 높은 것으로 생각된다. 지방 관리들도 주민들에게 가정에서 부업으로 돼지와 닭 사육을 고취시키기 위해 각별한 노력을 경주하였다(『한서』, 89:5a~b, 13a). 도기로 만든 닭, 돼지, 그리고 돼지우리가 한묘, 특히 후한기의 묘에서 많이 발견되었다(낙양구 고고 발굴대 1959, pp.140~42; 광주시 1957, p.74; 귀주성 1972, p.44). 이것은 일반적인 한대의 가

---

19 왕망(기원전 46~23). 전한 말의 정치가이며 '신(新)' 왕조(8~23)의 건국자. 왕망 이후 유수(광무제)에 의해 후한이 건국된다.

정생활을 충실하게 반영한 것으로 보인다. 그러나 돼지 도살은 개별 가족에게는 큰 작업이었던 같다. 최식崔寔[20]에 따르면, 새해를 며칠 남기고 일 년에 단 한번뿐인 돼지 도살을 행하였으며, 이것은 오늘날까지도 중국 농민들이 일반적으로 따르는 관습이다(1965 ed., pp.74~76). 만약 손님 한두 명이 저녁을 먹으러 온다면 한대의 중국인들은 공자 시대를 살았던 그들의 조상들과 마찬가지로 닭고기만 대접하는 것이 일반적이었다. 사실 찰기장黍과 짝을 맞춘 닭고기 요리는 전한 시대나 한대에도 손님을 접대하기에 좋은 음식으로 간주되었다(상병화 1967, p.105). 그러나 아주 가난한 사람들에게는 닭고기조차 그림의 떡이었다. 2세기의 매융寀融은 그의 연로한 어머니를 위하여 닭 한 마리를 갖고 있었는데, 그의 귀한 손님 곽림종郭林宗에게 이 닭을 내놓지 않았다(『후한서』, 68:4b). 후한 시대에도 한 노파가 이웃집에서 훔친 닭을 요리해서 본인과 며느리가 먹었다는 이야기도 있다(『후한서』, 84:14a~b).

그렇다면 서민들이 고기나 가금류를 부자들이나 권력자들만큼 항상 먹을 수는 없었다는 것을 알 수 있다. 거의 모든 한대 중국 사람들의 일상적인 식사에서 가장 중요하고도 다른 범주에 속하는 음식은 바로 다양한 채소 요리이다. 위에서 언급한 바와 같이, 마왕퇴에서 출토된 갱 목록의 고기갱이 눈에 띄긴 하지만, 갱이 반드시 고기로 만들어져야 한다는 것은 아니다. 사실 한대 또는 전한 시대에 채소갱이 존재했다는 것은 완벽하게 사리에 맞는 이야기이다. 한비자韓非子는 예컨대 거친 곡식으로 만든 려곽갱藜藿之羹에 대해 이미 언급하였다(C. Y. Ch'en 1974, 2:1041). 곽藿은 콩잎이었으며, 범승지에 의하면 '푸성귀로 팔릴 수 있는 것'이었다(석상한 1959a, pp.38~39). 우리는 려藜가 무엇을 의미하는지 잘 알 수 없지만, 그것은 파처럼 생긴 식물이라는 기록이 남아 있다[21](안사고의 해설 『한서』, 62:4a; 왕념손 1939 ed., 7:1170). 이후 려곽藜藿은 가난한 사람들이 먹는 조악한 채소류 전부를 아우르는 상투적인 표현이 되었다.

역사상 우리가 가지고 있는 가난한 사람들의 식사에 대한 자세한 정보는 두세 가지에 지나지 않는다. 앞서 얘기한 민중숙은 친구에게 콩을 삶을 때 넣을 마늘 약간을 얻은 적도 있다고 한다(『후한서』, 53:1b). 그리고 1세기에 경단景丹은 밀알과 파로 만든

---

20 ?~ 170 추정. 후한 환제 때 관료로 『사민월령』을 지어 각종 농작물의 파종 및 재배 방법을 기술했다.
21 려(藜)는 명아주를 말하는 것인데, 파와 같이 생긴 것이라고 하는 것은 저자의 명백한 오류이다.

식사를 제공받았음에도 불구하고도 거부하였다(『후한서』, 83:10b~11a). 이를 통해 마늘과 파는 가난한 사람들의 식단에 가장 자주 오르는 품목이었다는 것을 알 수 있다. 그러나 나는 한대 내내 누가 먹느냐에 따라 파가 때로는 매우 비싼 것일 수 있다는 사실을 재빨리 덧붙이도록 하겠다. 기원전 33년에 소신신邵信臣은 원제元帝의 재가를 얻어 파와 부추 같은 제철이 아닌 채소를 재배하기 위해 만든 궁중의 '온실'을 폐쇄하였다. 그 결과 궁정은 일 년에 수천만 전을 절약하였다(『한서』, 89:15a; 온실에 대해서는 장명천 1956, p.14 참고). 그러나 일반적으로 파, 마늘, 그리고 부추는 한대에 흔했던 채소로 보이고 이 채소들을 재배한 기록 역시 여러 자료에서 실려 있다(『한서』, 89:13a, 『후한서』, 51:7b, 최식 1965 ed., pp.13~15).

서민들이 쉽게 입수할 수 있는 또다른 채소는 토란 혹은 얌이었다. 성제成帝(기원전 32~7 재임) 치하의 승상이었던 적방진翟方進(필명은 자위子威)은 하남성 여남汝南군의 중요한 방죽을 헐어 버렸다. 그 결과 그 지역 전체의 농업이 심각한 영향을 받았고, 여남 주민들은 **"우리의 방죽을 무너뜨린 자는 바로 적자위 / 우리가 먹을 수 있는 음식은 콩과 토란뿐이네"**라는 노래를 지어 적방진에게 쌓인 불만을 토로했다. 안사고의 해석을 바탕으로 내용을 확실히 하자면, 두 번째 구절 같은 경우는 사람들이 콩으로 밥飯을 짓고 토란으로 갱을 만들어 먹었다는 것을 뜻한다고 한다(『한서』, 84:22a). 범승지는 자신의 농서를 통해 한대 중국에서 얌 혹은 토란이 주된 채소였음을 충분히 증언했으며, 자신의 책에 이 채소들의 파종 및 재배에 대해 자세한 설명을 실었다(석성한 1959a, pp.24~27, 40~41).

한대 중국인들의 일상생활에서 언급해야 할 또 하나의 음식의 범주가 있다. 즉 비(糒)[22], 후(餱, 말린 곡식) 혹은 구(糗, 말린 양식)로 알려진 건조시킨 곡물 음식이다. 가끔 곡식을 빻아 가루로 만들었다는 것이 구라는 기록에 비해 비와 후가 밥을 지어 말린 것(乾飯)이라는 사실 이외에는 이 세 종류의 말린 음식이 상호 어떤 차이가 나는지 판별하기란 쉽지 않다. 그뿐만 아니라 구는 불에 굽거나 볶아서 말린 것으로 보인다. 쌀, 밀, 보리, 조 혹은 기장, 콩이 모두 말린 곡류 음식으로 변형될 수 있었다(왕념손 1939 ed., 6:935~36). 일찍이 말린 곡류 음식은 주나라 때부터 군인들이나 여행자들 사이에

---

22 여행용 혹은 행군 시에 먹는 용으로 건조시킨 밥.

서 많이 먹었던 것으로 추정된다(제사화 1949, p.293). 그러나 이러한 종류의 음식이 수백만 명의 중국인들의 일상생활에 매우 중요한 역할을 하게 된 것은 한대부터이다.

첫째, 이것은 지위와는 상관없이 한대의 모든 여행자들의 주식이었다. 예컨대 왕망은 서기 14년에 황실의 수행원들에게 그의 지방 시찰을 위해 말린 음식과 고기를 준비하도록 명령하였다(『한서』, 99B:26b). 화제和帝(88~106 재임)의 왕비 등영鄧綏도 황궁 안 자신의 침소에다 말린 곡류 음식을 대량으로 비축시켜 두었다(『후한서』, 10A:28b). 실제로 황궁에는 곡식을 선별하여 황실에서 먹을 말린 음식을 만드는 업무를 담당하는 관리가 있었다(『후한서』, 26:2b). 둘째, 북방 흉노에 대항하여 대규모 군사작전을 반복해야 했던 한나라의 병사들은 생존을 위해 전적으로 말린 음식에 의존하지 않으면 안 되었다. 1세기의 엄우嚴尤에 의하면, 사막에서 흉노족과의 전쟁을 벌여야 했던 한나라 병사들은 사계절 내내 항상 말린 음식과 물에 의존해 살아야 했다고 한다. 엄우가 추측하기로는 300일 동안 전투에 나갈 경우 한 병사당 비糒 18곡[23]이 필요하다고 한다. 이것은 성인 한 사람이 하루에 소비하는 비가 정확하게 0.6되升[24]가 된다는 것이다(『한서』, 94B:24a, 25a). 기원전 99년에, 이능李陵의 군대가 돈황 부근에서 흉노족에게 포위되었을 때 그는 각 전투병들에게 말린 음식인 비 두 되와 얼음 한 덩어리를 나누어 준 뒤 한 사람씩 포위망을 뚫고 나와 한나라 진영 요새에서 다시 집합하자고 하였다(『한서』, 54:12b). 이 요새는 전장에서 3일 이내의 여정으로 도착할 수 있는 장소에 위치했다. 세 번째, 한나라 조정은 이러한 군사적 이용 이외에도 다른 용도로 쓰기 위해 대량의 말린 음식을 상시 비축하고 있었다. 기원전 51년, 한 조정은 흉노족에게 항복에 대한 대가로 약 34,000곡의 비를 보냈다. 이것은 한나라 역사상 가장 많은 양의 말린 음식으로서 기록되었다(『후한서』, 94:4b). 마지막으로 이에 못지않게 중요한 사실은 들판에서 일하는 노동자들도 말린 음식을 소비했다는 것이다. 응소가 지적했듯이, 전사들과 농민들 모두 말린 음식餱을 가지고 다녔다(응소 1962 ed., 1:35b). 『사민월령四民月令』에서는 밀을 추수한 다음 가능한 한 많은 비를 만들어 놓을 것을 권장하고 있다(최식 1965 ed., p.43). 사실 한대의 중국에서는 말린 곡류 음식을 먹지 않고 지내는

---

23 곡(斛)은 현대 중국에서는 石으로 표현하고 있다. 원래는 10말(斗)이 1곡이나 후대에는 5말로 바뀌었다.

24 한 되(升)는 1.8리터.

날이 하루도 없다고 확실하게 말할 수 있다.

이 절을 마치기 전에, 나는 한대의 식기에 대해서 한 마디 하고 싶다. 그러나 분명히 해둘 것은 식기라는 주제는 너무나도 중요하고 복잡하기 때문에 광범위하게 다루려면 적어도 또 한 장章의 지면이 필요할 것이다. 그러므로 한대 식기의 몇 가지 두드러진 특징만을 집어서 말하도록 하겠다. 또한 이와 관련하여 벽화의 주방 장면에서 묘사된 식기와 일반 서민들이 일상생활에서 실제로 사용한 식기 비교에 특별히 초점을 맞추도록 하겠다.

학자들은 한대에는 요리, 식사 그리고 음주용 식기로 상류층은 주로 칠기를 사용하고, 서민들은 전적으로 토기에 의존했다고 일반화해도 무리가 없다고 생각한다(중국과학원 고고연구소 1958, p.133; 왕중수 1956, p.71). 과거에 한의 칠기를 말할 때 사람들은 항상 낙양과 노인울라Noin-Ula[25]에서의 두 가지 중요한 고고학적인 발견을 예시로 들며 설명하였다(Y. S. Yü: 1967, p.24). 그러나 마왕퇴 한묘 1호와 3호가 발견된 지금에 와서는 낙양과 노인울라의 것들이 초라해지고 말았다(고고편집부 1972, p.41). 마왕퇴 유물을 가리켜 "[초기] 서한 시대의 칠기 중 가장 규모가 크고 잘 보존된 그룹을 대표할 뿐만 아니라, 여태껏 중국에서 출토된 그릇 가운데에서도 가장 다양한 유형의 그릇들이 출토되었다"고 하는 말은 전혀 과장이 아니다(호남성박물관 1973, English abstract p.5). 마왕퇴 한묘 1호와 3호에서 발굴된 칠기는 대부분 음식용과 음주용이다.

고대 중국에서는 먹는 것과 마시는 것에 근본적인 차이가 있었다(K. C. Chang 1973, pp.509~10). 한대에도 이어진 이러한 차이는 위에서 열거한 많은 사례들로 충분히 증명되었다. 두 개의 마왕퇴 묘에서 출토된 칠기는 이러한 차이가 그릇에도 반영되어 있었다는 것을 밝혀준다. 또한 음식용 그릇과 음주용 그릇은 "식사(食)를 드세요", "술(酒)을 드세요"라고 적힌 두 가지 명문으로 확실히 구별된다는 것은 매우 흥미롭다. 또 한 가지 주시해야 할 흥미로운 점은 음식용기와 음주용기는 각기 따로 별개의 세트를 이루고 있다는 점이다.

두 가지 대조적인 명문에 기초하여 우리는 음주용 세트와 음식용 세트로 용기를 쉽게 구분할 수가 있다. 음주용으로는 방瓺병, 종鍾병, 이匜주전자, 치觶잔, 작勺국자,

---

25 몽골어로 '왕후의 산'이라는 뜻으로, 몽골 울랜바토르 북방 약 100km의 산간 계곡에 위치한다.

그리고 날개 달린 술잔이며, 음식용으로는 정鼎, 떡餠합, 렴奩찬합, 접시, 양손잡이 음식용기이다. 일부 음식용기와 음주용기는 발굴 당시에 음식물이 남아 있어서 각 식기의 기능은 틀림없는 것으로 밝혀졌다. 그뿐만 아니라 잔과 접시도 크기가 각각 달랐다. 예컨대 술잔은 4되, 2되, 1·5되, 1되짜리가 있다(호남성 박물관 1973, pp.76~96; 1974, pp.44~45). 이미 유물을 실제로 검토해 본 학자들은 어떤 그릇들은 낱개로 보는 것보다 세트로 보면 더 잘 이해할 수 있다고 지적하였다(문물편집부 1972, p.67). 덧붙이자면 한대의 중국인들은 음주용으로는 칠기로 만든 치觶잔, 양손잡이 잔, 이匜주전자를 주로 사용하였고, 배桮는 갱을 먹기 위해 사용된 음식용 그릇이다. 이것들은 그 어느 것도 상류층의 독점물은 아니었다(왕진탁 1964, pp.1~12). 일반인들도 물론 같은 유형의 그릇을 사용하였지만, 용기 재료는 질적으로 보다 떨어지는 나무나 흙으로 만들었다. 그러나 고고학적인 발견에 의하면 한대의 도자기 세트들은 칠기를 모방하여 제작되었다고 추정된다(왕진탁 1963, pp.13~15; 낙양구 고고발굴대 1959, p.149). 알다시피 한대의 칠기는 토기나 목기뿐 아니라 청동기보다도 훨씬 더 비쌌다. 한대에는 기본적으로 칠기그릇이 고대 청동기를 대체하였다고 보는 라오 간Lao Kan의 주장은 타당한 것 같다(1939, p.99).

한대의 중국인들은 음식과 음주용 그릇의 재료에 따른 지위의 차이를 의식하고 있었다. 한대 초기 고위관리였던 당존唐尊은 토기그릇을 사용했다는 이유로 위선자라는 비난을 받았고(『한서』, 72:30a). 광무제 치하의 환담桓譚은 황제에게 바치는 상소문을 통해 평범한 목기를 먹고 마시는 데 사용하는 것으로 자신의 검약함을 과시하려는 일부 위선적인 고위관료를 공격하였다(엄가균 1958 ed., p.536). 유향도 토기그릇과 끓인 음식煮食은 가난한 사람들에게나 어울린다는 공자의 제자가 한 말 한마디를 인용하였다(유향 1967 ed., 『전당시』 20, p.13a). 끓인 음식은 조악한 음식으로 간주되었는데, 이유는 가난한 사람들은 항상 밀, 콩, 콩잎을 끓여서 먹었기 때문이다.

마지막으로 한대의 중국인들에게 가장 기본적인 요리 도구는 무엇이었을까? 이 물음에 대해서는 조금도 주저하지 않고 대답 할 수 있다. 그것은 부釜와 증甑이다. 이 두 가지는 빈부를 막론하고 모든 한나라 사람들의 주방에는 꼭 있어야 하는 기본적인 도구였다. 부(솥)는 주로 갱을 끓이는데 사용되며, 증(찜기)은 주로 곡류를 삶거나 찌는 데 사용한다. 실제 요리를 할 때는 증은 항상 부의 상단에 놓았다. 그렇기 때문에 고고학적 발견에서는 두 개는 마치 떼어놓을 수 없는 짝처럼 항상 함께 출토되었다. 대부분의 부와 증은 마왕퇴(호남성 박물관 1973, pp.124~25), 산동성 우성禹城(산동성 문물관리위원회 1955, p.86), 광동성(맥영호 1958, p.64), 그리고 소구(낙양구 고고발굴대, 1959, p.135)에서 발견된 것과 같이 점토로 만들어졌다. 그러나 금속 부도 만들었다. 금속 부는 소구에서 발견되었고(같은 책, p.196), 생선뼈가 많이 들어 있는 일곱 개의 청동기 부는 광동성에 있는 묘에서 발견되었다(맥영호 1958, p.68). 1955년, 저장성 소흥紹興 여주麗珠의 한 묘에서 점토, 청동, 철 세 가지 재료를 모두 사용한 많은 부가 출토되었다. 다만 철로 만든 부가 다른 두 종류의 부에 비해 더 많았다(절강성 문물관리위원회 1957, p.137). 가끔 역사적 기록에서도 증과 함께 짝을 이룬 부에 대한 언급을 찾을 수가 있다(『사기』 2, 7:10a; 『한서』, 31:14a; 『후한서』, 81:28b). 한대 중국인들에게는 갱과 밥(곡식 음식) 이 두 종류의 음식이 가장 기본이었기 때문에, 부와 증 한 벌은 한대 중국의 기본적인 식사의 실재를 반영한 것이라고 결론을 내려도 무방할 것이다.

요리 혁명을 향해

지금까지 나는 한대 요리가 역사적으로 중요한 점은 무엇인가에 대해 특별히 언급하지 않았다. 이제 결론을 대신하여 말하자면, 한대의 중국인들은 음식 및 음주 문화의 전통을 지키는 것만큼이나 혁신적이기도 했다고 힘주어 말하고 싶다. 우선 중국에 최초로 전해진 중요한 몇 가지 이국적인 식재료 목록을 제시하고자 한다. 그다음에는 한대의 중국인이 중국 요리에 미친 주요한 기술적 공헌 두 가지에 대해 논의할 것인데, 나의 관점으로는 이것이 중국의 요리사에 광범위한 혁명적 결과를 가져왔다.

한 왕조는 다른 무엇보다도 대외적으로 크게 팽창한 시기로 특징지어진다. 그리고 그 팽창 덕분에 중국은 음식을 포함한 모든 분야에 걸쳐 비중국적인 외부 세계에 문을 열 수밖에 없었다. 후대의 문헌에서는 서역을 통해 중국으로 들어온 거의 모든 이국적인 식품은 한대 초기의 위대한 여행가, 장건張騫의 덕분이라며 그에게 공을 돌리고 있다. 예를 들면 그 식품 목록에는 포도, 알팔파(자주개자리), 석류, 호두, 참깨, 양파, 캐러웨이 씨앗, 완두콩, 박트리아에서 건너온 고수, 그리고 오이가 포함된다. 그러나 구와바라 지쓰조桑原騭藏가 설득력 있게 보여주는 바와 같이, 사실상 이 외래 식물 중에 장건 본인이 중국에 도입한 것은 하나도 없다(Kuwabara 1935, pp.47~52, 117~27). 그러나 위에 열거한 외래 식품 중 일부는 장건 이후 곧바로 한나라에 도입되었다. 포도와 알팔파 씨앗은 기원전 100년에 페르가나(Ferghana, 현재 우즈베키스탄의 도시)에 갔던 한나라의 사신이 가지고 돌아왔다(『사기』2, 2:280). 포도는 후한 시대의 문헌에서도 언급되었다(엄가균 1958 ed., p.784). 서역에서 수입한 포도주는 2세기 말까지도 대단한 평가를 받았다(Y. S. Yü: 1967, p.196). 공융孔融은 호두를 보내 준 그의 친구에게 감사편지를 보냈다(엄가균 1958 ed., p.922). 『사민월령』에서는 알팔파, 참깨, 완두콩, 그리고 양파가 언급된 것을 발견할 수 있다(최식 1965 ed., pp.13, 20, 26, 41, 46, 56). 참깨가 문서상 세 번이나 등장하는 것을 보면 매우 중요했던 것 같다. 후한의 영제靈帝(168~189 재임)는 이러한 종류의 '외래 곡류 음식胡飯'을 즐겼는데, 십중팔구 고소한 참깨를 넣어 요리한 밥이었을 것이다(『후한서』, chih 13:8b).

그 유명한 용안龍眼과 리치도 언급되어야 한다. 이 과일들은 한나라의 남쪽 국경의 열대 지역에서 들여온 것이지만, 아직 이 시기에는 다소 생소하고 이국적인 것으로 간주되었다. 이 두 가지 과일은 광동廣東에서 특별히 빠른 파발마에 실어 궁정으로 전달했다(『후한서』, 4:25a~b). 순제順帝(125~144 재임) 때의 왕일王逸은 『예기』에 실린 시 「부賦」에서 리치를 주요 진상과일이라고 칭송하며 노래하였다(K. C. Yen 1958 ed., p.784). 한나라 말기에도 중장통仲長統은 그 당시 사람들이 리치 맛에 너무 빠져있다고 비판하였다(K. C. Yen 1958 ed., p.956).

앞서서 우리는 콩과 밀이 서민들의 주식이었다고 보았다. 그 이유는 중국 한대에 시작된 조용한 요리 혁명이 콩과 밀 요리를 기반으로 했기 때문이다. 이와 관련하여 내가 여기에서 특별히 언급하고자 하는 것은 시豉와 밀가루의 제조법이다.

석성한石聲漢은 다음과 같이 지적하고 있다.

시는 중국 전역에 걸쳐 매우 인기가 높다. 특히 아주 검박하게 생활하고 있는 시골 사람들에게 시는 그들이 즐길 수 있는 거의 유일한 풍미였다. 시를 언제부터 먹게 되었는지는 아직 제대로 추적할 수 없지만, 사마천은 『사기』에서 도시 상품

가운데 하나로 이것을 언급하고 있다. 따라서 시는 사마천이 살아 있던 당시에도 이미 대량으로 생산되었음에 틀림없다. 가장 처음으로 시의 제조법에 대한 설명이 실린 서책은 『제민요술齊民要術』이다(석성한 1962, p.86).

당의 공영달孔穎達과 송의 주밀周密과 같은 식자識者들의 주장에 따르면, 시는 기원전 200년 경에 발명되었고(『좌전左傳』, 49:542; 주밀 1959 ed., 2:115) 전한기에는 이미 기본 조미료가 되어 남한南漢의 왕자 유창劉鋹이 대역죄로 유배되었을 때 조정에서 허가한 아주 초라한 식품목록에 시가 포함되어 있을 정도였다(『사기』, 1,2:364). 시라는 이름은 한대의 초급 교과서인 『급취편急就篇』26에도 등재되어 있다(K. W. Wang 1929 ed., 10b; 심원 1962, p.66). 이는 그 정도로 시의 인기가 높았다는 것을 증명하는 것이고 마왕퇴 무덤 1호를 발굴할 때 시가 출토되면서 최초의 구체적인 고고학적 사실이 되었다(호남성 박물관 1973, pp.127, 138). 최초의 두부도 한대에 만들어졌다는 보고도 있으나, 문헌 증거가 너무 빈약하기 때문에 이 주장은 지지하기 어렵다(이교평 1955, p.200).

그러나 우리가 오늘날 면(국수)이라 부르는 음식은 한나라가 기여한 중국 요리 기술 사상 유례없는 공헌임에는 틀림없다. 한대에 '국수 음식'은 넓은 의미에서는 병(餠,떡)으로 알려졌으며, 면을 지칭하는 글자는 표준 사전이라고 할 수 있는 『설문說文』에서는 밀가루로 정의되었다(단옥재 1955 ed., p.234). 한대에는 국수 음식이 존재하였다. 그러나 한대 이전의 중국인들은 밀가루를 대규모로 제분할 기술이 없었기 때문에, 아주 이른 시기에는 국수가 없었다고 설명할 수 있다. 제분 기술은 아마도 전한 왕조 후반에 제국이 팽창하면서 서역에서 들여왔을 것이다(Shinoda 1974, p.54). 예컨대 맷돌은 중국의 고유한 발명품이라기보다는 다른 문화로부터 차용했을 것이라는 의심을 받고 있다(Laufer 1909, pp.15~35). 세 개의 석제 맷돌이 전한 말기 혹은 후연後燕대로 추정되는 소구묘에서 발견되었다(낙양구 고고발굴대 1959, p.206, pl.62). 따라서 우리는 한대의 중국인들은 늦어도 기원전 1세기 후반 경부터는 밀가루를 만들었다고 가정할 수 있다(단옥재 1955 ed,, p.234).

후한대에는 삶은 국수, 찐만두, 참깨를 넣어 구운 병과 등 다양한 형태의 밀가루 요

---

26 한나라의 사유(史游)가 지은 한자 교과서.

리가 있었다[27](제사화 1949, pp.294~95). 『석명釋名』에 따르면 밀가루 음식은 병(餅, 떡)으로도 불리었다. 왜냐하면 이는 밀가루와 물의 혼합물을 이르기 때문이다(H. Liu 1939 ed.,p.62). 이와 관련하여 가루를 반죽하는 장면이 기남沂南(증소귤 등 1956)과 가욕관(가욕관 시문물청리소조 1972, p.40, fig. 31)과 같은 한 및 위진魏晉 시대의 묘에서 발굴되었다. 삶은 국수와 걸어 놓은 국수는 『사민월령』에서도 언급되었다(최식 1965 ed., pp.44~45). 2세기에는 삶은 국수의 인기가 대단한 나머지 황제도 먹을 정도였다(『후한서』 63:14b~15a). 시장에서 국수를 파는 일이 이목을 끄는 장사였다고 하더라도 왕망 시대부터는 그리 놀라운 일은 아니었을 것이다(『한서』 99B:18b; 『후한서』, 64:23b, 82B:12a; 상병화 1967, p.105).

서진西秦의 학자 속석束晳(3세기 후반에서 4세기 초)은 국수에 대한 「부賦」, 즉 「병부餅賦」를 노래하였다. 그에 따르면 주나라 사람들은 밀가루 음식을 알았지만 그가 살았던 시대보다 아주 조금 앞서서 개발되었던 국수는 몰랐다는 것이다. 그는 요리사의 숙련된 손과 손가락이 밀가루 반죽을 어떻게 여러 가지 모양으로 치대는지를 생생하게 묘사함으로써 반죽기술을 특별히 언급하였다. 또한 국수가 고기(특히 양고기와 돼지고기)와 조미료(생강, 파, 산초, 그리고 무엇보다도 시豉)와 어우러져 얼마나 맛있는 요리가 될 수 있는지에 대해서도 언급하였다. 그러나 역사적 관점에서 봤을 때 국수의 기원에 대한 다음과 같은 그의 관찰은 우리들의 흥미를 더욱 북돋운다. "다양한 종류의 국수와 병은 주로 서민들의 발명품이며, 어떤 요리법은 외국에서 유래하였다"(엄가균 1958 ed., pp.1962~63). 달리 말하면, 다른 문화로부터 배우려는 적극성을 가지고 가장 일반적인 식재료를 실험한 한대 중국인들의 창의성이야말로 궁극적으로 중국 요리사의 완전히 새로운 장을 여는 결과를 가져왔다고 할 수 있다.

---

27 현대 중국어에서도 면(麵)은 국수(麵條), 빵(麵包), 만두, 교자, 완탕 등 밀가루 음식을 총칭한다.

미주

1. 이 책이 출판되면서 일본어로 발표된 하야시 미나오林巳奈夫의 음식과 술에 관한 상세한 논문이 내 눈길을 이끌었다. 이번에 내가 쓴 장처럼 하야시 또한 접근방식은 다를지언정 고고학적인 증거와 문헌적인 증거를 기반으로 논문을 저술했다. 이 주제에 관해 더 상세한 정보를 얻고 싶은 독자들은 하야시의 가치 높은 연구(1975년 발표)*를 읽어보면 되겠다.

    이 기회를 빌려 나는 홍콩 중문대학The Chinese University of Hong Kong의 중문학 연구소에 감사의 말을 전하고 싶다. 이들은 내게 1974~75년 가을학기 동안 제2장의 준비가 가능하도록 조사를 도와준 조수를 붙여주었다. 나는 특히 조사와 편집을 도와준 수잔 컨버스Susan Converse 양에게 큰 빚을 졌다.

    * 　논문 제목은 「한대의 음식漢代の飲食」(東方學報, 1975. 12. 10.)이다.

2. 그러나 '마왕퇴 한묘 3호'에서 발견된 죽간에 비추어 보면, 위갱이 대갱과 같은 것인지는 아직 의문이다. 「중국과학원 고고연구」와 하남성박물관(1975, 1:55) 참조.

3. 이러한 탑상(일종의 벤치)은 한대에는 특별한 것이 아니었다. 왜냐하면 우리는 이것을 봉태자 벽화(W. H. Li 1955, pp.17~18)에서 발견할 뿐만 아니라 사천성의 채색벽돌에서도 찾아 볼 수 있다. 다만 후자의 경우에는 양측에 가림막은 없다(중경시, 1957, p.20). 그뿐만 아니라 「고사전高士傳」도 3세기의 관영管寧이 때로는 나무벤치에 앉았다는 것을 보고하고 있다(「삼국지」, 「위지魏誌」 11:27b에서 인용).

4. 「한서」에 따르면 개후는 북쪽을 보고 앉았다(「한서」 52:4b).

5. 이것은 많은 문헌적 증거들에 기초하고 있다(K. C. Yen 1958 ed., pp.238, 403, 623, 624, 644, 706, 713, 714, 768, 775, 827, 963, 975, 976).

6. 일반적으로 껍질을 벗기지 않은 한 곡(석)의 가격은 동전 100개 정도였다(K. Lao 1960, pp.58~59).

3. 당唐

에드워드 H. 셰이퍼Edward H. Schafer

당 왕조의 음식과 요리 연구를 하기 위해 신뢰할 만한 당대의 자료를 검토하다 보면 자료가 대단히 많다는 인상을 받게 된다. 『신당서新唐書』의 참고문헌 부분에는 『식경食經』, 혹은 『음식경전』이라고 불리는 상당히 많은 도서목록이 열거되어 있으며 이보다 더 긴 제목의 문헌목록도 포함되어 있다(『신당서』, 59장). 그러나 불행하게도 당대 (618~907)에 편찬된 것, 그리고 그 이전 시대에 편찬되어 당대까지 전래되었던 책들 중에 오늘날 통째로 혹은 부분적으로 소실되어 버린 것들이 많았다. 따라서 후대에 편찬된 책에 인용된 이 자료를 몇 구절이라도 찾을 수 있다면 다행인 것이다. 어쨌든 이 고대의 서책들은 현대적 의미의 요리책과는 아주 다르다. 이 서책들은 어디까지나 당대 사회의 엘리트 계급에게 몸의 균형 상태를 거스르지 않는, 영양학적으로 균형 잡힌 올바른 조리법을 가르쳐 주는 것이 가장 중요한 목적인 식사안내서이며, 이렇게 함으로써 심신을 좋게 유지하고 장수하는 것을 목표로 삼고 있다.

이러한 도서는 박식한 약리학자가 추천한 것이기 때문에 실제로 요리를 하는 데 대단히 큰 영향을 미쳤을 것임에 틀림없고, 이렇게 해서 만들어진 요리 레시피는 장래 미식가의 요리를 만들기 위한 권위 있는 처방으로 간주되었다. 생강과 식초를 곁들인 사슴고기는 처음에는 몸보신 음식으로 추천되었지만, 궁극적으로는 향기로운 진미로서 즐기게 되었다. 당대의 음식을 연구하는 사람이라면 누구든지 7세기의 유명한 약리학자인 맹선孟詵의 글을 접하게 된다. 그러나 현재 그의 글은 오직 『식경』에 단편적인 인용문의 형태로만 존재하며, 그중 가장 유명한 부분은 한참 후대에 나온 일본판 요약본인 『의심방醫心方』(Tamba 1935)[*1]에 남아 있을 뿐이다. 그러나 검토해 보면 이 특정한 인용문들은 음식사를 연구하는 학생들에게 아무런 흥밋거리가 되지 못한다. 거의 모든 레시피는 의사들을 위한 것이며, 내복약에 한정된 것만도 아니다. 예컨대,

호두 알갱이를 갈아 흰색 납과 섞어서 머리에 바르면 대머리가 치유된다는 처방도 있다(Tamba 1935, 4:6a). 그럼에도 당대의 사람들에게 이것들은 정확하게 말해 식이처방이었으며, 이 책에서 말하는 음식이란 바로 인간의 몸의 상태를 향상시키는 데 필요한 물질을 의미했다. 당대의 사람들과 마찬가지로 문명화된 현대인인 우리들도 '피부영양제'와 같은 류로 이 개념을 이해한다[1].

마지막으로, 식食과 의醫 사이에 밀접한 관련이 있다는 사실을 결코 잊어서는 안 되지만, 당대의 식습관에 관해서 가장 좋고 흥미로운 정보는 식용품의 좋은 점에 대한 공식자료에서보다는 문학적 정보, 특히 시詩에서 얻을 수 있다. 우리는 진정 맛있는 음식이 무엇이었으며, 절친한 손님과 함께 고즈넉한 자신의 집 정원에서 당대의 지식인들이 즐기던 음식이 무엇이었던가에 대해서는 바로 그들이 남긴 시 구절(다행히 많이 보존되어 있다)을 통해서 알 수 있다[2].

식재료

과거부터 오랫동안 신뢰를 받아 온 식재료는 당대에도 인기를 유지하고 있었다. 간단한 조사를 통해서도 당대 역시 조(粟, 黍)류, 쌀, 돼지고기, 콩, 닭고기, 매실, 파, 죽순이 중요했다는 것을 확인할 수 있다. 밀은 한대에 비해 널리 이용되었고 한층 더 중요한 식품이 되었다. 얌이나 토란과 같은 토속 음식의 상대적 중요성을 추측하기는 쉽지 않다(Schafer 1963, p.140). 이 시기에 발생한 일부 식생활의 변화는 중국인들과 소수 민족 간의 갈등과 관련이 있다. 예컨대, 남부 지방에서는 곡상谷床에서 경작을 해 왔던 소수 민족은 계속되는 한족의 침략으로 그들의 보금자리를 빼앗겼다. 더 많은 토착민들은 어쩔 수 없이 그들이 가꾼 논(쌀농사)을 포기하고 산위로 올라가야만 했고, 그에 대한 대안으로 원시적인 화전 기술에 의지하며 살았다. 이와 같은 고대의 경작방식은 숲이 없어지고 토양이 메마를 때까지 한동안 증가하지 않았을까 생

---

1 982년 담바 야스요리(丹波康賴)가 쓴 일본 최초의 의학서 『의심방醫心方』을 가리킨다.

각된다(Schafer 1967, p.52; Hutchinson 1973). 자연환경과 생산량에 따라 여러 가지 변화가 일어나기는 했지만, 한편으로 중국인들은 예로부터의 편견을 극복하였고, 적어도 상류층 내부에서는 새로운 것을 실험하는 풍조가 점차 확산되었다. 그러나 중국인들의 식단에는 조나 기장으로 만든 떡餅과 밥 한 그릇이 반드시 주식의 주를 이루었다.

당대에는 밀이 들어왔고 남쪽에서는 쌀농사를 위한 논이 지속적으로 확대되었지만, 중국에서 재배된 모든 풀 가운데 가장 고전적인 것이라 말할 수 있는 '진짜' 조[2]는 여전히 중요한 식품자원이었다. 이것은 중국의 최북단 지방의 대표 작물로 모든 만리장성 이북 지역塞北에서 가장 많이 재배된 식물이었다(T. C. Ch'en in S. C. Li 1965 ed., 23:70). 찹쌀을 재배하던 북부 지역에서는 찰기장黍을 양조용으로 사용하는 전통이 있었다(K. Su in S. C. Li 1965 ed., 23:78). 조粟—또는 뾰족하게 생긴 조, 혹은 이태리 조라고 불리는 것—는 남부와 북부에서 모두 재배되었다. 북부에서는 괭이질을 해서 잡초를 제거해 주어야 죽지 않고 자랐고, 남부에서는 화전 후 생긴 잿더미 속에서 잘 자랐다(S. Meng in S. C. Li 1965 ed., 23:76). 서부 산동 지방에서 생산한 고급 품종은 매년 진상품으로 궁정에 보내졌다. 다른 지역 품종으로는 남부 섬서陝西 지방의 자주색 조紫紺粟와 양자강 하구에서 난 황색 조黃粟가 있다.

당의 수도권에 속한 섬서 지방은 밀을 중점적으로 생산한 지역이었던 것으로 보인다(K. Su in S. C. Li 1965 ed., 22:58).

중국에서는 밀보다 보리가 명백히 오래된 작물로 여겨지며, 가을에 파종해서 여름에 수확을 하고 죽으로 끓여서 먹는다. 보리는 양자강 평원에 널리 재배되었다. 약리학자들은 보리를 겉곡식으로 쓰면 전분 부분으로는 몸을 덥히고, 겨로는 몸을 식히는 효과를 얻어 최고의 균형을 얻을 수 있다면서 이 방식을 권장했다(K. Su and T. C. Ch'en in S. C. Li 1965 ed, 22:54). 백맥白麥이라고 불리는 품종은 수도의 북쪽과 서쪽에 위치하고 있는 오르도스 지방에서 재배되었는데 이는 봄에 파종되었다(T. C. Ch'en in S. C. Li 1965 ed, 22:54).

쌀은 선사 시대 이래로 중국인들에게 알려진 것이지만, 수 세기에 걸쳐 남부 지역으

---

2 Schafer는 직(稷, ji)을 기장으로 보았으나, Chang은 이것을 조로 보았다.

로 권역이 팽창된 다음에야 비로소 중국인들의 식생활에서 점차 중요한 역할을 맡게 되었다. 비록 당대에 북부 지방에서도 쌀을 재배하기는 했지만, 그 지역에서는 밀이나 조의 경쟁상대가 될 수 없었다. 쌀에는 논벼와 밭벼가 있으며, 멥쌀과 찹쌀이 있다. 남부 지방 산간의 소수 민족들은 자신들이 일군 화전에는 밭벼를 심는 편이 유리하다는 것을 알게 되었지만(S. Meng in S. C. Li 1965 ed, 22:66), 물이 풍부한 남부 계곡 쪽에서 가장 선호하는 품종은 논벼였다. 멥쌀粳은 하남河南성에서 발원하여 동남쪽으로 강소江蘇성과 안휘安徽성으로 들어가는 대운하 부근에 위치한 괴사槐泗진 지역에서 대량으로 생산되었다(같은 책). 또한 선秈이라는 품종도 있었는데, 이것은 조생종으로 음력 6, 7월에 수확할 수 있었다. 여기에 참파(Champa, 占稻)쌀도 포함되는데 이것은 10세기에 참파[3]에서 복건성을 통해서 도입되었으나 11세기 초까지 양자강 계곡에서는 제대로 뿌리내리지 못하였다. 또한 크게 상찬되었던 '향미香粳'는 절강浙江성, 강소성 등지에서 황궁으로 보내졌다. 찹쌀糯은 술 빚는 재료로 가장 좋은 평가를 받았으며 남부 지방에 널리 재배되었다.

표준적인 재배곡식을 때때로 대체하는 작물로는 '잡의 눈물(Job's tear)'이라고 불리는 율무薏苡로 진주색 흰 씨앗이 달린 풀이 있으며, 애들레이adlay라고 불리는 남쪽에서 재배되는 다른 품종도 있다. 통상적으로 중국 음식에서는 별로 눈에 띄지 않지만, 이 식물은 역사적으로 오랫동안 중국에서 존중받고 있다. 상고 시대에 우왕禹王의 어머니는 이 신령한 씨앗을 삼키고 임신하였다고 전해진다. 후한의 복파伏波 장군, 마원馬援은 말라리아가 창궐하는 지역의 남만인들을 정복했을 때—아마 애들레이로 추정되는—이 곡식을 먹으면서 건강을 유지하였다(『후한서』1, 54:0748a). 당대에는 주요 곡물이 부족했을 당시 야생초와 재배작물 모두가 이를 대신하는 보충물이었는데, 이것은 마치 곡물가루가 부족할 때 사고sago[4]야자가루가 이를 대신하는 보충물이 되는 것과 마찬가지였다. 9세기의 위장韋庄이 말한 바와 같이 "율무가 없으면 곡식은 치욕을 당하고, 사고야자가루가 있으면 곡물가루가 기뻐한다"(『전당시全唐詩』, 3:12b).

---

3 1832년 베트남인들이 점령·통합하기 전까지 베트남 중부 지역을 7세기경부터 지배했던 왕국. 힌두교 국가로서 말레이-폴리네시아어를 사용하였다.

4 사고(sago)는 사고야자나무에서 뽑아낸 전분 가루이다. 뉴기니 등 열대 지방에서는 타피오카와 함께 주식으로 먹고 있다.

콩료은 중국인의 식생활에서 중요한 부분을 담당하였다. 당대에 콩의 유의미성에 대한 몇 가지 사례를 들면 다음과 같다. 대두大료는 다양한 용도로 쓰였으며, 당대 한의학자들은 이를 크게 주목했다. 한의학자들은 콩은 요리법에 따라 신체에 상이한 효과를 발휘한다고 주장하였다. 예컨대 콩을 볶으면 과하게 열이 많아지고, 삶으면 너무 차가워지며, 시료로 만들면 아주 시원하게 변하지만, 장을 담으면 균형을 이룬다는 것이다. 그러나 콩을 볶아 술에 담가서 먹으면, 콩은 몇 가지 마비 증상을 치유하는 데에 효과가 있다고 했다(T. C. Ch'en in S. C. Li 1965 ed., 24:89~90). 흰콩白료이라고 불리는 콩과의 새순은 요리를 하든 생것이든 그 향미로 매우 상찬되었고, 신장에 매우 좋은 것으로 평판이 나있었다(Meng and S. M. Sun in S. C. Li 1965 ed., 24:101). 원산지가 유럽으로 알려진 완두콩pisum sativum은 일찍이 중국에 전래되었다. 당대에도 완두콩은 외래콩이라는 의미의 호두胡豆, 완두豌豆, 비두䲇豆 등 다양한 명칭으로 알려졌다(T. C. Ch'en in S. C. Li 1965 ed, 24:102).

잎채소, 뿌리채소, (곡식과 콩 이외의) 열매의 종류는 갈피를 잡을 수 없을 정도로 다양하였고, 이들은 당대 사람들의 식단에 크든 작든 정도의 차이는 있지만 일정 부분을 차지했다. 본문에서는 그 가운데 일부 샘플만을 다루고자 한다. 상당수의 채소는 오래전이든 비교적 최근에 도래되었든 외국에서 들어왔는데, 일례로 시금치와 콜라비는 서역에서 들어왔다. 궁정의 농원이나 과수원에서는 우수한 품종을 생산하기 위해 공식적으로 교배실험도 했던 것으로 보인다. 여기에서는 흥미를 끈 모든 과일 및 채소 품종이 재배되었고, 그 가운데 가장 좋은 토종과 외래종의 교배도 이루어져 황궁의 식탁을 풍요롭게 만들었다(『신당서』, 47:11b). 또한 진위 여부를 확인할 수는 없으나, 궁정농원의 감독인司員은 단순히 배급받은 품종을 재배하는 것 이상의 일을 했다는 믿음을 뒷받침하는 흥미로운 일화가 있다. 신빙성 있는 사례로서 서기 751년, 바로 당 현종玄宗의 신성한 권능을 칭송하기 위한 공식 행사에 쓸 밀감柑을 궁내의 농원에서 키운 밀감나무에서 수확했다는 것이다(C. S. Tuan 1937 ed., 18:146;『전당문全唐文』, 962:15b~16b). 이것은 북쪽 지방에 위치한 수도 장안에 아열대 과실이 자랄 수 있는 온실을 만들었음을 의미한다.

이제 당대의 특징적인 식용 잎, 줄기, 뿌리채소를 잠시 일별해 보고자 한다. 우선 사죽감司竹監이라고 불리는 궁정 부서를 주목해야 한다. 이 부서는 궁정의 대나무밭을 관리하고 있는데, 여기에서 나는 부드러운 죽순은 황제의 수라를 만드는 주방으로 공급된다(『대당육전大唐六典』 19:22b). 궁중으로 보내는 품질이 아주 뛰어난 죽순으로는 양자강 하구 지역에서 생산되는 것과 섬서성 남쪽에서 겨울에 생산되는 품종도 있다. 그러나 보통 죽순은 9세기의 백거이白居易[5]가 증언하듯이 봄에 채취되며, 지역에 따라 너무나도 풍부하게 생산되었다. 가장 맛있는 것은 호남성에서 나는 얼룩 반점이 있는 죽순이다. 그래서 잘 자란 죽순은 순임금의 부인들의 눈물자국이라고 세상에 알려졌다.

의학적 가치가 아주 높은 대황大黃이라는 것이 있는데, 이것은 서북 지방 사람들이 선호하는 죽순이다. 순채蓴는 맛있는 탕을 만들 때 사용된다. '고대 중국에서 가장 중요한 이파리 채소'(H. L. Li 1969, p.256)로 기록된, 부드럽고 끈적끈적한 싹과 잎을 가진 여러 종류의 당아욱葵은 당대의 식생활에서 아주 중요한 재료였다(H. L. Li 1969, p.256). 그러나 후대에 오면서 당아욱의 위상은 꺾였고, 이들은 점차 배추 혹은 청경채菘로 대체되었다. 후대로 오면서 한때 고귀한 채소였던 아욱은 잡초로 간주되어 버린다(H. L. Li 1969, p.256; K. Su in S. C. Li 1965 ed., 16:89).

고사리 요리는 깊은 산속의 산사山寺에서나 제공되었던 것으로 생각될 것이다(왕우칭王禹偁 1922 ed., 7:11b)[*3]. 미나리芹는 간혹 샐러리로 잘못 불리기도 하였다. 이것은 야생에서 자라기도 하고, 논에서 재배되기도 하는 친근한 채소이다(H. L. Li 1969, p.258; K. Su in S. C. Li 1965 ed., 26:82). 버들여뀌蓼는 톡 쏘는 맛을 내는 식용 이파리 채소이다(H. L. Li 1969 ed., p.258; C. Chen in S. C. Li 1965 ed., 16:131). 한련[6](혹은 금련화) 蓴薢은 그저 그런 채소였지만, 후대에는 당아욱처럼 잡초로 취급되었다(H. L. Li 1969., p.257; C. Chen in S. C. Li 1965 ed., 16:112). 반짝거리는 아스파라거스天門冬, (두메)천궁 川芎, 꾸지뽕 나뭇잎(K. Su in S. C. Li 1965 ed., 36:78), 제비꽃菫(H. L. Li 1969, p.259; K. Su in in S. C. Li 1965 ed., 26:83)과 통상 사료로 쓰이는 알팔파(H. L. Li 1969, p.259) 등 모든 것이 당대의 식탁에 녹색 이파리를 제공하였다.

연안 해역의 조류藻類도 식생활에서 중요한 자리를 차지했다. 김紫菜은 강소성에서

5　772~846. 당대 시인으로, 주요 작품으로는 당 현종과 양귀비의 사랑을 얘기한 「장한가長恨歌」 등이 있다.

6　두루미냉이로 불리기도 한다.

광동성으로 이어지는 연안에서 채취되었으며, 특히 우리에겐 유난히 친숙한 식품이었다(S. Meng and T. C. Ch'en in S. C. Li 1965 ed., 28:17). 또한 '바다의 상추'라고 불리는 요오드가 풍부한 파래石純(T. C. Ch'en in S. C. Li 1965 ed., 28:18)와 단맛이 나는 다시마昆布, 그리고 미역褐藻(같은 책, 19:111)이 있었다.

파속식물Allium genus 중 냄새가 강한 잎과 구근은 당나라 요리에 아낌없이 쓰였고, 몸을 덥히고 보신해 주는 기능이 있었기 때문에 크게 장려되었다. 마늘蒜은 일찍이 서역에서 도입된 것이 확실하며, 요리에 많이 쓰인다. 섬서성 남부 지역의 여름 마늘은 특별히 진귀하게 여기는 품종이다(H. L. Li 1969, p.257; S. C. Li 1965 ed., 26:53). 한편 염교薤[7]는 중국 토산물로 붉은색과 흰색 품종이 있는데, 그중 후자를 선호하는 경향이 있으며 뿌리는 소금물에 절여 먹곤 했다(H. L. Li 1969, p.257; K. Su in S. C. Li 1965 ed., 26:50). 파葱도 고대 중국 때부터 여러 종류가 있었다. 파는 양념으로 쓰였으며, 몸을 따뜻하게 해 주는 기능 덕분에 겨울의 추위를 이기기 위한 식품으로 강력하게 권장되었다(H. L. Li 1969, p.258; K. Su and S. Meng in S. C. Li 1965 ed., 26:44~45). 야생 부추韭 또한 토종이었다. 이것은 서양의 부추와는 다른 종류이다. 맹선은 동시대 사람들에게 부추를 쇠고기 혹은 꿀과 함께 먹지 말도록 경고했다(H. L. Li 1969, p.258; T. C. Ch'en and S. Meng in S. C. Li 1965 ed., 26:40).

중국인의 식습관에서 뿌리채소는 중요한 역할을 하였다. 그러나 일반적으로 그것들은 곡식만큼은 인정받지는 못 했고, 어떤 것은 기껏해야 구황 작물로 간주되었다. 참마薯蕷[8]는 고대부터 중국 중부 및 남부에서 알려졌다. 흰색 품종은 햇빛에 말려서 가루로 빻으면 아주 탁월한 향미가 난다. 흑청색 품종은 보다 낮은 평가를 받았다. 궁정은 양자강의 바로 남쪽 지역에서 나는 참마를 공물로 바칠 것을 요구하였다(K. Su in S. C. Li 1965 ed., 27:119). 토란蕷은 열대 지역 토산물이지만, 중국에서는 가장 오래된 재배 식물 중의 하나이다. 어쨌든 토란은 당나라 이전까지는 가장 중요한 덩이뿌리 식물이었다(H. L. Li 1969, p.256). 토란은 청색, 흰색, 자주색 품종이 있었고, 약간 품질이 떨어지는 다른 품종들도 있었으며, 대부분은 중국의 따뜻한 지방에서

---

7 염교는 부추의 옛말이라고도 하고, 일본의 락교를 의미한다고 한다. 학명도 Allium bakeri 이외에 Allium chinense도 있다. 즉 중국 마늘이라는 의미이다.

8 얌.

재배되었다. 청색 종은 독성을 갖고 있어서 요리하기 전에 미리 삶아내야 했다. 야생에서 자란 토란은 훨씬 더 독성이 강하며, 어떤 경우에는 절대 먹어서는 안 되었다. 한편 토란은 고기와 같이 삶으면 아주 좋은 탕을 만들 수 있다(K. Su in S. C. Li 1965 ed. 27:117). 황궁은 호북湖北성 북부에서 나는 질 좋은 토란 뿌리를 공납받았다. 당대에는 무莱菔*4의 뿌리와 무청이 지금만큼 중요하지 않았다. 그러나 무는 점차 순무를 대체하게 되었다(H. L. Li 1969, p. 257). 순무蕪菁는 무와 마찬가지로 북쪽에서 나는 식물이다. 보통 순무 뿌리는 구워 먹는다(T. C. Ch'en in S. C. Li 1965 ed., 26:66). 연근과 감초는 탁월한 강장성분을 갖고 있어서, 인삼처럼 요리보다는 약으로 더 중시된다.

광동성 인근 지역에서는 병餠을 만들 때 사용되는 가루의 원료로서 사고sago가 곡물가루와 경합을 벌였다. 물론 사고는 항상 쌀에 버금가는 위치를 차지하였다. 사고는 몇 가지의 천연야자와 소철蘇鐵을 바탕으로 생산된 것이며, 그 가운데 가장 중요한 것은 설탕야자桄榔로, 간혹 고무티야자gomuti palm나 사고나무(포르투갈어의 saguria에서 따온 말)로도 불렸다. 이 가루는 보통 물소젖에 타서 먹었다(C. S. Tuan 1937 ed., hsü, 10:249; Liu Hsün 1913 ed., B:3; T. C. Ch'en in S. C. Li 1965 ed., 31:19). 사고나무로는 재거리jaggery[9]라고 불리는 설탕을 만들 수 있고, 또한 이것은 토디toddy라고 불리는 술의 원료가 된다. 그러나 원래 동남아시아에서 나는 사고야자나무는 나무에서 채취할 수 있는 노랗고 하얀 곡물 가루로 무겁지 않고 은은한 맛 때문에 높은 평가를 받고 있다(T. C. Ch'en in S. C. Li 1965 ed., 31:20).

극동 지방의 가지茄는 과일류로 분류되어야 한다. 사실 이것은 서양권 독자들을 혼란스럽게 만들 수도 있는데, 정확히 말하면 이것은 내가 이 책에서 채소에 포함시킨 유일한 과일에 속한다. 어쨌든 이 식물의 원산지는 열대 지역(수 양제는 이것을 곤륜의 멜론崑崙之瓜, '말레이의 자주색 멜론'이라고 불렀다)이며, 명백하게 중국에는 몇 가지 품종이 있다. 이것은 익혀서 먹기도 하고 날것으로 먹기도 한다(H. L. Li 1969, p.256; T. C. Ch'en in S. C. Li 1965 ed., 28:2).

당의 요리에서 버섯의 중요성을 한마디로 평가하기는 어렵다. 고대식 솥을 사용하

---

9 야자나무의 수액으로 만든 미정제 설탕.

여 버섯을 요리하는 저명한 고승을 칭송하는 왕정백王貞白의 시는 구식의 도덕을 증언하는 것일 뿐 일상생활의 실재에 대해서는 아무것도 말해 주지 않았다. 어떤 약리학자는 소통 위에 자란 검은 색 버섯이 "특히 좋다"고 말했다(T. C. Ch'en in S. C. Li 1965 ed., 28:29). 한편 다른 사람들은 뽕나무, 꾸지뽕나무, 느릅나무, 버드나무 등 많은 나무의 둥치에서 자라서 선반같이 층층을 이루며 자란 버섯을 상찬하였다[10](K. Su and C. Chen in S. C. Li 1965 ed., 28:22).

과일, 견과, 씨앗은 본질적으로 같은 부류로, 음식의 기호 문제를 논외로 한다면 엄격한 식물학적 의미에서는 이를 통틀어 과일로서 다루는 것이 가장 적합하다. 당대에는 모든 사람들은 고전적인 과일―말하자면, 고대 중국인들에게 친근한 것들―이 무엇인지 알고 있으며, 그것들이 얼마나 좋은지는 옛날부터 전해져 내려온 권위 있는 서적들을 통해서 기억하고 있었다. 과일은 모든 사람들의 식탁에 자주 올랐으며, 보다 새롭고 이국적인 과일과 구분되었다. 이 새로운 과일들은 귀족들에게 알려지게 되면서, 이것들이 없었더라면 틀에 박힌 상차림이 될 수밖에 없었던 식단에 체면용 요리Prestige dish로 등장하게 되었다. 그러나 영원한 진리[11]는 공식 문서에 등재되어야 대접 받는다는 것은 매우 중요한 사실이며, 따라서 당의 궁정에서는 중국 고대문명의 중심지인 중부 하남의 과일과 꽃이 가장 좋은 것으로 간주되었다는 것 또한 놀라운 일이 아니다. 바로 여기에 아름답고 맛있는 식물의 낙원이라고 할 수 있는 정원의 도시, 낙양이 있다. 따라서 황궁은 자체적으로 발행한 과일 평가서에서 광동 지역에서 얻을 수 있는 보다 더 새롭고 더 맛있는 생산물은 물론, 양자강 유역의 새롭고 맛있는 생산물은 언급조차 하지 않고 무시하였다.

중국의 고전적인 과일 목록은 중국의 민속, 전통신앙, 문학, 대중적인 사랑을 받으면서 자주 등장했던 복숭아부터 시작해야 한다. 당대에는 중앙아시아로부터 새롭고 이색적인 복숭아 품종이 도입되었다. 예컨대 사마르칸트에서 건너 온 거위알만 한 크기의 황금색 복숭아는 장안에 위치한 황궁 과수원에 성공적으로 옮겨 심었다. 그러나 이 복숭아가 이 신성구역 너머까지 확산되었다는 증거는 없다(Laufer 1919, p.379).

---

10 영지버섯을 말함.

11 the eternal verity. 공식 문헌에 등재된 과일을 의미함.

중국 벚나무는 맛있는 열매보다도 봄에 피는 꽃으로 문학에서 더 주목했다(H. L. Li 1959,, p.157). 마찬가지로 오얏李도 친숙한 과일이었다. 맹선이 기록하길 오얏은 작은 명금鳴禽고기, 혹은 꿀과 함께 먹어서는 안 된다고 하였다(S. C. Li 1965 ed., 29:34). 문학에서 등장하는 빈도수가 현저히 높은 것으로서 매실[12]梅이 있는데 이것은 종종 자두와 혼동되기도 한다(H. L. Li 1959, p.48). '쥐 오얏鼠李樹'으로도 불리는 갈매樃는 고위층 인사들이 너무나도 좋아했기 때문에, 남부 호북 지방에서 들어올 때는 일정한 격식을 갖추었다. 봉황꼬리배鳳尾梨라고 불리는 품종을 포함하여 배는 북부 지방의 과일이며, 산서山西배가 가장 좋다(S. C. Li 1965 ed., 30:62~63). 야생꽃능금은 배와 아주 가깝다. 해홍海紅이라고 불리는 외래종 능금은 신라에서 수입된 것이며, 그 열매는 당의 음식 재료로는 중요하지 않았던 것이 분명하다(같은 책, 30:65). 또 꽃능금과 비슷하게 생긴 것으로서 단맛 능금, 즉 감당甘棠(같은 책, 30:74)이 있으며, 일부의 분류학자들은 이것을 배의 일종으로 분류하였다. 중국 남부 지방에서는 꽃능금을 꿀이나 진사辰砂에 재워 두었다가 술과 함께 식후의 자극적인 영약으로 먹었다(Schafer 1967, p.183). 살구杏는 보통 말려서 먹었고, 심장 질환에 좋다고 생각했다(S. M. Sun in S. C. Li 1965 ed., 29:36). 맛있는 과일을 적어 둔 목록은 끝이 없을 지경이다. 중국에서는 삭고 신맛이 강한 돌능금林檎(능금나무 열매)(S. C. Li 1965 ed,, 30:74)을 먹었고, 양자강 남쪽 지역에서는 산사나무樝子열매를 먹었다(T. C. Ch'en in S. C. Li 1965 ed., 30:69). 그의 사촌과일인 진한 빨간색의 야생산사山楂열매도 먹을 수 있었다(K. Su and T. C. Ch'en in S. C. Li 1965 ed., 30:71). 모과木瓜 역시 당대에 먹었다(S. C. Li 1965 ed., 30:66~67). 감柿은 숙취를 완화해 주는 것으로 여겨졌다(같은 책, 30:75). '나무딸기' 혹은 소귀나무楊梅는 최남단, 그중에서도 영남嶺南[13] 지역의 말라리아가 들끓는 산기슭의 구릉지대에서 발견된다(T. C. Ch'en in S. C. Li 1965 ed., 30:93). 또한 우리가 잘 알고 있는 비파枇杷(S. C. Li 1965 ed., 30:91)가 있다. 박瓜 종류는 중세 시대 식탁에서 매우 중요하였다(H. L. Li 1969, p.254). 구할 수 있는 품종으로는 남부 지방의 월과(越瓜, Cucumis conomon), 오이胡瓜, 동아冬瓜, 박瓠을 들 수 있는데(T. C. Ch'en in S. C. Li 1965 ed., 28:12; S. Meng in

---

12 원문에서는 japanese apricot(일본살구)라고 되어 있으나 이는 영어로 매화를 이르는 말이기도 하다.
13 영남 지역은 현재는 광동(廣東), 광시(廣西), 해남(海南) 지방을 지칭하고 있으나 당나라 때는 지금의 베트남 북부, 홍하 삼각주를 포함하였다. 베트남은 송대에 들어와 중국으로부터 분리되었다.

S. C. Li 1965 ed., 28:9; H. L. Li 1969, pp.254, 256)[*5], 이 가운데 일부는 열매뿐만 아니라 잎도 먹었다.

그 밖에 서양인들에게 알려지지 않았던 다른 많은 과일들도 당대 음식에는 꽤 쓰였다. 그것들을 하나하나 손꼽아 보기보다는 당대에 중요한 역할을 했던 외래식물부터 다시 살펴보도록 하겠다. 중앙아시아에서 서역을 통해 도래된 것으로 생식용 포도가 있었는데 산서山西에서 재배되었다. 포도는 '아주 다루기 까다로워서 장안까지 운반하다 보면 다 못쓰게 되는 과일'로 취급되었다(Schafer 1963, p.143). 그러나 포도는 중앙아시아 고창국高昌國에서 포도주, 건포도, '반건조 포도', '바싹 말린 포도' 그리고 시럽 등의 여러 가지 형태로 수입되었다. 여기에는 몇 가지 종류의 건포도가 포함되었음에 틀림없다(『신당서』, 40:10b). 대추棗는 대추야자와 비슷하게 생겼으며, 예로부터 고귀한 중국의 산물이다. 중국 북부에는 신맛 나는 대추를 포함하여 몇 가지의 식용 대추가 있었다(S. M. Sun in S. C. Li 1965 ed., 29:57). 그러나 향기가 강한 대추의 경우는 투르키스탄에서 수입되었다. 페르시아에서는 다른 많은 채소와 함께 무화과가 들어왔다. 아랍 상인 슐레이만은 9세기 중엽 중국에서 무화과가 재배되었다고 증언하였다(Laufer 1919, pp.412~13).

영남 지방의 열대과일은 거의 이국적인 것이기는 하지만, 아주 이색적인 것은 아니었다. 이 지역은 오랫동안 중국이 자신들의 영토라고 주장해 왔지만, 당대까지만 해도 원주민들의 침공으로 중국이 괴로움을 겪었다. 영남 지방에서 당연히, 그리고 가장 맛좋은 과일은 감귤류이다. 그 가운데 일부는 궁극적으로 세계적인 것으로까지 발전하였다. 남쪽의 영광스런 감귤과 대조적으로 북부의 본토에는 단지 가시가 많은 탱자枳라고 불리는 것이 있을 뿐이었다. 탱자는 섬서 지방의 남부와 하남 북부에서 궁정의 사치품으로 공납되었다. 남쪽에서 나는 과일 중 탱자의 경쟁자로 가장 널리 알려진 것은 이른바 하급 오렌지 혹은 광동오렌지(광귤, 橙)라고 불리는 것이 있다. 이 훌륭한 오렌지는 당대에 가장 북쪽으로는 사천四川, 남쪽으로는 호북까지 재배 지역이 넓어졌다. 이것 가운데 쓴맛이 나는 품종은 9세기에서 10세기경 아랍이 서아시아를 지배하였을 때 지중해 지역으로부터 입식되었다. 이것이 바로 지금은 세빌리아 오렌지Seville orange로 알려진 품종이며, 고급 마멀레이드를 만들 수 있다. 14세기에는 좀 더 단맛이 나는 품종의 오렌지가 십자군과 함께 유럽에 도입되었는데, 이것은 발렌시아 오렌지Valencia orange와 네이블 오렌지navel orange[14]로 발전하였다. 중국 자체에서 훨씬 더 높게 평가를 받았던 품종은 남쪽에서 생산되는 맛있는 감귤tangerine이었는데, 크게 '쓴 껍질' 귤橘과 '단 껍질' 감柑으로 구분되었다. 이것들은 중부 양자강 유역의 많은 지방에서 재배되었다. 쓴 껍질 귤은 약재로도 많이 사용되었으며 다양한 품종이 있어 주홍색 쓴 귤, 젖꼭지 모양의 쓴 껍질 귤, 산 모양의 쓴 껍질 귤, 그리고 그중에서도 겨울에 무르익는 황금색 쓴 껍질 귤이 포함되어 있다. 이 황금색 귤은 중국 남쪽 하단 지역에서 재배되는 것으로, 우리가 잘 알고 있는 금귤Kumquat이다(T. C. Ch'en in S. C. Li 1965 ed., 30:80~84, 87, 90). 꿀에 재운 호박색 껍질의 황금귤은 영남 지방에서는 매우 높게 쳐 주었다. 단맛 껍질의 귤은 사촌격인 시큼한 맛이 나는 품종보다도 더 널리 재배되었다. 이 단맛 껍질 감은 광동에서부터 감숙甘肅 동남쪽에 이르기까지 널리 발견되었다. 또한 여기에도 주홍색 감, 노란색 감, 젖꼭지 모양의 감, 돌 같은 단맛 껍질 귤 등등이 있다. 이 가운데 젖꼭지 모양의 감은 최고의 것으로 간주되었다(같은 책, 30:87). 마지막으로 아주 이른 시기에 인도차이나로부터 들여 온 두 가지 수입품이 있다. 이 수입품에는 두껍고 단 껍질과 달콤쌉쌀한 과육을 가진 왕귤柚(K. Su in S. C. Li 1965 ed., 30:89)과 쓴맛의 레몬枸櫞과 '부처의 손'이라는 괴상한 모양의 품종도 포함되어 있다(K. C. Ch'en 1965 ed., 30:90).

그러나 광동 지역의 더 큰 자부심은 경이로운 리치荔枝이다. 이 과일은 복건과 사천에서 재배되고 있었지만, 가장 좋은 품종은 영남嶺南 해안 지역의 것이라는 것은 널리 알려진 사실이다. 그중에는 크기가 크고 씨앗이 없는 품종과 노란색의 '밀랍wax' 리치가 있다. 광동산 리치는 지방 진상품으로 올릴 것을 궁중으로부터 요구 받았는데, 이것을 너무나 좋아한 양귀비에게 이 과일을 비교적 신선한 상태로 전달할 수 있도록 장안까지 특별히 '파발마'를 두었다(Liu Hsün 1913 ed., 4b~5a)고 한다. 하지만 이 이야기는 아마도 사실이 아닐 것이다. 왜냐하면 당의 약제사는 이 과일의 향기는 하루만 지나면 변하고 이틀이 지나면 맛이 변한다고 기록을 남겼기 때문이다(H. Li in S. C. Li 1965 ed., 31:2). 다행스러운 것은 이 과일이 숙취를 해소하는 데 그 어떤 과일보다도 효과적이라는 신빙성이 있었다는 점이다(『전당시』, 3:7b의 왕전王翼의 시). 광동 지방에서

---

14 껍질에 배꼽(navel) 모양의 돌기가 있는 씨 없는 오렌지.

는 리치가 무르익는 것을 축하하는 큰 축제가 열리는데, 리치의 껍질이 눈부신 심홍빛으로 물드는 음력 9월과 10월 무렵이 되면 숙취를 해소시킨다는 이 열매의 장점이 발휘된다. 리치와 아주 밀접한 것으로 새콤한 맛이 나는 람부탄韶子과 용안龍眼이 있다. 용안은 리치보다는 작고 그렇게 맛있지는 않다*6. 8세기의 위대한 대신이며 시인인 장구령張九齡은 그가 쓴 「리치부荔枝賦」(『전당문』)에서 용안과 리치와의 비교도 들어봤고, 포도와 리치와의 비교도 들어본 적은 있지만, 그 맛은 진정 어느 것과도 비할 바가 아니라고 전하였다. 리치는 고전적인 음식이 아니었기 때문에 제사에 바치는 것은 사실상 사도邪道였지만, 장구령은 리치는 조상을 모시는 사당에 바치고 왕과 귀족의 식탁에 올릴 가치가 있다고 믿었다(Schafer 1967, p.190; Liu Hsün 1913 ed., 2:5a; S. C. Li 1965 ed., 31:4).

당대의 중국인들이 취한 열대과일 목록에서 지나칠 수 없는 것으로는 세 가지 종류의 미로발란訶子[15]이 있다. 즉 엠블릭 미로발란庵摩勒, 벨레릭 미로발란毗黎勒, 그리고 체불릭 미로발란訶黎勒이다. 떫은 맛으로 명성을 떨친 이 세 가지 과일은 남아시아와 동남아시아에 널리 퍼졌다. 심지어 이 과일의 친척뻘 되는 야생식물들도 교역과 약품의 대체물이 되었다. 어떤 것은 야생에서 자라고, 또 어떤 것들은 광동 지역 부근, 즉 남쪽 지역에서 수입되어 재배되었다. 이들의 강장제 혹은 회춘약으로서의 명성은 그야말로 천정부지였다. 실제로 미로발란은 인삼과 같은 수준의 마법과도 같은 약이었으며, 따라서 요리보다는 약재로서 간주되는 일이 많았다(K. Su and T. C. Ch'en in S. C. Li 1965 ed., 31:7~8).

몇몇 종류의 바나나도 정원을 장식하였고, 당나라 사람들의 위장을 만족시켰다. 바나나의 기본 형태는 무사 바스주(Musa basjoo, 파초芭蕉)였으며, 잎은 섬유와 종이를 만들기 위해 필요한 값진 섬유를 제공했다. 그러나 바나나는 주로 정원을 장식하기 위해 쓰였다. 무사 파라디시아카甘蕉도 비슷한 목적으로 쓰였으며, 주로 식용으로 사용되었다. 무사 코치네아美人蕉(간나)는 식용으로 먹을 수 있었지만, 남중국에서는 이것이 피워내는 눈부신 붉은 꽃 때문에 높은 평가를 받았다(K. Su in S. C. Li 1965 ed., 15:61~62).

유용하게 쓰이는 많은 종류의 야자도 중국 남부 사람들에게는 익숙한 식물이다.

---

15 myrobalan은 가자(訶子)나무로도 번역된다.

우리는 이미 앞에서 사고가루를 제공하는 두 종류를 언급하였다. 종려야자椶櫚와 비로야자蒲葵는 공예재료로 유용하게 쓰인다는 점에서 중요하다. 그러나 우리의 목적에 더 적합한 것은 코코넛야자, 빈랑檳榔나무, 대추야자다. 리쉰Li Hsün은 코코넛椰子에 들어 있는 주스는 술과 유사하지만 취하지는 않는다며 높이 평가하였다(H. Li in S. C. Li 1965 ed., 31:16~17). 깃털 잎 야자수Areca catechu에 달리는 견과―빈랑나무 열매―는 동남아시아 전역에서 아직도 입에 넣고 씹는 물건으로 사용하고 있다. 빈랑열매는 속을 갈아서 태우다시피 한 구운 라임(때로는 바다조개에서 나온 것), 때때로 보르네오 장뇌와 함께 잎에 싸서 먹는데 이것은 손님을 최고로 대접할 때 적절한 음식으로 여겨진다. 당대에도 광동 지역에서는 맛있는 흥분제로 잘 알려져 있었고, 이것의 의학적인 가치 때문에 매년 황궁에 바쳐졌다. 빈랑열매의 인도네시아 명칭은 피낭pinang이며, 중국으로 전해지면서 빈랑으로 불렸다(K. Su in S. C. Li 1965 ed., 31:13~14). 페르시아의 대추도 광동에 수입되었다. 그들은 이것이 자신들의 토종 과일과 유사하기 때문에 페르시아 대추로 명명하였다. 이 광동 지역에서는 9세기부터 이미 대추야자가 재배되고 있었다(Liu Hsün 1913 ed., B:4a~b).

또 다른 종류의 작은 과일로 대추야자와 비슷한 크기의, 이른바 중국 올리브로 모양이 더 보기 좋다는 감람橄欖나무가 있다. 이 열대나무는 자라면 향기로운 수지를 만들어 내는데, 이 수지는 선체 표면에 광택을 내는 데 사용된다. 열매는 중국 남부나 북부에서 다 높은 평가를 받았다. 이것은 날것으로 먹으면 신맛이 나지만, 꿀에 재워 먹으면 아주 단맛이 난다. 기분전환용으로서는 정향丁香보다 낫다고 한다(S. Meng in S. C. Li 1965 ed., 31:5).

많은 종류의 견과류들은 토종이든 수입품이든 대량으로 소비되었다. 가장 좋은 개암 혹은 헤이즐넛榛實은 섬서 서부에서 생산되었다. 측백나무의 열매柏實 또한 높이 평가되었다. 측백열매는 하남 지방과 산서 북부에서 생산되었다. 잣(松實 혹은 松子)도 산악지대가 많은 산서에서 채취할 수 있었으나 가장 맛있는 잣은 신라[16]에서 수입되었다. 신라의 잣은 보다 크고, 향기로우며, 영양도 풍부했다(H. Li in S. C. Li 1965 ed., 31:11~12). 밤栗은 오래된 기호품이었다. 가장 좋은 밤은 북부 하북河北에서 생산된다

---

16 원문은 Korea로 되어 있으나 시기를 따지면 통일신라로 추측된다.

고 추정되었다. 밤은 햇볕에 말리거나 구워서 먹었으며, 때로는 갈아서 가루로 만들기도 한다. 그리고 이것은 콩팥에 좋은 것으로 알려졌다(S. Meng, S. M. Sun, and K. Su in S. C. Li 1965 ed., 29:54~55; 당언겸唐彦謙, 『전당시』). 중국 비자나무에서 나는 맛있는 견과, 비실榧實은 소화제로 먹었다(T. C. Ch'en and S. Meng in S. C. Li 1965 ed., 31:10). 양자강 남쪽에서 생산되는 상록 참나무櫧子도 식용 가능한 견과[17]를 생산한다(T. C. Ch'en in S. C. Li 1965 ed., 30:102). 통탈목通草은 그 자체에서 나는 고갱이로 잘 알려졌다. 이 나무의 고갱이는 얇은 고급 화선지rice paper의 제조에 사용되었지만, 그 열매는 당나라 사람들에게 진미로 여겨졌다(K. Su and T. C. Ch'en in S. C. Li 1965 ed., 18:63).

서역으로부터는 귀중한 견과와 열매가 수입되었다. 그 가운데 호두胡桃처럼 유명한 열매 몇 가지는 당의 원예가들에 의해 재배되었다. 호두는 유명한 탐험가 장건張騫에 의해 수입된 것으로 유명하지만, 아마도 그것은 사실이 아닐 것이다. 이것은 당대에는 북부 지역의 과수원에서 재배되었으나, 약학자들은 이것을 너무 많이 먹으면 심장에 좋지 않고 토할 수 있다고 경고하였다(Laufer 1919, pp.264~65; S. M. Sun in S. C. Li 1965 ed., 30:97). 피스타치오(阿月渾子, 혹은 胡榛子)도 이란에서 수입되었는데 이것은 성욕을 증강시키고 일반적으로는 건강을 증진시킨다고 생각되었다. 9세기쯤부터는 피스타치오 나무는 영남 지역에서 재배되었다(T. C. Ch'en and H. Li in S. C. Li 1965 ed., 30:101). 우리에게 익숙한 아몬드偏桃人는 투르키스탄에서 수입되었으며, 이슬람 상인 슐레이만Sulayman에 의하면 중국에서는 이미 당대 후기부터 재배했다고 한다(Schafer and Wallacker 1958, p.219; Laufer 1919, p.407). 참깨(胡麻, '외국 대마')는 이란에서 왔을 것으로 추정되나 지중해 사람들에게는 일찍이 익숙한 식물이었다. 참깨가 당 이전에도 중국인에게 알려졌는지는 분명하지 않다. 때때로 참깨는 극동 지역의 아마亞麻와 헛갈리기도 하였다. 사람들은 주로 참기름의 원료에 대해서 관심을 가졌으나 참깨 자체를 볶아먹기도 한다(Laufer 1919, p.288~96; 『전당시』의 왕전의 시를 참조).

당대의 서민들은 고기를 많이 먹었던 것 같지는 않다. 그 이유는 가축은 다른 목적을 위해 더 중요했기 때문이었다. 보다 중요한 것은 오랫동안 곡물 요리를 선호해 왔다는 점, 그리고 아마도 가축은 인간을 위한 것이기 보다는 신을 위한 음식이라는 고

---

17 참나무열매, 도토리를 말한다.

대의 사고와 궁극적으로 관련이 있는 것 같다. 사실 고대에는 말린 고기와 절임고기가 상류층에게는 표준적인 음식이었으며, 당대에도 어느 정도는 사실이었다. 그러나당의 진미 목록에 육식 요리는 거의 이름이 오르지 않았다. 약학자들은 고기류, 특히쇠고기를 매우 나쁘게 평가하였다. 예컨대 맹선은 황색 황소고기를 먹으면 병에 걸리기 쉽고, 검은 황소고기는 절대 피해야 한다고 말하였다. 그리고 소는 농사짓는 데에만 사용하는 것이 옳다고 말하였다(그림 25~28)(S. Meng in S. C. Li 1965 ed., 50:64~65).그렇지만 어느 정도는 쇠고기를 먹고 있었으며, 남부 지역에서는 물소고기를 먹었다(T. C. Ch'en in S. C. Li 1965 ed., 50:64~65). 사실 이 인내심 강한 짐승인 물소의 고기는영남에서 높은 평가를 받고 있었다. 물소는 통째로 굽든가, 아니면 부분으로 나눠서불에 구웠다.

이런 일반적인 규칙에 비해 크게 예외적인 것은 부유한 사람들과 귀족 계급, 특히 궁정의 식사였다. 시인 위응물韋應物은 궁정연회의 사치스러운 낭비의 표시로서 삶은 송아지고기와 구운 양고기를 아무렇지도 않게 대접한다는 점을 언급하였다. 양고기는중국인들보다는 북쪽 유목민들의 음식이다. 맹선과 저명한 도교의사 손사막孫思邈은쇠고기보다는 일상적인 식사에서 더 자주 먹었을 것으로 추측되는 돼지고기를 과잉섭취할 경우 발생하는 악영향을 경고하였다(S. C. Li 1965 ed., 50:26~27). 한편 개고기는몸에 좋으며, 특히 신장(콩팥)에 좋다고 믿었다(S. Meng and S. M. Sun in S. C. Li 1965 ed.,50:44). 북부에서는 쌍봉낙타가 야생에서 자랐든 가축으로 컸든 간에 짐을 운반할 때에는 필수적인 동물이었지만, 때로는 연회에 요리로서 제공되기도 했다. 특히 낙타의육봉은 두보杜甫[18]와 잠삼岑參[19]이 기록한 바와 같이 풍부한 육질로 높은 평가를 받았던 식재료였다. 그렇지만 이것은 일상적으로 먹는 음식이 될 수는 없었다.

선지를 이용한 요리도 알려져 있기는 하다. 그러나 그것이 얼마나 대중적이었는지는 알기 어렵다. 열낙하熱洛河라고 불리는 선지 요리[20]가 있는데 이것은 8세기의 당현종의 궁정 요리에 등장한 적이 있다. 또한 염소의 피와 양념과 술로 만든 혼합물,

---

18 712~770. 이백과 더불어 중국 한시 문학의 거성으로 시성(詩聖)이라고 일컬어진다. 대표작으로는「북정北征」, 「추흥秋興」, 「삼리삼별三吏三別」 등이 있다.

19 715~770. 당 시인. 호북성 남양(南陽) 출신으로 대표작으로는 『잠가주집岑嘉州集』 등이 있다.

20 사슴의 피와 내장으로 만든다.

그림 25. 내몽고 훌링고에서 발견된 동한 시대 묘의 벽화 장면 소가 밭을 갈고 있다(『한당벽화』, 베이징, Foreign Language Press, 1974).

그림 26. 위진(220~316 추정) 시대의 묘에서 발견된 벽돌에 그린 쟁기질하는 소 그림 감숙성 가욕관(嘉峪關)에서 발견되었다(『한당벽화』, 베이징, Foreign Language Press, 1974).

그림 27. 가욕관에서 발견된 밭을 가는 소의 벽돌그림(『문물』 12호, 1972)

그림 28. 섬서성 서안 부근 삼원(三原)지역에 위치한, 당대 이수(李壽)의 묘벽에 그려진 쟁기질하는 소 그림(『한당벽화』, 베이징, Foreign Language Press, 1974)

즉 피와 고기를 사용한 일종의 해기스haggis[21]와 같은 것도 있었으나 흔치 않았다(『태평어람太平御覽』 858권).

그러나 알뜰한 가정에서는 농가에서 잘 키운 소를 잡아먹기보다는 야생동물의 고기를 먹는 것을 좋아한 것 같다. 사실 영주들과 농민들은 다 같이 그들의 식단을 보충하기 위해 야생사냥감에 크게 의존하고 있었던 것 같다. (영주들은 아마도 조직적인 사냥집단 혹은 고용한 사냥꾼들이 덫을 놓아 잡아온 야생동물을 취하였으며, 농민들은 활과 화살, 성공률 높은 올가미와 훈련받은 매를 이용하여 야생동물을 잡았을 것이다.) 사슴고기는 오랫동안 중국 북부의 식단에서 중요한 부분을 차지하고 있었다. 이러한 사실은 중세 중국에서보다는 고대 중국에서 더욱 그러했을 것이다. 왜냐하면 인구가 대규모로 증가하고 동시에 진행된 북부의 산림남벌로 인하여 모든 야생의 개체수가 불가피하게 줄어들었기 때문이다. 그중 개체수가 감소한 동물로 늪지와 물가에 서식하고 있는 사불상(麋鹿, Elaphurus davidianus) 사슴이 있다. 이 사슴은 한나라 이전의 귀족들에게는 중요한 사냥감이었다. 그러나 지금은 서양의 동물원에서는 보존되어 있기는 하되 원산지에서는 멸종되었다. 당나라 시대까지는 사불상 사슴 무리가 발견되었다고 하며, 많은 요리용 솥에서 뼈가 발견되었다. 그러나 맹선은 고기에 너무 탐닉하는 것을 경고하였고, 이 고기 요리는 오히려 보통 수준에 불과한 음식으로 간주되었던 것으로 보인다. 이것은 고대에 최고급 고기로 취급되었던 것에 비하면 격이 많이 떨어진 것이다(S. Meng in S. C. Li 1965 ed., 51:34; 『전당시』의 관휴貫休의 시를 참조).

덩치가 큰 사불상 사슴 이외에도 여러 종류의 중국 사슴이 단백질을 공급하였다. 남부 지방의 수록水鹿사슴과 같이 덩치 큰 사슴도 있으며, 중간 크기인 일본사슴도 도처에 있었고, 사향노루(약품과 향료의 원료로 더 가치 있는 것)와 같이 몸집이 작은 것도 있으며, 물사슴, 솔기머리 사슴, 문착Muntjac사슴이 있다. 문착사슴은 생강과 식초로 간을 하면 맛있고 건강에 좋은 음식으로 간주되었다(S. Meng and T. C. Ch'en in S. C. Li 1965 ed., 51:37, 41).

다른 야생동물 가운데 중국의 독특한 양족goat-antelope동물들도—시로serow, 고랄goral, 티베트산 영양takin—식용 사냥감이었으며 고기는 높은 평가를 받았다(S.

---

21 양, 송아지의 내장을 다져 오트밀 등과 섞은 뒤 그 위장에 넣어 삶은 스코틀랜드 요리이다.

Meng in S. C. Li 1965 ed., 51:23). 멧돼지는 통째로 꼬챙이에 꿰어 구웠으며, 그렇게 하여 연회 참석자들로 하여금 집에서 키운 돼지를 잡는 것에 대한 심적인 거리낌을 덜어주려고 하였다(K. T'ao 1920 ed., 2:44a~b). 야생토끼는 고대로부터 서민들의 사냥감이었으며 요리용 솥을 빈번하게 차지하곤 했다. 토끼는 덫을 놓아 잡거나 훈련받은 참매와 새매로 사냥하는데 이는 야생에서 쉽게 얻을 수 있는 음식의 상징이며, 이에 비길 수 있는 것은 꿩고기뿐이었다. 이렇게 대중적인데도 불구하고 진장기陳藏器[22]는 가을 이외의 계절에는 토끼고기의 과식을 경계하였다. 이 경고는 동물들이 교배를 하거나 번식하는 시기에 먹어서는 안 된다는 고대의 금지법에 어느 정도 의거하고 있다. 한편 가을은 죽음과 도살의 계절이라고 인정되었다(T. C. Ch'en in S. C. Li 1965 ed., 51:54). 솥에 들어갈 운명에 처한 또 하나의 작은 동물은 이른바 너구리狸로, 여우같이 생긴 이 동물은 라쿤raccoon(미국 너구리)도 개도 아니다. 손사막은 너구리고기가 몸에 아주 좋은 강장제라고 평가하였다. 그러나 맹선은 이 고기를 1월에 먹는 것은 주의해야 한다고 했다(S. C. Li 1965 ed., 51:45). 감숙, 사천, 티베트의 서부 고지대의 원주민들은 —한족과 비한족 다 같이— 마멋marmot을 그들의 은신처인 땅굴에서 파내어 음식으로 먹었다(마멋의 털로 따뜻한 옷을 만들어 입었다). 일명 사천 마멋이라고 불리는 것이 있는데 이것의 몽고어 명칭은 타르바간tarbagan이며, 중국어에서 타발貒貐(Marmota himalayana robusta)로 바뀌었다(T. C. Ch'en in S. C. Li 1965 ed., 51:69).

이보다 더 하급의 포유동물도 경시되지 않았다. 대나무쥐竹鼠는 하북의 제후에 의해 궁중에 진상되었다. 영남 지역에서는 금방 태어난 쥐를 꿀에 담갔다가 연회장 테이블에 위에 풀어놓아 힘없이 울며 기어 다니는 것을 손님들이 젓가락으로 집어서 산 채로 먹게 하였다. 분명 이것은 중국인들이 채택한 원주민들의 관습이다. 장난기가 많은 해달은 중국 북부에서 베링 해협을 거쳐 남쪽으로는 캘리포니아에 이르기까지 서식하고 있는 것이나, 당나라의 큰 솥에도 등장하였다(T. C. Ch'en in S. C. Li 1965 ed., 51:60).

남부 지방 식탁에서 정평이 난 특식 중에서도 코끼리는 가장 위대한 것으로 꼽힌다. 당대에는 코끼리와 같은 후피厚皮동물은 먼 남쪽 지방에 아직 많이 남아 있었다.

22　687(추정)~757. 의학자이자 약물학자로 대표작으로는 『본초습유本草拾遺』가 있다.

그렇기 때문에 코끼리 무리를 중국 중부의 오지에서 발견하는 것도 특별한 일은 아니었다. 영남 지방의 원주민들은 이 괴수들을 도살하였다. 특히 핑크색 상아를 가진 검은 코끼리를 도살하여 통째로 구운 코를 즐겼다. 이 진미의 맛은 돼지고기의 맛과 비견할 만하지만, 이쪽이 소화가 더 잘된다고들 믿었다(K. L. Tuan 1968 ed., p.306). 엄청나게 큰 비단뱀도 기호 식품이었다. 이것을 얇게 썰어 식초에 담가 먹으면 특히 맛있었다(K. Su and T. C. Ch'en in S. C. Li 1965 ed., 43:69).

고대부터 껍질이 연한 자라鼈와 몸집이 크고 연한 껍질을 가진 거북龜은 미식가들이 먹는 탕에는 꼭 들어가는 핵심적인 식재료였다. 또한 이 파충류의 알도 귀중한 것이었다. 진장기는 거북고기와 '오향'을 같이 끓이는 것을 용인하였으나, 손사막은 거북고기를 돼지고기, 토끼고기, 오리고기와 함께 먹지 말 것을 강하게 경고하였으며, 특히 겨자를 곁들여 먹어서는 안 된다고 경고하였다(T. C. Ch'en and S. M. Sun in S. C. Li 1965 ed., 45:13). 그러나 맛좋은 혼합물들은 열대 지방 어디서나 잘 알려진, 그 유명한 푸른 바다거북龜鼊 요리가 주는 기쁨에 비하면 오히려 조악한 것이 된다. 남중국해에서 서식하는 이 거북의 복갑腹甲에서 채취한 젤라틴 에센스는 영국의 버킹엄 궁정만큼이나 장안長安의 궁중연회에 헌상된 가장 맛이 진한 수프로 칭찬을 받았다.

다음은 가금류이다. 여기에서는 야생가금과 가축을 분리해서 생각할 필요가 없다. 많은 품종은 동남아시아의 초기 정글 태생의 가금류가 장기간에 걸쳐 진화해 온 것이다. 그리고 당대의 전문가들은 다양한 모양과 색깔의 품종을 소비함으로써 건강에 미칠 상이한 영향을 열심히 지적하였다. 예컨대 맹선은 검은 암탉고기는 소화는 잘되지만, 흰머리를 가진 검은 닭은 먹지 말라고 경고하였다(S. Meng in S. C. Li 1965 ed., 48:70). 흰 집오리는 높은 평가를 받았지만, 맹선은 검은 오리에는 독이 있다고 의심하였다. 손사막은 오리탕은 몸에 아주 좋기 때문에 소원해진 부부를 화해시킬 것이라고 생각하였다(S. C. Li 1965 ed., 47:59). 야생거위 혹은 가축으로 키운 거위 요리도 높이 평가받았는데 그중에서도 특히 통구이는 탁월한 음식으로 간주되었다(『전당시』에서 한굉韓翃[23]참조). 명금을 먹는 것은 법이나 관습으로 금지되지 않았고, 이것 또한 일년 내내 먹었다. 그러나 진장기는 적어도 수컷들의 정력이 가장 증대된 시기인 겨울에

---

23 당나라 시대의 시인.

먹는 것이 가장 좋다고 생각하였다(S. Meng and T. C. Ch'en in S. C. Li 1965 ed., 48:97; 49:6).

중국에는 꿩이 많이 서식하고 있었기 때문에 아주 옛날부터 일반적인 음식이었다. 특히 목에 고리무늬가 있는 꿩(野雉, 혹은 雉)의 경우에 그러하다. 그러나 용맹한 만주 갈색귀꿩鶡鸡과 같은 다른 종류도 소비되었다. 다른 식용 동물과 마찬가지로 꿩 같은 경우는 호두와 함께 먹어서는 안 된다는 등의 금기가 있었다(S. Meng in S. C. Li 1965 ed., 48:88). 일반적으로 꿩은 사냥 훈련을 받은 참매로 잡는데, 왜가리나 다른 큰 새를 잡을 때는 세이커 매(사냥용 매)를 사용하며, 송골매는 오리나 물새를 잡기 위해 풀어 놓는다는 점이 특기할 만하다. 운이 좋은 농민들은 메추라기와 같은 작은 숲새들을 사냥하기 위한 새매를 갖고 있는 경우도 있다.

여하튼 야생조류는 꿩보다는 비중이 적지만 자고새나 메추라기를 포함하여 당대의 요리에서 특별한 부분을 구성하고 있다. 작은 반점이 있는 동부 메추라기鷃는 맹선이 돼지고기와 함께 먹지 말라고 경고했음에도 대량으로 소비되었다(T. C. Ch'en in S. C. Li 1965 ed., 48:94; Shinoda 1963b, p.317). 이와 유사한 금기사항으로는 당시 인기가 있었던 바위자고鷓鴣고기를 죽순과 함께 섭취하는 것을 지양하라는 것이었다(S. Meng in S. C. Li 1965 ed., 48:91). 바위자고는 닭이나 꿩보다 더 맛있는 것으로 알려졌다. 우리가 격식을 갖춘 정원과 새장을 장식하기 위해 남겨두어야 할 남쪽 지방의 가장 아름다운 새도 식용으로 쓰이는 모욕을 당해야만 했다. 극동 지방의 우아한 녹색 공작새는 스튜로 만들어졌는데, 그 맛은 오리와 유사한 것으로 전해진다. 공작새의 고기는 때로는 나중에 소비할 목적으로 건조시켜 저장했다. 심지어 영남 지역의 알록달록한 작은 앵무새도 이와 비슷한 운명을 피할 수 없었다.

물고기는 당대의 식단에서 매우 중요한 부분을 차지했다. 이것들은 바다, 강, 호수와 연못에서 채취되었으며, 채취가능한 모든 품종은 요리의 재료가 되었다. 그물과 어살로 물고기를 포획하는 편이 수익성이 있었고 낚싯대를 갖추고 낚시하는 것은 즐거운 일이었다. 식용 물고기는 또한 이차적인 용도로 사용되었다. 즉 특정한 종류의 물고기 알, 특히 오르페orphe, 때로는 아이드ide라고 불리는 잉어, 혹은 초어草魚(鯇)알을 논에 풀어놓아 그것들이 부화하여 잡초를 먹어치우게 한 다음, 살이 통통하게 오른 큰 물고기를 시장에서 이익을 남기고 팔 수 있었다. 사실 패류와 갑각류처럼 여러

모로 유용하고 식용 가능한 생물들은 논과 연못에서 키웠다.

　무엇보다도 장식용 잉어鯉는 그 고기뿐만 아니라 황금색 비늘과 차분하고 가정적인 분위기를 연출하기 때문에 기호의 대상이었다. 여러 가지 종류가 있지만, 가장 가치가 높은 것으로 취급되었던 것은 금붕어鯽로 이것은 특히 남부 지방 호수에서 흔히 발견되었다. 비교적 몸길이가 아주 짧은 종도 많았지만, 어떤 것은 8피트(2미터 40센티)나 자랐다. 어떤 경우라도 잉어는 맛이 좋았다(C. S. Tuan 1937 ed., hsü, 8:243). 다른 종류의 잉어로는 소위 백어白魚라는 종과 흑잉어로 알려진 청어靑魚라는 종이 있다. 신선한 백어는 콩으로 만든 양념을 섞어서 탕으로 만들어 먹었다(S. Meng in S. C. Li 1965 ed., 44:93). 이 물고기는 안휘성에서 술지게미에 재운 뒤 궁중에 바치는 진상품이었다. 흑잉어를 눈송이만큼 얇게 저민 살코기는 오렌지와 잘 어울리는 것으로 생각했다(『전당시』 중 왕창령王昌齡의 시). 머리가 뱀과 같이 생긴 가물치鱧에 후추와 마늘을 채워 만든 요리가 높이 평가를 받았으며, 혹은 콩, 무, 그리고 양파와 함께 요리하기도 했다(S. Meng in S. C. Li 1965 ed., 44:107~08). 영남 지방에서 나는 둥글납작한 은빛 병어鯧는 구워먹으면 맛있다(T. C. Ch'en in S. C. Li 1965 ed., 44:97). 같은 영남 지방의 남부 연안에서는 뱅어鱠를 잡을 수 있는데, 거위 털처럼 가늘게 썰어 소금으로 간을 하면 아주 맛있다(K. L. Tuan in S. C. Li 1965 ed., 44:106). 물고기 로鱸의 명칭은 가시가 많은 둑중개나이와 비슷한 다른 물고기(예컨대 점농어)에도 적용되어 쓰였다. 이 물고기도 눈송이처럼 썰어서 부드러운 야채와 함께 뭉근하게 끓여먹으면 맛있는 것으로 평가받았다(『전당시』 중 육구몽陸龜蒙의 시 1:5a 원진元稹 11:7b). 곤들매기 혹은 일종의 송어嘉魚는 암석 해안의 동굴과 갈라진 바위틈에 서식하는 물고기로, 진미로 알려졌다(S. Meng and T. C. Ch'en in S. C. Li 1965 ed, 44:97). 남부 지방의 하천에 서식하는 석필어石鮅魚라는 작은 물고기로 어장을 만들면 경이로운 맛이 난다(T. C. Ch'en in S. C. Li 1965 ed., 44:104).

　연안과 하구는 사람들로부터 호평일색인 줄무늬 숭어鯔의 서식지이다. 이 물고기는 심지어 만주 지방에서 진상품으로 황궁으로 보내졌다. 마찬가지로 비늘이 많은 달강어鯸, 진흙구덩이에서 사는 미꾸라지鰍, 그리고 넙치나 가자미 같은 몸이 납작한 물고기들이 맛이 좋다고 정평이 나 있었다. 큰 강에서 서식하는 철갑상어Acipenser mikadoi는 일반적으로 황어黃魚라고 불렸지만, 진장기는 이 상어를 '진한 잿빛'을 띠고 있으며 용으로 변신할 수 있는 능력을 가졌다고 기술하였다(S. C. Li 1965 ed., 44:112). 이것은 또한 '짠鱣'으로 불리기도 하였다. 비슷한 사례로 경린어硬鱗魚라는 부리가 달린 철갑상어 혹은 주걱철갑상어鱘라고 부르는 중국 특유의 물고기도 있다. 철갑상어는 용과 유사하게 생겼으며 말린 죽순을 곁들어 요리하거나 톡 쏘는 맛이 나는 소스의 재료가 되었다. 철갑상어알은 혈색이 돌게 해 준다고 알려졌다(T. C. Ch'en and S. Meng in S. C. Li 1965 ed., 44:113). 상어(鮫 혹은 沙魚)는 남부 연안 앞바다에서 많이 잡히며, 얇게 썰거나 삭혀서 먹었다. 민물 뱀장어鰻鱺魚도 먹었지만, 당대에는 약재로서의 가치가 더욱 강조되었다(S. C. Li 1965 ed., 44:109). 도롱뇽鯢은 끓여서 영양가가 높고 맛이 진한 탕을 만들어서 먹었다(T. C. Che'n in S. C. Li 1965 ed., 44:110). 심지어 그 행동이 종잡을 수 없는 해마海馬조차도 당나라 사람들은 먹거리로서 거부하지 않았다.

  기술적 용어인 회膾는 돼지고기나 다른 포유동물의 고기를 자를 때도 쓰기는 하지만, 물고기 요리를 설명할 때는 아주 일반적으로 사용한다. 나는 이 용어를 여러 차례 사용하였고, 애매하게 '얇게 저미는 것', 혹은 '가늘게 써는 것'이라고 번역하였다. 그러나 이 회라는 단어는 최고급 요리사들의 정밀한 기술을 표현할 때 사용되는 것이기 때문에 나의 번역으로 본래 단어의 뜻을 충분히 살리기에는 미흡할 따름이다. 은빛 머리칼처럼 얇게 저민 물고기, 그중에서도 특히 흰살 생선은 눈송이와 서리꽃 무더기와 자주 비견되었다. 맛있는 음식을 즐겼던 두보는 그의 시에서 전문 요리사의 손에서 만들어지는 맛있는 '눈송이'를 반복해서 언급하였다. 예를 들면 그는 '실같이 채 썬 금붕어의 은빛 속살'의 이미지와 '서슬 퍼런frosty' 칼날과의 조화를 칭송하였다(『전당시』의 여러 시, box 4, vols.1~4). 안록산安祿山이 권좌에 있을 때 그가 받은 귀한 선물 중에는 물고기를 얇게 썰 수 있는 좋은 칼이 있었다(C. S. Tuan 1937 ed., 1:3). 우리는 생선회 조각이 바람에 날라 갈 정도로 물고기를 아주 얇게 썬 전문 요리사에 관한 기록을 읽을 수 있고, 심지어 얇게 잘라서 쌓아 둔 생선회가 불어온 폭풍에 나비가 되어 날아갔다는 이야기도 있다(같은 책, 4:40). 그러나 진장기는 독자들에게 다양한 종류의 음식을 과도하게 탐닉하는 것에 대해서 경고를 하였으며, 저녁시간에는 생선회를 냉수, 유제품, 그리고 멜론과 함께 먹는 것을 피하라고 조언하였다(S. C. Li 1965 ed., 44:131).

갑각류, 연체동물, 그리고 두족류頭足類[24](오징어, 문어 등)는 이 순서대로 중요하다고 말할 수는 없지만 당나라 식단에서는 거의 물고기만큼 중요하다. 이들은 집합적으로 바다의 진미海味라고 불린다. 그 가운데 가장 좋은 것들은 절강의 해안에서 황궁으로 보내진다. 여러 종류의 게는 여러 가지 방식으로 요리된다. 예컨대 게를 식초에 담가서 먹는 것을 즐기기도 하고, 게의 녹진한 노란 알을 추려낸 후 오미를 곁들어 맛을 낸 것은 먼 남부 지역에서 훌륭한 손님접대용 요리였다(H. Liu 1913 ed., 3:6a; S. Meng in S. C. Li 1965 ed., 45:18). 당나라 사람들은 새우와 그와 유사한 것들도 먹었으나, 당의 약리학자들은 그것들을 발효시켜 만든 장이 치명적일 수 있다며 의심스런 눈초리로 바라 보았다(S. Meng and T. C. Ch'en in S. C. Li 1965 ed., 44:126~27). 이렇게 믿게 된 것도 아마 비료로 사용된 배설물에 의해 농수로가 오염되고, 이 작은 생물이 번식하는 논에 오염수가 가득 채워졌을 뿐 아니라 범람되기까지 했었던 일과 관련이 있었을 것으로 추정된다. 표면적으로는 갑각류와 유사한 것으로서 투구게鱟[25]가 있다. 투구게는 아예 게가 아니라 거미의 친척으로, 역사상 지구에 존재했던 생명체들 중에 여태까지 살아남은 독특한 생물이다. 이것은 검미목劍尾目의 절지節肢동물 xiphosuran이라고 부르는 편이 더 적합하다. 한유韓愈는 투구게를 남방 지방의 특산물이라고 기록하였고, 남방에서는 그 고기를 절임이나 장을 담는 데 많이 사용하였다고 한다(H. Liu 1913 ed., 3:1b; C. S. Tuan 1937 ed., 17:139; 『전당시』 중 한유, 6:6b).

연체동물 중에서는 달팽이와 닮은 복족류腹足類[26]보다는 쌍각류双殼類[27]에 대해서 더 많은 이야기가 있다. 이 모든 종류는 당 제국의 넓은 해안에서 채취되었음에 틀림없다. 가장 유명한 것은 무늬 있는 조개文蛤이며, 이 느슨한 범주 내에는 수많은 꽃잎조개과Lucinidae, 특히 이매패류二枚貝類인 대합이 포함된다. 이러한 것들은 산동에서 복건에 이르는 바위가 많은 해안에서 수확되어, 북부 지방의 상류층들을 위해 공급된다. 여러 품종의 굴 또한 광동 연안의 진주조개 채취 잠수부와 굴을 술안주로 먹고자 하는 미식가들에 의해 채취되었다. 굴이 정력을 증진시킨다는 서양 사람들의 통

---

24 Cephalopod. 오징어, 문어와 같이 발이 머리에 붙은 것을 말한다.

25 영어로는 'horseshoe crab'이라고 하며, 일본 및 중국 등지에서는 '말발굽게'라고 불린다.

26 복족류(Gastropod)는 배가 나와서 발같이 돌아다니는 달팽이나 소라와 같은 동물을 말한다.

27 쌍각류(Bivalves)는 굴 대합과 같이 두 개의 뚜껑으로 이루어진 조개류를 말한다.

속적인 생각을 중국인들은 모르고 있는 것 같았다. 그 반대로 맹선은 굴은 몽정―문자 그대로 '귀신들과의 성교와 정액의 방출'―을 억제한다고 발표하였다(S. Meng in S. C. Li 1965 ed., 46:22). 담라擔羅라고 불리는 신라의 쌍각조개는 식용해초, 즉 다시마昆布를 넣어 만든 보양탕의 식재로서 높은 평가를 받았다(T. C. Ch'en in S. C. Li 1965 ed., 46:34). 약간 칼같이 생긴 홍합은 접시조개류Tellina와 담치Mytilus[28]속屬까지 포함하여 해변가의 주민들이 선호하는 음식이었다. 이 종種의 유형 가운데 진주담채淡菜가 있다. 약리학자들은 이것을 그냥 구워 먹는 것에 대해선 경고를 하였으나, 무, 박, 그리고 다른 야채와 함께 요리해서 먹으면 몸에 좋다는 것을 발견하였다(S. Meng and T. C. Ch'en in S. C. Li 1965 ed., 46:25, 40). 보다 영리한 두족류 중 오징어는 당의 요리에서 가장 중요한 식재료였다. 오징어는 소금에 절여 말려서 보존하기도 하지만, 생강과 식초를 넣고 볶아 먹기도 한다(H. Liu 1913 ed., 3:2a).

우리는 흔히 동아시아를 두 개의 문화집단으로 나눌 수 있다고 생각한다. 그중 한 집단은 밀크와 유제품에 의존하는 집단(인도, 티베트, 그밖의 다른 많은 중앙아시아 유목민)이며, 또 다른 하나는 그것들에 대한 혐오감을 갖고 거부하는 집단이다. 우리는 중국을 후자의 집단에 귀속시킬 수 있다. 비록 고대로부터 따뜻한 밀크는 영양가가 매우 높은 식품으로 간주되기는 하였지만, 이 분류법이 있었다는 약간의 증거가 모든 시기의 중국사에서 발견된다(Cooper and Sivin 1973, p.227). 그러나 한대 이후 중국인의 관습과 알타이인의 관습이 확연하게 서로 섞이는 새로운 단계에 들어서면서 편견의 장벽이 무너졌고, 당대에 이르러서 유제품은 상류층의 식단에서 중요한 부분을 차지하게 되었다. 이러한 변화는 한대에서 당대에 이르는 기간에 형성된 북중국의 귀족들과 국경 지역의 유목민 귀족 간의 긴밀한 관계를 통해 일어났고, 동시에 종래 상호 간에 타협할 수 없을 것이라고 믿던 보통 사람들의 입맛도 점차 서로가 섞이면서 변화가 일어났다.

당대의 북중국에서 염소젖은 몸에 좋은 음료로, 특히 신장에 좋은 것으로 널리 알려졌다(K. Su in S. C. Li 1965 ed., 50:54). 거두절미하고, 백거이는 차가운 봄날 아침에 밀크에 탄 지황rehmannia 이상으로 자신을 기쁘게 해 주는 것은 아무것도 없다고 말

---

28 이 두 가지 모두 홍합의 일종이다.

하였다(『전당시』 30:4b). 9세기 중엽 혼란에 빠진 영토를 지배하고 있었던 당 의종懿宗은 그의 스승들에게 밀크가 주성분인 '흰떡銀餅'[29]를 선물로 하사하였다(T. P. Wang 1968 ed.). 남부 지방에서도 밀크는 수많은 대중적인 음식 요리에 사용되었다. 이때 사용하는 밀크는 대체로 물소젖이었다. 밀크에 탄 사탕야자 사고는 남부 지방 사람들에게 큰 기쁨을 준 식품이다(C. S. Tuan 1937 ed., hsü, 9:249). 석밀石蜜이라고 불리는 단맛 과자는 사천과 절강에서 만들어지기도 했지만, 서역의 이란에서 수입된 밀크, 특히 물소젖과 설탕으로 만들어진 것도 있었다(K. Su and S. Meng in S. C. Li 1965 ed., 33:60).

밀크는 다양하게 변형되었다. 예컨대 밀크를 응고시켜서 두부와 유사한 유부乳腐[30]를 만든다(S. Meng in S. C. Li 1965 ed., 50:92). 생밀크보다 훨씬 더 인기가 높았던 것은 여러 가지 발효 유제품과 신맛 나는 파생제품이었다. 이 가운데 특히 세 가지는 통상 각자 파생되는 수준에 따라 분류되는 것으로 높이 평가 받고 있다. 문학에서는 이 셋을 특히 불교의 대오각성의 단계를 각각 은유하는 것으로 표현하였다. 가장 일반적인 것, 따라서 셋 가운데 가장 낮은 단계의 것은 락酪이라고 불리는 쿠미스(Kumiss, 젖술)이다. 이것은 보통 동물의 젖을 솥에 넣어 가열해서 만드는데, 젖산균(lactobacillus)[*7] 이 작용하면서 발효된다(당 현종이 안록산에게 보낸 긴 선물 목록 중 눈여겨볼 한 가지는 마락馬酪, 즉 암말의 젖으로 만든 쿠미스였다)(C. S. Tuan 1937 ed., 1:3). 이보다 한 단계 높은 것이 연유酥이다. 이것은 케이막Kaymak[31]에 해당하며, 서양문화에서는 고형 크림clotted cream, 혹은 데본셔 크림Devonshire cream이라고 부른다. 이것은 쿠미스를 식힌 다음에 쿠미스의 표면에서 걷어 내거나 심지어 말아 올려 만드는 것으로, 고급 요리에 많이 사용된다(Tannahill 1973, p.134). 세 가지 중 세 번째이며, 마지막으로 가장 높은 평가를 받았던 것은 제호醍醐[32]이다. 이것은 서양의 정제 버

---

29 은병은 은으로 만든 화폐를 말하나, 여기에서는 우유를 주성분으로 하는 흰떡을 지칭한 것으로 보인다.

30 유부는 두부를 발효시켜 소금에 절인 반찬으로 치즈와 유사한 맛이다.

31 터키 등 중동 지역에서 만드는 것으로, 밀크를 아주 약한 불로 2시간 정도 끓여 천천히 식히면 표면에 크림이 생긴다. 이 크림을 떨어내고 서늘한 곳에서 여러 시간 혹은 며칠 동안 발효시키는데 이것이 케이막이다. 케이막은 약 60% 정도의 지방을 갖고 있다.

32 우유를 정제하여 최상급의 맛을 내는 제품이 제호이다. 제호상미(醍醐上味)는 불교에서 더 이상 비교할 수 없는 좋은 맛, 즉 가장 숭고한 부처의 경지를 의미한다.

터clarified butter와 아주 유사하다. 이것은 케이막을 불에 조리고, 응고할 때까지 식혀 둔 다음 그 표면으로부터 버터오일을 조금씩 걷어내어 만든, 단맛이 나는 기름이다*8. 따라서 종교적으로 비유하자면 이 제호는 최고의 단계로 발전한 불성佛性을 상징하였다.

고대에는 곡식, 또는 과일로 만든 음료수를 락酪이라는 명칭으로 부르기도 하였다(S. S. Ling 1958, p.888). 그러나 전 역사 시대를 걸쳐 이 명칭은 유제품, 특히 맛이 진한 마유馬乳에 거의 전적으로 한정되어 사용되었다(K. Su in S. C. Li 1965 ed., 50:90). 또한 쿠미스의 종류 가운데는 건조시킨 것과 분말로 만든 것도 있었다(T. C. Ch'en in S. C. Li 1965 ed., 50:90). 액체 쿠미스는 수많은 복합적인 요리의 식재료가 되었다. 사고와 섞으면 쿠미스는 맛좋은 케이크가 된다(같은 책, 31:19). 밀가루와 장뇌樟腦를 섞어서 요리한 다음 냉각시키면, 아이스크림에 필적하는 맛있는 여름 음식이 된다. 고형 쿠미스는 내가 케이막 혹은 데본서 크림과 비교하였던 것으로서, 북부 지방에서 특히 선호하는 높은 진미이다. 궁중은 안휘, 섬서, 사천, 청해靑海의 유목민들로부터 매년 상당량의 연유를 강제로 징수하였다(약리학자들 사이에서는 우유로 만든 케이막과 염소젖으로 만든 케이막의 상대적 우월성에 대해서 의견이 엇갈렸다. 소공蘇公[33]은 전자를 선호하였으나 맹선은 후자를 선호했다)(S. C. Li 1965 ed., 50:90~91). 케이막이 얼마나 맛있었는가는 시인 피일휴皮日休에 의해 입증되었다. 그는 '그림자 궁전'(즉 산속의 동굴)에서 벌어지는 도교의 은둔자들과 함께 즐겼던 호화스럽고 공상적인 연회에 관해서 기술하였다. 그 연회에서 그는 '제비고기'(이를테면 중국의 사치스런 주연酒宴에서 먹는 공작의 혀와 같은 것)를 대접받았다. 그는 이 우아한 음식을 단연코 케이막처럼 맛있는 것이라고 추켜올렸다(피일휴, 『전당시』, 7:9a). 케이막은 또한 최고의 훌륭한 과자를 만드는데도 사용되었다. 이 가운데 몇 개는 위거원韋巨源(631~710)의 이름난 연회의 메뉴에 열거되었다. 그 가운데 하나는 케이막을 꿀과 혼합한 것이며, 다른 하나는 '옥로', 또 다른 하나는 이름이 매력적인 '귀비분홍'[34]이었다(K. T'ao 1920 ed., 46a~48b). 제호는 인도의 기ghee[35]와 유사한 것으로서, 기는 발생 과정상 반야심경般若心經보다는 대열반경大涅槃經이 더 순화

---

33 소동파(蘇東坡)를 지칭한다.

34 양귀비의 이름에서 따왔기에 귀비분홍이라 부른다.

35 남아시아 요리에 쓰이는 일종의 버터로 기버터라고도 부른다.

되었듯이, 케이막보다 더 상징적으로 순화되어 있다. 제호는 가장 세련된 요리에 사용되었으며, 손사막은 제호를 먹으면 뼈와 골수가 강해지고 장수할 수 있다고 생각하였다(K. Su and S. M. Sun in S. C. Li 1965 ed., 50:91). 시인들은 자연스럽게 이 제호가 불교 승원의 기술에 적합한 훌륭한 기름이라는 점을 발견하였다. 심전기沈佺期는 깊은 산 숲속의 거대한 승원을 기술하면서, 백단향과 화려한 앵무새의 이미지에다가 미주美酒에 탄 맑은 제호를 적절하게 첨가하였다(『전당시』).

농사의 실패나 다른 이유로 식량자원이 고갈되면 당나라 사람들은 정상적인 식사를 대체할 식자재를 찾지 않을 수 없었다. 이런 경우가 발생하면 상류층 사람들은 '빈곤한 식사'로 간주하는 단순한 곡물죽이나 콩 요리와 같은, 가난한 농민들에게는 평범한 음식을 먹었을 것이다(『신당서』I, 169:5a; 『태평어람』, 858권). 가난한 사람들은 상황이 더 나빠서 술을 발효한 뒤 거르고 남은 지게미 같은 것에 눈을 돌리지 않을 수 없었을 것이다(『태평어람』, 854권). 때로는 재배식물은 일체 단념하고 야생초를 구해야 할 필요도 있었을 것이다. 당의 문헌자료에서는 그 가운데서도 '중국의 뿌리'로 불리는 청미래덩쿨土茯苓(T. C. Ch'en in S. C. Li 1965 ed., 18:47)과 평봉초萍蓬草(같은 책, 19:105) 뿌리가 추천되었다. 혹은 개망초蓬 씨앗을 가루로 빻아 먹고, 회화나무檜의 잎은 절임채소로 만들어 먹었다(『신당서』I, 52:7a).

도시가 장기간 포위당하면 최악의 기근 사태가 발생할 수밖에 없었고, 시민들은 평상시라면 비위에 거슬리는 것이라 하더라도 전시에는 무엇이든 삼킬 만한 것이 없는지 찾아 나서야만 한다. 곽자의郭子儀[36]가 759년에 안경서安慶緒[37]를 업성鄴城에 가두어 포위하였을 때, 쥐 한 마리의 가격이 4,000냥으로 폭등하였고(『자치통감資治統監』, 221:1b), 887년에 양행밀楊行密[38]이 장기간 광릉廣陵을 포위하였을 때, 불운한 인민들은 어떤 종류든 간에 그들이 찾을 수 있는 잡초를 진흙에 반죽해서 만든 떡을 먹을 수밖에 없었다고 한다(같은 책, 257:9b). 또한 훨씬 더 불쾌하고도 피할 수 없는 일도 있었는데, 호주毫州가 869년에 반란군에 의해 포위되었을 때 고기를 얻기 위해 주민들끼리 서로 죽이는 일이 일어난 것이다(같은 책, 251:17a). 전쟁과는 관계가 없는 기근시기에도

---

36 697~781. 당나라 장군. 안사의 난을 평정했다.

37 안록산의 차남.

38 852~905. 당나라 말 저명한 정치가이자 군사가.

최후의 수단으로서 식인풍습은 있었다. 그 예로 761년 말 회灘강 및 양자강 지역의 대기근을 들 수 있다. 그때 사람들은 불가피하게 서로 잡아먹을 수밖에 없었다(같은 책, 222:7a).

감미료

아마도 가장 오래된, 그리고 가장 인정받았던 감미료는 꿀일 것이다. 만만치 않은 경쟁자들이 있었음에도 불구하고 꿀은 당대에도 가장 인정받은 감미료였다. 북부 중국에 서식하는 대부분의 벌은 높으신 분들의 식탁을 위해 꿀을 공급하였고, 장안 인근 지역에서 생산된 '흰색' 꿀은 가장 맛이 좋은 것으로 여겨졌으며, 양자강 남쪽에서 생산된 것보다 확실히 더 선호되었다(K. Su in S. C. Li 1965 ed., 39:57). 고급 꿀은 티베트에서 수입되었다. 석밀石蜜이라는 이 애매모호한 용어는, 가끔씩 문자 그대로 암벽 벌집에서 채취된 꿀을 의미한다. 그러나 이 용어는 작은 꿀little honey 또는 설탕으로 만든 돌 같은 덩어리sugar cake[39]를 지칭한 경우가 더 일반적이며, 현대에도 사용되고 있다. 사람들은 어찌됐든 간에 꿀로 가미한 죽순이나 생강처럼 여러 종류의 음식을 꿀로 조리하면 이를 높게 평가하였다.

또 하나의 고대의 감미료는 발아 곡식(특히 발아시킨 보리)인 엿기름을 사용해서 만들어내는 맥아당malt sugar이다. 맥아당의 생산은 술의 제조와 밀접한 관련이 있다. 사탕무Beta saccharifera는 당나라 시대에 서역에서 수입되었을 것으로 추정된다. 당시에 남부 지역에서는 사탕무를 쪄서 먹었다는 기록이 있다. 다만 그것이 보통 비트 중에서 좀 더 단 종류(첨채甛菜)를 말하는 것인지 아닌지는 명확하지 않다(Laufer 1919 ed., 399~400:K. Su in S. C. Li 1965 ed., 27:93).

만나manna는 중국이 원산지는 아니고 중앙아시아의 천산天山 부근의 메마른 땅, 특히 고창高昌의 인근 지역에서 전래되었다. 이것은 자밀剌蜜 혹은 흔히 '가시꿀'이라고

---

39 석밀은 빙당(氷糖)을 지칭하며, 이시진의 『본초강목』에서는 백설탕을 의미한다고 설명하고 있다. ("石蜜卽白沙糖也. 凝結作餠塊如石者, 爲石蜜").

부르는, 잎이 없는 사막식물에서 나온 꿀맛 나는 삼출滲出액이다. 이것은 양자羊刺(양가시)라고 부르기도 하며, 서양인들은 이것을 '낙타가시'라고 부른다. 이것은 페르시아인들이나 아랍인들에게 잘 알려져 있었으며, 중국인들과도 당연히 인연이 있었는데 이는 아주 가끔 하늘에서 떨어지는, 인간 세계의 축복받은 평화로운 계절의 시작을 나타내는 상서로운 '단맛의 이슬'로 여겨졌다(Laufer 1919 ed., 343~45; T. C. Ch'en in S. C. Li 1965 ed., 33:61).

일반적인 벌꿀의 대체재는 일본 헛개나무枳椇의 씨앗과 가지, 어린잎에서 뺀 단맛 나는 추출물로, 이 헛개나무는 중국어에서 '나무꿀'이라고 불리기도 하는 남방 식물이다(K. Su and T. C. Ch'en in S. C. Li 1965 ed., 31:26). 비록 광범위하게 쓰이진 않았으나 이국적인 다른 감미료를 꼽자면 사고나무sagwire와 아렌가arenga 야자나무 수액이 있는데, 이들의 장점은 이미 언급하였다.

이제 석밀에 대해 살펴보자. 석밀이라는 말은 일반적으로 꿀과 밀크로 만든 작은 사탕을 지칭하는 용어로 쓰였다. 이 작고 맛있는 과자는 사천에서 항주만에 이르는 양자강 분지를 따라 생산되었다. 궁정의 식탁에 가장 잘 어울리는 종류는 산서 남부, 호남, 사천에서 생산된 것들이다. 비록 즐거움을 안겨주는 것이기는 했지만, 이 꿀 사탕은 순식간에 사라질 정도로 생산량이 적었기 때문에 이 맛을 사랑하는 사람들을 위하여 어느새 값비싼 설탕 과자로 대체되었다. 설탕 과자는 외국에서 수입되었고, 인도 마가다Magadha에서 나는 정제 설탕으로 만들어졌다(『태평어람』, 857:2a; 『책부원구册府元龜』, 970:12a~b; Wang P'u 1935 ed., 100:1796; Schafer 1963, p.153). 사실 설탕뿐만 아니라 사탕수수의 즙을 정제하는 기술도 수입되었다. 그 방법은 '사탕砂糖'이라고 불리는 낟알 모양의 물질을 만들기 위해 사탕수수의 즙을 졸이는 것으로, 이것은 의심할 여지도 없이 우리가 원당原糖이라고 부르는 것과 같은 것이다. 이 기술의 지식은 7세기에 동부 인도에서 중국으로 전래되었다. 양주楊洲는 대운하와 양자강이 만나는 곳이며, 산업과 위락을 중심으로 삼은 거대 도시였는데, 얼마 지나지 않아 설탕 제조로 정평이 난 중심지가 되었다. 새로 나온 생산품은 과거의 것보다 더 좋았지만, 훨씬 더 좋은 생산품이 바로 나타났다. 탕상(설탕서리, 糖霜)이라고 불렸던 정제된 백설탕은 오늘날 우리의 식탁에서 볼 수 있는 것과 같은 종류이며, 이미 당 후기에는 사천에서 생산되었다는 것이 거의 확실하다(Laufer 1919, pp.376~77; S. Meng and K. Su in S. C.

Li 1965 ed., 33:58~59). 설탕은 요리에 맛의 즐거움을 더하는 첨가물로 사용된 것으로 보이지만, 당나라 시대의 중부 연안에서 만들던 '설탕게糖蟹'[40]와 같이 아예 어울리지 않게 쓰인 적도 있었다.

조미료와 향신료

당나라의 약리학자들은 모든 잠재적인 식품을 연구하여 그것들의 효능과 인체에 미칠 복잡한 효과, 특히 다른 식자재와 좋은 결합인지 혹은 상극인지를 확인하고 싶어 했다. 그들은 특히 젊음과 생명의 연장, 하얗게 센 머리카락을 검게 하는 법, 시들어가는 정력의 회복 등 불로장생에 관심이 있었다. 일반적인 물질보다는 응축된 형태의 자극적이고 향기로운 물질이 이에 적합한 속성으로, 즉 응축의 정도에 비례하여 후각 및 미각 세포에 더 큰 영향을 준다고 생각했었던 것으로 보인다. 그러므로 이 미량의 강력한 물질들은 음식을 조리하는 데 사용하는 첨가물로서 그 수요가 컸다. 그러나 지금에 와서 당대 사람들이 요리를 할 때 이 물질들을 어느 정도 사용하였는지에 대한 증거를 발견하는 것은 확실히 쉬운 일은 아니다. 왜냐하면 그 당시에는 약리학 및 향료기술이 주방기술과 뚜렷하게 구별되어 있지 않기 때문이다. 정향(丁香, clove)과 육두구(肉荳蔲, Nutmeg)는 이러한 이유로 향신료인지 약물인지, 각각 스스로의 역할을 평가하기 어려운 식물성 물질들이다.

지난 수 세기 동안 서양 요리에서 후추가 맡은 역할을 중국에서는 산초(椒, fagara)라고 불리는 식물군의 매운 맛의 씨앗이 맡았다. 일반적으로 이런 품종들은 지역의 이름을 따서 불렸는데, 가령 진나라의 산초는 진초秦椒, 촉나라의 산초는 촉초蜀椒라고 불렸다. 마찬가지로 향기로운 오수유(吳茱萸, 혹은 식수유 食茱萸)[*9] 씨앗도 절강과 복건 주민들은 익히 알고 있었다(K. Su and T. C. Ch'en in S. C. Li 1965 ed., 21:28~29, 41). 산초는 고형크림과 함께 차에 타서 마셨다. 그러나 너무 과하게 자극적인 맛을 요리하

---

40 설탕게는 게에 소금 간을 쳐서 술지게미에 담근 것을 말한다. 당 이전에는 당(糖)이란 모두 술지게미(糟)를 의미했다(陸游, 『老學庵筆記』, 「第六」, '唐以前書傳, 凡言及糖者皆糟耳, 如糖蟹').

는 방식을 유별나게 반대하는 사람들도 있었다. 괴짜 승려였던 한산寒山은 지나친 금욕주의자로, 그가 썼다고 추정되는 시에서 '산초와 소금이 소량 가미된 구운 오리고기'를 심하게 혐오한다고 썼다.

중국과 남아시아의 여러 나라들과의 교역이 점차 발전함에 따라 산초와 오수유와 같은 전통적인 조미료는 인기를 잃었고, 그 대신 '외국산' 산초胡椒가 식탁에 등장하였다. 이것이 바로 우리가 알고 있는 후추black pepper이다. 마가다 및 다른 열대 나라에서 전래된 보다 향기로운 이 물질에 대해 당시 사람들은 마치 현대의 '인도' 카레 요리에 처트니Chutney가 불가결한 것처럼, 이것이 들어있지 않은 고기 요리는 상상도 할 수 없다면서 찬탄하였다(K. Su in S. C. Li 1965 ed., 32:35; C. S. Tuan 1937 ed., 18:152). 다른 종류의 향신료도 남인도로부터, 이른바 페르시아 무역을 통해 수입되었으며, 이 향신료들도 후추와 마찬가지로 음식이 보다 매콤한 맛을 내도록 사용되었다. 이 가운데 중요한 것은 '기다란' 후추로서 이것도 역시 마가다에서 생산되었다. 이것은 후추보다 훨씬 더 강렬한 맛을 지녔다. 원래의 명칭은 피팔리Pippali(필발, 蓽茇)였지만 당나라 사람들은 와전된 명칭인 비바트Pyit-bat로 알고 있었다(K. Su in S. C. Li 1965 ed., 14:32; C. S. Tuan 1937 ed., 18:152). 유사한 사례로서 남인도에서 수입된 쿠베브cubeb[41]도 당나라 사람들은 산스크리트어의 비당가vidanga와 동계 언어로부터 유래한 비뎅가pyit-dyeng-gya로 알고 있었다. 이것은 애피타이저로서 높은 평가를 받았다(T. C. Ch'en and H. Li in S. C. Li 1965 ed., 32:36). 마지막으로 빈랑후추 잎은 영남 지방에서 널리 재배되고 있었으며, 다른 후추와 마찬가지로 소화에 도움에 되었기 때문에 여러 가지 음식과 음료에 넣어서 먹었다.

이 단락에서 중국의 최남단 지역에서 재배되거나 인도네시아에서 수입된 여러 종류의 소두구(小豆蔲, cardamon)를 살펴보면, 두구라는 말은 주로 초두구草豆蔲를 지칭하였지만 이 속屬에 속하는 다른 종種 씨앗들도 그렇게 불렀다. 검은 색의 신맛이 나는 소두구(혹은 익지자益智子)는 대개 인도네시아산이었지만, 가끔 영남 지방에서도 발견되었는데 그 씨앗을 소금과 함께 분쇄한 다음 볶으면 강장 효과가 탁월하다고 간주되었다. 또한 이것들은 일종의 만두를 만들 때 꿀과 함께 쓰였다(T. C. Ch'en in S. C. Li

---

41 동인도산 자바 후추의 열매.

1965 ed., 14:31). 빨간색 소두구는 식욕을 떨어뜨린다는 이유로 식재료로서 거부당했다(C. Ch'en in S. C. Li 1965 ed., 14:26). 마지막으로 현대의 요리사들에게도 잘 알려진 육두구도 일종의 소두구로 인식되었다. 당나라 사람들은 이것을 살이 붙은 소두구, 즉 육肉두구로 불렀으며, 남쪽 해양으로부터 수입되었다. 이것은 아무리 늦어도 송나라 초기부터는 영남 지방에서 재배되었다(T. C. Ch'en and K. Su in S. C. Li 1965 ed., 14:34). 후대에 세계무역의 토대가 된 인도네시아산 향신료의 씨앗과 꽃이 당대의 중국에 이미 알려졌다. 그것은 다름 아닌 정향丁香이었다. 이것은 좋은 향기를 지닌 감미료로서 약리학자들의 호평을 받았지만 그 당시의 요리에서는 별로 중요하지 않았던 같다. 당나라 때 정향의 명칭은 생김새를 따서 '닭혀의 향기', 즉 계설향鷄舌香이라고 불렀다. 후대에는 이것이 못과 같이 생겼다고 하여 '못'의 향기 즉 정향丁香으로 알려졌다.•10. 이 이름은 영어의 클로브clove와 비교할 수 있는데, 고古 프랑스어인 끌루clou, 즉 '못'과 연관되어 있다(T. C. Ch'en in S. C. Li 1965 ed., 34:100~01).

생강薑은 말리지 않은 것과 말린 것 전부 다 고대부터 약품으로서, 그리고 음식 첨가물로서 그 가치를 인정받았다. 생강은 원래 남쪽 지방에서 전래되었으며, 당대에는 남부 지방에서 가장 많이 재배되었다. 궁중에는 절강과 호북에서 가장 좋은 품종이 선택되어 보내졌다. 생강이 인체에 어떤 영향을 미치는지에 대한 주장은 일정하지 않았다. 생강의 치유력을 최대한 발휘하도록 하기 위해서는 그 뿌리를 조심해서 써야만 했다. 예컨대 만약 말리지 않은 생강을, 특히 열을 내리는 속성을 가진 음식 혹은 약재의 효능을 중화시킬 목적으로 사용하려고 한다면, 껍질째 사용해야 한다. 그러나 반대의 목적을 추구하는 것이라면, 즉 열을 올리고자 한다면 생강껍질을 벗겨내고 사용해야 한다(같은 책, 26:73). 생강과 밀접한 관련이 있는 양하蘘荷라는 뿌리는 음지에서 자라거나 때로는 재배하기도 하는데 식용 가능한 꽃대와 어린 햇순을 제공한다(H. L. Li 1969, p.258). 그리고 최소한 명칭상으로는 또 하나의 뿌리인 이것을 중국인들은 생강류로 분류하였다. 이른바 고량 생강高粱薑으로, 남부 광동과 해남도에서 생산되었으며 매년 진상품과 함께 황궁에 보내졌다.

그 유명한 인삼人蔘은 형태와 중요성에 있어서 생강과 가깝고 또한 만병통치약으로 널리 알려졌다. 예컨대 견권甄權은 인삼이 모든 종류의 상처를 다스리며 모든 내장에 좋은 보편적 강장제라고 기록을 남겼다. 인삼의 효능은 옛날 서양 사람들에게 맨드레이크Mandrake 뿌리의 효능과 같은 불가사의한 것이었다. 사실 이훈李訓[42]은 가장 좋은 신라의 인삼은 (맨드레이크와 같이) 인체와 같은 모양으로서 손발이 달린 채로 보급된다고 보고하였다. 당나라에서 취급하는 대부분의 인삼은 신라에서 수입되었다. 물론 진상품목에는 동부 산서, 하북, 만주의 산물이라고 기록되어 있기는 하다(C. Ch'en, H. Li, and K. Su in S. C. Li 1965 ed., 12:89). 이것은 비싼 약재임에 틀림없었으며, 현대 서양의 송로의 쓰임새와 아주 유사하게 인삼은 부자들의 주방에서만 쓰임새가 한정되었다.

겨자씨는 좀 더 저렴한 향신료로서 공급되었다. 일부 요리에서는 겨자잎도 썼다. 큰 흰색 씨앗을 가진 흰겨자白芥는 촉나라의 겨자蜀芥라고도 불리는 것으로서 당대에는 북중국에서 재배되었으나 원래는 서역에서 전래된 것이다. 이 겨자는 중국 토종보다는 더 맵고 더 맛이 있었다(K. Su and T. C. Ch'en in S. C. Li 1965 ed., 26:62~63; Laufer 1919, p.380; H. L. Li 1969, p.257). 좀 더 대중적인 토종 향신료로는 운태蕓苔(H. L. Li 1969, p.257)가 있다.

이미 조리한 요리에 향기와 약재로서의 가치는 더할 수 있지만, 음식 자체에는 그다지 중요하지 않는 식물성 재료를 생각해 보면 중국의 계수나무桂의 껍질, 즉 계피를 들 수 있다. 계수나무는 남부 지방에 많이 있고, 실제로 남부 호남과 영남에서는 거대한 숲을 이루고 있었지만, 지금은 이런 숲이 사라졌다. 가장 좋은 계피는 어린 가지에서 채취한 껍질이다. 이것은 통상 계심桂心으로 불린다(S. C. Li 1965 ed., 34:88). 그러나 덜 익은 열매를 말린 씨앗桂子도 또한 높은 평가를 받았다. 또 다른 첨가물로는 감초甘草도 높은 평가를 받았다. 사람들은 감초가 식물 및 무기질 요리에 포함된 모든 독성을 중화시켜주는 것으로 믿었다(C. Ch'en in S. C. Li 1965 ed., 12:81). 향기가 있되 다른 것과 비교하면 그렇게 강한 편은 아닌 것으로는 남부 호남의 단맛 나륵풀, 즉 바질basil이 있으며 현지 지명을 붙여 영능향零陵香이라고 명명하였다. 이것은 때때로 단맛 나는 전동싸리로 잘못 구별하는 경우도 있다. 외래종의 조미료로서 고수胡荽가 있는데, 이것은 원래 지중해 원산이지만 중국에는 아주 일찍부터 도입되었다(T. C. Ch'en in S. C. Li 1965 ed., 26:79; H. L. Li 1969, p.258). 서양 사람들과 마찬가지로 극동 사람들에게도 익숙한 것으로는 나도고수dill가 있다. 이것은 '페르시아' 무역을 통해서 수마

---

42 당대의 관료. 이중언(李仲言)이라 불리기도 하였다.

트라에서 당나라로 수입되었다. 사프란도 마찬가지로 카슈미르와 인도의 다른 지역에서 당나라에 수입되었다(Laufer 1919, pp.317~18).

요즈음 우리가 사는 세계에서는 소금과 후추가 자연스럽게 조화를 이루고 있지만, 서양권에서든 동양권에서든 항상 그랬던 것은 아니었다. 당나라에서는 모든 사람에게 소금은 필수품이었지만, 후추는 극히 일부 사람들에게만 알려진 귀중품이었다. 결과적으로 정부는 소금을 독점함으로써 통제했고, 그 생산과 판매도 엄격하게 감시하였다. 그럼에도 황궁에 소금을 공급하는 상인의 부정축재를 완전히 막을 수는 없었다. 약리학자들은 이 광물질에 대해서 그저 좋다고만 말했다. 가령 진장기는 소금이 몸속의 모든 나쁜 기와 바람직하지 않은 침입자를 소멸시키며, 내장기관의 상호작용의 조화를 촉진시킴으로써 몸을 튼튼하게 유지시킨다고 주장하였다(S. C. Li 1965 ed., 11:37~38). 주요 염관鹽官—황궁의 소금독점을 관장하는 부서를 뜻한다—은 절강 연안과 항주杭州만의 네 곳에 있었고•11 이들 장소는 대운하의 남쪽 터미널이 위치한 양주楊州의 관염官鹽 전매국과 가까웠기 때문에 효율적으로 업무를 볼 수 있었다.

이백李白은 '꽃 같은 오나라의 소금은 눈처럼 새하얗게 빛난다'고 칭송하였다(『전당시』, 6:5a). 소금은 해안 이외에도 증발과 채굴을 통해 다른 곳에서도 생산되었다. 섬서의 북쪽에서는 소금물을 증발시킨 거친 결정체의 소금이 생산된다. 그러나 이것은 사막의 얕은 호수에서 채취한 고농도의 소금물일 가능성이 크다. 이 형태는 '도장모양' 소금印鹽로 불리었다(K. Su in S. C. Li 1965 ed., 11:37). 암염巖鹽은 동부 감숙甘肅의 '염산鹽山'에서 채굴되었다. 그러나 식물에서 채취하는 소금과 소금 대체물도 있었다. 예컨대 대나무를 태워 소금을 만들기도 하고(T. C. Ch'en in S. C. Li 1965 ed., 11:37)[43] 중국 중부 지역에서 나는 옻나무류鹽麩子의 씨앗도 소금기가 있는 껍질로 싸여 있었기 때문에 탕을 만들 때 사용되었다(같은 책, 32:42).

---

43 죽염을 지칭한다. 죽염은 당·송 시대에 잡맛이 없는 향기로운 소금으로 사치품이었다.

절임식품과 방부제

중국에서는 아주 고대적부터 식초를 음식물의 방부제로 사용하였고, 당대에도 여전히 일반적으로 사용하였다. 식초는 쌀, 밀, 복숭아, 포도즙 등 이것저것을 섞어서 만들었다(K. Su in S. C. Li 1965 ed., 25:24; Laufer 1919, p.233). 남부 중국의 금귤의 신맛 나는 잎과 같은 것을 첨가하여 맛을 더욱 강화시킬 때도 있었다(H. Liu 1913 ed., 2:1a). 심지어 복숭아꽃을 사용하여 방부제를 만들 수 있었다(C. Feng 1939 ed., 4:31). 식초의 대체물은 여러 가지가 있다. 그 가운데 남중국의 어떤 나무 껍질에서 채취한 수액은 밤과 유사하다고 한다. 이것을 소금물과 혼합하면 방부제가 된다(이 나무가 어떤 나무인지 아직 확인되고 있지 않고, 그 명칭은 원杬이라고 한다). 이것은 당·송 시대에 오리알을 보존하는데 사용되었고, 오리알을 진한 갈색으로 변색시켰다(M. Sun 1935 ed.).

그러나 채소와 고기를 보존하는 데 있어서 중국의 가장 특징적이고 전통적인 방법에는 발효, 가수분해加水分解, 유도분해와 같이 삭히는 과정도 포함되었다. 말하자면 단백질을 효소, 발효제, 그리고 곰팡이의 작용에 의해 아미노산이나 아미드로 환원시키는 것이다. 가장 전형적인 유형은 장醬이라고 하며, '콩절임'이라고 번역하는 것이 적절하다. 장醬이라는 말은 미국식 일본어 표현인 쇼유(shoyu)—소야(soya, 콩을 뜻한다), 즉 장유醬油*12의 첫 번째 음절에서 따 왔다[44]. 그러나 근대 이전에는 반드시 대두大豆로 만든 것만을 장이라고 하지 않았다. 사실 고기와 해산물을 발효시킨 것도 장이라고 불렀다(S. H. Shi 1959a, 84~85). 또한 박과 같은 열매채소를 주재료로 만드는 장도 있었다(C. Feng 1939 ed., 4:31). 투구게劍尾目의 알로 만든 젓갈은 남부 지역에서 대중적으로 인기가 있었다(C. S. Tuan 1937 ed., 17:138). 또한 사람들은 개미알로 만든 젓을 대단히 선호하였다. 나는 시豉라는 단어를 콩 양념bean relish이라 부르고자 한다. 이것은 대두를 분해시켜 만든 아주 인기 있는 양념의 이름이며, 가수분해 과정을 거치지 않고 고온에 건조시켜 만들었기 때문에 검은 색을 띠고 있다(S. H. Shih 1959a, p.87). 술이나 식초, 혹은 소금물, 기타 등등을 섞어 만든 이와 유사한 혼합물도 이렇

---

44 일본어에서는 간장을 쇼유(醬油)라고 하고, 영어로 대두는 soybean이라고 부른다. 이 말은 장이 대두로 만든다는 것을 내포하고 있다. 그러나 대두로 만든 간장은 장의 한 종류일 뿐이다.

게 부르는데, 이는 종종 지역에 따라 차이가 있었다. 어떤 권위자는 하남의 한 지역의 특유한 장 중에는 쪄낸 콩에 소금과 산초를 버무려 만든 것도 있다고 언급하였다. 이것은 따뜻한 날씨에서는 2~3일이면 숙성된다(S. Meng in S. C. Li 1965 ed., 25:1~2). 또한 소금기가 많은 장은 10년이 지나도 상하지 않는다고 한다(T. C. Ch'en in S. C. Li 1965 ed., 25:1~2).

식물의 액체 성분이 유산균에 의해 발효된 절임채소는 저菹로 불렸다. 소금이나 술을 넣으면 절임의 생산과 보전에 도움이 되었다(S. H. Shih 1959a, p.88; S. Meng in S. C. Li 1965 ed., 26:82). '장안에서 나는 새큼한 초록빛 겨울철 채소절임'이라는 기록을 남긴 두보가 시사한 바와 같이, 채소절임의 종류는 다양하고 그 가짓수가 많았던 것으로 보인다(『전당시』, 2:12b). 그 종류를 모두 조사하는 것은 장황하겠지만, 몇 가지 사례는 특기할 만하다. 미나리류로 만든 대중적인 절임종류와(K. Su in S. C. Li 1965 ed., 26:82), 서양에서는 습지 잔개자리라고 부르기도 하고 연蓮과 같이 물속에서 자라는 조름나물睡菜의 뿌리가 가진 약간의 마약성분을 이용한 절임 종류, 그리고 영남에서 서식하고 고구마와 친척인 수생식물로 흰 꽃을 피우는 공심채(空心菜 혹은 옹채 蕹菜)로 만든 채소절임이 있다. 쌀가루 반죽에 절인 박과식물(장아찌)은 남부 섬서 지방과 북부 호북 지방의 진상품으로서 궁중으로 보내졌다. 딜dill, 혹은 나도고수蒔蘿는 이미 수마트라에서 수입되었던 시기여서 중국인들이 이를 절임을 만들 때 사용하고 있었다. 다만 사람들은 나도고수를 아위수지阿魏樹脂와 혼합해서 사용할 경우 기대했던 맛을 잃을 수도 있다고 경고하였다(H. Li in S. C. Li 1965 ed., 26:87).

우유빛 나는 두부—서양인들에게는 일본식 이름인 토후(豆腐, とうふ)로 알려졌다—는 여러 종류의 콩과 완두콩으로 만든다. 이것은 만들기 시작한 지 오래 되었고 친숙한 식품이다(S. C. Li 1965 ed., 25:5).

당대에 해醢라는 말은 삭힌 음식 중에 특별한 부류를 가리켰는데, 필자는 이것을 육젓이라 부르고자 한다. 육젓을 만드는 데에는 식초, 산, 그리고 아미노산이 통상 사용되었다. 『신당서』에는 특히 사슴육젓, 토끼육젓, 염소(혹은 양)육젓, 그리고 생선젓갈이 궁중 음식으로 자주 등장하였다(48:7a). 이와 같은 요리법은 아주 옛날부터 이어져왔고, 또 그것이 매우 존중받아 왔기 때문에 여기에서는 더 언급을 할 필요가 없다.

생선젓갈은 상급젓갈 중의 하나로서 이것은 특별히 자鮓[45]라고 한다. 남부 지방의 별미에는 여러 가지 종류가 있는데, 그것들은 고대 로마의 발효생선liquamen(Tannahill 1973, p.97)은 말할 것도 없고, 현대 인도네시아의 코를 찌를 듯한 냄새가 나는 생선젓갈을 그대로 똑닮았다고 한다. 우리는 '자'가 누룩이나 소금으로 보존했다고 알고 있지만, 통상 중국인들은 생선 살코기를 유제품(즉 낙산酪酸)에 넣어 발효시킨 뒤 젓갈을 만들었다(S. H. Shih 1959a, p.89; S. C. Li 1965 ed., 44:131~32). 많은 종류의 물고기가 이러한 젓갈이나 양념으로 만들어졌으며, 그 가운데 철갑상어류鱘 같은 양자강 주변 사람들이 가장 즐겨먹는 경린어硬鱗魚[46], 줄무늬 숭어, 그리고 사람들에게 아주 잘 알려져 있는 잉어 등이 쓰였다(Shinoda 1963c, pp.351~52)[*13]. 자 가운데 어떤 것들은 맛과 요리기술이 탁월해서 일상적으로 먹는 어장(魚醬, fish paste)과는 비교가 되지 않았다. 한 가지 예를 든다면, 오월吳越[47] 지역에서 생산된 생선절임 중 하나는는 10세기에 '비치는 함박 작약꽃'이라고 명명되었다. 이 생선절임은 핑크색 생선 살코기를 최고로 얇게 썰어 마치 피어나는 작약 꽃잎과 같은 모양으로 접시에 올려서 내놓았다(T'ao Ku 1920 ed., 2:45a). 생선회, 즉 (일본)사시미의 이미지가 불가피하게 떠오르겠지만 그것과는 다르다. 왜냐하면 여기에서 말하는 것은 특별처리를 하고 보존한 생선이기 때문이다. 자鮓라는 명칭을 사용하는데 때때로 이례적인 것이 있다. 이 말은 생선가공품에 사용될 뿐만 아니라, 다른 절임—멧돼지의 자도 발견된다—에도 사용되었다(C. S. Tuan 1937 ed., 1:3). 이들의 가공방식에 유사한 점이 있었음이 틀림없다.

식품을 상하지 않게 보관하는 방법 중에는 보다 단순한 방법도 있었다. 우리는 소금을 식초와 함께 사용하거나, 소금만으로 절여 식품을 보존하는 방법 및 조미료로서 소금을 사용하는 것—즉 우리가 식탁소금이라고 부르는 것—에 대해서 언급하였다. 그러나 소금은 일부 신선 식품의 유통기한을 가능한 한 늘리는 간단한 포장재로도 사용되었다. 예컨대 감귤을 소금에 저장하면 좀 더 오랫동안 먹을 수 있고, 숙취해소라는 추가적인 효과까지 있는 것으로 알려졌다(S. Meng in S. C. Li 1965 ed., 30:88).

---

[45] 젓갈이라는 의미. 쌀가루나 밀가루 등에 소금을 포함한 기타 재료를 넣고 버무린 음식.
[46] 비늘이 딱딱한 생선. 철갑상어류가 포함됨.
[47] 현재의 소주, 항주 등 강남 지역을 지칭.

건조법은 단순하면서도 예로부터 사용된 훌륭한 식품보존 방법이었다. 아마도 당나라 시대에는 이 방법이 이전만큼 중요하지는 않았을 것이다. 그러나 당대에도 마른 사슴고기가 안휘의 진상품으로 요구되고 있었다는 것을 발견할 수 있다. 일부 채소도 특히 이 방법으로 보존하는 것이 적합했다. 당시 중국이 지배했던 투르키스탄 지역48으로부터는 포도주스(아마도 일종의 시럽)와 포도주만 수입된 것이 아니라, 세 종류의 확연히 구별되는 건포도도 수입되었다. 바싹 말린 전煎포도, 반건조인 추皺포도, 그리고 건乾포도이다. 당대의 주요 포도산지인 산서山西에서도 궁중에 바싹 말린 포도를 보냈으며, 늦어도 9세기부터는 운남雲南에서 건포도가 많이 생산되었다. 다만 그 당시의 운남 지역을 중국 땅으로 간주한다는 것이 웃기기는 하지만 말이다(Laufer 1919, p.231). 건조방식의 극치를 보여 주는 것으로 훈제가 있는데 호북에서는 살구를 까맣게 훈제하기도 했었다.

하절기의 더운 날씨에 음식을 보존하기 위해서는 겨울, 혹은 초봄에 높은 산에서 얼음을 채취하여 운반하지 않으면 안 되었다. 얼음은 구덩이를 파서 저장하였으며, 이렇게 만들어진 빙고氷庫는 과일과 채소, 그리고 특히 박과 열매의 중요한 냉장고 구실을 하였다. 황궁은 예상대로 이러한 시설을 잘 갖추고 있었다(『신당서』 I, 48:12a). 사실 얼음 채취산업은 궁중에서뿐만 아니라, 부유한 귀족들에게도 매우 중요하였다. 얼음을 쓸 형편이 되는 사람들은 얼음을 덩어리째로 채소와 과일이 상하지 않도록 보존하는 데 사용할 뿐만 아니라 여름 동안 자기 집을 냉방하는 데도 사용하였다. 당대의 문헌에는 얼음으로 만든 그릇과 항아리에 대해서 자주 언급하고 있으나, 이러한 수많은 문장 가운데 얼음을 담은 세련된 옥그릇은 참된 유학자가 지닌 마음의 순수함을 은유적으로 표현한 것이었다. 이것은 마치 미국 남부 벽지 출신의 상원의원이 은잔이나 샴페인을 담는 은기로 자신의 고귀함을 돋보이게 하려는 것과 같은 것이다.

---

48 현재의 카자흐스탄 지역을 말함.

요리법

나는 이미 여러 차례 당대의 요리법에 대해 암시한 바가 있으며, 이 장의 후반부에서는 다른 요리법에 대해서도 언급할 기회가 있을 것이다. 따라서 여기에서는 일반적인 요리법만을 개괄적으로 얘기할 필요가 있다. 내가 당의 문헌을 통해서 접한 요리에 관한 용어 가운데 가장 일반적인 것은 다음과 같다. 전煎(즉 적은 기름으로 볶기, 졸이기), 초炒(기름을 두른 팬에 볶기), 자煮(달이기), 오熬(기름 없이 볶기[49]), 적炙(꼬치 요리, 바베큐, 구이), 팽烹(끓이기), 포炰(굽기, 특히 단단히 싸서 굽기) 등이다(어떤 용어들은 당나라 시대와 현대 어법에 차이가 있는데, 이것은 아마도 기술의 차이에서 기인한 것 같다. 현대에 아주 일반적으로 쓰이는 용어인 초炒(기름에 볶기)는 당대에는 많이 사용되지 않았다). 그리고 이러한 용어의 전부는 아니어도 상당수는 고기 요리법으로 주로 사용되었다고 생각되었다. 예컨대 전煎과 같은 용법도 밀, '반짝거리도록 신선한' 아스파라거스天門冬, 리치와 살구의 조리에도 적합하다고 했고(『태평요람太平要覽』, 858권) 찜蒸은 애저(새끼돼지)뿐만 아니라 배에도 쓰는 요리법이기도 했다(C. S. Tuan 1937 ed., 1:3). 쇠고기는 삶아 먹을 수가 있고(『전당시』에서 이백의 시, 8:8a 참조), 낙타의 봉은 꼬챙이를 꽂아서 구울 수가 있으며(C. S. Tuan 1937 ed., 7:56), 쇠고기 덩어리는 늘상 그래왔듯이 꼬챙이에 꽂아서 구워 먹었다(이함용李咸用, 『전당시』, 1:2a). 말린 고기, 밀가루, 그리고 죽순은 모두 탕湯을 만드는 데 유용하다고 했다(K. T'ao 1920 ed., N:49a). 한 가지 특이한 요리법은 돼지고기, 양고기 혹은 계란을 천연 유황 온천에서 가열하는 것인데 완성된 요리는 건강에 아주 좋은 것으로 간주되었고, 특히 병약한 사람에게 좋다고 했다(T. C. Ch'en in S. C. Li 1965 ed., 5:48). 이러한 다양성과 정교함은 무한히 추구될 수 있었다. 우리는 앞에서 언급한 어떠한 관습적 기준의 범주에도 속하지 않은 제법으로 만든 요리를 몇 가지 예를 드는 것으로 이 부분의 기술을 마치고자 한다.

나는 질이 낮은 거친 음식으로 간주되는 평범한 요리를 항상 염두에 두고 있었다. 예컨대 주로 곡식과 물로 만든 간단한 죽, 미음 그리고 기타 평범한 음식들이다. 다

---

49 dry fry는 기름을 사용하지 않고 팬에 볶는 것을 말함. 곡식을 볶을 때에는 오(熬)라는 표현을 쓴다.

만 이런 음식들도 때때로 고기가 들어가고, 맛있는 재료가 가득 들어 있는 경우도 있기는 하다. 통상적으로 이런 음식은 가난한 사람들이나 병약한 사람들에게는 불가피한 음식이었지만, 때로는 초자연적인 은둔자와 과시적인 성직자들의 금욕생활을 위해 선택되었다. 그러나 삼糝(고기단자가 들어간 죽)과 고미膏糜(돼지기름이 들어간 쌀죽)와 같은 전통적인 음식을 어느 정도 먹었는지, 혹은 당대에 보편적인 것이었는지, 아니면 특정 지방에서만 소비된 것인지는 확인하기 어렵다(『태평요람』, 858권). 분명히 미糜와 죽粥(후대에는 묽은 미로 간주되었다)은 당대의 문헌에서는 매우 흔히 볼 수 있을 정도로 일반용어가 되었다. 그리고 이것들은 은둔자의 은신처, 혹은 군인들의 막사, 심지어는 길에서도 얻어먹을 수 있는 궁여지책으로서의 식사로, 몸을 덜덜 떠는 노인도 소화시킬 수 있는 음식이었다. 이렇듯 사람들은 맛은 없지만 꼭 필요한 음식은 식은 채로 먹기도 하였다(『전당문』, 494:15a); 『구당서舊唐書』 2, 19A:2b; 『전당시』에서의 허혼許渾).

그러나 당대의 문헌에서 가장 대접받았던 음식은 **병**餠이었다. 병이라는 이름으로 대표되는, 가루반죽으로 만든 다양한 종류와 모양의 떡은 높은 인기를 누렸음에 틀림없다. 사실 이 단어가 보편적으로 사용되었고 격조 있는 수식어가 붙었다는 것은 병이 당대 식탁의 중심을 차지하고 있었다는 것을 암시한다. 병은 여러 가지 방식으로 요리되었지만, 곡식을 제분한 가루를 주재료로 한다는 점은 변함이 없었다. 요컨대 병이라는 것은 이탈리아의 **파스타**와 같이 응용면에서는 더 다양하고 포괄적인 것으로 생각된다. 당대 사람들은 병 제조용으로 더 선호하는 곡식이 따로 있었다. 예컨대 우리는 앞서 '노란 찜떡黃蒸'이라고 불리는, 일종의 보리떡에 대해서 읽었다. 이 병은 삼麻잎에 쌌기 때문에 이러한 이름이 붙은 것인데, 이를 보면 보리의 평판은 별로 높지 않았다는 것이 명백하다. 가장 인기가 있었던 병과 과자는 밀이나 쌀로 만든 것들이었다(K. Su in S. C. Li 1965 ed., 25:15).

튀김은 병을 만드는 가장 인기 있는 방법이었다. 영양가 높고 맛있는 튀긴 병에 대해서는 수많은 기록이 남아 있지만, 유감스럽게도 요리법에 대한 세밀하고 명확한 기술은 없다. 우리는 기름에 튀긴 달콤한 고리모양의 병(산饊)[50]의 이색적인 이미지에 매

---

50 면발을 튀긴 과자라고 할 수 있다. 이것은 북방 지역에서는 밀가루로 만들고 남부 지역에서는 쌀로 만든다.

료될 수 있다. 하지만 우리는 그것을 그냥 도넛이라고 부를 수 있는지, 어떤 성분이 어떤 비율로 구성되었는지, 정확히 어떻게 조리되었는지, 심지어 어떤 향이 나는지는 잘 알 수 없다(『태평요람』 참조, 853권). 고고학자들이 당대 병이 실재한 사례를 발견한 점은 실로 다행스러운데, 바로 8세기 혹은 9세기 이래 보존된 기름에 튀긴 밀빵 한 덩어리가 바로 이것이다. 또 지금도 사람들이 높이 평가하는 당시 만든 한 쌍의 만두(교자)가 아직 남아 있다(익명 1973, 그림 259~61, p.133). 교자餃子라는 말은 당대에는 사용되지 않았다. 화석화된 '교자'는 아마도 그 당시에는 혼돈餛飩[51] 이라고 불렸을 것이다. 이 용어는 흥미롭게도 천문학자들이 하늘을 우리 모두를 둘러싼 구형球型 덮개(전통적인 반구半球의 우산이 아닌)로 묘사할 때 사용된 표현과 언어학적으로 연관성을 갖고 있다. 그것은 마치 반죽으로 고기소를 완전히 감싸고 있는 형상인 것이다. 일반적으로 혼돈은 쌀로 만들어졌고, 최남단 지방의 명물이었으며, 최근에는 북쪽 지방에서도 유행하게 되었다(C. S. Tuan 1937 ed., 7:56; Schafer 1967 p.249). 같이 분류될 수 있는 것으로 만두饅頭가 있다. 이것은 찐빵인데, 이 이름은 현대 일본의 답례품 음식으로 친숙한 만쥬饅頭와 어원이 같지만 그 본질은 다르다. 일본의 만쥬는 팥으로 만든 소가 들어 있다. 당대의 만두는 쌀로 만들었으며 혼돈과 마찬가지로 북쪽 지방의 상류층들의 주목을 받았다(Chang Shih-cheng, n.d.). 어찌됐든 광동 지방에서 생산된 여러 가지 형태의 쌀떡은 특별한 진미로 여겨졌다(K. L. Tuan 1968 ed., p.306).

당대에는 외래胡병, 즉 서역에서 들어온 다양한 튀김 혹은 찐빵이 특별히 인기가 있었던 것 같다. 특히 참깨를 소로 넣은 찐빵류를 사람들이 좋아했다(Hsiang 1957, pp.45~46)[*14]. 수도에서는 외국인 행상인, 아마도 대부분 이란인들이 길거리에서 이것을 팔았다. 흥미로운 것을 들자면 치질을 치유하는데 특별한 효과가 있다는 낙타기름으로 조리한 쌀떡도 있었다(Hsiao in S. C. Li 1965 ed.). 우리는 또한 필라(饆饠, bilou)[52]라는 면병류에 관한 많은 언급도 발견하였다. 이 면병에는 앵도필라, 향기로운 '만다라꽃' 필라와 같이 수많은 파스타가 있다(C. S. Tuan 1937 ed., 7:56; C. Y. Wei 1920 ed., 10:69b; Shinoda 1963b, pp.314~15). 당나라의 음식을 풍요롭게 한 이런 환상적인 과자 중

---

51 완탕이라는 작은 물만두로 수프에 넣어 먹는데 이것을 혼돈탕(餛飩湯)이라고도 한다.

52 '畢羅'라고도 쓰는 이것은 소가 들어 있는 면병이다. 당대의 장안에서 이란인들이 필라를 팔았는데 특히 게살필라, 앵도필라 등이 유명하였다.

일부는 외국에서 새롭게 도입된 것이며, 특히 향신료와 향료와 같은 외국의 식재료를 도입해서 만들었기 때문에 아주 특별한 것이었다. 한편 다른 것들은 중국에서 쉽게 입수 가능한 식자재를 사용하고 레시피만 외국에서 들여 온 것이었다. 후자의 사례로 밀반죽으로 만든 '브라만 찐빵蒸餅'[53]을 들 수 있다. 두말할 필요도 없이 이러한 만두와 떡 그리고 각종 식재가 들어간 파스타는 (위에서 말한 혼돈과 같이) 다른 식재와 결합하였다. 예컨대 야생에서 자란 쌀(穮, Zizannia latifolia)의 잎사귀로 싼 경단이 있다(『태평요람』, 851권).

음료

고대로부터 중국인에게 음주飲酒는 최고의 신에게 향기로운 음료를 바치는 국가의 례나, 혹은 사회의 최하층민들이 노동과 걱정으로부터 휴식을 취하는 통상적인 순간에서나 생활의 기본이 되는 부분이었다. 서양인들은 술酒을 와인wine으로 번역함으로써 통상적으로 오류를 범했다. 와인은 과일의 발효주이며, 맥주는 곡식으로 만든다는 현재 서구에서 통용되는 기술적 정의에 따른다면, 서양인들은 이 말을 잘못 적용한 것이다.[*15] 술이란 용어는(비록 궁극적으로는 모든 알코올 음료를 지칭한다고 하지만) 원래 수수나 기장 혹은 밀로 만든 것에 적용되었으며, 때로는 약재와 향신료도 첨가되는 다른 곡류로 만든 음료에도 적용되었다. 이러한 첨가물은 지금은 신비롭다는 평가를 받는 베네딕트 수도회와 샤르트뢰즈 수도원에서 만든 술의 재료와 같은 역할을 하였는데, 한때 불로장생의 묘약으로 간주되었던 이 약재성분은 신체적 균형과 몸의 건강을 유지하도록 했다. 어떤 약재는 신에게 제사를 지낼 때 제단의 술에서 흘러나오는 진한 향기를 목마른 신이 흠향할 수 있도록 첨가되었다.

그러나 잠시 이토록 섬세한 제조법을 내려놓고 보면, 양조의 기본적인 방법은 우선 반죽한 곡물에 누룩을 혼합하며 곰팡이와 효모를 번식시키고, 왕성한 발효작용이 일

---

53 '증편'이라고도 하며, 발효시킨 밀가루로 만든 여러 겹의 떡으로 크레이프 케이크와 모습이 비슷하다. 대개 각 층 사이에 기름과 소금을 치고 과육과 채소, 소금, 꿀 등등을 넣은 뒤 쪄서 먹는다.

어나도록 하여 최종적으로 알코올이 만들어지도록 하는 것이다(자세한 것은 특히 Huang and Chao 1945, pp.28~29 참조). 지금부터 얘기할 술은 기장술로, 고대에는 기장이 술의 주된 재료였으나 당대에 이르면 이 술은 먼 북부 지방에서나 생산되는 특이한 생산품으로 간주되었다. 이 시기에는 상당히 많은 양의 쌀로 만든 술이 남부 지방으로부터 들어왔다. 그래서 대부분의 당대의 술은 찰기장이나 찹쌀로 만들어진 것이라고 봐도 무방하다[16](T. C. Ch'en and K. Su in S. C. Li 1965 ed., 23:70, 78; Shinoda 1963a, pp.323~24). 수·당대에 양주에서 황하 유역의 분지까지 이어지는 대운하의 건설로 선진적인 양조기술—포도주 제조와 같은 외래 기술을 포함하여—이 쌀 생산지의 중심부로 전파되었으며, 이것으로 남부 지역의 음주애호가들은 큰 혜택을 누렸다고 생각된다(Shinoda 1963a, p.322).

예로부터 음력 6월이나 7월에는 누룩곰팡이를 번식시켰다(T. C. Ch'en in S. C. Li 1965 ed., 25:16; Shinoda 1963a, p.329). 술 자체는 9월에 담가서 겨울이 되어야 마실 수 있게 되었으니 '겨울'술이라고 불렀다. 그러나 당대의 시에서도 칭송될 만큼 더 인기가 높았던 술은 춘주春酒, 즉 '봄'에 마시는 술이었다. 이 술은 앵두나무와 복숭아나무의 첫꽃이 필 무렵에 충분히 숙성되어 가장 맛이 좋았다. 춘주는 신년, 즉 보통 1월 말이나 2월 초에 생명 순환의 시작을 알리는 많은 축제—때로는 엄숙하고 때로는 격의 없이 즐기는 축제—에서 중요한 역할을 하였다. 술, 사랑, 그리고 꽃은 모두 진지한 제천 의식에 바치는 진심 어린 봉헌을 뜻하는 외형적 표시이다(Shinoda 1963a, p.329). 널리 칭송되는 춘주는 여러 곳에서 생산되었으며 전문 감정가들은 최고의 명품을 열심히 추구하였다. 진상기록을 바탕으로 판단해 보면, 당대의 최고의 춘주는 사천 중부 지역에서 빚은 술이다.

양조기술은 재료를 다루는 것에만 한정되는 것은 아니었다. 중국 술에 첨가된 한약재는 때로는 (의료적인 목적과 구별될 수 없는) 마술로서의 목적도 포함되어 있었을 뿐만 아니라, 효모를 만드는 과정은 아주 섬세하고 중요한 일이었기에 초자연적인 도움으로 순조롭게 진행되기를 바라는 주문을 외우며 고사를 지내기도 했다(Huang and Chao 1945, pp.23~29; Shinoda 1963a, p.322).

술은 어떤 곡식으로 담았는지, 혹은 양조과정 중 어떤 특정한 기술이 적용되었는지에 따라 구분될 수 있었다. 그 밖에도 변종인 술도 있었다. 여과하지 않는 호박색 탁주료酷는 그 예 중 하나로, 때로는 술에 밥알이 떠 있는 것을 볼 수 있다*17. 이러한 술들은 '개미가 떠다니는 술', 즉 부의주浮蟻酒이라는 애칭으로 명명되었다. 이 술은 한대부터 당대에 걸친 모든 기간에 시詩에서 자주 언급되었다(Shinoda 1963a, p.327). 예컨대 이하李賀(790~816)의 시(『전당시』 4:3a)에서도 언급되었다. 이렇게 떠오른 밥알은 다른 이름으로도 알려졌다(K. T'ao 1920 ed., 2:38a~b).

그러나 곡주의 경우, 이물질에 의한 변색이나 오염이 발생한다는 것은 그 결과가 좋든 나쁘든 매우 중대한 일이었다. 특히 나쁜 경우에 대해서는 박식한 약학자들조차도 의견이 일치하지 않았다. 맹선도 쌀로 만든 술을 오래 두고 마시는 것에 대해 경고를 했다. 그처럼 오래된 술은 '영혼을 해치고 수명을 감소시킬 수 있다는 것이다. 또한 그는 술에 취한 채로 냉수욕을 하는 것을 개탄하였으며, 연금술사들이 완전히 술을 끊기 위해 진사辰砂54라는 특별한 물질을 복용하는 것에 대해서도 경고하였다. 한편 진장기는 술이 혈액순환에 도움이 된다는 점을 강조하였다. 또한 술은 피부에 윤기가 돌게 해 준다고 말하였다. 그러나 그가 꼽은 최고의 장점은 아마 현대인들도 동의하지 않을 사람이 없을 것으로 생각되는데, 술이 걱정을 일소해 준다는 점이었다(S. C. Li 1965 ed., 25:26)*18.

기장과 쌀이 표준적이기는 하나, 당대의 식도락가들은 자신들이 선택할 수 있는 다른 종류의 술을 많이 갖고 있었다. 후추나 산초 맛을 첨가한 술, 국화주, 석류꽃으로 담근 술, 생강술, '페르시아'의 미로발란(가자訶子)술(장안의 술집에서 구할 수 있었다), 그리고 죽엽주竹葉酒(색깔 때문에 명명됨)가 있었다(W. Hung 1952, pp.22~23). 이 가운데 어떤 것들은 특정 명절에 즐겨 마셨다. 샤프란 맛을 첨가한 술도 있었고, 꿀로 단맛을 곁들인 술—사실상 벌꿀 술은 아닌 것이 명백하다—도 있었다(Schafer 1963, p.141; Shinoda 1963a, p.332; Stuart 1911, p.419).

당대의 술꾼들은—알칼리 성분이 포함된—'재灰'를 첨가하여 술의 신맛을 중화시키려 하였다. 심지어 석회동굴에서 가져온 액체를 사용하여 빚은 술은 아주 평이 좋았다. 동굴에서 가져온 물은 틀림없이 높은 알칼리 성분을 포함하고 있었을 뿐만 아니라, 이러한 신비한 장소—초자연적인 존재가 살고 있다는 지하세계—가 가진 마

---

54 수은으로 만들어진 황화광물.

술 같은 이점도 있었다(T. C. Ch'en in S. C. Li 1965 ed., 5:48). 상락주桑落酒는 소주蘇州의 특산물로서 찹쌀로 만들었다. 이 이름은 뽕나무 잎桑이 떨어지는落 가을에 빚기 때문에 붙여진 것으로 알려졌는데, 특히 귀족들이 선호하는 술이었다(Shinoda 1963a, p.335). 궁정은 이 술을 제조할 수 있는 주조가酒造家를 확보하고 있었으며(『신당서』 I, 48:7a), 당 현종이 안록산에게 하사한 귀한 선물 목록에도 포함되어 있었다(C. S. Tuan 1937 ed., 1:3). 또 술이 상하지 않도록 등나무씨앗을 첨가한 술도 있었고(T. C. Ch'en in S. C. Li 1965 ed., 18:85), 유명한 술을 만드는 지역의 이름을 딴 다른 술도 있었다. 그런 술의 이름에는 과분한 명예가 부여되기도 하였는데 예컨대 '신풍新豐미주'라는 명칭이 붙은 술은 한나라 때 술의 명산지, 즉 신풍과는 아무런 관계가 없는 곳에서 제조되었다(Shinoda 1963a, p.335).

아주 먼 남부 지방에서 생산된 이국적인 술은 자체적으로 한 부류를 이루고 있었다. 그것들은 토디toddy[55]와 과일추출물로 유명한 지방에서 나는 술이었다. 그렇다고 해서 북부 지방에 과일주가 없다는 말은 아니다. 북부에는 포도주와 배梨로 만든 술, 그리고 대추로 만든 술도 있었다(Marugame 1957, pp.313~14). 그러나 남부 지방에는 더 다양하고 진기한 술들이 있었으며, 간혹 맛을 더 진하게 만든 경우도 있었다[19]. 때때로 수입이 제대로 안될 때는 술 애호가들은 야자술이 주는 쾌감을 맛보기 위해 북회귀선 남쪽으로 내려가기도 했다. 그 가운데 코코넛야자의 꽃을 발효한 술과 빈랑 및 다른 야자에서 추출한 토디 등의 야자술은 눈여겨볼 만하다(『전당서』 2, 197:1b, 2b~3a).

포도주는 특별하고 중요한 술이다. 여기서 내가 말하는 건 야생의 토종 중국 포도가 아니라 서양 원산지의 포도로, 이 포도는 장건의 탐험 이후 중앙아시아의 이란을 통해서 식탁에 놓고 먹는 과일로서, 그리고 평판이 좋은 술의 원료로 일찍이 한대의 중국인들에게 알려졌다. 그러나 영웅 장건이 개인적으로 포도 수입에 관여했는지 아닌지는 분명하지 않다. 또한 중국인들이 언제부터 포도로 술을 만들기 시작했는지는 더욱 불분명하다. 어쨌든 양조기술이 이미 중국에 알려졌음에도 불구하고, 포도주는 당대 초기에 중앙아시아(특히 차크 Chāch, 현대의 타슈켄트)로부터 일정량이 수입되

---

55 동남아시아의 특산물로 야자수 즙액을 발효시켜 만드는 양조주이다.

었다. 그 당시 중국에서 포도주 산업은 여전히 발전하지 않았던 것 같다(Laufer 1919, p.232; 『책부원구』, 971:7b). 세린디아Serindia[56] 산의 포도주는 10년 이상 묵혀도 여전히 마실 만하다고 한다. 이 주장은 보르도 와인를 소비하는 소비자들에게는 놀라운 일이 아니다. 우리는 당대 초기에 수입된 몇 가지 품종의 외국포도에 대해서 들은 바가 있다. '용 진주'라고 불리는 공 모양의 포도가 그중 하나다. 가늘고 긴, 보라색의 '암탕나귀의 젖꼭지'를 닮은 품종의 꺾꽂이 순은 중국이 고창국(현재 투루판)을 640년에 정복한 이후에 궁중 채원에 성공적으로 이식되었으며, 이 유명한 포도는 647년에 터키 야브구Yabghu에서 궁중에 선물로 보냈다. 새로운 식물이 수입되면 항상 그렇듯이, 궁중의 원예사들은 포도재배의 기술을 터득한 뒤 그 지식을 중국의 각 지방으로 전파시켰다. 당대 주요 포도 생산 중심지는 감숙과 특히 산서에 위치하고 있었다. 이 지역을 여행하는 사람들은 '연燕나라의 미인'들이 올리는 포도주잔을 탐닉할 수 있었다. 비록 7세기에는 수입 포도주를 많이 마셨지만, 8세기 이후 중국과 세린디아 지역의 국가들 간의 관계가 악화되면서 산서에서 나는 포도주의 인기가 계속되었다. 이것은 포도주가 더 이상 이국풍의 유행이 아니며, 그 지속성에 있어서 외적인 요인에 의존하지 않았다는 것을 말해 준다. 포도주는 중국의 다른 지역에서도 생산되었다. 멀리 서북쪽의 실크로드에 위치하고 있었던 아름다운 오아시스 도시인 양주涼州의 포도주는 당대의 중국인들에게 호평을 받았다. 양귀비는 보석이 박힌 잔에 이 포도주를 따라 마셨다고 기록되어 있다. 포도주를 만드는 방법은 산동성에서 채집되는 작은 야생토종포도(까마귀머루, 蘡薁, Vitis bryoniifolia Bunge)로 만든 포도주에도 곧 적용되었다. 이 검보라빛 과일에 외래로부터 도입된 기술이 더해져서 술이 될 것이라고 한漢—당唐 이행기에는 누구도 생각하지 못했음에 틀림없다.

마지막으로 증류주에 대해 알아보도록 하겠다. 16세기의 이시진[57]은 증류주의 제법은 13세기에서 14세기 사이 원조元朝 때 도입된 것이라고 기록하였다(S. C. Li 1965 ed., pp.34~35). 그는 '태운' 술燒酒과 '불'술火酒을 유명한 아락arrack주*[20]와 동일시하였다. 아락은 형태상 아라키(a-la-chi, alaki)를 대표하였다. 시노다도 이시진의 이러한 생

---

56 인도India와 중국Ser의 합성어, 신장(新疆) 지역을 의미한다.

57 李時珍(1518~1593). 명나라 의약학자. 저서로는 『본초강목』, 『기경팔맥고기경팔맥고』, 『빈호맥학』 등이 있다.

각을 두둔하며 재확인하였다(1963a, pp.325~26). 그러나 우리는 9세기의 사천의 유명한 소주를 언급한, 적어도 두 편의 당시唐詩를 그대로 무시하고 훌훌 털어버릴 수는 없다*21(이 중국식 표현은 서양의 브랜디brandy와는 비교해야 하되, 독일어로 '태운 와인'을 의미하는 브란트바인Branntwein과는 어원이 같다).

남부 지방의 식물인 차나무는 식물학적으로 동백나무와 가깝다. 차를 우려내서 마시는 행위 자체는 이미 한대부터 있었던 것 같다. 그러나 북부 중국인들 사이에서 퍼진 차의 인기는 실제로 당대 이전에는 도래하지 않았다. 당대에 들어와서야 비로소 차를 마시는 행위가 오늘날의 영국처럼 일상적인 일이 되었다. 우리는 이 행위가 언제부터 시작되었는지 보다 구체적으로 말할 수 있다. 차에 대한 최고의 안내서인『차경茶經』*22의 저자 육우陸羽는 8세기 중엽부터 말까지 살았고, 8세기 후반에는 차를 마시는 유행이 절정에 달했다고 당의 역사서에는 분명히 언급되고 있다. 이 유행은 위구르족에게까지 영향을 미쳤는데, 그 시점에 위구르족에 끼친 중국의 권력과 영향력은 최고조에 달하였다. 당시 위구르족 중 누군가가 장안을 방문하면, 그들은 즉시 차 시장으로 달려가 이 신기하고 자극적이며 이국적인 음료를 대량으로 사들였다(『신당서』 I, 196:10a; Schafer 1963, p.20).

차를 다려 마시기 위한 찻잎을 가공하는 데에는 다양한 방법이 있었다. 차는 떡과 같이 생긴 '병차餠茶', 혹은 '가루차末茶'로 팔기도 했다. 차는 오늘날 재스민차에 비견할 만한 환상적인 혼합, 즉 생강과 진피陳皮와 같은 물질로 향을 첨가하는 종류도 있다.*23 마치 영국인들이 밀크티를 선호하듯이 차에 케이막 크림도 타서 마셨다(Nunome 1962, passim. 구체적인 사례는 백거이의 시를 참조, 『전당시』의 28:9a). '대나무차'는 대나무같이 생긴 잎으로 되어 있었고 많은 사랑을 받았다. 절강 서부 지역에서 생산된 양질의 '세차'58도 좋은 평가를 받았고, 궁중에서 사용하기에 적합하였다.*24 차는 여러 곳에서 재배되었고 특히 남부 지방에서 많이 재배되었지만, 절강과 사천의 차가 가장 높은 평가를 받은 것으로 보인다(『차경』에서는 형식적으로는 복건과 영남의 양질의 차

---

58 이 부분에서 저자는 'silver flower'라고 표현하였다. Silver flower, 즉 은화(銀花)는 인동초꽃을 의미하나 백거이는 이것으로 차를 은유한 것으로 보인다. 또 미주에서는 다아(茶芽), 즉 차의 새싹을 의미하는 것으로 해석하였다. 백거이의 시는 다음과 같다. "비단 장막 높이 걷어 올리니, 찻잔이 천천히 돌아간다(錦額簾高卷, 銀花盞慢巡)."

만을 언급했다는 사실이 흥미롭다)(육우, 1968 ed., p.428). 따라서 바지 운반선은 절강에서 출발하여 환상적인 찻잎을 가득 싣고 대운하를 타고 수도로 향했다. 이 운반선은 이미 소금 운반으로 중요한 위치를 점하면서 부를 축적한 상업과 쾌락의 도시, 양주楊州를 부유하게 만들어줬다(『자치통감』, 234:7b).*25

어쨌든 이 당대 중엽의 차 마시기 열풍으로 차를 마시는 절차 및 몇 가지 정교한 절차가 만들어졌다. 이중 가장 잘 알려진 다도茶道 열풍은 육우와 그의 『차경』 덕분이었다(Nunome 1962, passim).*26 그 세련됨을 말하자면 차를 우려낼 때 사용하는 각기 다른 물의 상대적인 수질을 정확한 순위에 따라 정해 놓았을 정도였다. 가장 좋은 물은 양자강 하구 부근의 한 지점에서 발견되었다고 주장한 문헌도 있다. 절강과 안휘의 특정 지역에서 채취한 물이 그다음 순위를 차지했는데 이것도 높은 평가를 받았다. 또한 이 지역의 유명한 불교사원 부근의 용천수와 표층수가 선호되었던 것 같다(장우신張又新, 『전당문』을 참조). 수원지 주변의 강력한 영적인 힘이라는 존재에 의해 부가된 신비한 속성은, 물을 평가하는 데 있어서 중요한 요인이 되었음에 틀림없다.

몸과 마음에 미치는 차의 영향력은 논쟁이 되고 있기는 하나, 전체적으로 호의적인 평가를 받고 있다. 일반적으로 차는 좋은 자극제라고 간주되었다(K. Tao 1920 ed., 2:45a). 이와 같이 차는 때로는 음식과는 독립적으로, 특히 약간 졸고 난 다음에 일종의 각성제로서 마시게 된다(백거이의 시, 『전당시』, 7:12a). 그러나 동전의 다른 한 면과도 같이 차는 불면증을 야기할 수도 있다(T. C. Ch'en in S. C. Li 1965 ed., 32:44).

조리 기구

당 이전에는 부엌에서 사용된 솥이나 용기들은 도자기였거나 가끔 돌로 만든 것도 있었으며, 이러한 용기들은 당대까지 계속 사용되었다. 그러나 당대에는 이것들이 점차 금속제로 대체되었으며, 특히 부유한 가정에서는 그러하였다(Okazaki 1955, p.117). 동銅은 정부의 화폐주조 수요에 따른 금속의 부족으로 금지된 시기를 제외하면 일반적으로 사용되었고, 철과 그 외의 다른 금속도 사용되었다. 전통적인 중국 화로灶에는 화구火口와 연통이 달려 있는데 지금까지도 사용되고 있다(Okazaki 1955, p.113). 일반적으로 화로는 도자기로 제조되었는데, 점토泥灶로 만들어지기도 했다(『전당시』, 왕건王建[59], 3:4a~b). 솥釜은 보통 그 위에 시루甑를 올려놓기 위한 것이며 화덕 위에 설치되었다. 이렇게 설치하면 전통적인 알곡 요리 방법에는 적합했다. 그러나 당대에 이르러 곡식이 가루의 형태로 널리 거래됨에 따라 부엌에서는 금속 기구가 도자기보다 우위를 점하게 되었다. 솥―시루의 조합은 점차 당대의 특징적인 요리였던 소맥병小麥餅 요리에 적합한 입이 넓은 냄비鍋로 대체되었다(Okazaki 1955, p.118).*27 때로는 세발 달린 정鼎이라는 고대의 조리 기구가 언급되기도 한다(예컨대 『전당시』에 나타난 두보의 시, 10:4a~b). 그러나 이러한 용어의 사용을 곧이곧대로 받아들여야 할지 확정하기는 어렵다. 내 생각에는 '솥'을 '정'으로 바꾸어 부르는 건 일종의 고풍스러운 시적 표현이 아닌가 한다.

시인들의 시에서 그 다음으로 많이 사용된 가열 도구로, 가장 일반적으로 사용된 단어는 화로爐이다. 이것은 술과 다른 음료수를 데우는 데 사용했던 일종의 숯 화로이다. 이 공예품은 도자기로 만들 때도 있지만, 돌로 만들기도 했다(『전당시』의 피일휴의 시, 10:5a). 또한 술이나 차를 덥히는 금속 도구인 당鐺에 대한 기록도 읽을 수 있는데, 이것이 당대에 만들어진 금속화로인지 아닌지는 명백하지 않다.

주방에서 요리한 다음에 상류사회의 식탁에 술이나 음식을 담아 올리도록 고안된 그릇은 여러 가지 값진 재료로 만들어졌다. 당대의 대부분의 사람들이 사용할 수 있었던 그릇은 대부분이 나무처럼 비교적 값싼 재료로 만들어졌으나, 우리는 그것들보다는 고급 그릇에 관해 더 많은 정보를 갖고 있다. 따라서 후자에 관련된 부분에 거의 전적으로 주목할 필요가 있다.

금속, 특히 귀금속은 당 이전 시기와는 비교할 수 없을 정도로 중요해졌다. 그때가 되면 금속 공예사들은 이미 금과 은을 두드려 두께가 얇은 그릇을 만드는 기술을 이란으로부터 습득했고, 당대의 사람들은 주물로 만든 무겁고 두꺼운 금속그릇을 예전 사람들이나 쓰던 것으로 간주하게 되었다. 금으로 만든 그릇은 주로 양주와 남부의 광서廣西로부터 궁정에 지방 진상품으로서 보내졌다. 은으로 만든 그릇은 같은 지역

---

[59] 당의 시인, 767~830.

에서 제조되었으며, 또한 안휘 남부 지역과 광서 북부 지역에서도 생산되었다. 동그릇의 제조도 비슷한 분포로 같은 지방에서 생산되었다. 잔, 접시, 국그릇, 병을 포함한 식탁용 식기는 마노, 홍옥수紅玉髓, 옥과 같은 고급 석재를 가공해서 만들어졌다. 그렇지만 이 가운데 어떤 것들은 고급 금속그릇과 마찬가지로 수입품이었다. 이 가운데 가장 평판이 높은 건 옥이었고, 다른 것들과 달리 국가의 종교예식에서 쓸 중요한 그릇으로 제작해야만 했다.

일부 식물성 재료도 유용한 물건을 만드는 데 사용되었다. 박은 훌륭한 사례에 속한다(K. Su in S. C. Li 1965 ed., 28:5). 그러나 박으로 만든 용기는 아마 대부분의 귀족 가정에서는 찾아보기 어려웠을 것이다. 주전자와 병은 아름답게 연마하고 장식한 코코넛 내피로 만들었다.

도자기는 그 자체만으로도 가치가 있는 소품이었는데, 특히 잔으로 만들어질 때 그 진가를 발휘하였다. 진상품 도자기는 항주와 남부 하북에서 생산되었다. 칠기는 일찍이 고대적부터 지속적으로 사용되어왔다. 적어도 한대에는 나무에 칠을 올린 칠기가 가장 널리 사용된 그릇이었다. 당대에도 북부 호북의 칠기가 가장 평판이 좋았다고 하니 여전히 사용되고 있었던 것을 알 수 있다.

분유리의 사용은 비교적 새로운 것이었다. 얇은 유리그릇은 수만 가지의 모양으로 만들어졌고, 다양한 방법으로 장식을 했으며, 그 가운데 많은 것들은 서방의 영향을 받았다는 점이 두드러졌다. 마찬가지로 사발bowl, 접시, 잔과 같은 것도 은과 금을 사용하여 양각 모양, 그릇 안쪽에서부터 밀어내어 만든 돋을무늬, 상감, 혹은 부분적인 도금으로 장식하였다(중국에서는 사천산 귀금속으로 만든 양각그릇을 최고급으로 쳤다). 이런 그릇들의 장식과 형태는 수많은 당대의 유리그릇과 마찬가지로 이란(특히 사산 왕조)으로부터 강한 영향을 받았음을 말해 주고 있다. 꽃, 동물과 신화적 풍경을 그린 정교한 표상은 아주 특이하다. 그러나 어떤 것들은 한대의 고전적 장식—예컨대 도철문—을 그대로 답습하고 있었다. 또한 마찬가지로 실용성과는 거리가 먼 동주東周 시대의 고풍스러운 갈색 옥그릇도 있었다(Trubner 1957, nos.326~54). 또 주목할 만한 형태 한 가지는 당대의 접시가 한 장, 혹은 몇 장의 잎을 모은 모양으로 되어 있었고, 높이가 낮은 받침대 위에 올려져 있다는 것이다.

여러 가지 특별한 장식 기술 덕택에 당대의 그릇들은 주목을 받고 있다. '퍼플골드

(보라색 금)는 그중 하나이다. 일례로 소종昭宗[60]이 903년에 주전충朱全忠에게 보냈다는 '퍼플골드로 만든 술잔'이 있다. 이것은 아마도 투탕카멘Tutankhaman[61]의 묘에서 발견된 퍼플골드와 똑같은 방식으로 만들어졌을 것이다. 즉, 이 배색 효과는 약간의 철을 열로 녹인 금에 첨가함으로써 낼 수 있다. 도자기도 화려한 색깔을 띠고 있었다. 예컨대 삼채三彩 유약은 일반적인 도자기를 밝게 만들기 위해 사용되었으며, 도자기 그릇은 일종의 금속메달로 장식하였다(익명 1973, pl.289, 색도 pl.305의 사례). 한편 칠기는 깎아 내거나 기름으로 밑칠을 해서 수정할 수도 있었다(최고의 칠기는 호북 북부에서 생산되었다). 평탈平脫이라고 불리는 화려한 기술은 칠 바닥에 금이나 은의 박편을 박아 넣는 방식의 장식으로 구성되었다. 현종이 안록산에게 하사한 많은 물품 가운데는 이런 식으로 장식을 한 숟가락, 젓가락, 혼돈탕용 그릇 등이 포함되어 있었다(C. S. Tuan 1937 ed, 1:3). 나무 위에 그린 유화는 당대의 표준적인 기술이었다. 안록산에게 하사한 호화로운 선물 가운데는 방금 언급한 '유화 그림으로 장식한 음식용 서랍장'(유화식장油畫食藏)이 있었다(같은 책).*28 분유리 그릇의 경우 그릇 색깔은 품질의 매우 중요한 척도였다. 정창원正倉院[62]에 보존된 것 가운데는 진한 청색 술병beaker과 녹색 잔, 그리고 갈색 접시가 있다.

이 시기에는 그릇의 용도에 맞춰 등藤, 마노와 옥과 같은 재료로 그릇을 만들기도 했지만, 술잔과 술병은 좀 더 특이한 물질로 빚었다. 유황*29, 장뇌, 붉은 복족류의 조개 껍질, 빨갛고 노란 줄무늬의 '호랑이'게 껍질, 투구게 껍질, 빨간 새우 껍질, 조개의 진주층, 코뿔새의 투구모양의 돌기, 호두 껍질, 연꽃잎과 같은 특이한 물질을 이용하여 술잔과 술병을 만들어 내기도 했다. 그러나 찻잔은 예외 없이 도자기로 만들었다. 나는 부하라Bukhara와 사마르칸트Samarqand[63]에서 가져온 타조알로 만든 아름다운 컵의 용도가 무엇이었는지 알 수 없다. 그러나 코뿔소의 뿔로 만든 얇은 컵은 음식에 든 독에 대처하기 위한 것이라는 것은 안다. 젓가락도 옥, 상아, 코뿔소의 뿔, 대나무, 혹은 평탈식으로 금을 박은 것이었다.

---

60 888~904년 동안 재위한 당의 황제.

61 이집트 제18왕조 제12대 왕(기원전 1361~기원전 1352).

62 일본 나라(奈良)에 있는 고대의 유물을 보관하는 창고.

63 두 곳 다 우즈베키스탄의 도시이다.

시각적 측면

음식은 맛이 좋아야할 뿐만 아니라 보기에도 좋게 진설되는 것이 일반적이다. 특히 축제 때는 더했는데, 가끔은 꽃꽂이에 비견할 정도로 오로지 전시가 목적인 것처럼 보일 만큼 환상적으로 진설되기도 했다. 이처럼 시각적으로 사로잡은 제물은 정교하게 깎거나 무늬를 아로새긴 과일, 때로는 눈을 즐겁게 해주는 색깔과 디자인을 곁들인 과일이라는 형태로 구체화된다. 이러한 것들의 대부분은 중국 남부 지역의 문화에서 유래되었다. 예컨대 영남에서는 소금에 절이고 말린 살구를 히비스커스Hibiscus 꽃을 우려내서 만든 핑크색으로 물들인 다음, 작은 꽃병이나 단지 모양으로 만드는 특산물을 생산했다(K. L. Tuan 1968 ed., p.308). 이러한 과자류는 매우 정교한 모양새로 만들어졌다. 우리들은 야채와 얇게 썬 고기, 그리고 온갖 종류의 절임으로 색색깔로 구성해 음식을 화려하게 연출한 비구니들에 관해 읽은 바가 있다(K. T'ao 1920 ed. 2:45b). 남부의 부인들은 꿀에 재우고 연지로 물들인 황금색 오렌지과 과일에 새와 꽃의 이미지를 새겨 넣었다. 이것들은 장안의 귀족들이 가정에서 관상용으로 쓸 수 있도록 북쪽으로 보내졌다. 호남성의 모과도 장식용으로 추가되었다(Liu Hsün 1913 ed., 2:5b).

술은 빛깔도 중요하였지만 개인의 취향을 따르는 경향이 있었다. 녹주[64]는 당시唐詩에서 가장 많이, 그리고 자주 언급되었다. 한편 황주를 열렬하게 지지하는 사람들도 있었다. 또한 백주, 홍주, 진한 청녹碧주도 있었다. 색깔에 관한 언급은 대나무 잎처럼 아주 흔하게 언급되곤 했는데, 이들이 선호하는 녹색은 보다 연한 색이라는 것을 암시했다. 녹주의 색감은 정성스럽게 고른 빨강 혹은 보라색 술잔과 명쾌한 대조를 이루는 것으로 생각되었다. 술통에서 빨간 진주 모양으로 한 방울 한 방울 떨어지는 「홍주」(이백의 시, 『전당시』, 4:10b)는 마치 버건디나 보르도의 적포도주처럼 들리지만, 이 「홍주」는 포도주를 의미하지는 않는다. 이 술은 쉽게 얻을 수 있는 홍국紅麴균으로 발효시킨 것이며 지금까지도 대만에서 제조되고 있다(Shinoda 1963a, pp.329~32)

---

64 대표적인 녹주는 죽엽청주(竹葉淸酒)이다.

(그 밖에도 완열阮閱[1922 ed.]은 당나라 술의 다양한 색깔에 대해 언급한다).

적어도 현존하는 『차경』에서는 자주색 찻잎을 녹색 찻잎보다 높게 쳤다. 아마도 자주색 찻잎이 맛이 더 좋았을 것으로 추정할 수 있다. 그러나 색깔 자체 또한 평가의 요인이었다. 최상급의 찻잎으로 우려낸 차의 엷은 불그스레한 색깔은 그에 맞는 색조의 도자기 잔을 사용함으로써 그 품위가 더욱 올라갔다. 가장 좋은 찻잔은 월주越州[65]에서 생산된 것이며, 얼음처럼 투명한 청색 도자기이다(Lu Yü 1968 ed., p.421).

지역 차이

우리는 중국의 지역에 따른 음식 선호와 식사습관의 차이에 대해 많이 언급하였다. 더불어 당의 요리법에서 외국 식재료의 지속적인 도입과 그것들의 일시적인, 혹은 영속적인 지위에 대해서도 언급하였다. 이 주제에 대해서는 좀 더 상술할 필요가 있다. 우리들이 희한하다고 생각하게 되는 사실은, 남아시아의 여러 곳을 여행하여 견문이 넓었던 불승 의정義淨[66]이 남아시아의 여러 불교 국가들에 비해 중국 요리가 밋밋하고 단조롭다고 말한 점이다. 의정은 다음과 같이 설명한다 "… 당대의 중국 사람들은 생선과 채소를 대부분 조리하지 않고 먹는 데 비해서 인도 사람들은 모든 채소는 잘 익힌 다음에 아위阿魏[67], 정제 버터, 기름이나 아무 향신료에라도 무쳐 먹는다."(Takakusu 1896). 이 관찰이 오직 당의 서민들이 먹던 음식을 지칭하는 것이라면 이치에 맞다. 어쨌든 8세기의 현종 시대 귀족들의 생활상은 상황이 아주 달랐다. 귀족 가정에서 정성을 들여 연회를 준비할 때는 반드시 외국 음식(외국 의복, 외국 음악, 외국 무용은 말할 것도 없고)이 준비되어야 했고, 당연히 인도식 요리도 포함되어 있었다. 이 중에서는 찌거나 튀긴 빵과 과자를 가장 높이 쳐주었다. 그러나 여기에서 약간 애매한

---

65 고지명, 현재는 절강성의 소흥(紹興)시.

66 당의 불승(635~713). 25년간 말레이시아를 거쳐 인도 나란타에서 불교를 학습했고, 귀국 후에는 다수의 불경을 번역하였다.

67 asfetida. 미나리과의 식물로 약재로 쓰인다.

점이 있다면 당대에는 이미 기름으로 요리한 과자와 빵은 일상적인 음식이었다는 점이다. 그럼에도 이 음식들은 꽤 진귀하고 기묘한 것으로 간주되었으며, 이국적인 고급스러움이 그 매력을 더해 주었음에 틀림없다. 그러한 요리는 오늘날 우리들의 하이브리드문화에 속한 그리스의 올리브와 하와이의 마이타이maitai와 같이 색다른 매력을 간직하고 있었음에 틀림없으며, 이미 우리들에게는 익숙하기는 하지만 이것들이 우리의 포용력을 보여주는 지표가 되는 것과 비슷하다(C. S. Tuan 1937 ed., 18:152). 요컨대, 당대 중국 식사는 맛에 대해 매우 관대한 경향을 보이는 기풍이 지속되면서 혁명적인 변화를 가져 왔으며, 외국예법과 관습을 대하는 개방적인 태도는 궁극적으로 현대 중국 요리의 풍요로움과 다양성을 유발하게끔 하였다(Hsiang 1957, pp.42~45).

수입된 물품이 식품인지 약인지 구별하기는 어려웠다. 식재료의 수입은 엄격하게 통제했고, 이 식재료의 생리학적 가치를 확인하고 이를 증명해야 했다. 식재료가 수입되는 곳에서 일하는 세관 관리는 수도를 비롯해 여러 수요처에 해당 식품이 들어가기 전 식품의 정체와 순도, 가치평가 등을 확인하는 책임을 지고 있었다(『대당육전』, 18:17a; Schafer 1963, p.141). 그러나 실제로는 외국 음식 가운데 보다 대중적인 것은 반드시 수입산 식재료에 의지할 필요는 없었다. 많은 경우는 요리법이 문제이지, 식재료의 문제는 아니었다. 좋은 사례로 당대 엘리트들의 식탁을 우아하게 장식한 '가볍고 고급스런' 브라만 찐빵을 들 수 있는데(C. Y. Wei 1920 ed.; Hsiang 1957), 실제로 당의 음식과 외국 음식과의 차이를 발견하기 어려울 때도 있었다. 그러나 『신당서』를 보면 당나라와 멀리 떨어진 네팔에서는 신에게 규칙적으로 양고기를 제물로서 바친다는 사실을 특기하면서, 그들은 '숟가락과 젓가락을 사용하지 않고' 손으로 먹는다는 것을 약간 오만하게 덧붙였다(『신당서』 I, 146a:1a).

'통째로 찐 양'은 코탄Khotan 지방[68]의 명물로 전해지고 있다(K. T'ao 1920 ed., 2:54a). 비록 특별한 축일에 먹는 것이기는 해도, 양고기 요리는 중국 사람들에게는 익숙한 중국 요리이기 때문에 이국적인 식품으로 간주할 수가 없었다(『전당시』, 21:4a의 이백의 시를 참조). 물론 양고기 요리를 의식적으로 이국적인 요리로 간주하는 것은 가능했다. 당 태종의 장자, 이승건李承乾은 돌궐어로 말하길 좋아하고, 돌궐식 텐트에서 살며,

---

68 중국 서부의 신장 위구르 지구 서남부에 있는 지역.

꼭 자신의 칼로 삶은 양고기를 썰어먹기를 좋아했다고 한다. 이것은 식품의 문제라기보다 예법과 태도의 문제였다. 당나라 사람들은 일부 순수주의자들의 너무나도 당당한 외국인 혐오와 육식에 대한 불교의 맹비난에도 불구하고 이런 일에 무척 잘 적응했고 융통성이 있었다. 이를테면, 후자와 관련해서 7세기의 현장법사의 제자인 불승 회소懷素는 "어떤 나이 많은 불승은 장사長沙[69]에서는 생선을 먹었지만, 장안의 성안에 들어서면 고기를 많이 먹는다"라고 기탄없이 기록했다(『전당문』, 회소懷素의 「식어첩食魚牒」).

지역적 다양성은 당대 요리에서 확립된 사실이다. 그러나 시골식 별미를 즐기는 일부의 사람들도 있는가 하면 어떤 사람들은 심하게 기피했다. 일반적으로 화중 지역의 감, 배, 살구, 복숭아, 차와 같은 것들은 화북 지방의 상류층들이 좋아하는 것이었다. 이것들은 어쨌든 기후가 온화하고 기분 좋을 정도로 따뜻한 남쪽 지방에서 나는 생산물들이었다. 그러나 멀고도 위험한 남부 지역에서 나는 바나나, 리치, 용안, 그리고 많은 종류의 감귤류 과일에 대해서는 확신과 수용력이 떨어졌다. 물론 일부의 식도락가들은 이런 음식들이나 약간 이국적인 음식들을 식탁에 올리기 위해 큰 고통을 감수해야 했다.

그러나 우리는 당대 각 지방의 식습관에 대해 아직 많은 것을 알지 못하고 있다. 단, 사고과자는 광동 지역에서 매우 선호되었던 것이라고 말할 수 있다(Liu Hsün 1913 ed., 2:11). 또한 광동 지역에서는 말린 굴을 술안주로 먹었다. 우리는 감숙 지방의 특산물로서 사슴의 혀, 산동의 백합조개, 호북의 말린 살모사 고기 등을 열거할 수 있으며, 다른 많은 지역 특산품들을 기록할 수도 있다. 그중 어떤 것들은 우아한 궁중 연회의 맛있는 진상품으로 간주되었다. 그러나 그 목록은 끝이 없으며, 우리가 진정 알고 싶은 것, 즉 지역 식습관과 그 기호를 말해주지는 않는다. 다만 우리는 북방의 귀족들이 일시적인 변덕이나 유행에 따라 지역 생산품 가운데 무엇을 택했는지를 알게 될 뿐이다. 장안, 낙양, 아마도 양주에는 맛의 심판자arbiter elegantiarum라는 칭호를 받을 만한 사람들이 있었다. 그러나 전통적인 맛에 익숙한 보수적인 북방 사람들은 남쪽 지방에서는 쉽게 공급할 수 있는 강한 향신료와 과일, 그리고 낯선 해산물을

---

69 호남성의 성도.

완전히 받아들일 준비가 되어 있지 않았다. 일반적으로 북방 지역은 전통적인 개념이 더 중시되었기 때문에 남방 지역에 비해 좀 더 절제된 조리법으로 음식을 만들었음에 틀림없다.

내가 관찰한 증거를 기반으로 할 때 북방 지역에 비해 남방 지역의 요리는 좀 더 여성적인 기술을 필요로 한다. 북방 지방은 예로부터 전통적으로 남성의 지위가 우위에 있었고, 바로 이 점이 남성에게 모든 영역의 실질적, 그리고 창의적 기술의 독점을 허용하는 결과를 가져왔다. 우리는 남방 지역에 대한 문헌을 제외하고는 중국의 전통적인 문헌에서 여성 요리사에 대해 언급한 기록을 전혀 읽은 바가 없다. 북방 지역에서 여성은 상류층 집안의 장식품으로, 혹은 연예인과 같은 스타로서는 빛날 수 있었으나 그들의 요리 재능은 인정을 받지 못하였다. 아마도 여성들에게 요리를 장려하지도 않았던 것 같다. 우리는 여성의 고유한 업적으로 전통적으로 열거되는 양잠, 수예, 그리고 좀 더 대중적인 수준에서는 비파나 거문고를 연주하는 것과 같은 일은 포함되어 있지만 요리는 포함되어 있지 않았다는 것을 알 수 있다. 그러나 먼 남쪽에서는 고대 중국 본토의 편견이 별로 존중되지는 않았다. 남쪽에서는 여성의 주방에서의 능력이 존경을 받았다. 이것은 요리를 능숙하게 하느냐 마느냐의 문제가 아니라, 오히려 문화지리적 차이라고 말할 수 있다. 영남에서는 여성이 침채沈菜를 잘 담그면 시집을 잘 갈 수 있고, 뱀과 황색 뱀장어를 완벽하게 갈무리할 수 있다면 틀림없이 행복한 결혼생활을 누릴 수 있다는 말이 있다(C. L. Fang 1846 ed., 483:5b).

어쨌든 남방 지역의 요리는 당나라의 남자들에게는 대단한 흥미와 관심의 대상이었지만 때로는 논쟁거리가 되었다. 남방 지역에는 진정한 의미의 겨울은 존재하지 않았기 때문에, 과일나무가 시든다든가 사라진다든가 하는 것에 대해서도 무관심하다는 것이 확인되었다. 동식물의 생명과 죽음으로 예시되는 계절의 순환은 북부 지방 사람들이 지닌 자연관의 기본이었다. 이러한 변화는 윤리적·도덕적 의미를 띠고 있었다. 그런데 남부 지방에서는 상대적으로 이런 계절의 순환을 볼 수 없다는 사실 자체가 모든 '본토박이' 중국인들에게는 놀라움, 심지어 불안함까지 안겨 주었다.

남방의 특산물 중에 북방 지역에서 진미라 여기고 받아들인 것도 많이 있었지만, 북쪽의 식도락가들의 주목을 끌지 못하거나 새로운 거주지로 옮겨심기를 거부당한 특이한 식품들도 수백 가지였다. 그 진미 중에 눈에 띄는 건 감귤이나 리치와 같은 과일로, 이것들은 사천과 같은 중간지대에서도 재배될 수 있는 이점을 갖고 있었고 북쪽 사람들은 이 맛에 쉽게 적응했다. 그렇다면 북쪽에서 수용되지 않았던 남쪽 식물에는 어떤 것이 있는지 그 구체적인 예를 보도록 하자. 이 가운데 하나가 현재 이름은 양강良薑이며, 그 성분과 모양은 생강과 흡사하다. 그러나 이것은 맛보다는 이른바 의학적인 성분으로 인하여 값진 것으로 평가되었다. 양강은 실제로 Alpinia와 Kaempferia라고 명확한 학명을 가진 생강류의 집합명이다. 이것에 상응하는 한자는 산강山薑, 연강連薑이라 기록하고 있으나 정확한 것은 아니다. 먼 남부 지방에서는 이 식물들의 뿌리줄기를 진짜 생강의 대체물로 흔하게 사용하였다(T. C. Ch'en in S. C. Li 1965 ed., 14:22; C. Chen in S. C. Li 1965 ed., 14:24). 그러나 북방 사람들에게 양강은 낯설고 생경한 것이었다. 당나라의 시인들은 일반인들보다는 남부 지방의 이런 특이한 식품의 품질을 더 잘 알고 있었던 같았다. 일례로 당의 시인 원진元稹(779~831)은 동남 지역으로 여행을 떠나는 그의 친구 백거이에게 말하길, 점잖은 북부의 식탁에서는 보기 어려운 순채蓴菜(Brasenia sp.), 뱀장어, 야생쌀, 토란국, 구운 거북, 그리고 그밖에 많은 음식들을 기대해야 한다고 했다(『전당시』, 12:3b). 그러나 그토록 정보를 많이 알고 있을지언정 원진의 선택은 인습의 틀에서 벗어나지 못했다. 그는 "친구여, 비록 자네가 만나게 될 음식들은 여태껏 먹어 왔던 음식과 다를지라도 고전적인 선례를 빠트린 것은 하나도 없다네"라고 말했다(껍질이 연한 거북의 살코기는 고대부터 북부 지방의 요리에 수용되었다). 이러한 어조는 한유韓愈의 남부 지방 음식에 대해 쓴 시에서 드러나는 태도와는 매우 다르다. 한유는 먼 남쪽 지방에 관해, 그리고 짠맛과 신맛, 산초와 오렌지라는 이상한 결합에 대해서 그의 유명한 시를 빌려 말했다. 이러한 결합은 오늘날 광동 요리를 먹는 사람들에게는 전혀 놀랍지 않다(Schafer 1963, p.150).

그러나 남부 지역 원주민에게는 훨씬 더 믿기 어려운 수준의 그들 고유의 음식이 있다. 가령 물소의 위장에 들어 있는 내용물 같은 것이다. 동물 고기를 잎으로 싸서 굽거나 그대로 구운 것까지는 수용할 수 있는, 아주 관용적인 태도를 갖춘 중국인일지라도 소금, 생강, 계피와 우유로 조미했다는 이 별미를 먹을 수 있을 거라고 기대하지는 않는다(Liu Hsün 1892 ed., 855:2b)*30. 또 하나의 남방 음식으로서 이유는 다르겠지만, 우리들과 마찬가지로 아마도 당나라 중국인들이 혐오했을 작은 토란, 혹은 죽순이 들어 있는 탕국이 있다. 이 탕은 끓이는 솥에 살아있는 개구리를 넣어 그것들이 채소를 움켜잡은 채 고통스러워 하는 모습으로 죽은 것을 그대로 상에 차려 내는 음식이었다.

받아들이거나 말거나 남부 지방 요리의 경이로움은 끝이 없다. 푸른 채소와 맛이 진한 장을 곁들인 작은 새우 요리(Liu Hsün 1913 ed., 3:4b), 숙취의 해장거리이자 입냄새를 없애주는 고급 약재로 소중하게 여겼던 올리브 열매橄欖(같은 책, 2:5a), 염소, 사슴, 닭, 돼지의 살코기와 뼈에 약초와 향신료, 양파와 식초를 많이 넣어 끓인 진한 수프(같은 책, 1:8b) 등이다. 그러나 이러한 특이한 음식 가운데 북부 지방 사람들의 입맛에 가장 맞지 않았을 것이라고 생각되는 것은, 위에서도 얘기했듯이 개구리를 주재료로 하는 음식이었다. 개구리는 먼 남부 지방의 많은 지역에서 식용하고 있고 특히 귀양貴陽 지역 주민들에게는 특별한 애호식품이었다(C. Feng 1939 ed., 6:44; 7:49). 그러나 대부분의 북부 사람들에게 개구리는 혐오식품이었다. 남부 사람들과는 정반대의 태도가 백거이의 시, 「개구리」에서 잘 나타난다. 이 시에서 그는 조상 제전에 올릴 제물로 적합한 수생동물에 관해서 기술하였다. "그렇지만 개구리는 사용**불가능**한 식품이다. 개구리는 모양으로 보나 껍질이나 살코기로 보나 전부 지저분하다"(『전당시』, 1:19a)고 하였다. 그러나 한유는 좌천당하여 남방 지역에서 지방관을 지냈기 때문에 좀 더 관대했다. 819년에 유종원(柳宗元, 773~819) 앞으로 보낸 시에서 그는 "처음에는 목구멍으로 넘길 수가 없었지만, 나중에는 아주 조금씩 먹을 수가 있었다"(같은 책, 6:7a~b)라고 말했는데 이 시의 뒷부분까지 읽어 보면, 그는 자신의 습관이 '남만南蠻'70 방식에 오염된 것처럼 보일까 두려워했다.

금기와 편견

이런 편견 어린 시선으로 바라본 동물은 개구리뿐만이 아니었다. 실제로 박학한 약리학자도 어떤 동물의 고기는 단지 구역질이 날 뿐만 아니라 독성이 강하다고 간주하였다. 예컨대 맹선은 승냥이dhole, 혹은 야생개豺(S. C. Li 1965 ed., 51:52)를, 진장기

---

70 영어 원문은 'foreign'으로 되어 있다. 중국인들은 외국인들을 동이(東夷), 남만(南蠻), 북적(北狄), 서융(西戎)으로 명명하여 중화사상적 사고를 나타냈다.

는 흰 머리의 검은 소나 염소의 고기, 뿔이 하나만 달린 염소, 북쪽을 향해서 죽은 가축, 표범과 같이 점이 박힌 사슴, 말의 간, 굶어 죽은 개의 고기도 먹으면 안 되는 금기taboo의 대상에 포함시켰다(같은 책, 50:102~03). 이러한 금기에 해당되는 것은 주로 고대의 무속신앙에 기원하고 있었음에 틀림없다. 이 금기는 맛이 없다는 것과는 다른 것이다. 그러나 분명한 건, 많은 사람들이 그것들의 독성 때문에 금기가 되었다는 이유만으로도 맛이 없다고 생각했을 수도 있다는 것이다. 반대로 이러한 금기들은, 예컨대 참매의 고기를 한 조각도 남김없이 전부 섭취하면 야생여우와 마귀의 공격을 방어할 수 있는 있다고 옹호하는 처방과 비견된다(S. C. Li 1965 ed., 419:17). 매의 힘과 흉포함이 그것을 먹은 사람에게 이전된다고 믿었던 것이다.

요컨대 상당수의 식사규칙들은 공공연하게 생리적 조화를 향상시키는 것을 목적으로 한다고는 하지만, 화석화된 주술적 금기로서 기술되어 있을 뿐이다. 예를 들면 '따뜻하게 하는' 요소와 '차갑게 하는' 요소의 균형을 맞추기 위해 늦가을이나 겨울에는 술을 덥혀서 내고, 봄과 여름에는 차가운 술을 상에 올려야 한다는 것이 요구되었다. 비록 찬 술을 데우지 않고 상에 올리는 것을 약간 부적절한 것이라고 느끼기는 했지만(Shinoda 1963a, p.337), 상반되는 것을 통해서 균형을 이루려는 노력이 너무 지나치다 보니 진장기는 여름에 얼음을 먹는 것은 질병의 잠재적 원인이 된다고 경고해야 했다(S. C. Li 1965 ed., 5:42).

어떤 음식 금기는 종교적인 기원에서 비롯하였다. 이 점은 특히 불교신앙에서 현저히 드러났다. 가장 보편적으로 인정된 전통적인 금기 음식 부류는 '냄새가 강한 다섯 가지 음식', 즉 오훈(五葷—오신채)이라고 불리는 것들이다. 일반적으로 마늘, 양파, 파와 같은 파속식물들이 여기에 속하지만, 다양한 변종 목록이 있다. 동물의 고기도 금기 음식에 포함될 때도 있다. 도교주의자들은 몇 가지 비슷한 금기 목록을 갖고 있다(Stuart 1911, p.28).

어떤 범주에서는 특히 음주가 일시적인 금기가 될 수가 있다. 일례로, 833년 3월 18일에 내려진 칙령은 국기일國忌日 기간 동안 음주를 금하였다. 그러나 이것은 당시 흉사 기간 동안 떠들고 즐기는 것을 못하게 하는 많은 금지사항 중의 하나일 뿐이었다(『전당서』 I, 17b:8b).

마지막으로 개인들에게 요구되는 음식 금기가 있다. 좋은 사례로는 천자天子, 즉 왕

스스로가 자신의 음식을 결정한 규정이다. 왕의 음식은 계절의 흐름에 동조하고 있다. 그러나 이 규정은 우주의 기초에 의거하고 있으며, 종교적 기원을 가진 음식 금기의 일종이다.

의례와 특별한 행사의 음식

호이징가Huizinga는 잔치와 축제가 지닌 독특한 성격을 지적하였다. 잔치와 축제는 경박함의 여러 측면을 결합하고, 신비함과 신성함의 여러 측면을 놀이로서 승화시켰다(1949, p.21). 이 금언은 어떤 다른 문화에도 마찬가지이지만 당대의 중국에도 적용을 할 수 있다. 이 말의 의미는 특히 궁중식탁에서 눈에 띄게 나타났다. 실제로, 모든 궁중 음식은 의례적인 속성을 갖고 있었다. 우리는 이미 국왕의 수라상 설계에 적용된 우주적·계절적 요소를 지적한 바가 있다. 이것은 필연적으로 그의 반신半神적 속성과 지위를 반영한 것이며 끊임없이 우주적 변화와 조화를 이루고 있었다. 적합한 식재료의 선택을 돕기 위해, 황궁은 상식국尙食局이라고 불리는 특별한 관청에 여러 기능을 담당하는 관리들을 두었다. 이 관청에는 고기 요리, 과자 굽기, 절임, 양조, 기타 기술자들과 16명으로 구성된 일단의 주사主事들이 요리를 감독하였으며, 여덟 명의 영양사食醫들은 국왕의 음식이 잘 준비되었는지 확인하고, 또 연회와 큰 전례행사에 적합한 식단을 짜도록 하였다(『대당육전』, 11:95; 『신당서』 I, 47:11a~b; 48:6b).

일반적인 연회와 전례식사와 약간 다른 특별한 상황은 조공사신과 그 수행원들, 대사들과 같은 외국손님들에게 식사를 대접하는 경우이다. 그들에게 제공할 술과 음식의 선택에는 복잡한 규칙이 적용되었다(『신당서』 I, 16:1a 페이지와 그 다음). 그러나 천자는 그들과 한 자리에서 먹고 마시고 음악을 듣지는 않았다(같은 책, 215A:2a). 요컨대, 예로부터 내려온 전통에서는 천자가 한낱 외국인에 불과한 사람들과 자신의 생활 가운데 의례적 부분을 공유하는 것을 금지하였다.

모든 그런 부분에 있어서는 보수적인 경향이 강했다. 궁중에서도 새롭고 이국적인 음식을 즐겨 먹었다는 것을 다른 자료를 통해 우리가 알고 있지만, 공식문서에는 왕의 수라상은 고전의 관례에 맞게 마련되어야 하며, 예컨대 아무리 절임과 같이 소박한 것이라도 고전 음식이 우선이라는 것을 명시했다(같은 책, 47:11a~b; 48:6b).

궁중 안팎으로 중요한 의례에 앞서 집전자는 다양한 방법으로 자기자신을 정화淨化하는 관습이 있었다. 그 가운데 가장 중요한 것은 단식이었다. 진귀한 사례로는 전통적으로 여성들의 일이었던 양잠 관리자가 행한 의례적 행위를 들 수 있다. 황후는 관습에 의거하여 이 작은 제례를 주관한 최고의 무당이었다. 그녀는 해마다 궁중의 여러 전각에서 일정기간 단식을 하는 동안에 의례를 준비했다(같은 책, 15:1a).

위대한 자연신이나 세상을 떠난 국왕의 제사와 같이 국가적으로 중요한 의례에서는 역사가 오래된 전통적인 음식과 술이 강조되었다. 이러한 행사에는 『예기』와 같은 고전에 등장하는, 대부분 산초가 포함된 여러 종류의 향기로운 술이 제물로서 매우 중요했다. 의례용 음식은 대나무로 만든 바구니나 나무접시, 혹은 고대에 사용된 것과 비슷한 모양의 용기에 담아 신전에 올렸다. 제물의 수량은 대상이 되는 신의 지위와 권력에 준하여 엄격하게 규정되었다. 예컨대 7세기에는 천신과 지신에게 각각 4개의 용기에 담은 음식이 진설되었고, 왕의 조상신들을 위한 제례에는 각각 열두 개의 용기에 음식을 담았지만, 풍신과 우신을 위한 제물은 단 두 가지뿐이었다(Wang P'u 1935 ed., 17:349).

신에게 바치는 제물은 관습상 다섯 가지의 동물고기가 쓰였는데, 그중 한 가지는 삶아서 진설했다. 제물로 쓰일 고기의 종류는 숭배대상이 되는 신의 지위에 따라 다르다. 또한 생선과 육포로 구성된 더 보수적인 스타일의 제물도 있다(『신당서』 I, 48:7a). 약간 놀라운 사실은 당대에 천신에게 바치는 제물 중에서 야생동물의 고기가 발견되었다는 점이다. 아마도 이러한 야생동물 고기는 전통적인 가축동물 고기를 어느 정도 대체하였다고 생각된다. 제물에는 일반적으로 먹는 고기종류 외에 염장 토끼고기는 물론, 말린 사슴고기, 염장 사슴고기까지도 포함되어 있었다(『신당서』 I, 12:6b~7a).

천신제와 같은 큰 행사에는 식물성 식품도 중요한 역할을 한다. 마름, 밤, 대추, 개암, 죽순, 그 밖의 많은 식물성 식품들은 대부분 식초나 소금에 절인 것을 사용한 것 같다(『신당서』 I, 12:6b~7a; 48:7a; 『전당문』 중 이백의 시).

우리는 중요한 제사에 통상 사용하는 향기로운 술에 대해 이미 언급하였다(고위 관리들의 음주는 궁중의례의 정규적인 특성이라는 것을 명기할 필요가 있다)(『신당서』 I, 11~12장).

공식적인 의례가 아니고 불교적 관습인 것으로 보이지만, 별의 신에게 제물로 바치는 우유와 유제품에 대한 당대의 언급은 주목할 만하다. 예컨대 쿠미스(젖으로 만든 술)는 묘성昴星의 신께 제물로 헌상되었다(Tao-shih 1922 ed., 5:18a~20b).[*31]

술은 결혼, 출생, 장례와 같은 행사에도 필요한 존재였다(Shinoda 1963a, pp.337~38). 사회구조가 단순한 고대사회의 의례는 샤머니즘적 요소가 두드러져, 남자가 비파를 연주하고 여자(틀림없이 샤먼)는 춤을 추는 가운데 신부가 제단에 술을 올리는 장면이 묘사된 8세기 시도 있다(『전당시』, 2:4a, 왕건). 이것은 마치 신부와 샤먼, 혹은 신부와 혼례를 주관하는 여신이 혼연일체가 된다는 느낌을 강하게 주고 있다.

음주를 위한 계절 행사도 있었다. 그 대표적인 예로 8세기 중반에는 관내의 노인들을 대접하기 위해 풍악을 울리고 술을 제공하는 경로잔치가 지방관들의 감독하에 열렸다는 기록이 있다(『자치통감』, 212:2a; Shinoda 1963a, p.338 참조). 또한 중양절重陽節에는 '국화'주를 마시는 관습이 있었다(Shinoda 1963a, p.338).

인육은 의례 음식 가운데 아주 특별한 종류에 속한다. 분노한 당나라의 백성들이 부패하고 폭정을 휘두른 관리의 신체를 토막 내어 먹어버리는 것은 예사롭지 않은 일이었는데, 다음과 같이 의례적인 식인행위를 몇 가지 들 수 있다. 739년, 왕의 총애를 받던 궁중관리 중 한 사람이 동료의 범죄를 덮어주는 조건으로 뇌물을 받았다. 이 사건이 밝혀지자, 왕은 범죄자를 태형에 처한 뒤 형리刑吏에게 범인의 심장을 잘라내어 그 고기를 한 점 먹도록 명하였다(『자치통감』, 214:7a). 또 767년에는 어떤 남자가 자신의 비행을 비난한 경쟁자를 죽인 다음 그의 신체를 조각내어 먹었다(같은 책, 224:5a). 803년에는 한 군관이 주도하여 자신의 지휘관에게 반란을 일으켰고, 지휘관을 죽인 다음 먹어치웠는데, 아마도 그의 조력자들의 도움이 있었을 것으로 추측된다(같은 책, 226:5b).

위에서 논의했듯이 모든 의례, 특히 세속적인 축제도 격식에 따라 먹고 마시는 수준이 정해진다. 아마 그 가운데 군주 자신이 주관하고 모든 민중이 공유했다는 의미에서 최고의 의례라고 할 수 있는 것은 바로 나랏돈으로 마시는 공공연한 폭음, 즉 일종의 마시는 축제이다. 이 축제에는 역사적이고 신화적인 동시에 유익하고도 즐거운 장면을 연출하는, 마치 꽃수레 행렬과 같은 여흥이 뒤따른다.[*32] 이런 공식적인 폭음 축제는 대체로 3일 내지 5일 간의 선포된 일정기간 동안만 허용된다. 이 축제의 공연한 목적은 국민적 환희를 자유롭게 표현할 수 있는 기회를 허용하는 것이다. 당대에 돌궐족과의 두 차례의 전쟁에서 승리를 거둔 것을 축하하기 위해 열린 630년의 축제가 이런 사례에 해당한다. 또한 682년에 열린 왕세자 탄생 축하연, 732년에는 지신地神에게 바치는 궁정제사와 같이 열린 축제, 그리고 754년에는 현종에게 바친 존호尊號를 축하하기 위한 축제가 열렸다.

장안에서 과거에 응시할 수 있는 자격을 얻은 지방학자들이나 혹은 대과 합격자를 예우하기 위한 축하연은 조금 작은 규모로 벌어졌다. 가장 규모가 작은 축제는 가장 우수한 젊은 인재舉人[71]를 선정한 후에 각 지방 현별로 이루어지는 주연酒宴이었다. 이 축제에서는 풍금을 치는 음악공연과 야심찬 젊은 인재들이 후보로 나선 시회詩會가 열린다(後唐明宗)*[33]. 이와 유사하지만 더 규모가 큰 사례로 새롭게 합격한 진사進士의 명단이 장안의 대불승원 자은사慈恩寺 탑에 게시되면, 장안의 동남쪽에 위치한 곡강호曲江湖 정원에서 행운을 거머쥔 합격자들을 위한 큰 연회가 열렸다고 한다(T. P. Wang 1968 ed., p.248). 당 중엽은 물론 다른 시기에도 고급관료가 새로운 보직에 임명되면, 그의 영예를 축하하기 위해 어마어마한 축연이 거행되었다. 이것은 소미연燒尾宴[72]이라는 명칭으로 불렸다(『신당서』 I, 125:1b).

위에 인용한 모든 사례들은 모든 축제의 반半의례적인 특성에 대한 호이징가의 생각―축제는 특별한 시간과 목적을 위해 열리고, 어느 정도 일상사와는 떨어져 있으며, 별도로 다루어진다는 것―을 설명해준다.

이와 유사한 것으로서 새로운 관직에 취임하기 위해, 혹은 일정기간 지방으로 불명예스러운 유배생활을 위해 떠나려는 사람에게 제공되는 연회는 보다 사적인 것으로 참석자는 두 사람으로만 한정되기도 했다. 이러한 송별회는 떠나는 사람이 가는 목적지 방향에 있는 성문 가까이에서 개최되었다. 이러한 행사에서는 때때로 슬픔에 잠겨 그 분위기에 맞는 즉흥시를 많이 읊었다. 예컨대 떠나는 관리가 정치적 범죄로 먼 남쪽 지역으로 유배를 당한다면, 송별의 시는 불행한 여행자가 끝내 직면하게 될 공포, 즉 말라리아가 들끓는 안개와 숲의 악령, 식인 야만인들과 독사 등의 공포에 대한 불

---

71 명·청 시대에 지방 향시에 급제한 젊은 사람을 지칭한다.
72 당대 장안에서 성행한 일종의 특수 연회로, 선비가 새롭게 관직에 취임하는 것을 축하하기 위한 친구, 동료들을 초대한 연회를 가리킨다.

쾌한 암시가 담겨있을 때도 있었다.

손님 대접에 관한 마지막 메모는 다음과 같다. 손님에게 음식이나 술, 혹은 그 두 가지를 대접하는 것은 전 세계적인 관습이다. 당 현종의 경우는 그의 특이한 겸양을 말해준다. 이백이 황궁에 초대받았을 때 그는 음식 대접을 받았고 왕이 직접 맛있는 국을 끓여 주었다(『신당서』 I, 202:8b). 당대에는 차의 음용이 점차 중요해지자, 현대 영국과 마찬가지로 손님에게 차를 대접하는 것이 관습이 되었다(『전당시』, 장계張繼 참조). 식후에 손님에게 술을 대접하는 것이 보통이며, 각자 차례대로 자기 잔에 담긴 술을 마셨다. 이것은 요리가 나올 때마다 술을 마시는 송나라의 음주 관습과 대조된다(M. Ishida 1948, pp.93~94).

주막과 술집

송별연과 접객과 같은 이야기는 자연히 일반인들에게 음식과 술을 먹고 마실 수 있는 술집과 주막을 떠올리게 한다. 실제로 음식을 제공했다는 장소의 증거는 매우 빈약하다. 그러나 당대 문헌에는 술을 먹을 수 있는 장소에 대한 언급이 아주 많다. 몇 개의 사례만 들어보자.

당대 중국의 지친 여행자들은 휴식을 취하고 충전하기 위해 불교나 도교사원에서 머무르는 것이 오래된 관행이었다. 덕종德宗[73]은 자신이 다스리는 나라 안에 있는 이런 기관들에게 일반 손님들이 묵을 수 있도록 좋은 상태를 유지해야 한다는 칙령을 내렸다. 왜냐하면 그는 불교와 도교의 중요한 목적은 모든 살아있는 생명의 안녕을 유지하는 데 있다고 생각했기 때문이다(『전당문』, 「덕종」편). 그 밖에도 관관館이라고 불리는 숙박소가 전국에, 특히 여행자가 많은 도로변에 있었다. 이 말을 나타내는 글자의 형태는 이것이 공무, 즉 관官이라는 말과 관계가 있다는 것을 보여주고 있다. 요컨대 어원상 이 명칭은 '공무상 수행을 하는 관리들의 숙박시설'이라는 뜻이다. 물

---

73 779~805년 동안 재위한 당의 황제.

론 당대가 되면 이 말이 붙는 숙박소에서는 관리가 아닌 다른 여행자들도 마찬가지로 환대했을 것이다. 그렇지만 당대의 관리들이 쓴 시에 등장하는 숙박소에 관한 수많은 언급을 통해서 이 말의 원래 의미가 아직도 만연하다는 것을 알 수 있다. 그리고 나는 이러한 장소와 관련된 공식적인 글자가 여전히 사용되고 있었다는 것을 간단명료하게 말해주는 두 편의 참고문헌의 존재를 알았다(『전당문』, 「왕발王勃」; 『신당서』 I., 124:3a~b)[34].

이보다 더 열악한 장소는 도시든 농촌이든 가리지 않고 있었다. 이러한 장소는 주로 술을 파는 곳으로, 때로는 오락물도 제공하였다. 확실한 건 이곳은 누구라도 이용할 수 있는 곳으로 주점酒店(주사酒肆, 혹은 주루酒樓)이라고 불렸다. 그러나 우리는 때때로 여행자를 위한 가게, 즉 여점旅店에 관한 언급을 발견하였으며 여기에서는 손님들에게 하룻밤 숙박을 제공하였다. 물품은 넘쳐나고 음식은 저렴하며, 여행하기 안전했던 8세기 중 가장 번영하던 때에는 '음식과 술을 준비해 놓고 여행자들을 기다리는' 음식점肆들이 모든 공로公路변에서 영업을 하였다(『신당서』 I, 51:4a)고 했다. 여숙旅宿은 큰 시장, 상류층의 고급주택지, 그리고 나루터와 같이 사람들이 많이 모이는 곳에 생기는 경향이 있었다(Marugame 1957, pp.309~13). 주점은 특별한 깃발酒旗을 걸어놓기 때문에 쉽사리 식별되는데, 이러한 것들도 시에 자주 언급되었다(『전당시』, 「라은羅隱」[74] 참조).

대개 외국계로 보이는 아리따운 아가씨들이 보다 유혹적인 서비스를 제공하는 특별한 술집도 있었다. 이백은 그에게 술을 따라준 '오나라의 기생吳伎'에 관한 시를 썼는데, 실제로 그 시를 쓸 당시 그는 오나라 지역에 머물고 있었지만 그저 암시와 상찬을 할 뿐이었다(『전당시』, 이백, 14:6b). 그러나 여기에서 우리는 관행적인 유사類似 이국성만을 다루어야 한다. 영남 지방에서 나그네의 마음을 스치고 지나가는 낭만적 생각이 어떤 것인지, 술집 아가씨가 자기 가게의 술 한 모금을 주면서 고객을 유인하는 그 술집이 어딘지 아마 우리는 결코 알 수 없을 것이다(Liu Hsün 1892 ed., 845:7a). 그러나 진짜 외국인 접대부—중국에서는 일반적으로 당로當壚[75]라고 지칭하며 '술을 데

---

74 833~909. 당 말기의 시인.
75 당나라 승려 한산(寒山)의 시에 '15살 외국 출신 아가씨가 봄날에 혼자서 술을 덥히고 있다(胡姬年十五, 春日独当壚)'라는 구절이 있다.

우는 일을 하는 여자'를 의미한다―가 술시중을 드는 모습은 주요 도시, 특히 장안에
서는 쉽게 볼 수 있었다. 이러한 외국인 술집접대부 가운데 많은 사람들은 틀림없이
토카리아인Tocharian[76] 혹은 소그드인Sogdian[77]의 혈통을 가졌으며, 대부분 머리카락
색이 밝고 푸른 눈을 갖고 있었던 것 같다(Schafer 1963, p.21. 『전당시』의 하조賀趙, 이백,
같은 책 2:7b도 참조). 당나라에서는 보통 '호희胡姬', 즉 '오랑캐 기녀'라고 불리는 이 예
쁘고 젊은 아가씨들이 ―가끔은 귀한 석재를 깎아 만든― 술잔에 진귀한 술을 담아
손님들에게 권하고, 한편에서는 피리와 금琴 소리에 맞추어 가무를 펼쳐 손님들을 황
홀경에 빠지게 하였다.

---

[76] 타림 분지(현재 중국 신장 지방) 북부 지방의 지명, 민족명, 언어명.
[77] 이란 북부 지방의 지명, 민족명, 언어명.

미주

1. 중국의 식이요법학에 관한 중세 초기의 의학서에서 따온 다른 인용은 중국의 의약품으로부터 인용한 식품과 약의 명칭에 대한 10세기 일본의 해설목록에도 실려 있다. 그러나 그 글자는 담바의 원본과 본질적으로 동일하다(Shinoda 1963b, pp.317~19).

2. 다음과 같은 논의의 상당 부분은 저자의 이전 저작에서도 등장하였다(Schafer 1950, 1954, 1956, 1959a, 1959b, 1962, 1963, 1965, 1967, 1970; Schafer and Wallacker 1958). 이러한 저술에 대한 구체적인 언급은 예외적인 사례에만 제시되었다. 아래에 인용되거나 언급된 대부분의 문헌자료는 『전당시』나 『전당문』 가운데서 찾을 수 있을 것이다.

3. 왕우칭은 10세기 사람이다. 그러나 그의 증언은 당대에 적용된다고 생각한다. 이 시의 제목은 「贈湖州張從事」이다.

4. 이 용어는 다양한 겉모습을 시사하지만, 모두 rape, rapa, raphanus(무 종류)를 의미하는 것으로 생각된다.

5. 박을 삶은 물은 무엇보다도 한유韓愈를 비롯한 다른 사람들이 관찰한 바와 같이, 남부 지방의 주로 쌀을 먹는 지역에서 비타민B¹이 부족해서 발병하는 베리베리beri-beri병을 치료하는 데 유용한 것으로 밝혀졌다. 빈랑열매도 이 병을 치료하는 데 귀한 것으로 간주되었다(Lu and Needham 1951, p.13~15; Schafer 1967, p.175; T. C. Che'n in S. C. Li 1965 ed., 22:63). 베리베리병의 일반적인 증상은 부종이며, 때문에 중국에서의 명칭은 우뚝 솟는다는 뜻의 굴기(崛起)이다.

6. 이러한 과일들 간의 관계가 밀접하다는 점에 대해 분류학자들의 의견은 일치하지 않는다. 오히려 그것들을 하나의 종, 즉 Nephelium으로 분류하지 않고, 각각 Litchi sinensis, Euphoria longan, 그리고 Nephelium lappaceum으로 나누는 보는 사람들도 일부 있다.

7. 시노다(1963a, p.334)는 석류주, 코코넛주와 같은 이국적인 음료를 논하는 과정에서, 티베트나 몽골의 스텝지대에서 마시는 '우유술(乳酒)'이라는 용어를 보고 당혹스러워했다. 간단명료하게 말하자면 이 우유술은 쿠미스(Kumiss)의 다른 이름일 뿐이다.

8. 이 말은 내가 선택한 것이다. 비록 이 말들이 현대 중국어의 쓰임새에 완전히 부합하는 것은 아닐지언정 나는 이것들에 대한 믿음을 갖고 있다. 또 다른 일련의 번역은 Pulleyblank 1963, pp.248~56에서 나타난다. 락(酪)은 '끓여서 신맛이 나게 만든 우유'이며, 소(酥)는 '버터'이고, 제호(醍醐)는 '정제된 버터'이다. 분명히 말해 두지만, 나는 당대의 소(酥)의 의미에 대해서는 Pulleyblank의 의견에 동의할 수 없다.

9. 일부 분류학자들은 오수유(吳茱萸)를 초피나무(Xanthoxylum)의 종으로 분류한다.

10. 같은 이유로 당의 시에서 정향(丁香)은 보통 라일락의 작은 꽃을 지칭한다. 이러한 애매함은 터무니없는 번역상의 오류를 자주 야기한다.

11. 네 곳의 소금 검사청은 영가(永嘉), 임평(臨平), 신정(新亭), 난정(蘭亭)이었다. 염전에 대

한 행정통제에 관해서는 『신당서』 I, 48:13a를 참조할 것.

12. 현대의 일본간장(醬油)은 삶은 콩을 발효시킨 뒤 소금물에 담아 만든다.

13. 시노다는 중세 일본의 초밥(스시)의 일종이라고 보이는 흥미로운 각양각색의 자(鮓)에 대해서 논하였다. 그러나 기술에 사용된 단어는 반드시 그 의미를 뜻한 것이 아니라 발음표기일 뿐이라고 언급하였다. 부들(蒲)잎은 자를 만드는데 적합하지 않았으며, 그는 푸(蒲)라는 음절이 현대 태국어에서 스시의 일종을 표현하는 푸라하(pura-ha)와 같은 한 표현의 시작을 나타내는 것이라고 생각하고 있다.

14. 가끔씩 호병(胡餅)은 호마병(胡麻餅), 즉 참깨 빵의 약자로 쓰였다. 그러나 결국 이 두 개는 동일한 것이 되었다. 『전당시』의 백거이, 18:4a 참조. 시의 제목에 쓰인 호병은 시에서는 호마병이 되어 있었다. 시인은 쓴 '밀가루는 가벼웠고, 기름은 향기롭다'라는 표현은 명백히 튀긴 빵을 지칭한 것이었다. 보우터우라고 불리는 튀김과자와 퇴(䭔)라는 달콤한 증편이 당대에 얼마나 일반적인 음식이었는지는 확실하지 않다.

15. 단술(醴)은 보리누룩이 중요한 성분이므로 맛있는 영국 맥주와 비교하면서 사람들은 이것과 맥주와의 유사성을 찾으려 할 것이다. 그러나 아마도 우리는 속게 될 것이다(S. S. Ling 1958, pp.890~92 참조. 단술은 보리의 싹으로 만든다). 링Ling은 곡식을 입으로 씹어서 만든 술과 누룩으로 만든 술을 비교하였다. 씹은 곡식의 경우는 프티알린(타액) 효소가 술로 전환하도록 도와주고 있다.

16. 기장(秫)은 찰조(millet)의 일반명사이다. 나(糯)는 찰벼의 일반명사이다. 찰조는 기장 (Panicum sp.), 혹은 마녀풀(witchgrass)의 강(綱)에 속한다. 중국의 양조업자들이 누룩에 사용하는 중국의 전형적인 효모(국麴 혹은 국모麴母라고 부른다)는 흑색 곰팡이를 만들어 낸다. 빵에서 일반적으로 발견되는 다른 곰팡이도 있다(Shinoda 1963a, p.328).

17. 술의 구분법은 잔류물로 약간 오염된 탁주와 걸러서 투명하게 만든 술, 즉 청주로 나누어진다. 청주는 군자(君子)를 상징하는 데 자주 사용되는 은유였다. 이러한 문학상의 편애에도 불구하고, 탁주는 결코 괄시를 받는 술은 아니다(Shinoda 1963a).

18. 당대에 술은 간헐적으로 정부의 통제를 받았다. 때로는 사적으로 양조한 술에 대해서 세금을 부과하는 정도까지만 통제하였으나, 누룩과 술의 판매에 대해서는 말 그대로 국가적 독점이 작동할 때도 있었다(자세한 것은 Marugame 1957, pp.292~93, 303~06 참조).

19. 당의 한 권세가는 '남부 지방'(문맥상 영남을 지칭함)에서는 종래 사용해 온 익숙한 이스트나 효모를 사용하지 않고, 토착식물 추출물을 사용하여 발효시켰다고 기록하였다(C. L. Fang 1846 ed., 233:3b~4a).

20. 아락(arrack)이라는 말은 분명 아랍어에서 유래한 것이며, 여러 가지 인도-이란어를 거치면서 서서히 전해졌다.

21. 이 시들은 옹도雍陶와 백거이의 작품이다. 자세한 것은 Schafer 1967, p.190, 또한 Shinoda 1963a, p.337에서 '불에 탄 봄(燒春)'을 참조. 이것은 '불에 탄'(증류주로 추정)

봄의 술이라는 뜻이다.

22. 이 고전의 현존본은 일본 다도의 성립에 큰 영향을 준 것이나, 저자로 추정되는 이의 온전한 원작은 아니다. 예컨대 이 책에 등장하는 지명은 당대의 유명한 차와 도자기의 생산지와 일치하지 않는다. 이들은 송대의 편집본에서 '수정'되었을 것으로 추정된다.

23. 예컨대, 우리는 '생강차'를 식사 때 곁들여 마시면 강장효과가 있다는 왕건의 문장을 볼 수 있다(왕건, 『전당시』, 3:3a)

24. 최고급의 차는 다아(茶芽)라고 불리는 어린 찻잎의 싹으로 만든다(Schafer and Wallacker 1958, p.222).

25. 차에 대한 과세(茶稅)는 왕애王涯를 세관으로 임명하면서 시작되었다는 반대 증언도 있으나, 최초로 부과된 건 793년이었다. 반대 증언에서는 9세기 문종의 재위기간을 언급했다.

26. 누노메 조후우布目潮渢는 다도에서 불로장생의 영약 추구와 같은 도교적인 요소를 찾아내었다.

27. 현대사전인 『사해辭海』에서는 귀(鍋)를 푸(釜)의 같은 뜻을 가진 방언으로 다루고 있다. 이동李洞의 시에서 등장하는 다과(茶鍋)라는 표현이 그와 같은 사례이다(『전당시』). 그러나 나는 이것이 문화사적 문제라고 말하는 오카자키의 주장에 동의한다. 나 또한 피일휴의 「다조茶竈」라는 제목의 시를 보았다(『전당시』, 4:10b). 나는 이 제목을 찻물을 끓이기 위해 고안된 작은 화로를 언급한 것이라고 파악했다.

28. 거의 동시대를 유화로 그린 그림의 표본이 일본에 남아 있다.

29. 차가운 음료용 잔을 만드는 데에는 '가열' 속성이 있는 유황이 사용되었다. 한편 따뜻한 음료는 물에 떠다니는 도자기 그릇에 담아내어야 균형을 잡을 수 있었다(Feng Chih 1939 ed.).

30. 20세기의 에스키모인들도 유사한 미각을 갖고 있다. 우리는 탄나힐Tannahill의 저서(1973, p.28)를 통해 복잡한 위장구조를 갖고 있는 반추동물 동물의 경우, 약초성분을 부분적으로 발효시켜 그 발효가 음식의 맛을 확실하게 내도록 도와준다는 점을 알 수 있다.

31. 유제품은 인도를 비롯하여 우연하게도 불교의 영향권에 속하는 다른 지역에서 통상 섭취한다고 보면 타당할 것이다. 그래서 불교와 우유의 음용 간의 관련성은 단지 역사상의 사건에 불과하다. 특이한 점은 같은 출처(Tao Shih 1922)에서 새의 고기를 여성을 상징하는 별자리, 즉 서양 사람들이 말하는 물병자리에 헌상해야 한다고 언급하였다는 점이다.

32. 이 관습의 기원은 주(周)대까지 거슬러 올라간다. 이 관습의 당나라식 버전은 교토의 기온 축제(祇園祭)로 현대 일본에 남아 있다.

33. 이 정보는 당대 후기에 내려진 칙령에서 얻었으며, 이 칙령으로 인해 명백히 쓸모 없어진 관습을 복원하였다.

34. 이러한 여인숙은 대개, 아마도 전부 우아하고 환상적인 명칭을 갖고 있었다. 예컨대 두보가 은유한 선녀관(仙女館)과 같은 것이다. 이것은 대부분 적절하게도 여신들이 출몰하는 양자강 주변에 위치하고 있었다(두보, 『전당시』, 15:17b).

4. 송宋

마이클 프리먼Michael Freeman

그림 29. 「청명상하도」 중 한 장면

그림 30. 「청명상하도」 중 한 장면

북송이 북쪽 여진女眞족의 침입으로 함락당했던 시기에, 장택단張擇端(1085~1145)이라는 한 무명의 궁중 화가는 긴 두루마리에 「청명상하도淸明上河圖」(그림 29~30)라고 불리는 그의 유일한 걸작을 그렸다*[1]. 이 그림은 비할 데 없는 신선함과 디테일로 고도古都의 생활을 묘사하였는데, 긴 겨울이 지난 뒤 신록과 생명감이 넘치는 전원지대에서 출발하여 붐비는 교외를 거치고 최후의 목적지인 수도에 이르기까지, 서서히 그리고 더욱더 큰 흥분을 자아내는 풍경 속으로 우리들을 안내한다. 수도의 대로는 여러 민족의 여행자들, 무수히 많은 가게, 큰 저택과 술집으로 꽉 들어차있었다. 오늘날 우리는 장택단이 묘사한 이 도시를 개봉開封[1]으로 부른다. 개봉은 그때나 지금이나 여름에는 덥고 먼지가 많았으며 겨울에는 춥고 눅눅했다. 홍수에는 취약하고 군사적으로 방어하기가 어려웠으며, 제국의 수도가 되기에는 전적으로 적절치 않은 장소였다. 장택단은 이에 전혀 괘념치 않았다. 그에게 있어서 이 도시는 이름 그대로 변경汴京[2], 즉 변汴의 수도였고, 거대 상업도시의 부산스러움과 흥미진진함, 그리고 천자의 거소에 수반되는 위풍당당함을 결합한 그런 곳이었다. 우리가 설 명절, 즉 춘절春節을 보면 과거에 실제로 존재했던 것 뿐만 아니라 당위성을 갖고 살아가는 모습을 볼 수 있다. 이 풍경은 방탕한 부가 낳은 기억의 산물이며 마찬가지로 도시에 대해 품고 있었던 풍요로운 감정의 산물이다.

이러한 풍경의 초점은 실제로 군사적 위용을 과시하기 위해 중국 역사에서 모든 것을 동원하는 황제와 관청에 맞춰져 있지 않다. 그림은 왕궁에 이르기 한참 전에 끝난

---

1 하남성에 있다.

2 현재의 개풍이며, 북송의 수도로 당시에는 변경이라고 불렀다.

다. 오히려 그림은 도시와 사람들의 삶, 특히 그들이 먹는 음식에 초점을 맞췄다. 음식의 생산과 분배, 그리고 소비는 이 그림의 주요 주제였다. 그림은 새로 파종 준비를 하고 있는 시골의 들판을 가로질러 지나가는 것으로 시작한다. 길은 강으로 이어졌고, 강은 곡식을 가득 싣고 수도로 가는 큰 운반선으로 붐비고 있었다. 출발점에서는 소박하고 허름한 여관과 찻집이 있었지만, 점차 그 수는 늘고 외양도 번듯한 것으로 변한다. 그다음 단계로 도시 안으로 들어가게 되면 꽃으로 장식한 구조물인 환문歡門에 관인 깃발을 높이 단 음식점을 볼 수 있는데 이것으로 이 도시가 얼마나 풍요롭고 화려한지 알 수 있다. 거리는 제국에서 알려진 모든 진미를 팔러 다니는 간단한 좌판대와 행상으로 붐볐다. 어딜 가나 풍부하고 다양한 요리를 권했다. 장택단이 가진 즐거운 기억의 중심에는 옛 수도의 음식에 대한 생각이 깊이 자리 잡고 있었다고 볼 수 있다.

음식에 대한 생각은 많은 송나라의 사람들의 마음을 지배하고 있었다. 시인들을 음식을 찬양하였고, 전기 작가들은 음식 목록을 만들었으며, 철학자들조차도 이것을 생각해 볼 가치가 있는 것이라고 하였다. 다행히도 그들은 강박관념에 사로잡힌 것이 아니라 기쁘게, 어느 시대의 조상들도 감히 꿈꾸지 못한 요리의 풍요로움에 매혹되고 감동을 받았다. 송의 요리사들은 농업적인 면과 상업적인 면, 이 두 가지 부문에 있어 혁명적인 발전의 혜택을 받았으며 특히 두 수도3는 전대미문의 풍요로움으로 그곳의 주민들은 아마도 당시 전 세계에서 가장 풍족하게 먹는 사람들이었을 것이다. 사치품으로 여겨졌던 음식이 이제는 거리를 가득 메운 많은 관리 및 관료들뿐만이 아니라 수많은 무역상, 장사꾼들, 장인들에게도 필수품이 되었던 것이다.

어떤 사회이든 그 사회 구성원들을 먹여 살리는데 눈에 띄게 성공한 음식사는 우리가 연구할 만한 가치가 있는 대상임에는 틀림없다. 그러나 송대의 물질적인 풍요로움은 백성 대다수가 음식을 충분히 즐길 수 있게 해 주었고, 모든 방면 중에서도 음식을 의식 있고 세련되게 대한다는 태도가 발전하고 개선되었다. 송 시대, 특히 남송(1127~1279)에서는 세계 최초의 고급 요리cuisine4가 탄생하였다. 이 세련되고 자의식

---

3 송(960~1279)은 건국 당시에는 변량(汴梁, 현재의 개봉開封)에서 개국하였으나 북방 민족의 침입에 의해 남천(1138)하여 임안(臨安, 현재의 항주)으로 수도를 옮겼고, 결국 수도가 두 곳이 되었다.

4 프랑스 혁명 이후 상공인들은 궁중 밖으로 나오게 된 궁중 요리를 즐기게 되었는데, 이때의 요리를

강한 전통은 새로운 식자재와 기술에 의해 수정되고 풍요롭게 발전하여 오늘날까지 전해 내려왔다.

요리의 일반적인 전통과 고급 요리를 구분하는 문제는, 대체로 서양의 요리법과 관련해서 논쟁거리가 되기도 한다. 미국 사람들에게 고급 요리는 존재하지 않지만, 프랑스인에게는 그들의 주장대로 고급 요리가 있다는 것에 통상적으로 동의하고 있다. 고급 요리는 사전적 정의, 즉 '요리 방법이나 스타일' 그 이상인 것은 분명하다. 우리는 즉석 고급 요리short-order cuisine라는 말을 사용하지 않는다. 여기서 우리가 말하는 정의는 역사성을 갖고 있다. 고급 요리의 등장, 요리와 식사가 지닌 강한 자의식의 전통은 어떤 물질적 요소, 즉 이용가능하며 풍부한 식자재의 존재와 음식에 대해 취하는 일련의 태도 및 인생에서 차지하는 음식의 지위와 융합된 결과이다.

고급 요리의 발전은 무엇보다도 많은 종류의 식자재 사용을 의미한다. 이러한 다양성은 아마도 필요에 의해 고무되기도 하겠지만, 부분적으로는 일견 예상 밖의 재료를 가공하고 섭취하고자 하는 요리사와 고객의 의지에서 유래한다. 그것은 중국 구황식품의 전통이며, 결핍의 시기에 의지했던 민간지식의 저장고이다. 진정한 고급 요리로 발전시키려는 광범위한 실험을 위해, 특정 지역에서만 나는 생산품을 포함한 많은 식재료가 필요하였다. 송대에는 민간전통이 깃들어진 농촌보다는 도시, 특히 수도에서 다양하고 풍부한 식생활이 존재했다. 북쪽이 함락되기 전에는 개봉開封, 함락 후에는 항주杭州가 수도였는데 이곳에는 제국의 모든 지역뿐만 아니라 해외의 식품이 모여들었고, 요리사들은 마음껏 실험을 할 기회가 생겼다. 더욱이 이 고급 요리라는 것은 어느 특정한 한 지역의 요리 전통이 발전한 게 아니었다. 지방에서 구할 수 있는 식자재는 너무나 제한적이었으며, 요리사나 요리를 먹는 사람들 모두 보수적인 경향이 있었다. 즉 요리법은 역사적으로 한 가지 전통에서 발전해 온 것이 아니라, 여러 지역의 요리 전통 가운데 가장 좋은 부분을 선택과 융합을 하고 체계화시켜 발달했다.

하나의 요리법이 탄생하려면 출신 지역의 맛에 얽매이지 않고, 익숙하지 않은 음식을 기꺼이 시식해보려는, 상당수의 비판적이고 모험심 강한 미식가의 존재가 필요하

haut cuisine라고 불러 고급 요리라고 말하였다. 여기에서 사용된 cuisine라는 용어는 '고급 요리'를 지칭한다.

다. 좋은 요리를 먹고자 하는 엘리트 소비자들이 굉장히 큰 역할을 하는 것이다. 또한 새로운 요리법이라는 것은 전통적인 요리보다 적용하는 기준의 폭이 더 넓고, 보다 수용적이어야 하며, 동시에 진정성이 있어야 탄생할 수 있다. 그리고 이러한 기준은 소비자 집단의 규모가 충분히 커서 한 사람의 개인적 취향을 초월할 수 있을 정도가 되어야 한다. 특정한 지배자 한 사람이나 소수의 엘리트는 최상급의 요리를 만들도록 명령할 수는 있지만, 요리법을 만들어 내지는 못한다. 음식소비자들도 요리사의 모험을 격려할 수 있을 만큼 세련된 맛을 알아야 하며, 이것은 또한 합리적 성찰의 정도를 의미한다. 사천 출신인 송대의 시인 소식(蘇軾, 1037~1101)이 자신이 나고 자란 고향의 음식을 그저 생명을 유지하기 위한 것으로 취급했다면 요리법의 발전에 공헌할 수가 없었다. 그가 고향음식을 '사천 스타일의 음식'으로서 인식할 때, 비로소 다른 전통의 음식과 결합시켜 또 다른 중국 요리법을 창조하는 데에 참여하게 된 것이다.

마지막으로, 요리법은 오로지 의식儀式상의 중요한 방법이라기보다는 음식을 소비할 때 느끼는 진정한 즐거움을 가장 우선시하는 태도가 만들어낸 산물이라는 것이다. 많은 프랑스 요리 연구가들은 요리법의 도입 시기를 이탈리아 메디치 가문 출신의 카테리나 왕비Catherine de Medici가 그녀 가문 소속의 이탈리아인 요리사를 대동하고 파리에 도착한 날을 기점으로 삼고 있다. 그러나 이 요리법이 진짜로 널리 알려진 것은 차후 열린 프랑스 궁정의 거창한 연회에서가 아니라, 프랑스 혁명 후 이 요리 스타일 중 일부가 사회에 확산되면서부터라고 한다. 매우 세련되었던 프랑스 요리는 더 단순해지고, 식재료에 더 충실함으로써 본래 요리 스타일로부터는 지속적으로 멀어지는 쪽으로 발전해 왔다. 음식은 주로 의례를 위한 것이었다. 아마도 이러한 의례 음식은 놀랍도록 풍요롭고 섬세한 요리였겠지만, 맛과는 별개로 과거의 방식에 지나치게 동조해야 한다는 의무감 때문에 제사를 준비하는 사람들은 근심걱정에 사로잡혀 있었다.

하나의 요리법이 등장하기 위해서는 입수 가능한 식재료, 세련된 입맛을 가진 수많은 소비자, 지역의 인습이나 의례로부터 자유로운 요리사와 탐식가들의 존재가 전제되어야 한다. 다행스럽게도 송대(960~1279)에는 농업과 상업이 동시에 발달하는 현상과 정치적인 사건이 연결되었고, 음식에 대한 사람들의 태도의 변화가 수반되면서 오늘날 우리가 중국 요리라고 인식하는 요리법이 탄생했다.

공급과 분배의 변화

송대 중국 요리가 획기적으로 발전하는 데 중요한, 아마도 결정적인 요소는 그 당시 일어난 농업의 변화일 것이다. 이 변화는 아주 중요한 요소인데 무엇보다도 전반적으로 식량의 생산과 공급이 증대되었기 때문이다. 송대에는 중국 농업이 피폐한 경우가 별로 없었다. 기근은 거의 들지 않았고, 만약 기근이 발생했다하더라도 일부 지방에 국한되거나 분배 시스템이 붕괴되어 발생한 것이었다. 이 당시 인구수는 처음으로 1억 명을 넘었는데, 이 수치는 송나라 이후 수 세기 동안 도달하지 못한 정점이었다. 그렇지만 생산 속도는 인구증가 속도를 앞섰다. 게다가 농민들은 아주 여러 종류의 식품을 생산할 수 있었다. 그래서 과거에 볼 수 없었던 품목들을 시장에서 흔히 살 수 있게 되었고, 차와 같이 소수의 사람들만 입수할 수 있었던 것들도 일반적인 품목이 되었다. 송대의 농업과 상업의 변화에 대한 중국, 일본, 서양의 많은 학자들의 연구를 통해 우리는 그 당시를 보다 더 이해할 수 있게 되었다.[2] 우리가 알게 된 식품 공급에 대한 연구 결과만을 요약하면 다음 두 가지 변화가 특히 중요한 것 같다. 첫째는 신품종의 쌀이 등장하면서 쌀 생산량이 크게 증가되었고, 동시에 밀과 조를 생산하던 지역을 여진족에게 빼앗기는 바람에 쌀에 대한 의존도가 지속적으로 상승하였다는 것이다. 둘째, 생산성이 높은 다수의 지역에서 동시에 일어난 농업의 상업화는 생산을 크게 증대시키는데 기여했을 뿐만 아니라 송대 요리에 특징을 부여하는 다양한 식재료의 생산을 가능하게 했다.

1027년[5]에 중국 동남부 복건福建 지역에서 가뭄으로 인해 기근이 발생하자, 송 진종眞宗은 지금의 베트남, 즉 참파Champa에서 수입한 신품종 볍씨를 나누어 주고 파종할 것을 명령하였다. 송 왕조는 오로지 고통받는 백성만을 배려하기 위해 움직인 것은 아니었다. 왕도王都와 군인들은 동남쪽에서 보내온 세곡稅穀에 의존하고 있었다. 따라서 당 왕조 이래 그래왔듯이, 동남 지역의 쌀 생산을 면밀하게 점검하고 독려하는 것은 정부의 관심사였다. 이 신품종은 널리 사용되기 좋은 두 가지 이점이 있

---

5 1011년의 오기이다. 기록에 의하면 복건성에서 널리 재배되고 있었던 참파볍씨를 양자강 유역에 분배한 것은 진종 연간인 1011년이다. 1027년은 인종(仁宗)의 재임기간이다.

었는데, 하나는 빨리 자라기 때문에 어떤 지역에서는 이모작이 가능했고, 또 한 가지는 이 품종이 가뭄에 매우 강하여 과거에 쌀을 생산하지 못했던 고지대에서도 경작이 가능해진 것이었다. 참파쌀은 경작지에 따라 생산량이 두 배로 늘어날 수 있는 잠재력을 가졌고, 종래 벼농사가 불가능했던 지역에서도 벼를 재배할 수 있게 했다(P. Y. Ho 1956, pp.200~18; and Perkins 1969, 2, 3장 참조).

어떤 의미에서 진종의 명령은 보다 큰 변화를 상징했다. 양자강 삼각주 지역의 농민들은 한때 한정된 토지에서 가장 일찍 여무는 올벼 품종을 찾고 있었으며, 그들은 단위 면적당 이익을 극대화할 수 있는 품종을 선택하는 경향이 있었다. 양자강 삼각주에서도 가장 생산성 높은 지역의 농민들은 참파품종보다 더 많은 이익을 얻을 수 있는, 맛도 좋고 보관하기도 좋아서 세리稅吏들도 선호하는 '약간 찰기가 있고' 늦벼인 멥쌀粳米을 생산했다. 남송의 관찰자 중의 한 사람인 슈린이 기록에 남기길 "멥쌀은 정미를 하게 되면 양이 조금밖에 나오질 않기 때문에 가격도 비싸고 세곡으로 바치는 것 외에 상류층에서 소비될 뿐이었다. 그러나 참파벼는 질은 약간 떨어지더라도 정미를 하면 양이 많이 나오고 가격도 싸기 때문에, 일반적으로 중산층 이하의 거의 모든 사람들이 먹는다"(Shiba 1968, p.151)라고 말했다. 참파쌀은 개인적으로 쌀을 거래할 때 주를 이루고 도시에서 가장 많이 먹는 품종이었다.

송대에 재배하고 소비하는 벼 품종은 이 두 가지에 한정되지 않았다. 참파벼에도 각각 80일, 100일, 120일에 성숙하는 여러 품종이 있었다. 글루텐의 함량도가 아주 높은 특별한 쌀은 술을 만들 때 사용되었고 환금 작물로 재배되었다. 당시 사람들은 시장에서 적미赤米, 붉은 연밥쌀, 노란 멥쌀, 향미, 그리고 관청 곡창에서 할인해서 파는 '묵은쌀' 등 여러 가지 종류의 쌀을 살 수 있었다는 것을 언급하였다(T. M. Wu 1957 ed., p.281).

북부 중국에서는 벼농사를 짓기에는 강우량이 부족했기 때문에, 당시 주요 곡식은 지금과 마찬가지로 밀과 여러 종류의 조, 수수 등이었다. 명백한 것은 벼농사에서 발생한 것과 같은 개선이 다른 곡물생산에서는 이뤄지지 않았다는 것이다. 생산량은 증가하지 않았고, 북부 중국의 경제적 위상은 송대 내내 지속적으로 저하하였다. 수수(고량)는 식품과 사료, 그리고 술의 원료가 되는 곡물—이 곡물의 이름을 딴 도수 높은 술, 고량주가 있다—로서 중국에서는 남송 연대에 처음으로 사천 지방에서 재배되기 시작하였으나 생산량이 많지는 않았던 것으로 보인다. 왜냐하면 송 왕조가 몽고족에게 멸망한 직후 중국을 여행한 마르코 폴로에 의하면, 그때 중국에서 소비된 거의 대부분의 술은 쌀에다 향신료를 넣어 만든 것이었기 때문이다(Hagerty 1940).

몇 가지 식품은 상업적 목적으로 생산되었다. 이러한 품목들은 일반적인 상품으로서 따져볼 때 쌀보다 훨씬 덜 중요하지만, 그럼에도 이용할 수 있는 식재료의 폭이 매우 넓었다는 것을 보여준다. 송대에 이르러 사천과 복건의 일부 지역에서는 사탕수수가 중요한 환금작물로 생산되기 시작하였다. 사탕수수는 고대부터 있었지만, 당대에 이르러 정제기술이 널리 보급되었다. 북송에서 설탕에 관한 논문인 「당상보糖霜谱」의 저자[6]는 사천의 수녕遂寧에서는 40% 이상의 농민이 사탕수수 생산에 종사하고 있었다고 주장하였다(S. Wang 1936 ed., p.2). 남송의 방대종方大宗은 선유(仙遊, 복건성) 지방에서 행하는 농사의 대부분이 사탕수수 농사인데, "매년 몇 만 병의 설탕이 회남淮南과 양절兩浙로 운반되는지 알지 못할 정도"라고 비난조로 말하였다(Shiba 1968, p.148 인용). 어떤 문필가는 달콤한 것은 "야만인들과 촌사람들"이나 좋아한다고 주장하였으나, 과자와 케이크, 설탕을 입힌 과일에 관한 기록을 보면 도시 사람들도 결코 크게 다르지 않았다는 것을 알 수 있다.

일상적인 음식으로 여겨지게 된 음식 가운데 가장 중요한 것은 아마도 차일 것이다. 차를 마시는 것 자체는 새로운 일은 아니다. 그러나 사회의 모든 계층의 사람들이 차를 마신다는 것은 차를 소비하는 유형과 생산되는 차를 마시는 예법이 달라졌다는 것을 말해준다. 송대의 중국인들에게 차를 마시는 것은 더 이상 사치가 아니며, 일상적인 필수품이었다고 말할 수 있다고 한다. 심지어 아주 가난한 가정에서도 차는 마셔야 했다. 이에 정부는 차의 생산과 분배를 용의주도하게 감독하였고, 차의 거래를 통해 엄청난 이득을 얻었다.

쌀과 차, 그리고 설탕은 생산규모가 커지면서 생산유형이 변화된 대표적인 작물로 꼽히는데, 이것은 그 밖의 다른 작물들의 생산유형마저도 변화시켰다. 분배 역시 송대 경제에 상업화가 만연하였음을 보여주는 상징이었다. 주요한 소비 품목은 아주 복잡한 경로를 통해서 시장에 도달하였다. 오자목吳自牧이 시장에서 매일 판매되는 쌀

---

6 송대의 과학자, 문학인, 음악인이었던 왕작(王灼)을 가리킨다. 정확히 「당상보」는 제당 방법을 다룬 논문으로 왕작이 편찬했다.

에 관해 말하길 왕궁과 정부 부처, 부호의 저택, 그리고 (부분적으로는 쌀로) 급여를 받는 관청 관리들 이외에는 도시와 교외에 사는 일반사람들 모두가 쌀가게에서 구매해야 했고 매일 10만 근 내지 20만 근의 쌀이 소비되었다고 한다. 미곡의 중개인 조합은 쌀 판매 상인들로부터 쌀을 공급받는다. 그러면 성 안이나 성 밖의 모든 쌀가게 주인들은 이 중개인 조합장과 협의만으로 시장가격을 조정하고, 그다음에야 비로소 쌀이 가게로 바로 운반되어 팔린다. 쌀가게 소매상들은 지불해야 하는 쌀 가격을 파는 당일에 타협을 본다. 시장에서 나온 소중개인들은 직접 각 가게에 나가 판매를 감독한다(1957 ed., p.269). 관리들은 큰 배에 쌀을 싣고 온 쌀 판매 상인들에 대해 끊임없이 불평했는데, 그 이유는 그 상인들이 한 지역의 모든 생산물을 매점해버리는 바람에 오히려 산지에 공급부족현상을 가져오는 일이 벌어졌기 때문이다.

그 밖의 작물들의 생산방식은 주식용 곡물보다 훨씬 더 상업화되었을 것으로 보인다. 채양蔡襄은 그의 『리치부荔枝譜』(리치를 다루는 법)에서 말하길 "나뭇가지에 꽃이 피기 시작하면 상인들이 과수원마다 수확량을 추정하고 그 추정에 따라 계약을 맺는다. 그들은 수확이 좋을지 나쁠지를 알아맞출 수가 있다". 그리고 "상인들은 리치를 거래하면서 큰 이익을 챙겼지만, 생산을 맡은 농민들은 그 자신이 길러 낸 과실을 맛볼 기회도 없다"고 지적하였다(1927 ed., p.2). 상인들은 여러 방법을 동원하여 돈벌이가 되는 도시 시장으로 식품을 운반하였다. 심지어 어린 치어를 대나무와 종이로 엮어 만든 바구니에 담아 배달원이 쉬지 않고 물을 채우고 휘저어가며 운반하기도 했다(Shiba 1968, p.101).

우리는 거상巨商들이 수도나 대도시에서 물건을 사고파는 것을 상정하지만, 송대에는 지방 정기 시장으로 이루어진 전체 네트워크도 있었다. 가장 비중이 큰 것은 10일마다 한 번씩 열리는 정기시장이었으나 3일, 혹은 6일 간격으로 열리는 시장도 있었다. 이러한 시장에서는 현물 거래가 많았고 규모도 작았다. 물론 규모가 큰 시장에는 여행하는 상인들을 위한 가게와 여관도 있었다. 이런 정기 시장은 아주 외지고 후미진 지역에서도 틀림없이 열렸을 것이다. 그리하여 농민들은 시장을 자주 찾아오는 상인들과 보따리장수들이 가져다 준 도시인의 즐거움을 최소한으로 조금이나마 누릴 수 있었다. 수도로 배달된 대부분의 상품들은 도시의 큰 시장에서 소비, 혹은 재판매를 위해 거래되었다. 이런 시장은 이른 새벽부터, 어떤 경우에는 밤늦게까지 문을 열었기에 그 시대의 관찰자들로서도 경이로웠다. 마르코 폴로는 항주에 "무수히 많은 작은 것들은 제외하고도 10개의 주된 네모난 광장—중국인들은 414개라고 기술— 이 있으며, 사각광장의 한 변은 반 마일(800미터)나 된다. 각 광장에서는 일주일에 3일 은 장이 열렸고, 4만에서 5만 명의 무리가 몰려들었다. 시장에는 식품이 항상 대량으로 공급되었기 때문에 누구나 원하는 먹거리를 바꾸어 먹을 수가 있었다. 말하자면 수노루, 자고(새), 메추라기, 날짐승, 식용으로 거세한 수탉, 그리고 더 이상 언급하기 어려울 만큼 수많은 오리와 거위 등이 있다. 그들은 거위와 오리를 서호西湖(도시의 경계)에서 많이 키우고 있었기 때문에, 베니스의 은화groat 한닢만 지불하면 한 쌍의 거위와 두 쌍의 오리로 바꿀 수 있을 것이다"라고 했다(Moule and Pelliot 1938, p.328). 마르코 폴로는 수많은 종류의 채소와 과일을 기술했으며, 특히 '한 개의 무게가 10파운드나 되는' 크고 하얀 배를 언급하였다. 그의 관찰 가운데는 어마어마하게 많은 양의 생선도 언급되었는데, "누구든 그 어마어마한 생선의 양을 본 사람들이라면 이 생선들이 다 팔릴 것이라고 결코 생각할 수 없겠지만, 그럼에도 몇 시간 내로 그 생선들은 모두 팔려 나간다. 대단한 건 한 끼 식사에서 생선과 고기를 함께 먹는 우아한 삶을 사는 주민들이 아주 많다는 것이다"라고 했다(같은 책).

개봉이나 항주에서 열리는 대부분의 큰 시장은 특정한 상품 하나만을 팔도록 특화되어 있었다. 항주의 곡식 시장은 흑교黑橋 북단의 북문 밖에 위치하고 있었다. 돼지고기 시장은 두 곳에 있었는데 남쪽시장은 후조문候潮門 밖에, 북쪽시장은 타저항打 猪巷에 위치하였다. 그리고 채소, 한약재, 돼지고기를 제외한 고기, 선어와 건어물, 게, 과일을 전문으로 파는 시장이 따로 있었다. 오렌지는 '시장거리의 후면'이라는 특별한 장소에서 팔았다(Chou 1957 ed., pp.440~41). 남송의 한 필자는 '항주 사람들은 모두 식품과 주류의 상인이며 판매자들'이라고 보았다(T. M. Wu 1957 ed., p.281). 그가 제시한 이 도시에서 살 수 있는 식자재 목록을 보면, 그의 말이 사실이라는 것을 증명할 수 있다. 그가 언급한 식품은 당황스러울 정도로 다양하여 우리들이 다 열거할 수가 없다. 우리의 언어로는 그가 언급한 30종 이상의 채소와 17종류의 콩을 적합하게 변별할 수가 없다. 채소와 과일은 대부분 근린 시장에서 팔리고 있었으며, 도시 전역에 수많은 푸줏간이 있어서 고기를 장만하였다. 개봉의 푸줏간은 "고기를 가공하는 작업대에서는 3~5명의 남자가 나란히 서서 칼을 휘둘러대고 있었으며, 고객의 주문에 따라 고기를 넓적하게 자르고, 얇게 편을 뜨기도 하며, 곱게 채 썰기도 하고, 칼날로 다지기도 했다"(Y. L. Meng 1957 ed., p.27). 남송의 항주에서는 이런 푸줏간이 많았다. 그리고 "매일 푸줏간마다 적어도 10마리 이상의 돼지고기 지육枝肉[7]을 걸어놓았다. 겨울철 두 명절(춘절 전후로)에는 푸줏간마다 매일 수십 마리 분의 지육을 팔았다"(T. M. Wu 1957 ed., p.270). 도시의 요리사들은 여러 종류의 고기, 즉 쇠고기, 말고기, 당나귀고기, 사슴고기, 토끼고기를 비롯한 다양한 가금류와 생선, 그리고 모든 종류의 해산물을 손쉽게 구할 수 있었다.

여느 다른 시기도 마찬가지였지만, 송대의 물가는 특히 300년간 상당한 등락을 거듭하였기 때문에 정확하게 확인하기는 어려웠다. 남경의 시장에 채소를 공급하려면 너비가 약 200리里에 달하는 토지가 필요하다고 한 것만으로도 채소의 거래량 자체가 이를 소비할 수 있는 인구의 규모 그 자체를 표시하는 것이라고 볼 수 있다(Shiba 1968, p.83).

소득과 관련된 구체적으로 기록된 숫자는 매우 적고 믿을 만한 것이 못된다. 이 숫자들이 전형적인 것인지 아닌지 확인하기 어렵다는 의미에서 더욱 그렇다. 정부의 선박에서 일하는 견습선원은 일당으로 엽전 100개를 받고, 2.5파인트[8]의 쌀을 받았으며, 선원으로 새로 고용될 때마다 엽전 1,000개짜리[9] 꾸러미 다섯 개를 보너스로 받았다. 1156년, 1167년, 그리고 1173년에 정부는 현미 1석石(약 59킬로그램)을 각각 1.5, 1.3 그리고 1.5꾸러미에 구입하였다. 바꾸어 말하면, 선원들은 하루 먹을 수 있는 양보다 훨씬 많은 쌀을 구입할 수 있었던 것이다(Perkins 1968, p.117). 그러나 이렇게나 단순하고 대략적인 비교조차도 해석을 하는 데 어려움이 뒤따른다.

맹원로孟元老[10]는 북송 멸망 이후 개봉의 옛 시절에는 식당의 요리 한 접시를 엽전 15닢만으로 살 수 있었다고 아쉬운 듯 회고하였다. 이에 덧붙여서 그는 "겨울철에는 손수레에 담은 생선cart fish이 먼 곳에서부터 황하를 거슬러 대량으로 운반되었을 때,

---

7 소나 돼지 같은 것을 도살하여 머리, 내장, 족(足)을 잘라내고 아직 각을 뜨지 않은 고기.

8 Pint. 부피단위. 영국에서는 1파인트는 0.568리터, 미국에서는 0.473리터이다.

9 엽전 한 줄은 보통 1,000개이며, 역사적으로 그 가치는 변하였지만 대체로 은 1량(37.5g)에 해당한다.

10 1103~1147. 송대의 문인. 저서로 『동경몽화록』이 있다.

이 물고기들은 한 근[11]에 엽전 100개 미만으로 살 수 있었으며, 대추도 대개 한 근에 엽전 10개면 살 수 있었다"고 보고하였다. 작은 연잎은 포장용으로 사용되었다(Y. L. Meng 1957 ed., pp.17, 50). 비록 이용할 수 있는 자료들이 이례적이긴 하지만, 일반 노동자들도 평상시 최소한일지언정 약간의 신선식품이나 조리식품이 더해진 다양한 식사를 때때로 할 수 있었던 것은 분명하다. 그리고 대다수 사람들은 그 이상으로 잘 먹었다. 역사가들은 오래전부터 문관 엘리트가 급증하면서 비교적 소수의 거대 귀족 지주로 구성된 엘리트층으로부터 훨씬 폭넓은 중간지주계급으로의 사회적 이행이 일어난 것을 인정했다. 남송의 관직 보유자는 일반적인 추정에 의하면 약 1만 2천 명으로 그 숫자는 그리 크지 않다. 그러나 과거지망생, 관직보유자의 가족 그리고 그에 딸린 기타 사람들을 고려하면 그 합산치는 훨씬 커진다. 물론 모든 잠재적인 관료층이 관직을 얻거나 얻으려하는 것은 아니다. 그리고 유교적 도덕주의자들로서는 더더욱 분통 터지는 일이겠지만, 상인, 가게 주인, 중개인을 비롯하여 기타 직업이 아주 미심쩍은 사람들의 수는 매우 많았다[12]. 진순유陳舜俞의 개탄은 그 전형적인 사례에 속한다. "오래전 서민들 사이에는 오직 네 개의 계급만이 있었을 뿐이었으며, 그 가운데 하나가 농민이었다. 그러나 지금은 모두 8개의 계급이 있다. 이름하여 사대부, 농민, 장인, 상인, 도사道士, 불자佛子, 군인, 부랑자로, 농민은 그중 하나일 뿐이다. … 더 많은 장인들과 상인들은 농민을 상습적으로 갈취하고, 그들을 속이는데 지칠 줄 모른다"[13](Shiba 1968, p.483 인용). 그러한 사람들은 사치스런 옷을 입고 화려한 집에 살 수 있듯이 정교하게 조리된 음식을 먹을 수가 있었다. 정부는 빈번하게 사치금지법을 내려 적절치 못한 사치를 통제하고자하였으나, 그 규제들은 실행될 수가 없었다.

중국의 농업과 분배시스템은 효율적인 수준에 이르렀기 때문에, 최저생활을 유지할 수 있을 만큼 필요한 소비수준을 훨씬 넘어선 음식과 주류의 아주 폭넓은 소비가 가능하였다. 과거에는 황제와 극소수의 귀족들만의 전유물이었던 전통적인 요리에 내재된 모든 가능성에 모든 대중이 접근할 수 있었던 것은 아니었지만, 잘 발달된 음식공급 산업—즉 훌륭한 음식점과 음식공급자와 전문 요리사를 갖추고 있는—을

---

11 catty. 약 600그램.

12 이 직업들은 모두 유교에서 말하는 상업, 즉 말업(末業)으로서 천시되었다.

13 농민만이 생산계급이라는 사고를 보여주고 있다.

지탱할 정도의 대규모 인구집단이 이를 즐겼다.

소비의 유형

송에서 사람의 식습관은 자기 자신의 사회적 지위를 나타내는 거울이었다. 높은 지위에 있거나 부유한 사람이 가난한 사람들에 비해 반드시 더 많은 양을 먹는 것은 아니지만, 더 풍요롭고 다양한 음식을 먹을 수 있었다. 그러나 부자와 가난한 사람들 간에 요리 스타일이나 식재료에 확실한 구분이 있었던 것은 아니었다. 가난한 사람들은 조나 참파쌀을 먹었을 것이며, 부자들은 '관방官方'쌀로 알려진, 보다 선호되는 품종의 쌀을 먹었을 것이다. 그렇게 불리는 이유는 이 쌀만 관청에서 세곡으로 받아들이고 있었기 때문이다. 그러나 일반적으로 식사의 차이는 종류의 차이가 아니라 수준의 차이였을 것이다. 가난한 사람들은 주식飯을 적게 먹었고, 반찬菜은 더 적게 그리고 빈약하게 먹었을 것이나 그 요리 방법은 대체로 동일하였다.

오자목은 남송 말기에 "사람들의 일상생활에서 없어서는 안 될 것들은 땔감나무, 쌀, 기름, 소금, 간장, 식초와 차"[14]였다고 기록하였다. 조금이라도 형편이 나은 사람들은 식사 때 밥반찬(下飯, 밥을 목구멍으로 넘기게 하는 반찬)과 수프(둘 다 채소로 만든 것으로 추정)를 반드시 먹었다. 비록 아주 가난한 사람들이라 하더라도 항상 그렇게 먹었다(T. M. Wu 1957 ed., p.270). 이런 최소한의 식단은 식욕을 돋울 정도는 아니지만, 영양학적으로는 비교적 좋은 편이었다. 왜냐하면 이 식단은 밥의 대부분인 탄수화물, 콩의 단백질, 그리고 식초에 포함되어 있는 다양한 비타민 등을 갖추고 있기 때문이다.

오자목을 비롯한 동시대의 사람들은 '7대 필수품'을 제시하였고, 그 밖에도 식사에서 보완해야 할 점들을 간접적으로 자주 지적하였다. 대량의 보존처리된 생선들이 항주로 수입된 후 전문 가게에서 판매되었다. 개봉과 같은 내륙 도시에서 생선은 내장,

---

14 이것을 '개문칠건사(開門七件事)'라고 부른다. 중국에서는 고대로부터 가정을 정상적으로 꾸리려면 7대 필수품, 즉 땔감(柴), 쌀(米), 기름(油), 소금(盐), 간장(酱), 식초(醋), 차(茶)를 갖추어야 한다는 의미이다.

특히 돼지 내장보다도 대접받지 못했다. 마르코 폴로는 "송아지, 황소, 새끼염소, 양과 같은 큰 동물들을 도살하게 되면 그 살코기는 부자들과 높은 사람들이 나누어 먹는다. 그리고 나머지 부위는 불결한 부위까지 지위가 낮은 사람들끼리 조금도 거리낌없이 다 먹어치운다"고 언급하였다(Moule and Pelliot 1938, p.328). 또한 마르코 폴로는 송의 수도에서 먹는 음식에 관한 모든 주요한 정보를, 심지어 노동자들이 다니는 특수한 술집과 식당에 대해서까지도 언급했다. 거기에서 제공하는 요리의 목록을 통해 그의 관찰을 확인할 수 있으며, 고기란 고기는 하나도 빠짐없이 사용되었다는 것을 보여주고 있다. 개봉에서는 진한 수프 혹은 죽을 흔히 먹었고, 선짓국과 밀푸러기, 염통과 콩팥, 그리고 허파로 만든 요리 등이 있었다. 그런데 항주에서도 이와 같은 요리들을 먹을 수 있었고 여러 종류의 찌거나 튀긴 빵, 그리고 때로는 속을 채운 빵도 사 먹을 수 있었다.

우리는 하류층 가정에서 사용한 조리 도구와 하류층 손님들이 찾는 식당의 요리법을 참조함으로써 하류층 가정에서는 어떤 요리법을 사용했는지 추정할 수 있다. 예컨대 항주에는 웍鍋과 긴 손잡이가 달린 팬銚을 수리하는 지역이 따로 있고, 화로, 수저와 젓가락, 그릇, 술잔, 절임채소단지, 찜 바구니 등을 파는 지역이 따로 있었다. 이 모든 요리 도구들은 오늘날 중국인들의 주방에서도 볼 수 있는 익숙한 것들이다. 식당이나 노점상들이 파는 튀김 요리에 관한 기록은 이 또한 일반적인 요리법이었다는 것을 시사하고 있다.

북송의 사람들과 150년 후 남송 지역의 사람들은 모두 하루에 세끼를 먹었다. 오자목에 따르면 아침에는 노점상들이 양념을 두 배로 진하게 한 수프, 튀긴 페스트리 조각, 약간의 찐빵을 팔았고, 점심 때는 단맛 나는 죽(쌀죽), 소병燒餠, 군만두, 찐빵, 매운 채소빵, 춘병春餠 등을 팔았다고 한다. 저녁식사는 가장 실질적인 것으로, 아마도 몇 가지 코스 요리로 구성되었을 것이다. 이러한 식단에 가끔 간식거리, 즉 딤섬點心을 넣어 보완하였다. 식당은 밤늦게까지 열었고 노점상도 늦게까지 일했다. "왜냐하면 수도의 남자들은 공무와 사적인 일로 밤 늦게까지 집밖에 머물러 있었기 때문이었다"(T. M. Wu 1957 ed., p.243). 맹원로는 북송의 개봉에서 열렸던 '야시장'을 아주 특별한 것으로 보았다. 그는 이 야시장이 삼경三更(밤 11시~새벽 1시)까지 열렸고, 오경五更(새벽 3~5시)에는 다시 개장했다고 하며, 또 "딱 삼경이 되면 찻주전자를 갖고 와서 차를 파는 사람들도 있었다"고 말하였다. 심지어 "겨울에 바람이 심하게 불고, 눈이 내리고 비가 쏟아져도 야시장은 열렸다고 한다"(Y. L. Meng 1957 ed., p.21).

부유한 상인들과 가게 주인들, 그리고 관료들의 가족들은 가난한 사람들에 비해 훨씬 넉넉한 소비수준을 향유하였다. 그러나 부자나 가난한 사람들이나 모두 조리기술, 식사의 기본구성, 그리고 많은 요리 가짓수를 공유하고 있었다. 이런 식으로 공유하던 요리 하나가 바로 개봉과 항주에서 볼 수 있는 '선짓국'이며, 값싼 식당이나 황궁의 연회나 할 것 없이 모두 이것을 먹었다고 한다.

이전 시기에 비하면 남송 시기에는 음식의 계급구분이 보다 명확해졌다고 할 수 있다. '존경받을 만한 사람들은 그런 곳에 가지 않는다'라든지, '이러한 장소는 별로 격이 높지 않다'라는 말들이 남송을 해설하는 글에서 자주 등장한다(관포내득옹灌圃耐得翁[15] 1957 ed., p.94; T. M. Wu 1957 ed., p.262). 반면에 맹원로는 비록 개봉의 일부 식당은 노동자 계층이 많이 찾는다고 지적하기는 하였으나, 결코 이런 식의 계급의식적인 표현을 사용한 적은 없다. 오히려 맹원로는 북송의 식당주인들 가운데 일부는 하층민들을 쫓아내기는커녕 기꺼이 그들을 먹여주고, 비싼 은잔과 젓가락을 사용하도록 하였다는 점을 언급하였다. 맹원로가 옛 수도의 매력을 가끔 과장하였듯이, 그가 과거에 함께 살았던 도시민들이 조화롭게 살았다는 것을 과장하였는지, 혹은 그가 살았던 시간 동안 변화된 사회 상황을 실제로 관찰하였는지 아닌지는 확신하기 어렵다. 그러나 상당한 사회적 융통성이 식습관에 존재했다는 점은 의심할 여지가 없다.

현존하고 있는 송대의 풍속화에는 부자와 영향력이 있는 자들이 쾌적하고 우아한 환경에서 식사를 하는 모습을 담겨 있다(그림 31). 아주 특기할 만한 사치에 대해서는 이후에 다루겠지만, 사실 형편이 괜찮은 일반 가정이라면 먹고 사는데 부족한 것이 없었다. 송대가 되면서 바닥에 앉아 먹는 좌식습관이 테이블과 의자에 앉는 입식습관으로 이행되는 게 완성되었다. 오대십국五代十國, 혹은 북송 초기의 그림 중의 하나인 한희재韓熙載의 「야연도夜宴圖」(그림 32)를 이루는 다양한 삽화들을 통해 우리는 '유흥인'들이 음식과 음악을 즐기는 모습을 볼 수 있다. 그들은 한층 더 높은 단상에 앉았는데 그 뒷면은 그림으로 장식하였으며, 마치 TV 트레이와 비슷한 생김새의 작고 낮은 데다가

---

15 송내득옹(宋耐得翁)이라고도 하며, 성은 조(趙)씨이고 남송 사람이다. 저서로는 『도성기승都城紀勝』이 있다.

그림 31. 송대 휘종(徽宗) 황제에게 헌사한 학자들의 연회그림(B. Smith and W. G. Weng, 1973.)

그림 32. 남당(南唐)의 화가 고굉중(顧閎中)이 중서시랑 한희재(韓熙載)의 집에서 열리는 연회의 정경을 담아 군주에게 바친 그림인 「한희재야연도韓熙載夜宴圖」

가벼워 보이는 칠기상에 차린 음식을 먹고 있다. 당나라의 궁정 여인들을 묘사한 듯한 다른 그림에서는 그녀들이 식탁을 둘러싸고 의자에 앉은 모습을 보여주었다. 이 그림은 시대착오를 범했거나, 오대십국 시대와 송대 초기에는 두 착석 방법이 동시에 통용되었을 가능성이 아주 크다는 점을 시사하고 있다. 『송사宋史』 「인물편」에서 송 태조의 재상이었던 조보趙普는 태종(송 태조의 동생)이 어느 날 그의 집을 찾아왔을 때 바닥에 앉아 함께 술을 마셨다는 기록을 남겼다.[3] 작은 상을 사용하는 방식은 여러 점의 그림에서 묘사되었으므로 이 방식이 남송 때까지 이어졌다는 것은 분명하다.

식당과 여관에서는 작은 상이 불편하다고 생각했음에 틀림없다. 왜냐하면 「청명상하도」에 길가의 찻집이나 아주 고급스러운 식당에서 기다란 직사각형 식탁 앞 벤치에 앉아 식사하고 술을 마시는 사람들이 있는 모습이 그려진 것을 통해 짐작할 수 있다(그림 33). 언제부터 바닥에 앉는 좌식생활습관을 완전히 그만두게 되었는지, 그 정확한 시기를 확정하기란 아마도 불가능할 것이다. 그리고 큰 식탁에 앉는 착석법과 작은 상에 앉는 착석법은 둘 다 송대 내내 지속되었을 것이다.

부자들은 밥을 먹을 때마다 여러 코스를 포함한 식사를 했기 때문에 음식을 각자 몇 개의 도자기 그릇에 덜어 먹었다. 식사할 때 젓가락과 숟가락을 함께 사용하였다. 그리고 젓가락과 숟가락, 술잔과 밥그릇, 그리고 그 밖의 접시들 중 일부는 금속으로 제조되는 경우도 있었는데, 집안이 아주 부유한 경우이거나 최고급 식당에서는 모두

그림 33. 송나라의 수도 변경(汴京, 현재의 개봉開封)의 식당(장택단, 『청명상하도』, 베이징, 문물출판, 1958.)

은으로 만든 식기를 사용하였다.

부자들이 먹었던 가정 요리 목록에 관한 자료는 남아 있지 않다. 그러나 이런 부유층 사람들은 가정 내에 적어도 요리사 한 명은 보유하고 있었던 것으로 보인다. 음식을 중시하는 사회의 사람들은 가정에서도 좋은 요리를 먹고자 했던 것 같다. 부유층의 음식은 주로 희귀하고 비싼 식재료를 사용하고, 주식의 비중이 상대적으로 적다는 점에서는 가난한 사람들의 음식과 구별된다. 남송의 양방楊方은 관료들의 자녀와 손주들이 "채소를 먹기를 싫어하고, 푸른 채소와 죽을 조악한 음식으로 간주하였으며, 콩, 밀, 조를 무미건조하고 맛없는 것으로 생각하고, 그들의 탐욕스러운 식욕을 채우기 위해 가장 말끔하게 정제된 쌀과 아주 잘 구운 고기, 수산물과 육고기, 그리고 손으로 빚은 과자를 장식용 접시와 쟁반에 예쁘게 담아서 그들 앞에 진설할 것을 요구하였다"고 비판하였다(F. Yang 1935 ed., 9:1~1b).

부자나 가난한 사람 가릴 것 없이 모두들 돼지고기, 양고기, 새끼 염소고기를 먹었다. 다만 부자들이 더 맛있는 부분을 먹었을 뿐이다. 그 밖에도 그들은 말고기, 쇠고기, 토끼고기와 사슴, 꿩, 그리고 크고 작은 야생조류를 포함한 다양한 사냥감도 먹었다. 송나라의 요리 목록에서는 사냥감들이 특히 중요한 부분을 차지하였다. 그것은 아마도 부유한 도시민들이 올빼미, 까치, 혹은 살쾡이와 같은 구하기 어려운 특별한 식재료의 진가를 인정하였기 때문일 것이다. 그 결과 이러한 희귀한 고기들을 위조하는 경우도 있었는데, 이것은 충분히 예상가능한 일이었다. 당나귀고기를 사슴고기인 걸로 속아서 사먹은 사람도 당연히 있었을 것이다. 물론 낙타의 봉과 같이 대단히 특별한 진미는 황제의 수랏상에 올리기 위해 따로 챙겨두었다.

어린 양고기, 새끼염소, 그리고 큰 양고기[16](중국에서는 이 세 가지를 모두 양고기羊肉이라고 한다)는 예상 외로 송대의 식재료 가운데 두드러진 위치를 점하고 있었다. 문헌자료에 그냥 '고기'라는 표현으로 자주 등장하는 돼지고기만큼 일반적이지는 않았음에도 불구하고 양고기도 널리 소비되었다. 또한 그들이 양고기나 새끼 염소고기를 선호하는 것을 북방 초원지대 사람들의 영향력과 연결시킬 이유도 없다. 중국인들은 그들의 북방 이웃들이 양고기를 많이 섭취하고 있다는 것을 잘 알고 있었지만, 그렇다는 이유로 양고기를 받아들이거나 거부하거나 하지는 않았다. 또한 우리는 양떼에 대한 언급이 여러 시에 불쑥불쑥 튀어나오고, 심지어 남부 지방에서 쓴 시에서조차 등장하는 것을 볼 수 있는데 이것은 농촌 지역에서 양은 눈에 익은 풍경의 일부였다는 것을 보여준다. 간단하게 말해서 양고기는 송대 식단의 한 부분을 이루고 있었으며 혐오스러운 것으로 간주되지도 않았고, '가장 맛있는 진미 중의 하나로 양머리'가 꼽힐 만큼 양이나 염소의 고기가 자주 쓰인 것을 알 수 있다.

모든 계층의 사람들이 물고기를 먹었다. 특히 동남 해안가에 위치한 큰 도시에서 많이 먹었다. 항주에 관한 기술에서 마르코 폴로는 "매일 매일 바다에서 강을 25마일이나 거슬러 올라온 생선이 대량으로 운반되어 왔다. 또한 호수에서 잡은 생선도 공급되었다(호숫가에는 고기잡이만 전업으로 하는 어부가 있었기 때문이다). 이 생선은 계절에 따라 잡히는 종류가 다르며, 시중에서 흘러들어온 불순물이 모두 호수에 유입되면서 생선은 언제나 기름지고 맛이 있었다"라고 말하였다(Moule and Pelliot 1938, p.328). 사람들은 여러 종류의 담수어를 아마도 해수어보다 선호했던 것 같다. 그 이유는 '생선'

---

16 어린 양고기(lamb)은 생후 1년 이내의 양고기를, 큰 양고기(mutton)은 생후 1년 이상된 양고기를 지칭한다.

이라고 간단히 언급하기보다 좀 더 구체적으로 요리를 기술할 때는 담수어의 종류를 언급할 때가 많았기 때문이다. 그러나 현대 요리의 위대한 진미인 상어지느러미는 이 시기에 대중화된 것 같다. 바다에서는 가리비, 바다우렁이, 조개, 소라고둥과 같은 많은 종류의 갑각류를 채취했다. 새우와 특히 게 종류는 비싼 값으로 팔렸다[*4].

잘 사는 집에서는 아주 다양한 잎채소와 뿌리채소를 먹을 수가 있었고, 남부 지방에서는 싱싱한 푸른 채소를 거의 일 년 내내 먹을 수가 있었다. 그러나 맹원로에 따르면 개봉에서는 "10월 입동立冬 5일 전에 서쪽의 황실농원은 황궁에 겨울채소를 납입하였다. 수도 지역은 나날이 추워졌고, 겨울에는 신선한 채소가 없었다..."고 하였다 (Y. L. Meng 1957 ed., p.55). 하지만 몇 장을 넘기면 그는 12월의 "양파 구근과 싱싱한 푸른색 채소"를 언급하였다. 그래서 우리는 겨울철에는 채소의 공급과 종류가 제한되어 있었다는 정도의 의미로서 그의 말을 이해해야 할 것이다. 부유층 가정은 해당 계절에 처음으로 수확한 가지는 물론이고 다양한 배추와 겨자채, 여러 가지 양파과 식물, 시금치, 순무, 오이, 그 밖의 잘 알려지지 않은 채소, 산에서 나는 다양한 약초, 그리고 아스파라거스와 같은 다양한 모양과 맛의 채소를 구하는 일에 열정을 쏟았다. 사람들은 박과 식물이나 다른 식물의 어린 순을 따서 밀가루를 묻힌 다음 기름에 튀겨 먹곤 했다.

송대 중국의 부자들이 먹었던 모든 신선식품 가운데에서도 가장 부러움을 사는 품목은 바로 과일이었다. 과일은 분명 지금보다도 식단을 이루는 데 훨씬 널리 사용된 요소였으며, 후식으로뿐만 아니라 전채나 식사 중간중간에 먹었다. 마르코 폴로는 육질이 부드럽고 하얀 향기로운 커다란 배를 특별히 언급하였다. 이것은 아마도 오늘날의 눈배snow pear[17]를 지칭하는 것이며, 중국의 문헌에서는 예컨대 돌배沙梨와 '봉황배鳳凰梨'와 같은 몇 가지 다른 품종도 언급하고 있다. 당시 사람들은 여러 가지 종류의 백도 및 황도, 자두, 산사山査, 소귀나무열매楊梅, 살구, 말린 자두, 석류도 먹었다. 사과가 딱 한 가지 종류만 있었다는 점을 빼고는 송의 과일은 현대보다 훨씬 다양하였다.

신선한 '제철' 과일에 관해서는 자주 언급했으나, 원래 과일은 여러 가지 방식으로

---

17 snow pear는 중국의 설화리(雪花梨)를 말한다. 과육질이 부드럽고 맛이 달며 모양이 둥글다.

보존처리되었다. 거리의 노점상이 팔고 있는 설탕이나 꿀에 절인 과일, 개봉에서는 단지에 담은 과일이 특히 인기가 있었다. 대부분의 과일은 건과로 만들어졌으며, 특히 바나나는 남쪽에 위치한 수도의 따뜻한 겨울날씨에도 버티지 못하였기 때문에 건조 처리 되었다. 상하기 쉬운 과일도 아주 먼 곳에서부터 수도로 배송되어 왔는데, 사천산 살구나 인간의 얼굴을 닮았다고 해서 '인면과人面果'라고 불리는 베트남산 과일도 실려왔다. 오렌지와 밀감, 그리고 포도는 예전에, 특히 북부 중국에서는 진귀한 것이었지만 송대에는 흔하게 먹을 수 있었다(Y. C. Han 1936). 말린 오렌지 껍질인 진피陳皮가 대량으로 생산되었고, 이것은 비교적 고급 식당에서 나오는 많은 요리에선 빠지지 않는 재료였다. 시바 요시노부斯波義信는 오렌지 생산 지역 한 군데에서만 연간 약 3만 4천 킬로그램에서 4만 킬로그램이 넘는 진피가 생산되었을 것이라는 추정치를 인용하였다(1968, p.213).

차의 음용이 널리 확산되었다고는 하지만, 송대에는 여전히 차가 가장 명망 높은 음료였다. 당대와 마찬가지로 차는 그야말로 감식鑑識이 필요한 대상이었다(H. Ts'ai 1936a ed.). 매우 박식하고 현학적이기도 했던 북송의 학자 구양수歐陽修는 차를 끓이기에 가장 좋은 물을 어디에서 찾아야 하는지에 대해 아주 자세하게 조사하였다(1967 ed., 8:15). 사대부들이 차로 부리는 호사란 주생산지인 사천과 복건, 그리고 기타 지역에 따라 생산되는 아주 많은 종류의 차의 표본들을 모아 비교해 보는 것이었다. 추측컨대 차는 술보다 더 귀중한 것으로 간주되었다. 마르코 폴로는 항주에선 여러 가지 향신료를 가미한 쌀로 만든 술이 포도주보다 선호되었다고 기록하였다. 포도로 만든 술은 일반적인 것은 아니였으나 그렇다고 구할 수 없는 것은 아니었다(Moule and Pelliot 1938, p.328). 증류주를 만드는 기술도 송대에 개발되었다. 최초의 증류주 제법 설명서는 1117년경에 만들어졌다. 그러나 증류주 제법에 대한 참고문헌이 부족한 것으로 보아, 이 제법 자체가 널리 알려진 것은 아니라고 볼 수 있다.[5]

송대의 일반적으로 소비된 음료수 목록 가운데 예상치 못한 것은 마유주馬乳酒, 즉 쿠미스kumis이다. 마유주는 후대에는 야만인의 음료로 간주되었지만 송의 음식으로 자리잡은 품목이라는 것에는 의문의 여지가 없다. 황제는 이를 생산하기 위한 특별한 관청을 설치하였고, 마유주 전문 식당도 있었으며, 연회의 음식목록에 여러 차례 등장하였다. 송대에는 모든 사람들이 북방 유목민들이 마유주를 아주 좋아한다는 사실을 알고는 있었지만, 그렇다고 이것을 북방 유목민과 특별히 연관시켜 생각하지 않았다. 모든 사물의 기원을 다룬 북송의 백과전서에서 마유주는 고대로부터 전해져 내려온 음료이며, 그것을 외국것이나 야만인의 음료라고 간주하지 않았다고 가볍게 언급하고 있다(C. Kao 1969 ed., pp.616~17). 마유주는 술이나 차와 마찬가지로 여러 등급의 품질이 있으며, 그 등급에 따라 가격차도 있었다.

부자들의 식품저장실은 이와 같은 것들로 가득 채워져 있었으며, 위에 열거한 목록이 전부는 아닐 것이다. 이 재산가들이 최상급 요리를 다양하게, 손쉽게 접할 수 있었다는 것에는 절대 의문의 여지가 없다. 그러나 누가 요리를 했을까? 최고급 식당에서 먹을 수 있는 요리가 개인 가정에서 만들어 먹는 음식보다 더 좋았을까? 여기서 우리는 집에서 백여 명에 달하는 일꾼을 거느렸다는 북송 말기의 재상, 채경蔡京과 같이 극소수의 대단히 부유한 가정의 많은 주방일꾼들과 비교적 넉넉한 가정의 주방일꾼들을 명백히 구별할 필요가 있다. 대단히 부유한 가정은 질이나 다양성에서 고급식당과 경쟁할 수 있는 정도이며— 사실 일부 식당은 '관인官認' 음식을 제공한다고 홍보하였다. 아마도 이러한 음식은 비교적 넉넉한 가정에서는 만들 수 없었을 것이다. 부자들의 가정 요리가 아무리 맛이 있다고 하더라도, 사실 대부분의 맛있는 요리는 식당에서 만들어졌다. 가장 부유한 일반인들을 훨씬 능가하는 재료를 갖춘 궁궐 내전에서도, 때로는 일부 식당에 특식을 '배달 주문'을 했다. 남송의 효종은 시장터를 방문한 뒤 그곳 음식을 즐겼다고 전해진다. 그뿐만 아니라 항주에서는 큰 행사나 잘 꾸민 연회를 집에서 진행하지 않고 서호西湖의 두 작은 섬에 음식을 배달시켜 궁전과 같은 쾌적한 환경에서 거행할 때도 있었다.

오자목은 도시민들이 노래와 춤, 바느질과 마찬가지로 요리가 여성에게 적합한 직업으로 간주하였다고 말했다. 우리는 일부 고급관료의 부인들이 남편을 위해 요리를 했다는 것을 들은 바가 있고, 숫자는 적지만 항주 거부巨富의 가정에서 여성 요리사가 일을 했다는 전통은 분명히 있었다. 그럼에도 일부 식당은 상호로 판단하건데 여성이 주인인 경우도 있었지만, 개봉과 항주에서 사용된 호칭으로 판단해 본다면 요리사는 거의, 혹은 전부 남자였다는 것을 말해주고 있다. 특기할 만한 예외가 있기는 했지만, 요리는 일반적으로 계급이 낮은 사람들이 택하는 직업인 경향이 있었고, 따라서 사대부들은 주방을 멀리하라는 공자의 가르침을 여전히 따르고 있었다.

대가족 중에 가장 규모가 큰 것은 물론 황실 가족이었다. 송에서는 황실 가족을 위한 음식 준비는 규모도 크고 복잡했기 때문에 하나의 독특한 기업으로 간주되어야 했다. 황실은 독자적인 공급 경로를 갖추고 있었고, 식료품 공급을 위해 정부 내 여러 관청들의 역할이 필요했다. 과거에는 황제가 취하는 음식의 상당 부분은 현물 조세로 직접 충당되었다. 그러나 송에서는 그렇게 되지 않았다. 황실에 특별히 식품을 공급하는 시장이 두 수도의 궁궐 문밖에 있었다. 기대하는 바와 같이 "이 시장들의 모든 식재료는 가장 맛있는 것들로 골라 놓았으며, 조미료는 그 계절에 구할 수 있는 최상의 품질이었고, 채소는 대단히 싱싱하고 부족한 것이 없었다"(오자목 1957, p.193). 내궁에 속한 여러 기관들이 식품공급처에 주문을 보내면, 공급처는 주문받은 것들을 시장에서 구했다. 남송 때는 이러한 공급품이 자명전慈明殿에 속한 궁중 주방으로 운반되었다. 오자목이 말하길 이러한 주방들은 "모든 것은 철저하게 감시되었고, 지나다닐 수 없게 난간 끝이 막혀 있었다"(같은 책, p.193)라고 했다. 그는 식재료를 담당하는 남자가 주방에 들어갈 때의 모습을 아주 자세하게 기술하고 있다(같은 책, p.193). 오자목에게 주방 출입이 허용되었더라면, 그는 아마도 음식을 만들어내는 1,069명의 요리사와 조수들을 보았을 것이며, 음식을 담아내야 하는 그릇이 너무 많은 탓에 이것을 식당으로 옮기는 데 40개의 상자가 필요하였다는 것을 목격하였을 것이다(서송徐松[18] 1957 ed., pp.7371~75). 주방 이외에도 송의 황제들은 그들의 욕구를 충족시키기 위해 다양한 곡물저장소와 창고를 갖고 있었다. 우리는 북송의 술 저장소, 양고기와 쇠고기 관리청, 마유주 제조창, 그리고 기름과 식초의 창고에 대한 기록을 읽을 수 있었다.

명백히 말해 황제를 위한 요리의 대부분은 황제 자신이 소비하기 위한 것이 아니었으며, 그가 개인적으로 어떤 요리를 특히 좋아했는지에 대해서도 언급된 바가 없다. 요리의 과잉은 순전히 전시용이었으며, 황제가 모든 것을 통제하고, 천하의 모든 물질을 소유하는 주인이라는 점을 과시하고자 하는 낭비인데다가 의례적인 전시에 지나지 않았다. 이러한 소비의 과시는 규모의 차이가 있을 뿐 송대의 일반인들 사이에도 결코 없었던 것은 아니었으며, 음식의 과시적 소비는 거의 보편적 현상이었을 것이다.

---

18 1781~1848. 청대 지리학자. 저서로는 『송회요집고宋會要輯稿』, 『하남지河南志』 등이 있다.

이처럼 갈수록 심하게 복제된 부富의 과시는 대부분의 황제들에게는 쾌락이라기보다 오히려 부담이었다고 생각된다. 그래서 우리는 때때로 시장 음식을 찾아다니는 황제들을 동정하게 된다.

상업적 음식

여러 종류의 음식을 파는 한 식당에서, 혹은 노점상에서 조리된 음식을 구매하는 것은 송대의 많은 사람들에게 있어서 일상적인 활동의 하나이며, 동시에 세계 최대도시의 시민이 된다는 것이 무슨 뜻인지를 깊이 느낄 수 있게 하는 활동이다. 맹원로의 경험과 기억은 '중탕한 자줏빛 소주蘇州 생선', '기름에 튀긴 메추리알', '기름에 튀긴 낙양洛陽 눈배' 등 온통 음식으로 가득 차 있었다. 두 수도에서의 생활을 기록한 그의 유명한 회고록은 처음부터 끝까지 유명한 식당과 식습관, 그리고 좋아하는 음식에 대해 빠짐없이 언급하였다. 그리고 맹원로는 서문에 "사해四海의 진귀하고 희귀한 것들이 모두 개봉의 시장에서 거래되었다. 모든 종류의 식재료는 다 모인 뒤 각기 주방에 전달되었다. 누가 이토록 야단스럽게 꽃을 가꾸었는지 모르지만 거리에는 꽃이 가득 피어 훤해 보인다. 여기저기서 떠들썩하게 들려오는 피리와 북소리에, 얼마나 많은 가정에서 야간 연회가 열렸을지 궁금하다"(Y. L. Meng 1957 ed., p.1)라고 썼다.

식당에서의 식사는 도시민이 된다는 것과 불가분의 관계이다. 식당은 그 자체로서 쾌락, 모험, 일종의 대명사와 독특한 정취가 수반된 환락가를 연출하였다. "만약 경험이 전무한 풋내기 고객이 자기 앞에 있는 젓가락을 서투르게 내려놓는다면, 그는 웃음거리가 된다"(관포내득옹 1957 ed., p.92)고 했다. 이 시대를 묘사한 작가들은 우리들을 기녀와 일반 매춘부들의 왁자지껄한 세계로, 그리고 '대충 만든 음식'을 제공하는 싸구려술집과 한입에 은화 100온스만큼 치러야 하는 비싼 고급식당으로 안내한다. 노점상들은 무리지어 새벽부터 밤늦게까지 거리를 쏘다니며 각종 음식과 음료를 판다. 작가들은 또한 중국의 각 지역의 음식을 어디에서 먹을 수 있는지, 그리고 서호의 선상파티를 어떻게 여는지, 어떻게 하면 궁궐 같은 저택을 빌려서 음식을 시켜 놓고 잔치를 열 수 있는지를 가르쳐 줄 것이다. 이 세계는 전통적인 유교적 도덕관을 내버리는 동시에 평범한 유학자들의 마음을 뺏어 갔다. 송대의 음식은 식당을 중심으로 발전하였고, 이곳에서 송대 음식의 독특한 특성이 생겨났다.

송나라 식당에서 기녀는 떼려야 뗄 수 없는 존재였고, 그 숫자도 너무 많아 마르코 폴로는 "감히 헤아릴 수가 없다"고 말할 정도였다(Moule and Pelliot 1938, p.329). 몇몇 예외를 제외하면 기녀가 없는 식당은 없었고, 오히려 큰 식당들은 매춘을 위한 곁방을 따로 갖고 있었다. 우리는 '식당과 사창가가 아주 많은' 길거리에 대한 자료를 읽을 수 있다(Y. L. Meng 1957 ed., p.20). 한편 남송의 어떤 작가는 '수도원 술집'이라고 불리는 곳을 설명하고 있는데, 그곳에서는 혼자서 식사를 할 수 있으며, 고객의 편의를 위해 '작고 긴 침대'가 제공된다(관포내득옹 1957 ed., p.92)고 했다. 식당은 또한 음주와 연관되어 있다. 개봉의 72개의 정점(正店, '일등급 가게')처럼 대부분의 큰 식당들과 항주의 찻집, 그리고 술집에서는 실제로 누구든지 들어가서 술을 마실 수가 있다. 그래서 식사는 성의 쾌락뿐만 아니라 음주의 쾌락과도 밀접하게 연관되어 있다. 그러한 장소를 찾아가는 것은 바로 관능적 탐닉에 빠지는 것이며, 한 시간 혹은 때로는 이틀 정도 의무와 의례의 소명을 저버린다는 것을 의미한다.

이러한 식당과 쾌락의 세계는 개봉에서는 정점에, 그리고 항주에서는 도시 중심을 관통하는 '어가御街' 양쪽으로 죽 들어선 찻집에 집중되어 있었다. 식당은 물리적으로는 모든 대도시의 주택의 유형과 일치한다. 앞에 입구가 있고, 이어서 앞마당이 있으며, 그 뒤에 대청이 위치하고 있다. 개봉의 식당은 크고 튼튼하며 기와로 지붕을 덮었고, 고객 접대용 방이 110개나 되었다. 어떤 자료에 따르면, 어떤 식당에서는 자신들이 제공하는 음식이 관료들이 먹는 것과 같은 것이라고 광고하는 곳도 있었다. 그리고 일부 식당은 실제 전직 관료의 저택을 개조하여 만들었다. 개봉의 송문宋門 밖에 있는 인화점仁和店과 같은 건물에 들어간다는 것은 사실상 "바람과 비, 추위와 더위가 없으며 낮과 밤이 혼재하고 있다는 것"을 의미한다(Y. L. Meng 1957 ed., p.16)고 했다.

"개봉의 모든 술집 문 앞에는 밝은 색 비단 줄로 장식한 환문歡門이 있었다. 그러나 최고로 좋은 술집任店은 이와 달리 문을 들어서면 남북으로 길게 난 마당을 중심으로 양쪽에 100여 보 정도의 쭉 뻗은 주랑主廊이 있고, 그 주랑은 모두 쪽방들로 이루어져 있었다. 밤이 되면 등불과 촛불로 밝힌 빛이 위아래를 서로 비추고, 화장을 짙게 한 기녀 수백 명이 주랑의 기둥 앞에 모여 술꾼들이 불러주기를 기다리고 있는데, 그 모습을 보고 있노라면 마치 요정과도 같았다"(같은 책, p.15). 입구 통로는 정교하게 격자세공을 한 구조물로 장식되어 있으며, 거기에는 등불, 깃발, 그리고 홍색과 녹색으로 만든 장식줄을 달아놓았다. 두 개의 통로는 이층으로 구성되어 있었으며, 기녀들은 뒷방에 내려진 휘장 뒤로 숨어 있었다(Y. L. Meng 1957 ed., p.15 등 여러 곳). 또 다른 작가는 항주에서는 술집은 2층 혹은 3층 높이로 지어졌다고 말하였다. 이러한 시설들을 '일산一山', '이산二山'과 같이 '산山'으로 불렀다. 그러나 "간판에 '산'이라고 쓰여 있으면, 그것은 일층 이상의 건물이라는 것을 의미하는 것이 아니고, 이곳은 독한 술을 파는 곳이라는 의미였다고 한다"(관포내득옹 1957 ed., p.93).

개봉과 항주의 술집과 찻집은 유명한 화가의 그림, 꽃, 분재, 은이나 도자기로 만든 사치스러운 잔과 식기, 그리고 당연히 좋은 음식으로 고객들을 유인한다. 대부분의 자료들은 술과 차에 대해서는 음식만큼이나 자세하게 어떤 가게에서 어떤 것이 제공되었는지를 다루지 않았다. 자료들은 일반적으로 술보다는 음식의 질에 따라 가게들의 등급을 매겼다. 남송의 자료를 보면 '대충 줄잡아 만든 목록'에서도 234가지의 유명한 요리가 그러한 가게에서 제공되었다는 것을 볼 수 있고, 북송에서는 51가지만을 찾을 수 있다. 고객들은 아마도 양쪽 목록에 다 포함되어 있는 탕湯, 그중에서도 '백미百味'탕과 같은 것으로 시작해서 그다음에는 아주 다양한 고기, 조류고기, 해산물 요리, 즉 양젖에 재운 양고기 찜, 파를 썰어 뿌린 토끼고기, 조개나 게볶음 등을 선택할 수 있었다. 여러 종류의 '특수부위', 허파, 심장, 콩팥, 대망막[19]도 다양한 방식으로 조리되었다. 빵과 케이크만을 전문하는 가게가 있기는 하지만, 식당에서도 이러한 것들이 제공되었다. 메뉴 중에는 '모조' 요리도 꽤 많았다. 예컨대 '모조민물복어', '모조고라니구이' 같은 것이다(Y. L. Meng 1957 ed.,pp.15~17; T. M. Wu 1957 ed., pp.264~66).

식객들은 주점의 주방에 주문을 해서 만든 요리만을 먹을 수 있는 것은 아니다. 거리의 행상도 구운 닭고기 혹은 양의 정강이고기 구이, 여러 가지 마른 과일을 쟁반에

---

19 소, 양, 돼지와 같은 동물의 내장을 싸고 있는 얇은 지방막을 말함.

그림 34. 송나라의 수도 변경의 식품점(장택단, 『청명상하도』, 베이징, 문물출판, 1958.)

담아 팔고 있다(그림 34). 이런 음식은 대체로 조리된 음식이며, 주문에 의해 요리된 것은 아니지만 식당메뉴에 있는 것도 일부 포함되어 있다. 그 밖에도 여러 다양한 직업의 사람들이 식당을 드나들었고 '형'이라고 불리는 어린 소년들이 남색자男色者들의 성적 대상이 되었다[20]. 또 머리를 높다랗게 틀어 올린 부인네들이 고객들에게 음식과 술을 강요하기도 했는데, 사람들은 이들을 '준조㷋糟[21]'라고 불렀다. 또 미숙한 젊은이들이 술에 취한 것을 기회로 삼아, 그들이 술을 더 마시고 기녀를 불러오도록 유인하는 사람도 있었다. 하급 기녀들은 부르지 않아도 술자리에 와서 노래를 부르고, 손님들이 몇 푼 쥐어 줄 때까지 자리를 떠나지 않았다. 과일과 약재를 파는 사람들은

---

20 『동경몽화록』에 의하면 이 부분은 "술집에서 시중드는 어린애를 모두들 '대백(大伯)', 즉 '아저씨'라고
   불렀다"라고 되어 있다("至店中小兒子, 皆通謂之 '大伯'"). 이 부분은 영어 번역상의 오류인 듯하다.
   (『동경몽원록』, 맹원로 저, 김민호 옮김, 2010, 소명출판, 111, 114참조)

21 준조, 혹은 소조(燒糟)라 불러 술지게미를 데워주는 여자를 의미하나, 사실은 이런 여성을 경멸하
   며 '하찮은 것'이라는 의미를 내포한다.

손님들에게 무엇을 원하는지 물어보지도 않고, '물건을 손님이 앉은 자리 앞에 늘어놓고는' 나중에 돈을 요구하였다(Y. L. Meng 1957 ed., p.17). 이런 소란스러운 광경은 아래층에 한정된다. 위층에 올라가는 고객은 이러한 소란을 피할 수가 있었다. 그러나 "술집에 들어갔다고 아무나 제멋대로 위층으로 올라갈 수 있는 것은 아니다. 왜냐하면 식당 주인은 너무 적게 주문할 것 같은 고객은 이층으로 안내하지 않기 때문이다. 술을 많이 주문하지 않으려면 아래층에 앉아야 했는데, 그곳은 '문간방대로門間房大路'[22]라고 불렀다"(관포내득옹 1957 ed., p.93).

주문 방식은 개봉에서나 항주에서나 대체로 비슷하였다. 양쪽 다 식당마다 메뉴를 제시하였다. "개봉 사람들은 낭비벽이 심하고 제멋대로이다. 그들은 수백 가지로 주문을 소리 내어 부른다. 어떤 사람은 조리된 것, 찬 것, 가열한 것, 손질한 것, 얼음을 넣은 것, 맛이 섬세한 것, 혹은 기름진 것 등 수많은 종류의 요리를 주문한다. 각각의 손님들은 각각 다르게 주문한다. 종업원은 주문을 받아서 그것을 큰 소리로 복창하고, 머릿속에 기억해 두었다가 주방에 가서 주문받은 것들을 다시 복창한다. 이 사람들을 '징gong 머리', 혹은 '소리꾼caller'이라고 부른다. 주문을 받은 후 종업원은 금방 왼손에는 접시 세 개를 들고, 오른팔에는 어깨까지 사용하여 스무 개의 그릇을 두 겹으로 쌓아 들고 나타나, 결코 빠트리거나 실수하는 일 없이 주문한 사람들에게 정확하게 음식을 나누어 주었다. 만약 종업원이 잘못해서 고객이 '두령頭領'에게 불평을 하면 두령은 종업원을 꾸중하고 욕을 퍼부을 뿐만 아니라 임금조차 깎을 정도로 징벌이 엄하다."(Y. L. Meng 1957 ed., p.27).

개봉, 특히 항주에서 식당은 한동안 흥하였다가 자주 사라지곤 하였다. 북쪽(개봉)의 큰 음식점들에 대한 기록이 남아있는데, 식당으로는 도시 서쪽의 안주항安州巷의 요리사 백씨白廚 식당이 최고였고, 그다음으로 계아항鷄兒巷의 이경가李慶家를 비롯하여 그 밖에도 여럿이 있었다[23]고 한다. 그러나 "정화政和 연간 (1111~1117) 이후 경령

---

22 gate-bed horse track의 번역. 문 옆에 붙어 있는 방과 말이 다니는 길을 합성해서 만든 말.

23 이 부분의 저자의 번역은 한글 번역판과 차이가 있는데, 한국어 번역은 다음과 같다. "음식으로는 요리사 백씨(백주)와 동경 서쪽 안주항(安州巷)의 장수(張秀)를 최고로 쳤다. 그다음으로 보강문(保康門)의 이경가(李慶家), 동경 동쪽 계아항(鷄兒巷)의 요리사 곽씨(郭廚)……."(맹원로, 『동경몽화록』 p.110). 한국 번역본에는 한자 원문도 실려 있어서 대조해 보면 번역의 오류를 확실하게 알 수 있다. 이 책의 저자는 백씨식당은 안주항에, 이경가의 식당은 계아항에 있는 것으로 번역하였다.

궁景靈宮 동쪽 담 밑의 장경루長慶樓는 이례적으로 흥성하였다"(같은 책, p.16). 항주사람들은 더욱 변덕스러웠고 유행에 민감했다. 그러나 항주에서도 개봉과 마찬가지로 사람들은 보통 단골로 드나드는 식당이 정해져 있었다.*6

술을 함께 마시는 식당에서 한 등급 내려가면 특정한 음식, 특정한 방식으로 요리하는 음식점, 국수집과 같이 특별한 범주의 음식을 다루는 식당들이 있다. 항주의 특성을 잘 나타내는 음식 한 가지를 전문으로 하는 식당에서는 얼음을 넣은 음식, 마유주나 생선을 곁들인 음식, 불교사원 스타일로 요리한 채식주의 요리인 '사찰음식' 등이 제공되었다.

국수집은 술집보다 훨씬 초라한 곳으로서, 맹원로가 분류한 '노동자 식당'에 속한다. 여기에서는 술은 제공하지 않지만, 고기가 들어간 국수, 채소가 들어간 국수 등 다양한 국수를 제공한다. 또 다른 종류의 값싼 식당은 주로 탕을 파는 곳으로, 대문에 조롱박을 달아 놓고 그들의 특선탕을 선전하였다. 이러한 곳들은 정식메뉴의 식사를 제공하지는 않지만, 간단한 점심식사나 시간에 쫓기는 고객들에게는 편리한 식당이었다. 이런 식당들은 견고하게 지어진 건물에 자리 잡고 있는 것이 아니다. 일부는 명백히 말해서 도시의 빈 공터를 불법 점거한 뒤, 짚으로 천장을 이은 격자구조물에 지나지 않는 곳에서 장사를 했다.

병餠24은 두 가지 종류가 판매되었는데 유병油餠과 호병胡餠이라고 부른다. 후자는 중국인들이 호인胡人, 즉 북방 유목인들로부터 그 제법을 배워온 데서 유래하였다. 가게에서는 한 종류만을 전문으로 팔았다. 호병점은 찐빵, 단빵, 그리고 만두소가 들어있는 빵을 제공하였고 유병점에서는 오늘날 유조油條25와 같은 다양한 형태의 튀긴 퍼프 페스트리puff pastry를 팔았다26. 모든 먹거리 장소가 다 그렇듯이 호병점은 활기가 넘치고 시끄러웠다. 맹원로는 "각 장소마다 셋에서 다섯 명의 남자가 반죽을 하고 병을 만들며, 화로에도 사람을 배치하였다. 오경(五更, 오전 7시~9시)부터 그들의 목소리가 멀리까지 들렸다"고 회고하였다(Y. L. Meng 1957 ed., p.27).

---

24 병을 떡으로도 번역할 수 있으나, 떡은 쌀로 만든 것이어서 여기서는 밀가루로 만든 빵, 케이크를 통칭한다.

25 밀가루 반죽을 발효시켜 길이 30센티 정도의 길쭉한 모양으로 만들어 튀겨낸 빵.

26 원문에 유병과 호병을 구분하는 데에서 착오가 있어 바로 잡았다.

개봉에서 가장 성공한 병점餅店은 해주장가海州張家점과 정가鄭家점이었으며 "각각 화로를 50여 개씩 갖고 있었다"(Y. L. Meng 1957 ed., p.27). 조리한 요리를 파는 음식점으로서 만두, 딤섬(點心, 가벼운 스낵), 조리한 돼지고기, 보존 처리된 고기와 생선을 파는 집이 있었다. 어떤 점포는 설탕에 절인 과일, '새우수염'이라고 불리는 큰 사탕과 같은 어린이들을 위한 맛있는 먹을거리를 전문적으로 팔았다(관포내득옹 1957 ed., p.94). 이와 같이 다양한 요리가 있었는데, 모두의 말을 고려해 본다면 이를 팔고 있는 점포의 수는 엄청났다. 이 가운데 일부는 적어도 남송에서는 대규모 작업장의 생산 활동을 통해서 더욱 전문화되었다. 만두, 교자, 거위구이, 오리, 돼지고기, 양고기, 설탕 혹은 꿀에 절인 대추, 속을 채운 허파, 콩 종류로 만든 탕 등이 큰 공장에서 생산된 대표적인 음식들이다(Chou 1957 ed., p.444).

이러한 작업장에서 만든 음식은 대도시의 거리를 가득 채운 행상들에게도 일부 공급되었다. 행상들은 새벽부터 자정이 지나도록 끈질기게 활동하였다. 아침이 되면 행상들은 아침에 먹을거리와 차와 세숫물을 팔았다. 그들은 밤늦게까지 따뜻하게 구워낸 생강맛이 나는 음식을 팔고 있었다. 분명한 사실은 문밖에만 나서면 케이크, 밀떡, 과일 등 조리한 요리나 음식재료를 팔러 다니는 사람들이 달려든다는 것이다. 밤에도 "어깨에 맨 막대에 여러 가지 음식(대체로 병)을 매달아 운반하는 사람들이 있었다. 그들은 길 한쪽을 따라가면서 노래를 부른다. 도성의 사람들은 이를 극히 일반적인 광경이라고 생각하고 있으나, 좀 멀리서 온 촌사람들은 이를 목도하게 되면 희한하다고 생각할 것이다"(관포내득옹 1957 ed., p.94). 비록 행상들이 파는 음식이 정규 식당에서 파는 것보다 정교하지도 않고 값도 비싸지 않지만, 사람들은 이 음식도 맛있다고 생각하였으며 사 먹는 것을 주저하지 않았다.

여유 있는 부자들은 항주에서 특별한 서비스를 받을 수 있다. '차와 술 주방'이라는 곳은 연회를 위해 필요한 모든 것을 공급했다. 그들은 넓은 대청을 마련해 놓고 음식, 운반, 접시와 식탁보를 준비해 두었으며, 필요하다면 고객들에게 파티에 필요한 예의범절을 안내하기도 했다. 어떤 사업체는 심지어 장례식에 가야 할 문상객을 위해 적합한 삼베옷을 빌려주기도 한다(Chou 1957 ed., p.443; 또한 T. M. Wu 1957 ed., pp.302~03). 누구든지 서호에서 파티를 열기 위해 배를 빌릴 경우, 선박소유자가 식사를 일체 공급했다. 명절에는 이러한 소풍은 매우 인기가 있었기 때문에 배를 빌리기 어려웠다. 큰 부자들은 개인소유의 배를 갖고 있었다.

마르코 폴로는 항주에 대해 "전 세계 최고의 도시이며, 사람들은 너무나 즐거운 일이 많아서 마치 낙원에 온 것으로 생각할 것"이라고 분명히 기록하였다(Moule and Peilliot 1938, p.326). 이러한 도시민들이 향유할 수 있는 즐거움 중에서 최고는 두말할 것도 없이 음식이었고, 그중에서도 감각적 쾌락과 새로운 모험의 즐거움을 느끼게 해주는 식당은 그 가운데서도 최고였다.

음식을 대하는 태도

생명유지를 위한 우리들의 욕구는 꼭 필요한 것이고 쉽사리 표현되는 반면, 음식을 대하는 대부분의 사람들의 태도는 복합적이다. 대부분의 사람들이 충분히 음식을 섭취했고 상당수의 사람들은 훌륭하게 먹었던 송대 사회에서 음식은 단지 생명유지와 신체에 필요한 양분을 공급하는 이상의 의미를 가졌다. 식사는 고도의 감정표출 행위이다. 왜냐하면 식사는 먹는 사람의 출신과 사회경제적 위치, 동료 식객들에 대한 개인의 태도, 그리고 아마 종교와 지적 성향까지도 드러내기 때문이다. 어떤 의미로는 사람들이 무엇을 어떻게 먹는가를 가지고 자아일체의식과 타인과의 관계를 정의할 수 있다고 말해도 무방할 것이다.

한 사람의 인생 가운데 중요한 분기를 기념하는 행사나 상황에서 음식이 엮이지 않는 경우는 거의 없다. 제사는 망자나 신에게 음식을 올리는 의식이다. 출생, 결혼, 그리고 죽음과 같은 통과의례에서도 음식은 수반된다. 여행은 다른 종류의 음식을 경험한다는 것을 의미한다. 가정에 머무른다는 것은 음식의 계절적인 사이클을 준수한다는 것을 의미한다. 어떤 사람이 자신이 속한 문명의 울타리를 벗어난다면, 그가 어떤 사람인지 그 음식으로 알아 볼 수 있다. 음식은 의례의 질서와 정치의 질서를 확언해 주고 있다. 음식은 의례와 정치의 일부분이고, 건강과 장수를 보장하는 보다 거대한 질서에 사람들을 조화시키는 것이라고 보는 것이 적절하다. 식사를 통해 순수하게 신체적 쾌감을 얻을 수도 있을 것이나, 그가 특정 도시에 정통한 사람으로 알려지는 것이 훨씬 더 강렬한 기쁨이 될 수도 있다. 식재료를 찾아내기 위해 자연을 연구할 수도 있고, 이미 알고 있는 암시를 기초로 거의 잊혀진 어떤 음식의 조리법을 찾기 위해 고전을 뒤지기도 할 것이다. 식사는 한 인간을 순수하게 신체적 만족으로부터 사변적 철학이 지닌 최고의 비양飛揚으로까지 승화시킬 수가 있다. 무엇을 먹고, 어떻게 먹는지, 그리고 누가 먹는지를 기술하는 것은 송대의 음식 연구의 기초에 지나지 않는다. 왜냐하면 식사는 그 당시의 사람들에게 그렇게 간단한 존재가 아니었기 때문이다. 음식은 복잡한 방식으로 이해되었다. 그 방식은 적어도 정의를 내리는 것부터 시작해야 한다. 여기에서 우리는 의례로서, 시간과 공간을 정의定義해 주는 매체로서, 그리고 지적인 추구와 자기표출로서 음식과 식사를 고찰할 것이다.

음식과 의례와 종교적 사용의 관계에 대해 완벽하게 기술하는 것은 너무 광범위하여 불가능한 작업이다. 그것이 불가능한 이유는 다름이 아니라 각 지역마다 종교적 행위와 의례적 표현이 매우 다양하기 때문이다. 단지 여기서 우리가 할 수 있는 일이란 여러 맥락에서 음식이 어떻게 사용되었으며, 또 신앙과 의례행동이 변화하면서 음식이 각기 어떻게 사용되었는지를 지적하는 일이다. 의례용 음식의 중요성은 당연히 송대 사회에서 매우 다양하게 나타난다. 도시민들은 자크 제르네Jacques Gernet가 관찰한 바와 같이 신앙보다는 실생활에서 더 경건하였으며, 따라서 음식의 의례적 사용에 관심이 덜하였다(1962, p.203). 사회의 다른 부문—아마도 농민, 그리고 명백하게도 지배계급—은 도시민에 비해 훨씬 꼼꼼하고 열렬하게 의례를 실천하였다. 황제의 의례활동은 당연히 잘 기록되어 자료로 남아 있을 것이다. 왜냐하면 현대인의 생각에 정치권력의 행사는 의례적 실천과 밀접하게 묶여 있고, 거창한 제물과 행사가 만들어 내는 장관을 볼 수 있다는 것이 두 수도에 사는 사람들의 최대의 즐거움이기 때문이다.

일반적으로 송대는 합리적·경험적 태도가 그 시대의 특징으로 꼽히지만, 각자의 식사예법을 갖춘 불교와 도교도 일정한 영향을 끼쳤다고 할 수 있다. 종교가 지배하는 시대는 아니지만, 특히 불교는 그 많은 관습과 축일이 거의 보편적으로 준수되던 만큼 일상생활에 일정한 영향을 주었다. 대사원은 지속적으로 번영했고 영향력이 컸다. 그들의 시장은 새로운 상업 시대에 중심적인 역할을 빈번히 수행하였다. 불사의 주지들은 아주 사치스럽게 살았다. 사원에서는 불교의 축제일에 풍성하고 정성껏 준비한 채식 잔치가 열렸다(Y. L. Meng 1957 ed., p.19). 도교식 식사는 불교만큼 확산되지는 않았다. 도교가 인기를 잃어서라기보다는 곡식을 먹지 않는 벽곡辟穀의 식이요법을 실천하는 것이 채식주의보다 훨씬 힘들었기 때문이었다.

불교가 송나라 음식에 끼친 가장 중요한 영향으로는 쇠고기를 선호하지 않게 된 점을 들 수 있다. 시바 요시노부는 소가 우시장에서 매매의 대상이 되었다는 것을 보여주었지만, 연회나 식당 요리의 목록에서는 이를 명시적으로 언급한 적이 없다. 이것으로 미루어 보아 쇠고기는 냉대를 당했고, 그저 신기해서 먹어 보았을 뿐이라는 것을 암시하고 있다(1968, pp.233~37). 어쨌든 송나라의 쇠고기는 아주 맛있는 것은 아니었다. 남부 중국에서는 황소와 물소가 역축役畜으로 사용되었다. 따라서 종교적 감정과는 별개로 오랫동안 쟁기를 끌던 일소의 고기였기 때문에 딱딱하고 질기며, 수분이 적었음에 틀림없다.

불교의 축일에는 많은 요리와 떡 종류가 소비되었다. 중양절(重陽節, 음력 9월 9일)에는 특별한 떡을 먹으며, 음력 12월 8일에는 '칠보오미(七寶五味)'죽[27]을 먹었다(Y. L. Meng 1957 ed., p.61 참조). 이러한 음식은 송대에만 있었던 것은 아니며, 종교적 의미가 줄어든 다음에는 음식과 축일 그 자체가 얼마나 세속적, 계절적 관습이 되어 버렸는지의 정도에 따라 그 시기를 특징지을 수 있다.

가장 고대적인 관습은 사람들이 그들의 조상에게 음식을 바치는 것으로, 불교에서 '배고픈 영혼鬼月'의 신앙을 뜻하는 제사이다. 여러 가지 문헌자료를 보면 신이나 죽은 자에게 바치는 이 의례적인 음식은 대체로 통상 소비되는 음식과 같은 방식으로 조리되며, 십중팔구는 의례가 끝난 다음 참배자들이 이 음식들을 먹는다는 것이 확실하다. 예컨대 우리는 황제가 먹을 고기를 조달하는 책임을 진 관청, 즉 쇠고기, 양고기, 염소고기를 담당한 관청에서 제사에 사용하는 고기공급도 책임졌다는 것을 알 수 있다(T. M. Wu 1957 ed., p.207). 의례적 음식은 경우에 따라 시대와 맞지 않는 것도 있었다. 예컨대 특정한 종류의 조는 이미 아무도 먹지 않지만, 농민들은 이를 재배하여 제물로만 사용한다. 의례용 음식과 보통 먹는 음식에 어느 정도 일정한 차이가 있다는 것은 금방 이해가 된다. 송대에 유행했던 남방 음식은 지난 1천여 년에 걸쳐 성문

---

27 납팔죽(臘八粥)이라고도 부른다.

화된 중국 북방의 의례용 음식과는 상당히 다르다.

음식은 죽은 자뿐만 아니라 산 자와 연관된 통과의례에서도 그 중심을 이룬다. 결혼과 출생과 같은 행사에는 연회뿐만 아니라, 상징적 혹은 동음이의어同音異意語의 말장난 같은 의미를 갖는 특별한 음식의 준비와 소비가 뒤따른다. 맹원로가 기술한 기나긴 결혼식의 일부 절차에서 신랑 가족은 두 개의 다른 요소의 결합을 상징하는 '밀유병蜜油餅'이라고 불리는 찐빵을 선물로 받았다(Y. L. Meng 1957 ed., p.32). 분만과 출생에는 수많은 음식과 요리가 뒤따른다. 산모의 친구들은 익은 곡식의 줄기와 '고통을 나눈다'는 의미로 분통分痛이라고 불리는 특별한 만두를 보낸다. 아기를 처음으로 목욕을 시키는 의례에서 과일과 마늘 등 여러 가지 식재료를 욕조에 넣는다. 대추枣子는 욕조에 넣자마자 얼른 아들을 낳기를 원하는 여자들이 이것을 가져가려고 달려든다.[28](같은 책).

송대의 최대 의례는 황제에 의해 거행된다. 세금을 거두는 일이나 전쟁을 수행하는 것 이상으로, 지배자가 행해야 하는 최고의 책무이자 가장 중요한 활동은 의례의 집행이다. 그의 제물, 조상제사, 황제의 행진은 장대한 의식이다. 송대의 두 도성은 모두 행정보다는 주로 상업적 성격이 강했기 때문에 과거 왕조의 도성들에 비해 이러한 행사에 비교적 덜 적합하기는 했지만, 여전히 연중 의례가 치러지는 분기에 생활리듬이 맞춰졌다. 개봉과 항주가 의례적 드라마를 연출하는 무대라고 한다면, 황제 자신은 일상생활의 많은 부분이 관습적 의무와 국가적 사유를 위해 그 자신이 중심적 역할을 수행하는 연기자라고 할 수 있었다.

10세기부터 13세기까지 중국 황실의 의례는 아직 정치적 색채를 강하게 띠고 있었다. 북송이 함락되기 이전에 외국 사신들을 위한 황제의 연회를 기록한 맹원로는, 북송 시대 내내 송의 주된 북방 적대국이었던 요遼나라의 사신은 다른 외교관들과는 달리 돼지고기와 양고기로 만든 특식, 그리고 부추와 마늘로 향미를 가한 식초를 제공받았다고 기록하고 있다(1957 ed., p.52). 통상의 메뉴와 다른 이러한 일탈은 예삿일이 아니다. 황제의 행동은 천하의 중심으로서, 인간문화의 결정권자로서의 그의 지위를 주장하고 표출하기 위해 의도된 것이다. 그런 식으로 정치적이고, 궁극적으로 우주

---

28 중국어로 '대추'(枣子, 자오즈)와 '아들을 빨리 얻는 것'(早子, 자오즈)은 발음이 같다.

의 질서를 반영하는 의례를 깬다는 것은 황제의 세력이 약화되었거나 혹은 도덕적 타락, 아니면 두 가지 모두를 드러낸 것이라고 볼 수 있다. 그러므로 대사들을 환영하는 잔치보다 비교적 약식으로 진행되는 행사를 통해 우리는 황궁에서의 만찬은 만물을 다스리는 모든 질서 가운데 황제가 차지하는 지위를 반영한 의례적 관습을 고수했음을 알 수 있다. 소흥紹興[29] 21년 음력 10월, 고종高宗(남송 초대 황제)은 청하군왕清河郡王[30] 저택에 행차하였다(Chou 1957 ed., p.491). 당연히 큰 연회가 열렸는데 30개 이상의 코스요리와 수백 접시의 요리가 나왔으며, 정해진 순서에 따라 음식이 들어오고 접시들이 치워졌다. 신선한 과일과 건과일 코스를 물리면 꿀로 맛을 낸 튀김 요리, 저장식품 요리, 보존 처리된 육류로 구성된 코스가 나왔다. 꼬치 요리, 술안주 요리와 다른 많은 코스가 뒤따랐다. '후식'만 하더라도 50종류로 구성되어 있었다. 연회 내내 음식이 나오는 사이에는 음악이 연주되었다.

사치스러운 음식은 최고로 좋은 접시와 그릇에 담아냈다. 주밀周密[31]은 옥, 은, 진주로 만든 식기들이 사용되었다고 보고하고 있다. 그릇 가운데는 "용의 문양을 새긴 정鼎, 상 왕조 시대(기원전 1766~1122)의 그릇 3점, 주 왕조(기원전 1122~1221)의 그릇 4점도 포함되어 있었다"(Chou 1957 ed., p.504). 특히 아름다운 그림과 글씨가 연회를 위해 벽에 걸렸으며, 그 가운데는 오도자吳道子, 거연巨然, 동원董源 등과 같이 잘 알려진 작가들의 작품도 포함되어 있다. 연회에 모인 손님들에게는 고급비단 수백 필이 나눠졌다. 이 모든 것은 황명에 의해서만 가능한 것들이다. 황제는 엄청난 양의 맛있는 음식, 천하 최고의 음식을 통해 그가 가진 자원이 무궁무진하다는 것을 과시하였다. 골동품과 예술작품이 사용된 것은 중국 전통의 담지자로서의 황제의 역할, 중국 역사의 최고의 작품을 감상하고 지배한다는 것을 상징하는 의미였다.

연회의 형식 그 자체도 황제를 정점으로 하여 정치적 권력의 등급을 반영하였다. 황궁 내에서 근무하는 고급관료는 11개의 코스를 즐길 수 있었다. 삼품 관료들은 일

---

29 송 고종 시대의 연호(1131~1162). 본문에서 언급한 시기는 1151~52년을 가리킨다.

30 청하군왕의 이름은 장준(張俊)이며, 청하군은 항주에 속한 지역으로 남송 이후 청하방(清河坊)으로 개명되었다. 청하방에는 가게가 가득했고, 술집과 찻집이 즐비하였으며, 항주의 정치·문화·상업중심지였다.

31 1232~1308. 송대 말 제남(濟南) 출신으로 사(詞) 작가. 저서로는 『제동야어齊東野語』, 『초창사草窓詞』 등이 있다.

곱 가지 요리와 단맛이 나는 튀김 한 곽과 술 다섯 병을 공급받았다. 사품 관료들은 요리 다섯 가지와 과일 한 짝, 그리고 술 두 병을 먹었으며, 한편 오품 관료들은 세 가지 요리와 술 한 병만 제공받았다. 이것은 공식적인 통치 구조를 음식에 완벽하게 반영한 것이다(Chou 1957 ed., pp.491~95). 당대의 문헌에 자주 등장하는 이와 같은 행사의 설명을 보면, 그들은 훌륭한 음식임에도 불구하고 식사를 즐기기보다는 노래, 춤, 깃발 흔들기, 무술 시범이 포함된 놀라운 장관을 훨씬 더 즐겼던 것 같다. 어떤 황제라도 제공된 음식을 전부 음미할 수는 없다고 지적하는 것은 핵심에서 벗어난 일이다. 이를 통해 그는 풍요로움을 과시할 수 있었으며, 그렇게 함으로써 그의 위상을 확인하였다.

고종의 식사는 쾌락보다는 상징적인 의도를 지닌 극단적인 사례이다. 그렇지만 대부분의 공식적인 식사는 분명 두 개의 요소, 즉 의례의 요소와 순수하게 음식을 즐기는 요소를 다 갖고 있다. 음식의 의례적 요소를 통해서 식객은 어떤 특정한 사회적 가치와 자신을 동일시하고, 특정한 집단 내에서의 자신의 지위를 확인하고자 한다. 송대의 사람들은 황궁의 연회를 기술할 때 의례적 요소의 확인, 즉 음식의 쾌락 그 자체보다는 오감을 이용하여 느낄 수 있는 쾌감을 염두에 두고 있었다. 이런 경우를 보면, 부유한 도시민들은 식사의 즐거움을 향유하면서도 사회적 예절의 요구를 충족시킬 수 있었기 때문에 자신들의 지배자보다 훨씬 운이 좋았다고 할 수 있다. 음식점에도 의례와 관습이 있었으나 태도는 자유롭고 편하였다. 의례는 음식의 가치를 제고하기 위해 고안되었다. 송의 식객들은 현대인들보다 관습의 제약으로부터 덜 구속되었을 것이다. 음식점은 고객들이 소리를 질러 가며 주문을 하는 시끄러운 장소였다. 식객들은 변덕스러웠으며 요구가 많았다. "그들을 돈 계산 따위는 아랑곳하지 않았다". 우연히 술집에서 만난 두 사람이 의기투합해서 먹고 마시느라 큰 돈을 쓴다든가, 심지어 혼자 찾아온 손님조차도 "은 그릇에 술을 따라 마시려고 했다"(Y. L. Meng 1957 ed., p.26). 이것은 새로운 종류의 의례였다. 계급에 얽매지 않겠다며 자신이 규정한 스타일이며, 누구라도 세련된 행동과 돈의 씀씀이가 가능하다는 새로운 의례였다.

송의 도시생활에 대한 기록 중에는 대제大祭에 관한 자료가 많다. 그 가운데 일부는 불교 축제이며 다른 것들은 세시歲時풍속과 관련된 것이었다. 우리는 이 자료들을 통해 각 축제의 특징적 관습에 대해서 알 수 있는데, 그중에서도 계절 음식에 대해서는 가장 길게, 그리고 하나도 빠트리는 것이 없이 세세하게 기술했다. 시골사람들에게는 쟁기질, 파종, 이앙, 추수 등 일 년 동안 전개되는 작업의 변화가 계절의 표식이었다. 그러나 도시민들의 작업은 계절과 무관하거나, 적어도 농촌보다는 계절의 변화를 덜 탔기 때문에 시장에서 살 수 있는 과일과 채소의 주기와 축제 때 소비되는 특별한 음식 정도가 계절의 표식이 되었다.

춘분이 지나고 15일째가 되는 청명절에, 개봉의 주민들은 밀가루를 반죽해서 대추를 물고 있는 제비[32]를 만든 뒤 대문 위로 나온 버드나무에 걸어 놓는다. 그리고 한식에는 모든 사람들이 도시를 떠나 성묘를 가고 그곳에서 대추를 넣은 과자, 찐빵, 오리알을 먹었다. 이 날은 또한 사탕, 밀과자, 우유로 만든 치즈, 우유로 만든 빵도 팔았다. 여름이 다가오면 시장에는 살구와 앵두가 등장했다. 5월 5일(단오절)에는 향기로운 설탕조림과일을 먹고, 찹쌀이나 조를 대나무 잎에 삼각형으로 싸서 조리한 특별한 음식[33]을 먹는다. 이 시기가 지나면 복숭아를 먹을 수 있다. 늦어도 6월까지는 박 종류, 모든 종류의 복숭아, 배를 사 먹을 수 있었다. 중양절이 다가오면 사람들은 게의 집게발, 밤, 포도, 오렌지를 먹기 시작하였다. 한편 9월 9일(중양절)에는 석류, 잣, 밀가루로 사자 모양을 만들어 얹은 특별한 찐빵을 먹는다. 가을은 대추가 가장 맛있는 계절이며, 양문兩門 안에 최상급의 대추가 생산되는 곳이 있었다. 그래서 "심지어 내궁內宮에서도 사람을 보내 그 대추를 구해 먹었다"고 한다(같은 책, p.50). 겨울이 되면 개봉 사람들은 절인 생강, 거위배鵝梨[34], 모과와 게와 조개를 먹기 시작하였다.

세시 풍습에 대한 기억은 음식에 대한 이야기로 가득했다. 자연을 노래한 시인이 본 계절의 흐름은 봄의 살구와 가을의 국화이라는 진부한 이미지로 인식되었다. 회상록 작가는 도시의 생활리듬을 애써 복원하려고 하였기에 훨씬 직설적이고 자세하게 기록한다. 그는 장소보다 시간을 서술하기 위해 도시민들의 생활시간의 표식인 계절 음식을 언급한다. 계절 음식은 그의 심중에 가장 중요한 것임에 틀림없다. 음식은 시

---

32 '대추'(棗子, 자오즈)는 '이르다'(早, 자오)와 발음이 같고, 제비는 봄을 상징하는데, 이는 봄에 제비가 복을 많이 가져올 것을 기원하는 풍습이다.

33 쫑즈(粽子)를 말한다. 찹쌀을 대나무 잎사귀나 갈대 잎에 싸서 삼각형으로 묶은 후 찐 음식으로, 단오절에 이것을 먹는 이유는 초나라 정치가이자 시인인 굴원(屈原)을 기리기 위함이다.

34 鴨梨(오리배)라고도 부름. 열매의 모양새가 거위 혹은 오리의 머리통을 닮았다. 얇은 노란색 껍질 위로는 갈색 반점이 총총히 박혔고, 아삭아삭한 식감과 과즙이 풍부한 것이 특징이다.

간과 자연의 거대한 흐름에 연결되어 있고, 자연과 마찬가지로 끊임없이 새롭게 재생된다는 확고한 의미에서 자연으로 인식된다.

여러 지역을 다니면서 장사를 하는 상인과, 자주 여행하거나 상피相避규칙의 의무로 인해 고향 이외의 지방에서 근무해야 했던 관리들은 싫든 좋든 간에 많은 다양한 지방 요리를 접할 수밖에 없었다. 물론 지역 요리를 전문으로 하는 수도의 일부 식당들이 있었기 때문에 특정 지역 출신 사람들이 고향의 요리와 식재료를 즐길 수 있을 때도 있었다. 그러나 여행자들은 편견을 가지고 있음에도 불구하고 그들에게 익숙하지 않은 음식을 억지로 먹어야 했던 경우가 훨씬 많았음에 틀림없다. 이러한 사람들 가운데는 타 지역의 음식을 선호하게 된 사람들도 있었다. 따라서, 예컨대 남방 출신의 관료들의 취향을 충족시키기 위해 만들었던 개봉의 음식점은 좀 더 넓은 범위의 고객을 갖게 되었다. 송의 도시민들은 식습관에 있어서도 새로운 것을 좋아했고 열심히 유행을 쫓아 다녔다. 특히 항주의 음식점들은 특별한 식재료를 사용한 요리를 차려내고, 또 다양한 지역 요리를 특화하여 당시의 기질에 부응하였다.

당대의 사람들은 세 가지의 주요한 지역 요리를 인식하였다. 북방, 남방, 그리고 사천 요리이다. 그 후 우리는 네 번째로 광동 요리를 추가할 수 있지만, 송대의 광동 지역은 후진 지역이었으며, 요리 스타일은 아직 확실하게 체계를 갖추지 못한 상태였다. 세 가지 지역의 요리 스타일은 일반적으로 현대의 3대 요리와 비슷하다. 북방 요리는 별 자극이 없고, 양고기와 많은 저장식품을 포함하고 있으며, 어떤 작가는 북방인들이 '신맛'을 좋아한 것으로 말하였다(Y. Chu 1939 ed., p.73). 북방 음식의 기초는 밀, 조와 같은 것으로서 이것으로 국수, 만두, 교자, 소가 들어 있는 빵을 만든다. 심괄沈括과 소식蘇軾이 편찬한 『양방良方』('좋은 요리법'이라는 뜻)의 서문은 "남부 지방 사람들은 돼지고기와 생선을 먹지만 건강하고, 북방 사람들은 돼지고기와 생선을 먹고 병에 걸린다"라고 분명히 밝혔다(소식과 심괄 1939 ed., p.2). 남부 지방의 요리란 먼 남쪽 지방이라기보다는 양자강 삼각주 지역의 음식을 지칭하고 있었으며, 쌀을 기초로 하고 있다. 당대 사람들은 남부 지방 요리는 북부 지방 요리보다 훨씬 강하게 조미를 한다고 주장하였으며, 생선은 돼지고기와 마찬가지로 식재료로서 널리 사용되었고 어떤 지역에서는 "흙처럼 값이 쌌다"는 것으로 전해지고 있었다. 논평가에 의하면 사천 요리는 특별히 매운 맛을 지닌 것이라고는 확인되지는 않았다. 그러나 후추와 일종의 얼얼한 맛의 완두에 대한 언급 가운데서 사천 요리가 매운 맛을 지녔다는 것을 암시하였다. 사천 음식은 쌀을 기초로 하고 있으며, 실제 사천 요리는 차를 비롯하여 한약과 관련해서 가장 자주 논의되었다. 왜냐하면 송대 내내 사천 지역은 이러한 것을 가장 많이 생산하는 중심부였기 때문이다. 『양방』에서는 "사천에는 완두콩과 비슷하게 생긴 채소가 있다. 이것은 맛이 탁월하며 본래부터 아주 맵다. 이것을 먹으면, 숨이 턱 막히고 입이 딱 벌어져 버린다. 그러나 그것을 약간의 술에 담가 말리고 다시 찌면 아주 좋은 식품이 되며, 신체에 아무런 해가 되지 않는다"라고 얘기한다(같은 책, p.81).

자연스러운 일이기는 하지만 사람들 중에는 다른 지역의 음식을 받아들일 수 없는 사람도 있었고, 타인의 아주 별난 식습관을 조롱하는 사람도 꽤 많았다. "복건과 절강 출신 사람들은 개구리를 먹고 호상湖湘 지역[35] (양자강 중류) 사람들은 도마뱀붙이(蛤蚧)[36]를 먹는다. 그런데 북부 중국 출신 사람들은 동남 지역 사람들이 개구리를 먹는다고 비웃는다. 이에 절강에 머물고 있던 어떤 황족이 개구리의 넓적다리를 구해서 말린 다음, 그의 친척들에게 메추리고기를 말린 것이라고 속여서 먹였다. 그는 친척들이 그것을 다 먹은 다음에야 사실대로 말했고 그 후에는 동남 지방 사람에 대한 비방이 약간 수그러들었다"(Y. Chu 1939 ed., p.21). 비방이 약화된 이유가 그들도 개구리가 맛있다고 생각했었기 때문인지, 아니면 그들의 친척의 속임수에 할 말을 잃었기 때문인지는 작가는 밝히지 않았다.

중국의 여러 지방의 식습관과 관련된 이러한 사소한 일화는 아주 심각한 것은 아니다. 대부분의 식자층은 타 지방의 음식을 먹어 보았을 것이다. 그렇다고 해서 그들이 비중국적인 외국 음식까지 먹어 보려고 했다는 의미는 아니다. 그들에게 외국 음식은 혐오스럽고, 심지어 위험하기까지 한 것으로 생각되었다. 예컨대 아주 먼 남쪽 지방에서는 "사람들은 뱀을 먹는다. 소식이 혜주惠州로 유배를 당했을 때, 그의 부인妾 조운朝雲이 함께 갔다. 그때 부인은 퇴역 군인으로부터 음식을 사 먹었는데, 이것이 신선한 바다 생선이라고 생각한 그녀는 그 물고기 이름이 무엇인지 물었다. 그가 '뱀'이라고 답

---

35 양자강 중류 지역의 호남(湖南)성을 지칭.
36 원문에는 도마뱀붙이를 큰 개구리라고 해석하고 있으나 이것은 오류이다.

240

하자 그녀는 토해 버렸다. 그녀는 수개월 동안 병을 앓다가 결국은 죽고 말았다." 해남海南의 문명화되지 못한 밑바닥 사람들은 "파리, 각다귀, 지렁이를 먹었다. 그들은 그것들을 잡아서 대나무 통에 넣고 찜을 한 다음에 대나무를 갈라서 그것들을 먹는다"는 기록이 있다. 남쪽의 번족番族들은 삭힌 생선을 먹으며, 사향노루의 뇌에 꿀을 발라서 먹는다. 그것은 북방 유목민의 음식도 아니었을 뿐더러, 문명화된 사람들에게도 더 이상 적합한 것이 되지 못했다. 주욱朱彧은 그의 부친이 요遼나라에 사신으로 갔을 때 어쩔 수 없이 기름이 둥둥 떠 있는 마유주를 마셨음을 기록했다(같은 책, pp.21~23).

이 교양 있는 사대부는 음식에 대해 폭 넓은 취미를 갖고 있었으나, 어떤 음식이 중국 문명에 속하는지 혹은 속하지 않는지를 구분하였다. 따라서 그들은 중국 내의 다른 지방에서 온 음식은 낯설기는 해도 먹을 수 있었으나, 중국 밖의 다른 문화에서 만들어진 음식을 먹는다는 것은 그 자체가 생경하고 역겨우며, 아마도 독성이 있을 것이라는 인식을 가졌다.

음식과 사상

송대의 지식인들은 전형적으로 우주론과 자연사적 차원에서 자연의 질서를 밝히고, 자연을 분류하고 조합하고자 하는 욕구를 갖고 있었다. 마찬가지로 그들은 인간에 대해서도 윤리적·역사적 차원에서 그 질서와 분류, 구성을 밝히고자 하는 욕구를 갖고 있었다. 송대 지식인들이 성취한 모든 학문적 업적에는 어떤 분야에서든 인간의 경험을 통해 전체를 이해하려는 의도가 포함되어 있다. 당대의 위대한 과학자 심괄, 위대한 역사가 사마광司馬光, 위대한 도덕 철학자 주희朱熹의 경우도 그러하다. 음식에 대한 태도도 비슷한 정도의 관심을 보였다. 즉, 이러한 인간의 경험을 통합해서 전체를 알아보려는 태도가 두드러졌다.

송의 사상적 흐름을 우리는 두 가지 기조로 구분할 수 있는데, 이 두 가지는 상호보완적일 때도 있고 상반되는 흐름을 이루기도 했다. 송의 엘리트 지식인은 한편으로는 실용적이며, 경험을 중시하며, 실험에 적극적이었다. 심괄 혹은 소식과 같은 사람들은 누구보다도 온갖 경험을 해 보는 것에 호기심이 강했다. 작가들은 독특한 것, 범상치 않은 것을 찾아보는 데 열심이었다. 정치, 지방 관습, 유명인사의 삶과 같은 것에 관한 단편적인 정보를 모아 놓은 기행문학은 흔하게 볼 수 있었다. 비록 그 기록의 대부분은 오직 저자만 알아 볼 수 있을 만큼 아주 어수선한 저작물이었지만, 그 모든 것들이 송대의 생활에 대한 정보의 보고이다. 물론 당대 최고의 작가들이 직접 쓴 『동경몽화록東京夢華錄』, 혹은 『무림구사武林舊事』와 같은 저작물들은 한 시대를 자세히 그려낸 초상화와 같다. 이러한 대단한 수집가적인 기질을 가진 사람들 덕분에, 송은 골동품의 수집과 그림의 감정鑑定 활동이 활발했던 최초의 위대한 시대가 되었다. 그뿐만 아니라, 이 시기의 학자들 사이에는 『어원사전語源辭典』을 편찬하는 것이 또 하나의 작은 유행이었다. 분명한 것은 지식이란 경험적이든, 역사적이든, 혹은 고전 연구를 통해서든 우선 얻어낸 다음에 체계화가 될 수 있다는 것이다.

다른 한편 송대의 시대 정신의 한 측면은 치열하게 논리적이고 합리적이며, 경험 그 자체보다는 경험의 윤리적 함의에 훨씬 더 많은 관심을 갖고 있고, 기본적으로 금욕주의적이었다. 여기에 속하는 부류로는 위대한 주자학(송학宋學)자들을 들 수 있는데, 그들은 인간의 삶과 경험의 모든 측면은 윤리적 질서에 담겨 있으며, 무차별적인 경험을 통해 지식을 추구하는 것은 오히려 진정한 지식에 방해가 될 때가 있다고 생각하였다.

이 두 부류의 송대 사상가들의 관계는 결코 단순하지 않다. 어떤 사람 혹은 어떤 학파가 어느 쪽에 속하는지 확인이 가능한 경우도 있다. 그러나 때로는 한 사상가의 마음속에 두 가지 경향이 공존하기도 한다. 예컨대 사마광은 역사지리학적인 실천에 있어서는 자유주의자latitudinarian[37]였으며 모든 종류의 지식에 대한 탐욕스러운 수집가였지만, 동시에 그는 엄격하고 금욕주의적인 도덕가였다. 진정한 지식에 대한 그의 방법은 경험을 구하는 것이 아니라, 오히려 경험을 물리치는 것이었다. 사실 양극 간의 긴장은 송대에 나타난 대부분의 사상에 공통적으로 나타났고, 음식에 대한 사고방식에서도 아주 많이 나타났다.

개봉과 항주에 관해 기술한 작가들이 감각적인 것을 포함한 모든 종류의 경험을 자유주의자들의 입장에서 자세히 묘사한 것은 쉽게 찾아볼 수 있다. 도시민은 마르코

---

37 종교 신조상의 자유주의, 광교주의(廣敎主義)를 의미한다.

폴로가 관찰한 바와 같이 쾌락을 좋아했다. 도시는 모든 종류의 신기하고 다양한 경험의 원천과 같은 곳이다. 도시를 사랑한다는 것은 바로 명확한 지적·도덕적 입장을 취한다는 것이다. 식사에서는 새로운 맛, 새로운 식재료, 새로운 요리에 대한 열정을 의미했다. 그것은 또한 자기탐닉과 쾌락주의를 어느 정도 함축하였다. 도시에 대한 사랑, 즉 도시의 음식점과 시장에 대한 사랑은 바로 일부 송나라 사람들이 혐오스럽다고 생각한 사치스런 상업문화에 대한 지지를 의미하였다.

또 다른 한편에는 도교와 교조적인 유교윤리의 영향을 상당히 받은 사상가들이 대치했다. 그들은 도시와 도시에서 살아가는 방식을 몹시 싫어했다. 대부분의 유학자들은 스스로가 농촌의 검소한 생활의 미덕을 열심히 옹호한 집단에 속한다고 생각하였다. 그러나 그것을 실천한 사람은 거의 없다. 그럼에도 이 계열에 속한 사람들이 취한 태도는 송의 식사와 음식에 대한 사상, 특히 의약과 관련된 사상에 명확한 영향을 주었다.

식이요법과 의약 연구는 거의 구별할 수가 없었다(Nakayama and Sivin 1973; Needham 1970). 『양방良方』은 '좋은 조리법'으로 번역할 수도 있지만, '좋은 처방'으로 해석해도 무리가 없다. 왜냐하면 어구상의 차이도 없을 뿐더러, 건강한 음식을 만드는 법과 좋은 약을 처방한다는 것은 사실 동일한 범주에 넣어도 무방하기 때문이다. 제국의 거의 모든 역사를 통해서 엘리트 지식인들은 연금술 연구에 관심을 가졌다. 또 여러 가지 물질의 효능을 알아보기 위해 먹어 보기도 했다. 예컨대 수은화합물을 먹고 실험자가 죽은 일도 있었고, 여러 가지 유기물의 의학적 효능을 기록으로 남기는 결과도 있었다. 음식 연구에 있어서 중요한 점은 '양환비방陽丸秘方', '체액조절용 사신환四神丸', '진사분辰砂粉'과 같은 혼합물이 어느 정도 일상적이고 일반적인 음식과 연속성을 갖고 있는가라는 점이다.

건강한 음식이란 무엇으로 구성되는가? 의사들의 의견은 결코 일치할 수가 없었다. 실제로 어떤 사람에게는 이로운 것이 다른 사람에게는 독이 될 수 있기 때문이다. 북방 사람들은 돼지고기와 생선을 함께 먹을 수 없었지만, 남방 사람들은 그 두 가지를 모두 즐겼다. 개개인에게 가장 건강한 식단을 찾으려면 점성술, 지리적, 개인적인 사항 등 모든 종류의 사항이 고려되어야 했다. 모든 규칙, 경고사항, 음식체계 가운데 몇 가지의 기본 원칙이 식별될 수 있다. 그 가운데 가장 일반적인 규칙은 어떤 것이든 너무 과식하지 말아야 한다는 것이다. 많은 식품이 '독성'이 있는 것으로 간주되었으나, 과하게 탐닉하지만 않는다면 아주 안전하게 먹을 수 있다. 음식의 자연성에는 일정한 가치가 부여된다. 즉 사람들은 제철에 나지 않는 음식은 피해야 한다. 여름에 몸을 식히는 효과를 가진 음식은 추운 겨울에는 치명적일 수도 있다. 더 나아가 스스로 재배하고 요리한 단순한 음식과 약초, 채소는 가치가 높았다. 소식은 건강한 식사에 진귀하고 이색적인 식재료가 반드시 필요한 것은 아니라고 주장하였다. 그는 "값싸고 유용한 약초로서 도꼬마리만 한 것이 없다. 어떤 약은 값이 싸지만 특정 지방에서는 나질 않는다. 그러나 도꼬마리는 도처에 있으며, 흙만 있으면 어디에서나 자란다. 도꼬마리의 꽃과 잎, 뿌리와 열매는 모두 식용가능하다. 이것은 채소처럼 먹을 수도 있고, 식중독을 일으키지 않고 병을 통제할 수가 있다. 또한 생으로, 혹은 환丸을 빚거나 분말로도 만들어 먹을 수 있으며, 오래 복용하면 뼈가 단단해지고 골수가 채워진다"(소식과 심괄 1939 ed., pp.97~98).

벼슬길에 올라서 풍요로운 식사를 향유하고 풍요로운 삶을 누리는 것이 건강에 해롭고, 오히려 산속의 촌민들의 간소한 식사가 더 좋다는 주장에 대해 송대의 논자들 사이에서 약간의 의문이 제기되었다. 그러나 촌락민의 식사에 대한 호의적인 기술과 평민들의 음식에 대한 논의가 단순히 이론적인 이상주의만은 아니었다. 작은 고을에서 관직을 시작한 무명의 최하급 관료와, 수도 내 권력 싸움에서 패배하여 은퇴를 하거나 지방에 유배당한 사람들은 농민들과 별반 차이가 없는 식사에 만족하지 않으면 안 되었다. 한편으로 당시엔 평범한 음식을 칭송한 사람들 가운데는 당연히 해야 할 일을 하고 공을 세운 척 하는 사람도 있다. 소식은 이것을 그의 짧은 글「동파죽을 예찬하다東坡羹讚」에서 설명하였다. 동파죽은 그의 은퇴(실질적으로는 정치적 유배)생활 중 그가 채소를 주재료로 하여 만든 죽이다. 동파죽은 고기나 생선, 오향이 들어 있지 않았지만, 자연의 감미로움이 있었다. 그의 레시피는 다음과 같다. 배추, 평지순무, 야생무, 냉이를 북북 문질러 씻어서 쓴맛을 제거한다. 먼저 냄비에 약간의 기름을 두르고 그다음에 채소, 약간의 쌀과 신선한 생강을 넣고 볶다가 물을 부어 끓인다(소식 1970 ed.,『속집續集』1:1b)*⁷ 소식은 이 요리 이름을 붙인 송頌[38]의 서문에서 밝히길 그

---

38 「동파국을 노래한다東坡羹頌」를 가리킨다.

가 아주 가난했을 때 이 요리를 발명했으며 "레시피는 조미료를 사용하지 않았지만, 자연의 맛이 있다"고 회고하였다(같은 책, 『속집』 3:21).

'자연'이라는 말은 건강한 식사를 대하는 송대의 개념을 이해하기 위한 중요한 용어이다. 이 말은 소식의 「동파갱송東坡羹頌」에서도 두 번이나 사용되었다. 보기에 따라 고도의 교양을 가진 엘리트 지식인이 약초를 수집하고 죽을 끓인다고 해서 그 자체를 전적으로 자연이라고 말할 수 없듯이, 수도의 사치스런 음식점에서 식사를 한다고 하더라도 거기에 자연이 전혀 존재하지 않는다고 말할 수는 없다. 어느 한쪽이 자연이고 다른 한쪽이 자연이 아니라고 생각한다면, 그것은 식사를 하는 사람이 그렇게 생각하였기 때문이다. 그는 식사와 음식에 대한 자의식이 강한 사람임에 틀림없다. 소식과 다른 많은 엘리트 지식인들은 자연 그 자체가 가치 있는 것으로 간주하였다. 산속의 약초와 농민의 식사에 대한 그들의 관심은 건강, 사회, 자기규정에 대한 폭넓은 관심을 반영한 것이다. 간소한 음식에 대한 예찬은 도시의 정교한 요리법과 값비싼 식재료와는 대립되는 것이지만, 일반적인 지식인의 관심과 일치한다. 첫째, 이것은 유교윤리의 관점에서 찬양할 만한 일이다. 유교는 농가와 농민 중심이다. 유교는 사치를 피하고 소박한 삶으로부터 얻는 수수한 즐거움을 취한다. 둘째, 유교는 학자들에게 여러 곳을 여행함으로써 이것저것을 따지고 조사하며 다른 것을 맛보고, 물건을 수집할 것을 허용하였다. 음식에 대한 이런 종류의 관심은 경험과 실험에다가 박식함을 과시할 수 있는 기회를 결합시켰다. 『본심재소식보本心齊蔬食譜』[39]는 이러한 맥락을 반영하고 있다. 이 책에는 20개의 레시피 혹은 요리의 설명이 있는데, 모두 '대충 만든 조악한' 음식의 조리법이었다(미상 1936 ed.). 앞의 다섯 가지 요리는 고전문헌에서 따왔고, 나머지는 저자가 요리한 약초와 채소와 관련된 것이었다. 저자는 당시 은퇴생활 중이었고 도교를 연구하고 있었다.

송대 자연음식의 개념은 아주 복잡하다. 우선 이 개념에는 산과 숲에서 채취된 식용가능한 식물, 뿌리, 버섯들이 포함되어 있었다. 그리고 더욱 확대하면 주변에 흔해서 아무 때고 금방 손에 넣을 수 있는 자연의 식재료를 포함하였다. 그래서 북부 지방에서는 자연식품으로 인정되는 것이 남부 지방에서는 그렇지 않을 수도 있었다. 마지

---

39 송의 진달수(陣達叟)가 지은 요리서. 영어 번역은 『Treatise on Rough Food from the Studio of Original Mind』, 즉 '본심에서 우러나온 거친 음식에 대한 논고'로 의역되었다.

막으로, 자연음식의 개념은 잔재주를 부리지 않고 요리하는 스타일을 의미하기도 하였다. '있는 그대로가 바로 품격! 있는 그대로를 투명하게 보여주는 것'이다. 이것은 식재료에 맛과 모양을 뒤집어 씌워 식재료의 기본 성격을 바꾸는 것을 거부한 것이다. 따라서 금으로 만든 식기는 사용해서는 안된다. 왜냐하면 "금으로 만든 식기는 톡 쏘는 맛을 완전히 없애며, 음식의 기본성격을 완전히 상실케하기 때문이다"(소식과 심괄 1939 ed., p.85). 이러한 요리의 개념은 엄격히 기계론적인 의미에서가 아니라 인간과 자연의 각각의 내부에, 그리고 인간과 자연 사이의 조화와 질서를 추구한다는 의미에서 통합적인 인식의 추구가 목적인 격식을 차리는 철학자들의 익애溺愛와 잘 어울렸다. 그들은 군자君子나 현자賢者들은 탐닉이나 자기부정에 있어서 극단적이면 안 되며, 개인과 그의 지위에 어울리는 동적인 균형을 유지해야 한다는 것에 의견이 일치했다.

그러나 일부 사람들은 과도하게 나갔다. 그들의 폭식은 그들의 불완전한 인격을 나타내는 실증으로서 사서에 그 기록이 남아 있다. 예컨대 왕부王符[40]는 꾀꼬리고기 절임을 보관하기 위해 식품저장고를 세 개나 갖고 있었으며, 남송 '최악'의 재상, 가사도賈似道는 수백 병의 설탕과 8백 담擔의 후추를 따로 보관하였다는 것을 우리는 기록에서 읽어서 알고 있다(Shiba 1968, p.468; 주밀, 『제동야어 齊東野語』. 16장 인용). 흥미로운 사실은 음식에 대한 무관심도 거의 폭식만큼이나 나쁜 것으로 간주되었다. 위대한 개혁가 왕안석(王安石, 1021~1086)에 관한 이야기가 그의 적대자들이 쓴 몇 개의 회고록에 등장하는데, 이 기록에 따르면 유망한 젊은 관료였던 왕안석은 인종이 베푼 연회에 출석했는데, 이때 오락 중 하나로 물고기에게 먹이를 던져주는 행사가 있었다. 그러나 왕안석은 깜빡하고 이 물고기 먹이를 먹어 버렸고 이것이 인종에게 아주 나쁜 인상을 남겼던 것으로 전해졌다. 그 후 인종은 타인의 주목을 끌려는 자만이 물고기 먹이를 먹는다는 이유로 왕안석에게 높은 자리를 주지 않았다고 한다.

지식인들이 간소한 시골요리에 강한 매력을 느꼈다는 것은 우리가 연회나 음식점에서 제공되는 수백 가지의 요리 이름을 알고 있다 하더라도, 동파죽이나 일종의 야생채소인 옥연玉延[41]이라는 푹 익힌 참마와 같은 레시피가 지금까지 전래되어 온 사실

---

40 85~168. 동한 시대의 정치가.

41 옥연(玉延)이라는 명칭은 초나라 시대의 명칭으로 그 후 산약(山藥) 혹은 서여(薯蕷)로 불리며, 산감자, 참마 등으로 번역된다.

그 자체로 설명이 될 것이다. 음식과 요리에 대한 공식적인 연구는 음식점이나 세력가들의 주방보다는, 지식인들의 반은 철학적이고 나머지 반은 의학적인 명상에 중심을 두고 이뤄졌다. 그리고 가장 정교한 요리는 대체로 그들의 비법을 글로 남길 능력을 갖지 못했던 요리사의 손으로 만들어졌다. 우리는 송대의 많은 저술가들이 무명의 요리사들이 만든 수준 높은 창작물을 즐기는 한편, 대충 만든 음식에 대한 예찬도 썼다는 것을 상상할 수 있다.

송의 음식과 중국 요리

송의 황제들은 중국 역사에 등장한 다른 군주들과 마찬가지로 풍요롭고 다양한 음식을 마음껏 먹을 수 있었다. 사실 송대 황제의 식사는 엄청났다. 그의 연회는 그야말로 장관이나 다름없는 화려함의 극치였다. 그렇지만 몇 가지 새로운 식자재가 더해지고 통신교역의 향상으로 인해 더 많은 종류의 식재료의 입수가 가능해진 점을 빼면, 송대에 와서 황실의 요리가 이미 정착된 유형으로부터 점진적인 진화와 완성을 넘어섰다고 추정할 만한 이유는 딱히 없다. 송대 이전부터 송대에 걸쳐 일어난 중국 사회구조의 변화에서 가장 많은 이득을 얻은 사람들은, 그 이전 시대보다 크게 증가한 엘리트 관료계급과 상업혁명의 수혜자인 상인계급들이었다. 이 두 개의 집단은 식습관의 변화를 주도하였다. 그들은 자신들의 조상이 상상조차 할 수 없었던 물질적 풍요와 다양성을 누렸고, 기질적으로 움직임이 자유롭고 실험적이며, 평등주의적인 데다가 식사 금기의 영향을 받지 않았기 때문에 중국 요리의 창조를 가져왔다.

오자목은 남송의 요리에 대해 다소 부정적인 의견을 남겼다. "과거 변경(개봉)에서는 북방 음식을 좋아하지 않던 강남 출신 신사들을 위해 남방 스타일 국수가게와 사천식 찻집이 생겼다. 남쪽으로 이동하여 200년 이상 지난 지금 사람들은 기후에 적응되었고, 요리도 뒤섞였기 때문에 이제는 남북의 차이가 없다"(T. M. Wu 1957 ed. p.267). 황제와 황실처럼, 그리고 권세 있는 관료 가정처럼 식당경영자들도 함락 이후에 옛 수도에서 항주로 옮겨왔다. 그들은 음식점을 열고 그들의 부유한 고객들에게 계속해서 음식을 제공하였다. 그러나 어떤 논자가 강조했듯이, 음식점의 상호는 유지되었지만 그 실체는 상실되었다. '남쪽'의 식당에서 음식을 주문해 봤자 소박한 향토 요리는 기대할 수 없게 되었다. 향토 요리는 제국의 또 다른 종류의 요리의 영향을 받아 마구 뒤섞여 버렸다. 어떤 특정 지역의 재료를 취했다 하더라도 조리법은 다른 지역의 방법을 취하면서 미묘한 맛의 차이가 생겼다. 그래서 실제 요리는 '뒤죽박죽'이 되어 버렸다. 아마도 보다 중요한 것은 어떤 특정 지역 요리가 더 이상 그 지역 사람들의 식습관을 표현하는 것이 아니라는 점이다. 항주에서 북방 음식을 만든다는 뜻은 입수 가능한 식재료 가운데서 나름대로 선택을 하고, 가능한 방식으로 요리한다는 것을 의미한다. 바꿔 말하면, 요리의 스타일이 지역적 근거지의 특색과 의식적으로 유지해 온 전통적인 생산물로부터 이탈해 버린 셈이다.

이와 같은 스타일과 식습관의 혼란이 음식점 간에 명백하게 드러난다면, 그러한 현상은 음식점을 애호하는 사람들 사이에서 훨씬 더 크게 나타날 것이다. 여행을 자주 다니고 세련된 식객은 특정 지역의 특별한 요리와 식사를 즐겼다. 그러나 대부분의 사람들은 일시에, 혹은 몇 차례에 걸쳐 훨씬 많은 종류의 요리를 즐기는 편을 선호하였다. 고객들은 변덕스럽고 요구가 많았다. 어떤 특정한 요리가 준비되어 있지 않으면 식당은 그 요리를 배달시켜 손님에게 제공하였다. 식사 주문 시 식재료의 향, 육질, 색에 대한 파격적인 요구를 보면 그들이 음식에 대해 얼마나 깊이 심사숙고하고 얼마나 많은 지식을 지녔는지를 알 수 있다. 식객과 요리사가 함께 만들어 낸 균형적이고 품격 있는 음식으로 구성된 시스템의 체계화는 후대의 왕조에 이르러서도 완성되지 않았지만, 송대에는 식사의 변화 가운데서 그러한 시스템이 가능하고 또 필요하다는 것을 보여주었다.

궁중 요리의 많은 음식과 모든 요리 기술을 공유하기는 하였지만, 항주에서 널리 퍼진 혼합된 요리 스타일은 궁중 요리와 같은 방향으로 발전하지는 않았다. 보다 단순한 음식, 흔한 식재료, 세심하게 균형 잡힌 식단을 추구하는 지식인들의 열정은 송에서도 감지되었다. 그러한 다소 추상적인 관심은 대도시의 식당에는 영향을 미치지 않았지만, 이는 중국 요리의 전형적인 특성인 풍요로움과 소박함, 부드러움과 거침 사이의 역동적인 긴장의 유형을 만들어 냈다.

미주

1. 이 연구를 위해 훌륭한 사진 복사본을 제공해 주신 제임스 카힐James Cahill, 캘리포니아 대학 버클리 캠퍼스 교수님께 심심한 감사의 말씀을 드린다.
2. 나는 초기 중국 음식 연구의 위대한 전문가인 시노다 오사무篠田統의 개척자적인 노작, 『송대상업사연구宋代商業史研究』에 크게 의존했다. 이 책은 마크 엘빈Mark Elvin에 의해 『Commerce and Society in Sung China』(Michigan Abstracts of Chinese and Japanese Works on Chinese History, No.2, 1970)에 부분적으로 용이하게 번역되었다.
3. 음식을 설명한 23개의 글자에는 전기작가 조보趙普가 황제의 귀하고도 긴밀한 사이였던 자문관으로서의 자신의 위치를 깔끔하게 규정했다. "그들은 숯불 위에 고기를 굽고 있다. 조보의 부인이 술을 갖고 들어왔다. 황제는 그녀를 '형수'라고 불렀다."(『송사宋史』, 256:1)
4. 송의 작가 고사손高似孫은 「해략蟹略」이라는 글을 썼다.
5. 시노다는 이 주익중朱翼中이 편찬한 『북산주경北山酒經』이라는 작품에 대해서 아주 잘 설명하고 있다. Shinoda 1974, pp.151~52 참조.
6. 오자목(1957 ed., p.268)은 "시장 음식은 항상 사 먹을 수 있으며, 당신이 원하는 대로 주문할 수가 있고, 어떤 특정한 판매자의 음식을 정기적으로 애용해야 한다는 걱정을 할 필요가 없다"라고 한다. 짐작컨대 이것은 음식점에서의 통상적인 행위와 대조되는 부분이다.
7. 오향—단맛, 신맛, 쓴맛, 매운맛, 짠맛—은 오행(五行)에 기초한 우주론적 이론에서 각각 흙(土), 나무(木), 불(火), 금(金), 물(水)과 각각 연관되어 있다.

5. 원元과 명明

프레더릭 W. 모트Frederick W. Mote

우리가 여기에서 다룰 두 왕조 시대는 많은 역사가들이 중국의 초기 근세라고 간주하는 400년간이다. 유럽 역사와 약간 비교해 본다면, 당시 유럽은 중세가 개화했다가 쇠퇴했고, 뒤이어 르네상스와 종교개혁, 반종교개혁과 유럽의 근대적인 국민국가의 대두가 이어졌다. 이 시기에 일어난 굵직한 사건으로는 십자군의 원정, 오스만 제국에 의한 콘스탄티노플의 함락, 미 대륙의 발견과 지구를 일주한 대항해, 중상주의 시대와 유럽 제국의 아프리카, 아시아, 아메리카 대륙에서의 식민제국의 시작 등을 들 수 있는데, 이 모든 사건들은 역사적으로 연쇄적인 발전을 불러일으키는 단초가 되었다. 그 결과 인류는 각각 분리되어 살아온 역사를 뛰어넘어 하나의 통합된 세계 속에 살고 있다는 인식을 하게 되었다*1. 우리가 관찰하려는 시기의 시발점에, 중국은 아시아 내부 역사 중 하나의 부속물로서 간주될 수 있다. 이것은 특별히 중요한 의미를 갖는다. 스텝steppe지대에서 온 일련의 정복자들은 10세기 이후부터 북부 중국의 일부를 지배하였고, 13세기에 이르러서는 몽골족이 유라시아 대륙의 광범위한 영역에 걸쳐 세계 최초로 최대의 대제국을 짧은 기간 내에 창출하였다. 이 시기가 끝나는 17세기 무렵부터 유럽인들은 구세계의 종교, 기술, 사상뿐만 아니라 신세계의 진기한 물건들을 중국에 반입하였고, 그것들과 맞바꾸어 동양의 부를 반출하였다. 1644년쯤에는 명나라가 반란군 이자성李自成에게 함락되었고, 곧이어 북방에서 내려온 만주족 침입자들이 그 자리를 차지하였다. 서양의 침략자들 중 하나인 포르투갈 선봉대는 이미 마카오를 1세기 이상 차지하고 있었다. 더욱이 다른 쪽을 보자면, 마닐라 갈레오Manila Galleo호는 멕시코의 아카풀코항에서 마닐라항으로 정기적으로 항해하였으며, 지구상의 많은 나라들과 무역을 통해 연계하면서 신세계의 은과 중국의 사치품의 교역이 일어나는 데 결정적인 역할을 하였다. 또한 1644년 무렵이 되면 중국은 이미 세계사의 일부가 되어 무역상들이 어떻게 은을 움직이고, 농업의 전환을 가져올 작물과 식재료를 배급하며 무기, 전쟁, 전염병에 어떻게 대처하느냐에 따라 중국인들의 일상생활은 지대한 영향을 받았다. 아주 최근까지도 유라시아 사람들은 의식적으로 자신이 중국인이든 유럽인이든 그 밖의 종족이든 상관없이, 민족을 개체별로 나누어 생각하고 지향하는 경향이 있었다. 그러나 식품의 생산과 기술 분배에 서로 강한 영향을 끼치게 되면서 유라시아의 문명과 개개의 민족 간에는 점차 상호작용이 일어나게 된다.

음식공급과 인구

인구변화는 전적으로 음식의 공급과 영양의 영향으로만 설명할 수 없다. 그럼에도 인구성장은 식품공급의 증가나 1인당 소비 감소를 확실하게 보여준다. 산업화 이전의 사회에서는 후자의 탄력성은 매우 낮았다. 중국은 역사상 기본적으로 식량을 자급자족하는 경제를 유지하였다. 현재(20세기)에 이르러서야 비로소 중국은 상당한 양의 식품 혹은 식품공급을 위해 필요한 비료, 기계, 연료와 같은 생산품을 수출, 혹은 수입하게 된다. 기본적으로 농민이 대다수인 중국인들은 경작지를 확대하고 좀 더 집약적인 농지 사용을 통해서 토지 사용을 확대하고 농업을 향상시켰다. 우리의 연구대상 기간인 A. D 1250~1650년을 포함한 지난 천 년(A. D 900~1900년) 동안의 왕조 시대에는 특히 그러하였다.

최근의 계산에 의하면 중국(남송과 금을 포함)의 인구는 13세기 초에 1억 5천만 명이었으나, 14세기에는 1억 명 이하로 줄어들었고, 명조 말인 17세기 중엽에는 다시 1억 5천만 명에 근접했다고 한다(P. T. Ho 1959, 특히 pp.22, 264; Perkins 1969, pp.192~209). 이 추정이 정확하다면 11세기에서 12세기 기간에 상당한 인구 증가가 있었으며, 그 이전에 중국 인구는 1억을 넘지 않았다. 그 말은 몽골의 지배기간 동안 인구는 40% 이상 감소하였으며, 17세기 중엽에 이르러서야 13세기의 최고점인 1억 5천만에 이르렀다는 뜻이다. 이 모든 계산이 실질적으로 동일한 영역을 대상으로 한 것이기 때문에, 이것은 일련의 급격한 인구성장의 반전, 특히 인구의 급격한 감소를 사이에 두고 두 개의 점증하는 상승곡선을 나타냈다. 이러한 것들은 어떻게 설명될 수 있는가?

두 개의 상승곡선은 식량의 생산과 분배의 향상을 반영한 것이다. 특히 이 두 개의 상승곡선은 농업의 한계 성장이 가장 큰 두 개의 지역—사천 분지와 양자강 중하류 지역—의 인구증가를 보여준 것이다. 하강곡선은 몽골 지배기의 전쟁과 파괴를 반영하고 있다. 하나의 하강곡선은 1215~1280년 사이에 몽골의 지배가 중국 전역으로 확대된 시기이며, 또 하나의 하강곡선은 1330~1380년 사이에 원 제국이 퇴조하고 명조가 대두한 시기였다. 그러나 이처럼 단순한 인구 추정은 명대 말에 와서야 인구의 수가 회복되었음을 밝힐 수 있을 뿐이며, 이렇게 인구 발전을 하게 만든 거대한 사회 변화를 밝히지는 못한다.

우리는 중국인들의 식생활에서 이른바 두 단계의 농업혁명으로 시기를 구분할 수 있다. 첫 번째 단계는 명백히 1250년 이전에 수 세기에 걸쳐 진행되었고, 13세기 초에 이르러 약 1억 5천만 명까지 인구가 증가한 것만으로도 상당부분이 잘 설명된다. 11세기 초에 참파로부터 도입된 조생종 벼는 중국의 벼농사 지역에서 널리 채택되었으며, 중국 농민들의 선발번식選拔繁殖 작업을 통해 생산량이 크게 향상되었다[2]. 이 품종으로 인해 이모작이 증가하였으며, 산비탈에 계단식 논의 조성, 저지대의 배수시설과 소규모 물 관리가 촉진되었다. 보다 중요한 것은 첫 번째 수확이 홍수, 가뭄, 병충해 등의 피해를 입었다 하더라도 두 번째 수확의 가능성이 있기 때문에 기근에 대한 방어를 훨씬 잘할 수 있었다는 점은 의심할 여지가 없다. 신품종의 도입이 수반되고 장려되었기 때문에 수많은 중국인들이 벼농사를 짓는 중부 지역으로 이동하였다. 또한 농업조건의 향상으로 중국인들에게 분배되는 몫이 지속적으로 증가하였다. 다른 새로운 곡식 종류, 특히 수수高粱도 12세기의 중국 농업 기록에 최초로 등장한다. 1260년대부터 1270년대에 걸친 몽골의 맹공을 받아 멸망하기 전의 남송 시대 중국인의 생활은 모든 영역에서 최고의 번영과 성장을 구가하였다.

원 시기에는 중국 북부의 절반에 달하는 지역에서는 대대적인 파괴가 발생하였다. 어떤 지역은 인구가 사라졌고, 지역경제 체제가 무너졌으며 내부적인 인구이동도 발생하였다. 몽골족이 금金과 송을 정복하는데도 수십 년간의 긴 전쟁을 치러야 했지만, 반세기 후 원 제국이 쇠퇴하는 과정에서도 더 오랜 수십 년 간의 내전이 이어졌다. 이 기간에도 농업의 재건을 위한 흥미롭고, 꽤 효과적인 정부의 정책이 없었던 것은 아니었다.[3] 그뿐만 아니라, 중부 지역처럼 보다 풍요로웠던 지역의 일반적인 생활수준은 북부 지방만큼 급격하게 떨어지지는 않았다. 그럼에도 전체적으로 이 시기는 수백만 명의 사람들에게는 긴박한 고통의 시기였으며, 이것은 인구의 감소로 나타났다.

명조는 농촌의 조건을 개선하기 위해 성실하고 효과적인 통치에 역점을 두었다. 그 덕분에 왕조는 200년 이상 평화와 질서를 유지할 수 있었다. 개국 초창기부터 15세기 중엽까지는 점진적인 회복의 시기였다. 농업기술의 지속적인 개선과 수리시설이 정비되면서, 토질이 좋은 중부華中 지역에서는 집약적 토지이용이 강화되었다. 호수와 습지에 배수시설을 만들고 거기에 경작을 하는 남송 시대의 방식을 이어받았다. 과거에 주기적으로 양자강 하류 삼각주 지역에 범람을 일으켰던 해일로부터 항주와 상해 사이의 절강折江—강소江蘇 해안을 보호하기 위해 방파제가 건설되었다. 습지를 간척하고 배수와 물류를 위해 운하도 개선하였다. 운하가 개선됨에 따라 식량과 모든 상품의 유통망이 빠르게 발달하였다.

명대 후반의 1세기 반, 즉 1500년에서 1650년 사이에는 다시 경제가 성장했다. 그뿐만 아니라, 이 시기 중에서도 제일 후반기에는 아메리카 신대륙으로부터 들어온 새로운 식료품이 세 개의 중요한 통로를 거쳐 중국의 각 지방으로 전파되기 시작하였다. 즉 중국인 및 외국인들이 해상을 통해 동남해안 항구로 들여오거나, 동남아시아에서 육로를 통해 운남雲南으로 들어오는 방법, 그리고 페르시아와 터키로부터 시작되는 실크로드를 통해서 오는 방법이 있었다. 이렇게 들어온 새로운 농작물 가운데 가장 중요한 것은 옥수수, 고구마, 땅콩과 담배였는데 이러한 농작물들은 2단계 농업혁명의 지속을 뒷받침하였다. 이러한 작물들은 아마도 1550년대와 1560년대에 도입되기 시작하였으며 명대 후기의 문헌에서 자주 언급되었다. 비록 새롭고 낯선 물질이었지만, 아마도 당시 세계 어느 곳보다 중국에서 훨씬 빨리, 그리고 훨씬 광범하게 채택되었다고 주장하는 학자—물론 그런 주장이 대세는 아니지만—도 있다. 특히 흥미로운 사실은 세계의 식탁에서 중요한 역할을 한 다른 신대륙 식품들, 즉 감자는 18세기 이후 유럽에서는 아주 중요한 식품이 되었으나 신대륙의 식품 중에 영양학적으로는 가장 빈약한 것이며, 중국인들은 그다지 매력을 느끼지 못했다는 점이다. 식품공급의 역사에 있어서 명대 후기는 새로운 신대륙의 농업 생산물에 어떤 역할을 부여하든 간에(아주 논쟁적인 문제이다), 토지 이용과 생산 기술을 지속적으로 발전시켜 1650년 이후 중국의 인구가 폭발적으로 증가할 수 있는 조건을 만들어 낸 점에서 중요한 의미가 있다.

주식과 일상의 식사

계산에 따르면 왕조 시대 후반기에 중국인들은 아시아, 아마도 세계에서 가장 잘 먹는 민족이었다. 그들의 일일 칼로리 섭취는 평균 2,000칼로리 이상이었으며, 우리가 연구대상으로 삼은 기간 내내 증가하였을 것이다. 그 이후 시기에도 인구는 급속하게 증가하였는데, 적어도 19세기까지 줄곧 증가하였다. 이것은 당시 중국의 경제가 이제까지의 전통적인 경제보다 훨씬 양호한 성과를 거뒀다는 것을 말해주고 있다 (Perkins 1969; 특히 1, 2장, 부록 F, G 참조). 어떤 관점에서 보면 이것은 중국 농업이 사람들이 필요로 하는 수요에 맞출 수 있는 용량을 가졌다는 것을 증명하는 것이고, 또 다른 관점에서 보면 그러한 수요가 생성될 조건을 만들어냈다는 의미이기도 하다. 우리가 추구하고 있는 인과관계가 어떠하든 간에 그러한 성취는 사실이다. 그러나 많은 전통사회의 농민과 비교해서 중국 농민들은 정부에 세금을 상대적으로 적게 냈다는 것 또한 사실이다. 사회의 조직역량과 어떤 문명적 특징들—예컨대 뜨거운 음식을 선호하고 차를 마시고 끓인 물을 마셔야 한다는 것에 대한 강조—도 국민들의 건강과 생산성 향상에 기여하였다. 일부 지역의, 혹은 국지적인 기근이 항상 중국을 괴롭혀 왔지만, 원·명 시기의 역사적 기록에는 설사 기근이 있었다 하더라도 거대한 전국적인 기근, 국가적인 재난, 중세 유럽역사의 흑사병과 같은 전국적인 전염병은 없었다. 역사상 중국의 대중들은 대부분 기본적으로 잘 먹고, 옷도 잘 입었으며, 좋은 집에서 살았다. 중국 문명의 음식과 식사를 이해하는데 있어서 대부분의 중국인들은 충분히 잘 먹었으며, 그러한 일차원적인 문제를 넘어서서 생존에 대한 안전의식을 충분히 갖고 있었다는 점을 이해하는 것이 중요하다. 이와 같이 음식은 의례의 부속물로서, 건강과 장수의 수단으로서, 혹은 심미적인 탐닉과 감각적인 쾌락의 영역으로서 진지하게, 혹은 장난스럽게 사용될 수 있었다.

중국 사회에서 계층에 따라 사용가능한 음식의 종류와 입맛의 척도가 다르다는 것은 명백하지만, 모든 음식사용의 기저에 깔린 태도는 사회의 모든 계층을 통틀어 일치하는 것으로 보인다. 다양하고 훌륭한 음식을 요리하는 데 사용된 기술은 지배계층에 한정된 것은 아니었다. 원·명 시기의 비공식적인 문헌을 통해서도 모든 계층의 중국인들이 정교하고 복잡한 음식의 사용법을 잘 구사할 수 있었던 것을 알 수 있다. 이러한 주장은 일 년 내내, 중국의 모든 지역과 모든 계층에서 언제나 입수할 수 있는 아주 다양한 음식의 종류, 그리고 의례적 및 사회적 맥락에서 본 음식에 대한 정교한 집중, 또한 음식의 종류와 양에 대한 집착을 나타내는 증거를 통해 잘 알 수 있다.

쌀은 기온의 제약, 성장 계절, 토양 조건보다는 물의 공급가능성 때문에 재배지역이 중국 중부 및 남부에 한정되어 있었으나, 원·명 시기에는 대부분 사람들의 표준적인 일상식량이었다. 일본의 학자 시노다 오사무Shinoda Osamu는 이를 발견하고 매우 놀라워했다. 왜냐하면 일본에서는 17세기 이후에야 비로소 쌀이 일반 대중의 표준적인 일상 식량이 되었기 때문이다. 그는 명조 후기와 동시기에 살았던 일본 지배계층들은, 당시 여전히 쌀이 너무 귀하고 비싸기 때문에 보리나 다른 곡물가루를 국수형태로 빚어서 먹었다고 언급하였다(1955, p.75~76). 그와 대조적으로 중국에서는 인구가 많았던 쌀 생산지에는 모든 계층의 사람들이 일반적으로 쌀을 먹었을 뿐만 아니라, 심지어 북부 지역에서도 지배계층은 쌀을 주식으로 먹었다. 원대에는 양자강 삼각주에서 세금으로 거둬들인 쌀 200만 킬로그램(4만[1] 담擔)이 매년 수도 북경北京으로 보내졌고, 명대에는 그 양이 더 많았다. 덧붙여 말하면 쌀은 송대부터 이미 전국적인 시장과 넓은 유통망을 가진 주요한 거래상품이 되었다(H. S. Chüan 1948; Shiba 1968, pp.142~83). 명대 후기의 자연과학과 기술 방면의 저술가인 송응성宋應星[2]은 중국 전역의 기본적인 곡물 생산을 조사한 뒤, 그의 저서『천공개물天工開物』에서 "오늘날 사람들의 주식의 70퍼센트는 쌀이며, 밀과 다양한 조의 종류는 30퍼센트"라고 언급하

---

1 본문에는 4백만 담으로 되어 있으나 명백한 오류이다. 1담은 성인 한 사람이 질 수 있는 무게로 50킬로그램에 해당한다.

2 1587~1666. 명나라의 과학자, 백과전서 저술가.

였다(1966 ed., p.4 Sun and Sun, 또한 pp.3~33 참조).

원·명 시기의 중국인들은 이전에나 그 이후에도 그러하였듯이 곡물을 매 식사 때마다 주식으로 소비하였다. 이것은 중부 지방과 남부 지방에서는 쌀을 끓이거나, 찌거나, 죽으로 만들어 먹는다는 것을 의미한다. 북부 지방의 주식이란 밀 혹은 다른 곡식가루를 빵으로 찌거나 굽고, 혹은 국수로 만들며, 아니면 전곡 조 등을 풀이나 죽으로 만들어 먹는다는 것을 의미한다(아주 가난한 사람들과 단경기의 일반인들은 항상 거친 곡식, 왕겨, 깻묵과 다양한 콩을 먹었다). 그 정도 분량의 곡식 소비가 과연 균형 있는 식사나 최고급 미식의 전통이 될 수 있었을까? 중국인들은 이 양쪽을 모두 성공적으로 성취했다는 것이 역사적으로 증명되었기 때문에, 이에 대한 답변은 그들이 그 곡식을 어떻게 사용하였으며, 일상적인 음식을 요리할 때 무엇을 첨가하였는지를 설명하고 기술하는 형태를 취해야 한다. 사치스런 음식과 미식가의 쾌락에 대해서는 이 글의 다른 절에서 논의할 것이다.

최상의 학구적인 의견에 따르면, 중국인들은 지난 6~7세기 동안 1인당 연간 약 300킬로그램(6담)을 제공할 수 있는 충분한 양의 곡물을 생산하였고, 그 가운데서 아주 적은 양만을 사료, 술 등 인간의 식량 이외의 목적으로 사용하였다고 한다. 곡식을 사료로 사용하여 살찌운 고기를 소비하지 않는 사회에서 그 정도의 1인당 생산량은 꽤 많은 것이라고 추정된다. 사실 이것은 인간이 소비할 수 있는 최대치에 가깝다. 그들의 고기 소비 정도는 매우 낮은 수준이었고, 수 세기 동안 낮은 수준에서 안정되었던 것 같다(이상의 언급은 모두 Perkins 1969, 특히 부록F, pp.297~307에서 인용하였다). 중국인들은 사실상 유제품을 먹지 않았기 때문에 영양을 유지하기 위한 단백질, 칼슘, 지방, 그리고 비타민을 섭취하는 방식이 서양의 방식과는 아주 달랐다. 식물류는 그럭저럭 이 모든 영양분을 공급하였다. 콩은 단연 가장 중요한 부재료로서, 같은 양의 붉은 색 고기보다 단백질이 더 풍부하고, 같은 양의 우유에 비해 소화가 잘 될 뿐만 아니라 칼슘이 더 많으며, 지방분과 몇 가지 비타민의 중요한 원천이 되었다. 참깨, 순무씨앗, 유채씨앗과 기타 식물로부터 훌륭한 요리용 기름이 만들어졌다(『천공개물』, Sun and Sun 1966, pp.215~21). 그 밖에도 중국인들이 해마다 대량으로 생산하는 여러 종류의 콩과 완두 또한 중요한 영양적 요소를 공급했다. 서양인들과는 달리, 중국인들은 일상적인 식사에서 아주 다양한 신선채소를 항상 섭취하곤 했다. 북유럽인들은 냉장시설이 도입되기 전에는 양배추를 소금에 절였고, 약간의 사과, 배, 그리고 괴경塊莖[3](18세기 이후에는 감자도 포함)을 지하저장실에 보존하였으며, 서리가 내리고 정상적인 성장 계절이 끝난 이후에도 오래도록 성장하는 케일, 부추, 방울양배추와 같은 극도로 강인한 식물을 키웠다. 그리고 그들은 겨울이면 소금에 절이거나 말린 고기로 따뜻한 식사를 해야 하는 것에 길들여져 있었다. 북부 지방의 중국인들은 신선채소를 일정하게 먹기 위해 겨울 동안에도 아주 다양한 채소를 키우는 방법을 오래전에 완성했다. 그들은 추위를 이겨내는 품종을 찾아냈고, 따뜻한 겨울 낮 동안에는 올렸다 내렸다 할 수 있는 거적으로 덮어 두고, 동물의 배설물을 한 켜 깐 다음에 그 위에 식물을 심는 등 다른 여러 가지 방법을 사용하여, 집약적으로 가꾼 채소밭을 서리로부터 보호하는 방법을 발견하였다. 그렇게 키운 신선한 채소들은 지배계층의 식탁에만 올라갈 사치품이 아니었다. 이런 맥락에서 보면 중국의 가난한 사람들은 유럽과 그 후에 등장하는 미 대륙의 부유층보다 더 잘 먹었다.

과거에도 그러하였지만, 고기는 음식의 주재료라기보다는 채소 요리에 맛을 내기 위해 더하거나 육장의 원료로서 소비되는 경우가 더 많았다. 그러나 사용된 고기의 종류는 아주 많다. 돼지고기는 기본이며, 가금류는 그 다음으로 중요한 것이었다. 많은 사람들은 불교의 영향 때문인지 쇠고기를 피하였고, 쇠고기와 양고기는 너무 악취가 심해 먹을 수 없다는 사람도 많았다. 같은 이유로 수많은 종류의 물고기와 조개 가운데 담수어를 바다생선보다 선호하는 사람이 더 많았다. 사람들은 물고기를 일반적으로 연못에서 양식하였으며, 주기적으로 수확한 뒤 활어 상태로 시장에 내다 팔았다. 가장 일반적인 가금류인 닭, 오리, 거위도 통상 살아 있는 채로 구입하는데 식품의 신선도를 매우 중요시했기 때문이다(생고기와 채소는 하루만 지나면 가격이 급격히 떨어진다). 고기의 범위와 종류는 도살방법에 의해 나뉘었다. 동물의 거의 모든 부분을 먹었고, 동물의 사체는 각 부분을 최상의 상태로 제공하기 위해 매우 조심스럽게 해체되었다. 우리가 통상 음식으로 생각할 수 없는 수많은 동물을 소비함으로써 음식의 다양성의 폭도 넓어졌다. 토끼, 메추라기, 새끼비둘기, 꿩과 같이 서구에서도 먹는 비교적 일반적인 식품 이외에도 명나라 때 자료를 보면 가마우지, 올빼미, 황

---

3 땅속에 있는 줄기 일부에 녹말 따위의 양분이 저장되어 비대한 덩이 모양을 이룬 땅속 줄기. '덩이 줄기'라고도 하며, 감자나 돼지 감자에서 볼 수 있다.

새, 두루미, 공작, 참새, 까치, 갈가마귀, 백조, 개, 말, 당나귀, 노새, 호랑이, 여러 종류의 사슴, 멧돼지, 낙타, 곰, 야생염소, 여우와 늑대, 여러 종류의 설치류, 연체동물과 많은 종류의 조개와 같은 것들도 표준적인 음식으로 언급되어 있다(Chia Ming 1968 ed.). 이보다 훨씬 많고 다양한 신선채소와 과일의 종류까지 포함하여 표준 음식을 다 열거하기란 어려운 일이다. 왜냐하면 중국인들이 일상적인 식사 담화를 통해 확인하고 구별하는 그 많은 음식들을 표현할 수 있는 적합한 영어 어휘가 부족하기 때문이다.

명백한 점은 이런 기본적인 곡물식단을 기초로 영양과 다양성을 성취할 방법을 손쉽게 찾아낸다는 점이다. 다양성을 추구한다는 음식에 대한 태도는 조리기술에 집착하는 것에서도 드러난다. 이제부터 의례음식, 양생을 위한 음식, 그리고 감각적·미적 차원의 음식을 원과 명의 자료에 기초하여 검토하도록 하겠다. 그러나 이 검토를 하기에 앞서, 원·명기에 중국인들의 기본적인 음식과 식사습관에 새로운 유형이 등장했는지 아닌지를 먼저 살펴보는 것이 유용할 것이다.

그러나 그에 대해 신중하게 대답하자면 부정적이다. 비록 원·명 관련 자료가 앞서 언급한 절에서 구체적이고 자세하게 사용되었지만, 기본적인 음식에 관한 기술 중 많은 부분은 원·명 시기만의 특징은 아니었다. 그것들은 그 이전의 시기와 그 이후의 시기에도 정확하게 적용될 수 있다. 지난 천 년 동안 중화제국의 음식 역사는 안정적인 유형 내에서 한정된 변화를 거쳐 왔다. 물론 식습관에 있어 일부 주목할 만한 추가적인 요소를 간과해서는 안 된다. 중국인들이 차를 마시는 습관은 한나라 이전으로 거슬러 올라갈 수 없으며, 음차와 연관된 관습은 차의 사용량이 증가하고 시간이 경과하면서 상당히 변하였다. 또 사탕수수에 의한 설탕의 제조도 당나라의 제조 기술의 향상(H. T. Liu 1957 ed., p.104)과 송대 이후의 상업의 발달에 의한 설탕유통의 확대에 따라 증가하였다. 수수高粱는 12세기에 중요한 곡물로서 새롭게 도입되었으며, 원대에 들어와서 사천을 기점으로 제국의 전역에 확산되었다. 알코올 음료의 증류기술(중국에서는 주로 수수로 증류함)은 12세기에서 13세기 사이에 비로소 알려졌다. 이러한 것들이 음식의 영역에 새롭게 추가된 가장 중요한 요소이지만 그 밖에 덜 중요하다고 생각한 것들도 있었고, 시간이 경과함에 따라 이러한 것들의 점증적인 효과는 컸다. 그럼에도 그것들이 오랜 시간 동안 정착된 유형은 근본적으로 바뀌지 않았다. 북부 지방의 외침外侵과 지배기간은 10세기에 시작하여 몽골족이 중국의 전 지역을 지배하게 되는 원대에 정점을 찍었다. 이 기간 동안 중국인들은 이국적인 음식과 식습관에 노출되었다. 예컨대 금金 왕조 때에는 여진족의 요리제법 몇 가지가 표준적인 가정백과사전인 『사림광기事林廣記』에 실렸는데 1975년에 번역되었다. 이 책은 송대 말에 최초로 편찬되었으나, 원과 명 시기 동안의 새로운 자료를 추가하여 다시 출판되었다 (H. Franke 1975). 널리 보급하는 것을 목적으로 한 이러한 책에 이와 같은 요리제법이 등장했다는 것은, 중국의 식습관이 변모했음을 반영한 것이라기보다 미각적인 것에 대한 흥미와 호기심이 강했다는 것을 의미한다.

중국 역사상 도입된 지 얼마 되지 않은 새로운 농업 생산물이 중국의 농업과 음식을 변화시킬 수 있었던 기회가 있었다면, 그것은 신대륙의 스페인 식민지로부터 (전지구로 전파된 것과 같이) 4~5가지의 식물이 동아시아에 전파된 16세기였다(Perkins 1969, p.50). 이것은 마침내 중국의 농업경제를 변모시켰고 호P. T. Ho는 이것을 제2의 농업혁명이라고 평가하였다(1959, p.183 기타). 그러나 그러한 평가에 대해 이 방면의 전문가들은 일반적으로 동의하지 않고 있다. 그러한 농산품이 어떤 과정을 거쳐 변동요인으로 작용하였는지에 대한 기술에도 많은 난관이 있었다(Perkins 1969 참조). 비록 우리의 현재 연구 범위에 속하는 모든 자료는 원·명 사회가 사회적·지적인 면에서는 많은 것들이 점차 보수적으로 변했다는 점에 대해서는 의심할 여지가 없지만, 농업과 음식 문제에서는 아주 개방적이고 진보적이었다는 것을 시사하고 있다. 필요보다는 맛이 선택을 좌우하는 사회적 차원에 속하는 사람들은 음식의 우월성과 다양성에 사로잡혀 새로운 맛의 자극을 갈망하였다. 동시에 모든 사회적 차원에서는 경제적 압력과 유인이 혁신을 자극하고, 그 결과 생산이 증가한다. 이러한 요인들의 결합으로 인하여 신세계에서 건너온 작물의 급속하고 광범위한 이용이 확실하게 이루어졌음에 틀림없다. 그러나 우리가 가진 정보는 단지 암시적인 단편에 그치고 보다 충분한 증거가 부족하기 때문에, 우리는 중국에서 그것들이 채택된 초기의 역사에 관해 그저 추측할 수 있을 뿐이다.

의례와 예식의 문맥에서 본 음식—몽골 지배기간

중국 사회는 언제든지 그래왔지만 원·명 시대도 고도로 의례화된 사회였다고 기록되어 있다. 예식적 행동의 형태는 특정한 종교 활동에서 시작하여 세속생활의 많은 측면에 이르기까지 널리 퍼져 있다. 여기에서 사용하는 '의례Ritual'와 '예식Ceremony'이라는 말은 널리 쓰이므로, 일반적으로 인정된 형식성을 갖춘 아주 넓은 범위의 사회적 행동까지 여기에 포함된다. 이 용어를 서구 사회와 같은 방식으로 사용하여 중국인들의 생활에서 종교적인 것과 세속적인 것을 구분한다면 그것은 다소 오도될 여지가 있다. 이유는 다음 두 가지인데 하나는 중국인들에게 종교는 본질적으로 '세속적'(바꾸어 말하면 '이 세상의 것'이고 '어떤 사원Church으로부터라도 독립적인 것')이기 때문이며, 또 하나는 비록 이러한 발언 가운데 중국인의 종교적 성격이 함축되어 있다 하더라도, 일부 종교적 요소나 원점이 모든 예식 행동의 기저를 이루고 있지 않다는 점을 증명하기도 어렵기 때문이다. 어떠한 경우에도 음식의 예식적 사용은 매우 많고, 사회 층층이 스며들어 있다. 그뿐만 아니라 의례와 예식 행동의 세부사항은 고대 경전에 제시되어 있다. 기원전 2세기 즈음의 의례의 3대 고전, 『주례周禮』혹은 『주관周官』, 『의례儀禮』, 『예기禮記』에는 모두 원·명 시기의 사람들이 알고 있었던 형태가 거의 그대로 존재하였고, 이 세 가지 경전은 예로부터 지금까지 여전히 전통기록으로 대접받아왔다(K. C. Chang 1973). 이 경전들에는 완벽한 의례행위와 예식행동을 위한 의식의 형태 및 내용, 그리고 기저에 깔린 원칙과 물리적인 장신구 등에 관해 기술한 내용이 실려 있다. 그 속에 포함된 의례는 인습적으로 다섯 가지 종류五禮로 나누어진다. ① 국가나 제국의 제전, 가족의 조상신, 국가가 공인하는 지방의 신에 바치는 제사를 의미하는 길례吉禮 또는 상례尙禮, ② 상서롭지 못한 사건을 위해 올리는 제사(장례, 국난 등)로서의 흉례凶禮, ③ 의례적 방문(국가적인 방문, 고위 왕족 및 관료의 공적 혹은 사적인 방문)을 의미하는 빈례賓禮, ④ 무술 의례(전쟁, 야전훈련, 군대 내의 제식훈련)인 군례軍禮, ⑤ 그리고 축제의례(특히 결혼, 약혼, 출생, 관례冠禮, 연회, 잔치와 축하, 경축)로서의 가례嘉禮이다. 『주례』에서는 이런 의례들을 다시 36가지의 하위범주로 나누고, 다양한 의례행동이 적용되는 수백 가지의 구체적인 상황을 제시하고 있다. 어떤 일부

학자들은 이러한 규범을 전 사회에 적용한다는 이상은 한나라 때에 실제로 만들어지고 확대되었으나, 일상생활의 의례화라는 유교의 이념은 신유학이 도래한 이후에 비로소 중국에 확산되었다고 주장하고 있다.

그 견해가 맞는다면, 원대까지도 의례와 예의범절은 보편적으로 수용되었고 사회에 깊은 영향을 미쳤다. 많은 중국인들 사이에서는 그들을 다스리는 이민족 출신 지배자들이 그 가치를 갖고 있지 않다는 사실 때문에 오히려 이 가치가 더 강조되었다. 그뿐만 아니라, 고전의 의례서는 원대보다 훨씬 오래전부터 학자들의 해설과 전통이라는 두터운 보호막으로 싸여 있었다. 원·명기 동안에는 이러한 학문적 작업이 더 집적되었다. 그러나 의례행동의 전통과 실천에 있어서 질적으로는 괄목할 만한 새로운 발전은 없었다. 원 왕조 시기에 몽골의 지배자들이 중국식 의례에 대해 다소 무지하고 심지어 경멸적인 태도를 취한 데 비해, 명의 궁정은 다른 것은 차치하고 첫째로 옛 규범을 복원하고 이를 유지하는 데 꼼꼼함을 발휘했다. 원과 명의 의례에서 사용한 음식에서도 그러한 진실의 양상이 드러난다.

1세기 이상 중국을 다스린 지배자로서 몽골 사람들은 중국을 지배하기 위해 필요한 중국의 정치체제에 표면적으로는 적응하였지만, 그들 자신의 문명에 대한 깊은 집착은 여전했다. 그때 중국인들은 몽골인들이 제사의 영역 이외에서는 중국의 의례와 다소 거리를 유지하고 있었다는 것을 쉽게 발견할 수 있었다. 이것은 정치적으로 중요한 의미가 있었다. 특히 국가적인 대제大祭에서 그들은 당연히 자기 자신들뿐만 아니라 중국인들의 눈으로 봐도 통치자로서의 지위를 장식하고 통치권의 정당성을 과시할 필요가 있었다. 명 왕조 원년에 몽골 지배하에서 살았던 중국의 사대부는『원의 역사元史』의 의례편 서문에서 다음과 같이 기술했다.

　　원 왕조는 머나먼 북방 사막 황무지에서 국가를 일으켰다. 그래서 궁정 회의와 연회, 그리고 축제에 필요한 예의범절은 대체로 몽골인들이 원래 갖고 있던 관습을 지켰다. 1271년이 되어 비로소 시조(始祖, 쿠빌라이 칸) 황제가 짬을 내어 그의 중국인 고위 자문관, 유병충劉秉忠[4]과 허형許衡[5]을 시켜 궁중 전례를 만들 것을

4　1216~1274. 원대 초기의 학자, 정치가.
5　1209~1281. 송원(宋元) 기간의 저명한 이학자(理學者).

명하였다. 그러나 궁내부 사람들을 위한 큰 잔치大饗와 그들의 주요 관료들을 위한 축연에서는 대체로 몽골 사람들의 방식을 답습하였다.*4

이와 같이 몽골의 음식은 외부의 관찰자로부터 큰 감탄을 불러일으키지 못하였다. 짐작컨대 그들은 중국 음식으로 대체할 수 있었음에도 불구하고 초원지대에서 먹던 방식으로 식사를 하고, 또한 초원지대 음식 그 자체를 특별히 보수적으로 유지하였다. 그들의 태도는 19세기에 서양 식민지배를 위한 관리들, 상인들, 선교사들이 북경에 대사관을 세우고 조차항구에 여러 가지 시설을 세울 때까지도 역사상 전례가 없을 정도로 단호하고도 기이한 투지를 표출하는데 소수민족 자치구역에 거주하는 신세가 되어서도 몽골인들은 가능한 한 비중국적인 생활방식을 고수했다(Kates 1967, pp76~81).

몽골인들의 보수적인 의례와 식사습관에 대해서는 『원사』 「국속구례國俗舊禮」편에 암시되어 있다(1370, 77장). 몽골인들은 가문의 조상들에게 전통적 제사를 올릴 때 제주祭主로서 무당을 데려오고 몽고어로 의식을 치른다. 그리고 암말의 젖, 즉 마유馬乳를 묘에 뿌리고, 초원지대의 풍습에 따라 마유 혹은 쿠미스馬乳酒와 마른 고기를 제사상에 올리거나 혹은 말을 제물로 바치는 등, 전형적인 초원문화적 요소가 강했다. 그냥 마유이든 쿠미스의 형태이든 마유는 제물, 의례적 선언, 기타 종교적 행위에서 매우 중요하였다. 또한 발효음료인 쿠미스는 큰 잔치에 쓰이는 그들의 중요한 음료였다(K. F. Yüan 1967). 몽골인에게나 비몽골인에게나 다 같이 마유馬乳, 말이나 소의 젖으로 만든 버터, 그리고 양고기 이 세 가지 품목이 몽골 음식 및 몽골 생활양식을 차별화시키는 요소가 되었는데, 몽골인들이 들여온 이것들이 중국에 끼친 영향이 무엇인지는 명확하지 않지만 구별할 수 있는 요소가 되기는 한다.

쿠미스 제조용 건물과 양을 키우는 축사가 궁정건물의 일부로 주방과 가까이 있었다는 사실이 후기 원조元朝의 북경 궁정에 대한 기술에서 언급되었다(T. I. T'ao 1939 ed., 21장). 골동품 수집가들은 제례용 알코올 음료는 마유를 발효시켜 만드는 것이며, 이것은 일찍이 한대부터 중국인들에게 알려진 마동馬湩이라고 불렸던 것으로 알고 있었다(이 동湩이라는 한자는 원대의 자료에서 쿠미스를 표기할 때 일반적으로 사용하는 것과는 다르다)(K. F. Yüan 1967). 그러나 그 의도나 목적이 어떻든 간에, 원대에 몽골인들은 마유와 쿠미스를 중국 생활에 새로운 요소로서 들여왔다. 또한 그 음료를 대대적으로 만들기 위한 특별한 건물이 궁정에 존재했다는 것은 당대의 획기적인 변화 중 하나라고 보아야 한다. 그러나 궁정의 식탁을 위한 채전菜田과 궁정 주방에 필요로 하는 가축용 축사는 모든 왕조에 걸쳐 궁정의 일부로서 존재해 왔다. 비록 몽골 사람들이 중국인들에 비해 다른 고기보다도 양고기를 더 많이 사용한 것은 분명한 사실이지만, 아래 인용한 명조 황궁의 청구문서에 의하면 일 년에 17,500마리, 바꿔서 말하면 하루에 약 48마리의 양이 거대한 규모인 북경의 궁정과 그 부속기관에서 소비된 것으로 밝혀졌다. 원대 이전의 자료에서도 중국인들은 공식적으로 확인된 것만 보아도 대량의 양고기를 먹었던 것으로 되어 있다.[5] 그리고 모든 의례서에 따르면 소, 양, 돼지는 고대로부터 표준적인 제수 동물이었다. 우유(사용량이 적기는 해도 마유, 양젖, 낙타젖까지 포함하여)로 만든 버터酪酥, 또는 酥油의 사용은 훨씬 이전부터 중국인들에게 알려져 있었지만 중국 요리에서는 부차적인 요소였고, 비록 한민족 사이에는 널리 사용되지는 않았지만 사치스런 소비를 위한 과자와 사탕의 조리에는 항상 쓰이는 재료였다[6]. 따라서 당시의 중국인들에게는 독특하고 새로운 쿠미스를 제외하면 몽골 음식과 음료에서 느끼는 생소함은 아예 이국적인 음식이었기 때문이 아니라, 오히려 기본적인 품목과 균형을 맞추는 문제와 요리방법의 문제, 식사방식의 문제, 그리고 제물로 사용하는 방법에 문제가 있었을 것이다.

쿠미스에 대해서는 특별히 언급할 필요가 있다. 가장 좋은 쿠미스는 '임신해 본 적이 없는 어린 말의 젖'으로 만든 것으로 황제의 식탁에 올릴 용도로 특별히 제조되었으며, 13세기에 유럽에서 온 여행자들(뤼브룩과 마르코 폴로)은 이것을 색깔과 질 좋은 백포도주와 유사한 것으로 기술하였다[7]. 몽골의 통치자가 관료들이나 친족을 위해 여는 큰 잔치에서 쿠미스는 의례적 음료로서 항상 필요했다. 가장 품위 있는 연회를 친숙하게는 '쿠미스 연회'라고 부를 정도였으며, 더 공식적으로는 일색一色연회라고 불렀다. 왜냐하면 이러한 연회에서는 모든 손님들이 같은 색의 옷을 입었기 때문이었다. 연회는 보통 3일 이상 지속되었으며, 연회장 내부를 치장하는 색깔은 매일 바뀌었다. 이러한 연회는 행진, 경기, 승마곡예로 시작하여 보통 인사불성이 되도록 술을 마신 것으로 보인다. 중국 사람들이나 서양 사람들의 눈에도 몽골 사람들은 너무 많이 마시며, 중국을 지배한 몽골 통치자 가운데 알코올 중독으로 죽은 사람이 여럿 있었다. 13세기 초 문헌에는 몽골 사람들의 연회에서 부리는 술주정에 대하여 기술한 내용이 있는데

"주인은 손님이 술에 취하여 시끄럽게 떠들고, 무례하게 굴며, 토하고, 땅에 드러눕는 것을 보고는 '술에 취해서 손님의 마음이 나와 하나가 되었구나!'라고 유쾌하게 말할 것이다"라고 했다(『몽달비록蒙韃備錄』, 1221, K. F. Yüan 1967, p.143에서 인용).

표준적이면서도 의례적 의미를 갖는 음료로서 쿠미스를 소비하는 것 이외에도 몽골 사람들과 몽고 치하의 중국인들은 포도주, '벌꿀술mead', 쌀로 만든 술, 그리고 증류주도 마셨다. 증류주는 12세기부터 13세기에 걸친 이민족의 침입 이후에 송나라에서 처음 등장하였으며, 당시의 일부의 중국문헌에는 합랄길(合剌吉, helaji)이라고 불렀다(이것은 아라비아말 '아라크araq', 즉 아라크arrack에서 온 말이다)(T. C. Yeh 1959 ed., p.68). 이것이 중국에서 수수로 만든 증류주를 지칭하는 당시의 표준적인 명칭, 즉 소주와 같은 것인지 아닌지는 명확하지 않다. 13세기 중엽에 중국에 체재한 기욤 드 뤼브룩 Guillaume de Rubrouck도 그가 방문한 몽골 궁정에서 이 알코올 음료가 사용되었음을 확인하였다(Rockhill 1900, pp.12, 83, 112: 또한 Odoric of Pordenone 1913 ed., pp.199~200; Pelliot 1920, p.170).

중국인들이 만든 자료에 의하면, 중국의 몽골 사람들은 앞서 언급한 그들의 연회와 의례행사뿐만 아니라 평상시에도 대부분 초원에서 먹던 음식을 초원에서의 방식대로 먹었던 것으로 보인다. 13세기에서 14세기에 몽골의 여러 지역을 다닌 여행자들은 하나같이 양을 통째로 삶아 손님 앞에서 잘라주는 음식, 다시 말하면 뼈가 붙은 양고기를 주로 손님들에게 나눠주었다고 기술하였다(예컨대 이븐 바투타Ibn Batutta, ca. 1350, Spuler 1972, p.194에서 인용). 14세기의 중부 지역의 중국인 가운데 몽골 사람들과 교류를 한 사람들은 "북방인(몽골 사람)들은 일상적인 식사 때 (음식을) 자르고 손질하는 일에 많은 주의를 기울인다. 그들이 허리에 차고 있던 단검은 가장 좋은 철(賓鐵, 定鐵)로 만든 것인데 그 가치를 말하자면 금보다 비쌌다. 그 칼은 정말 예리하다. 왕자, 귀족 등 높은 지위의 사람들은 모두 그것을 차고 있다"(T. C. Yeh 1959 ed., p.68.). 식객이 자신의 칼로 고기를 직접 잘라 먹는 광경 이상으로 중국의 음식문화와 거리가 먼 식사관습은 없을 것이다! 몽골 지배 최후의 10년간 작성된 중국인 학자 도종의陶宗儀[6]의 박식한 기록과 스케치 덕분에, 왕조의 마지막 몽골 통치자는 황제의 주방에

---

6 1329~1410. 원말명초의 역사학자.

서 매일 소비되는 양의 숫자를 제한하는 절약을 실천함으로써 찬사를 들었다는 사실을 알 수 있었다. "이 왕조에서는 황제의 식탁에 올리기 위해 하루에 다섯 마리의 양을 사용하는 것이 관행이었다. 현재의 황제가 즉위한 이후, 그 숫자를 하루에 한 마리씩 줄였다. 일 년 동안 먹은 양을 계산하면 상당히 많이 절약한 것이다"(T. I. T'ao 1939 ed., 2장). 황제의 식탁을 위해 하루 다섯 마리를 도살해야 한다는 규정은 일종의 의례적인 성격을 띠었으며, 경제적 이해 때문에 그 숫자를 하루에 네 마리로 줄이라는 황제의 명령도 순전히 의례적인 행위였다. 이러한 내핍행위는 우리가 알고 있는 원 궁정의 최후의 몇십 년간의 방만함과는 다른 것으로 지나치게 강조되었다. 또한 이것은 북경의 궁궐에 있던 몽골 통치자에게 초원에서와 마찬가지로 양고기가 주식으로 간주되었다는 의미이며 이 견해는 아마도 틀리지 않을 것이다. 도종의와 동시대 사람인 권형權衡[7]도 몽골인의 궁정 주방에는 표준적인 일상 식사를 위해 양을 통째로 삶을 수 있는 장비를 갖추고 있었다는 중국인들에게 잘 알려진 견해를 반영하고 있다. 끔찍스럽고 사실이라고는 믿기 어려운 일화 가운데, 1339년에 일어난 사건과 연관된 것이 하나 있다. 그해 궁중의 고위관료가 당시 19세가 되는 몽골인 최후의 통치자에게 태황태후가 그의 친어머니가 아니라는 정보를 알려주었다. 그 '태황태후'는 그의 어머니를 양을 통째로 구워내는 화덕에 밀어 넣어 죽였다[8]. 그녀를 식탁에 올리는 음식으로 먹었는지 아닌지는 언급되어 있지 않다(권형 1963 ed.).

몽골 사람들이 단순하고 거친 음식, 즉 주로 삶은 양고기를 먹고 페르시아와 중국의 진미를 계속해서 거부했다는 것에 대해서는 산더미 같은 증거자료가 있다. 그러나 중국인들이 유목민의 영향을 받아 양고기를 얼마나 많이 먹었는지를 확정하기는 더

---

7 원말명초(元末明初) 역사학자. 『경신외사庚申外史』 저술.

8 이 사건과 관련된 『경신외사』의 원문은 다음과 같다. "태황태후는 폐하의 어머니가 아니며 폐하의 숙모입니다. 지난날에 그 숙모가 폐하의 어머니[적모 팔불사(八不沙)를 양고기를 굽는 화덕에 밀어 넣어 죽였습니다. 부모의 원수이니 같은 하늘 아래 함께 살 수 없는 자입니다(太皇太后非陛下母也, 乃陛下姉母也。前嘗推陛下母墮燒羊炉中以死, 父母之仇不共戴天)." 1330년 원문종과 황후인 복답실리(卜答失里)가 그의 형 명종을 독살하고 황위를 찬탈한 후에 황후 팔불사를 양고기구이용 화덕에 밀어 넣어 죽였다. 문종 사망 후 실권을 장악한 복답실리는 명종의 차자를 영종(寧宗)으로 세우고, 영종이 7세의 나이로 재위 53일만에 병사하자 명종의 장자를 1332년 혜종(순제)으로 세웠다. 1339년, 즉 혜종 19세의 나이에 권신 백안(伯顔)을 숙청하고 친정을 시작하여 이상과 같은 사실을 알게 되었고, 혜종은 복답실리를 유배를 보냈다. 혜종의 생모 매래적(邁來迪)은 혜종을 출산한 후 곧 사망하였다.

욱 어렵다. 원대를 다룬 연극에서는 양고기 메뉴에 대한 구체적인 언급이 자주 눈에 띈다. 특히 원대 초기와 후기의 작품, 그리고 특히 명대의 소설작품에서 양고기가 언급되는 경우는 많았다. 그러나 드라마에서나 소설에서나 그 어디에서도 중국인들이 몽골식으로 통째로 삶은 양고기를 먹는 장면은 볼 수가 없었다.*8 양고기 샤브샤브涮羊肉는 양고기를 종잇장같이 얇게 썰어 끓는 물에 재빨리 익혀 먹는 것(오늘날 일본 식당에서는 징키스칸이라고 부름)이며, 양고기구이烤羊肉는 양고기를 얇게 썰어서 철판이나 직화에 올려 식객이 직접 구워 먹는 것(아니면 그 앞에서 구워주는 것)이다. 이러한 요리법은 20세기 중국, 특히 북경과 북부 지방의 무슬림 식당의 주요 메뉴이다(중국의 서북 지방에서는 양고기구이라는 것은 양꼬치구이, 혹은 시시케밥을 지칭하는 것으로 되어 있다). 이러한 요리를 몽골이나 초원과 연결시키는 경향이 있으나, 원과 명의 자료를 통해서는 그것들을 찾기 어렵다. 사실은 이 요리들은 내몽고 요리법의 영향을 받은 것으로 보는 것이 오히려 당연하다. 또한 아마도 19세기에 들어와서야 비로소 중국의 식당 음식으로 추가된 것으로 추정되며, 결코 몽골식 요리법이 원대부터 중국인들의 식습관에 영향을 끼친 것이라고 볼 수는 없다.

중국인들은 몽골의 지배기간 동안 접한 몽골의 요리, 혹은 중앙아시아 및 서아시아의 요소들에 대해 아무런 매력을 느끼지 못한 것 같다. 또한 중국인들은 몽골의 연회 스타일을 받아들이지도 않았다. 그렇지만 중국인들은 몽골 사람들이 의례적인 연회를 열어 세심하게 환대해 주는 점만은 인정하였다. 중국 대륙에서의 몽골 역사의 기록, 편찬은 중국인들의 기록을 중심으로 이루어졌다. 중국인들의 기록은 일반적으로 몽골 사람들에 대해 같은 인간으로서 개방적인 태도를 보여주는 것도 있지만(특히 15세기 중엽 이전에 기록된 것), 한편으로는 몽골 사람들의 원시적 생활양식을 두드러지게 경멸하는 중국인들의 모습이 드러나는 기록도 있고, 중국인들이 정식화하고 지켜온 인류의 보편적 문명과 아주 선명하게 구별된다는 점을 폭로하는 기록도 있다. 중국인의 예의범절은 의례적 행동으로 체계화되었고, 인류의 큰 도道를 구현한 것이라고 생각한 중국인들은 몽골 사람들의 행동에서 그들 자신들의 정형화된 예의범절과 대충 유사한 점을 인정하였지만, 그들은 초원의 생활양식에 대한 호기심 이상으로 몽골 사람들의 의례를 받아들이지는 않았다. 그들의 눈에 몽골 사람들의 거창한 의례적 연회는 야만적인 현란함을 과시하는 것으로 보였다. 13세기와 14세기의 중국인 작가들은 몽골 사람들이 종교 및 정치적 의미를 가진 고도의 질서정연한 상징을 사용한다는 점을 확인해 주었다. 그렇지만 그들은 그 의미를 조사해 본다거나, 몽골의 양식을 충실하게 기록하여 보존하려는 필요성을 느끼지 않았다. 14세기의 중국인들의 생활을 꼼꼼하게 관찰한 박학다식한 도종의는 몽골 사람들의 생활양식도 비교적 자세하게 기록하여 몽골 사람들의 음주관습에 관한 기술도 남겼다. 예컨대 술을 마실 때 정식으로 건배를 하는 습관을 기록하였는데, 이것은 몽골 사람들이 1210~1234년 사이에 지배한 금金 왕조의 여진족 관습에서 유래한 것이라고 추정하였다. 그는 몇몇 중요한 몽골어 단어를 중국어로 음역하여 인용하였지만, 그는 "그 단어들이 무엇을 의미하는지 찾아낼 기회가 없었다"고 설명하고 있다(T. I. T'ao 1366, 21장, 「갈잔喝盞」). 요약해서 말하자면 그는 지배 왕조와 이민족, 즉 몽고족이 세운 국가에 대한 호기심만을 보고하였을 뿐이며, 그것이 표상하는 가치와 관습이 어떤 것이었는지 조금도 확인하지 않았다. 몽골 고위층의 이국적이고도 화려한 생활상은 마르코 폴로와 마찬가지로 중국인들의 보고에서도 공히 언급되는 현상이었다. 중국인들은 국가적인 축제에는 일정한 절차상의 의례와 유형이 있다는 것을 확인하였으나, 몽골 통치자들과 가까운 박식한 중국인 협력자들조차도 몽골의 의례에 대해서 잘 모르고 있었다(Yanai 1925; K. F. Yüan 1967).

영국에서는 앵글로색슨족의 생활양식이 노르만족의 지배 기간[9] 중 첫 1세기 동안에도 심하게 변하였다. 인도의 경우에도 영국이 인도를 지배한지 1세기 만에 인도의 엘리트계층의 생활양식이 크게 바뀌었다. 그에 비해 1세기 동안의 몽골 지배는 중국 문명에 그다지 영향을 주지 못하였다. 더 구체적으로 말하면, 원元대에 몽골 사람들과의 1세기에 걸친 접촉에도 불구하고 상당수의 새로운 음식이나 통상 사용가능한 새로운 요리법, 하물며 의례적 규정에 따른 음식이 있었다고 할 만한 근거가 없는 것 같다. 반면 중국과 초원이라는 뚜렷이 구별되는 두 개의 세계를 가르는 만리장성 주변, 즉 중국과 근접해서 살고 있었던 몽골 사람들은 명대 후기와 청대에 오면서, 특히 음식과 복식면에서 결국 중국인들의 생활양식에 깊은 영향을 받았다는 것이 그 후의 사회사에서 증명되었다.

---

9 11세기(1066)에 노르만족이 영국을 정복한 후부터 13세기 에드워드 1세의 웨일스 정복(1277~1283)까지 약 2세기 기간을 의미한다.

의례와 예식의 문맥에서 본 음식—명明 왕조

　1368년 1월 20일, 중국인들의 춘절(春節, 설)을 시작으로 명 왕조 건국을 선언하자마자 건국 황제 주원장(1368~98년 재위)은 오랜 이민족의 지배로 훼손된 중국민족의 생활이상理想과 양식의 복원을 맹렬하게 추구하였다. 명의 건국자는 빈곤하고 험난한 지역에서 성장한, 농민사회에서도 가장 낮은 계층 출신의 무뢰한이었다. 그는 중국의 위대한 전통에 관한 지식은 고사하고, 성인이 되어서야 비로소 문자를 배웠으며 예의범절을 익히지 않았기 때문에 그의 통치방식은 몽골 왕조의 영향을 받았고, 예의 숭상의 대상이었던 과거의 방식과는 일치하지 않았다. 그럼에도 그는 순수한 중국의 의례규범을 꼼꼼하게 복원시키려하였다. 그것은 명 초기의 사회사에서는 이례적인 일이었다.

　결단력이 있는 황제는 학자들에게 명하여 새 왕조에 적합한 예법을 작성하도록 했고, 여러 측면의 예법에 관한 12권 이상의 예법서가 그의 30년간의 재위기간 동안에 만들어졌다(『명사 明史』, 47장, 「예제」의 서문; Li Chin-hua 1932). 14세기의 마지막 사반세기 동안 명의 궁정에 제도로 정착된 많은 예법규정을 통해 우리는 황제의 수라상, 조상제사 및 국가제전에 정규적으로 바칠 제물과 전통적 중국의 모델에 따라 다시 복원된 의례적인 국가 연회 사이에 존재했던 긴밀한 관계성에 대해 비교적 자세하게 알 수 있다. 명의 일부 자료는 주목할 가치가 있다. 왜냐하면 비록 역사적으로 새로운 것을 보여주지는 않지만, 그 이전 시기의 자료들에서는 찾지 못했던 세부사항을 제공하고 있기 때문이다. 명의 예법규정의 개요는 『대명회전大明會典』의 43장에서부터 117장에 공식적으로 제공된다. 더 편리한 요약본은 『명사』(1736) 47장부터 60장까지 걸쳐 있는 「예제」에서 찾아 볼 수 있다. 다른 많은 왕조의 역사와 마찬가지로, 해당 부분에는 위에서 기술한 의례의 5중 범주에 맞추어 그 내용이 배열되어 있다. 궁인들과 황제를 위한 음식의 구입, 요리, 진설 등에 관한 규정은 이러한 예법에 포함되어 있다.

　명의 궁정은 처음에는 남경, 1420년 이후에는 북경, 즉 수도의 내성內城에 들어앉았다. 궁에는 수만 명의 거주민들이 있었으며, 황궁의 가족들과 그들을 섬기는 사람들로 구성되어 있었다. 이곳의 주방은 거대한 요식업체와 같았다. 황제의 의례적 제물과 거창한 국가적 차원의 연회뿐만 아니라 황제의 일상적인 식사와 수많은 궁인들,

그리고 궁정 거주민들의 식사를 포함하여 궁정의 목적과 필요에 맞는 모든 음식을 궁중의 세 개의 집단이 준비하고 요리하여 제공하였다. 첫 번째 집단은 요리사들廚役이었다. 두 번째 집단은 특별히 음식 및 술의 관리와 식자재의 구입을 담당하는 환관들이었다. 그리고 세 번째 집단은 궁녀宮女로서 그들은 음식과 관련된 특정한 의무를 부여받았다. 이 세 집단 간의 관계는 명확하게 밝혀진 바는 없지만 하나의 경향은 분명히 존재하였다. 환관들은 다른 두 집단의 역할을 침해하면서 어느 정도 그들의 역할을 대체하였다. 특히 명대 중엽에서 말기에 이르는 시기에 환관들은 궁녀들을 완전히 배제하지는 않았지만 그녀들의 역할을 침해하였다.

「예제」는 요리사들이 음식에 관한 모든 것을 관장하도록 되어 있는 주요 집단이라는 것을 암시한다. 요리 전문가들은 전국각지에서 선발된 신체적으로 건강한 제국의 일반 신민들이었다. 그들은 신체적 기형이나 심각한 질병력, 그리고 범죄이력이 없어야 했고 원칙적으로 세습의 역이 지워졌다. 명초에는 초원 사회에서 도입된 원대 모델의 영향으로, 군인 가계와 대부분의 장인匠人 가계와 같은 상당히 많은 직업세습 집단이 중국사회에 형성되어 있었다. 그러나 세습적 지위는 중국사회의 현실에 맞지 않았고 15세기 중엽에 이르면 명목상 다 그런 것은 아니지만 사실상 대폭 방기되었다. 주방 복무에 관한 규정을 살펴보면, 세습에 의한 임직의 실패와 복무에서 도망친 자들에 대해서는 비교적 약한 처벌이 내려진다는 것을 자세하게 기술하고 있다. 그러므로 우리는 주방의 일꾼廚役들이 주로 신규 모집에 의해 채워지고 있으며, 특정한 기술을 가진 자를 채용하여 그 자리를 메웠다고 생각할 수 있다. 『대명회전』에서는 "광록시光祿寺[10]의 관할하에 있었던 주방일꾼은 궁정의 식탁에 음식과 진미를 제공하였다. 또한 태상시太常寺의 관할하에 있던 주방일꾼들은 제물을 요리하였다. 그 숫자는 왕위계승이 이어지면서 더 늘어났고, 주방에 할당된 정원은 너무 많았다. 우리는 이 문제를 완벽하게 검토하였고, 규정에 따른 적합한 정원을 기록하였다"(116장). 왕조 초기의 주방에서 일하는 인원의 숫자는 알려져 있지 않다. 1435년의 칙령에 따르면 광록시에 고용된 주방인원은 5,000명이었으며, 이들이 황제의 수라상과 황제가

---

10 명대의 5시(寺)는 다음과 같은 일을 담당하였다. 대리시(大理寺)는 대법원, 태상시는 제사의 주재, 광록시는 연회의 주재, 태복시(太僕寺)는 말(馬)의 관리, 홍로시(鴻臚寺)는 외국 손님의 초대 및 접대 등을 관장하였다.

주최하는 국가의 연회를 준비하였다. 이 숫자는 16세기의 한 시점에서는 7,874명까지 증가하였으나 후대의 규정은 그 숫자를 3,000명에서 5,000명을 약간 넘을 정도로 제한하였다. 태상시에 속한 주방인원은 더 적었지만, 그들은 훨씬 까다로운 과정을 거쳐 선발되었다. 이 두 개의 부서를 관할하는 예부禮部는 태상시에 새로운 주방간부를 고용할 때 그들의 부모의 사망원인이 무엇인지를 조사하도록 한 다음에 허가서를 발급하였다. 특히 범죄를 저지른 자는 제물을 바치는 사당에 들어갈 수가 없도록 규정하였다. 왕조의 초기 규정에 따르면 태상시의 주방인원은 400명이었지만, 두 개의 수도가 설치되고 두 개의 사당이 생겨난 15세기 초에는 600명으로 늘어났다. 16세기 중엽 이후의 규정은 1,000명 이상 뽑는 것을 허용하였고, 1583년에 반포된 규칙 개정에 의해 그 숫자는 최대 1,750명까지 늘어났다. 일련의 규칙은 양쪽[11]의 주방인원 관리를 규정하였다. 확실한 건 그들의 임무가 죽은 자를 위한 요리이든 산 자를 위한 요리이든 상관없이 유사한 것으로 간주되었다는 점이다.

　궁정 환관의 증가는 명대 초기의 중요한 특징이었으며 이것은 사실과는 거리가 있는 하나의 전설로 포장되었다(Huang Chang-chien, 1961). 명 태조 치하, 1381년에 최초로 반포된 『황명조훈록皇明祖訓錄』은 궁중 환관청 내에 별도의 여러 국을 두어 몇 개의 궁정과 국가사당을 유지 및 관리를 하도록 규정하였으며, 다른 국은 황제와 그 식솔들을 위해서 다양하게 수발을 드는 것을 관장하도록 규정하였다. 이들 각국에는 다음과 같은 것들이 포함되어 있다. 음식과 음주의 관련국, 궁정 약국, 궁정의 술 관장국(술과 콩 음식, 두부 제조를 감독), 궁정의 제분국(궁정용 제분과정의 감독과 글루텐 생산), 궁정용 식초 제조, 동물무리 관리국(구체적으로 양, 거위, 닭, 오리의 관리) 궁정 채전국菜田局 등이다. 환관업무의 구조는 태조 재위 기간 동안 지속적으로 개편되었다. 1384년에는 궁중음식을 다루는 상선감尙膳監이 12개의 환관관청[12]의 하나로서 설치되었다(Hucker 1958, pp.24~25). 이 관청의 임무는 1396년의 개편에서 구체화되었다. "궁궐 내의 봉선전奉先殿, 즉 황제의 조상신전에 제사 음식을 봉헌하고 황제의 식탁과 궁정

11　광록시와 태상시의 요리사들을 지칭한다.

12　12개의 환관관청은 다음과 같다. 사례감(司禮監), 내궁감(內官監), 어용감(御用監), 사설감(司設監), 어마감(御馬監), 신관감(神官監), 상선감(尙膳監), 상보감(尙寶監), 인수감(印綬監), 직전감(直殿監), 상의감(尙衣監), 도지감(都知監)이다.

내에 사용되는 모든 음식을 제공하며, 궁정의 연회를 위한 모든 음식과 술의 공급과 관련하여 광록시를 감독하는 일이다"(Huang Chang-chien 1961, p.85 인용). 환관의 수는 15세기 이후 꾸준히 증가하였다. 허커Hucker는 환관 24아문衙門, 즉 12감監, 4사司, 8국局에 근무하는 환관의 수는 명대 말에는 7만 명이나 된다는 추정을 인용하였는데 그 대부분이 수도에서 일하였다(1961, p.11). 아마도 그 가운데 음식과 관련 있는 인원은 소수일 것이다. 상선감은 왕조가 막을 내릴 때까지 존속하였다. 이 관청은 특산물을 생산하고, 농업 및 원예작물을 관리하며, 외부에서 재화를 조달하는 책임을 진 다른 사司와 국局의 도움을 받았다. 확실하지는 않지만, 환관들은 아마도 내궁에서 떨어진 곳에서 일하는 요리사들의 요리를 감독하고 요리를 궁궐 경내로 가져와서 황족에게 서빙하였을 것이다.

마지막으로 궁정의 세 번째 일꾼들, 궁녀들이 있다. 명 태조는 궁녀들이 음식과 의복의 마련과 관리를 포함한 대부분의 영역에서 황제의 시중을 들도록 의도한 것 같다. 1372년에 설치된 궁녀를 관장하는 여섯 개의 국局 가운데 하나가 황제의 음식을 담당하였다(C. T. Sun 1881 ed., p.178). 허커는 15세기 초가 되면 환관이 이러한 궁녀들의 임무를 대체했다고 믿고 있다. 그러나 그는 또한 명 말기에는 9,000명의 궁녀가 있었다고 추정한 청대淸代의 자료를 인용하였다(Hucker 1961, p.11). 명대의 내궁은 황제와 그의 비빈, 그리고 어린 자녀들을 제외한다면 완전히 궁녀들과 환관만이 살고 있던 큰 도시였다. 환관들과 관련해서 궁녀들에게 주어졌던 다양한 역할이 무엇인지 잘 알려져 있지 않다. 어쨌든 궁의 외부에 있으나 직접 결부된 주방일꾼들과 내궁에 살고 있는 궁녀 및 환관 사이에는 그 세계의 모든 목적을 위한 음식을 제공하는 데 필요한 수천 명의 일손들이 있었다.

자금성에서 필요한 모든 물건의 조달은 전부 환관의 관리하에 있었다. 황제의 명의로 그들은 외국무역을 관장하였고, 황실의 재산의 관리와 어용공장, 물류창고, 채원과 목축장의 관리, 시장에서의 물건 구입을 장악하였다. 예를 하나 들자면, 1393년에 광록시는 예부禮部를 경유하여 공부工部에 매년 10,000개의 궁중용 도자기의 공급을 요구한 것으로 명시되어 있었다. 그 후 그 숫자는 12,000개로 늘어났지만, 이것만으로 자금성의 수요를 충족시키기에는 여전히 부족하다는 것이 밝혀졌다(『대명회전』, 116장). 『명사』 「식화지食貨志」의 조달부문에 황실은 307,000개 이상의 도자기를 보유하고 있었고, 남공부(南工部, 즉 남경에 있는 공부)의 감독하에 강서江西와 기타 지역의 관요官窯에서 이를 생산하였다고 기록되어 있다. 같은 자료에서 언급하기를 광록시는 1468년에 1,268,000근斤의 과일과 견과를 요구하였으며, 이는 원래 규정의 25%를 초과하는 양이라고 기록하고 있다(『명사』, 82장; Wada 1957, pp.925~62; K. C. Chu 1959 ed. p.42). 이처럼 몇 가지 임의로 정해진 물건들은 명 황실의 요리 작업 범위가 어느 정도인지 보여주고 있다.

　동물, 물고기, 가금류, 얼음, 솥, 접시, 채소와 과일, 곡물과 조미료, 기름, 술 등 간략하게 말하면 고급요리를 위한 모든 요소들의 조달은 그것들이 궁극적으로 살아 있는 사람들을 위한 음식용이든 망자들을 위한 제수용이든 대체로 동일한 형태였다. 차이가 있다면 제수용 동물은 흠결이 없어야 하고, 색깔도 일정하게 고르고, 얼룩이나 점이 없어야 한다는 점이다. 이러한 동물을 자금성에 많이 조달하기 위해 제국의 말단행정기관에 할당량이 부과되었고 또 그 밖의 황실 토지에서도 조달되었다. 1468년까지만 해도 지방의 할당몫으로 징수된 것들은 실물로 배달되었다. 아주 원거리에 위치한 지방의 경우는 동일한 물품을 구매할 수 있는 양의 은화를 납입하도록 허용하였다. 황실은 그 돈으로 배달거리가 가까운 곳에서 그 물건을 구입하였다. 『대명회전』에는 약 10만 마리의 동물과 가금류가 매년 진상되었다고 기록되어 있다[9]. 거기에 등장하는 숫자는 다음과 같다. 160마리의 제수용 돼지, 250마리의 제수용 양, 단일한 색의 거세한 수송아지 40마리, 18,900마리의 살찐 돼지, 17,500마리의 살찐 양, 32,040마리의 거위, 37,900마리의 닭 등이다. 전체적으로 볼 때 제수용 동물은 수적으로는 많지 않았지만 엄격한 기준에 따라 제수용으로 선별되며, 황실의 토지에서 세심한 보살핌을 받는데 이는 적절한 목적에 따라 제물로 바쳐지기 위한 것이었다. 통상 제수용 동물이란 고대로부터 내려온 규정에 따라 담당관에 의해 (혹은 담당관의 입회하에 무장한 무사에 의해) 의례적인 도살이 행해지고, 청동이나 철제 솥에 통째로 요리하는 것을 의미하였다(C. T. Sun 1968 ed., p.63). 다른 용도의 동물과 가금류도 질적으로 높은 수준을 충족해야 하나 외형에 대해 이 정도로 신경을 쓰지는 않았다. 이 동물들은 일상적인 식사용 식자재와 제수용 식자재로 공히 사용되었다.

　양자강 이남 지역으로부터 북경의 황실로 진미를 운반하기 위해 대운하의 바지선이 이용되었다. 명 말기의 어떤 작가는 황실의 환관이 관리하는 조달체계에 대한 흥미로운 방증을 기술하였다. 비록 환관 관료조직의 핵심부서인 사례감司禮監이 운하시설에 대한 최우선권을 차지하고 있었지만, 음식을 다루는 상선감도 운송에 있어서 두 번째로 높은 우선권을 행사하였다. 그 설명의 일부는 다음과 같다.

두 번째 범주는 수비대守備隊 사령관*10과 광록시에 수송할 물건들이었다. 즉 생자두, 비파, 소귀나무열매Arbutus myrica rubra, 생죽순, 강청어(냉장)이다. 세 번째 범주는 수비대 사령관에게 배정된 것으로서 냉장 보관할 필요가 없는 것들인데, 올리브Burseracea carnarium album, 햇차, 계수나무(꽃은 조미용으로 사용), 석류, 감, 귤이다. 네 번째 범주는 광록사에 배정된 것으로 역시 냉장할 필요가 없는 것들로서 백조, 채소절임, 죽순, 꿀에 절인 앵두蜜櫻, 소주蘇州의 케이크蘇糕, 가마우지이다. 다섯 번째 범주는 환관직제 가운데 채소나 과일을 관장하는 사원국司苑局에 배정된 것으로서 마름(남방개), 타로, 생강, 연근, 과일이 포함되어 있다. 여섯 번째 범주는 황실 창고로 배정된 품목으로서 향미香米, 생강뿌리와 같은 것들이 있었다. 나머지 범주에 속하는 황실의 모든 조달품은 운송시설 사용에 있어서 위에서 항목별로 기입한 식품들보다 낮은 우선권을 갖고 있다(고기원顧起元, 1618, 6:12b~13a).

냉장 보관에 관한 언급은 당연하게도 제국의 전 시기에 걸쳐 발견되며, 황실에서만 사용한 것은 아니다. 여기에서 알 수 있는 건 명대에는 냉장운송이 당연한 것으로 간주되었다는 점이다. 비록 기록은 황실의 조달에 관해서만 언급하고 있지만, 다른 사람들도 부패하기 쉬운 물건들을 냉장운송할 혜택을 누렸다고 확신할 수 있다. 명대 이전에는 제수용 식품을 신선하게 유지하기 위해 얼음에 채우는 특권은 원칙상 봉건 귀족에 한정되어 있었다. 명대 후기에는 얼음의 공급—겨울 동안 얼어붙은 강과 연못에서 얻은 얼음을 네모지게 잘라서 깨끗한 짚으로 싼 뒤 동굴이나 참호에 저장해 두었다—그 자체가 예부의 사제청리사祠祭清吏司13에 속한 금의위錦衣衛14와 연계

---

13 예부에 속하며 국가적인 제사를 담당하는 관청이다.
14 황제의 시위(侍卫)로서 정찰, 체포 심문 등이 가능한 비밀 군대조직.

하에서 환관의 감독을 받아 이루어진 활동이었다(『대명회전』 116장, 또한 K. C. Chu 1959 ed., p.325, T. Liu 1957 ed., p.29). 여기에서도 얼음의 의례적 사용과 실제적 사용의 사례에서 보듯이 음식의 의례적 측면과 세속적 측면이 지속적으로 중첩되어 있음을 알 수 있다.

공식문헌 이외에도 황실의 주방에서 조리되는 음식에 관한 중요한 정보가 아직 존재한다는 것은 우리들에게 다행스러운 일이다. 명초 음식의 중요한 측면들을 보여주는 것 중의 하나이며, 우연하게도 남아 있는 그와 같은 몇몇 사례는 본문에서 번역해서 잠깐 논의할 가치가 있다. 황실의 존엄을 과시하기 위해, 명 태조는 전통에 따라 황제의 조상을 모시는 사당인 태묘太廟를 세우고, 거기에 조상신 4대의 위패를 안치하였다. 매월 음력 초하루 날, 조리한 음식과 제철에 나온 신선한 식품을 제상에 올렸다(『명사』, 51장). 이것은 예禮의 역사에 정통한 유학자들이 모여 결정한 정통성이 있는 전통적 관행이었다. 그러나 통치한 지 3년이 되는 해에, 명 태조는 자신의 조상에 대한 관행적인 제사를 궁전구역의 바깥 사당에서 국가 관리의 주도하에 지내는 것이 "효심을 드러내기에는 적합하지 않다"고 생각하였다. 그리하여 그는 궁정의 경내에 조상제사를 위한 제2의 사당을 건립하도록 명하였다. 그리고 그것을 봉선전奉先殿이라고 명명하였다. 그는 "태묘는 궁외를 상징하며, 봉선전은 궁내를 상징한다"고 말하였다(『명태조실록』, 59:1151~52).*[11] 궁내의 사당에서는 황제와 그의 직계의 남성들이 아침저녁으로 두 차례 제례의식을 행하였고, 한편 황후는 아들의 부인들로 하여금 그날그날 제수로 쓸 음식을 준비하도록 지도하였다(『명사』, 52장). 특별한 축제나 기념일, 그리고 매월 음력 초하루에는 그 계절에 나는 신선한 식품을 제상에 올렸다. 『대명회전』(86, 89장)에는 태묘와 봉선전에 사용될 제수용품의 목록이 기록되어 있다. 이 목록들은 모두 관습적 격식에 따라 작성되었으며, 고전적인 의례서와 그 해설서에 실린 처방을 확실하게 고수하고 있다. 다행스럽게도 1590년대의 명대 후기의 한 학자는 황후와 황실의 부인들이 1370년대의 명 태조가 남경에서 통치한 기간 동안, 각자 매일매일 제상에 올렸던 조리된 음식에 대해 보다 자세한 목록을 남겼다. 이러한 제물은 일상적인 가족생활에서 먹는 음식을 조상에게 바친다는 정신을 전달한 것으로 간주된다. 이 때문에 우리는 이 음식들이 과거의 가난한 농민가족이었고 지금은 황실가족이 된 그들의 입맛과 음식에 대한 이상을 드러낸 것이며, 따라서 제상에 올린 음식은 실제로 황실에서도 먹었다고 추정할 수가 있다.

정규적인 제물은 매일 바뀌었다.

초하루는 소병燒餠[15],
초이틀에는 알이 고운 과립설탕,
초사흘에는 사천성 동부에서 나는 차,
초나흘에는 감미유과油菓,
초닷새에는 두 번 조리한 생선,
초엿새에는 양고기찜과 찐빵,
초이레에는 정향 밀과密菓,
초여드레에는 단맛 나는 증편蒸餠,
초아흐레는 돼지고기 튀김,
초열흘에는 감미 대추과자,
열하루는 소병,
열이틀은 설탕으로 채운 찐빵,
열사흘은 양고기 소로 채운 찐빵,
열나흘은 쌀떡,
열닷새는 기름소를 넣은 패스트리,
열엿새는 꿀 케이크,
열이레는 껍질이 얇은 빵,
열여드레는 '코끼리 눈'(편능형)과자,
열아흐레는 얇은 반죽에 소를 넣은 패스트리,
스무날은 호박과자,
스무하루는 롤 쿠키,
스무이틀에는 파삭파삭한 꿀 비스킷,

---

15 중국어로는 샤오빙. 밀가루 반죽을 동글납작한 모양으로 만들어 화덕 안에 붙여서 구운 빵으로, 표면에 참깨를 뿌리기도 한다.

스무사흘에는 익반죽해서 만든 빵,

스무나흘에는 참기름이 들어간 국수,

스무닷새에는 산초와 소금을 넣은 빵,

스무엿새에는 줄풀줄기茭白,

스무이레에는 참깨와 설탕의 소로 만든 빵,

스무여드레에는 버들여뀌 꽃,

스무아흐레에는 사워크림酪,

서른 날에는 천층빵千層餅.

한 달이 29일이면, 서른 날의 제물을 먼저 올리고 그다음에 스무아흐레 날의 것을 제상에 올린다.

계절의 첫 수확물을 올리는 천신薦新제물은 매달 바뀐다.

정월: 부추, 푸른 신선채소, 냉이, 조개, 농어, 계란과 오리알.

이월: 신차新茶, 유채 잎, 미나리, 개사철쑥 잎, 거위새끼.

삼월: 신죽순, 비름 잎莧菜, 배추, 잉어, 계란과 오리알.

사월: 순무, 앵두, 비파, 자두, 살구, 오이, 새끼돼지, 꿩.

오월: 호박, 박, 이고들빼기苦荬菜, 가지, 산사열매, 복숭아와 자두, 영계, 밀, 보리, 밀국수, 강청어.

유월: 연밥꼬투리, 수박, 메론, 동과, 마른 전어, 포도주 찌꺼기에 담근 강청어채, 청어.

칠월: 눈같이 흰 배雪白梨, 생마름, 가시연밥芡実, 생대추, 포도.

팔월: 조, 기장, 쌀, 연근, 타로, 물갈대water reed, 생강순, 중국쏘가리mandarin perch, 게.

구월: 밤, 오렌지, 도미, 팥.

시월: 마山藥, 국화, 귤, 토끼.

동짓달: 메밀국수, 사탕수수, 사슴고기, 수노루, 야생거위, 백조, 가마우지, 황새,

메추라기, 자고새, 개복치.

설달: 시금치, 겨자채, 병어, 도미.

(요사린姚士麟, 1937 ed., 2:3a~4b).*12

이 목록에는 제단에 술병, 밥, 차 그리고 다른 음식물을 어디에 진설해야 하는지에 대해 자세한 지침이 붙어 있다. 지침에는 보조적인 음식의 진설에 있어서 약간의 변화도 권장하고 있다. 예컨대 찹쌀로 만든 쫑즈粽子, 만두와 기타 특별한 곡물들, 빵, 국수, 떡 등은 특정한 기념일이나 축제 때는 밥을 대체할 수가 있다. 황제는 자신의 수라상에서는 검약을 실천하고 있었지만, 고대의 우왕禹王[16]과 같은 전설적인 통치자가 가진 정신에 따라 그의 조상을 위해 바치는 제수는 풍성하게 차렸다고 작가[17]는 말하였다. 또한 작가는 "나는 우禹의 성격에서 어떠한 결함도 찾을 수 없다. 자기 자신은 거친 음식을 먹고 마시지만, 조상신에게는 최대한의 성의를 표시하였다"는 『논어』(8:21, Legge 1893, p.215)에서 언급한 공자의 말을 인용하였다. 명 태조는 궁정 안에 특별한 사당을 만들고 거기에서 그와 황족들이 매일매일 제사를 드릴 것을 고집하였는데, 이 행동은 그의 고문관들도 만류하는데 실패했던 기행奇行이었던 듯하다. 후대의 역사가들은 이것을 예외적인 덕목이라고 설명할 수밖에 없었다.

마찬가지로 관리들과 평민들의 집에서는 특별한 축제나 기념일뿐만 아니라, 보통 음력 초하루와 보름에 일상적인 음식을 제수로 조상의 위패 앞에 진설하였다. 그렇게 진설한 음식은 그냥 버리는 것이 아니었다. 망자의 위패 앞에서 일정한 시간 동안 진설한 다음, 그 음식을 살아 있는 가족이 가져다 먹었다(그림 35, 36).

명 황궁에서의 생자生者를 위한 향연도 공식적인 방문이나 축제의 의례에 따라 의식 절차와 의미가 복잡했다. 공식행사의 경우는 의식이 더욱 복잡했다. 망자亡者의 영혼을 위한 제사나 살아 있는 사람들을 위한 대축연은 제도적으로 예부의 책임소관이었다. 문헌학적으로 보면, '향'의 음역은 두 개의 글자(享, 饗)로 표시되며 각각 '제물 음식을 받는다'는 것과 또 하나는 '제물 음식을 제공하다'는 것으로 명의 문헌에서

---

16 하 왕조의 개국군주로 홍수를 잘 다루었다고 알려진 전설의 인물이다.

17 위의 『견지편見只編』을 쓴 명대의 학자 요사린을 지칭한다.

그림 35. 농신에게 제물을 바치는 내용을 담은 17세기의 목판화
(*The Cooking of China*, Time-Life Books, 1968.)

그림 36. 공명(孔明, 제갈량)이 로(瀘)강에 제물을 바치는 내용을 담은 17세기의 목판화(『영웅보도찬(英雄譜圖讚)』, 상하이, 화하(華夏)출판, 1949.)

는 호환하여 사용되었다. 그렇지만 문헌학자들은 전통적으로 하나는 '신의 길神道'이며, 또 다른 하나는 '사람의 길人道'을 지칭하는 것이라고 주장하였다. 제물과 접대 사이에는 분명히 넘지 못할 선이 존재하지만, 그 어느 쪽에 치우친 과잉 해석도 금물이다. 연회는 인간의 세상과 통치의 세상 모두에 속한다. 국가차원의 연회를 통해 황제의 통치권과 사회의 위계질서의 정당성이 확인된다.

당연하게도 공적인 궁중연회에 대한 명초의 규정은 난해하고 복잡하다. 우선 그들은 황실의 연회를 대연大宴, 중연中宴, 상연常宴, 소연小宴 이 네 단계로 나누었다. 모든 연회에는 황제의 조상들을 극찬하고, 왕조 통치의 우주적인 정당성을 선포하며, 왕권의 이념적 기반에 대해 많은 언급을 하는 의례서를 소리 내어 합창하는 음악이 포함되었다. 연회는 또한 약간 편협하게 중국 문명이라고 부르는 인간 문명의 정도正道와 가치를 강하게 재확인한다. 외국 사신들을 위한 연회에서는 역사적으로 중국과 가장 친밀하고 가장 명예로운 지위를 획득한 국가의 사신에게 상석이 제공된다. 그리고 모든 연회에서는 중국 참석자들의 개인적 업적 또한 확인된다. 그들의 공과에 따른 서열에 맞추어 연회장에 들어갈 때는 어전 회의에서와 마찬가지로 줄지어 들어가고 줄지어 나오며, 참가자의 관직의 품계가 높거나 귀족의 서열에 따라 황제의 주석主席과 가까운 자리에 앉게 된다. 우주적 관계성뿐만 아니라 인간사회의 엄밀한 질서도 이 모든 규정에 상징화되어 있으며, 이러한 행사에서 쓰이는 모든 말에 함축되어 있다.

새 왕조를 선포한 지 3일째에 불과한 새해 초나흗날(1368년 1월 23일), 명 태조가 봉천전奉天殿에 새 정부의 모든 관료들을 모아놓고 그들에게 대연향大宴饗을 열었다는 것은 중국의 학자 및 관료집단에게 대단히 큰 의미가 있었음에 틀림없다(『명태조실록』, 29:486). 이민족인 원 왕조의 황제들은 전통적인 중국의 의례범절에 따른 연회를 열지 않았었다. 그래서 이런 식의 성스러운 행사가 마지막으로 열린 것은 이미 1세기 전의 일이었다. 행동의 순서와 연회의 설치를 위한 규정이 전문가들에 의해 다시 편찬되었다. 예악의 새로운 교범이 작성되어 궁중음악을 담당하는 교방사敎坊司의 합창단이 노래를 부를 수 있게 되었고, 교방사는 또한 30명의 악사로 구성된 악단과 여러 팀의 무희들을 내보냈다. 깃발이 내걸리고 어두운 색의 제복을 입은 수비대가 출입문을 지키고 있었으며, 식탁이 붙어 있는 옥좌가 연단 위에 설치되었다. 그 옥좌 주변에는 술과 음식을 분배하기 위한 업무용 부속건물이 배치되어 있었다. 무희들이 연단 밑에 늘어섰고, 악단은 대청大廳의 안팎 양쪽으로 배치되어 있었다. 4품 이상의 모든 관료들은 이러한 행사 때 대청 안으로 들어갈 수 있었고(후대에 규칙이 바뀌어 3품 이상의 관료들만 대청에 들어갈 수 있도록 허용되었다), 나머지는 대청 밖의 테라스에 설치된 테이블에 앉았다. 손님들이 줄지어 들어와 열을 지어 서 있으면, 음악이 연주되고 황제가 들어온다. 행사 진행자의 지시에 따라 손님들은 각자 자기 자리에 앉는다. 복잡한 시나리오에 따라 음악이 연주되다가 그치면, 사람들이 일어섰다가 다시 앉는다. 노래가 불려지고 꽃이 뿌려지며, 무희가 춤을 추고 음식이 들어온다. 황제는 손님들에게 아홉 번 술을 권하는데 그때마다 손님들은 무릎을 꿇고 땅에 머리가 닿게 절을 한다. 마침내 연회가 끝나면 황제가 떠난다. 그 후 관료들은 모두 일어서서 옥좌가 있는 북쪽을 향해 허리를 굽혀 절을 하거나, 무릎을 꿇고 땅에 머리가 닿도록 절을 하고 나서는 열을 맞추어 퇴장한다.

이런 공식연회는 궁중에서 행해지든 혹은 개인 가정에서 행해지든 대체로 정오에 시작된다. 적어도 1368년에 열린 명대 최초의 궁중연회에서는 연회가 끝난 다음 황제가 어전회의를 열어 왕조 창건의 의미에 대해 한 차례 연설을 했고, 관료들에게 새로운 책임을 부여하였다. 이렇게 하면서 연회는 저녁 이전에는 끝내야 한다. 저녁에 촛불이나 등불을 켠 상태로 여는 궁중연회나 개인 가정에서의 연회도 있었다. 그러나 야간연회는 특별히 의례적인 규정이 없는 것으로 보아 격식이 없는 축제였다고 생각된다.

유감스럽게도 이러한 연회나 다른 큰 국가연회에서 실제로 제공된 음식에 관해 자세하게 규정된 것이 없으며, 이 작가의 기록에 어떠한 것도 기술되어 있지 않다. 대연급 연회는 일 년에 네 번에서 여섯 번 밖에 열리지 않는다. 그 가운데 일년에 한 번 열리는 신년 축연은 외국 사신들이 참석하는 황궁행사이기 때문에 특별한 대연으로 취급된다. 이것보다 격이 낮은 세 개의 연회 같은 경우는 황제의 술을 권하는 횟수가 대연에서 요구되는 아홉 차례가 아니고, 일곱 차례이든 다섯 차례이든 세 차례이든 그 횟수에 주된 차이가 있다. 후대로 오면서 연회와 관련된 의례규정은 약간 수정되었다(『대명회전』, 72장). 음식을 권하는 노래, 즉 「유식악誘食樂」(『대명회전』 73장, 『명사』 63장)에 붙여 부르는 가사는 특별한 행사에서 새로운 노래가 필요할 때마다 만들어졌기 때문에 왕조 내내 축적되었다. 축연(혹은 황제의 일상적인 사적인 식사) 때 사용된 음악이 제례에서 쓰이는 경우도 발견된다.

이런 모든 의례행사 가운데 황제가 궁정연회를 주재하는 동안, 황후는 궁중의 모든 품계를 받은 부인들, 선황의 비빈들, 왕자들의 부인, 공주들과 함께 내정內廷의 곤녕궁坤寧宮[18]에서 주요 대신들과 고위 관료의 부인들을 초대하여 연회를 주재하였다. 이 연회도 마찬가지로 음악을 연주했으나 여성 악사들만이 참석했고, 다른 공식 규정은 황제가 주재하는 연회와 마찬가지였다. 그러나 황후는 이 연회에서 술을 일곱 차례까지만 권하였으며, 음식은 다섯 종류만 제공되었다(『명사』, 53장). 국가의 공식연회가 남녀를 구분하고 사당에서 조상신에게 제물을 바치는 형식으로 열리는 것과 마찬가지로, 이러한 것들이 관료 집안에서 열리는 대부분의 사적인 연회의 형식적 모델이 되었다. 그러나 명 태조가 사사로이 식사를 할 때는 황후 및 가족들과 함께했던 것처럼, 대부분의 귀족이나 모든 일반인들의 가정에서도 정식으로 손님을 초대한 경우가 아니라면 통상 남녀가 함께 식사를 하였다[*13]. 이러한 규범과 예외였던 유형은 원대의 잡극과 명대의 소설, 그리고 다른 비공식적 저작물에 나타난 식사 장면을 여기저기에서 찾아 분석해 보면 명백하게 드러난다.

공식연회는 지방 정부에서도 행해졌다. 명대에는 의례와 제도에 관련된 일련의 작업을 통해 지방 수준에서의 표준적인 연회 규정이 제정되었다. 매년 혹은 3년마다 치러지는 과거시험에 급제한 자를 위한 축연은 여러 단위의 지방 정부가 치러야하는 대표적인 행사였다. 보다 정교한 규정이 만들어진 또 하나의 연회는 농촌의 향음주례鄉飲酒禮였는데, 이 연회는 지방 관리들이 촌락의 노인들에게 축연을 베풀어 질서와 도덕 수호의 의무를 향촌사회에 각인시키는 자리였다(『대명회전』, 79장). 더 낮은 단위의 지방정부가 열었던 공식연회의 모습을 재구성하는 것은 훨씬 더 어렵다. 하물며 구체적으로 어떤 음식이 제공되었는지, 그 양과 질은 어떠한지, 그리고 그것을 위해 사용한 지방정부 지출은 어느 정도 차지하는지 파악하는 것은 더욱 어렵다[*14].

명대의 사적인 의례적 연회에 대한 증거를 찾기 위해, 우리는 명대의 소설과 비공식적인 문헌을 살펴보아야 했다. 명대의 소설 가운데 음식에 큰 비중을 둔 작품은 그 유명한 관능소설 『금병매金瓶梅』이다. 에저튼Egerton은 이것을 '금의 연꽃The Golden

---

18 황후 등 황실 여성들의 거처이다.

Lotus'으로 번역하였다. 이하의 문장은 다양한 문맥에서 사용된 음식에 대한 기술에 의거하고 있다. 왜냐하면 이 소설은 관능적 쾌락 가운데서도 먹고 마시는 것에서 오는 일상적인 쾌락에 전적으로 성심성의를 기울여 표현하였기 때문이다. 여기에서 우리는 일반 가정의 음식과 연회를 의례적인 문맥에서 어떻게 사용하였는지 어느 정도 알 수 있다. 제수용 음식과 경축연회에서 원·명 시대의 지배계층들(어느 정도는 충분한 재산을 가진 평민들도 포함하여)은 '길례吉禮'와 '가례嘉禮'로 구체화된 유교의 규범과 형식을 취하였다. 그럼에도 음식의 의례적 사용과 음식을 둘러싼 의례적 상황은 의례의 규정으로부터는 재구성할 수 없을 정도로 전 사회에 확산되어 있었고, 유교 문헌에서 규정된 것 이상의 문맥으로까지 확산되어 있었다.

이 소설의 주인공 서문경西門慶은 16세기 말 산동의 작은 현縣의 중간급의 부상富商이었다.[15] 유교적인 관점에서 보면 그는 당시 타락한 사회구성원 중의 하나였다. 또한 그는 도교나 불교의 가치에 대해서도 진지하게 생각하지 않았다. 그럼에도 그는 이세 가지 종교와 형식상으로 이어진 의례활동에 참여하고 있다. 이 소설은 부유한 가정에 초점을 맞추기는 했지만 서민들의 많은 생활상을 담고 있으며, 보통 사람들의 의례생활에서 등장하는 음식은 이 장편 소설 전체를 통해서 예시되었다. 금병매의 39장[19] 옥황묘玉皇廟 편에서는 도교의 기도의례에 관한 훌륭한 기술이 있다. 그러한 것들은 만약 음식과 선물의 정교한 교환이 없었더라면 불완전하였을 것이며, 실제로 그러한 일이 일어나지도 않았을 것이다. 사원의 경내에서 벌어진 연회는 호화스러운 잔치와 음주의 밤으로 절정에 달한다. 에저튼의 번역은 다른 판본보다 좀 더 완전하고 정확한 편이기는 하지만, 만력萬曆 연간(1573~1619)에 출판된 보다 완벽한 판본이 아니라 길이가 짧은 숭정崇禎 연간(1628~44)의 판본에 의거하였기 때문에 이 장은 두 판본을 합쳐서 중국어로 읽어야 한다. 왜냐하면 음식에 대한 자세한 기록은 후대의 판본에서는 제외되어 있기 때문이다. 여기에서는 음식을 구체적으로 설명하는 일부 문장을 만력판본에서 발췌한 뒤 쉽게 풀었거나 에저튼의 번역에서 발췌했다.

12월이 되면 서문경은 곧 다가올 신년을 맞이하여 선물을 주고 받기에 바빴다. 대부분의 선물은 음식과 술이다. 옥황묘에서 젊은 도제가 묘의 주지인 도관道官으로부

---

19 원 제목은 「寄法名官哥穿道服, 散生日敬濟拜冤家」이다.

터 선물을 가져왔다고 하인이 전하였다. 선물은 네 개의 상자에 들어 있었는데, 돼지고기와 냉장뱅어Salanx cuvieri(이것은 화북 지방 최고의 계절 음식이다), 각종 과일과 야채소를 넣은 찐빵 두 상자였다. 이 선물과 함께 몇 가지 도교의 부적과 제문祭文을 보내왔다. 서문경은 옥황묘의 도관과 그다지 친밀하지 않았기에, 생각지도 못했던 호화스런 선물을 받게 되자 부인에게 이 사실을 말했다. 그러자 부인은 자신의 남편에게 그가 아들을 얻게 되면 제물을 바치겠다고 무심코 한 약속을 상기시켰다. 아들이 태어난 지 수개월이 지난 참이었고, 서문경은 자신의 약속을 지켜야 한다는 의무감을 느꼈다. 그는 도제에게 그 절에 '아들의 이름을 올려달라'고 부탁하기로 하였다. 그렇게 하면 그 아이는 법명法名을 받을 수 있었다. 서문경은 젊은 도제와 의논하여 의례를 치루는 날짜를 정월 초아흐레로 정하고 차를 마신 다음에 '은 열다섯 냥을 제물비용으로, 은 한 냥은 주지가 보낸 선물에 대한 회례回禮'로서 보냈다. 정월 초파일[20]에 서문경은 하인을 시켜 상당량의 백미와 지폐, 제례용 양초官燭 열 근을 옥황묘에 보냈다. 하인은 향 다섯 근, 도사들에게 필요한 표백하지 않는 옷감 16필도 같이 가져갔는데, 그 밖에도 서문경은 양단 두 필, 남부 지방에서 생산된 술 두 병, 살아 있는 거위 네 마리, 살아 있는 닭 네 마리, 돼지 족발 네 개, 양의 다리 하나, 은 열 냥을 보냈다. 이 모든 것이 아이의 이름을 사당에 올리기 위한 것이었다(Egerton 1939, pp.168~69).

만력판본 소설에 따르면 서문경은 그가 살고 있는 청하현清河縣[21] 내에 도교사원이 5리, 즉 2마일도 되지 않는 곳에 있었지만 이전에는 방문한 적이 없었다고 한다. 기원 제물을 바치고 아들의 이름을 등록하는 일은 사원에 음식을 바칠 적절한 기회였으며, 사원의 큰 방에서 그의 가족 중 남자들과 친한 친구 네 명, 그리고 그들의 가족들 중 남자만을 초청해서 큰 연회를 열수 있는 기회였다.

의례 행사에 대비하여 서문경은 그 전날부터 고기와 술을 먹지 않았다. 그는 아침 일찍 사원에 도착하였다. 그는 도관과 다른 도사들의 영접을 받고, 인사를 나눈 뒤 차를 마셨다.

---

20 이날은 중국의 민속명절 순성제(順星節)로, 한족의 전통 음력 명절 중 하나이다. 보통 밤에 의례를 지내며 부잣집에서는 108개의 등잔을, 일반 백성들의 집에서는 49개의 등잔을 켰다.

21 현재 하북성 형태(邢台)시에 위치.

서문경은 사당에 올라갔다. 향대香臺 앞에는 소년이 물단지를 들고 서 있었으며 서문경은 손을 씻었다. 그다음에는 시종이 무릎을 꿇고 앉아 그에게 향을 태우도록 인도하였다. 서문경은 신단 앞에 나아가 엎드렸다. 오吳 도관은 옥고리를 단 구양건九陽巾을 썼으며, 소매가 넓고 학鶴과 스물여덟 개의 별로 수놓은 옥색天靑 제의祭衣를 입고 있었다. 비단으로 만든 요대는 허리에 둘렀다. 그는 서둘러 연단에서 내려와 서문경에게 사제의 예를 갖추었다. "내가 비록 별 볼일 없는 도사이기는 하나, 나는 귀하의 어긋난 친절로 다시금 그렇게 되었습니다. 나는 때때로 귀하로부터 귀한 선물을 받았습니다. 결과적으로 내가 그것을 거부하면 나는 진정으로 성실한 사람이 될 수 없으며, 내가 그것을 받아들이자니 낯부끄럽습니다. 귀하의 아들의 장수를 비는 것은 나의 의무입니다. 왜 귀하는 그렇게 귀한 선물을 나에게 보내야 합니까? 나는 참으로 당황스럽습니다. 그 밖에도 제물로 바친 당신의 선물은 너무나도 많습니다." 이에 서문경은 "그러나 귀하에게 난처한 일이 생겼다면 감사를 느껴야 하는 것은 바로 저입니다. 저는 귀하께 아무것도 갚지 못하였습니다. 이것들은 저의 감사 표현 중 극히 작은 일부이며 그 이상은 아닙니다"라고 말했다.

이런 식의 정중한 대화를 나눈 다음에 양쪽에 도열해 있던 도사들이 서문경에게 인사를 하고, 도관의 방으로 안내하였다. 그곳은 송학헌松鶴軒이라고 불리는 세 칸 짜리 큰 방이었다. 서문경은 그곳에서 차를 대접받았다[22].

장황하기 그지없는 기도문을 읽고 문답을 하며 향을 태우고, 엎드리며 북을 치는 등 상당히 긴 의식이 뒤따랐다. 연회에 초대된 손님들이 도착하기 시작하였다. 손님들은 각자 먹을 음식과 차를 갖고 왔다. 차를 가져오지 않는 사람은 '차 대신에' 돈을 갖고 왔다. 채소만으로 만든 음식이 본격적인 연회에 앞서 일종의 전채로 나왔다. 메뉴가 무엇인지는 자세하게 기록으로 남아 있지 않다. 그러나 이러한 아주 다양한 채식 요리 이외에도, 주요 코스요리가 담긴 40개의 접시와 주발이 사용되었다는 것을 알 수 있다. 그리고 큰 금화주金華酒병을 땄다. 어느새 서문경 집안의 여인들이 하인

---

22 제39장 제7구절.

두 사람을 시켜 깜짝 놀랄 선물을 보냈다.

두 소년이 상자를 갖고 들어와 그것들을 자신들의 무릎 위에 올려놓았다. 상자가 열렸을 때 여러 종류의 맛있는 과자와 장미꽃잎이 든 차가 들어 있는 것이 보였다. 서문경은 그것을 오 도관에게 주고 음식을 가지고 온 두 소년에게 먹을 것을 줄 것을 청하였다. 그러자 도관은 그들을 옆방으로 보냈다. 그들과 함께 물건을 운반한 사람들도 음식 대접을 받았다.

오후에는 또 기원행사가 있었다. 도관은 큰 상에 음식을 가득 올리고, 금화주한 병과 아기를 위해 정성스럽게 준비한 아기 옷과 사제의 겉옷, 모자, 신발 등의 선물을 준비하였다. 선물 보따리는 노란색 실로 묶어서 사각 쟁반 위에 올려 놓았다. 과일도 몇 접시 상에 올려 놓았다[23].

그 후 서문경 집안의 몇몇 남자들이 집으로 돌아와 보고하기를 서문경과 그의 주빈들은 아직 사원에 남아 있었는데, 도사들이 그들을 붙잡아 놓고 밤늦도록 먹고 마실 것이기 때문에 아마도 늦게까지 돌아오지 않을 것이라고 했다. 서문경의 사위는 그의 장모에게 다음과 같이 보고하였다.

"아버님은 당분간 일이 끝나질 않을 것 같다고 하십니다"라고 진경제陳敬濟가 말했다. "집에 남자어른이 없을 테니 저보고 집으로 먼저 돌아가라고 말씀하셨고, 대안玳安은 남아서 시중을 들라고 했습니다. 도관이 저를 보내려 하지 않았습니다. 그는 저를 잡아당기고 질질 끌고 다니면서 술을 큰 잔에 두세 번 주었습니다. 그 후 마침내 겨우 빠져 나왔습니다"라고 말하였다(Egerton 1939, p.178).[24]

이러한 의례의 풍경이 관능적 과잉과 상스러운 행동으로 돌변하는 것과, 같은 날 밤 서문경의 집에서 여인들 사이에서 벌어지는 풍경과는 뚜렷한 대조를 이룬다. 집에

---

23 제39장 제11구절.
24 제39장 제14구절.

서는 그의 정처와 첩들이 일단의 여승들을 극진하게 대접하고 있었다. 여승들은 그들에게 염불을 하고 그들과 함께 격조 높고 절제된 음식을 먹었다. 그들은 식사 금기를 엄격하게 준수하였지만, 그럼에도 그들에게는 금지된 육류 요리와 맛이 비슷한 모방 요리의 진미를 즐겼다. 여승 중에는 눈이 어두운 이도 있어서 이 요리들은 먹을 수 있는 것이라고 설득해야만 했다.

이야기가 끝나고, 여승 왕사王師가 찬불가를 부른 다음에 오월랑吳月娘은 "선생님들, 배고프시지요. 뭘 좀 드시지요"라며 소옥小玉에게 채소 요리 네 접시와, 파이와 케이크 네 접시를 가져오도록 명하였다. 그리고 올케 오吳씨[25], 양楊씨 부인[26], 반潘씨 할멈[27]도 두 분의 여승과 함께 먹도록 권하였다. 올케 오씨[28]는 "나는 방금 먹었어요. 그 어르신은 절밥도 잡수시니 권해보세요"[29]라고 말하였다.

오월랑은 금박을 입힌 작은 접시에 케이크를 담아내어 여승 두 명에게 먼저 드리고, 양씨 부인에게 가져갔다[30]. "좀 더 드세요. 부인"이라고 그녀는 양씨 부인에게 말했다. 그러나 양씨 부인은 자신은 이미 많이 먹었다며 항의조로 말하기를

"접시에는 뼈가 조금 있었습니다", "아우님, 그 뼈는 치워주세요. 실수로 그걸 먹을 뻔 했잖아요"라고 양씨 부인은 말했다.

"부인, 이것은 고기 맛이 나도록 만든 채식 요리입니다. 이것은 절에서 온 음식이며, 이것을 먹는다고 절대 해로울 수가 없습니다."(Egerton 1939, pp.179~80).[31]

---

25 「신각수상비평금병매新刻绣像批評金瓶梅, 崇禎本」 제39장에 등장하는 스토리로서 여기에 등장하는 올케 오씨는 오월랑의 오빠의 부인으로, 오월랑이 서문경과 정식으로 결혼한 이후 서문경의 집에 들어와 살면서 오월랑을 평생 뒷바라지한 사람이다.

26 양씨 부인은 서문경의 첩 맹옥루의 고모로서 역시 이 집에 따라 들어와 산다.

27 반씨 할멈도 서문경의 첩 반금련의 어머니로서 이 집에 기거하고 있다.

28 영문 번역에는 왕부인(Aunt Wang)으로 되어 있으나, 숭정본『금병매』에서는 올케라고만 되어 있어서 숭정본을 따랐다.

29 이 부분은 영문에서는 'She has been fasting', 즉 '그 분은 금식중이다'라고 되어 있으나 원문에는 '또한 그 분은 절밥도 잡수시니'(他老人家又吃着个斋)라고 되어 있다.

30 이 부분의 중국어 원문에서는 오월랑이 여승 두 명에게 먼저 식사를 차려주고 그다음에 양부인에게 식사를 제공하였으나, 영문 번역에서는 그 반대로 되어 있다.

31 제39장 제16구절.

이 풍경은 늙은 여승들이 밤늦게까지 설교를 하는 것으로 이어졌다. 정열을 느낄 수 없는 침침한 장면이었다. 이 때 여인들만 남아있던 집에 사위가 불쑥 나타남으로써, 그리고 보다 미묘한 방식으로 여승의 바보 같은 가르침에 깊은 신심으로 반응하고 있던 가정의 여인들과 음탕한 암시로 그들을 조롱하는 자들을 대조시킴으로써 당시 일어나던 도교사원에서의 거나한 술파티를 연상시켰다.

『금병매』 가운데 이 장에서 저자는 불교음식이 갖는 절제미, 우아함, (바보스러운) 경건함을 도교사원의 과잉, 천박성, 세속적 냉소주의와 대비시키기 위해 음식과 술을 각 개인의 성격과 가치를 해석하는 열쇠로 이용하고 있다. 무엇보다도 음식은 그러한 행위를 위한 도구들이며, 동시에 의례적인 의미라는 것이 얼마나 가식적인 것인가를 나타내는 지표이다. 불교의 여승들이 대단한 속임수가 발휘된 고기의 맛과 질감을 가진 '고기'를 먹었지만, 그것은 실제 동물의 고기는 아니었다. 도사들이나 손님들이 다 함께 공유했던, 난잡스런 결말로 끝을 맺은 도교의 연회는 의례의 형태가 암묵적으로 의미했던 모든 진지한 희망과 정신적 노력을 무효화시켜 버렸다. 이 두 개 장면의 교묘한 대비는 음식의 역할에 크게 의존하고 있다. 이러한 의례적 문맥은 인류문명이 그것에 의존해서 살아온 규범의 의미와 가치를 우리들에게 상기시켜 주고 있다. 이 천재적인 작가는 개인의 행위를 그러한 의례적 문맥과 대립하는 것으로 설정함으로써, 인간이 가진 특수성의 모든 것을 보여주려고 심혈을 기울였다.

음식과 건강

음식을 건강과 연결시켜 생각해 보는, 다시 말해 '의료 식이요법학'에 대해 중국인들이 지닌 전통적인 관점에서 비롯된 지적 기반은 음식의 제의적 사용의 기저를 이루는 개념과 밀접한 연관을 맺고 있다. 즉 의례의 목적과 그 형식이 지닌 정당성은 음식에 대한 중국인들의 유기체적 우주론에 의거한다. 조화는 인간의 신체라는 우주와 그에 속한 소우주에 생명을 불어넣고, 상호보완적인 역동적인 힘(음양)의 균형과 오행간의 균형을 현출한다. 이 조화는 불균형을 상쇄하는 것을 통해 유지된다.

음식의 속성을 알고, 모든 상호작용하는 속성과 조건들 사이에서 균형을 유지할 목적으로 음식을 소비할 때 마침내 건강을 얻을 수 있다. 왜냐하면 건강은 모든 사물에 편재하고 있는 기능적 조화를 표현하는 정상적인 신체상태이기 때문이다. 일부 초기의 유학사상가들, 그중에서도 특히 순자荀子(기원전 3세기)는 의례의 철학적·이념적 기초를 견지하였지만, 이에 대한 기계적이고 부정직한 조작적인 해석을 포기하였다. 그러나 그들은 모든 사람들이 반드시 철학자일 필요는 없으며, 별 볼일 없는 사람들은 의례의 힘을 빌려야 한다는 것을 인정하였다. 초기 중국의 의학사상은 (비록 반유교적이진 않지만) 비유교적인 음양과 '오행'을 신봉하는 의원들과 도교에서 비롯되는 마술적이고 연금술적인 요소를 신봉하는 인물들이 의기투합하여 처음 시작한 것 같다. 이와 같이 의학이론은 유교세계의 거대한 우주론적 개념을 공유하고 있으며, 동시에 물리적 사물의 연금술적인 속성 가운데서 병의 직접적인 원인과 치유를 추구하였고, 오행의 이론에 따라 불완전한 마술과 불완전한 합리적 방식으로 그것들을 조종하려고 들었다. 이천 년이 넘는 시간 동안 집적된 지식의 성장과 체계화는 주로 유학자들이 주재한 활동에 의해 이루어졌다. 의사 중의 최상은 유의儒醫가 되는 것으로 기대되었다.[16]

음식에 대한 집착이 강하고, 아주 넓은 범위의 음식 생산물과 역사상 알려진 각종 요리법을 가진 하나의 문명이 음식의 의학적 속성을 규명하기 위해 정면돌파를 추구하는 것은 놀라운 일이 아니다. 모든 물질은 유기적으로 얽힌 우주의 일부이며, 그 안에 모든 부분은 하나의 동일한 역학에 속하고 상호작용하며 반응한다. 중국인들은 음식의 속성을 규정하고, 이 속성들을 인간의 신체적 건강과 연결시키려 노력했던 한편, 경험적 발견과 사상가들의 이론적, 또는 체계화를 통한 노력과의 관계를 창의적인 방법으로 견지하였다(의학을 고유한 학문의 한 분야로 포함시킨 지배계층 학자들이 경험적 지식을 축적하고, 정교하게 만들었으며, 이를 확산시켰다). 때로는 훌륭한 경험적 지식과 관계가 없지는 않지만 그저 그런 이론을 나란히 놓고 대조할 때 우리 현대인들은 실망하는 경우가 많은데, 이건 우리 시대에만 존재하는 것은 아니었다. 때때로 이른 시기에도 사려 깊은 비판자들이 있었기에 후대의 우리들도 그러한 이론에 대한 회의론을 갖게 된 것이다. 그리고 결과에 대한 현실주의적 관심이 중국 의학의 발전에서 우선한다는 점을 받아들여야 한다.[17]

어떤 면에서는 모든 음식은 약이다. 왜냐하면 모든 음식은 다른 음식과 먹는 사람의 조건, 그리고 그것을 소비하게 되는 상황과의 상호작용을 통해서 치유하는 고유의 속성을 갖고 있기 때문이다. 그 반대로 섭취한 모든 음식은 어떤 특정한 조건하에서는 피해를 낳을 수도 있다. 대부분의 약품은 일반적으로 식물과 동물성 물질이며, 초기의 중국인 의사들은 음식과 치료의 결합이 주는 실용성을 인정하였다. 니담Josep Needham[32]은 11세기의 작가의 글을 다음과 같이 쉽게 풀어주었다. "…… 노인들은 일반적으로 약 먹는 것은 싫어하지만 음식은 좋아한다. 그러므로 약으로 다스리기보다는 적절한 음식으로 그들의 불편함을 다루는 것이 훨씬 더 좋다. 영양학적인 치료가 먼저 이루어져야 하고, 적절한 음식처방이 실패할 경우에 한하여 약을 처방한다(1970, p.358)". 니담과 그의 동료 루궤이전魯桂珍[33]은 도교의 연금술에서 의료 화학의 경이로운 효시를 보았고, 아주 이른 시기의 중국에서 갑상선 결핍, 당뇨병, 그리고 다른 병의 치료(같은 책., pp.284~87; 297페이지와 그다음)를 보고 "원생적 내분비학"을 언급하였다. 그러나 그들은 원 왕조 때 기록된 가장 중요한 의학적 발전은 아마도 식이요법 영역에서 이뤄졌다는 것을 발견하였다. 니담의 주목을 끈 저작은 1330년 홀사혜忽思慧가 편찬한『음선정요飮膳正要』이다. 니담은 그를 원대 후기인 1315년에서 1330년 사이에 활동한 "어의 겸 영양사(음선태의)"[34]로 기술하고 있다. 이 저작의 중심 원칙은 "많은 병은 식이요법으로 치유될 수 있다"는 격언으로 요약될 수 있다. 여기서 강조된 점은 식이요법을 통해 부족한 것을 보충함으로써 치유를 위한 적극적인 조치를 할 수 있다는 것이다.[*18]

『음선정요』는 중국 과학사에서 의심할 여지없이 중요한 책이다. 그러나 이 책의 내용이 과학사를 다룬 다른 덜 유명한 저작보다 양생법과 관련된 음식과 식사에 대한

---

32 1900~1995. 영국 출신의 생화학자로, 생화학 분야를 연구하던 중 중국 역사에 흥미를 갖게 되어 이후『중국의 과학과 문명 Science and Civilization in China』이라는 저서를 집필하는 등 중국 문명에 큰 관심을 가졌다.

33 1904~1991. 중국 출신 과학자이자 영약학 박사로, 니담의『중국의 과학과 문명』에 중요 연구원 및 작가로 참여했을 뿐만 아니라 그의 조수이자 중국어 교사로서 활동했다. 니담의 중국식 이름인 이약슬(李約瑟)을 지어준 사람도 루궤이전이다.

34 飮膳太醫. 원대 관직 중 하나로 종1품에 속하며, 황실가족들의 음식 및 음료를 관장하는 역할을 했다.

중국인들의 태도를 전형적으로 더 잘 보여주고 있다고 말할 수는 없다. 14세기 이후의 또 하나의 경이로운 저작은 가명賈銘의 『음식수지飮食須知』(1368), 즉 음식에 대한 필수 지식으로 이 책은 치료보다는 예방을 강조하고 있다. 가명은 절강성 북부 해염海鹽현의 부유한 가정에서 태어났다. 그는 원래 학문적으로는 이름을 떨친 사람은 아니었으나 폭넓은 유교 교육을 받았고, 원대 말에 절강에서 정부 소속의 하급 관직을 맡고 있었다. 그가 100살이 되던 해에 명 왕조가 창건되었으며, 명 태조는 그를 황궁에 불러 그의 장수를 축하해 주었다. 이어서 정중한 대화가 오갔는데 황제는 당연히 그에게 장수의 비결이 무엇이냐고 물었다. 그 물음에 대해 가명은 "근본적으로 먹고 마시는 것을 아주 조심합니다"라고 대답하였다. 황제가 그것에 대해 더 많은 질문을 하자, 그는 자신이 이 주제로 책을 썼으며 그 책을 황제에게 바친다면 큰 행복으로 여길 것이라고 대답하였다. 그 책이 바로 위에서 언급한 책이며, 이 책은 인쇄된 뒤 이후 수세기 동안 널리 반포되었다. 가명은 이 만남을 뒤로하고 집에 돌아와 106세에 세상을 떠났다. (물론!) 그는 어떤 특별한 병이 있었던 것도 아니고, 좋은 꿈을 꾸듯이 죽었다.*19

가명의 책은 여덟 개의 장으로 나누어져 있다. 여덟 개의 장은 (1) 43종류의 물과 불 (2) 50종류의 곡물과 콩 및 식용 가능한 씨앗 (3) 87종의 채소 (4) 63종의 과일과 견과 (5) 33종의 '향신료', 여기에는 양념과 술, 식초, 기름과 같은 조미료, 어장과 같은 보존조미료가 포함되어 있다. (6) 68종의 생선과 조개 (7) 34종의 가금류 그리고 (8) 42종의 고기로 구성되어 있다. 이 460개의 품목은 각각 주요 등재항목이고, 그 밑으로 관련된 품종이나 유사 품종에 대해서 논의되었기 때문에 실제 음식의 전체 가짓수는 더 많다. 각 등재항목에 대한 언급은 몇 줄로 간략하게 기술한 것부터 긴 단락을 이루는 것까지 있다. 각각의 음식에 대한 논의는 첫째, 이것이 오미五味 즉 단맛, 신맛, 쓴맛, 매운맛, 짠맛 중 어디에 속하는지를 지시하고, 각각 오행五行, 즉 토土, 목木, 화火, 금金, 수水와 어떻게 연결되어 있는지를 설명한다. 비록 이 작업에서 대놓고 언급하지 않았지만, 이 의약이론은 오미五味가 각각의 오행을 경유하여 오장五臟, 즉 위(토), 간(목), 심장(화), 폐(금), 신장(수)과 연결되어 있다고 주장하고 있다. 중국 문명의 숫자점에서 숫자 5의 체계는 오행을 통해 맛과 내장을 계절, 방향, 생성과 파괴의 과정 등 다른 많은 것들과 연결시키고 있다. 맛의 범주를 확인한 다음 물질의 '성격'

은 열熱과 냉冷의 정도, 아주 뜨거운 것부터 아주 차가운 것까지로 구체적으로 분류된다. 이것은 음陰(냉)과 양陽(열)이 얼마나 가까운지를 나타내는 하나의 영역이다. 이러한 기본 정보에 기초하여 이론가이기도 한 주치의는 각각의 음식을 섭취하여 얻을 수 있는 결과에 대해, 일어날 수 있는 모든 상황에서 모든 가능한 음식들의 조합에 대해 스스로 더 발전적인 판단을 내릴 수 있다. 그러나 가명은 그에 그치지 않았다. 그는 각각의 식품과 관련하여 피해야 할 것에 대한 구체적인 정보도 제공하였고, 예방의학에 역점을 두었다. 하지만 부족한 것을 어떻게 보충한다든지, 원기회복제와 같은 식품의 긍정적인 속성에 대해서는 거의 언급하고 있지 않다. 그러나 때때로 미식가로서의 관심을 보여 주었다. 어떤 음식은 특별히 맛이 있다고 말하고, 맛은 있으나 해로운 음식에 중독된 사람들을 동정하기도 하였다. 가명은 간결한 서문에서 다음과 같이 말하였다.

양생은 먹고 마시는 것에 달렸다. 그럼에도 만약 음식의 성질이 상호 대립적이거나 조화롭지 못하다는 것을 모르고 분별없이 먹어버린다면 적어도 오장에 탈이 날 것이며, 심지어 처참한 결과가 바로 발생할 수 있다. 이와 같이 성공적인 양생을 하는 사람은 항상 생명에 해가 되는 일을 피해왔다. 나는 모든 다양한 권위 있는 약초 의학서의 모든 주석과 세부주석을 검토하였다. 그리고 논의된 각각의 식재에 대해 좋고 나쁨은 기록되어 있으나 독자들은 스스로 어찌할 바를 모른다는 것을 발견하였다. 그래서 나는 음식의 상극성 및 불일치와 관련된 사실을 반드시 구별하도록 하였고, 현재의 작업을 편찬함에 있어서 생명의 경외를 실천하는 자들이 여기에서 식재를 조사하기 편하도록 공헌하고자 한다(M. Chia 1968 ed.).

여덟 개의 장 가운데 몇 개의 사례는 가명의 『음식수지』가 가진 성격을 잘 예시해 주고 있다.

〈제1장 물과 불〉

•천연 빗물: 그 맛은 부드럽지만 달다. 성질은 차다. 폭우 때의 빗물은 사용해서

안 된다. 지속적인 비나 쏟아지는 비는 홍수를 일으킨다. 그 맛은 달기는 하지만 담백하다.

- 봄에 처음으로 내리는 빗물: 그 성질은 '봄이 일어나고 생명이 시작하는' 힘을 갖고 있다. 자녀가 없는 기혼 여성을 위해 남편과 아내는 이날 물을 한 잔씩 마시면 쉽게 임신을 하게 된다. 이것은 계절적인 주기에 따라 봄에는 만물이 소생한다는 관념에 의거하고 있다.
- 겨울서리: 그 맛은 달고 성질은 차다. 이것을 모으기 위해 닭의 깃털을 사용하여 병에 쓸어 담는다. 이것을 꼭 봉하여 어두운 곳에 저장한다. 그렇게 하면 오랫동안 상하지 않고 보관할 수 있다.
- 종유동의 물: 그 맛은 달고 성질은 따뜻하다. 무게를 달아 보면 다른 물보다 무거운 것을 알 수 있다. 열을 가하면 소금과 같은 것이 나타난다. 이것이 진정한 종유동 액체이다. 이것을 마시면 종유석을 먹는 것과 같은 좋은 효과가 있다. (종유석이 발견된) 산은 옥(玉)을 품고 있을 것이며, 식물과 나무가 무성할 것이다. 이러한 산 주변에 살고 있는 사람 가운데 많은 사람들은 장수를 누린다. 이와 같이 옥의 수분(직역하면 '타액')은 유익한 결과를 낳는 것이 명백하다(같은 책).

가명의 저서가 지닌 일반적인 특징과는 달리, 이 부분에서는 몸에 좋은 물을 논하는 가운데 긍정적인 정보가 많다. 옥은 지구상의 물질 가운데 가장 상서로운 것으로서 특히 유익한 속성을 가진 것으로 신뢰하고 있다. 그의 다른 물에 대한 언급에는 우물물에 대한 대단히 합리적인 관찰이 포함되어 있다. 사람들이 도시에서 너무 가까이 모여 살거나 홍수로 우물이 잠기게 되면 물이 어떻게 더러워질 수 있는지, 물을 끓이고 침전시켜서 물을 어떻게 정화할 수 있는지가 포함되어 있다. 또한 우박을 가지고 물의 성질을 관찰한 흥미로운 부분이나, 왜 산속의 샘물이 독이 될 수 있는가에 대한 기발한 설명, 아마도 차를 끓이기에 적합한 물의 중요성 때문이라고 생각되는 특정한 샘과 하천 등에서 퍼온 물의 독특한 성질에 대한 논의 등은 원·명 시기의 저작에서 아주 풍부하게 등장한다(예를 들어 Hsieh 1959 ed., pp.76~79; K. C. Chu 1959 ed., pp.335~40).

불의 종류에 대해 다음과 같은 기록을 볼 수 있다.

뽕나무 불: 이 불은 모든 종류의 원기회복용 약을 요리하는데 적합하다. 돼지고기와 미꾸라지, 혹은 뱀장어를 요리할 때는 뽕나무 불을 사용해서는 안 된다. 또 쑥을 태울 때도 사용해서는 안 된다. 왜냐하면 이 불은 피부에 상처를 내기 때문이다(M. Chia 1968 ed.).

〈제2장 곡물〉

- 찹쌀: 그 맛은 달고 성질은 따뜻하다. 너무 많이 먹으면 열이 난다. 이것은 맥박의 활동을 가로막고 몸을 약하게 하며, 근육의 반응을 둔화시킨다. 오랫동안 먹으면 심장이 두근거리고 상처와 딱지에 통증을 일으킨다. 술과 함께 먹으면 쉽게 취하고 제정신으로 돌아오는데 시간이 걸린다. 찹쌀은 끈적끈적해서 천천히 소화된다. 그래서 어린이나 병약자는 무엇보다도 이를 피해야 한다. 임산부가 이것을 고기와 함께 먹으면 태아에 나쁠 것이며, 상처와 옴, 촌충의 원인이 될 수 있다. 말이 이것을 먹으면 다리를 절게 될 것이며, 어린 고양이나 개가 이것을 먹으면 발이 굽게 되어 걸을 수가 없을 것이다. 사람이 이것을 너무 많이 먹으면 '정신이상發風動氣'(Lu and Needham 1951, p.267 참조)의 원인이 되며, 정신이 멍하고 졸음을 야기한다. 찹쌀을 닭과 계란과 함께 먹으면 창자에 벌레가 생길 수 있다. 오리 고기를 너무 많이 먹어 병이 생기면, 찹쌀로 밥을 지을 때 나오는 뜨거운 물을 마셔서 이를 없앨 수 있다.
- 대두: 그 맛은 달다. 날것의 성질은 따뜻하다. 볶거나 요리하면 그 성질은 뜨겁게 된다. 약간의 독성을 지니고 있다. 너무 많이 먹으면 허파가 막히고 가래가 끓고, 기침이 나며 궤양성 상처가 생기고, 얼굴은 황색으로 변하며 몸이 무거워진다. 대두는 돼지고기와 함께 먹으면 안 된다. 작은 푸른빛 나는 검은 콩, 붉은 콩, 흰 콩은 대두와 맛과 성질이 비슷하다. 이것들은 모두 생선이나 양고기와 함께 먹으면 안 된다(M. Chia 1968 ed.).

〈제3장 채소〉

• 부추韭菜: 그 맛은 맵고 약간 시다. 성질은 따뜻하다. 봄에 먹으면 향기롭고 몸에 아주 좋다. 여름에 먹으면 악취가 난다. 겨울에 먹으면 목이 말라 밤중에 일어나서 물을 마시게 한다. 5월에 먹으면 정신이 어지러워지고 몸이 약해진다. 겨울에는 땅에서 싹이 올라오기 전에는 누런 부추韭黃라고 불렀다. 지하저장고에서 키운 부추는 누런 부추싹黃芽韭이라고 불렀다. 이것을 먹으면 정신이상을 막을 수 있다. 그것은 분명히 억눌린 성장의 잠재성을 다소 간직하고 있기 때문이다. 서리를 맞은 부추를 먹으면 구토를 유발하며, 너무 많이 먹으면 감각이 둔해지고 눈이 침침해진다. 특히 술을 마신 다음에 이를 먹는 것은 피해야 한다. 또 가슴과 배꼽에 고질적인 냉기로 고통을 받고 있는 사람이 부추를 먹으면 상태는 악화될 것이다. 열이 있고 난 다음 10일 동안 이를 먹으면 졸릴 것이다. 부추는 꿀이나 쇠고기와 함께 먹어선 안 된다. 왜냐하면 그렇게 먹는 것은 장폐색을 야기할 것이기 때문이다. 부추를 먹으면 숨이 고르지 못하게 되며, 그것을 없애기 위해서는 사탕을 빨아야 한다(같은 책).

중국에서 연중 아주 여러 가지 형태로 먹고 있는 이 신기한 채소는 자국 농민들의 창의력 덕분에 중국에서 일반적으로 먹는 아주 많은 채소 중 하나이다. 그러나 이 채소를 지칭할 만족스런 영어 명칭은 존재하지 않는다. 이 채소는 양질의 미각적인 속성뿐만 아니라 식이요법으로서 긍정적인 속성 또한 당연히 갖고 있다. 명대의 위대한 한의학자, 이시진李時珍의 『본초강목本草綱目』(1590)에서는 약으로서의 중요성을 가진 식물 가운데 가장 먼저 부추를 언급하였으며(26장), 이것이 다음과 같은 효능을 가진 것을 발견하였다. "부추는 정신을 회복시키고, 오장을 편안하게 하며, 위장의 열을 제거하고, 병자에게 좋다. 그리고 이것은 장복長服할 수 있다." 뒤이어 부추의 의학적인 이점을 구체적으로 길게 나열하고 있다. 보다 조예 깊은 이 의료서에는 부추를 먹음으로써 발생할 수 있는 해로운 결과는 하나도 보고되어 있지 않다. 그러나 가명의 경고는 그가 지어낸 것이 아니다. 그것들도 중국인들의 축적된 음식적 지식의 한 측면에서 비롯된 것이다. 그의 문장의 일부는 잘 알려진 송대의 저작물에서 인용한 것을 추적할 수 있다. 그리고 모든 것은 음양오행설이라는 물체의 속성에 기초한 사변적 체계에 맞추어져 있다.

채소의 장에서는 다음과 같은 논의도 있다.

• 시금치菠菜: 그 맛은 달며, 성질은 차갑고 부드럽다. 이것을 너무 많이 먹으면 다리를 약화시키고 요통을 유발하며, 냉기를 일으킨다. 위장 냉증으로 고생한 적이 있는 사람이 시금치를 먹으면 분명 장기 파열을 일으킬 것이다. 이것은 생선[35]과 함께 먹지 말아야 한다. 왜냐하면 콜레라를 유발할 것이기 때문이다. 북방인들이 석탄불에 올려 요리한 고기와 국수를 먹은 다음에 시금치를 먹으면, 석탄의 나쁜 효과를 중화시켜줄 것이다. 남방인들이 먹은 밥과 삶은 생선을 먹고 시금치를 먹으면 열을 식히는 효과를 얻을 것이다. 시금치는 대장과 소장을 차게 식히고 부드럽게 한다.

〈제4장 과일〉

• 감: 그 맛은 달고, 성질은 차다. 너무 많이 먹으면 가래가 끓게 될 것이다. 술을 마시면서 이것을 먹으면 쉽사리 취하거나, 거의 죽을 것 같은 심장의 통증을 일으킨다. 게와 함께 먹으면, 위통과 설사가 나거나 토하고 정신이 어지러워진다. 그럴 때는 엉겅퀴 뿌리를 갈아 풀을 쑨 것을 억지로 먹으면 증상이 완화될 수 있다. '사슴-심장' 모양의 감은 특별히 피해야 한다. 왜냐하면 그것들은 위장을 차게 하고 장에 통증을 일으키기 때문이다. 말린 감은 거북이와 함께 먹어선 안 된다. 그렇게 하면 소화도 되지 않고 장폐색을 일으키기 때문이다. 아직 익지 않은 빨간 감을 차가운 소금물에 담가두면, 일 년 이상 저장할 수 있다. 그러나 소금물에 담근 감은 약간의 독성을 지니고 있다(같은 책).

---

35 영문 텍스트에는 뱀장어로 되어 있었으나 원문에서는 생선으로 되어 있어서 바로 잡았다.

〈제5장 조미료〉

- 식초: 그 맛은 새콤달콤하고 또 쓰다. 성질은 약간 따뜻하다. 식초는 생선살, 박과 식물(오이?), 채소의 독을 제어한다. 쌀술로 만든 식초가 훌륭하나, 너무 많이 사용하면 살과 뼈에 해로우며, 위장을 해친다. 식초는 남자들에게는 좋지 않다. 이것은 남자들의 치아에 해로우며, 얼굴은 창백하게 된다. 이것은 독성을 활성화시키기 때문에 어떤 약과도 함께 복용해서는 안 된다. 복령茯笭, 홍삼, 혹은 꽃다지Draba nemorosa 등 약을 복용하고 있는 사람은 특별히 이를 피해야한다. 감기, 기침, 설사 혹은 말라리아를 앓고 있는 사람들은 이를 사용해서는 안 된다.

- 증류주燒酒: 그 맛은 달고 자극적이며, 성질은 아주 뜨겁다. 독성이 있다. 너무 많이 마시면 위장을 해치고, 비장脾臟을 상하게 하며, 골수를 교란시키고, 근육을 약화시킨다. 술은 정신을 해치고 생명을 단축시킨다. 화증火症이 있는 사람은 소주를 피해야 한다. 또 사람들이 생강, 마늘, 혹은 개고기와 함께 소주를 마시면 치질을 유발할 수 있으며, 고질병이 재발할 수 있다. 임신한 여성이 소주를 마시면 태아가 경기를 일으킬 수 있다. 만약 어떤 사람이 소주를 너무 많이 마셔서 열이 났다면, 우물에서 금방 퍼온 찬 물에 들어가거나 그의 머리카락을 그 물에 담그면 술에서 깰 수가 있다. 소주독이 오른 사람은 녹두가루를 넣은 차가운 소금물을 마시면 어느 정도 회복된다. 혹은 큰 검정콩 한 되를 물 열 두 되에 끓여서 탕을 만들어 마신다. 이것을 많이 마신 뒤 토해 내면 해독할 수가 있다.

- 유락乳酪: 그 맛은 달고 시다. 성질은 차다. 설사를 하고 있는 사람은 이것을 먹어서는 안 된다. 양(염소)젖을 생선젓갈과 함께 먹으면 장이 막힌다. 이것은 식초와 함께 먹으면 안 된다. 또한 농어와 함께 먹어도 안 된다(같은 책).

이 책을 구성하고 있는 460개의 품목 가운데서 일부는 위와 같이 번역하였으나, 각 품목에 대해 자세하게 언급되어 있지는 않다. 그러나 이것만 가지고도 저자의 관심사가 무엇인지는 충분히 알 수 있을 것이다. 청대 황실의 사고전서 편찬자들(『사고전서총목제요四庫全書總目提要』, 22장)은 가명의 책이 다양한 약초의학서를 표절한 것에 지나지 않으며 새로운 자료가 없다고 비판하였다. 그럼에도 이 책은 음식을 우주의 생성과 소멸의 과정에 활발하게 작용하는 행위자로 본 중국인들의 신념이 반영되었다는 점에서 중요하다. 대부분의 중국인들은 학식이 있든 없든 간에 어느 정도 이 책의 기초가 된 개념을 알고 있었고, 사회에 통용되는 음식의 속성에 대해 많은 상식을 갖고 있었을 것이다. 그러나 대부분의 사람들은 음식을 즐기는 데 주안점을 두었고, 그 음식의 의학적 속성에서 비롯된 중요성을 정말 부차적인 것으로 배척해 버렸다고 추정할 수 있다. 게다가 가명이 쓴 8개의 장으로 구성된 책에 인용된 경고와 금기를 문자 그대로 충실하게 준수하기란 사실상 불가능한 일이다. 그러므로 다른 것과 마찬가지로 일반적인 중국인들은 합리적이라고 생각되는 데까지 이러한 정보를 실용주의적이고 열린 자세로 적용하며, 병이 들었을 때는 이를 보다 충실히 따르고, 비록 지시 사항을 무시하기는 하지만 그것이 갖는 상징적 함의를 즐기기도 하며, 모든 것을 흡수해 버리는 음식과 식사와 관련된 부수적인 측면에서 이를 맛보기도 한다고 우리는 상상할 수 있다. 이러한 일반적인 사회적 태도 때문에 식습관의 과학적 발전이 일어나지 못했을 수도 있다. 그렇지만 이 태도 덕분에 중국인들은 음식처럼 매우 중요한 주제는 다른 문명권에서 나타나는 것처럼, 별다른 이유 없이 단지 광신적인 교리 때문에 식습관을 독단적으로 제한하는 것 같은 행위를 용납하지 않았다. 물론 종교적 식사법과 같은 경우에도 경험적 지식에 기초할 때가 가끔 있기는 하다. 그 차이는 음식의 실질적인 질적 수준을 인식하는 능력에 있기보다는, 먹고 마시는 것과 같은 일상적인 활동에 이르기까지 권위의 지배가 미치는 방식에 있다고 볼 수 있다. 당시의 중국 기준으로 보면, 비록 가명은 학식이 빈약하였지만 그의 음식지식을 향한 갈구는 열렬하였으며, 그 지식을 분류하고 응용하는 욕구가 강렬하였다. 그의 저서는 학습하고 조언을 얻고 가르치고자 하는 합리적인 인간적 목적과 가치에 따른 것이기에 인간미가 있었다. 그는 불안에 잠식당하기보다는 편찬에 깊이 빠져들었고, 심지어 세세한 곳에서 기쁨을 맛보았다. 위대한 전통의 최고수준에는 미치지 못한다 하더라도, 그 태도를 접하면서 우리들은 매우 유용한 것을 얻고 있다. 가명이 우주적 질서의 활력소로서 음식을 둘러싼 개념을 구성하는 철학적 기초(또한 의례에서의 음식사용)라고 간주한 것을 검토해 보면, 우리는 모든 중국인들이 자신들의 문명을 이루는 모든 구성요소에 질서를 부여하고 유지하는 근거가 되는 권위가 어디에서 유래한 것인지 알 수 있다. 이 경우에 드러난 권위를 향한 태도는 항상 그렇듯이 인간적이고 합리적이다.

음식의 즐거움

음식에 대한 중국인들의 태도는 요리와 식사의 기술과 기량에 대한 성취를 설명하는 것으로, 그들의 인생관을 이루는 한 부분이기도 하다. 즉 인생은 좋은 것이며, 그 의미는 '지금 여기에서' 추구된다. 그럼에도 삶과 죽음, 과거와 현재의 우주는 우리의 모든 현상에 영향을 미치고 있다. 이것이 바로 살아 있는 사람을 대접하듯이 영혼을 대접해야 하는 이유이다. 따라서 영혼은 인간이 합리적으로 생각할 때 제공할 수 있는 가장 좋은 것으로 대접한다. 동시에 살아 있는 신체도 우주적 질서의 한 부분으로서 영양을 공급받으며 동일한 역학에 반응한다.

그러나 음식과 식사에 대한 가장 중요한 사실은 무엇보다도 먹고 마시기 좋아야 한다는 점이다. 음식이 모든 우주적 질서에 기능적으로 적합하고, 혹은 단지 건강 유지를 위해서도 적합해야 하지만 그것은 부차적이다. 음식이 갖는 모든 의례적 및 건강상의 기능은 별난 물건을 상징적으로 바치거나, 형편없이 질이 나쁜 음식의 공급만으로도 충족될 수 있을 것이다. 아즈텍 신들은 살아 있는 희생자로부터 적취한 심장을 요구하였으며, 칼리Kali[36]는 제물로 바쳐진 염소의 따뜻한 피를 요구하였다. 중국의 신들에게는 이러한 희생제물이 필요 없었다. 중세의 기독교 은둔자들은 식어버리고 맛이 간 빵 따위를 먹으면서 연명했으며, 다른 문명권의 성자들은 한 가지 또는 다른 식이요법만을 유지하는 등 모든 먹는 즐거움을 부정하는 식생활을 하였다. 중국인들은 그런 극단적인 방식으로 좋은 음식의 가치를 부정하는 일이 없었다. 의례적이든 일상적 소비든 할 것 없이 모든 목적을 가진 음식은 동일한 주방에서 만들어지며, 같은 요리로 구성되고 동일한 태도와 가치를 반영하였다. 사람들이 성취할 수 있는 범위 내의 음식은 어떤 경우에서든 다양하고 정교하며 훌륭했다.

간단히 말해서 음식은 쾌락이며, 그 쾌락은 아주 폭넓은 관용의 범위 내에서 좋은 것이다. 그러한 쾌락을 함양하는 데 있어서 음식은 경이로운 독창성을 보여주었고, 그것은 축적된 지혜와 고도의 기술적 기량을 이용하였다. 이 책의 앞에서 이미 보여

---

36 힌두교의 여신으로, 악의 세력을 물리치는 파괴자로서의 역할을 수행함과 동시에 성모(聖母)로서 추앙받는다.

주었듯이, 원·명 이전 시기에도 음식에 대한 구비설화가 풍부하게 발전하였다. 원·명 시대의 아주 상세하게 기록된 풍부한 자료로 인하여 우리들은 중국인들의 생활의 단면을 완벽하지는 않지만 그 이전 시대보다는 더 광범위하고 자세한 발전상을 들여다 볼 수 있게 되었다. 이하의 절에서는 쾌락으로서의 음식이 가지는 여러 양상을 언급하려고 한다. 각 정보는 원·명 시기의 희곡, 명대의 소설과 단편소설 그리고 간단한 기록과 요약의 모음으로 불리는 비공식적인 글들과 같이 그 시대의 특성을 잘 표현한 오락문학에서 주워 모은 것이다.[20]

진귀한 음식, 맛있는 음식

원대의 희곡『백화정百花亭』[37]은 1250년경부터 공연되었는데, 과일장사 역을 맡은 배우는 무대에 오르자마자 다음과 같이 속사포로 읊어댄다.

배 꼬치梨条 팔아요, 배 꼬치 팔아요! 나는 방금 전 기와집 동네(환락가)를 떠난 참인데, 공교롭게도 심부름꾼茶房이 나오면서 비취빛과 붉은빛으로 물든 마을을 잽싸게 가리켰지요. 고개를 돌려 들어가 보니 앵화채鶯花寨[38]였답니다. …… 이 과일은 집 정원에서 키운 것인데 진짜로 바로 딴 것이오. 복주福州부(복건성의 성도)의 냄새가 달큰하고 불그스레한데다 과즙마저 향기로운, 금방 껍질을 깐 눈알처럼 동그란 리치가 있고요. 소주蘇州의 평강平江에서 온 새큼하고 아직도 차가운 데다가 그늘 아래에서 자라 모양새도 예쁘고 맛도 달콤한, 게다가 아직 잎사귀도 붙어 있는 노르스름한 오렌지와 초록빛 귤도 있습니다. 송양松陽현의 연하고 보들보들하며 새하얀 서리가 내린 듯 분柿霜이 앉은 둥글납작한 곶감도 있고요. 무주婺州부의 금방이라도 부러질 듯이 바삭바삭하고 신선해서 윤기가 도는 데다가 반짝반짝한, 설탕에 버무리고 용트림 모양을 낸 대추가 있습니다. 꿀과 설탕에 담근 가늘게 채 썬 신건新建현 생강도 있고요. 햇볕에 쪼글쪼글해지도록 두고 불어오는 바람에 말려 껍데기를 벗긴 고우高郵시 마름쌀도 있습니다. 위魏 지역에서

---

37 원제는『풍류의 왕환이 백화정을 거닐다逞風流王煥百花亭』로, 변량에 사는 다재다능한 서생 왕환이 백화정이라는 정자에서 상청 우두머리인 하령령(賀怜怜)을 만난 이야기를 담고 있다.

38 직역하면 '꾀꼬리와 꽃이 있는 곳'으로 기생집을 말한다.

모아온 검디검고, 붉디붉은 손톱指頂 크기의 수박씨를 갖고 있어요. 선성宣城시의 보따리장수한테서 산 새콤달콤하고, 달콤새콤한 맛의 적당히 연한 배로 방금 과일 꼬치를 만들었답니다. 저는 과일종류를 일일이 다 말할 수가 없기에, 눈앞에 몇 가지를 나열하겠사옵니다. 향기로운 규방과 내실香圭繡閣에서 오신 아름답고도 아름다운 부인들. 높은 대청이 있는 권문세가에서 오신 나으리들. 저는 과장해서 말씀 드리는 게 아닙니다요. 감히 거짓으로 팔지 않지요. 다른 것을 맛보는 것과는 상관없이, 이건 다시 사서 드실 겁니다. 오오, 배 꼬치 팔아요, 배 꼬치 팔아요!(West 1972, pp.158~59)

물론 작가가 의도한 것은 아니지만, 이 문장(Stephen West의 화려한 번역)에는 극작가가 신빙성 있게 거리풍경을 자세히 묘사했기 때문에 정보가 가득하다. 우리는 13세기 당시 도시 거리에서 장사하는 보통 상인이 4~5개의 지방, 서유럽의 절반쯤 되는 지역에서 나는 대표적인 특산물인 가장 맛있는 과일을 팔 수 있었다는 것을 알 수 있다. 그것들은 색깔, 향, 맛의 모든 기준에서 비추어 볼 때 가장 귀하고 맛있는 것이며 경쟁자들이 팔고 있는 것들과는 비교할 수 없을 정도라고 선전되었다. 그 당시, 그리고 그 후에도 오랫동안 중국 이외의 다른 나라 어떤 도시의 상인들이라도 지역 간에 이루어지는 교역을 통해 무르고 상하기 쉬운 음식을 제대로 맛보게 할 수 있는 사람은 중국 상인의 반도 안 될 것이다. 지역특산물, 그중에도 식품은 수세기 동안 중국 상업의 주된 요소였다. 시인들은 8세기에 양귀비가 좋아한다는 이유로 사천에서 장안의 황실까지 파발마 편으로 날랐던 신선한 리치에 대해서 말하고 있다. 우리는 14세기에 전장 1,100마일이나 되는 대운하를 이용하여 상하기 쉬운 식품을 정기적으로 대규모의 냉장운반을 한 것을 완벽하게 기록한 문서를 갖고 있다. 가장 값비싼 물품은 오직 부자들만 궁중과 함께 나누어 가질 수 있었다는 것은 틀림없지만, 일반적인 구매자들도 특이하고 다양한 진미를 먹을 수가 있었다. 비록 일부는 의심할 나위 없이 전국적으로 유명한 선두주자의 이름을 딴 아류에 지나지 않지만, 그럼에도 이러한 현상은 중국인들이 좋은 품질의 식품을 의식하고 이것의 최상품을 요구하고 있다는 것을 나타내는 증거이다(예를 들자면 중국의 마오타이주茅台酒는 과거에는 귀주貴州의 한 작은 양조장에서 생산된 것이나, 오늘날에는 귀한 술의 일반명사가 되었다. 하북河北성 원산의 양향良鄕

표 밤, 북부 강소성의 이름을 딴 탕산碭山표 배는 수십 년 동안, 아니 수세기 동안 중국 전역에서 생산되었다). 그러한 유명한 식품에 대한 수많은 언급은 원·명 시기의 오락문학과 비공식 문헌의 예기치 못한 정보(따라서 신빙성이 높다)의 일부로서 발견되었다.

1600년경의 남경의 어떤 작가는 이 주제와 관련해서 변형된 버전을 제공하였다. 그 도시를 유명하게 만든 좋은 음식을 각 범주별로 성실하게 기술한 '최고의 품목'을 실은 목록이었다. 『진물珍物』이라고 불리는 짧은 에세이는 다음과 같다.

가장 좋은 과일 중에는 약방문藥房門에 쓰이는 대추가 있다. 대추는 때로는 그 길이가 2.5인치나 되고, 그 껍질은 피와 같이 붉으며, 때로는 녹색과 황색으로 울긋불긋하며 알록달록한 모양이 가장 유혹적이다. 육질은 눈빛보다 더 희며, 그 향은 꿀보다 달다. 그 과일은 파삭파삭하면서도 부드럽다. 열매가 다 익었을 때 나무 몸통을 막대기로 두드리면 후두둑 쏟아진다. 여呂씨 집안의 산, 그중에서 10묘를 약간 넘는 밭의 한 줄에서 생산된 것만 진짜 이 대추라고 할 수 있다. 그곳의 나무를 다른 곳으로 옮겨 심으면, 전혀 맛이 다른 대추가 열리게 된다.

남경 호수와 연못에서 채취한 연근은 우람한 남자의 팔뚝과 같이 크다. 그러나 그 맛은 달고, 파삭파삭하며, 흐물흐물한 잔여물이 전혀 없다. 강남 전 지역의 모든 다른 연근은 그에 미치지 못한다.

대판교大板橋의 빨간 뿔이 달린 견과인 마름菱角(Trakpa bicornis)은 입에 들어가면 서리발이 내린 눈과 같은 맛이다. 씹지도 않았는데 녹아버린다.

영곡사靈谷寺 앵두는 특히 크다. 이것은 석류석과 같이 붉고, 향은 달고 풍성하며, 씨앗은 작다. 모양은 끝이 튀어나온 복숭아와도 같다. 내 생각에는 이것이야말로 앵두가 진정 의미하는 그 자체이다[39](고가원 1618, 1:15a~16b).

이어서 이 수필은 은행, 준치, 복어河豚(Spheroides vermicularis) ― 이 생선은 생선 중에 가장 맛있는 생선이나 세심하게 처리하지 않으면 죽음에 이를 정도의 독성을 가지고 있다 ― 북쪽 성벽 바로 뒤에 있는 현무호玄武湖에 사는 작은 붕어鯽魚와 순무, 양

---

[39] 1565~1628. 명대의 관리이자 서예가. 저서로는 『객좌췌어客座贅語』가 있다.

파, 미나리, 배추, 배와 같은 최고급의 일상적인 채소와 과일을 기술하였다. 이것들은 최상의 식도락가에게도 대단한 진미였다. 이처럼 어느 지방의 최고의 음식 목록을 만드는 전통, 즉 최고의 음식을 언제 어디에서 먹을 수 있는지를 진정한 음식감정가에게 알려주는 것은 그 후로도 이어진 학문의 작은 영역 중의 하나였다. 1930년경 남경의 골동품 수집가이며 식도락가인 장통지張通之는 18세기의 원매袁枚[40]를 모델로 삼아 이 도시의 가장 맛있는 음식에 대한 이야기를 담은『백문식보白門食譜』를 간행하였다. 이 저작으로는 원매가 살던 시대의 작품과 마찬가지로 명대 후기에 나온 작품들과 흥미로운 비교작업을 할 수 있었다(Yabuuchi and Yoshida 1970, pp.386~87의 Shinoda의 글 참조).[*21]

명대의 폭넓은 지배계층과 준지배계층에서 식도락에(음식에 대한 감상이 그들만의 것이었다는 의미는 아니다) 얼마나 관심을 보였는지는 17세기 초에 집대성한 잡문 중 다음과 같은 항목에 잘 설명되어 있다.

연재淵材(확인되지 않은 명대의 사람)는 평생에 걸쳐 그가 가장 화가 나는 다섯 가지를 열거하였다. 첫째는 뼈가 너무 많은 준치, 둘째는 너무 신 금귤金橘, 셋째는 너무 찬 시금치의 성질(가명의 시금치에 대한 언급 참조), 넷째는 향기가 없는 해당화, 다섯째는 좋은 시를 쓰지 못한 송나라의 시인 증공曾公이다. 나 또한 다섯 가지 불만五恨을 갖고 있다. 즉 첫째는 복어에 독이 있다는 것, 둘째는 건란建蘭(Cymbidium ensifolium)은 키우기 어렵다는 것, 셋째는 앵두의 성질이 너무 뜨겁다는 것, 넷째는 재스민(말리꽃)의 향기가 너무 진하다는 것. 다섯째는 삼사三謝[41], 이백, 두보(4~5세기와 8세기의 저명한 시인)들이 좋은 글을 쓰지 못했다는 점이다(용당湧幢, p.218)[42].

---

40 1716~1797. 청대의 시인이며 미식가.

41 남조 송의 시인 사영운(謝靈運), 사혜련(謝惠連) 및 남조 제(齊) 시인 사조(謝朓) 3인을 일컫는 합칭.

42 이 문장은 명대의 주국정(朱國禎)이 편집한『용당소품 권10湧幢小品 券十』에 실려 있다. 원문은 다음과 같다. '淵材生平所恨者五事. 一恨鰣魚多骨. 二恨金橘多酸. 三恨蓴菜性冷. 四恨海棠无香. 五恨曾子固不能作詩. 余亦有五恨. 一恨河豚有毒. 二恨建蘭難栽. 三恨櫻桃性熱. 四恨末利香濃. 五恨三謝、李、杜諸公多不能文.'

각자 '가장 싫어하는 것'의 목록은 교양으로서의 미적 관심에 한정되어 있다. 만약 재스민을 차와 음식의 맛을 내는데 일반적으로 사용된 것이라고 본다면, 각각 리스트의 다섯 개 가운데 세 개는 식도락에 초점을 둔 것으로 설명된다.

위에서 언급한 대표적인 두 개의 사례가 포함된 이런 종류의 풍부한 문장 가운데서 탁월한 식도락가의 낭만을 포착해 내는 것이 불가능한 일일까? 이 이상理想은 엘리트 생활 가운데 잘 개발된 부속물로서 학습되었고, 혹은 문학예술의 지지를 받았다. 이는 비록 완벽하게 경험한 경우가 많은 것은 아니었지만 준엘리트 수준의 많은 중국인들 사이에서 널리 모방되었음에 틀림없다는 것을 알 수 있다(Hsieh 1959 ed.,p.315~19). 우리는 시장터의 저속함을 표현한 만화를 주목하였다. 그러한 만화를 통해서 서민들은 그들 방식대로 자신의 의사를 공유했다. 또한 원·명대의 문학은 과시하거나 지나치게 세련됨을 전면적으로 거부하면서도 사려 깊고 진지한 만큼 인간미 넘치는 즐거움을 묘사하였다. 그러나 금욕조차도 이러한 식도락의 이상에 대해서는 특히 과민했다. 13세기 말 위대한 희곡작가 관한경關漢卿[43]의 희곡에 삽입된 농촌 서사시에 다음과 같은 구절이 있다. "가을 추수가 끝나면, 박 시렁 아래서 잔치를 하자. 질그릇과 도자기에 술을 따라 마시고, 부드러운 가지를 껍질째 씹어 먹고, 씨 안 뺀 참외는 한입 베어 물고 꿀꺽 삼키자. 순무를 썰어 소금장에 찍어 먹고, 농주農酒 한잔이 가득히 목으로 넘어간다."(『고본古本』, No.5, p.8a: 숫자는 희곡 축약본 제1권을 의미한다).[*22]

물론 음식에 대해 관심이 없거나 싫어하는 태도를 제외한다면 이러한 모든 계층에서, 그리고 이 모든 양식 속에 음식에 대한 태도의 완벽한 스펙트럼이 명백히 존재한다. 좋은 음식에 대한 문명의 많은 관심은 무한한 다양성을 간접적으로 맛볼 수 있는 문학에서 아주 자세하게 드러나 있다.

요리기술

요리기술은 중국 사회에서 어떻게 발전되었으며 전승되었는가? 이 물음에 대한 대답 가운데에는 사회구조의 특성이 명백히 반영되어 있다. 중국 사회에는 카스트도 없

---

43 원대의 희곡작가.

고, 세습되는 직업도 없으며, 폐쇄적인 사회집단도 존재하지 않았다. 원래 요리사를 업으로 삼든 안 삼았든 간에 우수한 요리기술은 특정한 가정에서 부모로부터 자녀에게 전수되는 것이 당연했다. 유명한 탕을 만들었던 평민 계층의 어떤 여성은 자신의 아들이 성장하여 권문세가의 요리사가 될지 혹은 지방 수령이 될지는 알 수 없었지만, 통계적으로 보면 전자의 경우, 즉 요리사가 될 확률이 더 높았다. 사회의 개방성과 종족구조가 사회계층의 구분선과 교차하였다는 사실로 인하여 특별한 기술은 전체 사회에 쉽사리 확산될 수 있었다. 유명한 가정 요리법은 널리 전파될 수 있었고 아마도 그랬을 것으로 생각된다. 어떤 여성이 친척, 고용인, 하인 등에게 배워서 뛰어난 요리기술을 개발하였다면, 그녀는 그녀의 사회적 계층과 무관하게 그것들을 이용하고 과시하고 싶은 유혹을 느낄 것이다. 직업으로서의 요리사의 경우, 남자가 훌륭한 요리기술을 개발할 개연성이 더 크다. 그러나 전문요리사가 아니더라도 요리를 잘 할 수 있는 남자는 아마도 모든 사회 계층에서 등장했을 것이다. 물론 요리에 대해서 글을 쓰는 전문가들은 항상 학자들이었다! 우리는 요리에 관한 기록에서 남자는 전문가, 여자는 아마추어라는 통상적이지만 잘못된 상황을 또 다시 접하게 된다. 그러한 오인은 재봉, 노래, 악기연주와 같은 다른 일련의 예술영역에서도 마찬가지로 존재한다. 분명히 말하자면, 원·명기의 중국의 요리기술에는 성적인 구분sex-specific이 없었다. 그리고 사회 곳곳에서 음식에 대한 관심이 아주 고조되었기 때문에 어떤 요리기술자들도 숨어 있을 수가 없었을 것이다. 그래서 특정한 원·명기의 지방관이 이런저런 유명한 요리를 만들었다는 자료는 없지만, 오락문학을 통해서 우리는 모든 지위의 여성들이 실제로 요리를 하였고, 그로 인하여 칭찬을 받았다는 많은 증거들을 볼 수 있다.

아마도 송조宋朝부터 전해져 내려왔다고 생각되는 명대의 유명한 이야기는, 12세기 항주의 서호西湖 주변에 있는 '100개 이상의' 술집과 식당에 관해서 언급하고 있다. 그 가운데 북송 수도 내 가장 유명한 식당의 생선탕을 끓이는 법을 배운 여성이 한 식당에 있었다. 이 여성은 여진족의 침략으로 1126년 이후 북송 정부가 항주로 천도하지 않으면 안 되었을 때 항주로 도망쳐 나온 사람이다. 그때까지 옛 시절을 기억하는 황제는 그녀가 만든 탕을 먹고 맛있다고 말하여, 그녀에게 명성과 부를 가져다주었다. 명대의 저자는 이 이야기에 다음과 같은 시를 삽입하였다.

생선탕 한 그릇은 몇 푼의 가치에 미치지도 못하지만,

그럼에도 이는 이전 수도에서 살던 시절과 똑같이 만든 것이어서,

용안龍顔에 미소를 띠게 하네.

그래서 사람들이 서로 달려들어 사려했기에 값이 두 배나 뛰었다네.

반쯤은 황제인 척하느라 돈을 치렀고, 반쯤은 생선탕 값으로 치른 거라네.

(M. L. Feng 1948 ed., 『고금소설古今小說』, 39장)

그것이 최상의 탕이라는 것은 아무도 의심하지 않았으며, 그와 동일하거나 모방한 탕은 그날 이후로 오늘날까지 서호에서 팔리고 있다.

이 유명한 요리를 개봉에서 항주로 가져온 사람은 식당주인 가족이라고 알려졌다. 17세기 초의 다른 이야기에는 특정한 요리 한 가지로 유명해진 관료의 부인이 등장한다. 그 이전 시기의 인습적인 배경을 바탕으로 명대 사회를 반영한 이 이야기는 고을 원님이 지방 향교 교장을 식사에 초대하였고 담수거북 요리가 식사로 제공되었는데 손님은 이것을 먹고 울었다. "이 맛은 나의 망처亡妻가 하던 요리와 아주 비슷합니다. 그래서 저는 지금 슬픔에 빠져 있습니다"라고 그는 설명하였다(M. C. Ling 1967 ed., 27장). 물론 그의 부인은 죽지 않았으며, 그녀는 현재 원님의 집에 살며 실제로 그에게 눈물을 쏟게 한 바로 그 요리를 만들었다는 것이 밝혀졌다. 이 기나긴 이야기 자체는 여기서는 큰 의미가 없다. 의미가 있다고 한다면 요리를 한 사람이 하인이 아니라 관료의 부인이었다는 점이다. 남경의 골동품 수집가는 "예전에는 부인들이 주방을 감독하였다. 남경 권문세가의 대부분의 부인들과 딸들은 탁월한 요리기술을 보유하고 있었다"(Chang T'ung-chih 1947, p.5).[23]

그러나 고도의 아마추어적인 기준과 재능의 비공식적인 채용을 넘어서서 원·명 시기에는 높은 수준의 전문 능력을 가진 요리사를 채용하고 훈련하는 시스템도 있었음에 틀림없다. 과연 주방장의 조합(길드)은 존재했을까? 도제제도는 도시마다 달랐을까? 지금 갖고 있는 정보만 가지고선 이러한 물음에 답을 할 수가 없다.

원·명 시기의 연극에는 전문적인 요리사가 자주 등장한다. 그는 예외 없이 흰 코를 가진 악당으로, 때로는 원흉을 유쾌하게 희생시킴으로써 의도하지 않았던 선행을 행하는 익살스런 연기자가 된다. 전형적인 등장장면으로, 집주인 혹은 지방 관청의

수장은 자신이 고용한 주방장을 불러 연회의 준비를 명령한다. "자, 어서 구입할 물건 목록을 만들어라. 우선 살찐 양 한 마리를 사거라." "아 네에. 양 한 마리라, 요즘은 커다랗고 살찐 양을 구하기 쉽지요. 동전 7문만 주면, 120근이나 되는 양 한 마리를 살 수 있답니다. 큰 꼬리가 달린 털이 많은 양(염소는 아님)은 지저분하고 값이 싸답니다." 조금 지나 돈을 받은 주방장은 감시 없이 식재를 자유롭게 구입하고 계산할 수 있는 기회를 얻게 되었다는 것을 알아차리고, 재빨리 "나으리, 바로 이삼 일 전부터 양고기 값이 진짜로 올랐답니다"라고 말하였다(『고본古本』, 36권, p.6a~b)*24. 이것은 상투적인 장면이다. 다른 연극에도 거의 같은 대사臺詞가 등장한다(『고본』, 70권, p.2b). 무례한 요리사에게 메뉴를 제안하라고 하면, 붙여진 요리 이름이 전부 다 정교한 말장난이기에 요리에 이름을 붙이는 과정은 타인은 모르고 자신만 아는 교활한 유머가 드러나는 한 장면이 된다. 이러한 요리사는 아주 총명해서 멍청한 주인을 거덜 낼 것이다. 또 다른 사례로는 무능한 요리사와 주인이 연회의 식단도 제대로 짜지 못하고 모르는 요리에 이름을 붙이는 일조차 어쩔 줄 모르는 우스운 장면이 연출된다. 이와 같이 무대 위에 올리는 음식과 식사는 실제 생활에서의 음식의 즐거움과 상호 보완적이다.

특별한 식자재

중국의 음식과 식사의 역사에 대해서 일본인 전문가인 시노다 오사무는 과거 중국의 농민들은 주로 곡물을 먹고 살았으며, 그들은 대부분의 단백질을 콩에서 얻었다고 기록하였다. 그러한 점에서 그는 중국인들의 식생활이 근대 이전의 일본의 서민들과 아시아의 다른 지역의 농민들과 아주 유사하다는 것을 발견하였다. 전통적인 중국인들의 식사는 다음 두 가지 점에서 일본인들과 아주 다르다. 중국에서는 기름과 지방의 소비가 4~5배 더 많았으며, 일상적인 요리에 보다 많은 종류의 기본 재료가 필요했다. 원·명 시기에 매일매일의 일상적인 주방을 유지하는데 필요한 것들은 '일곱 가지 물건開門七件事'44이라는 공식으로 압축된 형태로, 오락문학에서도 때때로 열거되었다. 시노다는 이것들을 열거한 '원대의 희곡'을 언급하였다. 이것은 아마도 어

---

44 고대로부터 '개문칠건사開門七件事'라고 하여 요리하는 데 필요한 일곱 가지(땔감, 쌀, 기름, 소금, 간장, 식초, 차)를 들고 있다.

떤 분주한 주부의 대사를 염두에 두었을 것이다. "아침에 일어나자마자 나는 일곱 가지—땔감, 쌀, 기름, 소금, 간장, 식초, 그리고 차—를 준비하느라 바쁩니다."(『삼십종』,[45] p.261). 또한 그는 다른 목록에는 평상시 식사에 필요불가결한 것으로서 술, 설탕, 향신료 등 다른 일반적인 식재료가 포함되어 있거나 추가되었다고 기술하였다. 그는 이러한 사실을 기초로 원·명 시대의 일반적인 중국인들은 일본인들 및 다른 전근대적인 시대의 사람들보다도 훨씬 풍성하고 맛있는 음식을 먹었다고 결론지었다(Shinoda, Yabuuchi 1955, pp.74~92에서 인용)*[25]. 서민들의 일상적인 식사를 위해서는 비교적 폭넓은 범위의 식자재가 꾸준히 필요했고, 또 이를 이용할 수 있었다고 치면 엄청나게 풍요로운 식자재가 비축되어 있었으므로 보통 사람들의 중요한 연회와 상층계급의 일상적인 식사를 위해 이를 이용하기도 편했을 것이다.

원·명 시대의 생활에서는 평범한 사실이지만, 당시의 음식관련 문헌에 등장하는 모든 음식과 식재료를 총망라하는 것은 불가능할 것이다. 많은 음식은 사당에 올릴 제물의 항목으로 언급되었거나 양생 관련 작품에서 논의되었지만, 그 가운데 일부는 위에서 기술한 바와 같이 폭넓은 음식 범위가 널리 존재했다는 견해에 재차 무게를 더해주고 있다. 명대의 지방관보에는 각 지역의 생산품의 목록이 실려 있다. 그처럼 아직 잔존하고 있는 수백 개의 관보 가운데서 우리는 명대의 중국 요리의 식재료로 알려진 수천 가지의 물품을 포함하는 종합적인 목록을 만들 수 있을 것이다. 또 다른 관점에서 본다면 음식의 다양성과 질이라는 주제로 되돌아가는 것만으로는 단순한 반복에 지나지 않는다. 그럼에도 그런 방식을 통하여 우리는 그것의 중요성을 인식할 수 있다. 중국인들로서는 그러한 방대한 식품목록을 완전히 이용하는 것 자체가 여태껏 없던 도전이었다. 아마도 중국인들은 맛에는 무한한 가능성이 있다는 의식에 박차를 가하면서 더욱더 다양한 음식을 추구하게 되었을 것이다. 이러한 생각이 때로는 괴기한 음식을 만들었고 음식에 대한 환상을 낳게 되었다.

오락문학에서 등장하는 음식의 판타지는 (문자 그대로) 황홀한 상황에서 제공되는, 형언할 수도 없이 맛있고 아름다운 음식이 곁들여진 정령의 연회라는 형태를 취할 때가 많다. 또한 악마의 연회도 있다. 이러한 악마의 연회에서는 희귀하고 이상한 바다

---

45 원제는 『원간잡극삼십종元刊雜劇三十種』으로, 원대에 편찬된 잡극 작품집이다.

동물, 약간 혐오스럽게 여길 수도 있는 지네, 두꺼비 등 그 밖의 불쾌한 생물이 주된 재료가 될지도 모른다(『고본』, 27권, p.8b: 『명인名人』, p.720)*26. 그러한 일견 불쾌한 생물들은 희한하게도 통상적으로 신체적, 혹은 정신적 건강에 좋다고 한다. 명대의 단편소설 중에 초로의 도교 도사가 연금술사 무리로부터 산속의 은신처에서 차린 식사에 초대를 받은 이야기가 있다. 노인이 자신을 초대해준 주인들과 함께 약간의 술을 마시고 몇 가지 안주를 먹은 후 두 가지의 주요리가 들어왔다. 큰 그릇의 뚜껑이 열렸다. 한 그릇에는 털이 없는 흰색 개 한 마리가 국물 위에 둥둥 떠 있었고, 또 다른 그릇에는 인간아기가 들어 있었다. 둘 다 통째로 들어 있었다. 그는 흠칫 놀라면서 이것들을 거부하였다. 그러나 소란을 피우길 원하지는 않았다. 그는 말을 더듬거리며 설명하였다. "저는 평생 엄격한 채식주의자였습니다. 평상시에 평범한 고기도 먹지 않습니다. 제가 저것들에 젓가락을 대느니 차라리 죽는 것이 낫습니다." 주인은 이 두 개의 주요리를 '특별한 채소'라 지칭하며, 그에게 맛보도록 정중하게 권하였다. 노인은 여전히 거절했으나, 손님으로서 당연히 취해야 하는 자세를 갖추고 얌전히 앉아 있었다. 그러는 동안 주인들은 그것들을 우적우적 먹어치웠다. 그 후 그들은 지금 먹어 치운 혐오식품이 사실은 수천 년 묵은 한약재의 뿌리로 신비롭게 모양을 만든 것이며, 이것을 먹는 자는 불로장생을 할 수 있다고 노인에게 알려 주었다. 그는 음식의 진정한 속성을 알 수 있는 정도로 자신의 깨달음이 충분하지 못함과 더불어, 불로장생을 할 수가 없었음을 한탄하였다(M. C. Ling 1957 ed., 18장).

이 이야기에서 개고기는 노인에게는 혐오식품이었지만, 많은 중국인들에게는 혐오스런 것은 아니었던 것 같다. 그러나 개고기가 구체적으로 언급될 때마다 항상 특별한 의미를 띠고 있었다. 예를 들면 개고기는 14세기의 안티히어로picaresque 소설 『수호전水滸傳』*27의 위대한 영웅 중의 한 사람인, 성질이 불같이 급한 날라리 승려 노지심魯智深이 좋아하던 음식이었다. 다른 원·명 시기의 문학에서도 개고기를 좋아하는 사람은 뜨거운 피를 가진 동물의 성질을 가진 것으로 표현되었으며, 노지심은 그 상징이었다. 명대의 한 희곡에서는 내몽고의 초원에서 온 야만족이 중국의 궁정에 온 뒤 중국 수도의 음식과 그들의 초원 식사를 비교하였다. 사납게 생긴 몽고의 장군은 초원에서는 "우리는 매일 하루 세끼를 개고기로 먹는다"고 말하였다(『고본』, 141권, p.7a).*28 개고기와 사나움과 난폭한 행동과의 연상은 명백하다. 그리고 중국 문명의 울타리를 넘어선 다른 곳의 이상스런 음식습관은 종종 언급되었다. 양자강 하류 지역 출신의 어떤 명대의 작가는 '영남(광동성)'에서는 사람들이 뱀을 먹는다는 사실을 특이하다고 느낀 것 같았다(K. C. Chu 1959 ed., p.749). 그러나 사냥감 가운데 많은 종류는 고가로 팔렸으며, 시장에 사슴고기, 꿩, 토끼고기를 신선 상태이거나 말리거나, 혹은 소금에 절인 상태로 공급하는 사냥꾼은 특별한 직업으로 간주되었다. 산동 지방의 여성 사냥꾼에 대해 서술한 명대 후기의 유명한 이야기가 있다. 그는 남편이 오래전에 죽고 난 이후부터 사냥을 업으로 삼아 그 자신과 시어머니의 생계를 아주 잘 지탱해 왔다는 것이다. 그녀가 사냥한 야생동물 가운데에는 신선한 호랑이고기도 포함되어 있었다. 이 이야기는 그녀를 노리던 총각을 화들짝 놀라게 하였고, 이 매력적인 여장부에게 겁을 먹고 달아났다. 그녀의 음식에 포함된 호랑이고기로 인하여 그녀의 용맹한 성격이 형성되었다는 것에는 의심할 여지가 없다(M. C. Ling 1957 ed., 3장, 서막). 원·명 시기의 음식 가운데 모든 식재를 통틀어 가장 괴기스러운 것은 인육이다. 『수호전』에서 인육을 저며서 만든 만두소가 등장했다는 점은 여러 번 언급되었다. 인육은 '악행 여관'에서만 팔았다. 악행 여관은 사악하고 난폭한 인간들이 모여 범죄를 모의하며, 인육은 극악무도한 범죄의 상투어이며 상징이다[*29]. 비록 기아와 재난이라는 절박한 상황에서 그 참상의 정도를 다소 상징적으로 나타내기 위해 인육을 먹었다는 보고가 종종 있지만, 원·명 시기에 인육을 먹는 식도락이 실제로 존재하였는지에 대해서는 여전히 의문이다.

지역적 및 기타의 변형

최근에 중국에서는 크게 4~5개 지역 요리로 나누어 구별할 수 있다고 한다. 큰 도시에는 북경(산동) 요리, 양주(양주—절강—상해) 요리, 사천(혹은 호남—사천) 요리, 그리고 광동 요리 등의 대표적 특성을 지닌 것으로 인정받는 식당들이 있다. 원·명기의 저술에는 그러한 인식이 두드러지게 나타나지는 않았다. 반면 북부 지역의 음식은 일반적으로 물산이 풍부한 중부 양자강 유역의 음식보다는 더 소박한 경향이 있다는 인식이 있었다. 남부 지역 사람들에게는 만리장성 너머의 북부 지방의 음식이 빈약하다고 느낄 것이다. 예컨대, 명대 후기의 짧은 기록에서 여행자는 "산동 지역의 여관에서는 밥 반찬이나 안주로 먹을 만한 요리를 얻어먹을 수가 없었다. 대신 마늘과 몇 개의 찐빵이 담긴 작은 접시 두어 개가 있을 뿐이었다. 이 여관에서는 그 유명한, 독하기 그지 없는 노란색 증류주가 제공되었다"고 회고하였다(M. C. Ling 1967 ed., 14:267). 그렇게 가혹하게 풍경을 묘사한 작가가 항주 서호의 유람선에 대해서는 아주 대조적으로 기술하고 있다. 이 유람선은 부자들이 개인적으로 빌리는, 가족과 함께 호수와 유명한 요리를 즐길 수 있는 물에 떠 있는 식당이다. 등불을 밝히고, 노래를 들으며, 금그릇과 은그릇에 담아낸 호화스런 요리, 차례차례로 올려지는 산해진미는 요리의 세부적인 사항이 알려지지 않았지만 완벽한 풍경을 연출하였다(같은 책, 18:324~25). 『금병매』는 16세기 말 이후의 산동 지방을 무대로 전개되었다. 음식과 술에 관한 자세한 기술 가운데 약간이기는 하여도 북부 지방의 지방색이 확실히 보였다. 그러나 부자들 각각의 가정 요리의 풍성함은 당시의 남부 지방의 음식에 대한 기술에서 발견되는 어떤 것과도 견줄 만했다. 그럼에도 소설의 주인공들이 평범한 절이나 여관에서 음식을 먹을 수밖에 없는 상황에 처하면, 그들도 단순하고 조악한 음식에 대해서 불평하였다(71장, 96). 소주의 서민 여행객을 위한 여관에서 식사를 하는 소상인들은 몇 푼어치의 술과 함께 양고기 다리 하나, 여러 접시의 닭고기, 생선, 돼지고기와 채소 요리를 먹었으나 그들에게 그것은 당연한 것이었으며, 전혀 불평의 대상이 되질 못했다(M. C. Ling 1967 ed., 8:145).[*30] 이와 같이 중국에서는 아주 부유한 계층에 속한 사람들은 어디에 살든지 사치를 누릴 수 있었으나, 보통 서민들에게 남북이라는 지역 차이가 다소 더 뚜렷하였던 것 같다.

사조제謝肇淛[46]는 1592년 북경에서 과거에 합격하여 진사進士가 된 뒤 젊은 나이에 처음으로 북경을 갔을 때 그의 고향 복건과 북부 지방을 비교하였으며, 후에 나이가 들어 다시 방문하였을 때 그동안 어떤 변화가 일어났는지를 지적하였다. "내가 젊었을 적 북경 시장에 가면 대부분의 물품을 구하기가 어려웠다. 닭, 거위, 양고기, 돼지고기는 있었지만 생선은 참으로 희귀하였다. 20년이 지난 지금은 양자강 쪽보다 북경의 생선과 게가 더 싸며, 조개, 뱅어, 맛조개, 홍합, 게가 모든 시장에 쌓여 있다. 이것은 생활양식이 남쪽에서 북쪽으로 전파되었다는 것을 증명한다"(Hsieh 1959 ed., 9:265). 사조제의 지적은 입증될 수 없을지도 모른다. 그러나 그 관찰이 의미가 없다는 것은 아니다. 16세기에는 생활수준과 소비수준이 상당히 향상되었으며 풍요로운 양자강

---

46 1567~1624. 복건성 장락(長樂)시 출신의 명나라 관료로 일찍이 환관의 행패를 지적한 바가 있다. 대표적인 저서로는 『오잡조五雜조』, 『주여塵余』, 『문해피사文海披沙』 등이 있다.

주변에서부터 보다 더 빨리, 그리고 더 넓은 지역으로 확산되었다는 것을 보여주는 상당한 증거이다. 사조제는 16세기 말에 대단한 경제적 번영이 북부 지방까지 확산되었다는 사실을 관찰하였을 것이다.

식당: 판매를 위한 요리

오래전부터 중국의 소설에서 등장하듯이, 여관에 머물고 식당을 이용하는 여행자들은 주로 상인들, 임지로 부임하는 정부관료, 그리고 과거시험을 치기 위해 고향을 떠난 학생들이었다. 원·명 시기의 희곡이나 소설의 경우에도 예외는 아니었다. 그러나 명대에 와서는 식당업에서 약간의 새로운 요소가 발견된다. 위에서 언급한 세 개 집단에 속하는 여행자의 양적 증가와 여행자의 범주에 속하는 사람들끼리의 연계를 중심으로 그들의 욕구를 충족시키기 위한 새로운 시설, 즉 회관會館이라는 동향 혹은 같은 성省 출신의 여행자들을 위한 여인숙이 등장하였다.[31] 특성상 회관은 요리사를 포함해서 고향 출신의 종업원을 보유하고 있다. 북경이나 대운하, 혹은 양자강변의 중요한 거점, 혹은 다른 중요한 지역에 위치한 소주 회관에 일시적으로 머물게 되는 소주의 상인이나 관료들은 그곳에서 소주의 방언을 들을 수 있고, 아침식사로 먹는 맛있는 소주식 국수와 밀떡餠을 기대한다. 이것은 단순한 추측에 불과하지만, 명대 중기부터 전국에 대대적으로 확산된 회관기구가 모든 주요도시에 각 지방의 요리를 확산시키는 데 크게 기여했다고 추정할 수 있다.

명의 중기와 후기에 들어서 나타난 또 하나의 발전은 여행의 증가이다. 항주의 서호와 같은 명승지는 송宋대에도 그저 순수하게 풍광을 즐기려는 여행자들은 많았지만, 명대 중기에 이르면 새로운 형태로 호화스러운 소비가 동반되는 여행으로 변했다. 위에서 인용한 명대 후기의 소설은 음식과 음악 외에도 다른 여흥으로 완비된 유람선을 묘사하였고, 항주에 이러한 유흥을 즐기기 위해 찾아온 두 사람의 여행자에 대해서도 기술했다. 그중 한 사람은 반潘씨라는 부자인데, 강소江蘇성 동남부의 송장 출신으로서 국자감 학생인 그는 아마도 돈을 주고 학생 신분을 샀을 것으로 추측된다. 그럼에도 그는 박학다식했다. 반씨는 풍경을 즐기기 위해 호숫가의 여관에 잠시 머물렀다. 그때 그는 다른 여행자가 도착한 것을 목격하였다. 그 여행자는 "그는 좀 먼 곳에서 부인을 대동하고 왔다. 그들도 역시 호수를 즐기기 위해 찾아왔는데, 아주 많은 짐 보따리와 갖가지 역할을 수행할 하인들과 집사들을 데리고 왔다." 그는 가장 큰 유람선을 빌려 호수 위에서 매일매일 여행을 하고 호화스럽게 여흥을 즐기며 막대한 돈을 썼다. 그렇게 부유한 사람도 조금 덜 부유한 사람도 그런 유람을 다니는 것이 명대 사람들이 영위하던 생활의 특징이었던 것 같다. 중부 지역 전역의 명승지는 그들이 즐길 수 있는 시설을 개발하였고, 여행자를 위한 안내서가 새로운 문학 장르가 되었다.*32

식당에서 음식을 먹는 사람들은 멀리서 온 여행자뿐만 아니라, 그 지역 사람들도 자신들이 사는 도시의 식당을 애용하였다. 그러나 그들은 가정에서 큰 연회를 벌일 때도 사는 지역의 식당에 음식을 주문하여 배달시키는 일이 더 많았다. 중국 식당의 '포장판매' 음식도 명대의 오락문학에 가끔 등장한다. 차와 함께 먹는 예쁜 과자도 가끔 언급되기도 하지만, 조리한 고기와 다른 요리 또한 구매할 수 있다.*33 종교적인 이유나 취향, 또는 유행에 따라 어떤 식당들은 양고기만을, 혹은 채소 요리만을, 혹은 쇠고기 요리만을, 혹은 다른 특별한 음식을 전문으로 제공한다.

식습관

일부의 명대 후기의 작가들은 16세기 중반, 혹은 가정제嘉靖帝 치세 연간(1522~66)을 상업의 확대, 세제와 도시에서의 생활양식에 영향을 미친 제도적 변화, 그리고 생활의 모든 측면에 영향을 미친 전반적인 번영을 이룬 하나의 전환점이었다고 보고 있다. 고기원(1565~1628)은 그러한 필자 가운데 한 사람이었으며, 그는 이러한 관점을 여러 가지 방식으로 실증하였다. 그는 자신의 짧은 수필에서 식습관의 변화가 사회의 변화를 어떻게 반영하는지를 보여준 그의 외삼촌의 글을 인용하였다. 외삼촌은 그와 마찬가지로 남경의 골동품 수집가이자 지방역사의 전문가였다. 다음은 「지난날 남경의 연회」라는 수필의 일부분이다.

정통제正統帝 치세 기간(1436~49) 중, 손님을 식사에 초대할 때는 연회가 열리는 당일 아침 일찍 젊은 하인을 손님 집마다 보내 "식사에 초대되셨습니다"라고 전갈을 줄 뿐이었다. 사시(巳時, 오전 9시에서 11시)까지는 손님들이 모인다. 손님이 6~8명이 모이게 되면 여덟 명을 위한 큰 사각형 식탁인 팔선탁八仙卓을 사용한다. 주요리는 네 종류뿐이며 큰 접시에 담아내고, 식탁의 네 모서리에 작은 보조 요리

네 가지가 제공된다. 전채로 먹는 단 음식은 제공되지 않았다. 술은 두 개의 큰 잔으로 마시게 되며, 손님들은 돌아가며 그 잔을 사용한다. 식탁의 중앙에는 물을 채운 큰 그릇이 놓여 있다. 사람들은 술잔을 그 물로 헹구고, 잔을 술로 채운 뒤 옆 사람에게 전달한다. 이것을 '헹굼 그릇'이라고 부른다. 식사 연회는 오시(午時, 오후 1시)가 지나 파한다.

약 10년 후에는 손님에게 그 전날 초청을 알리며, 그 다음 날 아침 다시 확인하였다. 식탁과 음식은 이전과 동일하나 이번에는 네 개의 술잔이 사용되었으며, 여덟 개의 술잔을 사용하는 경우도 있었다. 또 이로부터 약 10년이 더 경과하면, 사람들은 우선 그 전날 손님에게 초청장을 보내기 시작하였다. 초청장의 크기는 폭 1.3~1.4인치, 세로 5인치였다. 초청장에는 스스로를 "아무개 소생"으로 낮춰 부르는 (관습적으로 정중한) 형태로 쓰지 않았으며, 단지 "존경하는 마음을 담아"라고 쓰고 이어서 자기 이름과 성을 썼다. 그리고 그 위에는 "몇 날 며칠 오시午時의 식사"라고만 썼다. 식탁과 식사로 제공되는 요리는 여전히 예전 그대로였다.

또 10여 년이 지난 다음, 그들은 (부채살 모양으로) 접는 초청장을 사용하기 시작하였다. 그러나 그 초청장은 세 번 이상은 접지 않았으며, 크기는 세로 5~6인치에 폭 2인치였다. 이 초청장에 "귀하의 비천한 소생", "귀하의 비천한 어린 급사는 그저 존경심을 표할 따름입니다" 등과 같은 정중하고 공식적인 표현을 썼다. 동시에 두 사람이 작은 식탁 하나에 앉을 수 있고, 전채로 7~8개의 요리와 단 음식을 곁들인, 이른바 나눠서 상을 차리는 관행이 시작되었다. 그 다음에 그들은 사시에 본 연회를 시작하여 신시(申時, 오후 5시)가 지나도록 연회가 끝나지 않았다. 음악을 제공하고 주방일꾼에 대해 장황하게 논하는 관행이 시작된 것은 정덕제(正德帝, 1506~1521)와 가정제(嘉靖帝, 1522~1566)의 통치기간 중이었다(C. Y. Ku 1618, 9:14b).

이 글은 명조 최초의 수도이며, 그때까지도 제2의 수도였던 남경에 15세기 말까지 아주 평범한 관습이 여전히 널리 퍼져 있었다는 것을 시사한다. 그것이 사실이라고 한다면, 그리고 이것이 중국 전체의 일반적인 현상이라고 한다면, 명대의 전반기간 동안의 관습은 송대, 심지어 원대보다 훨씬 단순하였다는 증거가 될 수 있다. 1550년 이후부터 식습관이 상당히 호화스럽게 바뀌었다는 관점은 고기원의 책을 관통하는 하나의 주제였다(같은 책, 1:28b~29a, 31a~b 등 여러 곳).[*34] 아마도 과장은 있겠지만 지어낸 이야기는 아니다. 소설 『금병매』는 고기원 생전에 나온 것으로 추정되며, 명대의 단편소설집은 그가 죽은 후 10년 이내에 처음 출간되었다. 이 전체 자료를 보면 곳곳에서 대단히 공을 들인 엘리트층의 연회관습이 반영되었음을 알 수 있다. 고기원은 이것이 보다 간소하고 고풍스런 연회 방식이 최근에 쇠퇴하였다는 것을 나타낸 증거라고 개탄하였다.

연회를 정오에 시작하는 것은 표준적인 관행이었던 것 같다. 그러나 저녁 축연과 밤샘파티가 없었던 것은 아니었다. 고기원조차도 같은 작품에서 쓰길 잘 사는 사람들의 약혼 잔치에서는 음악과 오락이 밤새도록 지속되었다고 했다(같은 책, 9:14b). 명대 초기 남경에 세워진 조정의 내빈들을 위한 매춘, 식당, 여관을 겸한 큰 술집酒樓에는 밤새도록 불이 밝혀졌다. 『금병매』에서 우리는 개인 가정에서 오후 늦게까지 식사를 마치고, 그 후 남자 손님들은 '노래'집에 가서 술을 더 마시고 즐겼으며, 때로는 하루 이틀 정도 집에 돌아오지 않았던 것을 가끔 볼 수 있었다. 대부분의 가족 연회는 해질녘에 끝나지만, 식사와 그와 연관된 도락은 그 황금시간대에 한정되지 않았다.

지금도 마찬가지지만 그때도 관료집단은 연회에 나가는 것이 불가피한 의무였다. 명대 후기의 어떤 학자관료는 같은 사회적 계층에 속하는 동시대인의 말을 다음과 같이 인용하였다.

오랫동안 나는 친척들이나 일반 친구들이 여는 일체의 식사연회를 거절하였다. 그러나 사대부들이 여는 연회만큼은 빠질 수가 없었다. 한 사람이 내게 겁을 주길, 만약 연회에 빠진다면 사대부들이 그들과의 여러 차이로 인해 내가 연회 참석을 거절한 것으로 생각할 것이며, 그래서 나에 대해 화를 내고 나쁘게 말할 지도 모른다고 했다. 그 후 곰곰이 생각해 보니, 남들에게 무슨 말을 들을지언정 내 자신의 건강을 소홀히 하고 일생을 타인과 어울리는데 바치는 것은 약간 바보스러운 것이라고 마음먹게 되었다. 그러므로 진사가 된 이후 나는 일체의 사대부의 모임을 거절하였다. 나는 오직 가족과 친구들하고만 연회에서 술을 마셨다. 아무리 악의적인 발언이 튀어나오지 않기를 원한다 하더라도, 과연 성공할 수 있는 사람이 있을까?(K. C. Chu 1959 ed., 「음회飮會」 p.402).

현대의 관료나 기업의 임원도 공식적인 연회가 식사와 음주의 즐거움을 왜곡시켜 버린다는 강한 불평에 틀림없이 공감할 수 있을 것이다. 그러나 우리는 명대 후기의 관료들이 오랫동안 공식적인 연회에 참석하는 고통을 겪으며 접했던 음식에 대해서 더 많이 알면 알수록, 우리 현대인들은 틀림없이 엄청난 불평을 쏟아 놓을 것이라고 확신한다.

음식과 쾌락

너무 지나친 식도락은 타락에 이르는 쾌락의 한 가지 형태라는 것을 대부분의 중국인들은 잘 알고 있지만, 일부 사람들에게는 귀에 거슬리는 소리이다. 중국은 대체적으로 잘 먹지만 동시에 기근을 경험할 수 있는 사회이다. 또한 중국은 사망 원인 중 굶주림이 꽤 큰 비중을 차지하는 사회이다. 유교, 특히 원·명기의 신유교에서 요구하는 검소한 도덕적 중압감이 중국인들 특유의 정서는 아니지만 항상 가까이 존재한다. 억제할 요소이자 그 이상으로 중요한 것은 중국의 모든 사상학파들이 과잉을 일종의 비합리적인 것으로서 비판하고 있다는 사실이다. 즉 억제작용을 하는 합리성이 사회 전체에 만연하고 있었다는 것이다. 쾌락에 대한 제약은 전형적으로는 이것에 기원을 두고 있다. 즉 그 제약은 독단적이지 않으면서도 합리적이며, 또한 아직까지도 끈질기게 존재한다.

중국의 오락문학을 보면 폭식과 그칠 줄 모르는 굉장한 음주에 관한 외설적인 유머가 실린 것을 발견하는 경우도 한다. 그럼에도 아주 역겨울 정도의 쾌락주의 문학은 등장하지 않았던 것 같다. 16세기 후반 『금병매』가 등장하였을 때 쾌락주의에 빠진 소설이 대량으로 출간되었는데, 그 소설들은 중요하고 심지어 고전적인 작품으로 수용되었다. 그 이유는 이러한 소설들이 제약 없는 쾌락으로 그들 자신과 다른 사람들을 괴롭힌 인간의 정신을 파헤치려는 시도를 하였기 때문이다. 비평가들은 소설이 그러한 인간적 비극이 탑재된 심리적 요소를 장악하는 데 성공하였다고 보았다.

책의 평가가 타당한지 아닌지는 모르겠으나, 『금병매』는 중국의 전통 문학 작품 가운데 관능적 경험을 가장 완벽하게 기술한 소설이었다는 점에는 의심의 여지가 없다. 이 책은 다음과 같은 두 가지 이유로 음식사에서 매우 중요하다. 첫째, 이 소설은 명백히 음식을 성性의 대응물로서 채택하고 있으며, 그러한 경험적 요소로서 음식을 인식하고 있다. 음식과 성은 이 소설의 가장 중요한 요소이다. 관능적으로 지각되는 옷, 보석, 집, 정원, 꽃과 다른 육체적 쾌락을 주는 것들도 또한 존재하였지만, 그것들은 다소 초점에서 벗어난 것이다. 음식과 성은 이 스토리 전개에서 매우 밀접하게 엉켜있어서 그것을 "이중감각의 양식bi-sensual modality"이라 주장해도 부당하다고 말할 수 없는 것이다. 행위는 주로 다단계적인 사건에서 발생한다. 여기에서는 음식의 경험이 성의 경험으로 이어지며, 이것이 다시 음식으로 이어진 뒤 또다시 성으로 되돌아간다는 식이다. 때로는 이런 식의 여러 단계가 주인공의 일생에서 연속적인 순간, 혹은 시간을 차지한다. 때로는 그 단계들이 스토리 전개 속에서 연속적인 장면을 이룬다. 한두 장면에서는 음식 섭취와 성교가 동시에 일어난다. 성이라는 것이 이 책의 중요한 주제로 간주되어야 하겠지만, 작품 전체를 통하여 음식의 개입, 즉 '다른 주제'는 어떤 제3의 행위영역보다 더 중요한 자리를 차지하고 있다. 그러한 제3의 영역은 단지 배경을 이루고 이야기의 신뢰성을 공고히하기 위한 것일 뿐이다. 등장인물들은 음식과 성을 통해 자아를 실현하고, 더 노골적인 경우 자신을 완전히 폭로한다.

독자의 입장에서 보면 소설은 성공적이지 못하다. 이 소설은 그저 색욕이라는 매혹뿐만이 아니라 스토리로서 일종의 매력을 갖고 있다. 소설을 회고해 보면, 일부 조연들이 중심인물보다 더 기억할 만하다. 그리고 스토리 전개상의 구멍—배경의 모든 세부적인 사항을 포함하여—이 원래 소설의 구성보다 더 많은 의미를 갖고 있다. 결국 사람들은 등장인물에 공감을 하는 것보다는 소품에 대한 자세한 기술 때문에 소설을 읽는다. 그렇다면 이것은 소설로서는 실패작이지만, 이 소설은 명대의 사회사社會史의 무궁무진한 사료창고가 된다. 이는 예술작품으로서는 슬픈 운명이나 그러한 운명을 맞게 된 것은 자업자득이다. 소설의 이중감각의 양식상, 성에 대해 무언가 새롭고 통찰력이 있는 시각을 말할 기회는 결국 매우 줄어들었다. 주인공의 현란한 피날레는 비극적이기에 눈을 뗄 수 없을 지도 모르지만, 그것 또한 터무니없이 마무리를 짓고 만다.

다른 한편, 단조로운 일상생활에 새롭고 의미 있는 그 무언가를 제공하고 음식과 술에 의해 야기되는 지속적이고 자극적인 경험을 누릴 수 있는 기회들은 저자로 하여금 끝없는 창의력을 발휘하게 한다. 이 점이 바로 이 책이 중요한 두 번째 이유이다. 전통적인 중국 오락문학 가운데 어떤 작가도 이만큼 음식을 의식하지 않았다. 이 책이 100장章에 걸쳐 서로 맞물리는 주제를 발전시키는 가운데, 음식과 술의 경험은 등장인물의 행위와 독자의 흥미를 이끌어간 강력한 추진동력이었다. 제일 마지막 부분에서 음식과 술에 대한 기술은 상투적 문구를 뛰어넘어 새로운 정밀묘사를 보여주고 있다. 그뿐만 아니라 성은 비판적 혹은 미학적 감각을 수반하지 않고 개입될 때도 있지만, 음식은 제공되고 수용될 때 한결같이 민감한 판단을 내린다는 특징이 있다. 이것을 보면 중국의 미각이 지닌 기교는 명백히 다른 경쟁자를 물리치고 이긴다는 것을 알 수 있다.[35]

이 소설에서 우리는 음식과 술에 대한 기이한 쾌감, 그러나 전적으로 중국인들의 쾌감을 성적감각의 대응물로서 인식한다.[36]

식사와 음주의 세부묘사에 의존하는 『금병매』의 이러한 측면을 논증하기 위해 선택된 장면은 아주 많은 장면 중 일부에 지나지 않을 것이다. 그러나 그중 27회[47]에서 서문경네 정원 포도 시렁에서 이루어진 악명 높은 성교 장면은 그러한 것이라 해도 좋다. 이것은 현대의 주요 비평가들이 예전부터 중국인들이 생각하기에 아주 음란하다고 치부하는 장면이라고 밝혔다(C. T. Hsia 1968, p.191). 그러므로 소설의 다른 속성은 간과되는 일이 자주 있다. 사실 이것은 온갖 종류가 포함된, 완전히 관능적으로 몰입하는 장면이지만 아주 다양한 관능적 자극에 대한 폭 넓은 반응을 제외하고는 별다른 행위가 없다. 장면은 격렬하게 뜨거운 여름 날씨와 그것이 모든 감각에 영향을 미쳤다는 것에 관해 기술하는 것으로 시작한다. 에저튼의 번역에서는 생략된 이 부분은 그처럼 뜨거운 햇빛으로 인해 가장 피해를 많이 입은 세 종류의 사람들에 대해서 기술하고 있다. 바로 들판에서 일하는 농민, 길을 다니며 여행하는 상인, 그리고 전선에서 근무하는 군인들이다. 그들은 뜨거운 열을 두려워할 필요가 없이 사치와 여흥을 즐길 수 있는 처지의 황궁 사람들, 귀족관료, 게으른 부유층과 아주 생생하게 대비된다. 이와 같이 이 에로틱한 소설은 대단한 호색가인 서문경으로 화제가 바뀌면서 인간의 신체가 얼마나 다양한 감각을 수용할 수 있는가에 독자들의 주의가 쏠린다. 우리는 그가 자기 집 정원에서 대낮의 격렬한 열기를 견뎌 내면서 머리를 풀어헤친 채 아주 가벼운 옷을 걸치고 무기력하게 방황하는 모습을 볼 수 있다.

---

47 원제목은 「李瓶兒私語翡翠軒, 潘金蓮醉鬧葡萄架」이다.

그는 한가득 핀 꽃들에 물을 주고 있는 젊은 남자하인들을 바라보았는데, 그 꽃들의 색깔과 향기에 그 자신도 감탄한 터였다. 그의 첩 두 사람은 꽃에 비견할 만한 여름옷과 장식을 걸치고 들어왔다. 여기서 그들의 피부색과 입술, 치아가 생생하게 묘사되었다. 그다음에는 감질나게 하는 말, 거짓 꾸중, 감정의 개입으로 시작하는 길고 뜨거운 오후의 나른한 성희性戱가 시작된다. 첩들은 서문경의 빗지 않은 머리에 대해 야단을 치고, 정원에서 그의 몸을 씻는 것을 도와주며 머리를 손질해 주었다. 그중 한 여인은 잠시 자리를 떴다. 그는 또 한 여인의 얇고 흰 옷자락이 휘날리는 가운데 그 아래로 비치는 빨간 속옷을 보고 매우 흥분하였다. 그들의 자유로움과 무료한 기분에 어울리게 즉흥적으로 그녀와의 섹스에 돌입하였다. 그곳은 정원의 한 구석일뿐 사적인 장소는 아니었다. 성교를 하는 도중 그녀는 최근 임신하였으므로 그에게 너무 오래 끌지 말 것을 요구하였다.

그들이 그렇게 섹스를 하고 있는 동안에 다른 첩인 반금련潘金蓮이 돌아와 밖에서 일이 끝나기를 기다렸다. 일이 끝난 다음에 다가온 그녀는 짜증과 질투를 노골적으로 드러내었다. "당신은 왜 아직 머리를 빗지 않았어요?" "하녀가 재스민 향이 들어 있는 비누를 가져오기를 기다리고 있었소. 그래야 내가 얼굴부터 씻을 거 아니오." "당신은 항상 당신의 얼굴을 다른 사람들의 엉덩이보다 더 하얗게 되도록 씻어야 하나요?" 등 등 그 외에도 여러 말을 했다. 다른 첩이 서문경의 세수와 머리 빗질 시중을 들었다. 그다음에 그를 위해 비파를 갖고와 연주를 하고 노래를 부르며 오후 내내 시간을 보냈다. 그러나 금련은 임신한 경쟁자에게 쏠린 관심에 대한 질투심 때문에 연주를 거부하였다. 술을 가져오라고 얘기를 하자 시중을 드는 하녀가 즉시 술을 들여왔고, 얼음을 곁들인 자두와 참외 조각이 담긴 그릇도 하나 갖고 들어왔다. 그들은 시원한 정원 내 별서別墅에서 휴식을 취하고, 먹고 쉬면서 기다렸다. 맛있는 술 몇 단지는 정교하게 요리한 몇 가지 맛있는 요리와 함께 소비되었다. 금련을 제외한 여인들은 비파를 연주하고 노래를 불렀다. 서문경은 붉은 색 나무로 만든 캐스터네츠紅牙象板[48]를 다른 첩들과 하녀들에게 건네주었다. 또 다른 하녀는 그가 시원하도록 부채질을 하였다. 서문경은 펀들펀들하게 안락의자에 기대어 앉아 그들의 움직임을 지켜보고 그 광

---

48 상아 또는 박달나무에 붉은 칠을 해서 만든 악기.

경을 음미하였다. 술이 좀 더 여러 차례 돌려졌다. 질투와 뜨거운 갈망에 휩싸인 반금련은 차갑게 식힌 과일 그릇 너머로 몸을 구부려 이것들을 먹었다. 얼음에 식힌 신선한 과일의 맛이 어떤지 물어보자, 그녀는 임신하지 않았기 때문에 나쁜 결과를 두려워할 필요가 없다고 대답하였다. 질책을 받고서야, 그녀는 나이를 먹은 평범한 사람은 오직 마른 육포나 먹고 그것에 만족해야 한다는 은유를 대면서 은근슬쩍 대답하는 것을 피하였다.

갑작스런 여름 폭풍우가 구름과 소용돌이치는 안개를 불러 일으켰다. 그들이 별서에서 기다리는 동안 큰 소나기가 재빨리 지나갔다. 여기에 두세 줄의 시詩가 삽입되는데, 비에 씻겨 내린 대나무와 석류꽃이 띠는 밝은 녹색과 빨간색이 묘사된다. 비가 온 후의 시원한 공기는 늦은 오후에 그들의 활기를 되찾게 한다. 화려한 오후의 절경은 육감적인 언어로 묘사된다.

좀 더 노래를 부른 다음 반금련은 집으로 돌아갈 결정을 내리나, 서문경은 그녀를 잡아 둔다. 이제서야 그녀는 비파를 연주하고 노래할 것에 동의한다. 그리고 그를 감질나게 만든다. 서로 뒤엉켜 사랑놀음이 본격적으로 시작되면서, 그들은 정원을 돌아다니며 꽃구경을 한 후 포도 시렁 아래 머물렀다. 이제 하인들은 음식과 술을 가져왔다. 여기에서 독자들은 음식의 세부 서술을 읽지 않으면 안 되었으나, 재밌게도 그 음식들을 세세히 묘사한 기술은 사랑에 빠진 사람들의 정신을 산만하게 만들었다. 아마도 이 지점에서 독자들이 조급함을 느꼈기 때문에, 결과적으로 작품의 후대 편집본에서 그런 상세 부분이 생략되었을 것이다. 그렇지만 초기의『사화본詞話本』[49]은 음식에 대한 상세한 기술이 아주 빼곡하다. 한 하녀가 술병을 들고 들어오면, 뒤이어 다른 하녀가 뚜껑을 덮은 설탕절임 상자와 그 위에 올린 차갑고 신선한 과일 그릇을 들고 따라 들어온다. 서문경은 이 상자를 보고 뚜껑을 열었다. 상자 속에는 여덟 가지의 음식이 들어 있는 여덟 개의 칸막이가 있었다. 술찌끼에 절인 오리물갈퀴, 특별한 방식으로 자른 절인 돼지고기 조각, 뱅어의 박편, 젤리소스로 옷을 입힌 얇게 썬 영계날개 조각과 초록색 연밥, 껍질을 벗긴 신선한 호두, 신선한 연못산 뿔 마름horned nut, 껍질을 벗긴 물밤Water chestnut이다. 이 음식은 색, 질감, 향기의 범위가 넓고 고

---

49 『금병매사화金瓶梅詞話』를 지칭한다. 이 판본은 1617년에 출판된 최초의 판본으로서 대량의 시사(詩詞)와 부(曲賦), 운문(韻文)이 포함되어 있다. 전각본으로서 통칭『사화본』이라고 한다.

급스러운 느낌을 불러일으킨다. 상자의 중심 칸에는 작지만 우아한 포도주를 담은 은술병이 들어있고, 연꽃 꼬투리 모양을 한 두 개의 금 술잔과 두 벌의 상아 젓가락이 담겨 있다. 이러한 물건들이 도자기상 위에 놓이고, 두 사람의 주인공이 서로 마주보고 앉아 음식을 먹으면서 게임도 계속한다. 그들은 음식과 사랑을 음미하느라 다급하게 서둘러야 할 일도 망각해 버렸다. 그러나 반금련에게 취기가 돌기 시작하자 그들은 하녀들을 시켜 침구와 베개, 그리고 특별한 약술 한 주전자를 가져오도록 하였다. 서문경과 반금련은 그녀들이 나타날 때까지 기다리지 않고 파렴치한 사랑의 장면을 전개하기 시작한다. 이 장면은 술을 좀 더 마시는 동안이나 특별한 술을 가져온 하녀와 치정에 빠지는 동안에 중단된다. 금련은 그녀의 발이 시렁에 묶여서 꼼짝도 할 수 없었다. 이 장면은 세 사람 모두가 참여하는 가운데 진행되며, 서문경과 하녀들 사이에 그가 '황금빛 공을 던져 은빛 백조를 떨어트리는 게임'에서 이길 수 있는지, 술 마시기를 상벌로 거는 게임도 포함하였다. 게임에 사용되는 '황금빛 공'이란 찬 과일을 담은 그릇에서 꺼낸 옥황색 자두玉黃李子를 말한다. 발가벗은 서문경은 하녀들과 함께 앉아 이 자두를 발가벗고 반듯이 누운 금련의 몸에 던진다. 그들은 게임에 사용된 후이거나 사용되기 전에 그 자두를 먹고, 더 많은 술을 마신다. 그 뒤에 더 많은 섹스와 음주가 뒤따르며, 어떤 사람은 잠시 잠을 청하여 쉬고, 모든 것들이 해가 질 때까지 지속된다. 선선한 저녁 공기가 그들로 하여금 먹고 쉴 각자의 공간으로 돌아가야 할 시간이라는 것을 상기시켜준다.

이것은 정신없이 먹고 마시는 난장판은 아니다. 정열이 야기되고, 신체적 행동이 때로는 격렬하다. 그러나 여기에는 맛, 색, 향, 온도, 형태와 행동영역이라는 모든 감각을 계획적으로, 그리고 여유롭게 경험하도록 배치하였다.[37] 이러한 모든 완벽한 범위의 감각, 특히 먹고 마시는 것에 반응하는 감각이 없었더라면, 이 장면은 그 의미를 상실하였을 것이다. 아주 특별하고 고도로 개인화된 특정 수준의 음식은 이런 장면에 유일무이한 이색적 행사의 각인을 부여하는 것으로, 기발하게 만들어진 섹스 연출보다는 더 의미가 있다. 여기에 등장하는 특정한 음식에 관한 아주 자세한 기술은 다른 많은 장면보다는 적은 편이다.[38] 그러나 감각의 스펙트럼에서 음식이 차지하는 역할을 이것보다 더 잘 보여주는 장면은 없다. 대부분의 사람들이 뜨거운 여름날 내내 정원에서 노닥거리는 유한계급이 될 수 없는 사회에서, 이것은 일종의 복잡하게 정제된 과시적인 소비에 해당한다. 이런 관능소설은 결코 그 문명을 보여주는 전형적인 예시는 아니다. 그럼에도 이러한 소설은 특히 음식의 사용이라는 면에서 본다면, 다른 어떤 문명에서도 존재할 것 같지는 않다.

미주

1. 이 개념은 조셉 플레처Joseph Fletcher의 미발표 원고에서 취한 것이다. 그는 유라시아의 통합적 역사 개념을 제안하였고, 16세기에 일어난 제각기 다른 역사를 통합하는 방향으로 전환해야 한다고 생각했다.

   처음엔 윌리엄 S. 애트웰William S. Atwell은 페르낭 브로델Fernand Braudel의 『자본주의와 물질생활, 1400~1800』(New York, 1973)의 제2장 「일상의 빵」과 제3장 「과분함과 충분함: 음식과 음료」로 나의 주의를 환기시켰다. 브로델의 주제는 유럽으로, 그의 작품에서 다룬 시간대를 중국의 원·명기와 비교하면 흥미로워진다. 대체적으로 그는 중국과 아시아 전체에 대해 정보가 심하게 부족하였으며, 잘못된 정보를 갖고 있었다. 그렇지만 그는 유럽과 '나머지 세계'와의 비교를 시도하였다. 나는 그 당시의 유럽에 대해 그가 제시한 흥미로운 자료는 신뢰할 만하다고 생각한다.

2. 호P. T. Ho(1959)의 저서 170~171페이지에 조생早生벼의 역사에 대한 그의 유명한 연구가 요약되어 있다. 드와이트 퍼킨스Dwight Perkins(1969)의 저서 38페이지에서는 참파 혹은 기타 지역에서 온 우수종의 수입이 오직, 혹은 주로 중국의 벼 품종 향상에 기여하였다는 해석에 의문이 제기되고 있다. 그는 토종 벼를 써서 농민들 스스로의 힘으로 중국의 지속적인 벼 품종 향상을 이루어 냈다는 것을 지적하였다.

3. 우한Wu Han(1960, pp.11~13)은 1270년에 출간된 관변 간행물인 『농상집요農桑輯要』가 경제회복을 위한 정부의 노력에 유리한 영향을 준 것임을 인정하였다. 그 밖에도 정부의 지원하에 혹은 사적으로 편찬한 중요한 농서農書들은 원대부터 있었다. 아마노 Amano(1965)와 야부치Yabuuchi(1967, pp.341~42)에 실린 아마노의 짧은 논의를 참조할 것.

4. 명대 후기의 작가들은 몽골인들이 의례적 예의범절을 소홀히 하여 더 큰 충격을 받았다. 1598년에 출간된 진방첨陳邦瞻의 『원사기사본말元史紀事本末』의 9장, 10장에 첨부되어 있는 명대 후기의 사대부 장포張浦(1602~41)의 주해를 참조할 것. 장포는 다음과 같이 얘기하고 있다. "그들은 북방 황야에서 왔다. 그래서 그들을 욕할 수는 없다". 그러나 다른 부분에서는 몽골인 황제들도 천자天子라는 사실을 언급하면서도, "어찌하여 그들은 그토록 오랫동안 통치를 누릴 수 있는가?"라고 말하였다. 청대 후기의 학자 가소민柯劭忞은 『신원사新元史』의 「예론禮論」 서문에서 훨씬 더 비판적으로 언급하였다(81장).

5. 청대에 왕조의 지원으로 1780년에 편찬한 정치제도에 관한 저작물, 『역대직관표歷代職官表』에는 송대의 기록이 인용되어 있는데, 이에 따르면 가우嘉祐 연간(1056~63)의 북송의 황실 주방에서는 하루에 280마리의 양을 도살하였다고 한다.

6. 와다 세이Wada Sei와 그의 동료들은 『명사』「식화지」의 일문 번역에 주석을 달 때 수유酥油, 즉 버터에 주목할 것을 강조하였다. 이 버터는 명대 초기에 버터를 만들기 위해 키운

70,000두(후에는 30,000두로 줄었다)의 황실용 소 가운데 3,000마리로부터 우유를 짜서 만든 뒤 공급된 것이다. 물론 이 소들은 제사용과 식용으로도 공급되었다. 15세기 초에는 이 소의 수가 급격히 감소하였지만, 황실의 낙농용 소는 여전히 왕조의 최후까지 쿠키와 패스트리용 버터를 공급하였다. 그러나 와다는 명의 자료에 수유라는 용어가 등장할 때마다 이를 '버터'를 의미하는 것으로 간주하는 오류를 범한 것 같다. 이 용어는 동물 지방, 특히 양고기 지방과 쇠고기 지방을 의미하는 것으로 오랫동안 사용되어왔다(Wada 1957, pp. 929~30).

7. 야부치Yabuuchi 등 1967, p.325에 실린 시노다 오사무의 짧은 해설을 참조할 것.

8. 시노다 오사무는 몽골 지배의 결과 중 하나로 북부 중국에서 양고기의 소비가 증가하였다고 말하였다. 이것은 단지 그럴듯한 생각에 지나지 않는다. 이에 대해선 아무런 증거가 제시되고 있지 않다(Yabuuchi 등. 1955, p.79). 양주羊酒, 즉 '양과 술'(때로는 '양고기와 술'이라는 의미도 있다)은 특정한 종류의 행사를 위한 표준적인 의례용 선물로서 한나라부터 사용된 상투적 문구였다. 여러 사서들은 노관盧綰의 전기를 이 용어의 '표준구標準句'로서 인용하고 있다(『사기』 93장; Watson 1961, 1:238). 중국의 양 사육과 양고기의 사용(혹은 염소의 사용으로, 양이라는 뜻으로 대충 비슷하게 쓴 또 다른 이름이다)에 대해 많은 사람들은 너무 적게 추산하는 것 같다. 그것은 부분적으로는 양이 과거에도 현재에도 목초지에서 방목되지 않고 가구당 한두 마리만을 작은 우리에 가두어 키웠고, 중국의 풍경에서 아주 가시적인 것이 아니었기 때문이었다.

9. 이러한 특별한 세금 이외에도 황실은 매년 한번 공납하는 진상품歲進으로서 특별한 지방특산물을 받았다. 이 가운데 많은 것들은 음식생산물이었다. 이러한 것을 정한 규정은 『대명회전』 113장에서 발견된다. 명대의 황제에게 보낸 지방특산물의 완전한 목록은 존재하지 않는 것 같다. 그러한 목록은 모든 성省에 남아 있다는 가정하에 관보기록만을 모으면 아주 힘들겠지만 편찬할 수도 있을 것이다. 『명사明史』는 그러한 물품 입수활동에 대해 82장에서 오직 간단하게만 언급하고 있다. 일문 번역의 주석(Wada 1957)은 그러한 정보를 몇몇 군데에서 보완했으며 유용한 편이다.

10. 수비의 용어는 Hucker 1958, p.61을 참조. 남경의 수비대는 무엇보다도 대운하의 운송을 상당 부분 책임지고 있으며 환관의 지시를 받을 때가 종종 있다. 여기에 부분적으로 번역되어 실린 고기원의 설명에 따르면 16세기 전반에는 운송시스템의 적절한 기능이 작동하고 있었다고 주장하였으나, 그가 집필을 하던 17세기 초에 이르러서는 아주 잘못 사용되고 있다고 불평하였다.

11. 명 태조의 내궁과 외궁의 구분의식은 여기에선 아주 개인적인 관점인 것으로 받아들여지고 있으며, 명 조정 역사상 상당한 중요성을 지닌다. 홍무洪武 3년 음력 12월 9일(甲子)(1370년 12월 27일)자의 실록 기록에는 이 문제의 이러한 측면에 대한 언급이 없다. 다만 예부 상서인 도개陶凱가 주장한 송조宋朝의 선례가 있을 뿐이다. 그는 사당 건축을 추천

하였는데, 그 상소에는 "그러한 제물은 일상적인 음식을 사용해야 하며, 사적인 가정 예식으로 수행되어야 한다"는 내용이 포함되어 있다(『명태조실록』, 59:1151~52).

12. 매일 두 차례의 제물을 포함하여 그날그날의 계획에 따라 제사에 올리는 '일상적인 요리'와, 월별 계획에 따라 제물로 올리는 '계절의 신선 식품'의 목록은 공식법령에서는 발견되지 않는다. 그렇지만 매달 여러 사당에 올리는 후자의 식품에 대한 더 많은 관행적인 목록은 예법에 관한 여러 문헌에서 발견된다. 또한 매일매일의 일상적인 제물 목록은 손승택孫承澤의 『춘명몽여록春明夢餘錄』 18장에서 발견된다. 손승택의 작업은 명 왕조가 멸망한 직후인 약 1660년경부터 시작되었다. 이것은 Yao의 목록과 비교해서 약간 차이가 있다. 그 이유는 주로 몇몇 사례에서 특정한 음식과 연관된 다른 날이 목록에 기재되어 있었기 때문이다. 손승택의 저작은 이러한 명대 후기의 제물 비용 및 역사를 목록에 첨부한 부록에서 논하고 있다. 본서 여러 곳에 등장하는 식물의 이름은 가능한 한 Y. R. Chao, 1953에 의거하여, 또 생선의 명칭은 I. C. Liu 등, 1935, 11장 pp.960~62에 따라 번역되었다.

13. 이것은 원대의 절강성 보강(浦江) 지방의 명문가 정鄭씨 씨족의 많은 특이점 중의 하나이다. 극단적인 이 가족 조직의 형태를 보면 부부는 식사 때나 그 외의 가족활동에서 분리되었고, 16세 이상의 남자 아이들도 그들의 어머니와 여자형제들과 분리되었다. 고대의 것으로 추정되는 형태를 엄격하게 유지하여 존경을 받지만, 다른 이들은 정씨 집안을 모방하지 않았다. John D. Langlois, Jr., 『몽골지배하의 금화유학金華儒學 1279~1368』(프린스턴 박사학위 논문, 1973).

14. 1593년에 최초로 출간된 심방沈榜의 『완서잡기宛署雜記』는 현縣 수준의 공적인 연회에서의 자리배치, 음식, 음식공급, 그리고 비용에 이르기까지 비교가 안 될 정도로 자세하고 풍부한 자료를 포함하고 있다. 일례로 136~142쪽(1961년판) 지방 과거시험鄕試 합격자를 위한 축하연에 대한 자세한 기록을 참조할 것. 여기에서 그 활동이 기술된 현縣 정부는 완평宛平현으로 수도 북경에 속하는 두 개의 현 중의 하나이다. 따라서 이것은 명대 후기의 중국 모든 지방에 해당되는 전형적인 활동은 아니다. 심방의 정보는 3년마다 치르는 황제가 직접 주제하는 전시殿試 후 새롭게 진사로 뽑힌 사람들을 축하하기 위한, 보다 더 약식으로 치러졌던 『대명회전』 114장의 연회의 규정과 비교될 수도 있다. 심방의 작업은 프린스턴 대학의 James Geiss에 의해 연구되었으며, 그는 필자의 주의를 환기시킨 지방 정부의 연회에 관한 이 정보를 기록했다.

15. 소설은 이전 왕조 시대의 행위 설정적 도구를 사용하고 있으나, 모든 작가들은 명대 말의 사회의 많은 측면을 진실로 반영한 것이라고 생각하였다. C. T. Hsia 1968, pp.165~202; Hanan 1962, pp. 1~57; 그리고 Hanan 1963, pp.23~67. 특히 소설의 역사적·사회적 타당성에 대해서는 Wu Han이 1957년에 쓴 글이 있다.

16. 니담과 그 동료, 특히 의약 방면의 루궤이전 박사와 함께 수행한 중국 의학에 관한 중요한

연구는 곧 출간 예정인 니담의『중국의 과학과 문명』(모트의 이 논문은 1977년에 발표되었으므로 여기서 언급하는『중국의 과학과 문명』은 Vol. 5, Part 3에 해당하는「Spagyrical Discovery and Invention: Historical Survey, from Cinnabar Elixirs to Synthetic Insulin」(1976)을 뜻한다)에 게재될 예정이다. 이것이 출판되기 전의 것으로서 음식과 양생과 관련된 분야에서 가장 중요한 출판물은 니담과 루궤이전이 발표한 일부 논문, 특히 니담의『중국과 서양의 서기와 장인』(1970)에 다시 등재된 다섯 편의 논문(14~18번)이 있다. 나는 니담과 루궤이전에게 크나큰 빚을 지고 있어 경의를 표한다. 다만 일부 사항에 대해서 필자는 이것을 다르게 해석하는 권리를 갖고 있다. 니담은 과학사에서 과학이 가지는 내재적 중요성에 관심을 갖고 있으나, 필자는 중국인들의 삶에서 지식(혹은 지식이라고 생각되는 것)이 가지는 기능에 더 많은 관심을 갖고 있다.

17. 이러한 회의론의 한 예로서 오행론五行論의 서문의 대단히 합리적인 어조에 주목할 것. 이것은 문맥상『명사明史』28장에서 주로 자연의 넉넉한 현상을 보고하고 있다.

18. 『음선정요』의 저자는 한족漢族이 아니다. L. C. Goodrich(1940)는 그 저자가 몽골 사람이라고 결론지었다. 청대에 발간된『사고전서총목제요四庫全書總目提要』의 22장에서는 새로운 음역音譯을 갖다 쓰면서, 저자가 몽골 출신 혹은 다른 비非한족 신분으로 간주되었다는 것을 나타내었다. 그의 민족적 정체성은 분명하지 않다. 다만 니담은『음선정요』의 저자가 마치 한족 중국인인 것처럼 그의 이름을 사용하였고, 그에 대해서 글을 쓸 때도 같은 식이었다. 루궤이전과 니담(1951)은『음선정요』의 저자에 관해 주장하는 논문을 발표하였으며, "결핍증 연구를 통한 비타민의 경험적 발견"처럼 식이요법의 전통을 주장하였다. 시노다 오사무(Yabuuchi 1967, pp.329~40)는 이 책의 내용에 관한 유용한 조사 하나를 발표하였다. 문헌학과 다른 문제에 대한 중요한 논의가 Lao Yan-hsuan(1969)과 Franke(1970)의 논문에서 발견된다.

19. 가명賈銘에 대한 간단한 전기는 Tung Ku(1937 ed., 28:15b페이지와 그다음)를 참조할 것. 만약 명 태조와의 대담이『명태조실록』에 기록되어 있다고 할지언정, 나는 이것을 미처 보지 못했다. 시노다 오사무는 야부치와 요시다Yabuuchi and Yoshida(1970, p.353)에『음식수지』와 관련된 간단한 주석을 달았다.

20. 원·명기의 드라마, 소설, 비공식적인 기록과 단문 등을 모아 둔 방대한 말뭉치corpus 가운데서 나는 이 글의 이 부분을 쓰기 위해 다음과 같은 것을 조사하였다.『고본: 삼십종古本: 三十種』; Chu Kuo-chen 1959 ed; Feng Meng-lung 1947 ed, 1958, 1959; Hsieh Chao-che 1959 ed; 고기원 1618; Lang Ying 1959ed; Liu T'ung 1957 ed; T'ao Tsung-i 1939 ed; Yeh Tzu-ch'i 1959. (자세한 것은 참고문헌을 참조할 것). 14세기의『수호전』, 16세기 후반의『금병매』그리고『명인잡극선明人雜劇選』(명대의 작가에 의한 30개의 드라마)도 참조하였다. 이 자리에서 나는 Ch'en Hsiao-land의 도움과 지도에 감사하는 마음을 기록하지 않으면 안 된다. 그는 원·명기의 오락문학에 관한 방대한 지식의 소유자이다.

21. 명대 후기 복건 지방의 고급 음식을 기록한 또 다른 목록에 대해서는 Hsieh 1959 ed.,
    pp.315~19를 참조할 것.

22. 『고본 원명잡극古本元明雜劇』 12권에도 서막, 그리고 특히 110권에는 소박한 여흥과
    소박한 음식이 중심테마이다. 관한경關漢卿의 생애와 업적에 관해서는 Cheng-wen
    Shih(1973, p.2와 1976)를 참조할 것.

23. 능몽초凌濛初도 고급 관료의 부인이 남편의 공식적으로 초청한 손님을 접대하는 연회를
    위해 요리하는 것에 관해 말하였다(1967 ed., 30:633). 그렇다고 해서 이것이 예외적인 것
    이라고 일컬어지지 않는다. 이러한 이야기는 당나라 때 인습적으로 나온 것이지만 명대의
    사회적 조건을 반영한 것으로도 받아들일 수 있다.

24. 『고본』(No.16, p.2a)에 등장하는 비열한 주인을 속인 악랄한 요리사와 이것을 비교할 것.

25. 야부치 등(1967)과 야부치와 요시다(1970)에 포함되어 있는 시노다의 연구는 지극히 유용하
    다. 나는 아직 다나카 세이치田中淸一와 공동으로 편집한 그의 『중국식경총서中國食經
    叢書』(1972, 2 vols., 도쿄)를 참고하지 못했다.

26. 정령精靈의 연회에 대해서는 M. L. Feng 1947 ed., 34:4b 참고. 영생불멸의 신에게 바치
    는 음식의 이름에 대해서는 Y. Ch'ü 1957 ed., pp.90~91 참조. 같은 책 63~65쪽에서 논
    의됨. '천상의 주방'이라는 별자리가 '보라색 궁전' 별자리 옆에 자리 잡고 있다. 이와 같이
    별자리의 기본 성분은 지상의 것들과 상응한다.

27. C. T. Hsia(1968, pp.89~92, 22장)가 멋지게 번역한 『수호전』 3, 4장의 에피소드를 참조
    할 것.

28. 『고본』 12권, p.1a, and M.C.Ling 1957 ed., 22장도 참조할 것. 그러나 개고기를 먹기 좋
    아했다는 도교의 사제가 그것을 실컷 먹는 것에 순응하고 호의적으로 변했다는 M. L.
    Feng 1958, 15장의 서막을 주목할 것.

29. 또한 M. L. Feng(1947 ed., 36:10a)에서 등장한 인육 만두를 언급함.

30. 이것과 아주 좋은 음식을 제공한 개봉의 허름한 여인숙을 비교할 것(M. C. Ling 1957
    ed., 11:245).

31. P. T. Ho의 『중국회관사론中國會館史論』은 중국의 회관의 역사에 대한 최초의 노작이
    다. 그는 이것을 『Landmannschaften(鄕友會)』으로 번역할 것을 제안하였다.

32. Mote는 16세기에 여행 가이드북이 등장하였다는 것과 프린스턴 대학의 제스트(Gest)동
    양학연구 도서관에 있는 약간의 희귀한 사례에 주목했다(1974, pp. x~xi).

33. 증거는 너무 많아 자세하게 인용할 수가 없다. 『수호전』과 『금병매』는 이에 적합한 구절이
    아주 많다. M. C. Ling 1957 ed., 14:299, 303; M. L. Feng 1958, 5:3b and 28:9a도 참
    조할 것.

34. 16세기의 상층 계급의 더욱더 심해진 사치스런 생활에 대한 완벽한 증거가 정리되어 있
    는 것은 아니다. 그러한 것들의 일부는 『취근就近(바로 요즘)』이라는 제목이 붙은 K. C.

Chu(1959 ed., p.398)의 저작에 포함되어 있다. Hsieh 1959 ed., pp.310~15; Wu Han 1935, Robert van Gulik(1951, 「Essay」 p.105)도 모든 문명의 아취, 특히 음식에 대한 쾌락주의적 감상을 충실하게 다룬 16세기 후반부터 기록된 수많은 글을 언급하였다.

35. 여기에 제시된 소설을 평가한 의도는 문학적 가치나 문학사에 있어서의 그 중요성의 평가가 아니다. 그러한 평가를 보려면 C. T. Hsia 1968과 Hanan 1961, 1962, 1963에서 전문가 의견을 참조할 것.

36. 이 책이 가진 최초의 본질적인 측면을 파악하기 위해서는 독자는 가급적 현존하는 두 개의 명대의 개정판 중 더 일찍 나온 판본을 연구하는 것이 바람직하다. (유감스럽게도 『Golden Lotus(금병매)』라는 제목으로 나온 Clement Egerton의 번역본은 번역이 잘된 편이 아니다).

37. Eagerton, pp.376~87은 이러한 자세한 묘사 중 많은 부분을 생략한 후대의 판본에 상응하는 페이지를 번역하였다.

38. 중요한 축연에서의 음식과 예절에 대한 완벽한 기술에 대해서는 예컨대 서문경의 부인들이 다른 집의 부인들을 초청한 중요한 약혼식 연회에 대한 기술을 참조할 것(43장). 환상적인 음식에 대한 상세한 기술은 42장 및 다른 여러 곳을 참조할 것. 음식과 식사의 역사에 연관된 『금병매』의 일반적 논의에 대해서는 야부치와 요시다(1970, pp.380~82)에 게재된 시노다 오사무를 참조할 것.

6. 청淸

조나단 D. 스펜스Jonathan D. Spence[1]

1   이 글을 집필하는 데 큰 도움을 준 Andrew Hsieh에게 특별히 감사드린다(필자).

주식主食

가경嘉慶 연간에 관동管同은 '기아의 대지'에 대해 암울하고 이상한 글을 썼다. 이 땅에는 곡식도 자라지 않았고 동물도 살지 않았다. 물고기도 없고 과일도 없었다. 이 지역을 여행한다는 것 자체가 무서운 일이었지만 용감한 사람이 인내심을 갖고 견딜 경우 10일이면 도달할 수 있었다. 도착한 그곳은 "마치 새로운 우주처럼 보이는 넓고 밝은 대지였다. 여기에서는 사람을 관리할 필요도 없고 사고思考도 정지해 버린다"(T. A. Hsia 1968, pp.18~19). 여기는 이미 굶어 죽은 사람들이 남긴 땅이며, 그래서 관동은 사람의 존엄을 지키기 위해 자살하고자 한다면 여기에 오는 것이 마땅할 것이라고 생각하였다. 그러나 많은 중국인들에게 기아의 대지는 청대 이전이든 이후든 선택의 여지가 없는 무서운 현실이었다. 비록 이 글이 음식과 식사에 관한 것이지만, 기아의 냉혹한 배경이나 위협을 제대로 인식하지 못한다면 우리가 이 주제를 공평하게 다루고 있다고 말할 수가 없다. 기아의 위험이야말로 농업이 얼마나 절박하며 식사의 쾌락이 얼마나 큰지를 보여준다. 그러한 고난은 지방 관보 곳곳에서 보이는 장황한 기술을 통해 추적될 수 있다. 비록 은유적으로 표현되었지만 "금년에는 사람들이 서로 잡아먹었다(相食)"라는 기록도 있다. 또한 서구의 관찰자들이 공들여 기록한 나뭇잎가루, 톱밥, 엉겅퀴, 목화씨앗, 땅콩깍지, 속돌가루와 같은 기아식품을 통해서도 추적될 수도 있다(Peking United International Famine Relief Committee 1922, p.13).

그렇지만 우리는 청대의 빈곤층이 일반적으로 입수할 수 있는 주식을 살펴볼 수 있다. 이러한 음식을 기록한 인상적인 명부는 방대한 양의 지방 관보에 잘 정리되어 있다. 이러한 자료 원본의 범위와 질은 매우 다양하며, 영양학자와 경제학자, 그리고 사회 역사가에 의한 체계적인 분석을 기다려야 한다. 그러나 청조清朝의 태평성세에 속하는 1737년에 편찬된『강남통지江南通志』(현재의 안휘 및 강소성의 관보)와 같은 부유한 지역의 지방관보를 잠깐 일별해 보면, 당시 자원이 얼마나 풍요로운지 알 수 있다 (86장을 볼 것). 원부原簿의 목록에는 밀, 벼, 콩, 조, 마가 있고, 곡류별로 찰기가 있는 것, 밭에서 키울 수 있는 것, 만생晩生종과 각 품종 내 다른 종류를 구별해서 정리되어 있다.「서장緖章」에서는 지방 전체를 다루고 있는데, 수많은 항목이 전통적인 범주로 다시 세분화되어 있다. 날개 달린 동물과 네발짐승의 범주로 나눈 동물뿐만 아니라, 채소, 과일, 대나무, 풀, 꽃, 약재식물, 그리고 그 뒤를 이어 물고기, 갑각류, 곤충이 정리되어 있다. 이 장은 이 부분에 이어서 33페이지에 이르는 각 성과 현의 특산물의 목록이 붙어 있다.

부府급 지명사전도 마찬가지로 풍부한 정보를 제공한다. 1696년에 편찬된 운남부雲南府의 지명사전에는 강남의 지명사전과 비슷하게 일반적으로 분류해서 실었다. 그러나 이것은 운남부의 11개의 현縣과 주州에 따라 세부적으로 분류되어 있어서, 특정 지역의 특산물을 이해하기 쉽게 만들어져 있다. 우리는 곤명昆明현이 차와 방적과 광물질을 생산하는 가장 번성한 지역이라는 것을 알 수 있다. 그러나 지역을 더 세분화해 보면 각각 그들만의 특징을 갖고 있다. 부민富民현의 종이, 라자羅次[2]의 삼, 정공呈貢현의 국수, 곤양昆陽현의 꿀과 겨울호박, 녹풍祿豊현의 식초 등이다. 이 모든 운남 지역의 목록은 하나의 공통된 요소가 있다. 즉 목록 어디에도 꼬리달린 짐승의 이름을 올리지 않았는데 흔해 빠진 양, 소, 개 혹은 돼지까지도 목록에 올리지 않았다(『운남부지雲南府志』, 2:1~7). 비슷한 성급省級 지명사전과 비교하려면, 1754년의 복주부福州府의 지명사전을 예로 들 수 있다. 여기서 우리는 아주 자세하게 기술하였지만, 지역적 구분을 하지 않고 10개의 범주가 20개로 바뀐 49쪽짜리의 지명사전을 발견할 수 있다(『복주부지福州府志』, 25, 26장). 추가된 범위는 운남성의 지명사전에서 볼 수 있는 것보다 훨씬 더 특화된 분류로부터 생겨난 것이다. 그 특화가 우리에게 각 지역의 식습관에 대해 더 많은 것을 말해준다. 멜론, 오이, 박, 그리고 토란과 같은 열매 식물

---

2 운남성 녹풍현에 속하는 옛 지명. 라자현도 독립된 현이었으나 지금은 녹풍현에 통합되어 있다.

薤이 대나무나 넝쿨식물과 같이 하나의 완벽한 절을 이루고 있다. 물고기는 다른 비늘이 있는 동물과 구별되었으며, 관목灌木과 풀은 넓은 범위의 식물과 나무 항목 아래에 따로 분류되어 있다. 예컨대 관목항에는 차와 담배도 포함되어 있다. 이 기록은 후자가 단빠구淡巴菰[3]라는 이름으로 만력萬曆 연대에 중국에 도입되었다고 설명하고 있으며, 지금은 복주 지방 주변에서 재배되고 있다고 했다(같은 책, 25:24). 이와 같이 중국의 식물 이름에 외국의 식물 이름이 갑자기 삽입된 사례는 채소 절에서도 발견된다. 고구마(번서番薯)에는 한 페이지 분량의 해설이 붙어 있다(같은 책, 25:4). 이 해설에 의하면 고구마는 1594년 대기근 때, 지방장관인 금학증金學增이 복건 지방에 널리 보급하였다 한다. 금학증은 가뭄 때문에 통상적으로 키우는 곡식이 실패하더라도 그들의 식량이 될 수 있는 이 식물을 지방민들에게 재배하도록 가르치고자 했다. 그러나 그의 행동은 단지 지방의 기근 구제를 넘어서 더 큰 결과를 낳았다. 해설가들이 지적하는 바와 같이 고구마는 삶아 먹기도 하고, 가루로 만들어 먹기도 하고, 발효시켜서 먹을 수 있으며, 노인이나 어린이에게 식량이 될 수도 있고, 닭과 개에게도 먹이가 될 수 있는 다면적인 식물일 뿐만 아니라, 이 식물은 일반적인 곡물이 뿌리를 내릴 수 없는 모래땅과 산, 소금기가 배인 땅에서도 재배할 수 있었기 때문이다.

비록 아주 작은 지방의 지명사전이라 하더라도 식품 정보는 직접 혹은 다른 곳과 비교하여 실어 놓았다. 산동 남쪽에 위치한 빈약한 담성현郯城縣의 1673년판 지명사전에서는 지방생산물에 대해 오직 두 페이지만 할애할 뿐이다(『담성현지郯城縣志』 1673, 3:33~34). 그리고 다양한 품종이나 식품가공에 대해서는 아무런 언급이 없다. 그럼에도 이 자료에서 이 두 가지 사실은 특히 시사적이다. 첫째, 역축役畜이나 가축이 기록되어 있지 않으며, 오직 언급된 네발짐승은 토끼, 두 종류의 사슴, 여우, 늑대이다. 둘째, 가장 긴 절의 대부분은 약재식물에 관한 것이며, 모두 합쳐서 36종이 기재되어 있다. 이 지방의 1764년판 지명사전에는 그 이전의 것과 비교해서 식품에 관해 기술할 공간이 더 늘어나지 않았다(『담성현지』 1764, 5:33~36). 그러나 사슴, 늑대, 여우는 사라졌고 그 대신 양, 소, 노새, 말, 돼지가 기재되었다. 약재식물은 19종으로 줄어들었다.

---

3 산동 출신으로, 청나라 초기 관리이자 시인인 왕사정王士禎이 『향조필기香祖筆記』 제7권에서 "여송국(呂宋國, 현재 필리핀 루손섬)산 담뱃잎을 본디 단빠구라고 일컬으며, 다른 말로는 금사훈金絲薰이라고도 한다"라고 말했다.

확실한 증거는 없으나, 지금은 그다지 절박하게 느껴지지 않더라도 청대 초기에는 유행병과 전쟁이 빈발하여 그 치료를 위해 필사적으로 사냥을 하였을 것이며, 식용가능한 동물수의 변화는 생활양식의 근본적인 변화를 가져왔다는 것을 시사한다*[1].

서방에서 중국으로 들어온 새로운 농작물의 역사는 명대 후기에 시작되었지만, 청대 초부터 이 작물들의 혁명적인 효과가 감지되었다. 새로운 식물의 결정적으로 중요한 점은 가난하거나 부유한 사람들에게 다양성을 제공했다는 데에 있지 않고(다양성도 제공하기는 했다), 전통적인 자원의 한계에 도달한 인간에게 그 한계를 확장할 수 있는 새로운 경지를 허용했다는 점이다. 청대의 인구폭발―1700년 초에 대개 1억 5천만이었던 것이 19세기 중반에는 4억 5천만으로 상승하였다―은 아주 현저하여, 비록 오늘날 이르기까지 학자들이 그러한 경험의 모든 요소를 재구성할 수는 없었지만, 이것이 지방생활의 모든 측면에 영향을 주었음은 틀림없다. 중국 인구를 연구하는 과정에서 하병체何炳棣는 이러한 새로운 농작물의 영향에 대한 주요한 발견을 하게 되었다(1959, pp.183~95). 그는 옥수수, 고구마, 감자, 낙화생(땅콩)이 어떻게 청대에 중국의 기본적인 농산물이 되었고, 보급 과정에서 이 작물들이 중국 내부에 어떻게 자리 잡게 되었는지를 보여 주었다.

18세기 초에 이르러 고구마는 동남 해안지역의 가난한 사람들의 주식이 되었다. 주민들에게는 고구마를 더 많이 재배할 것을 촉구하는 칙령이 내려졌고, 이는 서쪽과 북쪽 방향으로 확산되었다. 하병체의 추정에 의하면 18세기 말에 이르러서는 "바위가 많은 산동 해안지역을 따라 고구마는 가난한 사람들의 일 년 양식의 반을 차지하게 될 때도 있었다"고 한다(같은 책, p.187). 옥수수는 청대 초기의 운남, 귀주, 사천의 농업생활을 바꾸었고, 인구과잉의 양자강 삼각주로부터 섬서陝西성과 호북湖北성을 흐르는 한漢강[4] 배수유역의 고원지대뿐만 아니라 내륙의 양자강 유역의 각 성으로의 인구이동을 가능하게 한 중요 요인이다. 청대의 중기에는 동일한 지역이라도 옥수수 농사를 짓기에는 지나치게 척박한 땅에 감자를 심어 농민들은 생계를 지탱할 수 있

───────

4 중국 산시성 남서부의 보중산에서 발원하는 양자강의 지류로, 한수이(漢水)라고도 한다. 총 길이는 1,532km이며 후베이성을 북서쪽에서 남동쪽으로 가로질러 흐르며 성도 우한에서 장강과 합류한다. 중국의 황조인 한나라와 도시 한중(漢中), 중국의 다수 민족인 한족이 이 강 이름에서 유래되었다.

었다(같은 책, p.188). 낙화생이 낳은 변화는 그보다 덜 드라마틱하다. 그러나 하병체는 그것이 일으킨 폭넓은 변화를 찾아냈다. "지난 300년간, 낙화생은 특히 복건과 광동처럼 양자강 하류와 황하 하류, 동남 해안이나 수많은 내륙의 강과 개천을 따라서 생겨난 모래땅을 이용하여 경작하면서 점진적인 혁명이 일어나게 되었다. 사람들은 도작稻作지역의 촘촘한 수확체계 내에서도 늘 윤작으로 낙화생을 심었다. 왜냐하면 농민들은 낙화생의 뿌리에 질소를 고정시키는 혹根瘤의 기능을 알지 못하였지만, 낙화생이 토양의 비옥도를 보존하는데 도움이 된다는 것을 경험을 통해 알고 있었다"(같은 책, p.185). 정확한 수치를 입수하기는 어렵지만, 하병체의 추산에 따르면 전국의 식량 생산량에서 쌀이 차지하는 비중은 명대 후기와 1930년대 사이의 기간에 70퍼센트에서 36퍼센트로 떨어져 거의 절반으로 줄었다고 한다. 보리, 조, 수수도 그 비율이 상당히 감소하였다(같은 책, pp.189, 192).

지명사전이나 전문적인 인구연구를 이용하여 가난한 지역민들의 식습관을 재구성하는 것은 쉽지 않다. 그리고 자세한 자료가 거의 없다. 다행히 1750년대에 절강성(수수현5秀水縣, 여요현余姚縣)의 지방관 이화남李化楠과 같은 관찰자가 있었다. 지방의 음식에 관심을 갖고 있었던 이화남은 공무로 지방을 돌아다니면서 지방민들에게 음식에 관해 질문을 던지고, 그를 통해 알게 된 것을 적었다.[2] 비록 그는 기본 곡식과 콩을 적는 것으로 기록을 시작하기는 하였지만, 지방사에서 관습적으로 분류하던 순서에 따라 음식을 묶지 않았다. 그 후 그는 돼지고기, 가금류, 사냥동물, 물고기, 계란, 우유와 치즈, 단 음식과 만두, 고구마, 버섯과 호박, 생강, 보존 처리한 자두와 마늘과 무, 낙화생, 녹색채소, 대추와 같은 다양한 채소를 차례차례로 검토하였다. 이렇게 식품은 풍부하지만 중심 주제는 없었다. 다만 그는 음식의 맛이나 다양함의 문제보다는 그 보존에 더 깊은 관심을 갖고 있었음에 틀림없다. 우리가 감히 추측한다면 이러한 관심은 지역 현실에 좌우되었던 것 같다. 음식이 엄격하게 계절에 따라 생산되고 공급이 부족해지면, 정확한 처리와 저장의 준비는 본질적인 것이다. 예컨대 콩이나 곡식으로 만든 장류를 다룬 절에서 곤충을 쫓기 위한 겨자나 후추의 사용, 처리하는 사람이 청결해야 할 필요성, 사용된 물의 청결함, 해가 날 때나 습할 때 저장옹기

5　현재의 가흥(嘉興)시에 편입됨.

를 열고 닫아야 하는 리듬 등의 자세한 지시사항이 기재되어 있다(H. N. Li 1968 ed., pp.76~78)[6,*3]. 계란을 보존하는 데에도 유사한 주의사항을 얘기하고 있다. 계란은 위가 뚫린 항아리에 보존하여야 하며, 60~70%의 갈대나 숯, 30~40%의 흙에 술과 소금을 첨가하여 만든 반죽으로 각각 덮어야 한다. 이 반죽에는 절대로 물을 첨가해서는 안 된다. 왜냐하면 계란 흰자가 너무 딱딱해지기 때문이다. 이 보존법 뒤에 간단한 계란 조리법이 기재되어 있다. 즉 삶은 계란, 계란말이, 우유와 함께 요리한 계란, 아몬드가루와 설탕을 넣은 계란요리, 그리고 박박 문질러 씻은 돼지의 오줌보에 알(닭, 오리, 거위)을 하룻밤 재워서 만든 계란요리(같은 책, pp.31~32b) 등 이다.

이 마지막 조리법은 이화남의 꼼꼼함을 증명하는 좋은 예시이다. 그는 돼지를 요리할 때 사용할 수 있는 모든 방법을 열거하였다. 이것은 그 지방민들의 고민을 명백하게 반영한 것이다. 왜냐하면 사람들이 하루 100냥을 번다고 하면, 돼지고기 한 근 값은 그 하루벌이의 반이나 될 정도로 돼지고기가 비싸기 때문이다(Macartney 1962, p.162, pp.244, 254).

농민들은 소금에 절인 돼지고기를 바람에 말리기 전에 나무통에 넣어(한 달 동안 닷새에 한 번씩 뒤집는다) 누르는 방법, 또한 가늘게 썬 돼지고기를 누르는 방법도 알고 있었다. 돼지비계는 끓는 물에 튀해서 기름을 빼내고, 그것을 콩장에 담가 보존한다. 완자는 돼지기름을 섞어 빚어서 푼 계란에 굴린다. 돼지족발은 버섯을 넣고 뭉근하게 끓인다. 돼지의 내장은 다양한 조리에 사용되었다. 늙은 돼지고기는 삶은 뒤에 찬물에 담그기를 반복하는 방법으로 부드럽게 만들어 먹을 수 있게끔 가공한다. 그는 돼지고기의 남은 부분을 보존하는 다른 방법도 관찰하였다(이 방법은 닭고기에도 사용할 수 있다). 고기를 가늘고 길게 잘라 그 길쭉한 고기에 새김눈을 넣고 소금에 절인 다음, 다진 마늘을 고기에 펴 바른 뒤 술로 만든 식초에 푹 담근다. 그다음에 고기를 대나무 조각(혹은 농민이 구할 수가 있다면 금속 철사) 위에 올려 훈제한 뒤 깨끗한 옹기에 밀봉한다(H. N. Li 1968 ed., pp.17~21). 또한 이화남은 그것들을 특별히 주목해야 한다고 지적한 것은 아니지만, 고구마와 낙화생과 같은 새로운 농작물에 대해서도 기술하였다. 그는 고구마의 껍질을 벗기고 쪄서 체로 걸러 섬유질을 제거한 다음, 길쭉하게 잘

---

6 이화남의 책 『성원록醒園錄』이다.

라 돌돌 말거나 케이크 형태로 말린다는 것을 기술하고 있다(같은 책, p.40). 낙화생은 삶고 소금물에 또 삶은 다음, 그것을 삶은 물에 담아 보관한다. 혹은 그 물을 빼고 채소절임즙에다 담아 보존한다(같은 책, p.44).

그토록 자세한 지방기록이 남아 있지만, 음식의 입수가능성과 그 음식을 먹는 것과의 상호연관성을 파악하기란 여전히 어렵다. 남아 있는 두 개의 변수는 각각의 음식의 비용과 구매자가 쓸 수 있는 돈의 양이다. 당연하지만 지역적인 차이가 매우 크고, 가격의 변동이 심하기 때문에 어떤 종류의 일반화도 아주 어렵다. 그러나 다행스럽게도 우리는 청대 초기에 작성된, 수많은 음식의 가격을 알려주는 하나의 자세한 자료를 볼 수 있다. 즉 궁중연회를 관장하는 광록시光祿寺[7]의 '지출비용支用' 부분이다. 이 가격은 18세기 초에는 고정되어 있었고, 그 이전의 숫자로부터 수정한 것을 나타낸다. 이것을 보면 아마도 분별없는 소비습관 때문인지 아니면 명대 말기와 청대 초기의 물자부족 때문인지 가격상승이 있었음을 알 수 있다. 가격은 북경에 적용되었으며, 아마 최상급의 품질에 대한 가격을 나타낸 것으로 보인다. 그러나 그것들은 적어도 주식비용의 유형 간의 비교를 위한 기반을 제공해 주며, 이 비교는 청나라의 음식 정보 조사에 있어서 극히 중요하다(『광록사칙례光祿寺則例』 1839, 59:1~12)(표 1 참조).

이 표에서 나타난 수치에 대한 신뢰도는 18세기 후반에 중국을 방문했던 방문자의 해설로 확인된다. 1793년의 중국 사절에 관해 신문에 쓴 칼럼에서 매카트니Macartney 경[8]은 여러 가지 음식을 사기 위한 동화銅貨로 매겨진 가격을 기록하였다. 양고기와 돼지고기 한 파운드에 50, 거위 500, 가금류 100, 소금 한 파운드 35, 쌀 한 파운드 24(Macartney 1962, p.244). 이 관찰을 기초로 그는 중국의 농민은 하루를 사는데 동전 50개가 필요할 것이라고 추정하였다. 매카트니를 태운 뱃사공은 하루에 80개의 동전을 받았으며, 중국의 보병은 한 달에 동전 1,600개와 (1되에 동전 130개에 상응하는 가치를 가진) 쌀 10되를 받았다. 따라서 그의 임금은 대개 하루에 동전 100개 정도가 된다(같은 책, pp.224, 254). 로버트 포춘Robert Fortune은 1850년대에 중국 지방에서 차를 따는 사람들采茶人의 임금을 조사하였다. 그 결과 그들은 하루에 동전 150개를 받는

---

7 궁중 내 제사와 연회에 필요한 술과 음식 조달을 관장하는 부서.

8 George Macartney, 1st Earl Macartney. 2년간(1792~1794) 청에서 전권대사를 역임했다.

표 1.

농작물		가격(동전)*	단위
곡물	쌀	1,300	석(石)**
	조	1,050	석
	밀	1,200	석
	흰콩	1,100	석
	팥	800	석

고기, 가금류, 생선	가격(동전)	단위
돼지	2,500	마리
양	1,430	마리
거위	520	마리
오리	360	마리
닭	120	마리
작은 물오리	60	마리
메추라기	25	마리
계란	3.5	마리
돼지고기	50	근(斤)***
양고기	60	근
건어물	300	근
사슴고기 조각	120	근
돼지족발	28	근
돼지 간	27	근
돼지 오줌보	19	개
돼지 창자	6	개

* 동전 1000개는 1냥(兩)으로 추정.
** 1석: 144kg
*** 1근: 600g

과일	가격(동전)	단위
오렌지	50	개
사과	30	개
복숭아	20	개
배	15	개
감	8	개
빈랑열매	5	개
호두	1	개
살구	3	개
자두	3	개
리치	100	근
건포도	80	근
생 포도	60	근
앵두	60	근
생 연근	20	근
수박씨	40	근

낙농제품	가격(동전)	단위
우유	50	근
버터	180	근

채소	가격(동전)	단위
흰색색꿀(白蜜)	150	근
백설탕	100	근
식용해초	100	근
적색꿀	80	근
절임 생강	70	근
생 생강	46	근
채소 절임	30	근
오이 절임	25	근
콩가루	25	근
조 증류주	21	근
식소다	20	근
간장	12	근
식초	8	근
두부	6	근

다는 사실을 발견하였다. 그 가운데 1/3은 현금으로 받고, 2/3는 식재료로 받았다. 그는 그들의 식품이 단순하기는 하지만, "중국의 가장 가난한 사람들조차도 고향(서양)의 같은 계급보다 훨씬 더 요리법을 잘 이해하는 것 같다"고 느꼈다. 포춘은 스코틀랜드의 원주민들의 요리법과 중국인들의 식사를 우호적으로 대비하였다. 스코틀랜드에서는 "추수에 동원된 노동자의 아침식사는 죽과 우유로, 그리고 저녁은 빵과 맥주로 되어 있으며, 야식supper으로는 다시 죽과 우유를 먹는다"고 말하였다(Fortune 1857, pp.42~43).

가난한 사람들의 식사가 적절하다고 하더라도, 다양성의 문제에 대해서는 여전히 제대로 된 답변이 없었다. 맥고완J. MacGowan은 청대 말기에 북부 중국의 쿨리(苦力, 노동자)들은 하루 세 번씩, 매일, 그리고 일 년 내내 고구마를 먹었다는 것을 발견하였다. 약간 다양하게 먹었다고 하면 적은 양의 소금에 절인 순무, 두부와 소금에 절인 콩 정도였다(MacGowan 1907, p.9). 청대 말기의 식품판매자들의 회계장부를 이용한 멍T. P. Meng과 시드니 갬블Sidney Gamble이 수행한 훨씬 더 정교한 분석에 따르면 식단에 다양성은 비교적 없는 편이나, 이 자료는 북경의 노동자계급이 소비하는 많

표 2. 가루와 곡식(연평균 가격, 100근당 달러)

연도	밀가루	밀 도매	좁쌀가루	묵은쌀	콩가루	조(소매)	조(도매)	옥수수가루
1900	6.41	−	3.90	6.32	5.55	4.45	−	3.06
1901	5.76	3.71	3.29	4.27	5.26	3.62	2.70	2.14
1902	5.52	3.75	3.84	5.37	5.17	4.00	3.40	2.92
1903	5.77	3.87	4.36	6.01	5.38	4.56	3.74	3.48
1904	5.29	3.33	3.90	5.52	5.08	4.35	3.39	3.11
1905	4.88	3.39	3.80	5.35	4.84	4.25	−	2.87
1906	5.71	3.90	4.08	5.80	5.05	4.50	3.47	3.24
1907	6.32	4.50	4.25	6.25	4.95	4.90	−	3.13
1908	5.75	3.91	4.36	6.11	5.07	5.01	3.57	3.65
1909	5.85	3.98	4.32	6.08	5.29	4.98	3.35	3.25
1910	5.94	4.21	4.26	6.53	5.58	5.01	3.73	3.48
1911	6.77	4.88	4.90	7.33	5.97	5.56	4.34	3.74
1912	6.10	4.37	5.10	7.40	6.60	5.91	4.66	3.97

자료: Meng and Gamble 1926, p.28

표 3. 돼지고기와 양고기(100근당 달러)

연도	돼지고기		양고기	
	평균	최대	최소	평균
1900	9.45	16.20	11.10	14.00
1901	8.75	18.40	12.30	15.30
1902	10.10	13.80	8.70	10.00
1903	10.40	15.60	8.90	11.30
1904	10.80	–	–	–
1905	10.70	16.00	12.80	14.60
1906	10.70	15.90	11.60	13.80
1907	11.40	18.10	9.80	14.80
1908	11.40	14.10	11.10	12.50
1909	10.80	13.10	8.50	10.50
1910	11.40	13.30	9.00	11.00
1911	11.40	19.40	10.80	14.63
1912	11.20	19.50	9.80	13.10

자료: Meng and Gamble 1926, pp.38~39

표 4. 기름, 소금, 염장채소(연평균가격, 100근당 달러)

연도	유채기름	땅콩기름	소금	염장순무
1902	16.00	13.20	2.98	1.11
1903	16.70	13.30	2.98	1.25
1904	16.40	13.60	2.98	1.11
1905	17.40	13.85	2.98	1.25
1906	16.95	13.20	3.62	1.11
1907	18.09	13.85	3.62	1.25
1908	17.50	13.60	3.62	1.25
1909	17.22	13.30	4.45	1.39
1910	18.09	13.60	4.45	1.25
1911	18.75	13.85	4.45	1.39
1912	18.09	15.25	4.17	2.08

자료: Meng and Gamble 1926, p.57

표 5. 가격 상승률(%)

		1900~1924	1913~1924
밀가루		42	49
콩과 좁쌀가루		87	11
옥수수 가루		102	59
쌀		14	53
조		58	17
검정콩		150**	47
녹두		122*	44
콩가루		40*	17
돼지고기		101	62
양고기		14	3
유채기름		44***	18
땅콩기름		44***	37
소금		56***	7
순무소금절임		109***	4
술		31***	31
간장醬油		40***	44
콩장豆醬		37***	24
식초		150***	118
옷		160	51
석탄		16	37
물가 지표		80	44
동전 환율		264	106
동작업 임금	숙련공	258*	80
	비숙련공	232*	100
은세공 임금	숙련공	61	48
	비숙련공	27	34
실질 임금	숙련공	−2	12
	비숙련공	−17	8

자료: Meng and Gamble 1926, p.71
* 1900년~1924년 중반까지
** 1901년~1924년
*** 1902년~1924년
−=감소

은 주식主食의 정확한 가격변동을 어느 정도 보여줄 수 있었다(표 2, 3, 4를 참조). 표의 가격은 1달러당 0.72냥兩의 환율로 환산하여 US달러로 표시되어 있다. 또 다른 계산은 청대 말기와 초기 군벌시기 사이에 일어난 상대적 가격상승을 보여주었다(표 5 참조).

이 연구자에 의한 또 다른 발견 가운데 하나는 정치적으로 불안한 시기에는 월별 물가변동이 극심하다는 것이다. 예컨대 흰 밀가루는 1900년 1월에는 100근당 5.84 달러였으나, 5월에는 5.15달러, 그리고 9월에는 8.33달러였으며, 12월에는 6.94달러, 1901년 7월에는 다시 5.53달러로 회복되었다(Meng and Gamble 1926, pp.11~12). 이러한 수치는 여전히 청대의 노동자 개인의 음식 가격을 정확하게 제공하지는 않는다. 이것에 가장 근접한 수치는 타오L. K. Tao가 수행한 북경의 빈곤층 가정연구를 통해서 얻을 수 있다. 그들 대부분은 인력거꾼이며, 아녀자들은 바느질이나 조화造化를 만들어 쥐꼬리만 한 가정수입을 보충한다. 1920년대에 이러한 가정에서 소비하는 음식 목록이 여전히 청대의 조건들을 반영하고 있다고 보아도 무방할 것이다. 타오는 모든 가정에서 공히 구입하는 식품은 곡식 중에는 조, 좁쌀가루, 손절구로 빻은 밀가루, 그리고 거친 옥수수가루였다는 것을 발견하였다. 다른 주요 식품은 배추, 참기름, 소금, 된장, 식초였고 모든 가정에서 구입하는 유일한 고기는 양고기였다. 90% 이상의 가정에서 일정량을 구입하는 식품은 쌀, 메밀가루, 절임마늘(salted ke-te), 고구마, 콩나물, 마늘, 부추, 참깨장, 새우이고 낙화생은 89.6%의 가정에서 구입하였다(L. K. Tao 1928, 표 14, pp.78~79). 범주를 퍼센트로 나타낸 것에 의하면 노동자가정의 음식 비용 가운데 80%는 곡식을 사는 데 배정되고, 9.1%는 채소에, 6.7%는 조미료에, 3.2%는 고기에, 오직 1%만이 과일을 포함한 모든 다과 비용에 사용된다(같은 책 표 16, p.96). 그러나 동시대의 상해의 공장근로자의 음식에는 더 다양한 것이 포함되어 있다. 그들은 수입의 53.2%만을 곡물 구입에 사용하고, 18.5%를 콩과 채소류의 구입에, 7%를 고기에, 4.4%를 생선과 해산물에, 1.9%를 과일에 각각 사용하였다(S. Yang and Tao 1931, 표 26, p.51). 그러나 설령 이것이 생존을 위한 식사라 해도 삶의 다른 영역에 소비할 여유는 남아 있지 않았다. 조사대상인 상해의 230가구는 화장실 부대용품에 0.3%를 사용하고, 0.3%를 오락에, 0.2%를 교육에 사용하였다(같은 책, 표 38, p.68). 어떤 점에서는 청대의 농촌이 더 수준이 높을 수 있으며, 지방에서

344

열리는 종교축제의 목록을 보면 계절에 따라 오락과 다양한 식사를 제공할 수가 있었다는 것을 알 수 있다.*4 그러나 가경嘉慶 연대에 중국을 방문한 존 바로우John Barrow의 주장을 반박할 이유는 아마도 없을 것이다. 즉, 그는 음식을 모두 종합해 보면 세계 다른 어떤 나라도 중국만큼 빈부의 격차가 더 큰 곳은 없을 것이라고 주장하였다 (William 1883, 1:772에서 재인용).

미식가

청대에 일어난 수많은 반란의 원인은 서양의 제국주의에 의한 혼란뿐만 아니라 한계경작지에 살고 있었던 인구의 폭발적 증가로 빈곤과 기근이 더욱 악화된 데 있었다. 동시에 사대부들 사이에서는 장구하고 다양한 과거로부터 집적되어 온 풍요로움을 계승했다는 문화적 자부심이 있었다. 이들에게 요리법은 중대사로서, 그리고 정신생활의 일부로서 다루어져 왔다. 행위에 도道가 있듯이 음식에도 도가 있으며, 문학적 창조의 하나로서 다루어졌다. 어떤 형태로든 음식은 청대의 많은 작가들의 주제로 다루어졌다. 그들은 예로부터 다양하게 집대성된 요리법을 단순히 복제하기도 하고, 그것에 대해 짧은 해설을 붙이기도 하였다. 그러나 이어李漁, 장영章穎, 여회余懷, 오경재吳敬梓, 심복沈復, 원매袁枚와 같은 일부 사람들은 청대의 문화사에서는 모두 걸출한 인사들로 그들의 견해를 강하게 표출하였다.

건륭제 재위 연간에 오경재가 쓴 『유림외사儒林外史』는 미식이 주는 감성적인 세계로 들어가는 입문서이다. 이 소설의 등장인물들은 그들의 입맛과 음식에 대한 접근방식뿐 아니라, 자기들이 먹는 음식으로 자신을 연출하였다. 등장인물인 주진周進과 왕혜王惠의 성격은 예컨대 이 짧은 절에 완벽하게 파악된다.

그들이 잡담을 하는 동안 불이 들어왔고, 하인들이 술, 밥, 닭고기, 생선, 오리와 돼지고기를 올린 상을 차렸다. 왕혜는 주진에게 함께 먹자고 권하지도 않고 먼저 먹기 시작하였다. 왕혜가 식사를 끝냈을 때, 승려가 배추요리 한 접시를 곁들인 스승의 식사를 뜨거운 물 한 항아리와 함께 차려 왔다. 주진이 다 먹고 난 다음, 두 사람은 잠자리에 들었다. 다음 날은 날씨가 좋았다. 왕혜는 일어나서 몸을 씻고 옷을 입은 뒤, 주진에게 대충 작별을 고하고는 그의 배로 가버렸는데, 서당 바닥은 닭고기, 오리고기, 생선뼈, 멜론 씨의 쓰레기로 어질러져 있었다. 주진은 아침나절 동안 그것들을 치우느라 현기증이 날 지경이었다(C. T. Wu 1957, p.59).

이런 청렴과 탐욕의 간단한 대비는 사대부의 공격대상이 되기도 하는 소금장수 이야기가 나올 때 훨씬 더 순수한 패러디와 같은 성격을 띤다. 소금장수 패러디에는 완벽한 식사를 완성시키기 위해 '겨울잠을 자는 두꺼비'을 찾는다는 그들의 진지한 이야기가 담겨 있다(같은 책, p.325). 또 한 가지 사례로 들 수 있는 건 허세부리기를 좋아하는 로魯씨 집안의 결혼연회 이야기이다. 이 유명한 장면에서는 맨 처음엔 쥐가 서까래에서 떨어져 제비집 수프에 떨어졌다. 그다음에 요리사가 개를 발로 찼더니, 그의 신발 한 짝이 날아가 돼지고기 만두와 거위 기름과 설탕소를 넣은 만두가 담긴 접시에 똑바로 떨어졌다(같은 책, pp.168~69). 이로 인해 음식을 완전히 망치게 되었고, 사회적 메시지는 분명하게 드러났다.

이런 문학적 묘사는 미식가의 생활과 긴밀하게 얽힌 지식인들의 문화의 한 측면이다. 음식과 그 원칙에 관심을 갖고 있었던 청대의 많은 학자들 가운데, 원매는 아마도 가장 목소리가 크고 설득력이 있는 사람이었다. 그는 그의 요리책인『수원식단隨園食單』의 서문에서 12쪽에 달하는 간곡한 권고와 경계를 그 시대 사람들에게 보냈다. 요리를 실행하는 데 성공하려면 무시할 수 없는 기본적인 주의사항須知이라고 표현한 이 메시지는 요리사뿐 아니라 민감한 식도락가인 독자들을 향한 발언이기도 했다. 첫 번째 원칙은 주어진 식품이 지닌 천연의 속성先天을 이해하는 것이다(원매M. Yüan 1824 ed., p.1). 이와 같이 돼지고기는 가죽이 얇아야 맛이 향기롭고, 닭고기는 어느 정도 커야 맛이 있으며, 잉어는 뱃살이 희고 모양새가 날씬해야 한다. 대개 연회상에 오른 좋은 요리를 만든 공로의 60%는 요리사에게, 나머지 40%는 구매를 감독하는 사람買辦에 귀속되어야 한다. 조미료의 선택도 마찬가지로 중요하다. 간장, 기름, 술과 식초는 모두 각각의 자질과 결함을 갖고 있다. 원매는 여기에서 일반화로 끝내지 않고 구체적인 조언을 한다(추정컨대 그가 살았던 18세기 중엽의 남경 지역의 식재료를 대상으로 삼았다). 이와 같이 기름을 선택할 때는 소주에서 생산된 최고급 기름, '추유秋油'를 선택해야 한다. 식초는 제 빛깔이 잘 우러나야 하고, 향은 너무 강하지 않아 식초의 원래의 맛本듸을 유지해야 한다. 진강鎭江의 식초는 이런 결함 때문에 쓰기 어렵다[9]. 강소의 판포板浦산 식초는 의심할 여지없이 최상이며, 절강의 포구浦口산이 그다음이다(같은 책, p.16). 식재료의 세척과 청결 또한 중요하다. 제비집에는 털이 조금도 붙어 있으면 안 되고, 해삼에 진흙이 묻어 있어서도 안 되며, 상어지느러미에 모래가 남아 있어도 안 된다. 고기에는 연골이 없어야 하며, 사슴고기는 변질된 부분이 없어야 하고, 생선의 쓸개가 파열되면 요리 전체가 쓴맛이 난다(같은 책, pp.1b~2)[10].

그다음에 원매는 주어진 음식의 균형이라는 근본적인 문제를 고려하는 방향으로 진행하였다. 맛을 낸다는 것은 차별화를 하는 것이고 명확해야 하며, 식재의 본성과 긴밀하게 연관되어야 한다. 술과 물, 소금과 장은 따로 혹은 섞어서 쓰는 것이 하나 주목해야 할 점이다. 또 하나 주목해야 할 점은 한 가지 요리에서 청담淸淡과 농후濃厚의 균형을 맞추는 것이다. 예컨대 해황(게장과 암게의 누런 알)과 게살蟹粉을 제비집과 함께 먹는 것, 혹은 백합百合을 닭고기와 돼지고기와 함께 먹는 것은 바보스러운 짓이다. 뱀장어, 거북이, 게, 준치鰣, 쇠고기, 양고기와 같은 맛이 좋고 강한 것은 그것만 따로 먹어야 한다獨食(같은 책, pp.2~3).

이 첫 부분은 음식의 전반적인 전략에 대한 식도락가적인 접근을 보여준 것이다. 경고戒를 다루는 절에서 몇 쪽을 더 넘겨보면, 처참한 식사라고 생각되는 두 가지 재미 있는 개인적 사례를 제시한다.

훌륭한 요리사라도, 그가 할 수 있는 모든 것을 동원하더라도 하루에 4개 이상[11]의 성공적인 요리를 만들 수는 없다. 심지어 모든 세세한 것까지 적절하게

---

9 이 부분의 원문은 "醋有陳新之殊, 不可絲豪錯誤", 즉 식초에는 묵은 것과 새로 담은 것을 구분했으니, 이를 착각해서는 안 된다고 되어 있다. 뒤이어 "鎭江醋顔色雖佳, 味不甚酸, 失醋之本旨矣"의 원문이 이어진다. 즉 진강 식초는 비록 색깔은 좋지만, 맛이 썩 시지 못하여 그 원래의 뜻(本旨)을 상실하였다고 되어 있다. 원문과 거리가 있는 영어 번역이다.

10 이 부분의 영역은 명백한 오역으로, 원매의 원문은 "魚膽破 而全盤皆苦", 즉 "생선 쓸개가 파열되면 요리 전체가 쓴맛이 난다"라고 되어 있기에 본문과 같이 수정했다.

11 원문에는 4, 5개라고 되어 있음.

신경을 쓰기는 어렵다. 그것도 모든 것이 제대로 갖추어지지 않으면 불가능하며, 하루 종일 주방에 붙어 있어야 한다. 그에게 많은 조수를 붙여봤자 소용이 없다. 그들은 제각각의 생각을 갖고 있고, 잘 훈련되어 있지 않기 때문이다. 그들의 도움을 받으면 받을수록 결과는 더 나빠질 것이다. 나는 과거에 어떤 상인의 집에 초대를 받아 식사를 한 적이 있다. 상床 세 곳에 요리가 연이어 나왔고, 16가지의 딤섬이 상에 올라왔다. 모두 합쳐 40종 이상의 요리가 제공되었다. 주인은 식사가 대단히 성공적이라고 생각하였다. 그러나 나는 귀가 후, 너무 배가 고파서 흰 쌀죽을 한 그릇 청해 먹었다. 이것을 보면 아무리 요리가 풍성하게 차려져 있어도 먹기에 딱 맞는 요리는 별로 없었다는 것을 상상할 수 있다.

나는 닭, 돼지고기, 생선, 오리는 서로 영웅호걸과도 같아서 각기 개성적인 맛과 나름대로 일가를 이루고 있다고 늘 말해왔다. 해삼이나 제비집은(비싸기는 하지만) 평범하고 흔해 빠진 사람과 같아서 맛에 개성이 없다. 사실, 이것들은 호가호위를 하는 것에 불과하다. 한번은 지방관太守이 주재하는 연회에 초청을 받았다. 그는 평범하게 끓인 제비집 요리를 화분과 같이 생긴 커다란 그릇에 담아 상에 올렸다. 전혀 맛이 없었다. 다른 손님은 맛이 좋다고 아부를 떨었다. 그러나 나는 "우리는 여기에 제비집을 먹으려 왔지, 제비집을 사려고 온 것이 아니지요"[12]라고 웃으며 말했다. 만약 주인의 목적이 손님에게 단지 강한 인상을 주기 위한 것이었다면, 그릇에 100개의 진주를 담아내는 것이 더 좋았을 것이다. 그래야 우리는 먹지 못할 것을 먹어야 하는 불쾌감 없이 그가 식사를 위해 수만 냥의 돈을 썼다는 것을 알 수 있었을 테니까(같은 책, pp.8b~9; Waley 1956, pp.195~96).

원매의 가르침은 꺼트리지 않고 써야 하는 불의 사용법, 용기의 유형, 요리할 때의 청결함같이 요리 그 자체에 확고하게 집중되어 있다. 그는 불을 기본적으로 두 개의 범주로 나눈다. 빠르게 조리하는 볶음요리를 위한 무화武火와 느리게 조리하는 요리를 위한 문화文火로 나눈다. 조개, 계란, 닭, 생선은 각기 그에 맞는 불이 있다. 요리사는 반드시 이것을 판단해야 하며, 솥뚜껑을 너무 자주 들어 요리의 과정을 계속 봐

---

12 여기에서 원문은 제비를 사러 온 것으로 되어 있음. 즉 "我輩來吃燕窩, 非来販燕窩也."

서는 안 된다. 그렇게 하면 물이 너무 끓어서 맛을 상실하게 될 것이며, 생선의 맛은 죽어버리게 될 것이다. "분명히 말하지만. 신선한 생선을 신선하지 않게 만드는 일은 끔찍한 행위이다"(M. Yüan 1824 ed., p.3). 또한 맛이 강한 음식은 각기 다른 솥에서 요리해야 한다. 어떤 사람들은 닭, 오리, 돼지고기와 거위를 솥 한 개에 한꺼번에 요리하는 바람에 이것들은 식별이 불가능한 덩어리가 되어버리고, "마치 밀랍을 씹는 맛과 같다(味同嚼蠟13). 나는 닭, 돼지, 거위, 오리도 영혼을 갖고 있다고 믿는데, 사후 지하세계를 다스리는 신에게 공식적으로 항의를 넣을 우려가 있다고 생각한다."(같은 책, p.4). 같은 원칙은 도구에도 적용된다. 파를 자른 칼로 바로 죽순을 자르면 안 된다. 방금 후추를 빻은 절구에서 음식을 빻아서는 안 된다. 더러운 행주와 도마를 사용해선 안 되는데 그 이유는 냄새가 음식에 오래 남아 있기 때문이다. 훌륭한 요리사는 그의 칼을 갈고, 깨끗한 행주를 사용하며, 도마를 긁어내고 손을 씻는다. 그는 담뱃재, 파리, 화덕에서 나오는 검댕이, 자기 자신의 땀 등 모든 것으로부터 음식을 안전하게 지켜내야 한다(M. Yüan 1824 ed., p.6).

원매는 그의 요리책에서 그보다 일찍 활동한 청대의 작가인 이어의 요리책을 "심각하게 작위적矯揉造作14"이라며 비판하였다(같은 책, p.9). 이어15(1611~1680)는 상당한 명성과 문학적 영향력을 갖고 있었기 때문에 이를 두고선 식도락가 사이의 단순한 말다툼이라고 말할 수는 없다. 원매가 이어의 의견에 동의하지 않은 것은 이어가 질 좋은 식재료를 다루면서도 지나치게 소박함과 기발함을 주장한 것처럼 보였기 때문인데, 이는 원매의 기본적인 철칙에 어긋나는 것이었다. 이어는 본인의 요리책에서 비록 자기 자신은 채식주의자가 아니지만 고기를 먹는 사람들이 천박하고 낭비적이라고 비판하였다. 그는 동물의 속성(원매라면 고기의 실제 맛과 육질을 따졌을 테지만)에 따라 고기를 먹을 것을 추천하였다. 이어는 소나 개를 먹는 것은 논하기도 싫어했다. 왜냐하면 그들은 인간의 친구이기 때문이다. 그는 닭의 가치를 높게 평가하였는데 그 이유는 닭이 아침에 사람들을 깨워주기 때문이다. 거위는 기꺼이 먹을 수 있는 부류였는데, 왜냐하면 거위는 인간에게 아무런 소용이 없기 때문이다. 생선과 새우는 가벼운 마음

---

13 밀랍 씹는 맛이란 씹을 때 아무 맛도 없음을 말할 때 쓰는 상투어이다.

14 "구부러진 것을 곧게 하고, 곧은 것을 굽게 만들다"는 뜻이다. 너무 인공적으로 조작한다는 의미.

15 이어의 호는 입옹(笠翁)으로, 리웡Li Weng이라고 발음한다.

으로 먹을 수가 있다. 왜냐하면 그것들은 알을 아주 많이 낳기 때문이다(이어Y. Li 1963 ed., pp.264~69)*⁵. 이어는 또한 숨을 쉴 때 '악취'가 나기 때문에 파와 마늘의 사용을 거부하였고 아주 소량의 부추를 먹을 뿐이었다. 이 세 종류의 향신료 대신에 그는 더 희귀하고 향이 더 진한 향나무베리Juniper berry의 부드러운 맛을 추천하였다(같은 책, pp.258~59:Lin and Lin 1969, p.43). 이어는 무를 거부하였는데 그 이유는 딸꾹질을 일으키고 냄새가 나게 하기 때문이다. 그러나 그는 후추는 받아들였는데, 그 이유는 졸린 사람들을 자극하며, 이것은 마치 '덕망 높은 이와의 만남'과 같은 것이기 때문이다(Y. Li 1963 ed., p.259). 최상의 밥을 짓기 위해 이어는 하녀들을 보내 들장미와 계수나무와 귤의 꽃에 맺힌 이슬을 모아 오도록 하고, 이것을 마지막 순간 밥물에 함께 넣었다. 그러나 정원의 장미에서 딴 이슬은 그 향이 너무 강하여 추천할 수가 없다고 했다(같은 책, p.261:Lin and Lin 1969, p.43). 이어는 지나치게 담백하고 맑은 맛을 고집하였는데, 국수 레시피에서는 약간 담백하고 맑은 맛을 강조하여, 그 정도가 극단적으로 정제된 맛을 추구할 때에 비해 훨씬 원매에게 접근한 것처럼 보인다. 그의 레시피는 맑은 국물을 유지하는 것이 관건이었는데 국수 위에 약간의 참깨와 죽순을 올리고 버섯이나 새우젓으로 맛을 낸 다음 국물에는 약간의 간장과 식초만을 풀어 국수 위에 붓는 것이다(Y. Li 1963 ed., p.263).

어떤 현대의 요리 비평가는 "이어는 약간 허세가인 것 같은" 느낌이라고 말했다(Lin and Lin 1969, p.43). 그는 자신의 도덕적 편견과 지나친 정제를 내세워 왕성한 맛의 추구에 훼방을 놓은 것이 확실해 보인다. 그는 또한 요리의 규칙에 대한 취향을 주장하였다. "나의 일상적인 식사에는 오향을 구비해야 하고, 손님을 청했을 때는 여덟 가지 향을 사용해야 한다"(Y. Li 1963 ed., p.263). 이런 것들이 바로 원매를 짜증나게 하는 것들이었다. 그가 느끼기엔 식사에서의 엄격한 형식은 당시唐詩의 형식적인 양식과 같은 것이어서 아주 특별한 상황에서만 필요한 것이었다. 달리 말하면, 공식적인 만한석滿漢席 연회의 16첩, 여덟 접시, 네 가지 딤섬 등등은 너무 융통성이 없는 규칙이다(M. Yüan 1824 ed., pp.11b~12).

원매는 그의 부유한 동시대인들과 마찬가지로 음식을 제공하는 매너도 상당히 중요하다고 생각하였다. 음식을 제대로 준비하기 위해서는 적어도 3일 전에 초대를 알려야 한다. 여행을 하는 중이라면 손님을 급하게 대접할 때를 위해 빨리 요리할 수 있는 닭고기볶음, 두부와 작은 새우, 술지게미에 절인 생선糟魚, 고급 햄[16]과 같은 것을 반드시 준비해 두어야 한다. 음식상을 차리는 데 있어서도 너무 비싼 명조의 도자기는 피하고, 여러 가지 모양을 한 좋은 청대 도자기로 꾸미기만 하면 된다. 값싼 음식은 작은 그릇을 사용해야 하며, 볶음 요리는 접시에 담아내야 한다. 그리고 뭉근하게 끓인 음식은 금속 그릇이 아니라 오로지 도자기에 담아서 따뜻하게 유지해야 한다(같은 책, p.46). 가능한 한 비싼 식재를 많이, 그리고 싼 것은 적게 사용하는 것이 중요하나, 한꺼번에 너무 많은 것을 요리하지 않는 것 또한 중요하다. 고기를 팬에 넣어 한번 볶아내는데 적합한 최대량은 반 근(283그램) 정도이다. 원매는 닭고기나 생선의 경우 한번 볶아내는데 최대량은 6온스(170그램)라고 생각하였다. 물론 진정한 맛을 내려면 대량으로 조리해야 하는 요리도 있다. 흰 돼지고기를 숯불에 구울 경우 적어도 20근(11,793그램)은 필요하다. 진한 죽을 끓이려면 약 9리터(5되)의 쌀이 이상적이다(같은 책, p.5b). 요리는 항상 하나씩 조리해서 하나씩 먹어야 하며, 식탁 위에 많이 쌓아두면 안 된다. 그리고 요리사는 생선이나 고기 같은 경우 가능한 한 많은 부분들을 이용해야 한다(같은 책, pp.9b~10). 여기에서 원매는 이화남의 기본적인 절약정신을 부분적으로 공유하였다. 그러한 상차림이 풍기는 우아함에 대해서는 같은 시대 사람인 심복沈復에 의해 기술되고 있다. 심복은 그의 부인인 운蕓[17]이 행한 절약에 대해 말하였다.

가난한 철학자는 의복과 식사, 주택과 가구에 이르기까지 될 수 있으면 검약을 하고 동시에 주변을 청결하고 품위 있게 유지해야 한다. 검약의 방법은 "로마에 가면 로마법을 따르라"는 말처럼, 때와 장소에 따라 적절하게 대응해야 한다.

나는 식사 때 간단하게 마시는 것을 좋아하여, 공들인 식사나 한꺼번에 너무 많은 요리가 들어오는 것을 좋아하지 않았다. 그래서 나의 부인 운은 매화꽃 모양의 뚜껑이 달린 합盒을 준비하였다. 그것은 직경 2인치의 백자로 만든 약간 오

---

16 여기서 햄이란 화퇴(火腿)를 말한다.

17 진운陳蕓(1763~1804). 임어당의 말에 따르면 "중국 문학 사상 최고로 사랑스러운 여인"으로, 현모양처의 대표적인 인물이자 지혜로운 여인으로 자주 언급된다. 그녀에 대한 자세한 이야기는 심복의 수필집 『부생유기浮生六記』에 실려있다.

목한 작은 접시 6개로 조합한 것이며, 중심에 접시 한 개를 놓고 바깥쪽에 5개를 놓으면 그 모양이 오각형의 별, 즉 매화꽃과 같은 모양으로 배치된 것으로 회칠로 마감했다. 접시바닥과 뚜껑은 들쑥날쑥하게 들어가 있어서, 뚜껑 위에는 꽃의 줄기와 같이 손잡이가 붙어 있다. 이것을 탁자 위에 올려놓으면, 이미 져버린 매화 한 송이가 탁자 위에 뒤집혀 떨어져 있는 것처럼 보이고, 뚜껑을 들고 보면 채소요리가 꽃잎 속에 자리한 것처럼 보이도록 하였다. 뚜껑 달린 합 하나에는 여섯 색깔의 요리를 넣을 수 있으니 두세 명의 가까운 친구들과 수시로 먹을 수가 있고, 먹고 난 다음에는 또 채워 넣으면 된다.

따로 넓고 납작한 접시를 하나 준비하여, 여기에 잔, 젓가락, 술병 같은 것을 넣어두면 어디에서라도 펼쳐 놓을 수 있고, 장소를 바꿀 때 정돈하기도 편리하다. 이상이 근검절약의 한 예에 속한다(심복F. Shen 1960 ed., p.70).

심복은 친밀한 낱말 놀이와 끊임없는 음주는 최고급의 미식과 동반되는 것이라고 강조하였다. 정말 가난하기는 했으나 그와 그의 부인은 멜론, 새우, 채소, 생선으로 만든 완벽한 요리를 밥상에 올릴 수가 있었다(같은 책, p.65). 이러한 검약과 아취의 결합은 중국 청대 중반에 높은 평가를 받았던 우아한 단순미의 영역에 속했다. 그리하여 우리는 광동 지방의 리치를 먹었던 경험을 그의 생애에서 최고로 강렬했던 쾌락 중의 하나로 기술하고, 그에게 쾌락을 가져다 줄 남행 여행을 위해 술에 담근 게를 짐에 꾸려 넣은 당대 최고의 관능론자였던 심복을 발견한다(같은 책, pp.38:52). 조설근 曹雪芹의『홍루몽紅樓夢』과 같은 소설은 특별한 음식(혹은 간단한 음식의 완전한 견본)에 대한 언급으로 점철되어 있다. 그러한 음식들은 범상치 않은 즐거움을 주었다. 예컨대 거위발 절임 혹은 닭껍질로 만든 탕, 응유凝乳와 자투리 고기, 특히 향기로운 쿠미스 혹은 사이프러스 나무로 훈제한 태국식 새끼돼지 같은 것이다(H. C. Ts'ao 1973 ed., pp.192, 195, 370, 376, 519).

나가사키 출신이며 도쿠가와 막부의 관리인 나가가와 다다테루中川忠英[18]는 원매

---

18 나가가와(1753~1830)는 하타모토(旗本)라는 무사 관직을 역임했다. 하타모토는 에도 시대 쇼군의 직속 가신단 중에서 1만 석 이하의 영지를 하사받고 쇼군을 알현할 수 있는 무사를 말한다. 그는 1790년대에 나가사키 부교로 부임했으며, 일본인 중국어 통역관들을 통하여 복건, 절강, 강소 등지

와 동시대 사람으로 강소, 절강 출신의 중국 상인들이 임시로 그의 집에서 거주하였다. 그는 그들의 식습관에 대해 매우 흥미로운 연구를 했다. 나카가와는 상인들의 일상적인 식사를 구성하는 기본 필수품은 쌀과 차, 식초, 간장, 채소절임, 호박, 검정콩이었다고 기록하였다. 그들의 일상적인 식사는 서너 가지의 요리에 지나지 않았다. 아침 식사에는 약간의 죽과 절임 오이와 절임 무를 말린 채소와 함께 먹었다. 점심 및 저녁식사도 마찬가지로 간단한 요리, 혹은 생선을 먹었다(Nakagawa 1965, pp.9, 31). 그러나 손님을 위한 식사의 경우에는 그들은 열여섯 접시로 구성된 명확한 만찬의 의례를 따랐으며, 여기에는 곰발바닥, 사슴꼬리, 상어지느러미, 제비집, 해삼뿐만 아니라 양고기볶음, '소동파식' 돼지족발(이어는 이 요리가 품위 없는 것으로 비판했다), 두 종류의 닭요리, 오리, 거위, 생선찜, 게장, 말린 홍합, 생선뱃살이 포함되어 있다(같은 책, pp.19~24; Y. Li 1963 ed., p.265). 2급 행사를 위한 열 접시로 구성된 요리에는 곰발바닥, 사슴꼬리, 야생닭, 거위, 게, 홍합이 생략되어 있다. 여덟 개 접시로 구성된 3급 행사에서는 이 목록에서 상어지느러미와 새끼양고기를 생략했다(Nakagawa 1965, p.26).

나카가와는 나가사키의 중국인들도 술을 많이 마셨다고 언급하였다(같은 책, p.9). 이러한 사실은 우리들에게 청대의 일반적인 식습관의 평가에 있어서 또 하나의 문제를 제기하였다. 심복은 이러한 문제에 대해 순진하다고 할 만큼 솔직한 사람인데, 그는 1780년의 결혼식날 술에 취해 의식을 잃고 신혼방도 찾아가지 못했다는 것을 인정하였다(F. Shen 1960 ed., p.7). 원매는 술을 너무 많이 마시면 음식의 감상을 망치게 된다는 것을 명백하게 알고 있었다. 그러나 그 또한 좋은 술을 깊이 사랑하여, 여수麗水산 조로 만든 흑주가 너무나 유혹적이어서 눈이 핑핑 돌 때까지 열여섯 잔이나 마셨다는 것을 고백하였다. 또 한때 달콤하고 진한 소주산 술에 이끌려 그는 전혀 의도하지 않았지만 열네 잔이나 마시게 되었다(M. Yüan 1824 ed., p.78).[*6] 또한 어떤 유쾌한 문장 가운데서 그는 술이 약자를 괴롭히는 불량배나 시골 아문衙門의 심부름꾼과 유사하다고 보았다. 불량배들은 자기보다 더 위험한 강도를 쫓아내야 그들의 가치가 증명된다. 아문의 심부름꾼은 도적들을 없애야 유능한 존재가 된다. 마

에서 온 상인들로부터 중국의 정보를 수집, 건륭 연간 청국 남부 지역의 실정을 상세한 삽화와 함께 전하는 『청속기문清俗紀聞』이라는 지리지를 출판했다.

찬가지로 술은 기껏해야 감기가 들었거나 과식을 했을 경우에만 유용할 뿐이다. 그는 산서山西 분주부汾州府의 술이 아마도 최고이며, 그다음은 산동의 고량주라고 보았다. 이런 술은 10년 동안 저장하면 색깔이 녹색으로 변하고 단맛이 더해진다. 그것은 마치 불량배가 오랫동안 골목대장질을 하다 보면 성격이 누그러지고 주변 사람들의 진정한 친구가 되는 것과 같은 것이다. 그러한 술은 돼지머리나 양의 꼬리와 함께 먹으면 맛이 있다. 소주의 술은 질이 떨어질 때도 있으며, 소흥紹興의 술은 과대평가되었다고 생각하였다. 양주揚州의 모과木果주도 있는데 이것은 너무 가치가 없어서 심지어 이것의 맛을 보는 것만으로도 속물이 되어 버린다고 생각하였다(『상구변속嘗口變俗』)(같은 책, p.78).

과음의 여러 가지 사회적·개인적 기능을 구분하는 것은 어렵다. 그러나 이것은 청대 중기의 현상만은 아니었다. 강희제康熙帝의 재임 연간(1662~1722) 동안 예부상서를 지낸 한담韓菼은 재임 중에 술을 너무 마시는 바람에 죽음에 이르렀다. 또한 같은 강희 연간에 술을 마시기 위한 시주회詩酒會에는 세간에 널리 알려진 탕빈湯斌, 심전沈荃, 장영張英 등의 학자들이 포함되어 있었고, 그 회원들은 자신들의 이름을 새긴 특제 술잔을 갖고 있었다(Liang 1969b ed., 4:1~2). 같은 연대의 좀 앞선 시기에 여회는 남경에서 주연이 열리면 모든 손님들이 토하고 바닥이 드러누워 잠들 때까지 지속되었다고 기술하였다(Yü Huai 1966 ed., p.95). 홍등가에서는 자연히 술을 많이 마셨고, 심지어 기녀들이 술 많이 마시기 경쟁을 유도하면서 주량도 일종의 능력으로 평가하게 되었다(같은 책, p.74). 그러나 그러한 술 마시는 게임은 점잖은 사회에서도 일반적인 현상이었다. 심복의 부인은 남편의 새로운 예비 첩妾과 술을 많이 마셨다(F. Shen 1960, pp.55~56). 포송령蒲松齡의 저서에 보면 『주례』의 본문을 펼쳐 식食, 수水의 부수部首가 나오면 벌주를 마셔야 하는 유명한 술 마시기 게임이 실려 있다(P'u 1969 ed., p.70).[19] 사대부 사이에서는 술과 음식이 우아한 삶에 불가분의 일부분이라는 것을 시사하는 충분한 증거들이 있다.

음식과 술이 뒤섞이고 술 그 자체가 관능적인 쾌락의 순간과 혼합되었다. 청대에는 이러한 쾌락주의적 분위기가 만연했고 여자와 돈을 쥔 남자들은 맛과 권력을 실

---

19 포송령의 『요제지이』에 나오는 술 마시는 게임. 『주례』를 펴서 "食", "水", "酉"의 변이 붙은 글자가 나오면 마시는데, 이 글자를 합하면 술 주(酒)가 되기 때문이다.

컷 취할 수 있었다. 음식과 욕망의 언어가 중첩되고, 이것이 음탕한 언어에 융합되어 간다는 것은 놀라운 일이 아니다. 심복은 16세의 처녀 감원憨園을—그녀는 한때 심복과 그의 부인의 애인이었다—"금방 따 먹어도 될 달콤하고 잘 익은 멜론"과 같다고 보았다(F. Shen 1960 ed., p.54). 그러한 직유법은 남자 시인들의 시(꽃봉오리, 꽃과 잎 등이 더 적합한 것으로 보이기는 하지만)에서는 일반적이었고, 적어도 8세기 이후에는 여류 시인의 시에서도 두드러지게 표현되었다. 우리는 "껍질을 벗긴 싱싱한 파" "작은 앵두", "흰 멜론 씨" 그리고 "자주색 포도" 등을 표현한 기녀 조난난趙鸞鸞의 암시적인 시에서도 볼 수 있다(Rexroth and Chung 1972, pp.26~30). 그리고 청대의 시로 이러한 목록을 엮어내는 것은 전혀 어렵지 않았다. 그러나 『홍루몽』에서 따온 몇 개의 짧은 사례는 청대의 음식 연구를 위한 적합한 관심의 대상이 되며, 이런 점에서 적절할 것이다. 왜냐하면 소설의 독자들도 우리가 논의해 왔듯이 똑같은 미식가일 것이기 때문이다. 사대부, 교육받은 상인가족과 그들의 부인들은 고전 독서와 그들의 작업을 잠시 동안 내려놓고 우아한 만족을 추구했기 때문에, 전통적 이미지를 기반으로 하여 창의성을 발휘한 조설근의 연극을 좋아했음에 틀림없다. 여기에서 조설근의 자기 풍자와 가까운 것이기는 하지만, 이를테면 "새우의 긴 수염으로 만든 문발蝦須簾"[20](H. C. Ts'ao 1973 ed., p.359), "싱싱한 여지만큼이나 희고 풋풋한 볼, 가장 흰 거위기름으로 만든 비누와 같이 희고 빛나는 코"를 가진 어린 소녀(같은 책, p.89)와 같은 것이다. 그리고 비록 조설근이 이 부분에서 자신을 풍자한 것이나 다름없기는 하나, 독자들은 연지를 빨아먹는 버릇이 있는 보옥[21]과 관계가 있는 소설 속의 어린 소녀들을 그들이 걸친 '살구'와 '복숭아' 빛 능라이불, '딸기'빛 옷자락 등을 보며 빨간색과 과일의 이미지로서 인식했을 것이다(같은 책, pp.392, 415, 469).

청대의 소설구성 기법이 점점 복잡하게 되면서 음식을 설명하는 어휘 역시 풍부해졌다. 여기에서는 장르는 비슷해도 과거의 작품이 아니라 같은 작품의 지나간 절에서

---

20 영어 본서에 "새우의 배처럼 고리모양의 술이 달린 덧문"이라고 번역이 되어 있는 것을 바로 잡아 표기했다. 참고로 새우수염문발(시아슈렌)은 고서에서 두 가지 뜻으로 쓰이는데, 하나는 새우(鰝蝦)의 긴 수염으로 만든 문발이고, 또 다른 하나는 아주 가느다란 대나무 발(竹簾)을 가리킨다.

21 『홍루몽』에 나오는 가장 중요한 남자주인공. 가보옥은 여인의 화장품(특히 연지)과 장신구, 그리고 빨간색을 좋아하는 기벽(愛紅的毛病儿)이 있는 인물로 묘사된다.

따온, 일종의 새로운 은유를 한가로이 탐색하고 반복적으로 어휘를 사용하는 표현법이 나타난다. 조설근이 『홍루몽』의 부차적인 줄거리를 확장해나가는 방법 중의 하나가 음식과 술을 연결시키는 것이었다. 이와 같이 보옥은 그의 가족이 모든 것을 좌지우지할 수 없고, 그가 사랑하는 하인이며 애인인 화습인花襲人이 굴레에서 벗어나 실제로 자유를 살 수도 있다는 것을 처음으로 알게 되는 감동적인 장면은 그가 그녀를 위해 아껴두었던 쿠미스를 보옥의 유모인 이마마李嬷嬷가 앙심을 품고 먹어치운 다음에 등장한다. 한편 이 에피소드에는 그 이전에 보옥이 화습인의 거처에서 나눴던 성적인 은유가 가득한 대화가 삽입되어 있다. 즉, (쿠미스를 가르키며) 그는 "내 방에 돌아가면 너에게 좋을 것을 주마"라고 속삭였을 때, 화습인은 "조용히 하세요. 다른 사람들이 나으리 말을 듣길 원하세요?" 라고 말하며, 손을 내밀어 그의 목에 걸린 마법의 옥玉[22]을 가져갔다(같은 책, p.381~82). 이 소설을 영어로 번역한 데이비드 호크스David Hawkes는 쿠미스 자체는 원래 궁녀로부터 받은 선물인 반면, 옥이야 말로 보옥의 삶에 있어서의 성 역할을 의미한다고 지적하였다(같은 책, p.32, n.8; p.376).

유사한 형태의 반복은 진종秦鐘[23]의 죽음에 대한 통렬한 감정을 자아내는 장면에서 사용되었다. 사랑과 젊은이들 특유의 관능이 넘치는 장면에서, 진종이 예쁜 비구니[24]에게 농담을 걸자, 그녀는 "제 손에 꿀이라도 묻었나요?"라고 응수하였다(같은 책, p.296). 그리고 진종이 사망하자, 보옥과 그의 하인들은 "밀랍을 입힌 듯한" 그의 얼굴을 바라보기 위해 "벌떼처럼" 그의 머리맡으로 달려갔다(같은 책, p.321). 이러한 벌과 꿀의 이미지는 구강 및 항문을 비유적으로 묘사한 복잡한 유형의 일부분에 지나지 않는다. 이 이야기는 조설근이 보옥과 진종 두 소년을 중심으로 엮은 것이며, 그들은 무언가를 먹다가 서로 알게 된 사이였다(같은 책, p.179). 진종이 가賈씨 가문의 의학義學[25]에 들어가는 장면이 나오기 전에, 늙은 하인이 그 가족에게 더러운 말로 욕을 하는 바람에 그의 입에 말똥과 흙을 처넣는 벌을 주는 특이한 장면이 있었다(같은

---

22 Magic Jade를 번역한 말. 보옥은 태어날 때 옥을 입에 물고 태어났기 때문에 이름을 보옥(寶玉)으로 지었다고 함. 따라서 마법은 옥은 보옥을 상징하는 것으로 이해된다.

23 보옥의 이종 조카이자 친구로, 북정왕(北靜王)이라고도 한다.

24 여기서 언급하는 비구니는 수월암에서 만난 어린 여승인 지능(智能)을 얘기한다.

25 각지에서 공금 혹은 사비로 경영하는 학비가 면제된 학교.

356

책, pp.183~84). 학교 친구들은 「달라붙은 소병貼燒餅」[26]이라고 암시적인 노래를 부르며 두 소년들을 조롱하였다(같은 책, p.208).[*7] 진종과 비구니와의 섹스, 진종과 보옥과의 섹스는 모두 '만두암'[27](이렇게 불리는 이유는 이 암자 부엌에서 아주 맛좋은 만두가 만들어지기 때문이다)에서 이루어졌다(같은 책, pp.294, 299~300). 이렇게 계속되는 섹스로 인해 그가 기진맥진해진 것을 "식욕을 잃었다"고 표현하였다(같은 책, p.302). 그리고 그는 죽음에서 잠시 깨어났다가 숨이 막혀 죽었다(같은 책, p.323).

마찬가지로 『홍루몽』에 등장하는 몇 수의 목가적인 시의 이면에는 일련의 은근한 복합적인 특성이 자리 잡고 있다. 이보다 훨씬 더 관습적인 것은 없을 것이다.

희망적인 신호

반쯤 가리워진 과수원 너머로 보이는 여인숙의 표지는
잠자리와 술을 만끽할 수 있도록 보장해 준다.
물풀을 헤치고 거위가 연못 속을 지나가며,
한가운데 놓인 느릅나무와 뽕나무에서는 제비가 놀고 있다.
텃밭의 부추를 뜯어 요리 준비를 해 놓으니,
햅쌀의 향기가 집안에 가득하네.
이러한 시간에 부족한 것이 사라지니,
길쌈을 하는 여인과 쟁기질하는 남자는 잠자리에 들었다.

(같은 책, p.370)

그러나 조설근은 그의 청대의 독자들이 그런 전원적 상상에 머물러 있도록 내버려두지 않았다. 궁녀들이 행진할 거리의 한 지점을 장식하게 위해 이 시를 선택한 보옥은 다음과 같은 시구詩句를 인용하였다. "물가의 오두막집에서는 햅쌀의 달콤한 향기

---

26 소병의 둥그런 모양은 남성의 둔부를 의미할 뿐만 아니라, 음식(소병) 자체가 식욕과 성욕을 동시에 가리키며, 달라붙은 소병이라는 말 자체가 당시 동성 간의 성교를 은유했다. (『홍루몽』의 「달라붙은 소병」을 고증하고 해석하다」, 우샤오롱吳曉龍, 「홍루몽학간紅樓夢學刊」, 2008.5.)

27 여기에서 말하는 만두는 소가 없는 찐빵(饅頭)으로, 원래 이름은 수월암(水月庵)이다.

가 나네." 이 시구는 마치 잘 가꾼 채소밭을 보고 "이것이야말로 농촌의 본 모습이니, 농촌의 단순한 생활로 돌아가고 싶은 욕망이 솟아올랐다"고 읊은 그의 아버지의 회상을 그대로 따라하는 것 같았다(같은 책, pp.334~35). 강렬한 역설이었다. 왜냐하면 보옥은 실제로 농촌을 방문한 것은 평생 딱 한 번이었는데, 농촌소녀들과 이야기를 나누고 그들의 생활환경을 둘러보았을 때 당시의 생각을 다시금 떠올렸기 때문이다. 그때 비로소 보옥은 "우리가 항상 먹었던 한 톨 한 톨의 쌀이 누군가의 땀방울의 희생"이라는 시구를 이해하기 시작하였다(같은 책, p.292). 그럼에도 보옥은 자신의 식도락가적 취향을 키워낸 성장환경에 갇혀 있었다. 그가 꼭 한번 가난한 가정을 방문했을 때, 그들이 젊은 나리를 대접하려고 정성껏 차린 과자, 건과, 견과 등을 살펴본 보옥의 하녀는 애석하게도 "보옥이 먹을 거라고 생각되는 것이 아무것도 없다"는 것을 알아차렸다(같은 책, p.381).

궁중음식

궁중에서 음식은 많은 역할을 담당한다. 하나는 상징과 제례를 위한 것이다. 제사 때 신께 바치는 제물로서 음식의 사용과 그릇과 그 배치에 대한 아주 세세한 부분까지 규정이 갖추어져 있다(『흠정대청회전도欽定大淸會典圖』, pp.1139~437). 청 조정은 이 점에 대해서는 선례를 따랐다. 중국의 의례적 용법에 관한 한 의미 있는 개혁을 한 것 같지 않다. 다만 만주인들은 그들의 조상들이 믿었던 샤머니즘적인 종교를 추가했을 뿐이다. 그들은 자신들의 사찰에서 신을 달래기 위해 돼지와 곡식을 추가적으로 바쳤다. 그러나 그러한 신의 이름의 의미나 중요성도 일찍이 건륭황제 통치기간에 잊혀졌다(『흠정팔기통지欽定八旗通志』, 89~93장).

물론 식량 생산량을 유지하는 것은 조정의 주요업무 중에 최우선이었다. 농민의 생산 잉여로부터 걷는 세금이 제국의 전체 기구와 관료제를 지탱하였기 때문이다. 청 조정은 제방의 건설과 유지, 비상식량의 가격안정, 세금의 사정과 징수, 수도의 병사들을 먹여 살리기 위한 남부 지방으로부터 '곡식공납'을 위한 북방으로의 조운에 관한 초기 정책들에 대해서도 역시 크게 바꾸지 않았다. 가장 중요한 변경은 토지세로 대표되는 청의 전체 세금 총액의 비율이다. 청대 기간 동안 토지에 부과되는 세금은 꾸준히 증가한 반면, 전체 수입에서 토지세의 비율은 건륭 연간에 73.5%이던 것이 청 말기에는 35.1%로 감소하였다. 관세수입과 국내거래세釐金[28]라는 대단히 큰 새로운 수입원이 있었기 때문이다(Wang Yeh-chien 1973, pp.79~80).

궁정에 음식을 공급하는 것 자체는 그 이전의 여러 왕조에서 그랬던 것처럼 대단히 큰 문제였다. 이에 청은 왕가의 직영 농장에서 나는 생산물과 지역 특산물로 구성된 각양각색의 '공물' 징수에 의존하는 시스템에서, 왕가의 회계부문에서 운영하는 중앙집권적 구매제도로 서서히 이동하였다. 건륭 연간의 말기의 회계부문을 보면 75만 석의 곡물, 40만 개의 계란, 1,000근의 술을 매년 구매하였다(Chang Te-ch'ang 1972, p.254). 그렇지만 이러한 막대한 양은 식품과 관련된 전반적인 행정업무의 아주 작은 한 부분을 대표할 뿐이다. 황실의 다선방茶膳方[29]은 청의 법규에 기술된 바와 같이 고기, 차와 우유, 과자, 술, 채소절임과 신선채소 등을 공급하는 여러 부서를 총괄하는 관청이었다. 수많은 요리사와 그들의 조수들은 황실의 여러 계층―즉 황제자신부터 시작해서 점차 범위를 줄여 각 위계에 속한 부인들을 거치고 왕자와 공주에 이르는 ―의 사람들을 위해서 매일매일 특별 요리를 만들어 냈다(『흠정대청회전사례欽定大淸會 典事例』, 1192장).

일반적으로 낭비가 심한 것으로 알려져 있으나, 청의 황제들 가운데 다수는 사실 아주 담백한 취향을 갖고 있었다는 증거가 있다. 강희제는 신선한 고기, 간단하게 조리한 요리, 생선, 신선과일을 좋아했다(Spence 1974, 1, 4장). 광서제光緖帝는 우유, 죽, 납작한 밀빵으로 가볍게 아침을 먹었다(Der Ling 1935, p.73). 1754년의 건륭제의 한 식사 메뉴(표 참조)는 맛있어 보이지만, 결코 화려한 것과는 거리가 멀었다(C. Su 1966, p.16).

그러나 황제의 개인적 취향은 요리작업이나 그 비용의 규모와 관계가 없다. 여러 규정들은 모든 주요 음식의 정확한 내용에 대해서 엄격하다. 그래서 의례의 중요한 정도에 따라 세심하게 서열화되어 있다.

---

28 리금(釐金)은 청대의 지방세이다. 지방정부가 지방 간의 물품거래에 매기는 세금으로서 청 왕조는 태평천국의 난을 제압하기 위해 지방정부에게 징세권을 부여하였다.

29 왕가에서 식품창고를 관리하는 부서.

건륭제의 식사 메뉴

　광록시光祿寺의 기록은 청대 말에 출판되었는데, 여기에서 우리는 약간의 변화를 찾을 수 있다. 만주식 연회滿席에서는 여섯 개의 기본 등급이 있고, 한식 연회漢席에서는 다섯 개의 등급이 있으며, 직업과 관청의 서열에 따라 누가 어떤 종류의 음식을 먹을 것인가가 정해져 있다. 예컨대 패륵[30]은 만주식 연회에서는 1등급 귀빈으로 대접을 받

30　베이러, 혹은 doro beile는 만주족의 귀족 칭호로서 친왕(親王), 군왕(郡王)에 이어 제3위의 세습귀족이다.

는다. 한편 할하[31]喀爾喀蒙古柯勒克尔 왕자는 만주식 연회에서 3등급 수준으로 대접받았다. 그리고 달라이 라마의 사신은 만주식 연회에서 5등급 수준으로(광록시, 24:1b, 3; 25:1) 조선, 류구琉球, 안남에서 온 외국의 조공사신은 만주식 연회 중에서도 6등급 수준의 대접을 받았다(그림 37). 순치제順治帝와 강희제 치하 시기 중국에 최초로 서양 사신들이 들어왔는데, 그들 역시 이와 똑같은 대우를 받았다. 한식 연회에서도 마찬가지로 등급이 있었다. 제1등급은 실록편찬자, 즉 사관史官들에게 돌아갔으며, 전시殿試의 장원급제자가 제2등급, 제3등급은 근위대近衛隊와 어의御醫, 제5등급은 과거시험에서 상위 3등까지의 학생이 차지하였다.

음식의 등급은 제공되는 음식의 양과 유형에 여러 가지 차이가 있으며, 아마도 식탁에 앉은 사람 수에 따라 차이가 있었다. 왜냐하면 사람의 수는 적절한 음식의 양이 얼마인지를 알 수 있는 유일한 방법이기 때문이다. 최고급 만주식 연회에서는 연회를 열 때마다 우선 밀가루 120근, 말린 콩가루 8근, 계란 150개, 백설탕 18근, 흰꿀 4근, 참깨 6근, 다양한 건과와 계절에 따른 청과를 갖추어야 한다(같은 책, 43:3~7).[*8] 여섯 번째 등급의 만주식 연회에서 밀가루는 20근, 백설탕은 2.8근으로 줄어들었고, 계란은 완전히 없앴으나 건과만은 상급 연회보다 훨씬 폭넓게 공급되어 다양성을 보였다(광록사, 46:1~5). 광록시 목록에 실린 만주식 연회의 식사는 채식이었다. 그러나 어떤 만주식 육류가 어떤 식사에 제공되었으며, 어떤 사신들에게 제공되었는지 정확하게 판단하기 위해서는 더 많은 연구가 필요하다. 그러나 강희제는 1680년에 향후 신년 연회를 만주식보다는 한식으로 할 것을 선언하였다. 그 이유는 만주식 연회는 더 많은 동물을 도살해야 하기 때문이었다(『대청성조인황제실록大淸聖祖仁皇帝實錄』, p.1513). 존 벨 John Bell이 1721년 러시아 대사와 함께 북경을 방문하였을 때, 그는 아주 잘 만든 양고기와 쇠고기 스튜를 듬뿍 대접받았다고 한다(Bell 1965, pp.119, 136).

각양각색의 고기와 생선 요리는 한식 메뉴에서만 등장한다. 1등급 한식 연회에는 돼지고기와 내장, 오리, 거위, 닭, 생선 그리고 아주 다양한 조미료 등이 포함되어 있다(광록시, 47:3b~6). 한편 5등급 한식 연회에는 돼지고기(내장은 포함되어 있지 않다)와 약간의 생선과 가금류를 대체한 양고기만 포함되어 있을 뿐이다. 이 자료의 끝부분

---

31 청대 고비사막 이북 지역(외몽고)에 거주하던 몽골족 모두를 일컫는 명칭.

그림 37. 조공국가와 미개민족 출신 방문자들을 위한 청 왕조의 궁정연회풍경(『동도명소도회東都名所圖繪』, 1806.)

除日保
和殿宴
外藩蒙
古

에서 말하기를 이 식사에 닭고기가 원래 포함되어 있었으나, 1787년 이후 메뉴에서 빠졌다고 한다(같은 책, 47:15~17). 청나라의 음식사 가운데 대단히 흥미로운 부분이 같은 자료의 부록에 포함되어 있다. 이 부록에는 일등급 한식 연회에서 각 그릇碗에 담겨야 하는 음식에 대한 자세한 내용이 들어 있다. 각 한식 연회에는 34그릇의 주요리, 네 접시의 장과 절임요리가 포함되어 있다. 몇 가지 예를 들면 거위 한 마리는 세 그릇에 나누어야 하고, 닭 한 마리는 하나의 그릇에 담아야 하며, 1.8근짜리 돼지고기는 별도의 독립된 접시에 담고, 2온스의 식용해초와 돼지고기 6온스는 하나의 그릇에 담아내야 한다. 5개의 달걀은 하나의 달걀접시에 담아야 하며, 포자包子[32]는 한 접시에 12개를 담고, 포자 하나는 밀가루 2온스(57그램)와 돼지고기 0.5온스(14그램)로 만들어야 한다(같은 책, 48:1~3).

연회의 매 끼니 준비에 필요한 기본 자재에 대한 자료 역시 정확하다. 상류층의 만주식 연회에는 땔감 80근, 숯 50근, (약 200명 이상 앉을 수 있도록 배치된 특별한 상 가운데) 10석당 화덕 세트 하나와 큰 그릇 네 개, 찜통 하나, 여닫을 수 있는 프라이팬 하나, 금속 국자 하나, 금속 구이용 팬 하나, 파리를 쫓기 위한 빨간 천 커버, 식탁을 덮을 빨간 기름 먹인 천이 필요하다. 운반용 막대杆, 식품통, 도마와 작업대, 바구니, 여러 사이즈의 거르개, 빗자루, 그물국자, 물통, 숟갈 등의 조리용품은 더 말할 나위도 없다(같은 책, 43:2~3). 상아로 만든 젓가락은 한식 연회를 위해서는 필요했지만, 만주식 연회에서는 사용되지 않았다(같은 책, 47:3).

이렇게 경이로울 정도로 빼곡하게 채워진 정확한 규정은 우리를 청 황실에서 그토록 중요시한 음식과 관련된 마지막 영역, 즉 편찬과 기호화의 영역으로 인도한다. 황실은 자신들의 역사와 궁정의 글을 수집하고 편찬한 것과 마찬가지로, 농업문헌의 공식문건도 음식관련 자료의 일부로서 포함시켜 수집한 다음 편집하였다. 기본적인 흠정 문헌목록은 건륭제 재위 연간에 편찬된 공인 문헌을 방대하게 수집한 해설서인 『사고전서四庫全書』의 형태로 제공되었다. 충분히 예상 가능한 것이지만, 『총목제요總目提要』[33]에 기술된 농서의 참고문헌은 6세기에 편찬된 축산업의 위대한 고전, 『제민

---

32 이것은 한국에서 말하는 소를 넣은 만두이다. 중국에서 만두(饅頭)는 소가 없는 것을 지칭하는 경우가 많다.

33 『총목제요』는 청 영용(永瑢)이 『사고전서』(1781년)에 소장된 문헌을 해설한 책이다. 총 200권으로 구

요술齊民要述』로부터 시작하였다(『사고전서총무제요』, p.2074). 식품과 식품세금에 관한 공식자료는 『황조삼통皇朝三通』이라는 백과전서에 실려 있는데, 이 책은 송대의 위대한 백과전서와 연속성을 갖도록 설계되었고 건륭제의 통치기간 동안 출판되었다. 실제로 중국의 모든 음식, 식사, 생산의 역사는 방대한 개요서인 『고금도서집성古今圖書集成』에 정리되어 있다. 이 책은 대표 편찬자가 실각한 후 강희제 기간에 조판한 형태로 옹정제擁正帝 통치기간에 출판되었다. (전체가 1억 자로 추정되는) 이 책 시리즈 가운데 약 50권은 음식과 술을 다루는 문헌에 할애되었으며, 『예서禮書』에 나타난 초기의 문헌에서부터 시작하여 17세기 초까지 추적하였다. 식초, 술, 꿀과 설탕, 식용유, 고기, 쌀, 독성음식, 축제음식, 모든 연령대가 음식의 즐거움을 노래한 시를 여러 장에 걸쳐 통째로 다루었다(『고금도서집성』, 257~307장). 직조와 농경 기술은 송대의 『경직도耕織圖』의 새로운 흠정판(강희 및 건륭판)에서 찬양되었다. 약전藥典[34]인 『본초강목』처럼 음식과 관련된 다른 명대의 위대한 작품도 청대에 사적인 지원하에 출간되었다. 『천공개물天工開物』과 같은 작품은 음식과 관련된 기술에 대한 가치 있는 자료를 포함하고 있지만, 청대에는 출판되지 않았다. 다만 일부만 『고금도서집성』에 인쇄되어 있을 뿐이다. 민간 독자들은 음식과 그 생산을 다룬 모든 중요한 것들이 이미 언급되어 있다는 편안한 느낌을 흠정 편찬자들과 공유하고 있었을 것이다. 청나라가 공식적으로 지원하고 인쇄한 세세한 농업기술서 『수시통고授時通考』(1742)는 명목적으로는 오르타이鄂爾泰[35]와 장정옥[36]張廷玉이 편집한 것으로 되어 있다. 그러나 최근 한 중국농업사 연구자는 이것이 단순히 "『제민요술』을 조금 확장하거나 병합하여 만든 정통적인 발전"의 부류에 속한 것에 지나지 않는다고 기술했다(S. H. Shih 1958, pp.102~03).

이러한 상태는 19세기에도 변하지 않았다. 그러나 태평천국의 난을 제압한 이후 황제들은 여러 가지 방식으로 서양이 주는 자극에 반응을 보였다. 예를 들면 강남제조

성되어 있고, 10,289종의 고적을 해제하였다.

34 국가가 약품에 대하여 그 원료, 제법, 순도, 성질 따위를 기재하여 약제의 처방 기준을 정한 책.

35 시린지아로 오르타이(Silin Gioro Ortai, 西林覺羅 鄂爾泰) (1677~1745). 만주족으로서 청나라 옹정제 기간의 관료. 한국에서는 '악이태'로 잘 알려져 있다.

36 안휘성 동성(桐城) 출신으로, 『명사明史』 편찬을 주관했고 『성조실록聖祖實錄』과 『세종실록』 편찬의 책임을 맡았다. 오르타이와는 함께 군기대신을 맡았는데, 당시 군기처가 막 설립되었던 참이라 관련 규정을 많이 제정했다. 일처리가 꼼꼼하고 민첩해서 옹정제의 신임을 받았다고 한다.

총국江南制造總局의 설립과 동문관同文館과 같은 약간의 외국적인 요소를 가미한 학교의 설립이 대표적이었다. 그러나 국내의 농업을 확장시키고자하는 욕구는 우선순위가 높지 않았다. 그들은 공학, 물리, 화학, 수학과 같은 기술과 더불어 총과 기계에 주목하였다. 영국 출신 선교사이자 학자 겸 번역가인 존 프라이어John Fryer가 1860년대와 1890년대 사이에 강남제조총국에 근무하면서 번역했던 많은 책 가운데, 농업과 관련된 것은 두 권에 지나지 않았던 것으로 보인다. 하나는 농업 관련 참고문헌집이고, 또 하나는 농화학에 관련된 것이었다(Bennett 1967, p.96), 19세기 말기의 몇몇 자강운동 개혁가들은 나라를 부강하게 만드는 데 있어서 농업이 지닌 중요성을 지적하였다. 1901년에 발표한 공동건의서에서 유곤일劉坤一과 장지동張之洞은 농업에 관련된 서양 서적은 번역된 것이 별로 없는 반면, 근대적인 일본 서적은 많이 번역 출간되었으니 중국인들은 이 책들을 참고해야 한다고 말하였다(Teng and Fairbank 1954, p.202). 손문은 그의 흥중회興中會의 선언문에서 농·축산업을 개선하고 농기계를 사용하여 인력을 줄이는 등 과학적 농업에 주목할 것을 촉구하였다(같은 책, p.224). 장지동은 미국인 전문가 두 사람을 고용하여 하북河北 지방의 농업조건을 조사하도록 하고, 새로운 종자를 실험적으로 심는 등 다른 어떤 관료들보다도 실천적인 방향으로 더 나아갔다. 1902년에 그는 무창[37]武昌 부근에 2,000무畝의 실험농장을 조성하였다(Ayers 1971, p.132). 그리고 그는 동시대인들에게 서양의 무당 식량생산은 중국의 생산량보다 실질적으로 더 높다는 것을 인식시키려 노력하였다(같은 책, p.167).

그러나 그러한 탐색은 아직 시대를 앞선 것이었으며, 서양 음식에 대한 중국인들의 해설은 여전히 모호하거나 이색적이었다[*9]. 1868년 프라이어는 자신이 사용할 목적으로 영국에 주문한 책 목록 가운데에는 『가정요리Family Cookery』 책이 있었다(Bennett 1967, p.76). 그가 중국인들에게 영국 요리를 약간 소개할 계획이 있었는지 그 여부는 알 수 없다. 또한 당시 상해공공조계上海公共租界에 살고 있는 서양인들의 일반적인 식단을 권유했는지 그 여부도 알 수가 없다.

진한 수프와 식전주인 셰리주로 저녁식사를 시작한다. **그다음에 샴페인을 곁**

---

37 현재 호북성 무한시(武漢市)의 무창구를 지칭한다.

들인 한두 접시의 곁들이는 요리, **그리고** 또 한잔의 샴페인이나 맥주와 함께 약간의 쇠고기, 양고기, 혹은 가금류와 베이컨. **그리고** 밥과 커리와 햄. **그 후에** 여흥을 즐기다가 불치(사냥요리). **그리고** 푸딩, 케이크pastry, 젤리, 커스터드 크림, 블랑망제, **그리고** 샴페인을 한잔 더 마시고. **그리고** 치즈와 샐러드, 빵과 버터, **그리고** 포트와인 한 잔, **그다음에** 대개의 경우 오렌지, 무화과, 건포도와 호두……. 두세잔의 적포도주claret나 다른 와인도 곁들여…….(J. K. Fairbank 1969, pp.160~61)

중국의 '개방'에도 불구하고 아직까지는 요리 정신의 만남은 없었던 것 같다. 서양요리에 대한 중국인들의 반응에 대한 윌리엄 헌터William Hunter의 풍자적인 패러디는 핵심을 크게 벗어난 것은 아니었다.

식탁에 앉아 발음하기도 어렵게 수-베(수프)라고 부르는 국물 한 그릇을 들어서 마신 다음에는 회 치듯이 썰어 놓은 생선살을 우적우적 씹어 먹으면 어떤 맛일지 생각해 보라. 반쯤 익힌 고기는 식탁 여기저기에 놓여 있는데, 그레이비 소스를 곁들인 후 칼 같은 도구로 썰어 접시에 나눠 손님들 앞에 놓는다. 두터운 고기 덩어리를 먹어치우고 나면 남은 고기 쪼가리를 먹이를 쫓아 달려드는 개에게 던져준다. 개들은 사람들 다리 사이로 돌아다니거나 식탁 밑에 누워 있는 한편 끊임없이 으르렁거리고 싸운다. 그다음에 우리들의 목에 불을 지르는 요리가 들어왔다. 우리가 항상 야만적이고 저속하다는 뜻의 표현으로 가-테Ka-te라고 부르는 것이 밥과 함께 제공되었다. 그 밥만큼은 내 입맛에 맞았다. 그다음에는 녹색과 흰색으로 된 것이 나왔는데, 그 냄새가 너무 강했다. 내가 들은 바로는 이것은 신맛이 나는 물소 젖이 들어간 혼합물로 햇빛에 말리는데, 말리는 동안 벌레가 가득 생길 때까지 방치한다고 한다. 초록색이 진하면 진할수록 더 맛있게 먹을 수 있다고 한다. 이것이 치즈라고 불리는 것으로서 이것과 함께 진흙과 같은 붉은 액체를 마신다. 그 거품은 컵 위까지 넘쳐 올라 옷을 더럽힌다. 이것을 베-어beer 라고 부른다. 그걸 생각해 봐라! 그러나 이것이 끝이다(Hunter 1885, pp.38~39).

서양에 대한 다양한 인식 수준을 갖췄음에도 불구하고도, 왕조는 종말을 고하게 되었지만 젊은 황제 부의(傅儀(선통제宣統帝))에게는 물론 17세기 이래 궁정 주방에도 표면상 아무런 변화가 일어나지 않았다. 민국民國 초기의 수 년 동안 그는 칩거생활을 하였지만, 구태의연한 낭비적 의례는 지속되었다. 환관들은 줄을 지어 사치스런 요리를 가득 차린 식탁을 그의 면전에 가져왔다. 모든 은 접시는 음식의 보온을 위해 뜨거운 물을 담은 도자기 그릇 위에 올려 놓았다. 그러나 부의는 이러한 요리를 결코 먹지 않았다. 왜냐하면 그는 이렇게 요리하는데 며칠씩이나 걸리는 수많은 부담스런 요리를 감당할 수가 없었기 때문이었다. 맛조차 보지 않은 '황제'의 음식은 그대로 주방으로 돌려보내져, 아마도 궁정의 일꾼들이 소비하였을 것이다. 이러한 절차들이 황제가 매달 고기 810근, 240마리의 닭과 오리를 먹어치우는 것으로 부풀려 알려졌다. 사실 부의는 황후의 주방에서 그를 위해 특별히 준비한 소량의 맛있는 음식을 취하였다. 그러나 황제가 실제로 무엇을 먹든지, 혹은 어느 정도의 양과 질의 음식을 먹든지 간에, 환관들은 항상 황제의 음식소비를 천편일률적으로 소박하고 단순한 것으로 보고하였다. 이러한 소박한 음식은 한때 농부들이 본받아야할 덕목으로 비춰졌다. 그러나 지금은 이것이 잔혹한 풍자가 되었다. "주군의 노예가 보고하나니, 만세萬歲의 황제께옵서는 묵은 쌀밥 한 그릇, 꽃빵 한 덩어리, 그리고 죽 한 그릇을 드셨는데, 아주 맛있게 잡수셨다더라"(Aisin-Gioro 1964, pp.43~44).

음식제공과 유통

음식소비와 관련된 사업과 유통의 주제는 방대하고 산만해서, 필자가 감당할 수 없는 폭넓은 사회경제사 방면의 지식이 요구된다. 그러나 청대의 음식사업 중 어떤 측면은 고려해 볼 가치가 있는 것 같다.

청은 단체조직이 번창한 시기였다. 가장 하위에 속한 단체조직은 특별한 연회를 위해 귀한 자원을 갹출하여 공동으로 부담하는 가난한 가족으로 구성된 작은 집단이다. 심지어 거지들조차도 이따금씩 자신들의 생존을 위협하는 궁핍함을 줄이기 위해 비슷한 단체를 만들었다(Simon 1868, pp.12~13, 21). 좀 더 부유한 계층에서는 고향을 멀리 떠나 현재 살고 있는 곳에서 같은 성 출신의 상인과 관료들로 구성된 강력한 단체, 회관會館을 만들었다. 그들은 회관에서 공동의 기금으로 차린 고향 음식을 먹고, 현지와 동떨어진 식사와 음주의 습관을 유지할 수 있었다(Morse 1932, and Ho Ping-ti 1966).

상인 길드조직도 종류별 음식 생산과 판매를 전문으로 하는 경우가 있었는데, 그들은 가격을 통제할 수 있었다. 예를 들면 영파寧波[38]에서는 복건福建 출신 상인들이 소금, 생선, 그리고 오렌지를 전문적으로 취급했고, 또한 설탕 생산품을 취급하는 특별한 부서가 있어서 길드상인들에게 70일간의 무료 저장시설 이용권을 제공할 수 있었다(MacGowan 1886, pp.138, 142, 146). 영파에 있는 산동 출신 상인들은 일시적이었지만 콩 종류와 콩깻묵 운송의 독점권을 성공적으로 유지할 수 있었으며 심지어 서양 상인들에 대해서도 이를 지켜낼 수 있었다(같은 책, pp.149~50). 그들은 그 회원들에게 곡물판매에 있어서는 약 40일, 기름과 콩깻묵의 판매에는 약 50일간의 신용을 공여하도록 조율하였다. 같은 도시에 하문廈門 출신 길드는 빵 원료 판매에 대해 10일간의 신용을 공여하였다(같은 책, pp.147, 150). 온주溫州 출신 제분업자들은 16개의 제분기 소유주들만으로 갖춰진 지도 집단을 구성하여 1개월 전에 가격을 미리 고정시킬 수가 있었다(같은 책, p.175). 한편 영파의 생선장수 단체는 70만 달러 이상의 예비자금을 갖고 있어서 선박, 생선의 무게, 생선의 질 그리고 소매상 등 어업의 거의 모든 측면을 통제할 수 있었다(같은 책, p.171; Jametel 1886, part 4). 이러한 어업 관련 업자들은 반대로 그들이 하절기에 잡은 생선을 보존해 주는 촘촘히 짜인 제빙업자 조직의 도움을 받는다(얼음에 대해서는 Ku Lu, 6:4, 영파에 대해서는 Jametel 1886, p.195).

우리는 청대의 다양한 상인집단이 남긴 기록들을 통해 상호 간에 보호해 주는 단체와, 그들이 영속화시키고 그들 자신의 이익을 지키기 위해 저지른 오용을 좀 더 가까이서 파악할 수 있는 가치 있는 광경을 볼 수 있다. 소주의 수많은 기록을 보면 돼지고기를 취급하는 상인들이 그들의 회관을 어떻게 지었고, 어떠한 방식으로 공정한 가격을 합의했으며, 돼지 도살자들이 현금이 아니라 돼지고기로 노임의 일부를 받지 못하도록 어떤 장치를 만들었는지를 보여주었다. 그리고 마지막으로 이러한 기록에

---

38 현재 절강성 동부 양자강 삼각주 남쪽에 위치한 도시.

의하면 그들의 권력의 남용과 이에 따른 강소의 재정관의 공개적인 질책도 열거되어 있다(강소박물관, 1959, pp.203~05). 또 다른 사건은 건해산물 장사들이 관련된 것으로 그들은 부정직한 중매인에 대항하여 스스로 단체를 조직하였으며, 제빵업자들과 찻집茶店은 그들의 음식을 갈취하는 폭력배로부터 보호받기 위해 공식적으로 관청에 요청한 사례도 있다. 또 대추 상인들은 정확한 저울 사용을 보장할 것을 요구하였다(같은 책, pp.186~89). 적어도 두 개의 다른 단체, 즉 콩과 두부를 취급하는 상인단체와 증류주업자의 단체는 무질서한 경쟁을 억압하거나 억제하는 권리를 성공적으로 지켜냈다(같은 책, pp.194~96).

물론 음식의 유통과 운송은 아주 많은 사람들이 참여하는 거대한 사업이다. 잔존하고 있는 상인들의 편람자료를 이용하여, 많은 유통 경로와 도로상의 중요한 합류점을 그려낼 수 있다(Wilkinson 1973). 또한 청대 말에는 적어도 제국해관의 서기관들이 남긴 꼼꼼한 기록 덕분에 음식이 적어도 세 개의 다른 이동경로를 거쳤다는 것을 그려낼 수 있다. 그 첫 번째는 특정 지역에 수입품이 얼마나 들어왔는지를 보여주는 상대적 수준이다. 예컨대 안휘는 황설탕을 무호蕪湖로부터 대량으로 도입하였고, 동시에 상당한 양의 버섯, 후추, 식용해초 등을 구입하였다(『중국제국해관』 1885, p.135). 두 번째는 각기 다른 성에서 구매한 상품의 수준의 차이로, 지역을 통과하여 중국 내부로 전달되는 것이다. 하남성의 남양南陽은 최대 규모의 황설탕 시장을 제공하며, 호북성의 양양襄陽은 육두구와 설탕과자를 공급한다. 중경重慶과 사천은 해초, 후추, 오징어를 공급하며, 호남성의 장사長沙는 마른 조개를 공급한다(같은 책, pp.91~99). 세 번째는 중국으로부터 식품수출이 될 것이다. 주요한 수출 상품은 차를 제외하면 설탕, 당면, 콩과 콩깻묵, 과일, 약제, 보존 처리된 채소, 그리고 대황이다(같은 책, p.10). 중국이 국제적인 음식시장에 새롭게 진입할 때 고려해야 했던 또 하나의 측면은 중국의 농민들이 이제는 세계무역의 가격변동에 의존하게 되었다는 점이다. 예컨대, 1884년의 산두[39]汕頭의 보고에서 볼 수 있듯이, 유럽에서의 사탕무 생산의 증가가 중국의 현지 가격에 거의 직접적인 영향을 주었다는 점이다(같은 책, p.313).

잔존하고 있는 청 왕조의 자료를 통해서 관찰할 수 있는 소매 및 유통의 많은 영역

---

39 광동성 동부 해안에 위치한 지방급 도시.

가운데, 우리는 적어도 세 개의 주요 영역, 즉 식당, 행상인, 요리사에 주목할 필요가 있다. 청대의 중국에는 당연히 가격이나 맛이 각양각색이었던 식당과 여관이 존재했다. 18세기에 이두李斗가 쓴 『양주화방록楊州畫舫錄』을 보면 유명하고 매력적인 양주楊州의 식당과 여관을 알 수 있는데 관광객들은 그곳에서 제공하는 맛있는 간식을 먹으러 유명한 찻집에 몰려들었다(T. Li 1795, 1:24b~25). 어떤 식당은 양고기 요리를 잘하기 때문에 이 요리를 먹기 위해 새벽부터 줄을 서기 시작했고(같은 책 9:10b~11) 이전에 상인이 살던 저택을 개조하여 식당으로 꾸민 곳은 그 집의 간식과 주인집 딸의 미모로도 유명했다(같은 책, 9:12b). 과거에 돼지고기를 팔던 '큰 족발 주周씨'가 시중을 드는 식당에서는 2전 4푼만 내면 좋은 음식과 충분한 술을 마실 수 있다. 또한 거기에서 귀뚜라미 싸움斗蟋蟀과 투계鬪鷄도 감상할 수 있다(같은 책, 9:25). 전국에서 생산되는 술을 비축해 놓고 계절마다 특별한 술을 제공하는 술집도 있었고(같은 책, 13:1~2), 개구리 다리, 오리, 혹은 식초에 절인 돼지족발로 유명한 식당도 있었다(같은 책, 9:11) 그 밖에도 좋은 음식을 아름답게 꾸민 곳에서 예쁜 소녀가 시중을 든다는 것만으로 유명한 집도 있었다. 그런 곳에서는 사대부들이 하룻저녁 자리를 잡은 뒤 먹고 마시면서 시를 지었다(같은 책, 15:3a). 또 양주의 명물로는 강에 떠 있는 배가 있었는데, 이는 이두의 작품 『양주화방록』의 타이틀이 되었다. 특별한 저녁식사를 원하는 사람은 몇몇 식당에다 미리 요리를 주문하는데, 다 준비된 요리는 떠 있는 배 위로 옮겨진다. 거기에서 주인은 그의 손님과 하인들과 함께 음식을 먹고 휴식을 취할 수가 있었다. 동시에 주변에는 항상 강 위를 떠다니며 술을 파는 배들이 있었기 때문에 어떤 술이든 주문할 수 있었다(같은 책, 11:3, 16b~17). 비록 어떤 배는 빈둥빈둥 놀기 위한 만남의 장소, 혹은 문자 그대로 매춘을 위한 장소로 제공되기도 했지만, 보통의 경우는 명백히 뛰어나게 좋은 식당이었다. 이러한 놀이 배는 마치 심복이 18세기 말 방문했던 당시의 광동廣東의 배와 같은 것으로 전국 각지에서 올라온 소녀들을 각각 전문적으로 훈련시켜 배에 공급하였다(F. Shen 1960 ed., pp.42~45). 후자의 배들은 거울, 침대, 차양막과 등불을 세심하게 갖추고 있었다. 어쨌든 건륭제 말기에 이르면 이런 배에서는 아편도 식사와 함께 제공되었다(같은 책, p.44). 19세기 말에 이르러서 아편은 광동 지역에서는 보편화되었고, 북경의 주요 식당에도 확산되었다(Jametel 1886, pp.231~32; 1887, p.251)

작은 도시에서 여관과 식당은 사회적 접촉과 잡담의 중심이었다. 이러한 것들은 포송령의 『요제지이聊齋志異』와 같은 단편소설집과 오경재의 소설 『유림외사』에서 반복적으로 볼 수 있다. 불교사원도 큰 사원 주방을 갖고 있으며, 축일에는 많은 사람들이 와서 먹는다(T. Li 1795, 4:24b~25). 어떤 설명에 따르면, 이러한 사원 주방은 고객을 경쟁적으로 끌어들이고, 채식요리의 맛을 향상시키기 위해 떳떳하지 못하게 닭고기 국물을 섞어 국수를 요리하거나, 닭기름을 흠뻑 적신 천을 사용하여 죽순과 버섯으로 국물을 만들어 낸다고 한다(『청패유초淸稗類鈔』, 24권, no.56:47~48). 농촌의 가난한 사람들에게 식당과 여관은 자연스럽게 사교를 맺을 수 있는 중심지이기도 하나, 또한 산동성 남부 담성현郯城縣의 현령 황육홍黃六鴻이 지적한 바와 같이 교묘하게 사기를 칠 수 있는 중심지이기도 하다. 농민들이 소송 절차를 위해 도시에 찾아오면 특정 여관에 강제로 투숙시키고, 거기에서 관청의 심부름꾼이나 다른 종업원들에게 돈까지 뜯겨 숙박비가 크게 부풀어 오른다. 그 결과 잠깐 방심하는 사이에 개인적으로 파산해 버릴 수가 있다(황육홍L. H. Huang 1973 ed., p.127). 또 다른 가난한 사람들에게 있어서 여관의 연결망은 국가의 감시망에서 벗어난 집합소를 제공한다. 그러한 집합소에서는 반란이 모의되고, 무기와 돈이 교환된다(Naquin 1974). 아마도 이런 이유로 청 정부는 적어도 법규상으로는 여관에 투숙하는 모든 사람들이 등록을 해야 하는 정교한 체계를 갖추고 있었다. 또한 이러한 등기명부는 주기적으로 지방관청에 넘겨졌다는 것을 의미하였다(L. H. Huang 1973 ed., pp.214, 247).

최근 청대 중국에서 여행자들이 기록한 수많은 회계장부가 발견되었고, 이는 팡하오Fang Hao에 의해 출판되었다. 이것을 통해 우리들은 청대의 음식가격에 대해 자세한 정보를 얻을 수 있다. 예컨대 1747년 휴녕休寧의 식당 영수증들을 보면 9개의 표준 크기의 접시로 구성된 한상 차림의 가격席은 9전(0.9량)이었다. 9개의 큰 접시로 구성된 한상 차림의 가격은 1.08량이었다(Fang Hao 1972a, p.58). 한상 차림에 탕을 추가하면 5전을 더 내야 한다. 대량으로 주문을 하면 가격을 할인해 주었던 것 같다. 9개의 표준 크기의 접시로 구성된 일견 비슷한 식사도 한꺼번에 11상을 주문하면, 상 하나에 7.2전만 치렀다. 그러한 식당은 대량 주문을 받았다. 위에서 언급한 아직 남아 있는 이식당의 영수증(만안가万安街[40]에 위치한 왕만성관)은 국수 한 그릇에 1.2푼分씩 해서 156

---

40 현재 상해시 금산(金山)구 주경(朱經)에 위치한다.

그릇을 총액 1,872량에 주문한 것으로 보인다. 같은 식당의 잔존 메뉴를 보면 11접시로 구성된 식사에는 모둠 고기, 족발, 사슴고기, 딤섬, 홍합, 상어지느러미, 신선한 생선요리, 신선한 닭고기, 그리고 보존 처리된 계란이 포함되어 있다(같은 책, p.59).

그러나 이것은 많은 여행자들에게 있어서 엄두도 못 낼 정도로 고가였다. 다른 회계장부는 가격 비교를 신중하게 제시하였고, 여행 중 신중했던 동전 사용을 보여주었다. 1790년 11월 동절기 죽순은 항주에서는 한 근에 동전 30닢이었으나, 소주에서는 32닢으로 인상되었다. 돼지고기는 한 근에 동전 80닢이었으며, 쇠고기는 38닢, 모둠 고기는 72닢, 생선은 50닢, 그리고 닭은 한 마리에 115닢이었다. 일반적인 구매력으로 보면 이 음식들은 212닢이나 되는 (밀랍)양초 한 근과 비교된다. 또 장소에 따라 다르지만 이발은 30~40닢이며, 소흥주紹興酒나 소주산 술은 한 근에 동전 28닢이었다(Fang Hao 1971, p.369). 1875년 여섯 명의 과거시험 응시자가 남경에 단체로 여행을 갔던 이야기를 보면 우리는 1세기 동안의 가격을 비교할 수 있다. 그리고 그 사이에 태평천국의 난이 발생하였음에도 불구하고 많은 가격들이 두드러지게 근접했다는 것을 알 수 있다. 1790년의 여행자에게 쌀 한 섬石의 가격은 2.1량이었으나 1875년에는 3.2량으로 인상되었다. 한 근에 75닢이었던 돼지고기 기름은 128닢이 되었지만, 남경에서 일반적인 돼지고기는 80닢에서 96닢으로 인상되었을 뿐이다. 그런데 농촌지방에서는 80닢 정도였고 75닢밖에 안 되는 곳도 있었다(Fang Hao 1972b, pp.289~90).

더 낮은 계층에서 식당의 연결망은 뜨내기 행상과 잡상인으로 뒤섞여 있다. 이런 식당은 근처에 작업장도 거의 없었고, 간단한 음식을 구매하여 집으로 가져간다. 혹은 더 부유한 고객이 남긴 음식을 동전 몇 닢을 주고 구매할 수 있었다(『청패유초』, 47권, no.92:12). 쿨리(막노동꾼)을 위한 판매대가 있었으며, 여인들이 쿨리의 작업장에 소금에 절인 채소와 밥을 팔러 왔다(같은 책, 47권, no.92:1). 아주 작은 임금을 받더라도 사람들은 그런 매대에서 무엇이라도 살 수 있었다. 땅콩과 설탕으로 만든 과자 혹은 솜사탕과 당밀로 만든 과자를 동전 한 닢으로 살 수 있다(MacGowan 1907, p.300). 딤섬은 동전 다섯 닢, 말린 돼지고기포 한 장은 일곱 닢, 죽 한 그릇은 열 닢, 한 그릇 가득 담은 밥은 스무 닢, 그리고 소금에 절인 고기 한 그릇은 사십 닢이다(『청패유초』, 47권, no.92:12). 화덕이나 연료가 없는 사람들의 경우 뜨거운 물을 팔러 다니는 행상이 있는데, 사람들은 이것을 사서 가능한 한 최소한의 비용으로 자신만의 따뜻한 음식을 만들어 먹을 수 있다(S. Yang and Tao 1931, p.75).

그림과 목판화가 말보다 다양성을 이해하는 데 더 좋다. 청대 초의 풍속화는 엄마와 아이들이 청량음료를 사먹는 모습, 그리고 선비들이 다양한 차 종류 가운데 하나를 골라 마시는 장면을 보여주었다. 1717년 북경의 번화가를 그린 다른 목판화는 배고프고 목마른 사람들이 잠시 휴식을 취하고 원기를 회복할 수 있는 한없이 다양한 가판대, 점포, 오두막을 보여주고 있다(그림 38). 이러한 많은 노점상들은 뜨거운 음식과 마실 것을 제공할 수 있는 정교한 기구를 갖추고 있었으며, 이동 식당과 같은 기능을 하였다. 여관주인들과 마찬가지로 그들도 소식과 소문을 교환하는 중심으로서 기능하였으며, 반란 시에는 메시지와 무기를 전달하는 숨은 운반자로서의 역할도 하였다. 그들은 또한 대도시의 축제에서 중요한 역할을 맡았다. 청대 소주에서 열리는 축제에 대한 고록顧祿의 연구에서 우리는 노점상들이 종교적·계절적 주기에 어떻게 반응하였으며, 다른 소매상들과 결합하여 도시 거주민들의 식단을 얼마나 풍성하게 하였는지를 알 수 있다. 정월에는 춘병을 그림으로, 혹은 노점상의 큰 목소리를 통해 선전하였으며, 삼월에는 (연근을 넣은) 초록색 만두, 그리고 여름이 온 것을 축하하기 위해 여름용 술, 가리비, 겨자잎, 소금에 절인 계란을, 5월에는 단오 축제를 위한 특별하고 묵직한 둥근 만두, 하지에는 수박, 견우직녀의 칠석에는 밀가루와 설탕으로 만든 맛있는 꽈배기과자을 팔았다(고록)*10. 연말이 다가오면 조왕신 축제를 위한 팥소를 넣은 찹쌀떡(이 떡은 발을 부드럽게 만든다는 얘기가 있어서, 이날 어린 소녀들의 전족을 위해 처음으로 발을 묶는 관습이 있다), 초겨울의 민물게(이때 게의 알이 가장 맛있다), 또한 설 준비를 위한 다양한 많은 진미들을 팔았다(같은 책, 8:4; 10:3; 12장 등 여러 곳).

그러나 마지막으로 언급해야 할 말은 아마도 요리사에게 돌아가야 할 것이다. 널리 알려진 집단은 아니지만, 그들이 관공서 소속 요리사가 되면 상당히 폭력적으로 변했기 때문에 소주 주변에서는 요리사들의 행동을 통제하기 위해 특별한 포고문이 필요할 지경이었다(강소박물관, 1959, pp.210~11). 양주에서는 요리사들을 유명하게 만든 요리가 아직까지도 그들의 이름을 붙인 채로 남아 기억되고 있다(T. Li 1795, 11:3). 어떤 요리사는 광동에서 도제과정을 마친 다음에 북경에 와서 자기 식당을 소유할 수 있을 만큼 지위가 상승했는데, 음식을 배달하기 위해 12명의 운반인을 고용하고, 부잣집에 출장 요리를 가기위해 4명의 요리사를 추가로 고용할 정도가 되었다(Jametel 1887,

그림 38. 1717년의 북경의 거리 풍경 식료품점과 식당이 보인다(왕원기王原祁,『만수성전萬壽盛典』, 북경, 1717.)

pp.269~72). 탁월한 기술로 명 황실의 주방을 지배하였던 산동 출신의 요리사들은 만주 요리사, 절강 출신 요리사, 소주 출신 요리사로 대체되었다. 건륭제가 화중 지방의 요리에 매료된 이후에는 이러한 요리사들은 직접 만든 요리에 자기들의 이름을 붙였다(C. Su 1966, pp.18~19). 원매는 자신의 요리책에서 언급한 요리사들에 대해 비교적 엄격하게 다루었다. 그는 일반적으로 요리사를 소인배 취급을 했고 자신의 기준에 부합되느냐 아니냐에 따라 칭찬을 하고 혹독하게 평가했다(M. Yüan 1824 ed., p.13b). 그러나 그는 자신의 문집, 『소창산방시문집小倉山房詩文集』에 자기 집의 요리사 왕소여王小餘의 전기를 포함시켰다. 왕소여는 성정이 다정다감하고 사물에 대해 아는 정보가 많았다. 원매에 따르면, 왕소여는 상대적으로 가난한 원매의 집에 머물기로 하였다고 한다. 왜냐하면 원매가 음식에 대해 진정으로 신경을 많이 쓰는 사람으로서 요구가 많고 아주 예리한 주인이었기 때문이었다(Waley 1956, p.53). 약간의 문학적 윤색이 있겠지만, 왕소여에 대한 원매의 분석과 요약을 보면 그는 요리가 마치 약과 같으며, 완전한 조합과 균형을 위해서는 식재료의 식별에 온 마음을 다 쏟아야 한다는 믿음을 갖고 있었다고 기록하였다(M. Yüan 1933 ed., 7:7).[11] 그러나 왕소여의 작업을 논함에 있어서 원매는 청대 요리의 맛과 즐거움에 대한 적합한 비문을 남겼다.

그가 처음 들어온 날 그는 무엇을 하면 되느냐고 물었다. 나는 그가 꽝장한 음식을 하려고 할까 봐 겁이 났다. 그래서 그에게 나는 부와 거리가 먼 가정에서 태어났으며, 매끼마다 돈을 많이 쓰지는 않는다고 설명하였다. 그는 "아주 좋습니다"라고 말하고 크게 웃고는 바로 평범한 채소탕을 만들었다. 그 맛이 너무 좋아 진정 더 이상 먹을 필요가 없다고 느낄 때까지 계속 마셨다. …… 그는 전적으로 자기가 장을 보겠다고 주장하였다. 그는 "제가 요리에 제 기술을 사용할 수 있을지를 결정하기 전까지 자연 그대로의 재료를 볼 필요가 있습니다"라고 말했다. 그는 여섯 내지 일곱 접시를 넘지 않게 요리를 만들었다. 더 많이 하라고 해도 그는 요리하지 않았다. 화덕 앞에서 그는 참새같이 뛰어다녔지만, 어느 한 순간도 요리에서 눈을 떼지 않았다. 음식이 끓을 때쯤에 누군가 그를 불러내면, 그는 미동도 하지 않고 들은 척도 하지 않았다. …… 그가 "탕이 다 되었습니다"라고 말할 때면 주방의 심부름꾼 소년이 뚜껑 있는 큰 그릇을 가지고 달려와 탕을 가져간다.

어쩌다가 소년이 느릿느릿 움직일 것 같으면, 왕소여는 불같이 화를 내며 큰 소리로 욕을 했다. …… 한번은 원매가 "자네가 귀하고 비싼 식재료로 좋은 요리를 만들어 내는 것은 당연히 그 성과가 어떨지 이해할 수 있지. 그러나 나를 크게 놀라게 한 것은 단지 두 개의 계란으로 자네가 그 누구도 만들 수 없는 요리를 만들었다는 점이다"라고 말했다. 왕소여는 "요리를 대량으로만 할 수 있는 사람은 섬세함을 잃을지도 모릅니다"라고 대답하였다. 그는 이어서 말하였다. "그렇지만 일반적인 식재료는 다룰 수 있어도 희귀하고 비싼 재료를 제대로 다루지 못한다면 그 또한 부실한 요리사입니다. 그러나 좋은 요리는 접시가 크거나 작거나, (재료가) 비싸거나 저렴하거나를 가리지 않습니다. 요리사가 기술을 갖고 있다면, 미나리 한 조각 혹은 소금에 절인 배추만으로도 경이로운 진미를 만들어 낼 수 있습니다. 한편 기술이 없다면 땅과 바다, 하늘의 모든 맛있는 것과 진귀한 것이라 하더라도 반드시 쓸모 있는 것은 아닙니다"(Waley 1956, pp.52~53).

미주

1. 현의 인구는 두 개의 관보를 인쇄하는 기간 동안 약 40% 증가하였다(『담성현지』 1764년 5:19: 정(丁)으로 계산한 결과)

2. 그의 아들은 그 후 기록된 것을 그대로 인쇄하였다. 이것은 51페이지를 채웠다(H. N. Li 1968 ed., 서문).

3. 이 지역에서 수확되는 곡물에 대해서는 『수수현지修水縣志』를 참조.

4. 축제음식은 위에서 언급한 관보 중 어느 곳에서나 볼 수 있다. 또한 아래의 고록顧祿의 작품을 참조. 북경의 청대 축제연구에 대해서는 부찰돈숭富察敦崇의 『연경세시기燕京歲時記』를 참조.

5. 이어는 살아 있는 거위를 뜨거운 기름에 집어넣어 발을 연하게 만든 요리를 하는 행위 자체가 너무 잔인하기 때문에 먹어서는 안 된다고 느꼈다(1963 ed., p.267).

6. 하나의 사례가 Waley 1956, p.197에 번역되어 있다.

7. Hawkes는 그의 번역에서 이 빈정거리는 말을 더 직설적으로 표현했다.

8. 보화전(保和殿)에서 몽골 사절을 위한 자리 배치는 Todo Meisho Zue(『중국명소그림집』), 1:27에서 볼 수 있다.

9. 『청패유초淸稗類鈔』의 서양음식 부분을 참조할 것(24권, No.56:49, 56; 47권, No.92: 2, 7, 8).

10. 『청가록淸家錄』은 달마다 한 권(券)씩으로 구성되어 있다. 1:12; 3:2b; 4:1; 5:3; 7:2 등 여러 곳을 참조할 것.

11. Waley는 전기의 이 짧은 부분을 번역하지 않았다.

7. 현대 중국: 북부 지방

베라 Y. N. 쉬와 프랜시스 L. K. 쉬Vera Y. N. Hsu and Francis L. K. Hsu

중국에서 태어나 성장한 사람들에게 어린 시절 가장 좋았을 때가 언제였냐고 물어보면, 아마도 '춘절'이라고 답하는 사람이 가장 많을 것이다. 그러한 답은 우리들이 겪은 경험과도 정확하게 일치한다. 그러므로 우리가 민국[1] 시절의 유명한 사람들의 자서전에서 중국식 신년 하례가 가장 기억에 남는다고 쓴 구절을 읽는 것은 놀라운 일이 아니다(Ts'ao 1966 참고).

중국의 유명한 고전 가극 가운데 『평귀회요平貴回窯』[*1]라는 것이 있다. 이 가극은 가난하고 재능 있는 한 남자가 속임수를 써서 부유한 고관의 딸과 결혼한 것을 다루었다. 그녀의 아버지는 이 결합을 전적으로 반대하였고, 딸이 반항을 하자 그는 아름다운 딸과 절연을 선언했다. 부부는 너무 낡아서 못쓰게 된 가마에 신혼살림을 차릴 수밖에 없었다. 딸의 어머니는 신혼부부를 불쌍히 여겨 상당한 금액의 돈을 몰래 선물로 주었다. 남편은 그 돈을 가지고 더 넓은 세상에 나가 큰 부자가 되었다. 18년이 지난 뒤에야 비로소 세속적인 성공을 거둔 그는 사랑하는 아내가 기다리고 있는 보금자리로 되돌아 왔다. 1930년대 대부분의 화북 지방에서 떠돌았던 유명한 전설에 의하면, 성공해서 돌아온 그는 18년 동안 가난과 고통 속에 남편을 기다린 부인에게 마음속 깊이 간직한 소원이 무엇이냐고 물었다. 그러자 그녀는 춘절잔치를 요구하였다. 그래서 그는 매일 춘절잔치를 열도록 주문하였다. 열여덟 번의 잔치가 끝난 다음에 그녀는 병이 들어 세상을 떠났다.

왜 그랬을까? 어린 필자에게 이 이야기를 얘기해 주곤 했던 할머니들은 "아내가 18년 동안 고생을 하였으니 하늘이 그 보상으로 18년간의 호화스런 삶을 누리게 하려고

---

1 신해혁명(1911)으로 청나라가 무너지고 이듬해에 성립되었던 공화국인 중화민국(中華民國)의 줄임말.

하였으나, 그녀가 열여덟 번의 춘절 축하행사를 매일 여는 바람에 그 18년을 다 소비하였고, 그래서 그녀가 죽었다"라고 설명하였다.

중국의 춘절 축하행사

왜 그렇게도 많은 중국인들이 춘절 축하행사를 그렇게 좋아하였을까? 그 이유는 다음과 같은 상황이 결합되어 있었기 때문이라고 생각하는데, 그 가운데 음식이 단연코 제일 중요하다. 그러나 좋은 음식 이외에도 다른 많은 요소가 있다. (1) 가족의 단란함과 행복한 생활의 실감 (2) 휴일(긴 휴식과 즐거움) (3) 설빔 (4) 조상신께 올리는 대대적인 제례행사 (5) 일반적인 축제 등이다.

이 축제기간 동안 음식은 살아 있는 사람들에게만 중요한 것이 아니다. 조상신에 올리는 대대적인 행사인 제사는 환상적인 음식과 음료(차와 술)로 구성된다*2. 이 시기의 또 다른 관습은 마치 뉴욕의 새해를 맞기 전날 밤 자정을 넘길 때처럼 집안의 아이들은 어른들께 세배를 하고, 어른들은 아이들에게 세뱃돈을 나누어 주며 인정을 베푼다. 이것을 압세전壓歲錢이라고 부른다. 결국 이 시기는 일 년에 한 번 어린이들이 자신들의 작은 주머니에 동전을 가득 채운 후 맘대로 자유롭게 사용할 수 있는 기회이다. 그래서 많은 가정에서는 어린이들, 10대들과 성인들이 끼리끼리 모여 노름을 하며 며칠을 보낸다.

오늘날 새 정부2가 들어서면서부터는 비록 조상신께 바치는 가정의례가 없어졌거나 간소화되고, 돈을 걸고 노름을 하는 것이 더 이상 허용되고 있지는 않지만, 여전히 춘절은 그 어떤 명절보다도 더 중시된다. 예컨대 매년 7일간의 정규 공휴일 가운데 춘절은 무려 3일을 차지하고 있다3.

이 장에서는 음식과 음료 그리고 그것들의 소비를 중요 관심사로 다룰 것이며, 우리

---

2   1970년대의 문혁기의 중국공산당 정부를 말한다.

3   2019년 현재 중국 본토에서는 1월 1일 신년 3일, 춘절 7일, 청명절 3일, 노동절(5월 1일) 3일, 단오절 3일, 중추절 3일, 국경절(10월 1일) 7일 등을 휴일로 쉰다.

는 중국인들의 생활 중 춘절 때 이러한 측면을 가장 잘 볼 수 있다. 춘절 이전 수 주간 화북 지방의 모든 가정의 여성들은 교자餃子를 만드느라 바쁘다. 교자는 잘게 썬 돼지고기, 배추, 소금, 생강, 파, 흑백 두 종류의 후춧가루로 소를 만들어 얇은 만두피에 싸서 만든다. 식구가 많은 집에서는 교자를 수천 개나 만든다.

전기냉장고가 없어도 화북의 중국인들은 겨울의 추운 날씨를 이용한다. 교자를 서로 붙지 않게 큰 쟁반에 맵시 좋게 나열한 다음, 난방을 하지 않은 빈방이나 바깥 상에 내어 놓으면 금방 얼어 버린다. 그다음에는 명절 음식 준비로 분주할 것도 없이, 여성들은 필요한 만큼의 교자를 끓는 물에 집어넣어 10분 정도 끓인다. 그러면 모두가 맛있는 점심 혹은 저녁식사를 먹을 수 있다. 교자는 식초와 참기름으로 만든 소스에 찍어 먹는다. 좀 더 짭짤한 맛을 원한다면 그 소스에 간장을 약간 섞을 수도 있다. 이렇게 교자로 차린 식사에는 몇 가지 반찬을 추가하는 것이 일반적이다. 즉 몇 종류의 절임, 소금에 절여 얇게 썬 오리알咸蛋(함압단), 얇게 썬 발효계란皮蛋(미국에서는 일반적으로 '천년계란'이라는 잘못된 명칭으로 부른다[4]), 땅콩볶음 등이다.

돼지고기와 배추로 만든 교자는 모든 소득계층에겐 보편적인 요리이지만, 춘절 축제에선 그저 한 부분일 뿐이다. 많은 화북 중국인들의 가정에서는 술, 두부, 소시지를 만들며, 가정에서 소비할 용도로 한두 마리의 돼지를 잡는다. 육류를 비롯한 다른 식재료를 그리 멀지 않은 상설시장에서 구입할 수 있음에도 불구하고 도시의 가정에서조차 이렇게 하고 있다. 그믐날 이전의 며칠 동안, 마을과 도시에서 열리는 상설시장에서는 수백 개의 판매대를 갖춘 임시 시장이 병설된다. 일 년 중 이 시기의 거리는 항상 신년 물품年貨를 사려는 사람들로 붐빈다. 쇼핑이 끝나면 연반年飯[5]을 시작으로 축제가 시작된다.

이 식사는 늦은 오후(5시)에 시작되는데 늘 호화스럽다. 상대적으로 가난한 사람들조차도 채소(주로 배추, 무, 그리고 마른 버섯), 닭고기, 생선, 홍합, 특히 돼지고기를 주재료로 한 약 4개 내지 6개의 큰 그릇大碗에 담긴 요리四大碗, 六大碗를 준비한다. 좀

---

4 오리알, 메추리알 등을 흙, 재, 소금, 석회, 쌀겨 등으로 반죽하여 알을 싸서 2달 이상 보관하여 만든 피단(皮蛋)을 말한다. 미국에서는 백년알, 천년알 등으로 불린다. 한국에서는 송화단(松花蛋)이라고 한다.

5 제야에 먹는 식사. 연야반(年夜飯)이라고도 부른다.

더 잘 사는 사람들은 분명 8개의 요리八大碗를 준비하며, 4개나 6개의 차가운 요리에 이어 한두 개의 중심 요리大件가 뒤따른다. 냉채는 채소절임, 얇게 썬 고기, 돼지족발로 만든 젤리, 땅콩볶음, 식초와 간장에 담근 얇게 썬 해파리, 설탕에 절인 청매실이나 금귤, 혹은 완두콩을 곁들인 염장 건새우 등으로 구성되어 있다. 여덟 개 요리에는 위에서 언급한 것 이외에도 해삼, 상어지느러미, 제비집, 돼지고기로 만든 소시지, 햄, 돌려 말해 '사자머리'라고 불리는 돼지고기에 생새우와 마른 새우를 함께 섞은 커다란 완자를 배춧잎에 싼 요리가 있다. 일반적으로 가장 중심이 되는 요리는 '팔보반八寶飯'인데, 연밥, 살구씨杏仁, 얇게 썬 대추, 몇 가지 설탕에 절인 과일, 달콤한 콩고물, 흑설탕 시럽 등 여덟 가지 재료를 넣은 달콤한 찰밥이다. 그 밖에도 흰 목이버섯과 빙당氷糖[6]으로 만든 환상적인 달콤한 수프가 있으며, 이것은 다른 음식을 먹고 난 다음에 제공된다. 흰 밥과 술 혹은 소주는 식사하는 내내 제공된다. 이 특별한 행사에서는 8세나 10세 정도의 아이들도 원하는 경우 약간의 술을 마시는 것이 허용된다.

이 연반 축연은 단지 시작일 뿐이다. 새해 첫날을 시작으로 각 가정의 가족들, 혹은 찾아오는 친척들과 친구들을 위해 몇 차례의 호화로운 식사가 이어진다. 수박씨, 참깨과자 등 기타 달달한 과자, 땅콩볶음, 배와 오렌지와 같은 과일, 그리고 케이크 등의 간식은 언제나 준비되어 있다. 손님들이 들어와 앉으면 바로 차, 수박씨, 스낵 등의 가벼운 음식이 쟁반에 담아 제공되며, 그 후에 좀 더 본격적인 음식이 들어온다. 이러한 파격적인 음식 대접은 정월 초삼일까지 지속되는 경우도 있지만 집에 따라서는 대체로 전통적인 대보름날인 정월 대보름까지 지속되기도 한다.

이 때 또 한 차례의 축제 이외에도, 15세까지의 어린이들은 녹두반죽에 초와 심지를 박아서 만든 각자가 속한 띠의 동물 모양 양초를 받는다(중국에서는 열두 가지 동물이 돌아가면서 그 해의 상징이 되는데, 용을 제외한 모든 동물은 실재하는 것이다. 열두 종류의 동물은 쥐로 시작해서 돼지로 끝나며, 계속 순환되고 진행된다. 그러므로 모든 사람들은 각자의 생년에 따라서 특정한 동물의 띠를 평생 동안 갖게 된다). 대보름 축제기간 동안 저녁이 되면, 어린이들은 각자의 띠를 보여주는 촛불을 들고 나가, 누가 누구보다 더 나이가 많고 적은

---

6 겉모양이 얼음조각처럼 된 사탕.

지, 혹은 몇 살 차이가 나는지를 짐작해 본다. 그들은 다른 게임을 하면서도 그 옆에 각자의 촛불을 켜 놓는다. 그 광경은 매우 아름답다.

주식

중국에서 음식을 말할 때 근본적으로 분명히 해 두어야 할 일이 있다. 미국에서 중식당을 갈 때, 우리는 부용단(芙蓉蛋)[7]이라는 중국식 오믈렛이나 고추잡채(青椒肉絲, 피망고기볶음)와 같은 요리를 주문한 다음에 밥을 시킨다. 미국 사람들에게 라이스(쌀)라는 말은 하얀 곡물Oryza sativa을 부드럽게 조리한 것만을 의미할 뿐이다. 그러나 중국에 살고 있는 많은 중국인들, 특히 화북 지방의 중국인들은 그런 종류의 쌀을 먹지 않는다. 그 대신 옥수수, 조, 찰기장을 먹는다. 이 모든 것들을 망라한 요리를 판飯이라고 부르는데, 이 말이 널리 쓰이기는 하지만 영어에서는 밥과 동일한 것으로 잘못 사용되고 있다.

기본적으로 중국인들은 곡식으로 만들어 식사 때마다 각각 그릇에 담아내는 판飯과, 고기와 채소를 요리하여 식사하는 사람들이 모두 나누어 먹을 수 있도록 큰 그릇이나 쟁반에 담아 식탁의 중앙에 올려놓는 차이菜로 구분한다.

이 장에서 우리는 판과 차이를 위에서 정의한 대로 사용할 것이다. 판은 다시 부드러운 농도로 조리한 밥인 간판乾飯(대부분의 미국인들이 중국식당에서 보고 아는 것과 같은)과 통상 아침 식사나 야식으로 먹는 죽과 같은 형태로 된 시판稀飯(대부분의 미국인들은 이것을 먹어 본 적이 없다)으로 구분한다. 중국인들이 쌀로 만든 판을 이야기할 때 그들은 흰쌀밥(바이미판, 白米飯)이라고 말하며 수수밥(까오량미판, 高粱米飯), 조밥(샤오미판, 小米飯)과 구분해서 부른다. 밀가루는 빵(만두)의 형태, 다양한 형태의 국수(둥근 것, 납작한 것, 네모난 것, 가는 것과 굵은 것 등), 만두피, 양파와 돼지기름과 소금을 넣어 만든 납작한 팬케이크土豆洋蔥煎餅, 참깨전병芝麻煎餅, 마화麻花라고 부르는 프레첼과 같은

---

7 광동 요리의 하나로 새우(혹은 중국 햄), 숙주나물, 부추, 양파 등을 볶은 다음에 계란물을 넣어 지져낸 일종의 중국식 오믈렛이다.

꽈배기 과자, 일종의 중국식 도넛인 유조油條를 만들어 먹는다.

화남 지방에서는 쌀, 화북 지방에서는 밀이 일반적이라고 여러 번 언급되어 왔다. 그것은 대체로 사실이다. 그러나 화북 지방에서는 밀 이외의 몇 가지 다른 주식도 소비한다. 대부분의 만주 지방과 산동 지방의 여러 곳, 하북과 하남 지방에서 발견되는 것은 수수와 콩 두 가지를 들 수 있다. 수수는 쌀과 꼭 같은 방식으로 조리되고 먹는다. 그러나 수수는 쌀보다는 값이 싸다. 1949년 이후 대규모의 관개사업이 진행되어 벼농사가 가능하게 되었으나, 그 이전에는 수수가 만주 지방의 기후와 토양에 더 적합하였다. 따라서 수수는 대부분의 사람들이 즐겨먹는 음식이었다. 가난한 사람들은 춘절이나 결혼식, 장례식, 그리고 생일에만 쌀을 먹었다. 수수는 중국인들만 특별히 먹는 음식이라, 수수를 먹는 것이 그들 자신과 일본인들을 구분하는 표시라고 말하였다. 1945년 이전 만주에는 일본인들의 존재를 나타내는 증거가 많이 있다. 그들은 남만주철도, 여순旅順항, 대련大連과 북쪽의 심양瀋陽, 장춘長春과 같은 모든 도시의 조계租界를 장악하였으며, 치외법권을 가진 식민지배자와 무역인으로서 가질 수 있는 특권적 지위를 누렸다. 그들은 흰 쌀밥만 먹었다. 그래서 어떤 중국인은 쉽사리 빠져나올 수 없는 절망적인 상황에 대해 "그것은 일본인들이 수수밥을 먹는 것과 같다"라고 말하기도 하였다.

쌀이 얼마나 귀하고 값비싼 것인지는 금주錦州에서 청소년기를 보낸 저자 중 한 사람이 증언한 다음과 같은 에피소드를 통해 알 수 있다. 네다섯 살 되는 어린이가 그의 할머니 집에서 놀고 있었다. 할머니는 솥을 가르키며 손주에게 뭔가 조금 먹고 싶으냐고 물었다. 그것은 쌀밥이었다. 그러나 할머니는 거기에다 팥을 섞었다. 그래서 밥의 색깔은 희지 않고 보라색이었다. 어린 소년은 한번 흘깃 보더니 먹지 않겠다고 하였다. 그는 그것이 그가 매일 먹는 수수밥이라고 생각했으므로 먹고 싶지 않았다. 그러나 할머니는 그를 불러 곡식의 모양을 검사하여 보여주었다. 색깔을 비록 수수와 비슷하였지만 알곡은 길었고 둥글지 않았다. 소년은 즉시 **차이**(반찬)도 없이 밥 한 그릇을 다 먹었다.

콩은 수수나 옥수수의 간작 작물로서 잘 재배된다. 콩은 중국 전역에서 두부, 두유, 순두부豆腐腦로서 소비된다. 비지豆渣는 콩에서 두유를 빼고 남은 찌꺼기로서 통상 돼지 사료로 사용된다. 그러나 가난한 사람들에게는 **차이** 요리가 된다. 또한 콩깍지에 달린 푸른콩도 밭에서 금방 딴 다음 물에 삶거나 불에 구워 간식으로 먹는다.

이것을 간장과 참기름에 찍은 뒤 이로 콩을 긁어내어 입에 넣어 먹는다. 그 밖에도 다양한 콩 제품이 있다. 콩나물, 삭힌 두부腐乳[8], 취두부臭豆腐[9], 말린 두부豆腐乾 등등이다. 예컨대 콩나물은 기름과 채 썬 고기와 함께 볶아 먹기도 하고, 끓는 물에 1~2분 담갔다가 샐러드같이 먹을 수도 있다.

만주를 비롯한 앞서 언급했던 몇 개의 성省을 벗어나 다른 화북 지방으로 눈을 돌리면, 우리는 위에서 기술한 그림의 미묘한 변화를 발견하게 된다. 밀이 상용화되고 있지만 아주 가난한 사람들은 아직도 옥수수 빵을 많이 먹으며, 조로 만든 죽을 먹는다. 그뿐만 아니라 고구마는 흔한 식품이 되었다. 1920년대의 하북성의 정현定縣의 조사에서 시드니 갬블Sidney Gamble과 그의 동료들은 모든 소득 수준의 가정에서 고구마가 주요 식품이라는 것을 발견하였다. 이것은 두 번째 주식인 조보다 많으며, 또한 다른 모든 곡식을 합한 것보다 많았다(1954, p.112). 주식으로서의 고구마와 조의 중요성은 마틴 양Martin. C. Yang에 의한 산둥성 조사에서도 보고되었다(1945, pp.32~34).

20세기 초 남경대학의 벅J. L. Buck에 의한 대규모 조사는 4개의 성(안휘성, 직례直隸〔하북성〕, 하남성, 강소성)의 1,070개의 농가를 포함한 것으로서 그 조사 결과는 유사하였다. 안휘나 강소와 같이 남쪽 지방일수록 밀과 쌀이 더 중요한 주식이었다. 그러나 북쪽 두 개의 성(하남과 하북)은 수수, 조, 옥수수가 중심을 이루고 있었다. 사실 하북은 네 개의 성 가운데 가장 북쪽에 위치하여, 전체 곡물 소비 중 밀은 5% 이하를 차지하였다. 또한 비록 하북 농민들이 밀이나 쌀을 생산하더라도 현금을 벌기 위해 종종 그것들을 팔아버리고 수수, 조 혹은 고구마와 같은 더 값싼 식품을 소비한다는 사실이 널리 알려져 있다(Buck 1930, pp.366~71).

도시에서는 군고구마도 간식으로 먹었다. 겨울 동안 북경과 천진의 거리에서는 군고구마를 파는 행상인들을 자주 볼 수가 있는데, 그들은 온스와 근 단위로 팔았다. 이러한 행상인들은 긴 막대기의 한쪽에는 휴대용 화로를 달고, 다른 한쪽에는 원 재료인 고구마를 달고 다녔다. 화로의 밑바닥에 숯불을 벌겋게 피우고, 그 위에 고구마 여러 겹이 사방으로 드리워진 고리에 걸려 있다. 어른들뿐만 아니라 아이들도 고구마

---

8 두부를 발효시킨 일종의 저장음식으로 크게 순한 맛과 매운맛으로 나뉜다.

9 소금에 절인 뒤 석회 속에 넣어 보존해 만든 발효두부.

행상의 좋은 고객이었다.

육류와 채소

예전부터 중국에서 가장 수요가 많은 육류는 돼지고기였고 현재도 그렇다. 단지 유대인과 마찬가지로 회교도는 예외적으로 돼지고기를 먹지 않고, 쇠고기와 양고기를 먹는다. 중국에서는 회교도만 관습적으로 젖과 버터를 소비하고, 그 외의 중국인들은 그렇지 않다. 어린이들에게는 모유를 먹이거나 분유 혹은 캔 우유를 먹인다. 회교도들은 공산주의 치하인 오늘날까지도 그들의 음식 관습을 유지하고 있다. 우리는 1972년 북경에서 수많은 무슬림식당을 보았다. 그 가운데 하나는 여름 궁전인 이화원頤和園 안에 있었다. 비회교도 중국인들도 무슬림식당을 이용할 수가 있으나, 회교도들은 다른 식당에서는 먹으려하지 않을 것이다. 1949년 이전에는 북경에서 최고로 치는 음식점 중 하나인 데다 가장 유명한 무슬림식당은 양고기를 전문으로 하는 동래순東來順이었다.

중국 인구 전체를 대상으로 조사하면, 1949년 이전에는 고기를 소비하는 수준이 현저하게 낮았다. 벅의 조사에 의하면 중국 농민들은 그들의 음식에너지의 89.8%를 곡물과 곡물제품에서 얻었으며(평균적인 미국 가정이 38.7%인 것과는 대비된다), 8.5%는 뿌리채소(대체로 고구마), 그리고 1%만 육류에서 얻었다(평균적인 미국가정의 경우 39.2%를 육류에서 얻는다). 채소, 설탕, 과일은 합쳐서 음식에너지의 0.7%에 불과하다(평균적인 미국 가정에서는 설탕과 과일만으로도 13.1%를 소비한다)(Buck 1930, pp.363~64)[3] 우리가 실제로 보고 경험한 바에 따르면 이러한 그림은 대체로 정확하다. 다만 보다 부유한 남부 지역의 농민들은 보다 가난한 북부 지역의 농민들에 비해 예외적으로 좀 더 많은 고기와 육가공품을 먹을 수 있었을 것이다. 농촌 사람들은 주로 춘절을 포함한 축제와 결혼, 생일, 장례식과 같은 특별한 행사 때에 고기와 동물성 제품을 먹었다. 일상적인 식사 때 대부분의 중국인들은 채소절임과 다양한 채소를 풍성하게 섭취하며, 가끔 소금에 절인 약간의 돼지고기와 물고기, 그리고 돼지기름에 볶은 채소를 먹는다. 일반적으로 먹는 비동물성 기름은 땅콩, 면화씨, 참깨와 채소씨앗에서 추출한 것들이다.

중국의 음식철학에서 조리된 채소, 고기와 식육제품(즉 차이)은 판(飯―즉 밥) 한 그릇, 즉 쌀, 수수, 조 등으로 지은 밥을 먹기 위한 반찬下飯이었으며, 이것은 먹는 순서가 정반대인 미국의 음식철학과는 극명하게 대비된다. 이 철학은 너무나 중요하여 모든 식사는 판으로 불린다. "판 먹었어요(吃飯了没有)?" "먹을 판이 없다(没有飯吃)"(먹을 음식이 없다, 혹은 일거리가 없다)는 보통 중국인들이 쓰는 표현이다. 어린이들은 아주 어릴 때부터 이 철학을 배운다. 판을 많이 먹고 차이를 조금 먹는 어린이는 칭찬을 받는다. 저자 가운데 한 사람은 방과 후 식사를 할 때면 밥 두 그릇을 소금에 절인 오리알 한 개를 찬으로 삼아 먹곤 했다고 한다.

물론 중국인들 중에 더 잘 먹을 수 있었던 타인을 부러워하는 사람들이 없었던 것은 아니었다. 마틴 양은 산동 지역의 가난한 촌락민들이 "기독교 목사, 학교 교사, 마을장터의 상인에 대해서 말하기를 '그들은 매일 밀가루를 먹으니, 어찌 그의 얼굴이 부드럽지 않을 수 있겠는가!'"라고 하였고, 또 어떤 사람이 운수대통하면 그의 촌락의 동료들은 "그것은 마치 고기를 항상 밀가루 빵과 함께 먹는 것과 같은 것"이라고 말하였다고 보고하였다(M. C. Yang 1930, p.34).

위의 인용이 지적하는 바와 같이, 밀가루는 잘 사는 사람과 도시민들의 식사로 동일시되었다. 고기와 다른 동물성 제품의 경우는 더욱 그러하다. 노인들과 환자들은 후자 특히 닭과 계란을 더 많이 먹는다. 재정적으로 가능하다면, 집안에서 가장 어른인 남성과 그의 부인은 통상 아침식사에 한두 개의 수란水卵을 먹는다. 좀 더 젊은 부인들도 출산 후 1개월 동안 산후조리를 하는 것이 관습이다. 이 기간 동안 산모는 적어도 하루에 수란을 한 개씩 먹고, 다른 음식과 함께 닭고기 혹은 닭고기 탕을 먹는다. 또한 돼지 내장탕도 모유가 나오게 하는 데에는 최적인 음식으로 여겨진다. 간, 콩팥, 뇌, 위장, 창자와 같은 동물의 다양한 내장은 그 가치가 높고 먹고들 싶어 하는 음식이다. 아기, 특히 아들을 출산한 후에 산모의 친정에서는 밀가루, 혹은 밀가루로 만든 국수, 두세 마리의 닭과 특히 계란 한 바구니를 선물로 보낸다. 이러한 것들은 주로 산모를 위한 것이다. 새로 아버지가 된 사람의 가족은 빨갛게 물들인 계란紅蛋을 준비하여 친척들과 이웃들에게 나누어 준다. 이것은 마치 미국에서 아기가 태어나 새로 부모가 된 사람들이 자랑스럽게 시가cigar를 나누어주는 것과 같은 것이다.

식사와 식사 횟수

화북 지방의 촌락민들은 농번기에는 세 끼를 먹는 편이다. 농번기는 늦은 봄, 여름, 초가을로 해가 길다. 그러나 해가 짧은 농한기에는 두 끼를 먹는다. 그러나 농한기에도 전부는 아니지만 대부분의 가정에서는 상당한 양의 늦은 저녁간식을 먹는 것이 일반적이다. 도시에서는 일반적으로 하루 세 끼를 먹는다.

두 끼를 먹는다면 아침 8시에 한 번 먹고, 오후 4시나 5시에 또 한 번 먹는다. 간식은 취침 전 저녁 8시나 9시에 먹는다. 세 끼를 먹는다면, 첫 번째 식사는 동이 틀 무렵 아주 일찍 먹는다. 그 후 사람들은 들로 나간다. 12시 30분쯤 먹는 점심은 일반적으로 둘로 나누어진다. 여성들 혹은 어린이들은 음식을 용기에 담아 들에서 일하는 남자들에게 갖다 준다. 그러나 그들 자신은 집에서 식사를 한다. 저녁식사는 모든 일꾼들이 들에서 돌아오는 시간인 7시경에 먹는다.

촌락에서 남자와 여자는 서로 다른 식탁에 앉아서 먹는다. 5, 6세 이하의 어린이들은 남녀를 불문하고 어머니와 함께 식사를 한다. 그러나 남자들은 나이를 먹으면 아버지 및 그의 남자형제들과 함께 식사를 한다. 한 가지 예외가 있다면 가장 연장자인 남성, 즉 가장의 부인은 남자들의 식탁에서 먹을 때도 있다는 점이다. 가족을 위한 요리는 젊은 부인들, 일반적으로 며느리들이 담당한다. 며느리가 한 사람 이상일 경우 돌아가면서 식사를 준비한다. 대체로 한 번에 10일씩 맡는다. 잘 사는 집에서는 자연히 그러한 일을 며느리 대신 하인들에게 시킨다. 머슴들은 남자들과 함께 먹는 것이 일반적이다.

도시의 경우 어떤 가정에서는 남녀가 따로 식사를 하지만, 함께 먹는 집도 있다. 한편 하인들은 주인이 먹고 난 다음에 자신들의 상에서 식사를 한다.

중국인들의 전형적인 식탁은 둥글거나 사각형이다. **차이** 그릇은 식탁 중앙에 배치하며 식사에 참여하는 사람들 각자는 **판** 그릇 하나, 젓가락 한 쌍, 개인접시와 숟가락을 하나씩 갖추고 있다. 식탁에 앉은 모든 사람들은 식사를 하면서 **차이** 그릇에서 음식을 가져다 먹는다.

좋은 식사예법이란 개개인이 각기 다른 차이 그릇에서 동등한 양의 음식을 취하는 것이다. 그렇게 해야 모든 사람들이 모든 요리를 맛볼 기회를 가지게 될 것이다. 부모가 자녀들에게 알려주는 아주 보편적인 가르침 중의 하나는, 가장 예의바른 사람은 자신이 좋아하는 음식이 무엇인지를 동석하고 있는 사람들이 알아차리지 못하도록 먹어야 한다는 것이다. 한편 좋은 식사예절은 먹다가 만 고기조각(혹은 다른 음식)을 그릇에 남겨두는 것을 허용하지 않는다. 그러나 미국 음식에 비해 중국 음식은 여러 번 베어 먹을 필요가 적다. 왜냐하면 중국인들은 모든 식재료를 깍둑썰기를 하거나 다지고, 또는 저며서 사용하며, 그렇지 않을 경우 한입 크기로 자르거나 얇게 썰어서 사용하기 때문이다.

좋은 음식 예법에는 다른 여러 가지 점도 포함된다. 같은 식탁에 나이 차이가 나는 사람들이 동석할 때, 젊은 사람들은 연장자가 먹기 시작할 때까지 기다려야 한다. **판**을 먹을 때는 그릇을 왼손으로 집어 입술까지 들어 올리고, 오른손으로 젓가락을 사용하여 음식을 입 안으로 밀어 넣는다. 먹는 사람이 **판** 그릇을 식탁 위에 올려놓고 **판**의 덩어리를 그릇에서 집어 먹으면 이것은 음식에 관심이 없거나 불만을 표현하는 것이다. 그가 혹은 그녀가 어떤 집에 손님으로 초대를 받아 갔을 때, 그러한 행동을 한다는 것은 집주인에 대한 공개적인 모욕으로 간주된다.

어린 시절 우리가 항상 음식을 먹었을 때는 **판** 한 톨도 그릇에 남기지 말라고 주의를 받았다. 우리 시대의 어른들은 쌀이나 옥수수 한 톨 한 톨은 땅의 경작자들의 땀방울을 통해서 얻어진 것이라며 우리들에게 강한 인상을 심어주었다. 마지막으로 어린이들은 식사 중 어른들의 대화를 듣기만하고 묻는 말이 아니면 말하지 말아야 한다고 들었다.

외식

일반적인 중국 촌락에는 상설가게나 식당은 실질적으로 존재하지 않는다. 촌락은 3일마다 혹은 6일마다(더 긴 주기도 있다) 열리는 정기 시장에 주로 의존하며, 많은 촌락의 농민들이 무언가 팔고 사기 위해 시장으로 모여든다. 이런 정기 시장에는 음식행상과 노점 음식가판대가 많이 등장한다. 도시에서는 대부분의 식당, 푸줏간, 채소와 곡물가게, 떡집, 비스킷, 콩과 밀로 만든 면과 많은 여러 종류의 조리된 음식을 볼 수 있다.

중국 도시 어디에서나 볼 수 있는 광경은 거리의 행상인들이다. 그들은 미국의 굿유머 맨Good Humor man[10]과 같이 이 거리 저 거리로 다니는 상인으로, 다만 그들이 제공하는 재화와 서비스가 매우 다양하다는 점은 미국과는 다르다. 그 밖에도 그들은 등유를 온스 단위로 달아서 팔고, 깨진 도자기를 완벽하게 고치는 수리공, 화상품 및 바늘과 실에 이르기까지 수백 가지의 여성 용품을 제공하는 사람도 있으며, 많은 행상인들이 이동식 음식가판대를 가지고 다닌다.

이것들 가운데 가장 간단한 것은 그릇에 담아 파는 국수, 소병, 중국식 도넛이라고 말할 수 있는 유조, 수박, 1930년대에는 몇몇 종류의 셔벗도 포함되었다. 국수나 유조를 사먹는 고객들은 음식을 산 그 자리에서 먹었다. 그들은 먹고 난 다음에 그릇과 젓가락은 씻어서 다시 사용할 수 있도록 상인에게 돌려주었다.

가장 기술이 좋은 상인은 자신들이 만든 '설탕으로 만든 사람' 즉 당인糖人[11]을 파는 사람들이었다. 그들이 선보이는 기술에 매혹된 많은 어린이들과 심지어는 어른들까지도 그 주위를 둘러쌌다. 당인 상인들은 이동식 목탄 화로와 소년, 소녀, 연극의 등장인물, 동물, 생선, 곤충 등의 모양의 틀을 갖고 다녔다. 그들은 불에 녹인 큰 접착제와 같이 생긴 캔디덩어리에서 작은 뭉치를 떼어낸 것을 취관吹管의 끄트머리에 올려놓는다. 이것을 불기 전에 말랑말랑한 캔디를 특정한 모양 틀에 집어넣는다. 이 틀을 들어내면 형태가 없던 덩어리가 아름다운 수탉, 소, 천사 등 무엇이든지 주문하는 대로 변한다. 또 효과를 더 내기 위해 완성된 조각에다 칠을 하여 여기저기에 채색된 캔디 조각을 붙이면 그것은 마치 살아 있는 것처럼 보인다. 이렇게 만들어진 캔디를 어린이들은 한참 갖고 놀다가 먹어치웠다.

행상인보다 좀 더 비유동적인 장소에서 일하는 사람들은 보행도로, 아침장, 절 입구에서 열리는 임시시장의 음식 판매상들이다. 그들은 음식 행상인들과 같은 방식으

---

10 미국에서 1920년경부터 아이스크림을 트럭에 싣고 다니면서 파는 행상인을 지칭한다.
11 설탕을 녹여 모형에 부어 만든 동물 및 사람 모양을 한 과자를 지칭한다. 일종의 엿.

로 음식을 고객에게 제공한다. 다만 그들의 메뉴는 좀 더 정교한 것이다. 군고구마나 국수와 같이 단품의 음식이 아니라 그들은 **판**과 **차이**, 혹은 다양한 만두로 구성된 좀 더 완성된 형태의 식사를 제공한다. 또한 고객들의 편의를 위해 식탁과 벤치 몇 개를 제공할 때도 있다.

식당은 아주 다양하다. 베이징에는 전문대가前門大街에서 발견되는 방 한 칸이나 두 칸짜리 식당도 있지만 동흥루東興樓와 동래순東來順처럼 대궐 같은 곳도 있다. 그 다지 대단하지 않은 보통의 식당이라면 좀 더 많은 메뉴를 구비하여 앞서 기술한 음식 판매대를 좀 더 확장한 정도이다. 대궐 같은 식당은 참으로 인상적이고 상당한 규모의 메뉴를 갖추고 있다. 그러나 보통의 식당이든 대궐 같은 식당이든 그들에게는 몇 개의 공통적인 특징이 있다.

식당의 중심인 주방은 식당 정문에 자리 잡고 있어서 고객들이 요리과정과 주방장, 또는 요리사들이 발휘할 수 있는 대단한 기술을 볼 수 있도록 하였다. 예컨대 많은 북방 요리 가운데 요리의 중심이 되는 과정은 기름에 볶는 작업이다. 이 광경은 식재료를 기름을 두른 뜨거운 팬에 넣어 정확하고 빠른 시간 동안(2~3분) 볶아내는 것을 포함한다. 우리는 미국의 팬케이크 기술자들보다 훨씬 더 대단한 기술로 타오르는 불 위에 팬의 내용물을 볶아내는 많은 요리사를 볼 수 있다. 또 요리사는 고객이 도착하였음을 큰 소리로 외쳐서 알려준다.

모든 중국식당의 공통적인 또 하나의 특징은 많은 고객들이 개별적인 방에서 식사를 한다는 점이다. 어떤 방들은 실제로 벽이나 문으로 칸막이를 만들어 다른 사람들과 공간을 나눈다. 또 다른 경우에는 가리개로 나눈다*4. 보통 큰 식당 1층에는 큰 홀이 있어서 많은 손님들이 그곳에서 식사를 할 수 있다. 이 경우 누가 어디에서 식사를 해야 하는지에 대한 절대적인 규칙이 없다. 일반적으로 네 사람 이상의 단체 손님은 개별적인 방을 배정받지만, 그 이하거나 혼자서 먹는 경우에는 공동의 홀에서 먹는다. 그러나 여기에서 우리는 화북 지방의 식당이 지닌 또 하나의 특징을 만나볼 수 있다. 즉, 소비 수준이 다른 고객들이 서로 한 곳에서 어울리게끔 한다는 점이다.

서양에서는 사람들이 우아한 식당에서 식사를 할 것인지 값싼 곳을 이용할지를 미리 결정하는 것이 일종의 관습이다. 전자의 경우는 모든 것이 비싼 반면, 후자는 모든 비용이 적게 든다. 중국 북부 지방에서는 아주 큰 대궐 같은 식당도 다양한 규모의 지갑을 가진 손님들을 끌어 들인다. (미국에 있는 대부분의 중국식당은 아직도 이러한 특징이 남아 있다.) 베이징의 동래순은 그 좋은 예이다. 이곳은 무슬림식당으로서 얇게 썬 양고기를 손님이 직접 식탁 위에 놓인 '훠궈火鍋'[12]에 넣어 요리해서 먹는 것으로 유명하다. 이 식당에는 1층에 큰 공용홀 이외에도 50개의 개별 방이 있다. 이 식당은 팔대완八大碗이라고 불리는 여덟 가지 코스요리를 원하는 사람에게도 서비스를 제공하지만, 점심이나 저녁식사로 양고기와 배추로 만든 만두 스무 개밖에 사 먹을 수 없는 일용노동자나 인력거꾼도 만족시킨다. 팔대완을 시켜 먹는 사람들은 당연히 큰 별실을 하나 차지할 수 있는 반면, 스무 개의 만두를 시켜먹는 사람들은 일층의 공동홀에서 먹는다. 그러나 만두를 사 먹는 고객도 혼자가 아니라 여러 명의 친구들과 함께 오면 그들 또한 별실로 배정받는다. 이렇듯 계급에 따른 고객의 분리는 없다.

1949년 이전에는 다른 지역과 마찬가지로, 중국에서도 식당에서 팁을 주는 관습은 일반적이었다. 그러나 그 이후에는 중국 어디에서나 팁을 주지 않는 것이 규칙이 되었다.

필자는 앞서서 요리인 **차이**는 부차적이고 개인 그릇에 담긴 **판**이 기본이라는 중국의 음식철학에 대해 언급하였다. **차이**는 식사를 하는 사람이 **판**을 먹도록 도와주는 역할을 한다. 이 철학은 일반적으로 식당에서 외식을 하거나 장례식과 결혼식의 연회, 춘절연회, 그 밖의 축연에서는 대부분 정반대이다. 여기에서는 대체로 **판**이 아니라 요리인 **차이**의 수준에 대부분의 관심이 집중된다. 북부 지방에서 **판**은 항상 둥근 모양, 사각형, 꽈배기 모양의 밀가루 빵으로 보완되거나 대체되곤 한다.

더 나아가 축제기간, 특히 축제를 주관하는 주인 노릇을 하게 되면 모든 중국인들은 절약 정신을 무시하고 과소비를 일삼게 되는 것 같다. 축제 주관자들은 엄청나게 많은 **차이** 요리를 내놓는다. 주인 혹은 여주인은 손님의 거듭되는 사양과 심지어 항의에도 불구하고 고기, 생선, 닭고기 등을 집어 손님 접시에 쌓아 올린다. 제일 마지막으로 **판**이 들어오면 식탁에 앉은 대부분의 사람들은 배가 불러서 기껏 몇 숟갈만 뜨고 만다.

---

12 샤브샤브 냄비와 같이 각종 향신료를 넣은 끓는 물에 채소와 양고기 등을 넣어서 먹는 요리.

차, 술, 증류주

중국인들은 식사 때 물을 마시지 않는다. 통상 뜨거운 차가 준비되어 있다. 1930년 대에는 오렌지 주스 또는 다른 맛의 소다수가 학생들 사이에 유행하였다. 연회 때나 손님이 왔을 때는 술 또는 과실주를 따뜻하게 데워 작은 잔에 따라 식사와 함께 제공했다. 통상적인 식사는 식탁 중앙에 모든 사람들이 떠다 먹을 수 있도록 놓은 큰 그릇에 담긴 뜨거운 탕을 마시는 것으로 끝난다.

차는 중국에서는 보편적이며, 대부분의 식사와 함께 혹은 다른 때에도 제공된다. 중국의 어떤 지방에서도 다도茶道와 같은 것은 존재하지 않는다는 점에서는 마찬가지지만, 북부 중국의 끽다喫茶는 남부 지방에 비해 세련미가 덜하다. 그러나 여러 종류의 차가 있고, 특정한 지역성과 연관된 멋진 이름을 갖고 있다. 몇 가지 예를 들자면 용의 우물, 즉 용정차龍井茶는 절강성과 관련이 있으며, 향기로운 잎 즉 향편차香片茶도 마찬가지다. 검은 용, 즉 오룡차烏龍茶는 강서江西성과 연관이 있으며, 전차磚茶[13]는 운남雲南에서 왔다. 대홍포大紅袍라고 불리는 차는 항주의 나이 많은 세 그루의 차 나무에서만 채취된다고 하였다. 이 차는 1930년대에 온스당 미국 달러로 5불 전후였다. 이런 근사한 이름의 대부분은 남부 지방에서 온 것으로, 북부 지방에서 온 것이 아니다.

중국인들의 차 끓이는 법은 뜨거운 물을 찻잎이 들어 있는 주전자에 부어 약 10분 정도 담가 두는 방식이다. 그다음에 찻잔에 따라 낸다. 찻잎 몇 장이 차와 함께 찻잔에 흘러 들어가지만, 그것은 중국차의 한 부분으로 보기 때문에 찻잎을 걸러내기 위해 따로 여과기를 사용하지는 않는다. 그저 찻주전자의 큰 개구부보다는 주둥이와 주전자 사이에 있는 몇 개의 작은 구멍을 통해서 걸러질 뿐이다.

중국인들은 알코올 함량이 낮은 술wine과 함량이 높은 증류주spirit를 따로 구분하지 않는다. 주酒라는 말은 양쪽을 모두 포함한다*5. 여러 종류의 술과 증류주가 수 세기 동안 중국인들에게 알려져 있었다. 마오타이茅台는 귀주貴州성, 분주汾酒는 산서山

---

13 흑차나 홍차의 찻잎을 잘게 빻은 것을 틀에 넣어 벽돌 모양으로 만든 것이다. 오늘날에는 보이차(운남성산이 유명하다) 등의 많은 후발효차가 벽돌이나 원반 등의 형태로 생산된다.

西성 분주汾州, 소주紹酒는 절강성 소흥紹興에서 각각 생산되었다. 알코올 함량은 마오타이와 분주가 매우 높고 소주는 낮다. 그러나 이것들은 모두 **지우**酒로 알려져 있다. 분주를 제외한다면 북부 중국에서 생산되는 유명한 알코올 음료는 별달리 없었던 것 같다. 가장 일반적인 것으로는 바이깐白乾[14] 혹은 백주白酒, 그리고 황주黃酒 두 가지를 들 수 있다. 전자는 알코올 도수가 약 57%[15]이며 후자는 일반적인 미국산 셰리주와 같은 도수이다.

음식에 대한 세련된 접근과 고도의 요리기술이 발전한 것과는 대조석으로, 중국인들은 술을 많이 마시는 사람들조차도 알코올에 대해서는 딱히 가리지 않았다. 전통적인 중국 소설은 술가게에서 자신의 슬픔을 삭히려는 외로운 술꾼이나 부패한 관료를 치기 전에 술을 넉넉하게 마시는 외로운 '의적'을 종종 언급하였으나, 대부분의 중국인들의 일반적인 음주방식은 식사 때 함께 마시는 것으로, 특히 축제와 연회 때는 더 마셨다. 중국인들은 미국인들과 달리 식전에 칵테일을 마시지 않는다. 어떤 종류의 술도 섞어 마시는 법이 없다. 우리는 중국인 연회에 여러 번 가 보았지만 한 번도 무슨 술을 좋아하냐고 묻는 것을 본 적도 들은 적도 없다. 반대로 집주인은 한 종류의 술만을 내놓고, 손님들은 단지 그것을 즐길 뿐이었다. 같은 식탁에 앉는 사람들은 술을 마실 때 모두 같은 종류로 마신다.

중국은 **차이** 요리를 먹는 중간중간에 술을 마시는 것이 관습이다. 새 요리가 들어오면 또 한 차례 새롭게 잔을 채운다. 중국의 관습은 주인이 손님에게 더 많이 마실 것을 권하고, 손님도 주인에게 답하면서 서로 많이 마시도록 압력을 가한다. 술을 마시는 동안 벌이는 게임이 하나 있다. 화취엔(획권, 劃拳) 혹은 '손가락 맞추기'라는 게임이다. 이 게임은 만주를 포함한 북부 지방에서 특히 인기가 있으며 남부 지방에도 알려져 있다. 술을 마시는 사람이 둘만 있어도 게임을 할 수 있다. 각자 숫자 0(묵) 또는 5까지의 손가락(빠)을 상대방을 향해 내밀면서 동시에 0부터 10까지의 숫자를 크게 외친다. 두 사람이 내민 손가락의 합을 맞춘 사람은 승자가 된다. 그리고 패자는 새로

---

14 우리나라에서 중국술을 '빼갈'이라고 부르는 것을 지칭하며, 알코올 도수가 매우 높다. 백주는 증류주를 일반적으로 이렇게 부른다.

15 원문에는 proof 100%로 되어 있으나 알코올 도수(Alcohol by Volume)는 이것에 4/7를 곱한 것이 된다.

가득 담은 술 한 잔을 바닥이 보일 때까지 마셔야 한다. 이 게임은 두 사람 중 한 사람 혹은 두 사람 모두가 포기할 때까지 무한히 지속된다. 이 게임으로 중국인들의 연회는 극도로 시끌벅적하게 변하며, 특히 몇 쌍이 동시에 게임을 진행하는 경우에는 더욱 시끌벅적해진다.

지역적 편차

중국은 냉장시설이 열악하고 전국적으로 식품가공업자 및 제조업자도 부족하기 때문에 중국 음식은 지역적 특성이 강한 경향이 있다. 주식에 있어서도 남쪽에는 쌀, 북쪽에는 밀을 비롯한 다른 곡식, 동북 지방에는 수수, 옥수수, 콩이라는 지역적 큰 차이가 있다는 것은 이미 논하였다. 차이 요리는 북부 지방보다 남부 지방이 훨씬 다양하다. 그리고 전국적으로 유명하고 근사한 요리도 북부 지방보다는 남부 지방의 지역명을 붙인 요리들이 훨씬 더 많다.

북부의 중국인들은 '남부 사람들', 즉 양자강 이남의 강남인江南人들의 부와 풍족한 생활에 대해서 말한다. 북부 사람들은 강남인들이 주단으로 지은 옷을 입고, 항상 쌀을 먹으며, 때로는 진미를 먹는다고 믿었다. 북부 사람들은 그들이 영위하는 삶의 상대적인 '쓴맛'을 말하고, 절약과 부지런함을 고취하는 것이 그들의 운명을 이겨내는 방법이라고 하였다.

우리는 최근에 대만에서 발간된 『중국명채대전中國名菜大典』(comp. Yeh Hua 1976)을 검토하였다. 우리는 이 책에서 목차가 대중적인 안목에 맞춰져 있다는 것을 발견하였다. 이 책은 614가지 항목을 다루고 있는데 광동 요리가 67가지, 조주潮州 요리가 58가지, 광동 동강東江 요리가 60가지, 복건 요리가 67가지, 상해 요리가 66가지, 강소성 회양淮陽 요리가 124가지, 사천 요리가 76가지, 그리고 북경 요리 96가지로 구성되어 있다. 다른 말로 바꾸면, 편집자가 발견한 요리의 15%만이 목록 가운데 유일한 북부 도시인 북경 요리였다. 그리고 또 기억해야 할 것은 북경은 수 세기 동안 전국에서 세력이 큰 귀족, 관료, 구직자들이 모여들었던 곳이라는 점이다.

남부와 북부 사이의 요리가 가진 질적인 차이는 무엇일까? 이 책의 편집자는 매우 시사적인 아이디어를 몇 가지 제공하고 있다.

예컨대 광동 **요리**는 매우 다양하다. 담백한 맛도 강한 맛도 있다. 참으로 새롭고 특이한 식재료를 사용한다. 복건 **요리**는 해산물을 잘 쓴다는 장점을 갖고 있으며, 탕과 볶음 요리가 특히 유명하다. 산두汕頭 **요리**는 해산물 요리가 유명하며, 식재료가 탕에 떠 있는 요리로 특히 유명하다. 동강 **요리**는 기름지고 맛이 강하다. 북경오리구이는 전세계적으로 알려진 요리이다. 회양 **요리**는 잘게 썰고, 섬세한 맛이 특별하며, 달고 짭짤한 과자가 각별히 맛있다(Yeh Hua 1967, p.i).

이러한 생각은 대체로 우리들의 경험과 관찰과 일치한다. 과자로 예를 들면, 월병은 중추절에 중국 도처에서 먹는 특별한 음식이다. 그러나 북부 지방의 월병은 백설탕을 녹여서 만든 소, 혹은 대추를 으깨어 만든 갈색빛 소 이 두 종류만을 사용한다. 반면에 남부 지방의 월병에는 햄, 대추, 혹은 설탕에 절인 살구, 호두, 돼지기름, 수박씨 등 아주 다양한 재료로 만든 소가 들어간다. 생선은 북부 지방에서도 먹지만, 신선한 것이 귀하기 때문에 대부분 소금에 절인 것을 먹는다.

북경오리는 북부 지방의 유일한 진미는 아니다. '샤브샤브'(훠궈 火鍋)는 특히 긴 겨울 동안 북부 지방의 모든 가정과 많은 식당에서 즐겨 먹는 음식이다. 훠궈를 위해 둥그런 숯불 화덕 위에 둥글게 생긴 냄비를 올려놓고, 맑은 닭고기국물을 끓인다. 식탁에 차려진 큰 그릇에는 익히지 않은 닭고기, 쇠고기, 야채, 두부, 그리고 잘게 썬 다른 식품 등이 담겨 있는데, 식사를 하는 사람들은 각자 끓는 국물에 식품을 넣어 익혀서 먹는다.

북부 지방에서 인기가 있는 또 하나의 요리의 유형은 몽골리안 비프Mongolian beef[16]이다. 일본 식당에서 이 음식을 먹어본 독자들은 이것이 그 몽골리안 비프라고

---

16 Mongolian barbecue라고도 하며, 미국에서 개발한 요리명칭이다. 미국에서는 쇠고기를 얇게 썰어 채소와 함께 기름에 볶는 방식으로 만든다. 양념으로는 해선장, 간장, 고춧가루를 사용한다. 몽고와는 전혀 관계가 없으며, 북경의 몽골리안 비프와도 다른 것으로 보인다.

생각하지 못할 것이다. 일본에서 몽골리안 비프로 불리는 것은 쇠고기를 날것으로 먹는다. 북경의 전형적인 몽골리안 비프 식당에서는 접시에 쇠고기를 얇고 먹기 좋게 썰어준다. 그러면 식사하는 사람들은 각자 60센티쯤 되는 긴 젓가락을 사용하여 상에 놓인 그릴이나 큰 숯불에 자기가 먹을 고기를 굽는다. 자기가 좋아하는 정도로 고기가 익으면 각자 미리 날계란, 간장, 다진 생강, 파 등으로 혼합한 양념에 찍어 먹는다. 이러한 식사를 위한 가장 좋은 장소는 섭씨 10도 정도의 옥상정원이다.

이 요리의 가장 범상치 않은 특성은 식사하는 사람들이 하는 행동인데, 식탁을 둘러싼 긴 의자長椅에 앉아 있는 것이 아니라 그 의자 뒤에 서 있다가 한 발로 의자를 딛고 서서 고기를 굽는다. 우리가 알고 있는 한 몽골인들은 그들의 텐트의 바닥에 앉아서 먹는데, 식탁과 의자를 선호하는 중국인들 때문에 한 발로 의자를 딛고 서서 식사하는 방식은 아마도 일종의 타협이었을 것이다.

물론 북부 지방에서도 요리의 편차가 있다. 예컨대 산서는 식초로 유명하다. 저자 중의 한 사람이 산서성의 성도인 태원太原을 방문하였을 때, 산서의 요리사는 식초를 많이 넣은 수란水卵을 만들기도 하였다. 산서 요리에서 식초를 대량으로 사용한 것에 대한 저자의 반응은 상해 사람들이 호남 요리나 사천 요리에 매운 고추를 대량으로 사용하는 것에 대한 반응과 유사하다. 하북의 양향良鄕 지방은 밤으로 유명하다. 이것은 남쪽으로는 상해나 일본에서도 판매되고 있다. 겨울철의 고베와 오사카 거리에서는 양향밤 판매대가 여기저기 보인다.

밤과 말린 과일은 냉장하지 않고서도 상당한 거리를 이동할 수가 있지만, 생과일은 생산지 주변의 작은 범위 내로 유통이 한정되었으며 제철에만 먹을 수 있다. 이와 같이 산동성 북부의 덕주德州의 긴 수박은 현지에서, 혹은 그 주변에서만 먹을 수 있는 가장 확실한 사례이다. 1930년대 우리가 탄 열차가 천진-포구浦口 사이의 덕주역을 지나갈 때 우리는 그 수박을 포식하곤 했다.

당나라(618~907)의 어떤 황제는 그의 애첩[17]이 좋아하는 리치를 광동성에서 수도인 장안까지 가져오도록 주문하였다. 약 1,000리에 달하는 길을 준마駿馬가 전속력으로 질주하여 이를 운반했다. 명백히 말해서 그런 엄청난 일은 다수를 위한 것은 아니었

---

17 당 현종(685~762)과 양귀비(719~756)를 가리킨다.

다. 이 말인즉슨 북부 사람들은 리치를 먹지 못했을 뿐만 아니라 바나나도 보지 못했을 것이다. 1930년대에는 다음과 같은 유명한 일화가 있다. 북만주의 흑룡강성의 군벌장군 오준승吳俊升은 어느 날 북경에서 열린 거창한 연회에서 융숭한 대접을 받았다. 식사가 끝날 무렵 싱싱한 과일이 가득 찬 큰 바구니가 식탁 중앙에 놓였다. 바나나를 한 번도 본 적도 먹어본 적도 없었던 장군은 그것을 껍질째 먹어버렸다. 연회를 연 주인은 귀빈이 난처해지지 않도록 도와주기 위해 바나나를 손에 쥐고 눈에 띄도록 껍질을 벗겨 먹었다. 장군은 자기의 실수를 알아차렸지만, 자기 자신이 촌뜨기라는 것을 인정하고 싶지 않았다. 그래서 그는 다시 또 하나의 바나나를 손에 쥐고, "나는 항상 이렇게 껍질을 안 벗긴 채로 먹는다"라고 말하였다. 그리고 난 다음 그는 두 번째 바나나를 첫 번째와 마찬가지의 방법으로 먹었다.

신중국의 음식과 음료

앞에서는 우리는 명백히 적용할 수 없는 부분을 제외하면 모두 현재 시제時制를 사용하였다. 1949년 이후의 중국인들의 생활에는 많은 변화가 있었으나, 체계적으로 탐구하지 않으면 변화된 정도를 확정하기 어렵다는 것은 당연하다. 1972년 여름 우리는 중화인민공화국을 9주간 방문하였고, 거기에서 얻은 견문(Hsu-Balzer 등, 1974 참조)과 최근의 문헌보고를 기초로 우리들의 간단한 생각을 제공하고자 한다.

도시든 농촌이든 현재 중국 전역은 인민공사人民公社[18]로 이뤄져 있다. 공사는 개인소유의 집 사면을 둘러싼 0.16무畝*6 이하의 작은 텃밭 이외에는 사유농지가 허용되지 않았다. 이 텃밭에 소유주들은 개인적인 소비를 위해 채소를 심고, 닭 몇 마리와 심지어 돼지까지 길렀다. 잉여가 생기면 현금을 받고 팔기도 하였다.

---

18 1958년에 설립된 중화인민공화국의 농촌행정경제의 기본 단위였던 대규모 집단농장. 생산력 향상을 위하여 필요한 노동력과 자본을 집중적으로 활용할 것을 목적으로 조성된 국가계획경제의 말단 조직이다. 그러나 마오쩌둥 사망(1976) 이후인 1978년, 가구별로 생산계획의 이익이나 손실에 대해 책임을 지는 생산책임제의 도입에 의해 인민공사는 실질적으로 폐지되었고, 1982년 12월 채택된 중국의 신헌법은 인민공사를 단순한 집단경제조직으로 후퇴시켰다.

중국 전역에 걸쳐 농지는 대대적인 개간과 관개사업에 의해 확대되었다. 중국의 전체 경작면적은 지리학 교과서에서 인용되고 있는 11%보다 지금이 확실히 좀 더 많다. 그러나 우리는 얼마나 더 많은지는 정확하게 알지 못한다. 예컨대 북경에서 약간 떨어진 황토강黃土崗인민공사의 대표는 우리에게 경작면적이 인민공사가 시작된 이후 몇 배나 늘었다고 말해주었다. 작은 담을 친 노랗고 작은 전시용 토지는 헐벗고 메말랐다. 이 토지는 인민공사를 이어갈 현재 세대와 미래 세대가 선배들이 이룩한 진보를 잊지 않게끔 하는 기념비로서의 역할을 한다.

이러한 노력에도 불구하고, 중국은 지난 10~15년간 오스트레일리아와 캐나다에서 수백만 톤의 밀을 수입하였다. 이렇게 수입된 밀 가운데 정확하게 얼마가 당장의 긴급한 소비를 위해 필요하였는지는 알려지지 않았다. 우리는 적어도 그 일부는 비축을 목적으로 한 것이라고 추측한다. 중국 도처에서는 "인민을 위해 전쟁을 대비하고, 기근에 대비하자(備戰, 備荒, 爲人民!)"라는 슬로건을 볼 수 있었다.

일부 식품에 대한 세부적인 배급제는 전국에서 실시되고 있다. 배급품에는 쌀, 밀가루, 고기(주로 돼지고기) 등이 있고, 심지어 두부까지 포함되어 있는 지역도 있다.

관개사업과 토양개선 덕분에 과거에는 수수와 조 등 다른 곡물만 심었던 땅에 밀과 벼를 재배할 수 있게 되었다. 예컨대 만주의 요녕성 심양瀋陽에서 약 40마일 떨어진 8.1 인민공사에는 관개사업으로 종래 옥수수와 콩이 주곡이었지만, 이제는 쌀이 주곡이 되었다.

마지막으로 부유층은 항상 형편이 썩 좋지 않은 집일지라도 장례식, 결혼식, 생일, 귀빈의 방문과 같은 특별한 경우에는 베풀었던 낭비성 강한 연회가 급격하게 줄어들었고, 적어도 변화가 일어났다. 심지어 중요한 춘절(설) 축제기간 동안의 음식의 양(과 질)도 여전히 상당했으나 예전보다는 축소되었다.

이러한 발전을 보면 대부분의 북부 중국인들은 지금 쌀, 밀, 콩을 주식으로 소비하고 있으며 수수, 조, 고구마 등은 부차적인 역할로 격하되었음을 알 수 있다. 고기의 배급을 통해 모든 사람들이 적당량의 동물성 단백질을 공급받았고, 이것은 대다수의 사람들이 이전보다 고기와 동물성 식품을 더 많이 먹게 되었다는 것을 의미한다. 이제는 고기의 소비가 대부분 미국인들의 소비에 비해 적기는 하지만, 위에서 인용한 벅J. L. Buck의 조사에서 보여주는 바와 같은 극도로 적은 양은 분명히 아니다. 최근

중화인민공화국을 다녀온 방문자들 모두는 어떠한 영양실조나 고질병, 혹은 전염병 같은 징후라곤 하나도 발견할 수 없을 만큼 건강하고 활기찬 사람들을 보았다고 보고 했다.

음식과 과일을 파는 거리의 판매대는 가끔 보이는 공기업의 직판장인 빙과류나 신문판매대를 제외하면 이전에 비해 그 수가 현저히 줄어들었다. 외국인 방문객이나 화교들을 위한 호텔을 제외하면, 중국의 모든 음식점은 이전에 비해 덜 우아하지만 좀 더 값싼 요리를 제공한다. 중국인들의 긴 역사 가운데 과거 여느 때보다 더 많은 중국인들이 음식점을 찾게 되면서 요식업은 번창하고 있다.

지금도 외국인들과 화교들을 위한 호텔에서는 보통 우아하고 다양한 종류로 이루어진 1949년 이전의 요리가 제공된다. 북경의 전문前門호텔, 신교新僑호텔, 광동의 화교대하華僑大廈호텔, 무한의 강한江漢호텔, 천진의 천진호텔 같은 곳에서 제공하는 빼어나게 아름다운 음식은, 중국의 요리기술에 정치가 어떤 영향도 끼치지 않고 있다는 것을 명백하게 보여주었다. 북경의 동흥루에서 우리를 위해 마련된 리셉션에서는 완벽한 북경오리 요리를 대접받았다. 요리사는 우리가 먹어본 것 가운데 가장 훌륭한 북경오리를 제공해 주었을 뿐만 아니라 오리콩팥 볶음, 오리간과 내장 볶음, 그리고 튀긴 오리혀, 소금을 넣어 튀긴 오리의 췌장, 훈제 오리뇌, 오리기름과 함께 찐 오리알 등을 작은 접시에 따로따로 담아서 내 주었다.

주류에는 혁명 후 중국인들이 만든 맥주가 추가되었다. 그 밖에 술 소비가 양적으로 혹은 다양성 면에서 증가했다는 징표는 없다. 연회 도중에 손가락으로 정답 맞추기 게임 같은 것은 더 이상 인기가 없었다. 홍콩에 있는 중화인민공화국정부가 운영하는 중국국화공사中國國貨公司에는 50종 이상의 술이 전시되어 있었는데, 술 이름들이 환상적으로 멋졌다. 예컨대 용벼룩강장주, 산서 죽엽청주, 장춘 약주(장춘은 만주 지방의 성도省都이다), 중국 백포도주, 구강九江 쌍증双蒸주, 분주汾酒, 국화주,[19] 인삼브랜디, 야생능금주,[20] 오룡이호五龍二虎주 등이 진열되어 있다. 분주와 용벼룩강장주와 같이 전통적인 것도 있지만, 다른 것들은 새로운 이름이 많다. 그러나 이렇게 다양

---

19 국화와 구기자를 담가서 만드는 술. 담근다(泡)를 잘못 해석해서 원저에서는 bubble로 번역했다.
20 야생 능금을 도수가 높은 소주에 담가서 만드는 술.

한 종류의 술 대부분은 해외에서 팔기 위해 만들어진 것으로 보인다.

영양

음식을 논할 때 우리는 영양적인 측면을 무시할 수 없다. 앞서의 기술과 분석을 통해 독자들은 대부분의 중국인들의 일상적인 식사는 곡물, 콩, 그리고 다른 채소들로 구성되어 있었다는 것을 이해하게 될 것이다. 요점은 이것이다. 이러한 종류의 식사가 적합하고 건강에 좋은가?

답은 "그렇다". 일례로 단백질을 들겠다. 유엔식량농업기구FAO에 따르면 음식물의 100칼로리당 단백질의 함량은 다음 페이지의 표와 같다.

이 표를 간단하게 검토해 보면 독자들은 중국인들이 단백질을 상당량 취하고 있다는 것을 확신하게 될 것이다. 중국인들이 선호하는 돼지고기는 쇠고기에 비해 단백질 함유량이 아주 적고, 북부 중국인들은 일반 우유나 탈지유보다는 고구마를 많이 먹는다. 그러나 북부 지방과 남부 지방 양쪽에서 중국인들의 식사에 중요한 부분을 이루고 있는 대두, 콩류, 완두콩, 땅콩은 단백질을 많이 함유하고 있으며, 특히 대두는 놀라울 정도로 단백질 함유량이 많다. 대부분의 중국인들은 적당한 양의 소금에 절인 생선이나 건어물을 섭취하고 있는데, 이것 또한 고단백질 식품이며 쇠고기, 생선, 탈지유보다 단백질 함유량이 높다. 곡물에 대해서도 쌀과 밀, 그리고 조, 수수, 옥수수 간에 별반 차이가 없다.

중국인들의 식사에 대해 보다 더 집중적으로 현지에 초점을 맞춘 연구사례는 이를 확인시켜주고 있다. 예컨대 기와 예Guy and Yeh의 연구에 따르면, 심지어 1930년대에도 북경의 부유층이나 가난한 사람들의 식사가 모두 "완벽하게 적절하였다"는 것이다. 부유층의 식사는 도정한 곡물과 고기로 구성되어 있었으며, 가난한 사람들은 통알곡과 콩류로 구성되어 있었다. 후자는 "옥수수와 대두의 혼합 가루, 조와 대두, 채소, 참기름, 소금에 절인 무"로 구성되어 있었다(Guy and Yeh 1938, p.201). 이 식사는 당시 대부분의 북부 중국인들의 것과 같았다. 유일한 단점은 천편일률적으로 단조롭

* 각 식품의 100칼로리당 단백질 비율

음식		100칼로리당 단백질(그램)
쇠고기(얇게 썬 고기)		9.6
돼지고기		2.6
신선 생선, 기름진 생선		11.4
말린 생선		15.3
우유, 전유全乳액상, 지방 함량 3.5%		5.4
우유, 탈지유脫脂乳, 분유		10.0
밀가루[21]		3.3
손가락 조(Eleusine coracana)		2.0
조		2.9
수크렁(Pennisetum glaucum)		3.4
수수		2.9
옥수수, 통밀		2.6
쌀, 가정용 정미쌀		2.0
쌀, 정백미		1.7
카사바	생카사바	0.8
	굵은 가루, 고운 가루	0.4
얌		2.3
타로토란		1.7
고구마		1.1
양버즘(platanus) 생것		1.0
콩과 완두, 여러 종류		6.4
대두 통알곡, 말린 것		11.3
밤바라 땅콩(Voandzeia subterranea)		5.7
땅콩		4.7

참고자료: J. F. Brock and M. Autret, *Kwashiorkor in Africa*, FAO Nutritional Studies No.8(Rome: Food and Agriculture Organization of the United Nations, 1952), p.49. R. F. A. Dean, "Use of Processed Plant Proteins as Human Food" in A. M. Altschul(ed.), *Processed Plant Foodstuffs*(New York, Academic Press, 1958), p.221도 참고.

다는 것이다.

기와 예는 1930년대의 북경을 비롯한 기타 지역에 거주하는 가난한 이들이 특별한

---

21 도정율 70% 전후의 밀가루를 지칭한다.

행사에는 쌀이나 밀, 그리고 고기를 풍성하게 먹었고, 당시 소금에 절인 생선도 많이 먹었다는 사실을 언급하지 않았다. 1922~25년 동안 농가조사를 실시한 벅J. L. Buck 의 연구는 단백질의 적정성을 확인해 주었고, 일일 칼로리 소비에 관한 중요한 자료도 제공하였다(Buck 1930, pp.372~81). 그 조사에 의하면 중국의 평균 성인 남성 농민이 하루 소비하는 칼로리의 평균값은 3,461이며, 이것은 "서구권의 일반적인 육체노동을 하는 남자에 필요한 수요량인 3,400칼로리"와 비견할 수 있는 수치이다(같은 책, p.373).

1949년 이전에 발생한 영양실조의 주요 원인은 통알곡—콩으로 구성된 가난한 사람들의 식사의 분배의 불평등 때문이며, 식사의 질로 인한 문제는 아니다. 많은 사람들은 배고픈 상태로 잠자리에 들었다. 혁명 후 새 정부는 전 세계에 널리 알려진 몇 가지 조치를 하였다. 즉 국내의 식량생산 증대, 해외로부터의 밀 수입, 그리고 비타민 공급에도 약간 신경을 쓰는 것과 더불어 실시한 공정하고 효율적인 배급제도의 도입 등이다. 저자가 생각하기에 비록 대다수의 사람들이 호화롭게 먹고 마시지는 못하지만, 그 식단들이 분명 적합하고 건강에도 좋은 것임에는 의심의 여지가 없다.

맺음말

혁명이 일어났거나 말거나, 음식은 중국인들에게 항상 특별한 의미를 갖고 있다. 연회가 없는 경축행사는 완전한 것이 아니다. 서구에서 연회를 주관하는 호스트들은 형식성과 식사의 중요성을 강조하기 위해 은제 그릇, 식탁보, 촛불, 연회장 테이블 중앙에 놓을 장식centerpiece에 각별히 신경을 쓰지만, 중국인들이라면 동일한 목적을 위해 접시와 그릇에 담을 요리의 양, 다양성, 질을 증대시킬 것이다. 중국인들은 식탁보를 사용한다 하더라도 티끌 한 점 없이 깔끔해야 한다고 생각하지 않으며, 많은 고급 연회도 옻칠을 한 식탁 위에서 이루어진다.

우리가 언급한 바와 같이 혁명은 부유층이 과거에 일삼던 일상적인 낭비와 나머지 사람들이 특별한 행사 때 저지르던 낭비를 감소시켰다. 그러나 대다수 사람들의 영양학적인 면에서의 적절함과 즐거움을 증대시켰다. 혁명 직후에는 결혼식에 온 손님에게 고작 몇 조각의 캔디만 대접했다는 보고도 있다. 그러나 지금은 분명히 상황이 바뀌었다. 이제는 술과 함께 몇 개의 프레첼만 따라 나오는 중국인들의 사교모임은 없다.

남부이든 북부이든 요리에 대한 중국인들의 주요한 관심은 색色, 향香, 맛味이다. 예컨대 북경오리는 금갈색이어야 하고, 생선찜은 참기름으로 조리되어야 하며, 싱싱한 생강뿌리와 파를 사용하여 그 미묘한 맛을 내어야 한다. 한편 탕수육은 혓바닥으로 좋은 맛을 느낄 수 있도록 단맛과 신맛의 균형을 잘 맞추어야 한다. 중국인들이 존속하는 한 그들은 자신들만의 독특한 음식문화, 즉 요리기술과 그것을 즐기는 방법을 포기하지 않을 것이다.

미주

1. 제목을 풀이하면 '평귀가 그의 가난한 집으로 돌아온다'는 뜻으로, 호남성의 화고(花鼓, 소고와 징을 갖고 하는 남녀 2인 가무극) 명칭이다.

2. 그 밖에도 중국인들은 음식과 술을 조상 제사에 올리는 청명절(淸明節)을 지내는데, 이것은 중국인에게는 서양의 부활절과 같은 것이다. 청명절에는 산 자들이 죽은 자들의 무덤을 찾아간다. 이런 이야기가 있다. 집으로 돌아오는 길에, 가족 중 어떤 사람이 혼령들이 그날 먹은 음식의 질에 대해 서로 묻고 답하는 것을 들었다. 두 번째 혼령이 답했다, "좋은 술과 좋은 음식이었으나, 다만 떡(餑餑, 만주족들의 밀가루음식을 통칭)은 깨끗하지 않았다"라고 말하였다. 이 소리를 들었다고 주장하는 가족은 그들이 올린 제물이 "아주 깨끗하지는 않았다"는 것을 금방 알아차렸다. 그들은 산소 제물로 드릴 많은 음식을 가지고 집을 떠났을 때 떡을 담을 적합한 그릇을 발견하지 못하였다. 바쁜 나머지 그들은 바지를 만들려고 마련했던 천에다 떡을 싸 가지고 갔다.

3. 물론 현재 미국인들의 동물성 음식 소비량은 벅이 조사한 1930년대보다 훨씬 많다.

4. 이 유형은 북부 중국에만 한정되는 것은 아니다. 이것은 오늘날 홍콩에서도 널리 퍼져 있다.

5. 저자 중 한 사람이 파리에서 그가 다니는 대학원이 있는 런던으로 가는 도중, 친구에게 주기 위해 브랜디를 한 병 사갖고 왔다. 그가 와인 한 병을 구두로 세관에 신고한 다음 병을 본 세관원이 심하게 힐책하였다. 세관원은 "너는 이걸 와인이라고 부르냐?"라고 물었다. 사실은 그 때까지 저자는 그 차이를 알지 못했다는 것이다.

6. 1무는 0.164에이커(약 200평)이다.

8장 현대 중국: 남부

유진 N. 앤더슨 주니어와 마르자 L. 앤더슨E. N. Anderson Jr. and Marja L. Anderson

식재료와 영양학적 가치

많은 사람들의 의견에 따르면 현대 중국 남부 지방의 음식은 세계 최고라고 한다. 남부의 음식은 질, 다양성, 영양적 효과를 다 갖추고 있기에, 대규모의 투자가 필요한 개량 품종을 예외로 한다면 지구상 다른 어떤 음식보다도 단위면적당 더 많은 사람들을 먹여 살리고 있다. 이것은 대단히 흥미로운 문제를 제기한다. 어떻게 그토록 산악지대가 많고, 군데군데 척박하기까지 한 땅이 그토록 효과적으로 생태계에 적응했을까? 전통적으로 해외에서는 중국인들의 성공을 '바글바글한 수백만 명'의 인구 압력에 부응한 결과로 이해하고 있다. 그러나 역사상 그리고 논리적으로 따져보면 '식생활습관'이 먼저 형성되었고, 그다음에 수백만 명의 인구가 바글거렸다. 약 천 년 전까지만 해도 남부 중국은 인구가 많지 않았다. 중국의 다른 지방과 마찬가지로 이 지역 또한 인구의 급속한 증가는 신대륙의 작물이 들어오고 경작할 수 있는 면적이 늘어난 것과 관련이 있었지만, 기술적인 발전이나 실질적인 변화와는 관련이 없었다(Perkins 1969; Elvin 1973). 우리는 다른 글을 통해서 체제의 동태를 분석하기 시작하였다(Anderson and Anderson 1973a). 여기서 우리는 현재 남부 중국의 식생활습관 상태에 대해서만 기술하기로 한다.

우리는 분석 단위로서 벅(John. L. Buck, 1937)이 말한 '벼농사 지역'을 다룰 것이다. 벅의 분류는 문헌으로서도 잘 확립되어 있고, 기본적으로 정확한 데다 우리들에게 유용하다. 왜냐하면 벅의 끈질긴 조력자들이 지역별로 분류한 음식소비 통계를 수집하였기 때문이며(Maynard and Swen in Buck 1937), 이와 같이 우리들에게는 아직 전통이라고 볼 수 있는 기간 동안 일어났던 실제적인 소비에 관한 기준치로서 좋은 데이터를 제공해 주고 있기 때문이다. 우리는 벼농사 지역을 분석단위로 사용하면서, 요식업계에서는 항상 '북부 중국'으로 분류해왔던 사천성이나 상해 지역의 음식을 '남부 중국'에 포함시켰다. 요식업자들에게 남부 중국 음식이란 광동 음식을 의미하고, 광동 지역 이북에 속하는 것이면 무엇이든 '북부 중국'의 음식이라고 간주하였다. 그러나 벼농사 지역의 음식에는 특정한 주제가 있고 그에 따른 변조가 있다. 쌀은 주식이다. 쌀과 함께 먹는 것으로서 톡 쏘는 맛의 진한 장을 얹은 요리가 있다. 일련의 요리에는 많은 종류의 채소(그 가운데 몇 가지는 신대륙에서 온 것들이다)가 포함되며, 식사를 하는 사람들이 형편이 넉넉할 경우엔 돼지고기, 가금류, 생선 등도 포함된다. 북부 중국은 먹는 방식이 매우 다르다. 소맥 지역의 음식은 밀가루빵(대개 발효시켜 찌지만, 항상 그런 것은 아니다), 곡식으로 만든 죽, 혹은 국수로 구성되어있다. 이것들과 함께 먹는 채소는 많지 않으며 대체로 토종 채소이다(다만 가끔 신대륙에서 온 것도 있다). 부자들은 양고기를 먹을 가능성이 더 크며, 남부 지방 부자들보다 수산물을 적게 먹는 것 같다. 다만 대두를 비롯한 다른 콩류와 몇 가지 다른 채소는 양쪽 지역에서 다 마찬가지로 중요하다. 메이나드와 스웬의 수치에 따르면(Buck 1937, p.413) 소맥 생산지역(겨울 밀−조 생산 지역)에 속하는 지역의 평균 주민은 쌀을 가장 많이 먹는 경우라도 쌀에서 오직 1%의 칼로리를 얻었다. 그런데 남쪽으로 내려가면 쌀을 가장 적게 먹는다는 양자강 상류 유역의 사천 벼농사 지역은 그 수치가 56.9%로 증가하며, 중국의 동남 지역, 즉 벼의 이모작이 가능한 곳에서는 최고의 정점인 76.9%까지 이른다. 이 수치들이 물론 100% 정확한 것은 아니지만, 주식에 있어서 남부 지역과 북부 지역 사이에 극명한 차이가 있다는 것을 충분히 보여주는 것이다. 물론 이 경계선은 수익성이 있고 대규모의 벼농사를 할 수 있는 북방한계선에 의해 정해진다.[*1]

이 넓은 영역 내에서 우리는 부자들(다양한 음식을 먹을 수 있는 사람들)과 가난한 사람들(대개 곡물 주식을 먹고 사는 사람들) 사이에서 벌어지는 음식행동에 대해 언급하려고 한다. 우리는 우선 한족漢族에 한정하여 주목하고자 한다. 다만 그 지역에 거주하는 많은 소수민족에 대해서 조금 짧게 언급할 것이다. 왜냐하면 후자에 관련된 정보는 단편적이기 때문이다. 사실 한족 집단에 대한 정보 또한 결코 많은 것도 아니고 포괄적이지도 않다. 벅의 자료는 지난 40년간 중국을 뒤바꿔 놓은 대변동 직전 시기에 대한 개괄적인 정보를 제공하고 있다. 우리는 보다 최근에 나온 것과 비교할 수 있는 것에 대해선 아무것도 알지 못한다. 우리는 문헌자료를 충분히 다룰 수가 없다. 이 글을 쓰는 순간에 우리가 이용할 수 있는 문헌자료는 주로 영문자료에 국한될 수밖에 없으며, 그 가운데서도 가장 널리 이용되고 쉽게 접근할 수 있는 것에 국한된다(가까운 장래에는 이러한 한계가 해결되기를 희망한다). 우리는 주로 우리들 자신이 행한 현장조사에 의존할 수밖에 없으며, 다른 민족지로 자료부족을 보완하고, 어느 정도는 이전에 쓴 견학 보고문으로 보완할 것이다. 중국 음식에 대한 보다 일반적인 정보는 두 가지 경로, 즉 요리책과 농업관련 서적을 통해서 자료를 얻을 수 있다(실제로 사람들은 그 지역에서 적은 비용으로 생산한 농작물을 먹는다고 추정한다!). 음식이란 학자들이 주목하기에는 지나치게 저속하고 역겨운 주제라고 간주될 때가 너무나도 많았다. 서양의 그러한 금욕주의적 태도가 중국에도 전파되었던 것으로 보인다. 케네스 로(Kenneth Lo, 1972)와 청(F. T. Cheng, 1962)과 같은 사람들을 필두로 순조롭게 시작하기는 했으나, 우리는 현대중국인 가운데 이른바 원매에 필적할 만한 요리작가를 발견하지는 못하고 있다. 중국 요리책도 급증하고 있다. 그러나 그 요리책의 대부분은 "서구식 주방에 맞췄습니다", 혹은 그런 식의 말도 안 되는 문구를 부제로 단 광고를 하고 있다. 이러한 것들은 우리들의 목적에는 하등 소용이 없는 것들이다. 또 다른 것들도 너무 간단하거나 전혀 새로운 정보가 없이 유명한 요리법을 단순반복할 뿐이다. 어찌됐든 우리는 B. Y. 차오(Chao, 1963, 그러나 상당 부분은 북부 중국 요리이다), 푸(Fu, 1969), 핸디(Handy, 1960), 케네스 로(Lo, 1971, 1972), 밀러(Miller, 1967) 그리고 시스와 칼보도바(Sis and Kalvodova, 1966)의 요리책에 가장 많이 의존하였다. 이런 책들이 결코 완벽한 것은 아니다. 이들 책에는 서로 다른 음식문화권이 뒤섞여 있으며, 특정 음식문화권에 귀속되는지 아닌지에 대해서도 일치하지 않는다. 이 요리책들은 주로 도시에 거주하는 부유층의 입맛을 반영하고 있으며, 때로는 요리에 변화를 주기도 하고 때로는 음식문화의 학풍으로부터 일탈하기도 한다. 게다가 이 책들이 제공하는 정보는 너무 간단하다. 중국에는 루트Root의 위대한 저서, 『프랑스 음식The Food of France』(1958)과 『이탈리아 음식The Food of Italy』(1971)에 비견할 만한 문헌은 전혀 존재하지 않는다.

다행스럽게도 농업관련 저서를 통해서 훨씬 좋은 정보를 얻을 수 있었다. 국제 학계에서는 식량의 소비에 대해서는 관심이 없었지만, 수익을 창출하는 식량 생산은 진지한 사업이라는 것을 인정하고 있다. 우리는 여기에서 표준적인 참고문헌만 찾아보았으며 잘 알려지지 않은 참고문헌, 특히 비영어권 문헌은 다음 기회를 기약한다. 킹(King, 1911)과 벅의 고전적인 작업 이외에 다수의 훌륭한 저서의 도움을 받았다. 이것들은 농업 그 자체(예를 들어 Herklots 1972; C. C. Hu 1966; P. P. Li 1963)뿐만 아니라, 지리학(예를 들어 Buchanan 1970—아마도 현대 중국대륙을 다루려는 우리의 목적에 가장 유용한 책)과 역사학(예를 들어 Laufer 1919)도 포함된다. 또한 대두(Piper and Morse 1923; Smith and Circle 1972)와 같은 개별적인 작물연구도 포함한다. 홈멜(Hommel, 1937)과 말로리(Mallory, 1926)가 쓴 대단히 흥미로운 저술도 있다. 그들은 각각 민속공예(식품산업도 포함)와 기근을 다루었다.

마지막으로 우리는 업호프Uphof의 『경제식물 사전Dictionary of Economic Plants』과 보우즈와 처치(Church and Church 1970)[1], 그리고 와트와 메릴(Watt and Merrill, 1963)의 식품표와 같은 표준적인 저작을 참조(식품의 학명, 영양분석 및 기타 등등)하였다.

중국 음식의 중요성과 명성에 비해 우리는 중국인에 의한, 또는 중국에 관한 기행문이라든가 현대문학, 그리고 다른 일반적인 저작이 얼마나 빈약하게 기술되었는지를 보고 놀라지 않을 수 없다. 왕조 시대에 나온 중국 소설은 아주 훌륭한 음식 정보의 출처가 되어주었으나, 우리의 연구가 부족한 탓에 그 담론들이 유럽의 그것에 비해 평가받지 못하는 것이 아닌가 하는 생각이 든다. 우리 시대의 영웅들은 음식을 먹지 못하는 경우가 비일비재하며, 먹는다 해도 간단히 차 한 잔과 국수 한 그릇에 지나지 않고, 아니면 이미 잘 알려진 요리일 뿐이라 새로운 지식을 얻기 어려웠다. 우리는 이 책이 중국 음식을 기술하는데 더 많은 관심을 자극하고, 새로운 문학작품의 탄생을 유발할 수 있게 되기까지를 희망한다.

식재료: 남부 중국의 식품

남부 중국은 적어도 상업적인 규모에 있어서 다른 어떤 지역보다도 당연히 더 많은

---

1 『보우즈와 처치의 상용식품가치성분Food Values of Portions Commonly Used: Bowes and Church』은 안나 드 플랜터 보우즈Anna de Planter Bowes와 찰스 프레더릭 처치 박사Dr. Charles Frederick Church가 1937년에 초판으로 발간한 다음, 1963~1975년 사이에 처치 박사와 그의 부인 헬렌 니콜라스 처치Helen Nichols Church가 9~12판을 보강하여 출판한 것이므로 초판에서 8판까지는 저자가 Bowes and Church로, 그 이후에는 Church and Church로 표시되어 있다.

곡물을 재배했다. 확실하게 말할 수 있는 것은 이 지방에는(예전부터 오랫동안 재배해 온) 토종 곡물도 많았고, 그 목록에 새로운 수입품이 재빨리 추가되었다는 점이다. 최근의 예를 들면, 대만에서는 아스파라거스Asparagus officinalis와 양송이Agaricus bisporus의 재배를 시작하였다. 재배되거나 양식을 하는 식물과 동물 이외에도 미세한 효모균에서 거대한 야자나무에 이르기까지, 혹은 잉어에서 물소에 이르기까지—야생초(특히 한약재)와 야생동물(특히 수산생물과 사냥감까지 포함하여)이 식생활에 많은 기여를 하였다. 남부 중국, 특히 서남중국은 습한 열대지역을 빼고는 어떤 지역보다 가장 다양한 식물군을 갖고 있다. 복잡한 단층과 습곡으로 만들어진 풍경은 풍부한 강우량과 온난한 기후로 굉장한 다양성을 촉진하였으며, 이 지역의 주민들은 이것을 이용하는 데 미적거리지 않았다. 사실 그들은 지구상의 모든 주요 지역으로부터 쉽게 적응할 수 있는 식물을 도입하여 그 다양성을 증가시켰다. 무화과와 대추야자와 같은 작물은 완전히 다른 기후에 맞는 것으로, 세계적으로 중요한 것은 아니기에 고려할 가치가 없었다. 동물의 경우에는 도입이 그렇게 널리 행해지는 것은 아니다. 그러나 가축화된 품종이 발견된다(Epstein 1969).

이러한 상황에서 주식의 생산성은 특별히 높으며 영양가도 높다는 것은 논리적으로 맞는 얘기다. **쌀**oryza sativa은 다른 작물보다도 단위면적당 더 많은 칼로리를 생산할 뿐만 아니라 영양가도 높다(사탕수수와 사탕무뿐만 아니라, 카사바[마니옥]와 전분질이 더 많은 흰 감자는 단위면적당 더 많은 칼로리를 생산하지만, 거의 전부가 탄수화물의 형태로 생산한다). 도정하지 않은 쌀은 다른 영양소뿐만 아니라 단백질과 비타민B도 상당량을 함유하고 있다. 영양 문제는 뒷부분에서 다루겠지만, 우리는 실제로 사람들을 먹여 살리는 주식의 중요성을 강조하고자 한다. 카사바는 아무리 수확량이 많아도 밀집된 인구를 먹여 살릴 수 없지만 쌀은 가능하다. 게다가 쌀은 요리과정에 따라 가공하기도 쉽고, 소화하기도 쉬우며, 맛도 있는 데다가 어떤 재료와도 잘 어울린다. 쌀은 가장 풍부한 음식이며 가장 선호하는 음식이라고 해도 별로 놀랄 일이 아니다. 벼는 대략 인디카종(중국에서 선호하는 길고 차진 쌀)과 자포니카종으로 나뉜다(자포니카종은 길이가 짧고 오래 보관할 수 있는데, 생장시기가 더 짧고 인디카종보다 소출이 더 많은 데다 영양가가 높지만 중국에서보다 일본에서 더 선호한다). 그리고 적미赤米와 흑미黑米를 포함한 다양한 찹쌀이 있다. 인디카종과 자포니카종의 중간종, 혹은 잡종이 남부 중국의 북부에서 다

수 발견된다. 필리핀의 국제미작연구소International Rice Research Institute(IRRI)가 개발한 그 유명한 '기적'의 벼는 대만 농민들이 만들어 낸 잡종—기적의 벼—을 기초로 한다. 그곳에서는 자포니카종과 인디카종이 모두 중시되었다. 실제로 벼의 세계는 위에서 기술한 것보다 훨씬 복잡하다(Grist 1965 참조). 크게 두 가지로 분류된 다음에도 문자 그대로 수천 가지의 품종으로 다시 나뉜다. 남부 중국의 농민의 경작지에서는 이 기적의 벼가 나타나기 이전에도 우연한 수분受粉작용과 자연도태로 인해 어떤 식물도 유전학적으로 동일할 수 없게 되었고, 적어도 경작지마다 다양한 유전자로 구성된 경이로운 모자이크가 형성되었다. 이러한 현상을 통해서 저항성이 강한 품종이 자연발생적으로 생겨나고, 잡종이 발생하였으며, 환경상의 미세한 차이로 인한 벼의 미세분화가 촉진되었다. 소출은 적지만 단백질 함량이 상대적으로 높은 벼가 밭이나 다른 조건의 논에서 생산되었음에 틀림없다. 염분에 강한 염습지용의 벼, 홍수에 강한 벼 등등 헤아릴 수 없을 만큼 벼의 종류가 많다. 현대의 표준화된 신품종 벼는 전분을 많이 포함하는 경향이 있었기 때문에 다양성은 틀림없이 줄어들었고, 영양의 질도 떨어졌을 것이다. 비록 국제미작연구소도 그 문제를 인식하여 연구소가 분배하는 품종에 양질의 단백질 함량을 유지하려고 노력하였으며, 추정컨대 중국대륙의 육종시험지育種試驗地에서도 비슷한 노력을 하였지만 성과를 내지 못하였다. 예전부터 중국에서 발전한 쌀 감정법에 의하면 모양이 길고 전분이 많은 인디카종이 특상의 쌀로 평가받았다. 흥미로운 사실은 미국 인디언들이 개발한 옥수수가 아주 다양한 품종이었던 것에 비해 벼의 수많은 품종은 훨씬 더 상호 유사점이 많다는 것이다. 그 이유는 쌀은 기본적으로 요리의 기층을 이루고 있는 반면, 미국 인디언들에게 옥수수는 여러 가지 다른 목적으로 사용하기 위해 재배된 것이라고 설명할 수 있다. 즉 쌀은 광동어로 썽餸, 즉 밥에 풍미를 더해주는 수많은 요리를 얹어 먹게 만드는 중립적인 물질이다(물론 이것은 왜 남아시아인들이 더 다양한 목적을 위해 쌀을 재배하지 않는가 하는 질문을 불러일으킨다).

토양과 물의 조건이 맞는 곳이라면 어디에서든지 벼가 우위를 차지한다. 그러나 어떤 특정 지역, 혹은 특정 계절에 벼 재배가 수익을 낼 수 없을 정도가 되면 다른 주작물이 잠식해 들어오게 되고, 궁극적으로는 이것이 우점종이 되면 그 지역은 벼농사 지역에서 이탈하게 된다. 북쪽으로 올라가면 겨울은 더 추워지고 서늘한 계절의 윤작물로서 소맥이 벼를 대치한다(심지어 중국의 남쪽 끝에서도 한겨울에는 벼가 자랄 수 없을 만큼 추울 때가 있다. 그러나 벼의 이모작 기간 사이에 빨리 자라는 채소의 사이짓기(間作)가 발견되기도 한다). 산악 지방으로 가면 더 추워진다. 그러나 여기에는 추위가 연중—날이 짧을 때와 긴 때 모두— 내내 지속되어서 심한 기온 변동은 없다. 이런 곳에서 벼농사는 보리에게 그 자리를 내주고, 특히 척박한 땅에서는 메밀농사가 이를 대신했다. 충분히 따뜻하지만 벼농사를 짓기에는 경사가 가파르고 비옥도가 떨어지는 지역은 한때 조와 수수에 매달렸지만, 우리 시대에 들어와서는 신대륙에서 온 작물 즉 **옥수수**Zea mays에 의해 점유되었다. 또한 내륙의 습한 산악지대는 청나라 말기에 프랑스 선교사들에 의해 대중화된 감자를 심었다. 마지막으로 고구마는 따뜻한 지역의 모래땅에 많이 심었다.

여기에서 우리는 메이나드와 스웬Maynard and Swen이 작성한 통계표를 소개할 수 있다(Buck 1937, p.413에서 재인용). 이 통계표는 상대적으로 평화롭고 안정된 시기에 작성되었고, 방문자들에게 가장 좋은 지역을 바탕으로 가능한 한 가장 좋은 통계를 보여주고자하는 중국인들의 성향과는 무관하게 작성된 것이기는 하나, 이것은 의심할 여지없이 벼의 생산량을 과대하게 추정하였고 다른 곡물의 양을 과소 추정하였다. 특히 남부 중국의 극서부와 산악 지역(귀주성과 그 근방 등)이 그러하다. 그 지방의 비한족 소수민족들에게는 사실상 벼는 알려져 있지도 않았다. (벅의 통계치는 너무 낙관적이라고 비판을 받기도 하였다. 예컨대 페이샤오퉁(費孝通, Fei 1939)을 참조. 현지 조사를 한 관찰자들의 신뢰할 수 없는 기록들은 남부 중국의 농촌지역의 부차적인 식량작물의 중요성, 혹은 자주 발생하는 쌀 부족, 심지어 부차적인 식량작물의 부족도 강조하는 것에 어김없이 실패했다.) 그러나 위의 통계표는 전 지역을 다룬 유일한 통계이며 이는 아무것도 없는 것보다는 훨씬 낫다. 그뿐만 아니라 위의 표는 남부 중국의 음식 소비—곡식 및 기타 등—에 관한 통계이며, 또한 이것과 비교하기 위해 북부 중국의 통계치도 그대로 간직하고 있기 때문에 그것만으로도 가치가 있다(이렇게 깔끔하게 경제적으로 잘 만든 통계표가 제시한 정보를 배제시킬 이유는 없다).

이 통계표에서 다룬 다른 범주 중 제일 유의미한 음식은 단백질 음식, 즉 동물성 식품과 콩류이다. 비록 다른 콩류도 남부 중국에서는 상당히 좋은 식품이기는 하지만, 일반적으로 대두—옛부터 오곡에 속한 다섯 번째 곡물—는 가장 중요한 콩이다. 물

동물성 식품 칼로리 섭취량

17,351명 / 2,727가구 / 136지역 / 131현縣 / 21지방 / 중국 / 1929~1933년

지방과 지역	지역 수數	성인남성 1인당 동물성 식품에서 공급받는 칼로리 섭취량 일일 칼로리 섭취량	타 동물성 식품에서 공급받는 동물성 칼로리 섭취량(%)										
			돼지고기	돼지고기 기름	양고기	달걀	소고기	닭고기	생선	오리	오리알	건새우	염장고기
중국	136	76	54	18	8	8	4	2	2	1	1	*	*
밀 생산 지방	67	32	59	7	17	10	6	*	1	–	*	–	–
벼 생산 지방	69	122	51	31	*	5	3	3	4	1	1	1	*
밀 생산 지방 구역:													
봄밀	13	35	51	5	36	2	6	*	*	–	–	–	–
겨울 밀–조	21	17	63	5	23	7	2	*	–	–	–	–	–
겨울 밀–수수	33	40	59	8	5	16	8	1	3	–	*	–	–
쌀 생산 지방 구역:													
양자강 벼–밀	22	98	58	24	1	8	2	2	3	*	1	–	1
벼–차	19	106	54	31	*	5	1	3	4	1	1	–	–
사천 벼	6	165	48	37	2	3	7	1	1	–	1	–	–
이모작 벼	11	102	42	22	*	3	7	6	8	6	2	4	–
서남 벼	11	196	46	44	*	2	4	2	*	1	1	–	–

각 중요 주식 작물로부터 공급받는 칼로리 섭취량
17,351명 / 2,727가구 / 136지역 / 131현縣 / 21지역 / 중국 / 1929~1933년

지방과 지역	지역 수數	벼	밀	조	수수	옥수수	기장	고구마	보리	대두	청대콩	귀리	감자	목초용 완두	찹쌀	잠두	서리태 (검정콩)	기타 곡식	기타 콩류
중국	136	35.0	14.4	10.4	7.5	7.5	2.8	2.6	2.0	2.0	1.2	1.2	0.9	0.8	0.7	0.6	0.6	0.2	1.3
밀 생산 지방	67	0.6	23.5	19.9	14.6	11.9	5.8	2.5	1.3	3.2	2.0	2.2	1.7	1.3	-	0.2	1.2	2.3	1.4
벼 생산 지방	69	68.4	5.6	1.2	0.6	3.2	-	2.8	2.7	0.9	0.4	0.1	0.1	0.3	1.5	1.1	*	1.3	1.3
밀 생산 지방 구역:																			
봄밀	13	*	15.3	20.0	4.5	*	21.7	-	1.3	0.4	0.4	10.9	7.3	3.2	-	1.0	0.7	8.6	0.8
겨울 밀-기장	21	1.0	26.7	23.3	11.5	17.4	4.1	0.3	0.8	2.2	1.4	0.3	0.8	1.5	-	-	0.9	1.4	1.9
겨울 밀-수수	33	0.6	24.7	17.9	20.5	13.0	0.5	4.9	1.7	4.9	3.0	-	*	0.5	-	-	1.6	0.5	1.2
쌀 생산 지방 구역:																			
양자강 벼-밀	22	57.8	12.8	1.2	1.6	2.1	-	1.8	7.4	0.7	1.2	-	-	0.2	1.3	1.5	-	1.9	1.1
벼-차	19	75.8	3.1	0.4	0.1	2.1	-	2.0	0.3	0.8	*	*	0.1	0.1	1.8	0.5	0.1	1.7	1.5
사천 벼	6	56.9	5.3	-	0.1	14.0	-	3.1	0.3	1.9	0.3	1.5	0.1	2.2	0.8	1.2	-	0.7	1.2
이모작 벼	11	76.9	0.5	0.1	-	-	-	8.2	1.2	0.6	0.1	-	-	*	0.6	0.1	-	0.1	1.5
서남 벼	11	74.7	1.0	*	-	4.8	-	0.5	0.3	1.4	*	-	0.3	0.1	2.4	2.1	-	1.3	1.1

론 대두는 북부 지방에서 더 잘 재배된다. 대두는 인간이 식용가능한 다른 일반적인 작물, 식물, 혹은 동물에 비해 단위면적당, 그리고 파운드당 더 많은 단백질을 만들어 낸다. 그렇기 때문에 중국에서는 대두가 단백질 공급자로서 어떤 동물성 식품보다도 중요했다. 중국인들은 오래전부터 대두가 동물성 식품과 유사하다는 것을 알고 있었으며, 실제로 고기를 모방한 수많은 종류의 음식을 만들었다(이 고기대체식품은 아마도 원래는 채식주의자인 불교도에 의해 개발되었고, 현재도 이와 연관이 있음에 틀림없다). 중국인들이 유제품에 관심이 별로 없는 이유는 대두가 어느 정도 같은 종류의 영양을 훨씬 경제적으로 공급하기 때문이라는 것이 거의 명백하다. 물론 중국인들이 국경지대의 유목민과의 차별성을 두고, 식량경제적인 면에서도 그들로부터 독립하기를 원했다는 것도 하나의 설명으로서 진지하게 다루어져야 한다(이것은 이러한 현상에 대한 중국인들의 전형적인 설명이다. 그러나 모든 전통적인 설명은 틀림없이 오류라고 믿는 현대인들에 의해 이 설명은 일축되었다). 대두에 대한 논의는 식품가공에 관해 논하는 다음 절에서 다루는 것이 적절할 것이다. 왜냐하면 대두는 날것으로 사용되지 않으며, 일반적으로 단순히 삶거나 볶은 형태로 사용되는 것이 아니기 때문이다. 여기에는 타당한 이유가 있다. 대두는 아주 영양가가 많고 즙도 풍부한 식물이기 때문에 씨앗을 먹는 곤충과 동물들이 씨를 말릴 정도로 먹어치우는 자연도태natural selection의 상황을 마주하게 되었고, 그 와중에 독성 혹은 좋지 않은 화학적 성질을 가진 품종만이 살아남았다. 그렇게 해서 씨앗의 파괴를 막기는 했지만, 요리하지 않거나 가공하지 않은 상태로 먹으면 위험한 음식이 된다(식품보호위원회 1973). 간단하게 처리한 대두는 쉽게 소화가 되지 않는다. 왜냐하면 열을 가할 때 콩 안의 특정 성분이 온전히 소화하기 어려운 행태로 결합되기 때문이다. 그래서 중국에서 소비되는 거의 모든 대두는 발효되거나 가루로 빻은 뒤 가공되고, 싹을 틔우며, 혹은 제분된다.

남부 중국에서는 의외로 다른 콩류가 중요하다. 대두가 너무도 유명하기 때문에, 우리들은 남부 중국의 일부 지방에서는 잠두가 대두보다 더 상위에 있다는 것을 벽의 문헌에서 발견하고 놀랐다. 잠두는 으레 겨울철에 비가 내리고 여름에는 건조한 근동·지중해 연안이 원산지인데 유전적으로 민감한 인자를 가진 사람에게 잠두중독성, 즉 급성지중해성 빈혈을 비롯한 기타 해로운 증상을 유발할 수도 있다. 영양적인 가치나 생산면에서 잠두는 대두와 전혀 비교가 되지 않는다. 벽의 조사자들이 가치를 잘못 판단한 것일까? 그러나 중국에서는 이 잠두가 널리 재배되었고, 대두가 잘 자라지 않는 지역에서는 가장 우세한 지위를 차지하였다. 다른 종류의 콩도 중국에서 재배되었다. 벽이 언급한 목초용 완두와 서리태(대두의 일종) 이외에도 우리는 녹두의 중요성을 강조해야 한다.*2 녹두는 중국인의 식사에서 큰 비중을 차지하고 있지는 않지만, 이것은 녹말국수 즉 당면의 원료이고 숙주나물芽菜을 제공한다(숙주나물은 대두로 만든 콩나물豆芽과 대비된다. 그러나 이 용어들은 일상생활에서 혼용되고 있다).2 이 모든 것들은 적어도 현지 식사의 단백질 공급에 기여도가 높다.

　콩나물은 곡물과 채소 간의 간극을 이어준다. 왜냐하면 콩나물은 채소로 간주되지만 곡물(콩)로 만들었기 때문이다(덜 익은 꼬투리째로 먹는 깍지 강낭콩도 비슷한 상황이다). 이에 덧붙여, 대단히 많은 종류의 푸른잎 채소가 남부 중국에서 재배되고 있다. 북부처럼 채소밭 풍경이 완전히 지배적인 것은 아니지만 그래도 배추 종류가 많고, 특히 배추 속(genus Brassica)이 월등히 많다. 문제의 종은 (중국에서 세계로 확산된 것을 제외하고는) 여타의 세계에서는 알려진 것이 아니며, 중국 본토의 배양 변종이다. 그것들에 대한 식물학상의 분류는 논란거리가 되며 난해할 따름이다. 허크로츠(Herklots, 1972, pp.190~193)는 그것들에 대한 좋은, 가장 최신의 요약과 균형 있는 분류체계를 만들었다. 그 가운데 우세한 것은 여러 형태의 배추(白菜, 여러 방언으로 표현된 가운데 대표적인 명칭이다), 긴 원통형의 청경채(靑菜, 광동어로는 小白菜), 결구結球가 되지 않고 잎 꼭지가 붙어 있는 형태와 그와 유사한 친척인 갓(겨자채, 광동어로는 芥菜) 등이다. 이 芥라는 글자는 작고 별로 중요하지 않다는 것의 비유이기도 하지만, 이 채소는 남부 중국에서 아주 중요하다. 이에 덧붙여 콜라드 그린스(Collard gréens, Chinese Broccoli라고도 함)와 아주 유사한 동갓芥蘭과 중국에서 중요한 유지釉脂작물인 유채油菜가 있으며, 그 잎은 때때로 식용으로서 사용된다. 그 밖에도 최근 서양에서 들어온 유럽산 양배추를 포함한 다양한 종류의 미소작물minor crop3이 있다. 광동어로 초이삼菜心은

2　저자는 녹두를 완두로 오해한 것 같다. 숙주나물을 '완두싹'(Pea sprout)으로 번역하였고, 싹채소를 '완두 싹'으로 이해하고 있다. 번역에서는 녹두로 만든 것은 숙주나물, 대두로 만든 것은 콩나물로 각각 번역하였다.

3　미소작물은 식물로서의 가치는 높으나 대량으로 재배하지 않는다. 대표적으로 향신료, 비트 같은 것이 있다.

남부 중국의 요리를 하는 데 매우 중요한 것으로 모양은 아주 다르지만 청경채의 한 가지로 인식되고 일반적으로 그렇게 분류된다. 허크로츠(1973, p.208)는 청경채를 초이삼을 의미하는 다른 이름으로 표기하였다(var.parachinensis). 이러한 배추류와 대단히 관련이 깊은 것으로는 무가 있으며, 이 뿌리채소의 많은 품종의 원산지는 중국으로, 일반적으로 **루보**蘿蔔라는 명칭으로 불리고 있다. 이러한 작물들—배추, 겨자채, 무—은 단연코 가장 중요한 중국의 '부식副食' 작물이다. 배추와 겨자채는 주된 잎채소 작물이다. 쌀과 콩에 이 채소들을 곁들이면 중국인들의 평범한 식사가 된다. 큰 그릇에 밥을 담고, 큰 두부 덩어리 하나, 그리고 제철의 것이든 절인 것이든 배추 한 접시를 준비하면 남부 중국인들이 사는 세계에서 일상적으로 먹는 대표적인 식사가 된다. 향을 더하기 위해 약간의 고추나 콩으로 만든 장醬을 사용하고, 채소를 볶기 위한 다홍채多紅菜기름만 있으면, 육류 또는 키우기 어렵거나 땅을 많이 필요로 하는 식물을 사용하지 않고도 먹기 좋고 영양적으로도 탁월한 식사를 만들 수 있다. 배추류 채소는 수확량이 대단히 많아 남부 중국에서는 연중 내내 먹을 수가 있다. 이 지방에서는 배추가 추운 계절에 재배되며, 동갓은 더운 계절에 생산된다. 청경채와 일부 다른 형태의 배추종류들은 연중 내내 생산된다. 홍콩의 채소생산자들은 일 년에 열두 번, 즉 매달 초이삼을 생산하는데 그 양은 엄청나게 많을 뿐만 아니라 영양가도 높다. 이 식물은 맹렬한 기세로 성장하며 비료에도 잘 반응한다.

　그다음으로 중요한 것은 **파속식물**genus allium—양파, 마늘, 부추이다. 양파와 마늘에 덧붙여서 유명한 파葱, 절임에 사용되는 맛있고 작은 양파 모양의 염교, 그리고 부추도 있다. 마지막으로 언급된 부추는 흔하게 사용하는 몇 가지 향신료 중 하나로서 대단히 인기가 있다. 중국에서 부추는 그 외에도 몇 가지 속성을 갖고 있는데, 윌리엄 힌튼의 걸작 『판센翻身』(1966)에 "부추 자르는 심리"라는 매력적인 구절에 담긴 의미는 마치 부추 싹이 올라오면 바로 뜯거나 잘라서 사용하는 것처럼, 초기 공산당 지배 기간 동안 누구든 부를 지니고 있거나, 가치 있는 것을 생산할 때마다 그 재산이 곧바로 몰수된 뒤 재분배되어 버리는 것을 두려워하는 사람들의 심리를 표현한 것이다.

　신대륙에서 들어온 채소들도 식품으로서의 중요성과 보편성이 뛰어나기에 단연 돋보인다. 감자와 고구마는 옥수수와 마찬가지로 주식의 반열에 올랐다. 그 밖에도 땅콩은 음식으로도 많이 먹을 뿐만 아니라, 대부분의 남부 중국에서는 가장 중요한 지방 종자이다. **박**Cucurbita 속에 속하는 호박과 신대륙의 콩은 중국에 이미 제대로 터를 잡은 동종의 식물과 경쟁하여야 했기 때문에 주요 자리를 차지하지 못하였다. 그러나 다른 두 개의 신대륙 작물은 남부 중국(사실 대부분의 구세계)의 요리를 바꾸어 놓았다. 토마토는 겨우 100년 전쯤 식용으로 채택된 것[4]이며, 고추(**단맛 고추**Capsicum annuum와 그보다 **훨씬 더 매운 고추**C.frutescens)도 마찬가지이다. 고추 가운데서도 단맛이 나는 **고추**annuum가 매운 맛이 나는 **고추**frutescns보다 훨씬 대세이며, 단맛 고추 중에 더 매운 형태인 칠리chili고추는 단맛이 나는 (종 모양의) 고추보다 더 애용되면서 오래 기간에 걸쳐 정착되었다. 토마토와 고추는 남부 중국인들의 요리하는 데 입맛을 바꾸었을 뿐만 아니라, 풍부한 비타민 A와 C, 그리고 특정한 무기질을 새롭게 제공함으로써 남부 지방의 중국인들의 식사를 크게 개선하였다. 재배하기도 쉽고, 소출도 많으며, 아열대 기후에서는 거의 일 년 내내 열매를 맺는 이 식물들은 채소가 부족한 봄철에 비타민 공급원이 되어 계절적인 병목현상을 해소해 주었다. 뒤에서 더 충실하게 다루겠지만, 이러한 신대륙 식물은 지난 수백 년 동안 중국의 인구와 부의 증가에 크게 기여하였다. 물론 매운 (칠리)고추는 사천과 호남 지역에서 주로 널리 채택되었다. 그 지방에서는 이미 산초와 아마도 인도와의 접촉을 통해 얻은, 맛이 강한 향신료를 쓰고 있었던 까닭에 그 지역 음식과 잘 맞았다.

덧붙이자면 남부 중국에는 쉽사리 분류가 되지 않을 만큼 폭넓은 종류의 채소가 있다. 특별히 중요한 것도 없지만 모든 것이 사용된다. 그 많은 채소들을 우리는 임의로 논의를 통해 선택할 수도 있고, 아니면 보편화되고 흥미로운 것들만 목록화할 수도 있다. 이 가운데 가장 큰 것(논의를 시작하기에 좋은 것)은 동아[5](동과冬瓜, 혹은 좀 작은 것은 모과毛瓜라고 부름)이다. 신대륙의 호박만큼 형태나 질에서 다양하지는 않더라도 동아는 여러 가지 형태가 있는데, 이것들은 겉모양이 너무나 다르기 때문에 아무도 같은 종류라는 것을 상상하지 못한다. 동아는 크고, 껍질이 검고 딱딱하며, 수프 그릇으로 사용한다는 것이 가장 큰 특징이다. 동아에다가 여러 가지 식재료를 넣고,

---

4 　토마토는 17세기 초 관상식물로 중국에 도입되었으나 19세기 초에 이르러 식용작물로 재배하기 시작하였다.

5 　동과라고도 부르며, 박과의 한해살이 덩굴식물이다.

때로는 바깥쪽에 예쁜 디자인으로 모양을 파서 쪄내면, 이는 완성된 수프에 은은한 향기를 더해주고 탕의 과도한 기름기나 향신료를 흡수해 준다. 다른 종류의 어린 동아는 여름 호박처럼 속을 채썰고 삶아서, 혹은 볶아서 먹는데, 표면에 약간 왁스 같은 것이 붙어 있고 뻣뻣한 털로 꺼칠꺼칠하며 혀와 같이 생긴 이 과일은 일반적으로 '털이 많은 박', 즉 모과毛瓜라고 부른다. 기타 다양한 종류의 호박도 재배된다. 세계적으로 유명한 오이와 참외부터 시작하여 길고 구불구불한, 특이한 뱀같이 생긴 박과 각진 부드러운 수세미까지 있다. 이 자그마한 박들 가운데 가장 흥미로운 것은 쓴 외, 혹은 쓴 박苦瓜라고 불리는 여주이다. 여주는 영어로 'balsam pear[6]' 혹은 카레라karela라고 부른다. 이 마지막 말은 인디언들의 방언이다. 이 과일은 연한 초록색을 띠고, 표면에 무사마귀가 가득하며, 익으면 빨간 껍질의 씨앗을 맺게 되지만, 익지 않는 상태로 사용하고 조각을 낸 뒤 얇게 썬 고기나 새우, 혹은 둘 다 넣어서 함께 볶아먹는다. 그렇게 하면 고기와 새우의 풍미가 더 강해질 뿐만 아니라, 부분적으로는 과일의 쓴맛을 중화시키는 것으로 보인다. 여주의 맛은 후천적으로 체득한 것이며, 맛을 체득하기 위한 고통은 그만 한 가치가 있다.

신대륙의 감자와 유럽의 당근이 보급되는 바람에 다른 모든 뿌리채소의 중요성은 떨어졌다. 당근은 광동어로 홍로팍紅蘿蔔이라고 부르며 높은 카로틴 함유량으로 인하여 약재로서 대단한 가치가 있는 것으로 믿어졌다. 중국에서 옛날부터 언제 어디에서나 보편적으로 존재했던 가벼운 비타민 결핍증이 이 카로틴으로 치유될 수 있다고 믿었기 때문이다. 대부분의 뿌리채소, 아니 우리에게 알려진 모든 뿌리채소는 그들의 명운을 다하였다. 뿌리채소들은 신대륙 뿌리채소들에 비해 영양가도 더 적었고 생산성도 낮았으며, 더 거칠고 섬유질이 많은 데다가 요리하기도 쉽지 않았다. 그리고 대체식품으로서도 쓰기 어려운 것이었다. 중국 뿌리채소 가운데 가장 좋고 유일하게 중요성을 보유한 것은 타로토란이며, 이 타로토란의 감자와 비슷하게 생긴 회색 혹은 자주색 줄기를 먹는다. 이것은 우리가 정말로 좋아하지 않는 몇 안 되는 중국 요리 중 하나에 사용되기 때문에 매우 익숙한 채소이다. 타로로 편片을 만들고 돼지 삼겹살을 얇게 썰어 그 사이에 끼워 넣어 찐 것으로서 끈적끈적하고 기름지며, 밋밋한 맛에 물

---

6 balsam apple이라고도 부른다.

방울이 뚝뚝 떨어지는, 전형적인 영국의 싸구려 여인숙 음식과 같은 수준의 맛없는 음식이다.

물론 타로는 실제로 줄기이지 뿌리가 아니다. 그리고 그 밖에도 몇 가지의 수생水生 작물이 있다. 남부 중국은 물의 세계이다. 적어도 인구 밀집 구역에는 논과 풍성한 양어장이 있다. 벼농사를 짓기에는 수심이 너무 깊지만(침수되기에도 너무 깊다) 양어장으로서는 너무 얕은 곳에서는 독특한 수생 식물이 발견된다. 물밤, 즉 골풀이나 다른 종류의 부들의 알줄기는 타로와 같은 줄기(그러나 '뿌리'식물이라는 잘못된 명칭이 만연하다)이다. 모든 면에서 전혀 다르나 영어로 '물밤Water chestnut'이라고 칭함에 따라 혼돈을 야기시키는 것으로는 마름의 열매가 있는데, 잎이 넓고 물에 뜨는 식물이다. 물밤은 중국어로는 마티(馬蹄, 말발굽이라는 뜻)라고 불리며, 모양이 둥글고 식감이 아삭아삭하며 맛이 달콤하고 고기와 함께 요리한다. 마름은 중국어로 링쟈오菱角라고 부르는 것으로서 두 개의 뿔이 달려 있고, 날것으로 먹으면 독성이 나타날 때도 있다. 이것은 간식이나 당과糖菓로 만들기도 하며, 가루는 일반적으로 음식을 더 도톰하고 단단히 굳히는 용도로 사용되고 있으나, 지금은 대개 녹말가루로 대체되고 있다. 이것은 때때로 진짜 물밤과 구별하기 위해 '물마름쇠'라고 불리기도 한다. 그러나 실제로 마름은 아마도 그 이름(물밤이라는 이름)에 대해 더 유리한 주장을 하고 있다. 왜냐하면 유럽산의 더 가까운 친척인 **물밤**T.natans은 별로 중요하지는 않더라도 원래 자주 먹는 식품이기 때문이다.[7] 신세계와 구세계[8]의 원시인들은 물밤과 유사한 골풀줄기를 '골풀뿌리' 혹은 '부들뿌리'라는 이름으로 많이 먹었다. 그렇다면 중국의 명칭체계를 바로 잡아야 할까? 아마도 그렇지는 않을 것이다. 그렇다고 해서 영어의 혼란을 종결시킬 가능성이 없기 때문이다. 학자들은 중국어식 이름과 학명을 다 같이 고수해야 한다.

또 하나의 뿌리가 아닌 수생작물은 연꽃의 뿌리줄기(바닥에서 수평 방향으로 자라는 줄기)인 연근이다. 이 연꽃에서 나는 열매도 매우 중요하다. 연꽃의 뿌리줄기로는 고운 가루를 만든다. 그 안쪽은 끈적끈적하며, 뿌리줄기를 반으로 쪼개어 보면 끈끈한 고무와 같은 실이 나와 서로를 떼어놓을 수가 없다. 그래서 이는 그 어떤 것도 행복한

---

7 유럽에서는 Trapa natans, 즉 마름은 영어로 물밤(Water Chestnut)이라 부른다.
8 구세계는 신대륙(미주) 발견 이전의 구대륙(아프리카, 아시아, 유럽)을 지칭한다.

부부를 갈라놓을 수 없다는 것을 상징하기 때문에 결혼식 때 먹는다고 한다. 또 다른 중요한 수생작물은 공심채(蕹菜, 영어로는 물시금치water spinach라고 부름)(Edie and Ho 1969에 잘 기술되어 있다)와 물냉이이다. 동일한 땅에서도 전자는 여름에 자라고 후자는 겨울에 자란다. 이 둘은 민간요법에서는 특히 '몸을 차게 하는' 식품이다. 공심채는 마름과 같이 기생식물로 숨어 있고, 그를 구분해내는 것이 모호하기 때문에 먹기 전에 잘 요리해야 한다. 공심채는 고구마와 가까운 친척이지만 잎을 먹기 위해 재배되며, 이 지역의 토착식물이다. 이것은 (특히 날이 더울 때) 배추를 보완할 수 있는 몇몇의 별로 중요치 않은 잎채소 가운데 (적어도 홍콩에서는) 가장 중요한 것이지만, 생산성이나 영양가는 떨어지는 편이다. 이러한 것들은 야생초로 분류되는데 이들을 망라하기에는 지면이 부족하며, 식사에 기여하는 바도 적다.

마지막으로 채소 가운데 가지와 오크라를 들 수 있다. 이 둘은 각각 인도와 아프리카에서 도입되어 아마 이 지역에는 동남아시아를 거쳐서 들어온 것 같다. 특히 산악지대 사람들은 단옥수수를 속대까지 통째로 먹는다. 그리고 이상하게 생긴 **야생벼** Zizania aquatica는 미국사람들처럼 그 곡식을 먹는 것이 아니라, 줄기에 곰팡이를 감염시켜 부드러운 새싹이 나오도록 키운다. 이렇게 하면 이 새싹의 맛은 아스파라거스와 약간 유사하다.

이제 우리는 아주 소량만 사용하는 식물로 돌아가고자 한다. 다시 말하면 그 구분선이 아주 애매하기는 하지만 채소라기보다는 허브나 향신료로 불릴 만한 것들이다. 중국에는 남부 유럽(허브사용으로는 세계 중심)보다는 허브(맛을 내기 위해 소량으로 푸른 부분을 사용하는 식물)의 종류가 훨씬 더 적으며, 남아시아 혹은 동남아시아에 비해 향신료(맛을 내기 위해 푸른 부분이 아닌 부분을 사용하는 식물)의 종류도 훨씬 적다. 물론 의료용 약초는 별도의 범주에 속한다. 여기에서 우리는 약이 아니라 음식으로서 중요한 가치를 갖는 식물에 한정해서 다루고자 한다. 한 가지 식물로 분류상의 어려운 점을 보여주도록 하겠다. 원추리의 뿌리와 싹은 선택하기에 따라 약, 허브 혹은 향신료, 또는 채소가 될 수 있다. 원추리 싹은 '금침金針'이라고 불리며 요리에도 사용되고 한약으로도 사용된다. 이미 언급한 바와 같이 부추chives와 고수풀芫荽[9]은 명백히 허브

---

9   고수풀은 향채(香菜)라고도 하고 중국어로는 옌수이(芫荽)라고 부르기도 한다.

에 속한다. 이것을 (미국에서는) 멕시코 실란트로Cilantro라고 부르기도 하고 '중국 파슬리'라고 잘못 부르기도 하나, 실제로는 근동지역 원산의 향신료로 확실한 건 중앙 아시아를 거쳐 전파되어 왔다는 것이다. 이것은 서북지역의 중국 요리에서 여전히 매우 중요한 요소이지만, 모든 지역에서도 널리 사용되고 있다. 부추와 고수풀 고유의 강한 향을 평범하게 좋아하는 사람들도 있고, 아주 싫어하는 사람들도 있다(저자들은 이것을 매우 좋아한다). 그래서 이 맛은 여주와 마찬가지로 후천적으로 획득한 맛이며, 획득할 가치가 있는 맛이다. 향신료 가운데 가장 중요한 것은 생강이다. 신선한 생강은 향신료로 쓰이기도 하지만 채소로 사용해도 좋다. 이것은 전통적인 관념상 수태능력 향상과 성생활을 위해 몸을 '따뜻하게' 하는 물질이며, 거의 모든 고기요리에 들어간다(더러 어떤 요리사들은 요리를 할 때 이를 사용하기도 하지만, 또 어떤 다른 사람들은 이를 피하기도 한다). 남부 중국의 또 다른 독특한 향신료로는 훨씬 더 희귀하고 지방색이 강한 것이 있다. 산초(山椒), 즉 갈색의 천초(川椒), 혹은 청초(清椒, fagara)(영어명칭에 대해서 일치하는 의견이 없다)이다. 이것은 원래의 중국초(椒)이며, 지금은 화초(花椒) 혹은 황초(黃椒)라고 부른다. 이것은 사천-호남요리에서 주로 사용되는 서부 중국의 토착식물이며 짧은 줄기에 갈색의 후추알과 같은 열매가 두 개씩 붙어 있다. 그 전체는 아주 작은 남자의 생식기와 같은 모양을 하고 있다. 따라서 산초는 『시경』에도 선정적인 비유로 사용되었으며 지금도 중국에서는 널리 사용되고 있다. 이 밖에도 중국 요리의 '특별한' 맛은 주로 콩으로 만든 무수히 많은 보존식품에서 얻는데, 대개 독특하고 강렬한 맛이다. 향신료보다는 입수하기 더 쉽기 때문에 이러한 식품은 향신료를 대신해서 사용되는 경우가 많다. 카레가루와 중국에서 생산되지 않은 향신료도 물론 지난 수십 년 혹은 수세기 동안 중국 요리에 도입되었다. 그러나 그러한 것들은 아주 심하게 이질적인 현상으로 남았으며, 중국의 요리사들은 그것들을 기꺼이 혹은 노련하게 쓰질 못했다. 동남아시아에서는 이러한 일반화는 통용되지 않았다. 이러한 향신료가 타이, 말레이, 그리고 다른 지역 요리들과 접촉하고 융합하여 말레이시아와 싱가포르의 '논야Nonya' 요리와 같은 최상급의 독특한 요리가 발전하게끔 하였다(**Nonya**는 재산이 많은 중국인 귀부인을 지칭하는 말레이어이다). 이러한 지방적 전통과의 융합은 여기에서 논외로 해야 하는 것이지만, 이것들에 대해 제대로 다루려면 우리에게 주어진 만큼의 지면이 더 필요할 것이다.

요리에 사용된 또 다른 범주의 식물이 가진 주된 기능은 향신료나 허브보다는 약한 맛을 내고 실제 채소보다는 양이 적기 때문에 조리된 요리의 맛과 다른 맛을 미묘한 화학반응을 통해 가장 은은하게 이끌어 내는 것이다. 이런 종류의 식품은 근본적으로 균류와 유사하다. 이 가운데 가장 많이 사용되고 많은 요리(특히 채식주의 요리)의 중심을 이루며, 혹은 많은 다른 요리의 보조적인 역할을 담당하는 것으로서 표고버섯冬菇이 있다. 쓰러진 나무에서 자라는 이 버섯은 일본에서 재배되고 있다(일본에서는 〔시이타케椎茸〕라고 부른다). 풀버섯도 발견되지만 우리는 그것의 중국식 이름을 들은 바가 없다[10]. 이 두 개의 버섯은 적어도 오늘날 대만에서 재배되고 있는 유럽산 양송이 버섯처럼 남부 중국에서는 거의 틀림없이 재배되고 있다(Singer 1961 참조). 나무귀木耳, 혹은 구름귀雲耳이라는 이름으로 알려지고 귀처럼 생긴, 목이속 혹은 흰목이속 양쪽 종에 전부 속하는 목이버섯은 남부 중국 요리의 특징을 잘 나타낸다. 프랑스 요리의 송로버섯과 같이 이 버섯 자체는 아무런 맛을 내지 않지만, 첨가할 경우 어떻게든 음식의 아주 좋은 맛을 북돋아줄 뿐만 아니라, 다른 식재료와 대조적인 독특하고 기분 좋은 식감을 더해 준다.

채소와 대비하여 한 차원 더 높은 것으로는 과일과 견과果가 있다. 남부 중국은 이 가운데서도 과일 생산의 세계 중심지이다. 대만 남부 지역과 그와 마주보는 해안, 특히 조주潮州[11]는 아열대 과일로 특히 유명하다(과일을 재배한 농촌에 대한 기록으로는 Kulp, 1925와 Ch'en, 1939를 참조). 사천도 여러 가지 과일과 견과로 알려져 있으며, 다른 지역도 그들 각각의 지역 특산물로 유명하다. 남부 중국의 촌락에 관한 이야기에서는 다양한 과일 나무들이 빠짐없이 언급된다. 그러나 과일과 견과는 조주 가운데서도 특화된 지역을 제외하면 남부 중국 풍경의 주요 부분을 이루고 있는 것은 아니다. 과일 재배는 너무나 많은 노동을 필요로 하고, 과일이 결실을 맺기까지 너무나 오랜 기간 동안 아무런 생산물도 없이 큰 공간을 차지하고 있어야 한다. 그래서 주요한 경제작물을 제외하면, 과일나무는 한쪽 귀퉁이에 자리한 허접한 땅으로 밀려나고 소홀히 돌보는 경향이 있다. 전체적으로 중국인들은 근래에 와서 음료수와 단 과자를

---

10 현대 중국에서는 초고(草菇)라고 한다.

11 광동성 동부와 복건성 남부의 경계지점에 있는 지역.

428

생산하는 업자들의 상업적 공세에 휘둘리기 전까지, 지구상에서 단맛에 가장 무심한 민족인 것 같다. 과일은 가벼운 스낵일 뿐이지 환상적인 디저트는 아니었다. 중국인들은 신맛이 아주 강한 과일을 좋아했다. 근대중국 초기에 관한 기록에서 음식에 대해 자주 언급한 많은 유럽인들은 중국인들이 덜 익은 과일을 내놓는다고 불평하였다. 사실 중국인들은 약간 덜 익은 과일, 그래서 자연스럽게 신맛이 나거나 고갱이가 들어 있는 과일을 선호한다. 과일을 덜 익은 상태로 따서 소금에 절이기도 한다. 꿀에 재운 아주 단 과일은 종종 북부 지방에서 먹었지만(이 지역에서도 과일은 가벼운 스낵이다) 남부 지방에서는 별로 그렇지 않았다. 사탕수수는 남부 지방에서 재배되었으나 그 규모는 작았으며, 대부분은 어린이들이 가공하지 않은 날것을 씹어 먹었다. 이 사탕수수는 피트당 당분이 매우 낮다. 사탕수수를 먹을 때에는 가장 덜 단 부분부터 먹기 시작하는데, "서서히 행복의 정점至福 영역에 다다르게끔 한다"는 고개지顧愷之[12]와 같은 사람이 얼마나 될까? 견과도 요리에 특히 많이 사용되기는 하지만, 남부 중국요리에서 중요한 부분을 이룬다고 말할 수는 없다. 나무가 많은 사천성에서는 호두는 고기요리와 디저트에서 다 같이 중시된다. 또한 호두로 만든 크림은 견과로 만든 할바 Halvah[13]와 유사하다. 수박씨(수천 개의 씨를 맺고 과육이 적은 것으로 특별히 선정한 품종에서 얻은 수박씨)를 더 선호하기는 하지만 견과를 스낵으로 자주 먹는다. 남미에서 땅콩이 들어오기 전까지는 연밥도 견과보다 더 많이 사용되었다.

중국 과일 중 많은 것들, 오렌지, 감, 복숭아, 자두, 감귤 등이 전 세계로 퍼져나갔고, 여기에서는 이에 대해 더 이상 언급할 필요는 없다. 나머지 다른 것들은 잘 알려져 있지 않다. 예컨대 커다랗고 목질木質조직을 이룬, 자몽과 같이 생긴 포멜로와 만다린귤柑이 있는데, 만다린귤은 오래전부터 오렌지와 감귤과의 교잡종으로서 지금은 극동 지방 전역에서 매우 다양한 형태와 색깔이 있는 종류로 알려져 있다. 감귤과 유사하게 생긴 왐피Wampee, 바꿔 말해서 황비黃枇도 있으며 포도 맛이 나는 리치茘枝, 껍질에서 단맛이 나는 작은 귤인 금귤 등 많은 종류가 있다. 가장 널리 보급되어 있고 유명한 것은 매실梅이다. 영어로는 통상 플럼plum이라고 불리는 자두李와는 관련

---

12 348~406경. 344~405라는 설도 있다. 동진(東晉) 시대의 시인, 서예가, 화가이다. 그는 사탕수수를 먹을 때 단맛이 약한 끝에서부터 먹기 시작하여 마지막에 머릿부분을 먹었다고 한다.

13 참깨와 꿀로 만든 터키의 과자.

이 있지만 전혀 다른 것으로 혼동되곤 한다. 매실은 별도의 종이며 자두보다는 살구에 더 가깝다. 이 때문에 매화나무는 '동양 꽃살구나무'라고 번역하는 것이 더 정확하다. 그러나 이 나무는 일반적인 살구나무杏와도 아주 비슷하지는 않기 때문에 사실 이 번역도 만족스럽지 못하다. 매화나무는 예술과 시에서도 아주 유명하고, 숭고함과 굴욕(예컨대 매독梅毒)에 이르기까지 풍부한 은유의 원천이 되기 때문에 이것은 서양권 언어에서도 그대로 '메이梅'라 불러야 마땅하다. 매화나무는 그 자체가 독립적이어서 다른 것과 연결될 수가 없다. 어찌됐든 매실은 소금에 절여 신맛이 나는 일본의 우메보시梅干의 기본 바탕이 되며, 중국에서는 스낵으로 혹은 고기에 곁들이는 반찬으로 많이 먹고 있다. 매실은 작고 신맛이 나며, 살구의 모양과 향이 비슷하지만 가공을 하지 않으면 거의 먹을 수가 없다. 또 하나의 중요한 중국의 과일로서 서양에는 잘 알려져 있지 않고 명칭도 잘못 지어진 것으로서 대추, 혹은 중국 '대추야자'로 불리는 것이 있다. 이 과일은 대추야자의 생김새를 닮았고, 색깔은 갈색이 아니라 일반적으로 빨간색이기는 하지만 맛도 대추야차와 유사하다. 씨는 길다랗고 단단한 대추야자와 같은 씨를 갖고 있지만 대추야자와는 관계가 없다. 열매는 곁눈이 많이 달린 가시가 많은 가지에 열리며 이 열매는 서양 원산지인 '고욤[14]'과 유사하다(동양 연꽃하고는 다르다). 대추는 건조한 지방에서 잘 자라기 때문에, 습기가 많은 중국 남부에서는 그리 중요하지 않은 재배종이다. 그러나 많은 대추가 북부 지방으로부터 수입되고 있으며, 북부 지방에서는 대추가 아마도 감을 제외하면 가장 중요한 과일일 것으로 추청된다.

열대과일과 견과의 다양한 종류—코코넛과 빈랑열매(구장 퀴드betel quid로도 씹었던 야자열매로, 한때 중국 남부에선 매우 인기가 높았다)에서 별모양의 스타푸루트Star-fruit와 망고에 이르기까지—는 중국의 최남단지역에서 재배되어왔고 지금도 재배되고 있다. 그것들은 이 지역에서는 그리 중요하지 않은 식물이며, 음식 전체에 대한 그림을 놓고 보면 별로 중요하지 않지만 그래도 이 지역에서는 중요한 것으로 발전할 가능성도 있다.

마지막으로 크게 주목할 만한 거리는 아니지만 매우 흥미로운 것은 거의 열매를 맺지 않는다고 알려진 대나무가 열매를 맺은 경우, 그 지역에 있는 모든 대나무가 한꺼

---

14 본문에서 'lotos'라고 표기하고 있어서 학명상 *Diospryos Lotus* 즉 date plum, 혹은 코카서스 감이라고 불리는데, 우리들이 익히 알고 있는 고욤나무를 지칭한다.

번에 열매를 맺은 뒤 다 같이 말라 죽어 회복하는 데에 오랜 시간이 걸린다는 것이다. 그 열매는 식용가능한 것으로 보고되고 있다. 이러한 종류의 열매가 대량으로 열리는 현상은 대개 다음과 같은 스토리로 이루어지는 많은 지방 전설의 바탕이 되고 있다. 즉 대나무는 보통 열매를 맺지 않지만, 기근이 닥치면 신실한 이들이 신에게 기도한다. 그러면 신은 대나무 열매가 열리게 하면서 이에 응답하고, 사람들이 기근에서 벗어난다는 식이다. 더 냉소적인 표현을 하는 사람들은 "대나무 열매가 열린다"는 말은 이것은 "절대 일어날 수 없는 일"과 동의어로 쓰이고 있다는 것이다. 죽순은 채소라고 해야 하지만 여기에서는 임목林木으로 간주되어야 마땅하다. 즉 재배되는 나무로서 사실 일반화되고 널리 퍼진 것이기 때문이다. 많은 대나무 종류 중에서도 특히 대나무속과 키가 큰 자죽慈竹속은 잘 알려진 채소를 생산한다. 키 큰 대나무 가운데 어떤 것들은 열대 지방에서는 하루에 30센티 이상 자라기 때문에 죽순의 공급이 많다. 죽순은 겉껍질을 벗기고 중심부분―장래 목질로 변할 '몸통'이 될 부분―을 먹는다.

이제 한숨 돌리고 나서 가축에 대한 이야기를 해보겠다. 여기에서 언급할 건 훨씬 짧다. 남부 중국에서 동물성 단백질을 얻는 주요 원천은 물고기이다. 대부분의 물고기는 자연산이며, 식용으로 사용되는 물고기와 조개는 수백 종, 수천 종에 이른다. 그러나 어떤 물고기는 연못에서 양식해서 기른다*3. 그 가운데 잉어는 사실상 가정집에서 길러왔던 물고기이다. 여기에는 몇 가지 이점이 있다. 잉어는 단위면적당 단백질 생산량이 아주 높다. 잉어는 조류나 잡초 그리고 연못과 그 언저리의 작은 동물들을 먹기 때문에 특별히 사료를 줄 필요가 없다. 잉어는 더러운 물에서도 살아갈 수 있으며, 그래서 물이 고인 연못이나 시장의 수조에서도 키울 수 있다. 잉어는 효율적인 영양전환 장치이며, 먹이의 대부분을 성장을 위해 사용한다. 다른 물고기에 비해 상대적으로 잉어는 가두어 놓고 기르기 쉽다. 세계에서 최초로 양식한 물고기는 아마도 중국 잉어일 것이다. 추측컨대 잉어는 남중국, 아마도 양자강 분지에 한족이 들어오기 전에 태국어 혹은 다른 언어를 말하는 사람들에 의해 처음으로 양식되었을 것이다. 어찌됐든 가장 널리 퍼진―역사상 전 세계에 전파된 잉어는― 일반적인 잉어, 즉 잡식성 잉어이다. 연못의 상호보완적인 먹이환경 틈새에서 다른 종류의 잉어도 생겨났다. 즉 작은 연못과 개천에 서식하는 붕어, 연못의 표면이나 수변에 있는 풀을 먹고 사는 초어(草魚), 작은 동물들을 잡아먹는 강청어(靑魚, Black carp), 중간크기의 플랑크톤을 먹고사는 백련어(白鰱), 훨씬 작은 사냥감을 먹고 사는 대두어 또는 흑련(黑鰱), 연못의 진흙바닥에 살고 있는 머드잉어(鲮魚, mud carp) 등이다. 이 모든 종류의 잉어는 (벌레 및 좀 더 큰 다른 사냥감을 찾아내기 위해 진흙을 헤집고 다니는) 일반 잉어들과 한 연못에서 서식하면서, 그들이 보다 낮은 영양단계에서 얻을 수 있는 모든 것을 이용하고 있다. 먹이사슬에서 상위에 속하는 먹이를 먹고 사는 물고기—다양한 종류의 숭어, 뱀장어, 메기, 가물치 등—가 같은 연못에 있기 때문에 같이 잡힌다. 뱀장어와 숭어는 때로는 잔챙이로 잡혀서 양어장에 풀어넣고 키운다. 새우와 다른 갑각류도 담수연못과 담함수淡鹹水연못에 대거 서식하고 있어서 많이 사용된다. 이와 같이 생선을 기반으로 한 단백질 공급은 남부 중국 전역에서 물이 많은 지역이라면 어디든지 가능하다. 심지어 운남성의 고원지대의 호수에서조차 대규모 자연산 물고기 어장이 발달하여, 홍콩의 선상거주 어민들과 유사한 방식으로 어선에 사는 사람들이 있다(Osgood 1963). 연못에서 키운 담수어는 아무 때고 필요에 따라 활어로 팔리고 있으며, 대체로 신선한 상태다. 바닷물고기와 너무 많이 잡힌 담수어는 운반하기 위해서 종종, 혹은 일반적으로 말리거나 소금에 절인다. 소금에 절인 낮은 등급의 생선—말리는 동안 썩지 않을 만큼 소금을 친 생선—은 남부 중국에서 가난한 사람들의 사치스러운 단백질 공급원이다. 이러한 생선은 건조과정에서 박테리아에 의한 질산염의 분해로 인하여 니트로사민nitrosamines을 발생시킨다. 이 화학물질은 발암 물질로, 이 지역에서 특정한 암이 대량으로 발생하는 것과 연관되어 있을지도 모른다(Fong and Chan 1973). 조개류도 건조시켜 먹는 경우가 있다. 굴은 큰 통에 가득 넣고 끓여서 국물이 걸쭉해지고 진한 맛이 날 때까지 졸인다. 이렇게 만들어진 굴소스는 고기를 요리할 때 사용한다. 말린 새우, 굴, 오징어는 기본 식료품이다. 연안지역에서는 큰 통에다 작은 새우를 담고 이것이 썩지 않을 만큼 충분한 소금을 넣어 만든 새우젓[15]을 먹는다. 새우는 자기분해되는 과정에서 생긴 소화효소가 신체단백질을 분해한다. 그 결과 발생하는 자줏빛의 고형 페이스트가 조미료로 사용되는데, 이것은 가장 풍부한 단백질과 칼슘의 공급원의 하나로 알려져 있다. 또한 말레이시아에서 **벨라찬**Belachan

---

15 새우의 형태는 없어지고 페이스트(Paste) 상태로 중국 남부, 동남아시아에서 널리 먹는 새우젓이다.

이라고 부르는 것과 동남아시아 지역의 새우페이스트와 크게 다르지 않다. 때때로 작은 물고기로 만들기도 한다. 물고기를 절여 페이스트 상태로 혹은 오일로 만든 것을 베트남에서는 **누크맘**nuoc mam[16], 필리핀에서는 바궁bagung과 파티스patis로 부르고 있으나 이것은 모두 같은 종류에 속한다[17]. 이러한 가공은 결코 동남아시아만큼 일반적인 것은 아니다. 이것들은 동남아시아 기술의 지엽적인 확장일 뿐이다.

척추동물을 다루는 순서로 들어가는 과정에서 우리는 잠시 파충류를 건너뛰어야 한다. 뱀은 대체로 약으로 먹으며 때때로 별식別食으로 먹는다. '용龍, 봉鳳, 호虎', 즉 뱀, 닭과 고양이를 함께 넣어 만든 요리(실제로 먹는 것보다는 많이 언급되는 요리)에서 특히 그렇다. 가금류는 훨씬 더 중요하다. 동남아시아에서는 닭을 가축으로 길렀으며, 청둥오리, 혹은 개리[18]도 중국에서는 일반적인 가축으로 키우고 있었다. 이들 동물들은 모든 부위가 사용되며, 거위는 다른 것보다 훨씬 적게 사용된다. 그리고 가금류의 알은 주요 식품이다. 오리알은 다양한 방식으로 보존된다. 노른자를 빼서 말린 뒤 소금에 절이거나 알 전체를 소금에 절인다. 물론 이렇게 만든 것이 그 유명한 백년 된 알, 심지어 천년 된 알도 있다. 이것은 전형적인 과장법이다. 그것들은 계절과 시장상황에 따라 석회질의 진흙이거나 석회석이 섞인 혼합물, 고운 재灰, 소금의 혼합물, 그리고 때로는 차茶를 넣어 만든 혼합물에 넣어 2~4개월 동안 말린다. 화학물질이 알껍질을 삼투하면서 알을 보존하고 또한 풍미를 낸다. 오리알은 달걀보다 훨씬 빨리 상한다. 이것으로 오리알의 보존기술이 더 널리 이용되고 있다는 것의 설명이 될지도 모른다. 또한 오리는 닭에 비해 한정된 장소에서만 기른다(적정량의 물이 있는 지역에 한정된다). 그래서 알의 운반문제가 더 시급하다. 그뿐만 아니라 오리알은 더 단단하고 혹은 딱딱하여 이러한 보존방식이 어울린다. 반대로 거품을 내거나 휘저어 다른 음식과 혼합해서 사용하지는 않는다.

포유류의 고기는 가금류 고기보다 더 중요하다. 소와 물소에서 얻는 쇠고기, 양이나 염소에서 얻는 양고기mutton는 아주 일반적이라고 말할 수는 없다(서양인들은 극동

---

16 원문에서 nuoc man이라고 되어 있으나, 오류이기에 바로 잡음.

17 일반적으로 어장(魚醬)을 지칭하며 오일로 된 것만은 아니다. 타이에서는 남프라라고 부르는데, 이것은 생선액젓('남'은 물, '프라'는 생선이라는 뜻이다)으로 맛은 조선간장과 비슷하다고 한다.

18 오릿과 새로 기러기만 한 몸집에 한국, 일본, 몽골 등지에 분포한다.

지역에서 양과 염소를 구별하지 않는 경우가 많은 데에 대하여 종종 불만을 토로한다. 어린 염소고기는 더 부드럽고, 더 맛있으며, 양고기lamb보다 기름이 더 적다. 염소는 남부아시아 사람들의 여러 조건에 더 잘 부합한다). 벅(Buck, 1937)의 메이나드와 스웬이 만든 표(Maynard and Swen Table)가 보여주는 바와 같이, 남부 중국에서는 다른 동물성 음식을 전부 합친 것보다 더 중요한 고기는 바로 돼지고기이다(실제로 물이 많은 지역에서는 물고기가 중요도에서는 돼지고기를 넘어서는 것이 분명하지만, 물가에서 떨어진 곳에서는 돼지고기야말로 명백히 고기음식의 대명사이다). 남부 중국의 돼지고기 소비는 세계적인 기준으로 볼 때 높은 수준이다. 양돈의 증가와 현재의 중국 본토에서의 비교적 평등한 음식분배로 인해, 고기뿐만 아니라 콩까지 고려할 때 명백히 말해서 단백질 공급은 충분하고도 남을 정도이다. 많은 지역에서 특히 멀리 떨어진 서부지역과 복건 연안지역에서는 돼지는 고기뿐만 아니라 그에 못지않게 라드(돼지기름)를 얻기 위해서도 중요하다. 그래서 돼지는 최대한으로 지방을 생산하고, 최대한으로 살코기와 기름을 분리할 수 있도록 키운다(미국사람들이 탐내고 건강을 해치는 '마블링'[19]과는 정반대이다). 이 지역에서 돼지기름은 다른 지역에서 좋아하는 맑은 가벼운 맛의 채소기름보다도 가장 선호하는, 적어도 선호되고 있는 요리용 기름 가운데 한 가지이다. 후자는 고도불포화지방이기 때문에 아마도 그 사용자들은 순환기관병에 걸릴 확률이 낮을 것이다. 이것은 체크해볼 만한 가설이다.

음식가공

이 절의 목적은 들에서 취한 음식을 창고에 넣기까지의 과정을 다루는 것이다. 음식준비의 절에서는 식품구입에서부터 최종적인 소비까지를 다룰 예정이다.

주식으로서의 쌀은 당연히 백미로 정미된 다음 그대로 먹는다. 오늘날 쌀은 정미과정에서 불행하게도 탄수화물 덩어리만 남기고 대부분의 영양분을 제거해 버린다. 쌀은 가루로 가공되어 식용으로, 혹은 화장품용으로 사용되기도 한다.

그에 비해 밀은 항상 가루형태로 사용된다. 어떤 불확실한 이유로, 전곡이나 거칠게 빻은 밀의 사용은 근동과 발칸지역의 야생에서 나는 자연산 밀의 생산지역을 넘어 확장되지 못했다. 세계의 다른 지역에서는 밀은 거의 예외 없이 가루로 가공되었다.

---

19 마블링(marbling)은 대리석 무늬와 같이 고기와 기름이 줄 모양으로 섞여 있는 상태의 고기를 말한다.

중국에서 밀가루는 단단하고 무거운 찐빵—남부 지역에서는 일반적으로 무발효빵이다—이나 국수로 만든다. 남부 중국에서 이러한 것은 일반적으로 가정에서 만들지는 않는다. 식당이나 찻집에서 다양한 번bun을 포함한 빵 종류를 만든다. 한편 소규모의 국수공장 중에 긴 국수와 때로는 작은 교자를 위한 얇은 피를 특별히 만드는 곳이 있다. 국수는 일반적으로 밀가루와 물로 만든다. 그러나 광동사람들과 몇몇 다른 집단에서는 계란국수를 좋아한다. 제분율이 낮은 표백 밀가루가 널리 퍼짐에 따라, 물과 밀가루로 만든 국수의 맛과 영양의 질은 점차 저하되었다. 모든 국수는 통틀어 **미엔**麵으로 알려져 있으며, 광동지역에서는 **민**, 복건에서는 **미** 혹은 **비**로 방언에 따라 다르게 부른다. 우리들에게 알려진 지역에서 복건 말을 하는 사람들은 주로 면을 식용으로 삼고 있으며, 보다 더 구체적인 면 체계를 갖고 있다. **미**는 스파게티와 같은 국수에 해당하며, 더 가는 것은(얇은 당면)는 **미엔센**麵線, 넓고 납작한 것은 **궈티아오**粿條이다. 그 밖에 다른 종류도 있다. 아주 가늘고 투명한 국수는 녹두가루로 만들며, 그리고 쌀이나 메밀가루, 다른 가루로 만들 때도 있다. 기술적으로 국수와 아주 밀접하게 관련되어 있으며 같은 재료로 만든 것으로는 **혼돈**餛飩과 **교자**에 쓰이는 만두피이다.

국수의 기원에 관해 많은 의문이 있다. 마르코 폴로가 중국에서 파스타를 가져왔다는 오래된 전설(스파게티는 국수에서, 라비올리는 교자에서 가져왔다는 전설)은 아마도 오류일 것이다(Root 1971). 적어도 파스타의 일부 종류는 그 이전에 이미 유럽에 알려져 있었다. 계란국수는 명백히 중국적인 것이며, 나머지는 그럴지도 모르지만 아무런 증거가 없다. 대체로 **혼돈**과 **교자**와 동일시되는 작고, 피가 얇으며 고기소를 채운 만두류는 아시아에서 널리 발견된다. 비슷한 것으로 러시아의 펠메니pelmeni, 유대인들의 크레플라크Kreplach, 그리고 티벳의 **모모**momo가 있으며, 아프가니스탄과 그 주변지역에서 발견되는 특별히 중요하고 정교한 종류도 있다. 중국은 아마도 그것들을 중앙아시아로부터 도입하였을 것이며, 이탈리아도 마찬가지로 (간접적으로) 그렇게 했을 것이다. 그것들은 인도와 근동지역에서는 두꺼운 껍질의 튀김만두인 **사모사**samusa로 분류된다. 우리가 대충 말할 수 있는 것은 비슷한 분포유형을 가진 다른 음식들도 그 원산지는 대체로 페르시아나 중앙아시아라는 점이다.

다른 곡물로 돌아가 보자. 옥수수, 메밀과 또 다른 잡곡들도 크고 파삭파삭한 팬케이크마냥 두텁고 크며 넓적하고 바삭한 케이크로 가공된다. 조와 수수는 밀가루를 제외한 다른 모든 곡식과 마찬가지로 죽으로 먹는 것이 일반적이다. 납작한 케이크를 만드는 방법은 서부중국의 고원지대와 티베트 국경지역에서 집중적으로 발견되며, 그 지역의 티베트-버마어를 쓰는 사람들 사이에서 보리와 메밀을 가공해 먹을 때 원래부터 선호했던 방식인 것처럼 보인다. 그것이 중국인들에게 전파되었고, 다른 곡식들이 이 지역에 들어오면서 다른 곡식도 같은 방식으로 만들어 먹었다.

남부 중국의 곡물 가공기술은 비교적 단순하다. 왜냐하면 주식으로 먹는 쌀농사가 워낙 지배적인데다 쌀은 요리법이 간단하기 때문이다. 그러나 콩 가공기술은 곧바로 우리들을 또다른 극한으로 인도한다. 비록 이 장(또는 이 책 전체)에서 그 주제를 충분히 논하기에는 지면도 없고 음식연구가들의 연구도 부족하지만, 파이퍼와 모스(Piper and Morse, 1923)와 헤쎌틴과 왕(Hesseltine and Wang in Smith and Circle, 1972)의 논문에서 정보를 얻을 수 있다. 홈멜(Hommel, 1937, pp.105~09)은 두부의 생산에 대해 논하였다. 대두는 거의 항상 가공하여 먹었다. 왜냐하면 콩은 간단히 요리해서는 소화가 안 되기 때문이다. 콩은 갈아서 가루로 만들거나 발효시켜야 했고, 혹은 두 가지 방식을 모두 사용하여 가공되었다. 가장 일반적인 과정은 두부(토후(豆腐), 광동어로는 다후(豆腐), 복건에서는 타후(豆腐)로 발음)의 제조이다.

이 과정은 물에 불린 콩을 갈아서 걸쭉한 콩물로 만들고, 이를 체에 받쳐 비지를 걸러낸 다음 끓이다가 석고나 다른 응고제를 사용하여 단백질 덩어리를 응고시킨다. 이 것을 다시 걸러서 수분을 빼고 압착함으로써 여분의 수분을 제거한 뒤 두부를 만든다. 이 때 생기는 고형물이 두부이며, 액체는 여러 가지 방식으로 사용된다. 가장 일반적인 두부는 매우 수분이 많지만 좀 더 세게 압착하여 단단한 두부도 만든다. 두부를 약간 말려서 훨씬 더 건조된 형태의 두부도 만들 수 있다. 복건의 요리사들은 특히 건조시켜 단단해진 두부를 즐겨 사용한다. 때때로 두부는 튀겨서 판매된다. 걸쭉한 콩물을 끓이는 것도 일반적인 두부 제조의 한 과정이다. 콩물을 끓일 때 생기는 막(우유를 끓일 때 생기는 막과 유사하다)은 걷어내어 말린 다음 두루두루 사용한다. 밀접하게 관련된 또 다른 과정을 통해서는 채식주의자, 특히 대승불교신자들에 의해 개발된 여러 종류의 인조고기가 만들어졌다. 믿을 만한 모조품(아주 맛있지만 반드시 오리지널과 같은 맛이 나는 것은 아니다)으로서 닭고기, 전복, 다른 흰살 고기, 심지어 쇠고기나 돼지고기 맛이 나는 인조고기도 만들어졌다. 서양 사람들은 그 아이디어를 채택한 뒤 그것을 더 발전시켜 급기야는 콩 단백질로 만든 고기대용품TVP[20]을 만들어 내기에 이르렀다. 그러나 그 씹는 질감에 치중하다보니 결과물 그 자체의 맛을 무시해 버리게 되어 마치 서구인들의 이상이 그것을 맛없게 만드는 것이었던 양 되어버렸다(냉소적인 중국 독자들은 이 목적을 재정의한 것에 놀라지 않을 것이다!). 이처럼 각 지역 곳곳에서 그 지역만의 특색 있는 콩 식품은 무궁무진하게 만들어질 수 있고, 근대화와 변화로 인하여 그 공정과정은 얼마든지 확장될 수 있게 되었다.

가장 일반적인 발효식품은 간장(북경어에서는 장요우(醬油) 혹은 취요우(豉油), 광동어에서는 씨자우(豉油)로 발음)이다. 여기에도 다시 무궁무진한 변종이 가능하다. 그러나 일반적인 과정은 콩가루나 콩, 그리고 가볍게 빻은 곡물(밀, 보리 등)의 혼합물에다 발효제인 누룩곰팡이와 콩 균류, 혹은 다른 곰팡이나 미생물을 함께 버무려 발효시키는 것이다. 그다음에는 그 혼합물을 소금물에 담아 유산균(이 박테리아는 요구르트를 만들 때도 쓰이며, 사워도우[21]빵과 서머소시지[22]의 신맛을 공급해 준다)과 이스트로 다시 발효시킨다. 생산자에 따라서는 발효제로서 이것들을 혼합하거나 다른 미생물을 사용하는 경우도 있다. 이 과정에서 생긴 액체는 분리해서 병에 담아 봉한다. 이 과정은 여러 단계를 거치고 숙성도 해야 하기 때문에 시간이 오래 걸린다. 젖은 땅콩에서 자란 곰팡이와 그러한 결합조직의 기본 물질, 즉 기질基質은 고도의 독성물질인 아플라톡신[23]을 만들어내며 지금까지 알려진 것 중 가장 강력한 발암물질이다. 그러나 여태껏 우리가 알고 있는 한, 어떠한 암이나 어떠한 심각한 아플라톡신 문제도 콩 발효식품이 원인이라고 추적된 바가 없다는 점은 분명하다.

또 다른 발효식품에는 황색과 적색 된장, 두시(豆豉, 광동어로는 다우씨), 소금에 절인 수푸[24](宿腐) 등이 포함된다. 이러한 것들의 전통적 제법에 대해서는 거의 연구된 바가 없다. 여러 가지 색의 페이스트, 치즈와 같은 물질, 콩으로 만든 잼 등은 아마도 콩을

---

20 Textured Vegetable Protein(섬유질 채소단백질)을 줄여서 이렇게 부른다.

21 sourdough. 발효시켜서 시큼한 맛이 나는 반죽, 혹은 이 반죽으로 만든 빵.

22 냉장할 필요 없는 건조시킨 훈제 소시지. 서벌랫(cervelat)이라고도 한다.

23 곡물의 곰팡이가 만들어 내는 발암성 독소.

24 수푸(Sufu 혹은 Soo Foo)는 부유(腐乳), 취두부(臭豆腐)와 같은 각종 발효두부를 지칭하는 상해방언이다. 한자 宿腐는 Sufu의 음차이다.

물에 불렸다가 가열한 다음 곰팡이균, 효모균, 거미줄곰팡이와 박테리아의 일부 혹은 전부를 사용하며 발효시킨 것이다. 그 차이는 콩을 으깨어 사용했는지 아닌지, 다른 재료와 혼합한 것인지 아닌지, 그리고 사용된 미생물을 어떻게 혼합하는가에 따른 것 등등이다. 두시[25]는 소금을 많이 넣고 기본적으로 유산균으로 발효시킨 것임에 틀림없다(유산균 박테리아가 아니면 소금처리에서 살아남아 특유의 맛을 낼 수 있는 것은 많지 않다). 다른 발효물질을 소금물에 미리 처리하는 것은 배제되지 않았다. 수푸는 털곰팡이와 악티노무코르곰팡이(당연하게도 곰팡이균 종류도 생산자의 발효제문화에 따라 차이가 난다)로 발효시킨 건조 두부이다. 더 단단한 대두치즈와 소금에 절인 두부는 모두 이러한 종류에 속한다. 발효두부는 일반적으로 '술', 홍고추, 소금물을 넣어서 절이고, 심지어 장미에센스까지 함께 넣어 절인 것까지도 있다(Hesseltine and Wang, in Smith and Circle 1972 p.412). 사람들이 원하는 바에 따라 다른 발효식품이 등장하는 것은 당연하다. 인도네시아에서는 중국이민자들이 다양한 콩과 다른 발효제, 즉 거미줄곰팡이를 사용하여 콩을 가열하고 발효시킨 음식을 만들었다(그리고 콩 이외에도 주변에 있는 곡식을 어떤 것이든 이렇게 발효시켜 먹었다). 이런 종류의 콩으로 만든 것이 말레이시아의 **템페** tempe[26]이다. 아마도 중국에서도 이와 비슷한 음식을 먹고 있을 것이다.

이러한 발효과정을 통해 대두의 단백질은 보다 쉽게 소화되며, 미생물에 의해 상당히 많은 양의 다양한 비타민과 영양물질도 생성된다는 점을 강조할 필요가 있다.

콩의 발효기술은 지속적으로 발전하고 진보하고 있다. 두유는 콩을 물과 함께 갈아서 만든 비교적 간단한 모조 우유인데, 일본에서는 여기에다 평범한 요구르트 효소, 즉 유산균에 넣고 배양하여 모조 요구르트를 만들었다. 소문에 의하면 이 모조 요구르트는 오리지널 요구르트보다 맛도 좋을 뿐만 아니라 단백질도 훨씬 많은 것으로 알려졌다(같은 책., p.415). 앞으로 어떤 놀라운 일이 일어날지 아무도 모른다.

다른 판매용 음식은 대두콩이 이미 정점을 찍었기에 용두사미로 끝날 것이다. 말리고 소금에 절이는 것은 일반적인 과정이며, 한마디로 모든 것—채소, 생선, 고기 등

---

25 여기에서 원문은 Black Bean(흑두)라고 되어 있으나 내용으로 추정컨대 Black bean sauce, 즉 두시로 추정된다.

26 템페는 원래 인도네시아에서 만든 전통적인 콩식품이다. 콩을 통째로 가열하고 발효제를 얹어 굳힌 것으로서 지금은 말레이시아에서도 널리 먹고 있다. 이것은 밀이나 다른 곡물로도 만들 수도 있다.

—에 적용되고 있다. 채소, 특히 배추와 그보다는 덜하지만 무, 그리고 기타 채소들을 소금물에 푹 절이면 자체적으로 유산균박테리아가 발생하고 이것이 번식하면서 독특한 피클 맛을 낸다. 그러나 유산균 이외의 다른 오염물질은 들어오지 못한다. 이 과정은 유럽의 사우어크라우트sauerkraut, 미국의 딜dill로 양념한 오이피클, 한국의 김치, 일본의 다양한 종류의 채소절임 등과 기본적으로 동일하다. 그러나 중국식 절임의 과정은 더 간단하며 딱히 더 두드러진 맛을 내는 것은 아니다. 서양의 살라미소시지와 마찬가지로 섬머소시지가 그랬던 것처럼, 중국 소시지臘腸(광동어로는 라창)는 유산균 발효과정을 거쳐 만들 수가 있다. 그렇게 하지 않을 경우 돼지고기는 소금에 절인 뒤 종종 바람이 부는 곳에 걸어 말리는 방식으로 간단히 처리하는 것이 일반적이다. 티베트의 국경지역인 먼 서부지역에서는 돼지 한 마리를 통째로 갖다가 뼈를 발라내고 살코기를 떼어낸 후에 대부분 지방으로 된 남은 식용고기를 바늘로 꿰매어 비교적 시원한 곳에서 숙성시키면서 오랫동안 보존한다. 이 지역 근처에서 그 유명한 운남 햄도 만들어지는데, 그 맛은 소금으로 숙성시킨 버지니아햄과 유사하며 추측컨대 비슷한 공정을 거쳐 제조되었을 것이다(운남햄의 제조공정은 기업비밀이다). 오리도 납작하게 눌러서 소금에 절이거나 그 반대 방식으로[27] 보존한다. 물고기와 알의 처리에 대해서는 이미 언급하였다.

주지하는 바와 같이 중국 사람들은 일반적으로 유제품을 먹지 않는다. 그래서 운남성의 중국인들이 치즈, 특히 염소치즈와 요구르트를 생산하고 또 먹기도 한다는 것을 아는 사람은 아주 적다(Osgood 1963).(바꾸어 말하면, 예컨대 여행가이며 탁월한 음식 관찰자인 윌리엄 길William Gill이 기술한, 전형적인 요구르트 제조방식으로 만든 '고형의 데번셔크림Devonshire cream', 즉 사워크림과 같은 유제품.) 유제품 제조기술은 아마도 몽골인들과 그 추종자들부터 유래하였을 것이며, 운남의 무슬림 신자들 사이에서 집중적으로 발견된다. 이들의 유래는 13세기의 쿠빌라이 칸이 파견한 군인들이 만든 공동체로까지 거슬러 올라갈 수 있다(Paul Buell, 개인적인 소통에서 얻은 정보). 그러나 이것은 바로 인근의 유제품을 선호하는 티베트족들로부터 유래했거나, 아니면 적어도 자극은 받았을 것이다(동아시아의 유제품 사용에 대한 일반적인 논의에 관해서는 Wheatley, 1965를 참조). 몽

---

27 납작하게 눌러서 소금에 절이거나, 소금에 절여 납작하게 누르는 방식을 말한다.

골·무슬림 가설은 그들이 치즈와 요구르트를 생산하였다는 것을 기반으로 지지를 받고 있다. 티베트족은 분명히 버터와 발효버터를 중히 여긴다. 그러나 티베트인들은 한때 지금보다는 더 동쪽지역을 돌아다니며 살았음에도 티베트인들과 문화적으로 아주 근접한 민족들을 제외한다면, 남부 중국의 나머지의 비非한족 소수민족도 모두 한족의 유제품 기피성향을 명백하게 공유하고 있다. 동아시아인들이 유제품을 기피하는 이유는 아마도 주로 콩과 돼지고기가 그것들을 대체할 수 있고 훨씬 경제적이기 때문일 것이다. 대부분의 아시아인들은 어린 시절을 제외하면 대부분 생우유를 소화하지 못한다. 왜냐하면 그들은 대체로 여섯 살이 되면 소화기관 내의 유당乳糖분해 효소의 생산이 정지해 버리기 때문이다. 젖당을 분해하는 유당분해 효소가 없으면 배탈이 난다. 그러나 그렇다고 해서 인도인들과 중앙 아시아인들의 강력한 유제품 의존을 멈추지는 못했다. 그들은 유당을 분해해 버리는 유산균과 같은 박테리아로 우유를 간단하게 처리했고, 이 기술은 중앙아시아의 '야만인'들과 너무나 완벽하게 동일시되는 바람에 중국 내에서는 많이 확산되지 못했다(유당분해효소[lactase]와 유당[lactose]에 관해서는 McCraken 1971 참조). 유제품에 대한 의존도가 심해지면 야만인들과의 무역에서 수세에 몰릴 것을 두려워했던 감정도 있었을 것이다. 안 그래도 마필馬匹의 거래 때문에 겨우 무역수지를 맞추고 있는데 유제품까지 의존하게 되면 중앙아시아인들과 몽골인들에 대해 무역역조가 크게 일어날 것이 뻔했기 때문이다. 우유를 마시는 것과 관련된 종교적인 금기나 혐오감 같은 것은 존재하지 않았다. 오늘날 우유는 소화도 잘 안되고 설탕을 잔뜩 넣은 통조림 연유이기는 하지만, 쉽사리 그리고 신속하게 모든 극동지역에서 수용되고 있다. 우리들(서양인)이 좋아하는 코를 찌르는 냄새가 심한 치즈에 대해서는 동양인들은 아직 거부감을 갖고 있다. 우리는 피조사자들이 치즈를 동물의 내장에서 나온 부패한 점액질 배설물이라고 생각하는 것을 보고 재밌어했다. 그러나 서양인들 중에도 냄새가 강한 치즈에 대해서 거부감을 갖는 사람도 많다.

음료

음료수는 음식가공의 부속물로서 당연히 뒤따라온다. 뜨거운 물은 거의 가공하지 않은 일반적인 음료수이지만 다른 음료는 훨씬 복잡하다. 표준적인 음료수인 녹차는 찻잎을 말린 것에 지나지 않는다. 그러나 이것은 우선 용의주도하게 차나무를 선택하여 가장 바깥쪽의 찻잎을 따고(차의 질을 결정하는 것은 성장의 단계, 그리고 원산지와 차의 종류이다) 애벌 건조를 시킨 다음, 부드럽게 잎사귀를 짓이겨서 향기가 우러나오면 최종적으로 잎을 비벼가며 완전히 말리는 공정을 포함한다(Schery, 1972, pp.591~92). 우롱차烏龍茶와 같이 반 발효차가 더 높게 평가받을 때도 있다. 이 차는 발효를 위해 습기 가득한 공기에서 한동안 숙성시킨다. 강하게 발효시켜 열로 말린 흑차는 사람들이 선호하지 않지만 거의 대부분 수출용으로 생산된다. 이러한 홍차(마른 찻잎은 검은색이나 우려낸 물은 붉은색이다)의 기원설에 대해서 중국인들 사이에 회자되는 근거 없는 이야기가 있다. 즉 외국인들이 차를 구하려 왔을 때 차 생산자는 가장 거친 잎과 줄기를 모아 배의 화물칸에 삽으로 퍼넣었다. 거기에서 차는 긴 여정을 거치는 동안 삭힌 상태로 목적지에 도달하였다. 이것이 홍차의 기원이라는 것이다. 사실 흑차는 거친 잎을 따서 만들기도 하며, 물론 발효차이다. 대부분의 서양어의 차tea는 다茶에서 온 말이며, 때로는 몽골을 거쳐 차이(chai, 즉 cha에 접미어가 붙었다)로 불리기도 한다. te는 같은 글자의 복건식 발음이며(어원은 같다) 이것이 가장 먼 서유럽에 공급되었다. 차는 그 지위를 고수하고 있으며 지속적으로 사용량이 증가하고 있으나 말레이시아, 싱가포르, 인도네시아, 그리고 미국과 다른 나라에 살고 있는 화교들은 점차 커피 쪽으로 기호가 바뀌고 있다. 비록 최근에 와서 널리 확산된 서양의 발명품이지만 청량음료와 과일 주스도 모든 지역의 중국인들 사이에서 아주 널리, 그리고 인기리에 식용으로 쓰이기에 이들 또한 음식의 불가분의 한 부분으로, 그리고 차에 대신하는 일반적인 음료수로 간주되어야 할 것이다. 항상 마셔왔던 두유는 청량음료와 함께 확산되고 있으며 고루고루 인기를 얻고 있다.

알코올음료, 즉 주酒는 일반적으로 '와인'이라고 불리고 있으나 정확하게 말하면 과일로 만든 알코올음료인 와인은 아니다. 물론 진짜 포도주도 중국에서 제조된다. 그러나 그것은 우리의 논의의 대상에서 벗어난 중앙아시아사람들에 의해 제조된다. 남부 중국에서 모든 알코올음료는 맥주(곡식으로 만든 증류하지 않은 술) 아니면 보드카[28](탄수화물을 기초로 만든 숙성시키지 않은 알코올음료로 증류주이다. 이것은 감자로 만든 것이라는 설이 널리 퍼져 있지만 사실 그렇지 않다)이다. 어떤 것들은 위스키의 품질을 가

---

28 여기서 보드카는 중국의 바이주(白酒)를 말한다.

질 만큼 숙성기간을 거쳤지만, 우리는 충분히 오랫동안 숙성시킨 보드카를 접한 적이 없다. 어떤 보드카는 열두 번도 넘게 증류한 나머지 도수가 너무나 강해져서 100프루프proof 이상[29](대충 50%의 알코올은 100프루프가 된다)이나 된다. 맥주조차도 서양 맥주보다 도수가 높은 것이 일반적이다. 다만 근대적인 양조장의 엄격한 생산라인에서 서양의 라거lager 제조과정을 거친 것은 물론 예외이다(확실히 극동의 모든 나라에서 지금은 이렇게 생산하고 있다). 약술이란 한약재를 술에다가 담가 우려내거나 무려 다섯 마리의 뱀과 미심쩍은 만병통치 약재를 술에 담가 우려낸 것도 있다. 이와 같이 북방중국이나 한국에서 생산된 인삼주는 남부 중국에서 널리 마시고 있지만, 이것은 지극히 도수가 높은 보드카에 인삼뿌리를 담근 것에 지나지 않는다. 더욱 특이한 음료로서 우리의 연구지평을 벗어나 있지만 약술 제조법 중 흥미로운 것으로서 양¥고기 술이 있다. 이 술은 거세시킨 두 살짜리 양을 증류된 발효유, 신선한 탈지유, 효모균에 영양을 공급하기 위해 시큼하고 달콤한 건포도까지 넣어서 만든 액체에 담가서 만든다. 이것은 알코올 도수는 높지 않아 불과 9.14퍼센트에 지나지 않는다(Tannahill 1968, p.107). 약주는 대부분 특정한 병이나 모든 병에 치료용으로 사용되며, 나아가 약용의 범주에서 탐닉의 범주로 옮겨가는 경향을 보여주고 있다(그만큼 두드러진 것은 아니지만 비슷한 것으로는 서양의 베르무트vermouth[30]와 리큐어liqueurs의 경우도 있다). 이 모든 술의 뿌리는 궁극적으로 곡물이며, 이것을 물에 담갔다가 싹을 내어 엿기름을 만들어낸다(이것은 몰트시럽Malt syrup으로 분리되어, 알코올 도수를 올리지는 않고 일부 이론상의 약물적 효능에 단맛을 첨가하는데 자주 사용된다). 이 엿기름의 효소는 맥아당을 알코올로 발효시킨다.

술과 관련하여 주목할 만한 사실은 중국 속담에 '얼굴이 빨개졌다'는 말은 술에 약간 취했다는 의미인데 이것은 사실상 그렇다는 것을 말한다. 동아시아인들은(세계 다른 지역 사람들의 비하여 훨씬) 아주 적은 양의 알코올을 마시더라도 쉽사리 얼굴이 붉어지는 타고난 경향을 갖고 있다. 이것은 과학적으로도 증명되었다(Wolff 1972).

---

29 100프루프는 국내 도수의 50° 와 동일하다.

30 포도주에 향료를 넣어 우려낸 술.

설탕, 기름, 소금

앞서 언급한 꿀과 엿기름(또는 당밀과 비슷한 물질) 이외에도 설탕은 사탕수수줄기를 압착하여 그 액즙을 졸인 뒤 이를 점토에 여과시켜 필요한 만큼 정제한 다음 (아님 아예 하지 않고) 이를 다시 졸여서 고체로 만든다. 마찬가지로 소금도 우물에서 취한 염수를 끓이거나 바닷물을 탈수하여 만든다. 내륙 지방의 중국인들은 갑상선종의 발병과 소금의 원료와 상관관계가 있다고 믿고 있으며, 갑상선종의 다발지역에서는 갑상선종의 발병은 소금에 포함된 뭔가 좋지 않은 것과 관련 있다고 설명하였다(Hosie 1897; 호지는 이것을 중국인들의 또 하나의 어리석은 미신에 불과하다고 일축하였지만, 많은 중국인들의 믿음은 아주 확고했다).

중국 음식을 할 때는 라드(돼지기름)가 사용되는 경우가 꽤 있다. 특히 극서남지역(운남고원)과 복건에서는 그러하다. 그러나 식물성 기름이 더 일반적이다. 특히 양자강 지역에서는 전통적으로 유채기름을 사용한다. 이것은 유럽의 **브라씨카 라파**Brassica rapa가 아니고, 중국산 **브라씨카 준세아**Brassica juncea(다른 지역에서는 다른 브라씨카를 사용하는 경우도 있다)이다[31]. 열매를 분쇄하여 압착한 뒤 기름을 짠다. 오늘날 유채보다 땅콩이 더 잘 자라는 지역에서는 땅콩이 더 중요하다.

홈멜(Hommel, 1937)은 설탕, 소금, 기름의 생산과정에 대한 아주 자세한 조사를 발표하였다. 그러나 그 보고서에 각 사용법에 대한 정보는 많지 않다. 어떤 종류의 기름은 기본적이고 또 필수적인 것이며, 아주 간단하게 주식을 조리할 때를 제외하고는 모든 중국 요리에서 상당량이 소비된다. 일반적인 통념과는 달리 튀김요리는 중국 남부에서 널리 보급되어 있으며, 기름을 상대적으로 적게 사용하는 볶음요리도 아주 널리 쓰이는 요리법이기 때문에 상당히 많은 양의 기름이 사용된다. 설탕은 남부 중국에서는 훨씬 적게 사용되며, 예로부터 남부 중국인들은 아주 단맛이 강한 음식을 좋아하지 않는다. 그러나 최근에 이 풍조가 바뀌어 설탕소비가 폭발적인 속도로 증가하고 있다. 청량음료가 그 길을 개척하였고, 캔디와 쿠키가 그 뒤를 따랐으며, 다른 단음식이 뒤를 이었다. 다음 절에서 이에 대해 더 언급할 것이다. 여기에서는 이러한 최근의 변화가 일어나기 전에 남부 중국에서는 설탕이 아주 적게 사용되었다는 점만을

---

31 유채의 학명은 Brassica campestris, Brassica rapa는 순무, Brassica Juncea는 갓(芥菜)의 학명이므로 중국에서는 갓에서 기름을 짠다는 주장이다.

언급할 필요가 있다. 소금은 간장, 소금에 절인 콩, 절임채소, 그리고 절임생선의 형태를 통해 식생활에서 취하게 되는 경향이 있다. 우리가 관찰한 가족들은 소금을 그대로 사용하는 경우는 거의 없었다. 특히 광동사람들은 짠 음식을 만들려고 할 때 (아주 염분이 강한 발효콩인) 두시를 사용하였다. 그렇지 않은 경우에는 간장과 절임채소를 사용하여 필요한 염분을 공급하였다.

남부 중국의 영양과 영양학적 가치

중국에서는 요리를 디자인할 때, 위생상의 원칙을 염두한 수세기 전에 나온 현자의 레시피에 의거하지 않은 요리를 찾아볼 수가 없다(E. Nichols 1902, p.26).

니콜스는 사실을 과장하고 있다. 다만 중국 요리의 영양상의 덕목은 잘 알려져 있다(B. Y. Chao 1963 참조). 수천 년에 걸친 중국인들의 축적된 경험은 니콜스가 말했던, 정말 멋지지만 상상 속에서나 가능한 현자들의 요리보다 중국 요리를 훨씬 더 발전시켰다. 통상적인 중국 요리도 적절한 음식을 공급하고 있으나 더 중요한 점은 남부 중국의 음식은 다른 지역에 비해 보다 높은 인구밀도를 허용하고 있다는 점이다. 이것은 우리가 이미 다른 곳에서 보여준 바와 같다(Anderson and Anderson 1973a). 이것은 미니맥스 게임[32]으로, 즉 먹여 살릴 수 있는 인구를 최대한으로 늘리면서 사용된 토지(에너지와 영양물질을 포함하여)는 최소한으로 줄이는 방식이다. 농업에는 영양물질을 지혜롭게 긁어모아 재사용하며, 에너지는 조심스럽게 아끼고 투입함으로써 사용가능한 것을 모조리 사용하고 아무것도 낭비하지 않도록 하는 것이 필연적으로 포함된다(예를 들어 King 1911; Anderson and Anderson 1973a 참조)는 의미이다. 게다가 더욱 놀라운 것은 농작물의 선택이다. 이 농작물들은 최소한의 토지에서 영양가를 가장 많이 생산하는 것들이라는 것이 밝혀졌다. 그중 어떤 것들은 노동집약적이다. 중국의 농업은 지속적으로 늘어나는 인구를 먹여 살리기 위해 언제나 노동력을 대량으로 투입하는 방향(실질적인 기술이 퇴보하는 방향)으로 진화해 왔다. 비록 농업개선이 인구증가를

---

32 게임이론에서 추정되는 최대의 손실을 최소화하는 기법이다.

직접 유발하지는 않았고 높은 인구밀도가 지닌 효과로 나타난 것은 아닐지라도, 우리의 견해는 농업의 개선이 선행되고 그 결과 인구가 팽창했다고 본다. 이것이 강조되어야 할 점이다(Elvin 1973; Anderson and Anderson 1973a). 그러나 최상의 상태를 기준으로 보면 중국 남부 지역의 음식 조달체제는 세계에서 가장 우수하며, 농업에서 에너지와 영양물질을 엄청나게 낭비하여 더 이상 지속가능성이 없는 구미사회는 여기에서 많은 것을 배워야 한다(미국의 음식체계와 관련된 에너지 통계에 대해서는 Steinhart and Steinhart 1974 참조).

식물에 의해 가장 많이 생산되는 화학물질(왜냐하면 탄수화물은 광합성의 직접 생산물이며, 식물의 주요 식량이기 때문이다)로서의 탄수화물은 인간의 식사에서도 가장 필요한 존재이다. 대부분의 인류사회는 대부분의 칼로리를 탄수화물에서 얻는다. 이와 같이 대부분의 농업체계는 탄수화물을 많이 생산하는 농작물을 기초로 성립되어 있으며, 성공적인 농업체계는 주곡작물의 실패에도 대응할 수 있는 보조적인 작물도 포함하고 있어야 한다. 가장 성공적인 농업체계는 탄수화물을 많이 생산할 뿐만 아니라 다른 많은 영양물질도 생산하여, 토지와 인간의 시간을 효율적으로 사용할 수 있는 주요농산물이 기반을 이뤄야 한다(여기에서 '성공'이라는 것은 '다른 시스템에 비해 오랫동안 보다 많은 사람들을 먹여 살릴 수 있는 능력'으로 간단히 정의한다). 그러한 주곡 중 가장 좋은 것은 쌀이다. 쌀은 적어도 수경재배를 할 경우에 다른 어떤 곡물보다도 단위면적당 더 많은 칼로리와 상당히 많은 양의 식물성 단백질도 생산하며, 비타민B군[33]도 풍부하다(Schery 1972와 기타 자료들). 정미과정을 거치면 이러한 부수적 이익이 제거되며, 곡식을 거의 순수한 전분으로 환원시켜버린다. 그러나 19세기 말에 현대적 기계가 도입되기 전까지는 고도의 정미가 불가능했기 때문에 문제가 될 수 없었다. 일반적인 구식 도정기계는 일부 영양가를 제거하기는 하지만 많은 영양소가 남아 있었다. 가볍게 도정한 흰쌀은 현미에 비해 다용도로 사용가능하고 조리하기도 쉬우며 저장도 용이할 뿐만 아니라 소화도 잘된다(흰쌀은 흰 밀가루와 마찬가지로 사회적 지위와 관련되어 있다. 그러나 저장성은 중요한 요소이다. 또한 지위와의 연관성이 부분적으로 발생하는 이유는

---

33 비타민B군은 여러 가지 비타민B를 통칭하는 것이다. 여기에는 비타민B1(티아민), B2(Riboflavin), B3(niacin), B5(pantothenic), B6(pyridoxine), B7(biotin), B9(folic acid), B12(일반적으로 cyanocobalamin)이 포함된다.

도정의 정도가 높을수록 가공비가 더 비쌀 뿐만 아니라, 쌀 그 자체가 일반적으로 더 신선하고 벌레가 덜 생기기 때문이다. 물론 저장성은 영양가의 감소에 상당량 기인하며, 도정의 정도가 높으면 높을수록 그만큼 벌레의 발생이 줄어든다!). 사실 적당히 가볍게 도정한 쌀은 그 유명한 티아민(비타민B1)과 보다 덜 알려진 비타민B 복합물을 논외로 치면, 현미에 비해 아주 현저하게 나쁜 것은 아니다. 현미는 비타민B군을 풍부하게 갖고 있으나 그 대부분의 비타민B군은 종피種皮에 포함되어 있으므로 도정과정에서 제거된다. 사실 비타민을 발견하게 된 것은 정백미가 각기병과 연관이 있어서이지만, 도정방법에 의해 그 조건이 개선될 수 있다는 인식에 도달한 시점으로 거슬러 올라간다.[34] 그 후 각기병의 원인은 티아민의 결핍이라는 것이 발견되었다. 그러나 (고도 정미가 아니라) 통상적인 도정을 하면 곡식의 모든 비타민이나 단백질이 모두 파괴되는 일은 없다.

밀은 널리 사용되고 있는 또 하나의 중요한 곡물이며, 쌀보다는 단백질과 비타민을 훨씬 풍부하게 갖고 있다. 그러나 단위면적당 생산성은 쌀보다 낮다. 그러므로 중국의 조건으로 보면 밀은 단위면적당 영양물질을 덜 생산한 것이다(육종 장소에 따라 중국에서는 '알바니아산'이라고 알려져 있고, 세계적으로는 '멕시코산'이라고 알려진 다수확, 고단백 밀의 품종이 새로 나온 다음에는 이 사실이 바뀌었다). 고도로 도정되고 표백된 흰 밀가루는 현재 모든 중국인들에게 엄청난 인기를 얻고 있지만, 원래의 밀에 비추어 보면 영양학적으로는 정백미보다도 훨씬 나쁘다. 사실 밀가루는 정확히 말해 약간의 단백질을 포함하고 있는 전분에 불과하다. 그래서 (기본적으로 약간의 비타민B군을 치환하는 방식으로) 영양을 강화시키는 것이 일반적이지만, 애석하게도 '소량'이되 필수적인 비타민B군과 미량의 무기물은 치환되지 않았다.

남부 중국의 대체 곡물은 몇 가지 놀라운 예외가 있긴 하지만 일반적으로 쌀에 비해 영양가도 떨어지고, 단위면적당 영양물질 생산도도 떨어짐에 틀림없다. 옥수수는 쌀 이외의 어떤 곡물보다도 단위당 많은 칼로리를 생산한다. 그러나 이것은 중국 내에서 다양한 품종이 생겨났고 영양가가 높은 품종이 발견되었으며, 해외에서 영양가가 높은 신품종이 도입되었지만 단백질과 비타민은 상당히 빈약한 편이다. 옥수수에도 소화 과정에서 단백질과 칼슘의 섭취를 가로막는 화학물질이 포함되어 있다. 중국

---

34 비타민은 1912년 카시미르 풍크(Casimir Funk)에 의해 처음으로 발견되었다. 그는 쌀겨에서 일종의 활성물질을 발견하여 이를 비타민으로 불렀다.

446

은 옥수수를 잿물이나 석회로 처리하거나 함께 요리함으로써 화학물질을 중화시키고 옥수수의 칼슘을 보충하는 신대륙으로부터 전래된 오랜 기술을 획득하지 못하였다. 감자는 다른 곡물에 비해 비타민C를 아주 많이 갖고 있지만, 그 비타민이 껍질에 포함되어 있어서 보통 끓일 때 소실되거나 껍질을 벗길 때, 혹은 둘 다 할 때 함께 제거된다. 중국의 수수, 조, 보리와 메밀에 대해서는 조사된 바가 없다. 그러나 다른 지역에서 보는 바와 같이 낮은 생산성과 상대적으로 낮은 영양가로 인해, 비록 품종에 따라 단백질 함량과 같은 측면에서 큰 차이가 있지만 그것들이 그다지 대단한 영양원은 아니라는 의구심을 갖게 된다. 마지막으로 고구마는 비타민A가 풍부하지만 그 밖의 모든 요소가 지닌 영양가가 지나치게 낮다. 실제로 고구마는 비타민A가 아니라 카로틴, 특히 베타카로틴을 갖고 있으며, 이것이 몸속에서 비타민A로 변환된다. 카로틴은 밝고 진한 오렌지색을 띠게 되는데 고구마의 가치는 이 색깔의 농도로 판정한다. 품종은 매우 다양하나 대부분은 질이 좋다. 중국의 고구마 중 일부는 상당량의 단백질을 보유하고 있으나 일반적으로는 그렇지 않다. 그러나 뉴기니의 고원지대에서 생산되는 품종은 아마도 단백질을 많이 포함하고 있을 것으로 추측된다(Karl Heider, 개인적인 소통을 통해서 얻은 정보). 그리고 그것들은 중국에 들어온 것과 별 차이가 없는 남미 품종에서 전래되어 온 품종이다. 지방 농민들이 사용하고 있는 중국 채소의 품종 분석을 간절히 기다려 본다.

요약하자면, 남부 중국의 한인들과 그 지역의 다른 주민들은 그들의 주곡(쌀)을 통해 많은 탄수화물을 섭취한다. 그들은 주곡에서 상당히 많은 단백질도 섭취할 수 있으며 실제로도 그럴 것이다(Buck 1937). 쌀을 과도하게 도정하지 않는다면 비타민B군과 다양한 미네랄을 쌀에서 얻을 수 있을 것이며, 고구마로부터는 카로틴을 섭취할 수 있을 것이다. 그러나 그 주곡은 대부분의 경우 건강을 유지하기에는 너무나 적은 단백질을 공급하며 비타민C는 거의 공급하지 못한다. 또한 철분, 칼슘, 비타민A(고구마는 곡물이 아니다), 그리고 대부분의 경우 리보플라빈과 니아신의 공급원으로서는 적합하지 않다. 고도의 도정을 한 쌀은 인공적인 강화제를 첨가하지 않는다면 문자 그대로 전분 이외의 모든 영양소의 공급원으로서 부적절하다.

이상과 같은 결핍의 대부분은 기적적이고 고귀하며 경이로운 작물인 대두가 보충해 준다. 보통 말린 대두 1파운드는 쇠고기 스테이크 1파운드에 비해 두 배의 단백질을 공급하며, 이 대두는 모든 식품의 똑같은 무게단위당 단백질량이 최고이다. 만약 쇠고기를 지방이 없는 살코기에 한정하고 무게를 기준으로 비교하는 것이 아니라 칼로리를 기준으로 비교한다면 대두보다 단백질 비율이 앞선다는 것은 인정할 수 있다 (건조한 대두는 쇠고기에 비해 칼로리가 두 배 이상이다). 그러나 쇠고기는 단위면적당 생산을 비교하면 그 의미가 퇴색하고 만다. 대두는 단위면적당 소가 생산할 수 있는 단백질을 10배 혹은 20배 이상 생산하기 때문이다(소의 사료에 보충제를 사용하지 않는다는 가정하이다35). 식물성 단백질은 필수아미노산이 부족하기 때문에 "완전하지 않다"고 말하는 사람들이 있다. 그러나 이것은 사실이 아니다. 단지 대두는 쇠고기가 갖고 있는 어떤 요소를 상대적으로 적게 포함하고 있을 뿐이다. 대부분의 곡물 단백질, 특히 옥수수의 경우와 같은 것은 라이신lysine의 함량이 부족하다. 그러나 대두는 이런 점에서는 훨씬 탁월하다. 대두 단백질을 포함하여 모든 식물성 단백질에는 메티오닌 methionine이 상대적으로 부족하다. 대두 한 파운드에는 쇠고기 한 파운드에 포함되어 있는 것과 같은 양의 메티오닌이 들어 있을 뿐이다. 그러나 이 정도면 상당한 양이라고 볼 수 있다. 명백히 말해 대두는 단백질원으로는 최상이다. 게다가 대두를 두부로 만들면 상황은 더 좋아진다. 두부를 만들면 단백질은 기름과 함께 침전되고 응고되며, 상당량의 탄수화물이 두부를 걸러낸 물에 남아 있게 된다. 이와 같이 칼로리당 단백질 비율이 올라간다.

그러나 단백질이 대두의 유일한 장점은 아니다. 건조시킨 대두 1파운드는 같은 무게의 쇠간보다 철분이 더 많으며, 현미와 비교해도 티아민은 세 배, 리보플라빈은 여섯 배나 많이 들어 있고, 또한 상당한 정도의 비타민A와 칼슘, 그리고 다른 많은 영양소를 갖고 있다. 대두를 두부로 만드는 과정에서 상당량의 티아민, 리보플라빈, 그리고 비타민B군이 물에 녹아서 빠져나가지만 철분과 칼슘이 농축된다(침전을 위해 사용되는 화학물질로부터 후자가 더 많이 첨가되기도 한다). 또한 대두의 결점을 꼽아보면 상대적으로 소화하기 어려운 요오드 복합물을 만들어 내는 화학물질을 가지고 있어 경우에 따라 그 단백질을 이용불가능하거나 소화하기 어려운 경우가 있다. 그리고 그것들은 일련의 독성물질을 갖고 있다. 그러나 열을 가하고 가공과정을 통해서 이러한 문제는 해

---

35 소를 방목하는 경우를 뜻하며, 보충제는 곡물 사료 등을 가리킨다.

결된다.

　누에콩(잠두)과 땅콩은 대두만큼 영양분을 많이 갖고 있지 않다. 그렇다고 현저하게 영양분이 적은 것은 아니며, 식이에 매우 좋은 보충제가 된다. 많이 사용되고 있는 다른 채소들은 농민들이 가진 농업조건하에서 단위면적당 높은 생산성을 지녔고 또한 다른 음식에서 부족하기 쉬운 영양소, 특히 철분, 비타민A와 비타민C를 풍부하게 갖고 있다. 채소 중 가장 널리 사용되고 있는 배추에는 비타민A와 비타민C가 많다. 고추는 이 세 가지 모두를 가장 풍부하게 갖추고 있는 식재료이며, 다른 미네랄도 풍부하게 제공한다. 토마토와 당근도 비타민A를 많이 갖고 있는데, 토마토는 특히 비타민C를, 남부 중국의 대부분의 과일은 둘 중의 하나 혹은 두 가지 모두를 풍부하게 갖고 있다. 구체적으로 말하면 신선한 고추꼬투리는 비타민C를 가장 많이 함유하고 있고 있다. 당근, 고구마, 고추는 비타민A를 만들어내는 화학물질인 카로틴을 누가 가장 풍부하게 함유하고 있는 채소인지를 둘러싸고 경쟁하고 있다. 대두와 고추는 일반적으로 미국의 많은 음식과 세계에서 영양상태가 나쁜 지역의 음식에 결핍된 미네랄, 즉 철분을 가장 많이 함유하고 있는 채소이다(위에서 기술한 음식의 영양가에 대해서는 Church and Church 1970, 표 30, pp.98~135를 참조).

　동물성 식품과 관련하여 달걀의 단백질(특히 흰자)은 아미노산 함량의 균형이 잘 갖추어져 있고, 그래서 대두와 다른 식품의 아미노산 함량의 균형과 비교하는데 유용하다. 돼지고기는 굉장히 가치가 높은 고기이다. 특히 리보플라빈이 풍부하게 함유되어 있는데 다른 고기를 포함한 그 어떤 대부분의 식품도 돼지고기보다 훨씬 낮다. 그리고 돼지간은 놀라울 정도로 철분을 많이 함유하고 있으며, 그 양은 다른 동물의 간보다 두 배 이상이다. 그 밖에도 돼지고기에는 다른 비타민과 미네랄도 포함되어 있다. 돼지는 최소의 사료, 최악의 사료로도 키울 수 있을 뿐만 아니라 그럼에도 영양가가 높기 때문에 가치가 있다고 볼 수 있다. 물고기와 가금류는 지방분이 적지만, 상당히 많은 양의 희소 아미노산(메티오닌, 채소단백질에서 가장 부족한 물질, 이 종류에선 흔한 것이다)을 공급한다는 점에서 다른 것과 구분된다. 라드는 물론 포화지방이다. 그러나 땅콩과 유채기름은 고도불포화polyunsaturated지방으로서 식이요구사항인 대량의 리놀레산linoleic acid을 상당량 포함하고 있다.

　아직 언급하지 않았던 영양소에 관련하여 얘기하자면, 비타민D는 보통 햇빛으로 인해 피부에서 생성된다. 도시가 어둡다는 조건에서는 이 영양소가 부족한 현상이 종종 발생한다. 이 영양소는 간뿐만 아니라 곡물의 낱알에 가장 많이 포함되어 있다. 소량만 필요한 다른 비타민(비타민E, K, 엽산 등등)도 마찬가지로 내장육organ meats, 밀, 그리고 기타 씨앗(도정과정에서 소실되기는 하지만 특히 배아)에 풍부하게 포함되어 있으며, 비록 양은 좀 적지만 신선 채소와 과일, 그리고 효모균yeast에도 적절한 정도로 포함되어 있다. 그 필요영양소 중 많은 것이(인체가 필요한 양과 비교해 보면 상대적으로) 상당히 많이 발견된다. 중국 음식에서 비타민 결핍의 발생 정도와 중국 요리의 적합성에 대한 데이터는 없지만, 통상적으로 비타민 공급은 적합하리라 가정한다(비타민E 결핍은 통제되고 인공적인 유형의 음식이 공급되는 특정한 제도적 상황이 아니라면 인간사회에서는 결코 발견되지 않았다. 그러나 동양에서는 이것의 결핍에 대한 연구가 많이 이루어지지 않았다). 이런 점에서 대두와 효모균 및 다른 미생물이 특히 많이 포함된 대두 발효식품이 널리 사용되고 있다는 것은 매우 중요하다. 그러한 발효식품은 조금만 섭취하더라도 적절한 양의 영양소가 공급된다. 잘 알려진 대로 효모균에는 비타민B군이 많이 함유되어 있다. 대두발효식품은 소상히 연구되어야 한다. 확실히 미생물은 그 자체의 영양가를 만들어 내기도 하지만, 대두를 식용가능하도록 만드는 데 기여한다.

요리방법은 음식의 비타민과 미네랄을 보호한다. 한 가지 사례를 들자면 실제로 영양가를 증진시키는 일이 있다. 주철로 만든 웍을 사용하면 음식의 철분이 증가한다. 왜냐하면 고온에서 요리를 하면 웍의 철분 일부가 떨어져 나와 음식에 첨가되기 때문이다. 집에서 오랫동안 잘 사용해 온 웍은 빈혈로부터 많은 가족을 보호해 왔음에 틀림없다. 많은 사람들이 알고 있듯이 중국 음식은 상대적으로 짧은 시간 안에 조리되고 대부분 혹은 보통 볶음요리이긴 하나, 만약 삶게 된다면 그 국물은 수프로 사용되며 좀처럼 버려지지 않는다. 튀김을 하고 난 기름을 버리는 일은 더욱 있을 수가 없다. 이와 같이 비타민이 산화되거나 용해되어 버려지는 경우는 아주 적다. 언론에서는 많은 중국 요리는 불에 오래 뭉근히 끓이며, 많은 물과 기름, 그리고 용해제가 음식쓰레기와 집기쓰레기 그리고 기타 등등으로 함께 폐기된다는 소리를 과장해서 하곤 했다. 이 점에서 중국 음식의 상대적 영양가는 (영국과 같은) 서구의 요리와 비교해 보면 아주 자명하다. 영국 요리에서 채소는 아주 오랫동안 끓이고, 그 물을 두세 번 바꾸고, 나중엔 그 모든 물을 버린다.

중국 음식은 또한 콜레스테롤이 낮은 것으로 유명하다. 이 장점은 애매모호하다. 왜냐하면 콜레스테롤이 높은 음식을 먹는다고 해서 반드시 순환기 질환의 위험성이 더 높아지는 것도 아니며, 콜레스테롤이 순환기 질환의 유일한 원인도 아니기 때문이다. 어떤 경우든 중국 음식은 이 점에서는 아주 과대평가를 받고 있다. 보통 사람들은 어쩔 수 없이 저콜레스테롤 음식을 먹지만, 남부럽잖은 생활을 하게 되는 순간 그는 달걀(노른자는 콜레스테롤을 가장 많이 갖고 있는 원천 중 하나이다)과 돼지고기를 사는 데 돈을 실컷 쓰게 된다. 특히 기름진 돼지고기와 함께 내장육(뇌를 좋아하는데, 이것은 어떤 음식보다도 콜레스테롤 함량이 높다)을 선호한다. 광동성과 같이 불포화 지방산이 많은 식물성기름을 사용하는 곳은 가장 일반적인, 혹은 적어도 가장 일반적인 요리용 기름으로 라드를 사용하는 운남성에 비해 상황이 훨씬 낫다.

어떤 면에서 보면 남부 중국인들은 틀림없이 세계에서 가장 건강한 사람들에 속한다―어쩌면 속한 편이었다. 그들은 과거에는 단 것을 거의 먹지 않았다. 설탕은 많이 먹으면 치아가 썩고, 영양학적인 면에서도 칼로리 이외에는 무가치한 것인데, 식단에서 보다 영양이 있는 음식을 몰아내 버린다. 설탕은 심장병과도 연관이 있을 가능성이 있으며, 당뇨병을 발생시키는 명백한 원인이 된다(Yudkin 1972). 홍콩의 외과 전문의 리슈판은 "나의 모든 임상경험 중, 빈곤층 환자 가운데 당뇨병 환자는 오직 두 사례만 있었다. 그들은 유럽인 가정에서 서양 요리를 만드는 요리사로 일해 왔던 사람들이었다. 물어보니 그들은 주인들이 먹고 남은 것들을 먹는 버릇이 있었다는 것을 발견하였다"(S. F. Li 1964, p.65). 여기에서 유의미하다고 생각되는 유일한 차이는 설탕이다.

남부 중국인들의 음식은 완전하지는 않다. 유제품을 사용하면 더 좋아질 것이다(실제로 증가하고 있다). 가공식품을 더 많이 먹고, 설탕을 더 많이 먹는 현재의 경향은 역전될 수 있으며 그렇게 되어야 한다. 지금은 나무가 잘려서 황폐한 땅이 되어 버린 경우도 있지만, 산비탈을 이용하여 망고와 같이 비타민이 풍부한 과일을 생산할 수 있다. 향신료는 더 많이 사용될 수 있다. 필자는 고추에 비타민A가 경이로울 정도로 많이 함유되어 있으며 다른 많은 영양소를 공급할 수 있다는 점을 지적한 바가 있다. 마찬가지로 남아시아의 대부분의 커리용 향신료―강황, 쿠민, 고수씨 등등도 많은 영양소를 갖고 있다. 과일처럼 이러한 것들도 지금은 황폐화된 토지에서 쉽사리 재배할 수 있다. 그러나 이 모든 것이 좋기는 하지만 실현하기는 쉽지 않다. 남부 중국의 높은 인구밀도에도 불구하고 사회적 붕괴를 가져올 기근이 거의 존재하지 않는다는 놀라운 사실은 이러한 데이터를 통해 확인된 바를 증명하고 있다. 남부 중국의 음식은 지구상의 어떤 음식보다도 보다 좁은 땅에서 더 많은 사람들을 더 잘 먹여 살리고 있다.

20세기의 영양수준의 변화

우리의 과제는 현대 중국, 대략 20세기의 중국을 다루는 것이다. 이 기간 동안 남부 중국의 영양적인 수준은 역사상 어떤 시기보다도 크게 변하였다. 명백히 말해 우리는 이 현상을 무시할 수 없다. 그러나 이 장에서 앞서 인용한 벽(Buck, 1937) 이외에 우리에게 주어진 약간의 산발적인 데이터는 적절하지 못해서 인용할 가치가 없다. 여행기, 농업보고서, 몇 개의 조사와 연구, 민족지에 관한 정보와 우리들의 직접적인 관찰을 종합한 가설을 기반으로 비로소 설명할 수 있다.

19세기의 사회적 재난—태평천국의 난, 하카(客家)-광동인 전쟁[36], 운남 무슬림의 난 등등이 대부분의 남부 중국에 인구의 급감을 초래했으며 그 결과 1인당 경작지의 증가를 가져왔다. 그래서 이론적으로는 남부 중국의 주민들은 이전보다 더 잘 먹을 수 있었다. 그러나 사실은 그렇게 되지는 않았던 것 같다. 재해지역을 여행한 사람들—여행자 가운데 가장 통찰력이 뛰어나고 농업에 대해 박식한 사람은 알렉산더 호우시(Alexander Hosie 1897, 1914)였다—은 인구가 더 많고 폭동의 스트레스가 적은 곳에 비해 전쟁의 피해를 입은 지역의 상황이 더 좋지 않았다고 보고하였다. 그 이유는 남부 중국의 농업이 노동집약적이고 교역에 의존하기 때문이라는 것이다. 하다못해 꽤 많은 지역에서 노동공급의 급격한 감소와 교역망의 파괴로 인한 피해가 단위면적당 인구감소로 상쇄할 수 있는 이득 이상으로 컸다는 것이다.

청나라 말기의 남부 중국은 침체되었으며 결코 부유하지 않았다. 그러나 이 기간은 도적이 들끓었던 산간지역을 제외하면 상대적으로 평화롭고 안전한 시기이었다. 대부분의 사람들은 잘 먹지는 못했다. 부분적으로는 아편을 상당히 많이 피우고 있어서 소비자들의 돈과 생산자들의 농지가 아편을 사는 데 사용되었다. 한편 중국 농지 가운데 상당히 많은 부분, 특히 남서부 지역에서는(Hosie 1914) 농지가 식량생산에서 아

---

36 1854년부터 1867년까지 13년간 광동지역에서 중국의 하카(客家)족과 지역 종족 간에 벌어진 무력 전쟁(土客械鬪). 이 기간 동안 100만 명 이상 사망하였고, 외지로 이주한 사람도 상당수에 달했다.

편생산으로 전용轉用되었으나 대대적인 기근이 발생하지는 않았다. 이러한 사실은 당시의 식량조달체계에 있어서 상당한 여유가 있었던 것을 말해준다. 이 기간 동안 농민들은 일차적으로 곡물을 먹고 살았으며 대두, 배추, 무, 그리고 남서부 지역에서는 동물성 식품으로 모자라는 부분을 보충하였다. 부자들은 그들의 신분에 걸맞게 다양한 음식을 먹었다. 1911년 청나라가 멸망하고 심한 불안과 붕괴로 점철되는 어려운 시기를 맞이하면서 많은 지역의 사람들은 배고픔과 고난을 확실하게 겪었다.

1920년대에는 안정기가 다시 찾아왔다. 1920년대 후반부터 1930년대 초에 걸친 벅Buck의 조사는 상대적으로 평화롭고 충족된 시기에 수행되었다. 1930년대의 공황으로 인한 고통은 농민들에게는 생각보다 덜 했다. 왜냐하면 남부 중국의 대부분의 농민들은 명실상부한 농민들이고, 자신들의 식량을 대부분 직접 재배하였기 때문이었다. 교역은 피해를 입었더라도 그들이 쌀농사를 짓는 논은 곡식을 생산하였다. 한계지역과 지주중심 지역에서는 심각한 문제가 야기되었다(H. S. Ch'en 1936, 1949 참조). 1920년대와 1930년대의 촌락조사를 보면 일반적으로 가난한 사람들은 항상 굶주렸고 충분한 영양을 취하지 못했던 것으로 기술되어 있다. 그러나 실제로 일반적인 촌락민들의 식생활은 문제가 없었으며, 약간의 토지라도 갖고 있는 사람이나 아주 소소한 직업을 가진 사람들은 다양하고 훌륭한 식사를 할 수 있었다(예를 들어 Kulp 1925; Fei 1939—그리고 페이Fei는 이러한 문제를 간과할 사람이 아니었다; Fitzgerald 1941). 국지적인 기근이 있었던 것은 틀림없고, 민족지 학자들은 그들이 먹을 수 있는 촌락에서 조사활동을 했을 것으로 생각되기는 하지만 중국 남부의 상황은 척박한 북부 중국의 만성적인 굶주림과 빈번한 기근과는 거리가 먼 세계였다(Nichols 1902; Mallory 1926; MacNair 1939; Hinton 1966; Crook and Crook 1966). 예외적으로 양자강 하류 지역은 기근이 자주 발생하였으나(MacNair 1939; 특히, 13~14페이지의 표를 참조할 것) 특정 지역에 한정되어 있었다. 남부 중국의 기후는 온난하고 비가 많이 내리기 때문에 식물이 성장하지 않는 계절은 존재하지 않는다. 1949년의 혁명 이전의 북부 지방에 관한 힌튼의 보고서에서 알 수 있는 바와 같이, 그곳의 사람들은 자신들의 얼마 안 되는 열량을 소모하지 않기 위해서 돌아다니지 않아야 했다(Hinton 1966). 놀랄 만큼 식물이 다양했던 남부에서는 좁쌀만으로 끼니를 때울 필요가 없었다.

일본의 침략은 이 모든 것을 바꾸었다. 이러한 일은 일본이 남부에 당도하기도 전에 일어났다. 가난한 지역은 폐허가 되었고, 부유한 지역은 빈곤지역으로 전락하였다. 홍콩에서 만난 우리의 정보제공자는 이 시기에 고구마줄기와 초근목피를 먹고 살았던 것으로 기억하고 있었다. 거의 모든 집안에서 가족 중 누군가가 굶어 죽었다고 한다. 전쟁기간 내내 기근은 더 악화되었다. 얼마나 많은 사람들이 죽었는지 알 수는 없지만 수백만 명은 되었을 것이다. 종전은 회복을 의미하였으나, 뒤이어 지속된 내전은 완전한 회복을 가로막았다. 1949년의 공산당의 승리로 마침내 평화와 평등이 이루어졌다(남부의 오지에서는 그때까지도 확실하게 승리한 것은 아니었다). 그 후 몇 년 이내에 굶주림은 아마도 사라졌을 것이다. 생산은 증가하고, 분배는 평등화되었으며, 그리고 ―간과되기 쉬우나 매우 중요한 요소인―식품의 질을 유지하고 빠르고 편리한 식품 분배를 지향하게 되었다. 거대한 진보가 이루어졌고 지속되었다. 지금은 가게에 안전하고 통일된 양질의 통조림, 보존식품, 말린 식재료를 잘 비축하는 것이 하나의 규칙이 되었으며, 오늘날 국지적인 기근은 사실상 불가능에 가깝다. 진짜로 가난한 사람들의 굶주림은 사라졌다. 그리고 이제는 보통 사람들이 다양하고 적절한 음식을 먹을 수 있다는 것은 일상사가 되었다. 1960~61년에는 급격한 좌절이 있었으며 이는 그 후에도 당분간 지속되었을 것이다. 그 원인은 대약진大躍進[37]정책의 지나친 의욕과 이상기후 때문이었다(Perkins 1968, Vogel 1969와 다른 여러 기준들을 참고). 실제로 일부 사람들에게 대약진은 고통을 주었다. 홍콩에서 만난 정보제공자는 보통 사람들에게 배급은 완벽하고 적절하게 공급되었으나, 힘든 일을 하는 어민들에게는 그렇지 않았다고 회고하였다. 겨울철 입어기간 중 남부 중국의 어민들은 하루에 5,000칼로리 이상을 소비(우리 연구에서 발견한 사실)해야 했지만, 식량 분배기관은 이토록 공공연하게 높은 수치를 충분히 고려하지 않았다. 그러나 어민들은 어느 정도 일을 줄일 수 있는 재량과 실행력이 있었고, 그들이 잡은 잡어들을 먹을 수 있었다. 그들은 결코 굶주리지는 않았다(1965년 홍콩에 피난 온 어민들 사이에서는 실제로 영양실조가 발생하였다. 우리는 그들이 홍콩에서 얼마나 영양을 섭취했는지는 알지 못한다. 그러나 더 이상 고기를 잡을 수 없을 정도로 적절한 음식을 먹지 못한 피난민들이 식민지[38]에서 생겨났다).

---

37 마오쩌둥에 의한 1958~1961년 동안 실시한 경제공업화정책. 이 정책의 실패로 3천만 명 이상이 기근으로 죽었다고 한다.

38 홍콩을 의미한다.

어쨌든 상황은 1961년 이후 꾸준히 향상되었다. 남부(북부에서도) 중국에서 결핍이 사라졌다는 것이 여러 설명과 사진 등에서 증명되고 있다. 이러한 승리는 세계 어떤 부유한 국가들도 따라할 수 없었던 것으로 보인다. 게다가 확실한 것은 이 승리는 중국 음식의 질, 다양성, 기교를 희생시키지 않고 달성되었다는 점이다. 실제로 대중들은 이러한 음식의 맛을 즐길 수 있고, 이 요리들은 대중 사이로 널리 퍼져나갔다. 냉전 시대에 『타임-라이프Time-Life』지의 총서 중 하나로 출판된 『중국의 요리』에서 '인민공사의 표준식단'과 '가장 소박한 음식'을 다루면서 혹평한 내용은 실소를 금치 못하게 한다(Hahn 1968, p.186). 냉전의 전사들은 언제나 그랬듯이 여기에서도 중국인들은 고려하지 않고 중국음식을 추정할 뿐이다. 중국인들보다 훨씬 더 많이, 마오주의자보다 더 많이, 훨씬 더 신뢰할 만한 것(목격담이므로)으로는 데이비드와 이사벨 크룩 (David and Isabel Crook:1966, pp.151~56)의 보고가 있다. 확실하게 말하자면 이것은 북부 중국에 관한 보고이지만 너무 훌륭한 것이어서 빼놓을 수가 없다. 어떤 인민공사는 실제로 취사를 사회화하였다. 일부의 솜씨 없는 요리사는 단체급식 수준의 음식을 만들어 내려고 하였다. 그러나 합리적인 사고의 소유자인 중국 촌락민들은 한 집단으로 뭉쳐 신속하게 궐기했다. 그들에 따르면 요리사란 명예로운 직업이며 좋지 못한 음식은 비공산주의적인 데다가 반공산주의자적인 것이기까지(왜냐하면 나쁜 음식은 불화를 야기하고 생산성을 떨어트리기 때문)했다. 따라서 공산주의자 요리사의 명확하고 긴급한 의무는 가능한 한 최상의 음식을 만들어내는 것이라는 논리로 요리사를 설득하였다. 얼마 지나지 않아서 인민공사의 주방은 최상의 음식을 만들어내기 위해 서로 경쟁하는 곳이 되었다. 인민공사는 그들의 지역 특산물, 조로 만든 증류주인 '백주(바이주)'도 발견하였으며, 이것은 의료기기를 소독할 수 있는 것이기에 생산을 계속할 수 있는 이유가 되었다. 이와 비슷한 사례가 남부 지방에서도 발생했음에 틀림없다.

중국 밖에서 살고 있는 남부 중국 출신 화교들의 영양상태도 꾸준히 향상되었다. 지금 싱가포르나 홍콩과 같은 곳에서 영양실조는 일반적인 현상이 아니다. 그러나 그러한 양상이 최상의 축복만은 아니었다. 식품의 질과 이용가능성이 향상되었지만, 그 향상과 함께 같은 속도로 음식에 수율이 낮은 밀가루low-extraction flour, 고도 정백미, 무엇보다도 어떤 형태로든 백설탕이 포함되면서 서구화로 인한 치명적인 폐해가 나타났다. 이러한 현상은 우리가 연구한 말레이시아에서 가장 심한 것 같다

(Anderson and Anderson 1973b). 영국의 식민지배와 함께 영국 음식으로 중국인들의 문화변용이 시작되었으며, 영국인들이 떠난 다음에도 지속적으로 강화되었다. 그러나 논야(Nonya) 요리라는 대단한 절충요리를 이미 만들어 냈기 때문에, 이제는 화교들이 말레이인들의 아주 영양가 높은 고급요리들을 더 이상 받아들이려 하지 않는다. 지금은 과일과 채소를 적게 먹고, 기름과 밀가루와 설탕을 더 많이 취하는 쪽이다. 청량음료, 캔디, 쿠키와 공장에서 만든 케이크(영양가가 높지 않은 밀가루, 백설탕, 싸구려 식용유를 기본으로 사용하는)와 같은 것들이 식사의 주요 부분을 구성하게 되었다. 우리가 조사한 어린이들은 25~30%의 칼로리를 백설탕, 정제밀가루, 정백미와 정유된 기름에서 얻고 있었다. 그들의 영양 상태는 빈약하였으며 치아는 그들이 성장하는 속도만큼이나 빨리 썩고 있었다. 지역에서 생산되는 훌륭하고 영양가가 높은 과일은 멀리하였다. 왜냐하면 그것들은 중국인들이 경멸하고 있는 말레이 농민들이 경작하기 때문이다. 그 대신 값싼 설탕캔디가 소비되었다. 왜냐하면 그것은 명망 높은 근대적인 서양과 동일시되기 때문이다. 보편화된 청량음료의 광고는 아주 세심하게 이것이 근대세계의 최첨단인 것처럼 강조하고 있다. 이러한 청량음료는 심지어 중국 본토에서도 확실히 자리를 잡았다. 중국 식도락의 수호자인 홍콩에서도 청량음료는 보편화되어 있으며, 설탕으로 만든 간식이 급속하게 퍼지고 있다. 항상 가난한 사람들과 동일시되는 두부와 채소절임은 (예비 관찰에 의하면) 아마도 소비가 줄어들었을 것이다.

음식의 조리와 이용

남부 중국 요리의 통일성과 다양성

남부 중국의 음식은 매우 다양하기 때문에 다양성에 대해 먼저 기술하고 그 다음에 공통점을 찾아내기로 했다. 남부 중국 요리는 식재료나 영양가의 나열보다는 요리법, 요리계획, 음식의 규칙 등에 관한 실제적인 구전 지식에 있어서 하나의 통일성을 유지하고 있다. 다 인정하는 바와 같이 남부 중국의 음식의 정의는 아주 빈약하다. 남부 중국 요리는 북부 중국 요리로 분류되기도 하고 베트남 요리 혹은 다른 민족의 요리와 동일시되기도 한다. 남부 중국의 소수민족은 다양한 변종의 음식문화를 갖고 있어서 우리도 이 음식문화가 매우 다르다는 것을 인정해야 할 정도로 그 독자성은 점점 더 확연해지고 있다. 그러나 핵심은 모든 남부 지방의 요리사들이 공유하고 있는 특성이며 그들이 그 지역, 혹은 남부의 중심부에서 멀어지게 되면 그 핵심이 퇴색해 버린다는 점이다.

그럼에도 외부인들에게 가장 인상적인 것은 음식의 다양성이다. 그래서 우리는 이 다양성에서부터 출발하고자 한다. 중국 요리는 전통적으로 다섯 개의 지역음식, 적어도 다섯 개의 '주요' 혹은 '영향력이 큰' 음식, 즉 사천四川 요리, 광동廣東 요리, 복건福建 요리, 산동山東 요리, 하남河南[39] 요리로 나누어져 있다(Miller 1967,; Howe 1969; Hughes 1972). 이는 추측컨대 맛의 특징에 의해 구분되는 것 같다. 사천 혹은 호남–사천 요리는 고추가 들어가 있어서 맵다. 광동 요리는 달거나 새콤달콤한 맛의 음식이다. 복건 요리의 가장 두드러진 특징은 국물이다. 산동 요리는 해산물, 마늘과 더불어 가장 존경할 만한 요리기술의 본거지이다. 하남 요리는 새콤달콤한 민물생선 요리로 유명하다.

이 구분은 모든 것을 다섯 숫자로 분류하려는 중국인들의 집착을 보여준다는 점에서 흥미로운 현상이지만, 그보다는 좀 더 의미가 있다고 본다. 물론 왜 하필 다섯으로 나누어 구별했는지에 대해서는 비판을 받을 수 있다. 산동 요리와 하남 요리와 같은 북부 중국의 요리는 우리의 연구 범위에서 벗어나기 때문에 제외하고, 우리는 남부의 세 가지 요리를 다루도록 한다. 여기에 우리는 동급의 가치를 가진 것으로 인식한, 적어도 세 개의 음식문화구를 정중하게 추가하고자 한다. 즉 운남雲南 요리, 양자강 하류(양주, 항주, 회淮강 지역, 요즈음 부상하고 있는 상해의 절충적 요리를 포함) 요리와 하카客家 요리를 추가하고자 한다. 리차드 휴즈Richard Hughes는 하나의 음식문화구가 승인을 받으려면 그 음식문화구의 식당이 손님의 주문에 따라 언제든지 지역의 생산품으로 만든 100가지 이상의 코스요리를 하룻밤에 공급할 수 있어야 한다는 제임스 웨이James Wei의 말을 인용하고 있다(1972, p.27). 하카 요리와 양자강 하류의 요리는 그것

---

39 하남 요리는 통상적인 중국의 5대 요리, 8대 요리에는 속하지 않는다.

을 확실하게 해 낼 수 있는 것으로 보이며, 운남 요리는 어느 정도는 해낼 수 있을 거라는 느낌이 든다. 이 세 음식문화구의 요리는 지금까지 무시되어 왔다. 왜냐하면 운남 요리는 사천 요리의 파생물로 간주되어 그 독자성이 과소평가되었기 때문이었고, 양자강 하류의 음식도 명백히 많은 사람들이 산동 요리와 똑같이 취급해 왔으며, 심지어 복건 요리와 동일시하기도 했다. 그리고 하카족은 단순히 요리를 별로 하지 않는 산악민—이것은 가장 잘못된 믿음이다—으로 간주되었다. 우리는 또한 다른 남부 지역, 특히 구이저우貴州에도 독특한 요리가 있다는 소문을 들었다. 비한족의 요리는 아마도 웨이의 기준을 충족시키기 어려울 것이며, 요리유파를 분류하는 사람들이 의도한 바를 바탕으로 엄격하게 말한다면 '중국적인 것'은 아니다. 별로 알려져 있지는 않지만 그렇다고 그것들을 무시해서는 안 될 것이다.

우리는 다음과 같이 음식문화구를 구분하려고 한다. 그 구분방법은 비교적 잘 알려진 음식문화구를 확인하기 위해 독자적인 특성을 충분히 그리고 구체적으로 밝히고, 적어도 타인에게 제공할 독자적인 지역음식의 목록을 제시하는 것을 통해서 이루어질 것이다.

사천-호남 요리: 산초, 고추 그리고 마늘을 집중적으로 사용하고, 견과와 가금류를 두루두루 복합적으로 사용하며, 모든 식재료를 조화롭게 혼합한 톡 쏘는 맛이 특징이다. 특히 특징적인 요리—지금 언급한 맛을 증명하는 유명한—에는 맵고 새콤한 수프, 장뇌와 차茶로 훈연한 오리고기, 진피陳皮를 넣어 조리한 쇠고기, 동양으로 전해진 호두크림뿐만 아니라 중앙아시아의 견과로 만든 할바[40]와 연관이 있는 듯한 호두 페이스트와 설탕을 으깨어 만든 기름기 많은 디저트도 포함되어 있다.

운남 요리: 사천 요리와 근접하고 아마도 그 쪽에서 기원했을 것이다. 그러나 지금은 확연히 구분된다. 유제품—요구르트, 튀긴 응유(효소로 응고시킨 우유), 치즈—의 사용이 특히 두드러진다. 맛은 맵고 향이 강하다. 그러나 쏘는 맛이 그다지 다양하지는 않으며, 주재료의 미묘한 맛을 끌어내기 위해 강렬한 향을 집중적으로 사용한다.

---

40 깨 혹은 호두과 꿀을 넣어 만든 터키 등 중동지역의 과자.

최고의 햄과 헤드치즈[41], 바꾸어 말하면 돼지의 머리를 보존처리시킨 음식을 포함한 모든 형태의 돼지고기를 대량으로 사용한다. 사냥한 동물과 버섯 등 산악지대에서 나는 생산물도 발견된다. 전형적인 요리에 대한 설명은 네일(Neill:1973)의 글에서 볼 수 있다. 그러나 일반적으로 운남 요리에 대해 세계에 알려진 것은 없다. 따라서 레시피도 거의 발견되지 않는다.

광동 요리: 비광동인들, 혹은 이런 스타일의 요리를 먹어보지 못한 사람들에게 광동 요리란 찹수이Chop suey[42]나 탕수육을 의미할 것이다. 중국 요리에 상당한 식견을 가진 사람이라면 누구나 알 수 있듯이 찹수이는 전형적인 광동 요리는 아니다. 그러나 그리 잘 알려져 있지 않은 사실은 진정한 광동 요리는 설탕을 아주 적게 사용한다는 점이다. 달콤새콤한 요리는 거의 없으며 탕수육과 탕수조기(계절 생선) 이외에는 단맛을 별로 선호하지 않는다(탕수육조차도 피하는 경우도 있다). 고기요리에 과일을 사용하는 것은 광동 요리의 특색이나, 아주 좋다고 할 수 없는 해외의 광동 요리점에서는 이를 크게 과장하고 있다(광동 요리의 요리사들이 자신들의 무능을 설탕으로 은폐하려고 한다는 북부 중국인들의 고정관념은 광동 요리사의 수준에 따라 사실인 경우도 있지만, 광동이나 홍콩에서 생계를 꾸려나갈 수 있는 정도의 실력이 있는 경우는 이에 해당되지 않는다). 광동 요리의 보다 중요한 특징은 두시豆豉(소금에 절여 강력하게 발효시킨 대두)로 조미하는 볶음요리이다. 즉 날것이거나 말린 것이거나, 소금에 절인 해산물 등이 있다. 한 가지 요리에 해산물과 육류를 섞어서 사용한다. 요리할 때는 라드보다는 식물성 기름을 선호한다. 아열대 지방의 채소를 포함하여 다양한 채소를 잘게 썰어 쓴다. 광동 요리 중 최고로 기억에 남은 독특한 요리는 보다 단순한 해산물과 생선요리이다. 고추소스에 찍어 먹는 찐 새우와 양질의 식초에 찍어 먹는 게, 그리고 잘게 다진 신선한 생강, 파와 진피 조각을 넣어 찐 숭어, 두시로 요리한 생선, 그리고 그 밖의 다수의 음식이 있다. 광동인들은 간단한 스낵요리의 명인들이다. 완자탕과 국수(특히 광동 요리인 계란국수는 생겨잣잎을 넣은 것도 있고, 붉은 색소를 발라 구운 돼지고기인 차슈叉燒[43]를 넣기도 한다)가 있으

---

41 돼지나 소의 머리, 족 등을 고아서 치즈같이 만들어 먹는 음식.

42 미국에만 있는 중국 요리로서 숙주, 야채, 돼지고기, 닭고기로 만든 볶음요리.

43 돼지고기 덩어리로 양념을 하여 바베큐 형식으로 구운 요리.

며, 차를 마실 때(얌차, 飮茶) 곁들이는 수많은 종류의 딤섬(點心, 마음에 점을 찍는다는 의미)도 있다(광동인들은 스낵을 구체적으로 말하지 않는다. 딤섬이라는 말은 딱딱한 표현이다. '차를 마시러 간다'(얌차하러 가다)는 것은 스낵을 먹으러 간다는 것을 의미할 뿐만 아니라, 찻집에서 당연한 것으로 받아들여지는 편안한 사교와 보다 강렬한 정치공작을 암시하기도 한다).

모든 중국 요리와 마찬가지로 광동 요리도 지역에 따라 큰 변화가 있게 마련이다. 가장 독특한 요리는 태산台山 요리이다. 태산은 광동성 남부 지역에 위치하며, 미국에 사는 화교의 약 절반 정도가 이곳 출신이라고 한다. 이곳이 유명해진 주요한 이유는 전 세계에 참수이를 제공하였기 때문이었다(광동어의 참수이雜碎는 '잡스러운 것' 혹은 더 나쁘게 말하면 '음식찌꺼기'이다). 이것은 전형적으로 남은 음식에 숙주나물을 넣어서 볶은 일종의 해시hash[44]이며 아주 서민적인 요리이다. 현재 이 요리에는 유명한 기원 설화가 있다. 어느 날 영업이 끝난 샌프란시스코의 광동인 식당주인에게 그가 거절할 수 없는 손님이 찾아와 음식을 달라고 들들 볶았다(만취한 광부라는 설이 있고, 다른 설명에서는 이홍장 혹은 다른 유명한 중국인 손님이라는 설이 있다). 그러나 그에게는 남아 있는 음식이 없었다. 그래서 그는 그날 쓰다 남은 식재료의 자투리를 모아 볶아서 요리를 만들어 냈다. 그 기원이 옛 태산에 있다는 사실은 큰 사냥감용 짐승과 음식을 끈질기게 탐구한 리슈판(1964)에 의해 밝혀졌다. 태산 음식에는 그보다 훨씬 좋은 요리들이 많이 있다. 그 대부분은 크게 보아 다른 광동 요리와 비슷하지만, 한 가지 요리에 들어가는 식재료의 종류는 상대적으로 적다.

하카 요리: 이 스타일로 조리한 요리의 특징은 가장 아삭아삭한 신선채소를 모아 여러 가지 방식으로 자르고 섞어, 가장 은은한 맛을 낼 수 있는 방식으로 가볍게 요리하는데 무척 민감하다는 것이다. 마늘, 향신료, 그리고 냄새가 강한 기름을 많이 사용하지 않는다. 사용된 동물의 모든 부분이 요리에 쓰인다. 즉 우리는 송아지의 등골을 흔하고 맛있는 채소와 함께 잘 볶아 낸 아주 훌륭한 요리를 먹은 적이 있다. 또 하나의 특징적인 하카 요리는 소금에 절여서 구운 닭고기였으며, 이것은 닭을 소금으로 비빈 다음 구운 것이다. 이러한 서술은 1964년산 샤토 라투르Chateau Latour 포도주를

---

44 고기와 감자 등을 잘게 다져 섞어 요리하여 따뜻하게 차려 낸 음식을 말함.

발효된 포도주스라고 말하는 것과 같은 정도로 정확하고 흥미로운 사실이다. 또한 다진 생선살로 속을 채운 여러 가지 채소도 발견된다. 그중에서도 고추에 생선소를 채운 요리는 우리가 가장 좋아하는 것이고, 여주에 소를 넣은 것은 그다음으로 좋아하는 요리이다. 그리고 그 유명한 낭도후釀豆腐는 단단한 두부로 주머니를 만들어 소를 채워 요리한 것이다. 채소나 두부로 소를 싸서 만든 음식은 싱가포르에 거주하는 다른 중국인 집단들도 널리 차용하고 있다.

복건 요리: 여기에서 다루는 복건 요리는 복건성 그 자체보다는 민閩족 언어와 동일시되는 민난閩南 요리이다. 이와 같이 광동성의 조주潮洲인과 산두汕頭인들은 광동 요리의 영향을 받았지만 식별이 가능할 정도의 기본을 견지한 복건 요리의 한 변종을 보존하고 있다. 해남海南사람들도 그들의 민閩족 친척들과 오래전부터 떨어져 살고 있었지만, 아직도 언어적으로는 민난閩南어 집단[45]으로 식별할 수 있을 정도로 가깝고 음식이 가진 일부 독특함을 여전히 간직하고 있다. 수프를 중시하는 것은 분명한 사실이다. 제일 흔한 것은 스튜에 고기가 많이 들어간 것이며, 온갖 종류의 칸지Congee가 있다('칸지'라는 말은 남인도의 드라비다어에서 유래되었으며, 표준 중국어에서는 죽粥이라고 한다). 이러한 죽은 아주 뜨거운 상태에서 마시기 때문에 민난어족 사이에서 많이 발생하는 식도암의 원인이 될 수 있다. 생선완자fish ball, 거북고기, 버섯, 작은 조개는 수프의 보다 흥미롭고 특징적인 기본 식재에 속한다. 복건 요리의 또 하나의 잘 알려지지 않은 특징은 콩을 요리할 때 쓰는 방법(석고, 명반 등을 사용하여)을 빌려 돼지와 가금류의 피를 응고시켜 이용하고 있다는 점이다. 선지는 일반적으로 두부 썰 듯이 사각으로 잘라서 파를 많이 넣어 볶아 먹는다. 응고시킨 가금류의 피는 얇게 썰어 다양한 소스에 찍어 먹으며 일반적으로 새고기의 다른 부위와 함께 먹는다. 조주의 요리는 거위찜, 거위간, 거위의 피를 마늘과 생강으로 만든 소스에 찍어 먹는 것이 특징이다. 하이난 사람들(전통적으로 음식점과 찻집을 운영하고 있다)은 전 동남아시아 화교 세계에서 치킨라이스(표준중국어에서는 지판[鷄飯[46]], 복건어로는 꺼빙, 꽈일뿌일鷄糒, 혹은 다

---

45 복건성 남부에서 광동성 동부에 걸쳐 살고 있는 민(閩)언어집단을 지칭한다.

46 원문에는 chi ping, 즉 계병(鷄餠)으로 되어 있으나, 계반(鷄飯)을 잘못 표기한 것이다.

른 방언으로 불림)로 유명하다. 이 요리는 가급적이면 가정에서 참깨를 먹여 키운 아주 어린 닭을 삶아서 만들며, 이 육수를 수프로도 사용하고 밥 지을 때도 쓴다. 피, 창자와 모든 내장을 닭고기와 함께 제공한다. 이와 같이 닭 한 마리에서 여러 가지 요리와 수프와 훌륭한 밥이 만들어 진다.

민난 요리는 라드를 많이 사용한다. 그 가운데 가장 최악은 아무 관련이 없는 채소와 동물의 특이한 부위의 고기를 마구 혼합해서 라드에 약한 불로 오래 끓여 만든 기름투성이 요리이다. 조주 요리는 광동 요리에서 더 다양한 속성 요리법을 흡수하였다.

양자강 하류: 이 표제하에서 우리는 양자강 하류와 회淮 계곡에 걸친 폭넓은 지방 음식을 하나로 묶어서 논하려고 한다. 그것들은 북쪽으로는 산동 요리와 연결되어 있고, 중국의 요리를 5가지로 분류한다면 그쪽으로 구분될 수도 있겠으나 사실상 훨씬 더 다양하다. 전 지역에서 요리에 기름—일반적으로 식물성 기름—을 많이 사용한다는 공통적인 주요 특징을 제외한다면 음식은 매우 다양하다. 만약 어떤 초보자가 명백하게 다른 지방 요리에서 유래한 것도 아닌, 아주 복잡하고 세련된 요리를 먹게 된다면, 그리고 기름을 좀 많이 사용하고 오랫동안 조리하며 다양한 민물생선과 해산물 또는 특이하고 흥미로운 재료를 사용하는 특성이 드러난다면, 그는 그 요리를 이 범주에 분류할 것이 틀림없다. 여기에서 우리는 또한 홍샤오紅燒[47] 고기요리와 다양한 종류의 차가운 전채, 실질적으로 중요한 주식으로서의 소맥(밀가루는 민난 요리에서도 실제로 많이 사용되며 주로 국수의 형태로 사용된다)의 영역에 도달하게 된다. 북부 중국에서는 이러한 수산물과 부지기수의 다양성의 세계는 산동 요리뿐만 아니라 몇 개의 북부 음식문화구를 만들어 내었다. 따라서 이 지역의 음식지도에 경계를 긋고 음식문화구를 나누어 줄 지도제작자 혹은 '음식민속학자'가 필요하다. 차오 부인(1963)은 자신의 고향인 안휘에는 그들만의 특별한 요리가 있는 것처럼 말했다. 물론 그러할 것이다. 양자강 하류와 회강 하류의 다른 모든 지역도 그럴 것임에 틀림없다. 그것들에 대해서 우리는 좀 더 알 필요가 있다.

지역적 다양성만으로 분류하는 것이 충분치 않은 것처럼, 우리는 요리를 만드는 과

---

47 고기, 물고기 등에 기름을 넣어 볶은 다음에 간장과 설탕을 넣어 붉은 빛이 나도록 하는 요리방법.

정의 차이에 대해 간단히 언급해야 한다. 아무리 권위자들끼리라도 쌍방이 인정할 만큼 요리법에 대해 의견이 일치하는 법은 없다. 또 권위자들은 하나의 요리를 만들 때 각기 다른 단계에서 두 개의 과정을 어느 정도로 결합(세계의 모든 요리에서 사용되는 표준적인 관행)해서 새로운 과정을 만들어 내야 한다는 점에 관해 의견을 달리한다. 그들은 어떤 지역에서 어떤 특정한 요리법을 잘 사용하는지에 관한 구체적인 지역 목록도 내놓지 못하고 있다. 이것을 통합하는 일은 추가적인 연구 없이는 불가능하다. 그래서 우리는 폭넓게 관찰하는 것으로 만족해야 할 것이다. 좀 더 유용한 지도를 받으려면(요리사라면), 그리고 보다 더 적합한 문화적 범주(민족학자라면)를 추구한다면 밀러(Miller 1967), 로(K. Lo 1972), 그리고 무엇보다도 차오(B. Y. Chao 1963)를 참조해야 한다. 이 문헌에는 중국식 용어에 관해서 최고의 설명과 번역이 포함되어 있다. 중국어로 쓰인 좋은 요리책이라면 더욱 좋다.

조리법을 나누는 가장 큰 기준은 물로 요리할 것인가 혹은 기름으로 요리할 것인가이다. 물로 요리한다면 끓이거나 찌는 방법이다. 어떤 요리책에서도 끓이기는 중국인들의 주방에서 가장 중요한 과정이다. 왜냐하면 주식—쌀과 국수—은 일차적으로 끓여서 조리하기 때문이다(쌀이 귀한 곳에서는 만두를 끓여 먹을 때도 있고, 예컨대 메밀 혹은 옥수수를 가루로 내어 반죽한 뒤 미국식 옥수수빵과 같이 마른 케이크를 구워서 먹기도 한다). 그러나 수프도 역시 끓인다. 수프와 스튜 형태는 거의 모든 사람들의 일상적인 음식으로 가장 중요한 부분을 이룬다. 약한 불로 오래 끓이는 냄비요리, 특히 '뚝배기砂鍋[48]' 요리가 있는가 하면, 속성으로 음식을 끓여낸 다음 단계의 조리로 넘어가거나 절임을 만드는 것 등에 지나지 않는 다양한 끓인 요리가 있다. 마찬가지로 자조自助 요리가 있다. 이것은 식사를 하는 사람들이 끓는 물이나 육수에 얇게 썰거나 준비된 날것의 식재료를 자기가 넣어 익혀서 먹는 방식이다. 냄비에 식재료를 투입하거나 뜨거운 물에 살짝 담갔다가 먹는다는 것이 여기에서 자주 사용되는 용어이다. 이런 음식류 가운데 가장 일반적인 요리는 훠궈火鍋 요리[49](광동어로는 다빈로(打邊爐)라고 하며 대체적인 의미는 '화덕 옆에서 행동하는 것'으로, 영어로는 몽골리안 신선로 요리(Mongolian chafing dish)로 불린

---

48 점토로 만들어 구운 운두가 높은 냄비.
49 냄비에 육수를 넣어 끓인 다음 고기, 생선, 채소 등을 넣어 익혀서 먹는 요리.

다)이지만 싱가포르의 '차오저우(조우 요리) 사떼(sate)'[50]라고 알려진 것을 포함하여 다른 요리들도 있다. 차오저우 사떼는 조개, 메추리알, 그리고 다른 좋은 식재료를 가는 나무꼬치에 꽂아서(말레이인들은 사떼용 꼬챙이를 가늘고 길쭉하게 썬 고기를 구울 때 사용한다) 끓는 물에 넣어 조리한다.

찜은 스낵(대부분의 딤섬)과 해산물(생선, 게 등)을 조리할 때 사용되는 일반적인 방식이다. 무엇이든지 잘 찌기도 하고 그렇게 조리할 때도 있기 때문에 많은 사람들은 중국 음식은 주로 쪄서 만든 것이라고 믿지만, 사실은 그렇지 않다. 쌀을 끓여 밥을 짓는 것조차 해외에서는 '찐' 쌀이라고 믿고 있다. 찜이란 끓는 물 위에 대나무나 나무를 가늘게 잘라서 만든 시루tray를 설치하고 그 위에 음식을 올린 뒤 전체를 뚜껑으로 단단히 덮어서 조리하는 것이 일반적이다. 어떤 경우에는 시루 위에 올리기보다는 운두가 높은 그릇에 식재료를 넣어서 찜을 한다. 이 경우에 그릇에 흘러내린 국물을 퍼서 다시 졸이고 걸러서 수프로 만들어지며, 이 수프는 잘 알려지지 않은 운남의 진미이다. (K. Lo 1971,p.123).

기름을 사용하는 요리는 일반적으로 볶음요리를 의미한다(표준중국어·광동어 모두 차오炒라고 부름). 그러나 튀김은 알려진 것보다도 더 일반적이다. 일부의 튀김요리, 특히 튀김두부는 시장에서 조리된 음식으로 팔고 있다. 볶음은 다음과 같은 단계를 거쳐 튀김으로 바뀐다. '볶는' 부분은 광동 요리방식에서 따온 것으로 기름에서 연기가 날 때까지 웍을 가열하고, 그다음에 가늘게 채 썬 채소와 고기를 넣어 몇 초 동안 음식이 익는 사이에 재빨리 저어가며 볶는다. 이러한 방식이 풍미, 신선도, 비타민과 아삭아삭한 식감을 최대한 보존한다. 생선과 부용게芙蓉蟹[51]오믈렛과 같은 좀 큰 덩어리는 기름을 더 많이 넣어 더 오랫동안, 조금 더 젓는 방식으로 요리한다. 탁탁 소리가 나면 충분히 가열된 것으로 판단한다. 요리사는 눈으로 보고 요리하기보다는 귀로 듣고 요리한다(어떤 사람들은 심지어 찜기에서 나는 '쉬익' 소리를 듣고 찜 요리가 다 되었는지 아닌지를 판단한다). 튀김은 끓고 있는 뜨거운 기름에 튀김옷을 입힌 식재료를 재빨리 투입하여 더 두툼하고, 더 바삭바삭하고, 더 기름지게 튀겨낸다. '튀김' 다음으로 여러

---

50 인도네시아, 말레이시아 등에서 육류나 생선을 작게 잘라 꼬치에 꽂아서 구운 음식.

51 양파, 샐러리, 게살을 넣은 오믈렛.

가지 채소와 고기(내장 덩어리를 넣기도 한다)를 누그러진, 미지근한 온도의 라드에 넣어 오랫동안 낮은 온도로 끓이는 민난의 민간 요리법이 있다. 이렇게 하여 극도로 곤죽이 된 기름진 요리, 즉 중국 요리의 통념과 정반대의 요리가 만들어진다. 이것은 말레이시아의 복건족 사회에서 통용되고 있는 하나의 표준적, 거의 유일한 표준적인 요리법이다. 그러나 이 요리법은 조상들의 방식으로부터 약간 퇴보한 것을 보여준 것일지도 모른다(대만의 질척한 유조油條[52]와 그와 유사한 제품이 인기를 끄는 것은 아마도 그 반대를, 즉 조상들의 요리법을 발전시켰다는 것을 나타내는 지표일 것이다. 분명히 말하자면 대만은 이러한 일에 있어서 조금도 퇴보하는 일이 없다).

　중국에서 물과 기름 등을 사용하지 않고 열만 사용하는 요리법은 일반적이지 않다. 구이요리는 광동식 차슈揷燒와 지역 특산품을 생산하기 위해 관련 전문점에서 택하는 요리법이다. 장뇌와 차로 훈연한 사천식 오리구이요리도 있지만, 실제로 시간을 아끼려면 오리는 튀김으로 요리한다. 빵을 굽는 방식은 서구에서 들여와 지금은 보편화되었다. 케이크, 작은 파이, 심지어 만두(소가 들어 있는)까지도 구워낸다. 만두는 쪄서 만드는 것이 관행이었지만 구운 만두도 널리 보급되었고 놀랄 만큼 맛있다. 이것이 얼마나 전통적인 것인지 알 수 없으나, 무엇보다도 근대의 주된 발명품이라는 것만큼은 자명한 사실이다. 전통적인 중국—북부에서 남쪽 끝까지 내려온 것—에서 중요한 구이 음식은 소병燒餅[53]이다. 사오빙은 밀가루와 참깨를 넣어 만든 빵으로서 큰 솥이나 단지같이 생긴 오븐의 내벽에 붙인 뒤 구워낸 것이다. 이것은 근동지역의 표준적인 요리법이며 인도 북부, 파키스탄, 페르시아에서는 유일무이한 탄두르Tandur[54] 방식으로 발전하였다. 이 탄두르 방식도 참깨빵의 개념이 그러했듯이 그리 멀지 않은 과거에 중국으로 전파되었음에 틀림없다. 막대기에 고기를 꿰어 굽는 고전적인 방식과 재에 묻어서 굽는 방식은 별로 알려지지 않았다. 다만 예외적으로 광동 요리의 전문가 등이 오리와 다른 고기를 양념에 재워서 막대기에 꿰어 굽기도 한다. 차슈도 이와 관련된 구이형태로 만들어진다.

52　요우티아오. 밀가루 반죽을 발효시켜 길이 30센티 정도의 길쭉한 모양으로 만들어 기름에 튀긴 푸석푸석한 빵. 주로 아침 식사로 먹음.

53　사오빙. 밀가루 반죽을 동글납작한 모양으로 만들어 화덕 안에 붙여서 구운 빵.

54　Tandoor라고도 쓰며, 원형의 질화덕을 의미한다.

같은 음식을 순차적인 방법으로 요리하는 것은 자주 발견되는 개선책이다. 어떤 음식은 훈연을 하고(훈연하면서 굽는다), 그다음에 끓이고, 마지막으로 튀길 수도 있다. 약간만 끓였다가 다시 필요할 때까지 한쪽에 치워 놓은 뒤 먹을 사람이 오면 뜨거운 수프에 넣어 끓이면서 먹도록 한다. 예를 들어 운남 음식 가운데 '다리를 건너는' 국수가 있다(이 명칭은 조리냄비에서 국수를 덜어서 먹는 사람의 그릇에 부어 마지막으로 익힌다는 것을 의미한다).

마지막으로 요리하지 않고 먹는 음식은 통상 있을 수가 없다. 과일은 요리하지 않고 먹지만 다른 것은 별로 그런 일이 없다. 대다수의 많은 냉채류는 일단 요리한 다음에 식혀 먹는 것이 틀림없다. '요리하지 않는 것'은 대체로 찍어 먹는 소스에 한정된다(간장에 고추를 넣고, 식초에 마늘을 으깨어 담그며, 매실로 소스를 만드는 것 등등). 심지어 이 과정에서 많은 재료들은 어느 때가 되든 제조를 하는 중간에 열처리를 한다. 수천 년 동안의 경험을 통해 사람들은 중국에서 미국식 샐러드(샐러드는 세계의 미식에 대한 미국 최대의 공헌이라고 우리는 생각한다)와 일본식 사시미를 먹는 것은 여러모로 너무도 위험하다는 것을 알게 되었다. 한때 중국에서도 날생선을 많이 먹었었다. 그러나 지금은 아주 예외적으로 발견될 뿐이다. 예컨대 광동 요리 중 날생선죽이 그렇다. 대부분의 광동인들이 알고 있는 날생선죽에는 기생충이 들끓어서 기피 음식이 되었다. 심지어 소금에 절이고 발효시킨 음식은 숙성과정에서 박테리아와 기생충이 죽기 때문에 일반적으로 안전하지만 이것들도 조리해서 먹는다. 이는 중국 음식이 안전하다는 것을 말하려는 것은 아니다. 오염된 접시와 오염된 물이 개입될 수도 있고, 가장 중요한 사실은 볶음 요리가 너무 속성으로 조리되기 때문에 아메바 포낭包囊, 기생충 알과 같은 것을 죽이지 못한다는 것이다. 좋은 음식을 먹는다는 미명 하에 위험한 짓을 하는 것이다. 다른 방법은 좀 더 오랫동안 볶든가 아니면 30분 이상 충분히 끓여 영양가와 연료소비, 그리고 음식의 질에서 손해를 보더라도 기생충으로부터 안전한 음식을 섭취하는 것이다.

앞서 식재료와 지역 음식의 스타일, 다양한 조리법 등을 포함한 부분에서 남부 중국의 음식문화의 다양성이라는 주제를 다루었지만 이를 철저하게 논하려면 끝이 없다. 그렇다면 남부 중국 요리를 관통하는 통일성이란 무엇인가?

우리는 이미 통일성의 가장 기본적인 요소를 고려하였다. 즉 쌀, 생선, 돼지고기와 채소를 많이 사용하고, 북부 지방보다 밀, 콩 그리고 양고기를 적게 사용하는 식재료의 특성을 언급하였다. 이것들을 결합하면 통일성에서 또 한 가지 관점이 추가된다. 남부 중국의 음식은 지역적 변이를 무시할 경우 다음과 같은 특징에서 베트남 음식이나 중국 남부의 한족이 아닌 (통상적으로 말해) 소수민족 음식과 구분되며, 심지어 북부 중국 음식과 다소 차이가 있다.

1. 음식은 간단하게 먹을 때에는 쌀밥에 고기와 채소요리(주요리)를 곁들이거나 수프를 먹는다. 축제 때 쌀밥은 약간 경시되고, 여러 가지 고기와 채소를 섞은 요리(광동어로 썽餸이라고 한다)가 주요리를 차지한다.

2. 아주 다양한 채소가 사용된다. 일 년에 10개월 내지 12개월 동안 채소가 자라기 때문에 가급적 신선채소를 사용한다. 대부분의 요리는 채소와 고기를 섞어서 만든다.

3. 맛은 톡 쏘고 자극적이다. 전형적으로는 발효한 대두콩 식품이나 식초, 고추와 다른 유사한 식재료를 섞어 사용할 때도 종종 있다. 일반적으로 식초, 설탕, 땅콩기름 혹은 유채기름을 사용한다. 중국의 남부 지방에서는 북부 지방과는 대조적으로 여러 가지 천연 향신료와 카레 향신료를 사용하는 것을 알 수 있다. 반면 북부 중국에서는 식초와 설탕, 채소를 덜 쓰고 참기름, 팔각향star anise, 마늘, 양파와 된장(남부 지방의 두시는 아님)을 더 많이 사용하여 음식의 맛을 낸다.

4. 음식을 빠르게 요리하는 경향이 있다. 남부 지방의 카레, 북부 지방의 냄비요리, 붉은 색 홍샤오紅燒 요리, 약한 불에 오래 삶는 요리는 느림의 요리이다. 이 신속함은 번개처럼 빨리 조리하는 볶음 요리와 빨리 끓이는 광동식 조리법에서 절정에 달한다. 그러나 하카와 사천 요리는 속도 면에서 훨씬 뒤떨어진다. 그리고 다른 집단들도 경우에 따라 빠르게 요리할 때도 있다.

다른 특성도 나열할 수 있으나 이것으로도 남부 중국 요리의 기본 원칙을 확인하기에는 충분하리라 생각한다. 이 원칙들 가운데 많은 것은 동아시아에 널리 공유되고 있으며, 어떤 것들은 남부 중국에만 있는 특유의 것도 있다. 그러나 그것들이 만들어내는 전체적인 유형은 독특한 남부 중국의 것이다.

음식의 영양구성적인 측면에서 작용한 미니맥스 게임은 요리에서도 작용하였다. 즉, 농업노동시간의 경우를 예외로 한다면 최소한의 투입으로 최대한의 산출을 이끌어 내는 게임이 작동한다. 특히 연료의 사용, 주방도구의 사용, 음식재료의 사용, 그리고 그 가운데서도 유난히 비싼 재료의 사용은 최소화하고 최대한의 효과를 이끌어 내려고 한다. 항상 그렇게 되는 것은 아니지만 규칙적으로 이루어지면 전체 요리의 특성이 되기에 충분할 정도이다. 가급적 짧은 시간 동안 요리를 하면 불을 미리 올려야 한다 치더라도 연료를 절약할 수 있다. 짧은 시간 내에 많은 연료를 완전 연소시키는 것이 작은 불로 오랫동안 끓이는 것보다 더 효율적이다. 식재료를 아주 얇게 썰어 노출되는 면적을 최대한으로 크게 하면 가급적 빠른 시간 내에 요리를 할 수 있다. 아직 '날것'과 같이 채소는 아삭아삭하게, 고기는 부드럽게 조리하는 것이 최고이다. 이미 언급한 바와 같이 세계의 다른 요리와 비교해 보면 연기가 나는 뜨거운 기름으로 빠르게 요리하는 조리법은 광동 지역이 가장 발달했지만, 이는 상대적일 따름이지 중국 어디에서나 중요한 방법이다. 기름과 비싼 향신료는 아꼈다. 잘 알려진 바와 같이 볶음 요리를 통해 기름을 절약할 수 있다. 대량의 채소 요리에 고기를 몇 조각 넣음으로써 고기를 최소한으로 사용하고도 최대한으로 고기맛과 고기가 돋보이도록 할 수 있다. 신선하고 파릇파릇하고 부드러운 식재와 제철 재료는 최소한의 낭비(버려할 할 억센 부분이 없다)와 최소한의 비용(제철물건이 아니면 사지 않는다), 그리고 썩어서 버릴 것이 가장 적은 최소한의 손실을 의미한다. 홍콩 농촌지역에 살고 있는, 광동 출신의 가사를 전담하는 아내와 남편들은 우리가 현지에서 연구하는 동안(1965~66년) 자신들이 산 채소는 수확한 지 한두 시간도 지나지 않았으며, 돼지고기도 역시 도살한지 몇 시간이 지나지 않았고 생선도 잡은 지 하루도 지나지 않았다고 주장하였다. 도시화는 이러한 것을 불가능하게 만들었으나, 가급적 이전처럼 행동하였다. 같은 종류의 생선이라고 하더라도 활어는 죽은 생선에 비해 값이 10배가 붙었다. 또한 살아 있는 물고기를 집어넣는 물 또한 평가를 받았다. 물이 깨끗할수록 물고기가 좋았다. 이렇게 하면 맛을 향상시킬 뿐만 아니라 부패와 오염을 막을 수 있었다. 마지막으로 하나의 접시에 여러 가지 음식을 한꺼번에 올려서 섞어 먹으면 설거지할 접시 수도 줄어든다는 것을 의미했다.

향신료는 섞어서 사용해야 하고 과도한 맛은 피해야 하지만 상큼하고 뚜렷이 드러나야 한다. 평범하고 꾸밈이 없는 음식은 아주 드물다. 거의 모든 음식에 여러 가지 재료를 섞어서 쓰고 양념을 한다. 그러나 양념은 남부 지방에서 볼 수 있는 불같이 매운 종류도 아니며, 그렇다고 한국과 일부 북부 지방처럼 단순하고 직접적인 마늘과 고추의 결합만도 아니다. 채소와 과일, 또는 버섯의 맛은 고기와 결합하는 것이 이상적이다. 그리고 고추, 마늘, 생강, 식초, 콩발효 식품 등을 약간 가미함으로써, 그리고 때로는 팔각향과 산초와 같이 더 강한 향신료에 의해 그 전체의 맛을 이끌어내고 증진시킬 수 있다. 호남–사천 요리도 이렇게 다루어진다. 누구든지 고추에 익숙해지면 그 사람은 그것의 상대적으로 부드러운 맛(주: 맛이 그렇다는 것이지 신체적 자극을 말하는 것이 아니다!)이 다른 종류의 강한 향신료와 함께 사용되고 있으며, 세계의 다른 요리의 일부에서 볼 수 있는 것처럼 전체를 압도하는 맛이 될 수 없다는 것을 알게 될 것이다. 물론 위와 같은 사실은 작은 스낵류에는 적용되지 않지만, 미식가들은 대조적인 그 무언가를 즐기기 위해 그것들을 먹는다.

음식은 흡수재와 함께 요리하거나 먹도록 만들어진다. 흡수재는 어떤 맛도 더하지 않지만, 모두 또는 일부 육즙과 향을 흡수하고 맛을 강조하며, 재료를 결합시키고, 식감을 추가해주는 것이 진정한 기능이다. 물론 쌀은 원래부터, 그리고 주된 흡수재이다. 그러나 중국 요리는 더 많은, 그리고 더 환상적인 흡수재를 추가하였다. 예컨대 털목이버섯毛木耳과 제비집과 같은 것이다. 그것들은 단순히 다른 식재를 올려놓기 위한 식재를 넘어서서 음식의 몸체가 되고 다른 것보다 향을 더 잘 흡수하여 한입씩 먹을 때마다 독특한 경험을 안겨준다.

요리사와 먹는 사람과의 경계도 필연적으로 모호해졌다. 밀러(Miller 1967)는 식사를 하는 사람은 요리사의 음식에 '덧간'을 하지 말아야 한다고(소금과 후추를 친다는 뜻이다) 말하는데, 그 이유로 조미는 요리행위의 나눌 수 없는 요소이고 일단 조리가 끝나면 다시 조미할 필요가 없다는 점을 지적한 것이다. 예컨대 광동 요리에서 소금은 소금에 절인 두시의 형태로 첨가되며 순수한 소금은 사용되지 않는다. 두시도 익혀서 먹는다. 그러나 대부분의 식사에는 찍어 먹거나 뿌려먹는, 하다못해 맨간장이라도 소스가 포함되어 있다. 통상적인 것보다 더 환상적인 음식일수록 복잡한 소스가 포함되기도 한다. 모든 것을 소스에 흠뻑 적셔 제공하는 프랑스 요리의 습관은 중국인 미식가를 쫓아낼 것이다. 중국인 미식가는 자기 마음대로 소스에 음식을 찍어 먹기를 원할 것이다. 그렇게 해야만 음식을 바삭바삭한 상태로 먹을 수 있고, 한입씩 먹을 때마다 소스의 양을 조절할 수 있기 때문이다. 탕수육의 경우는 소스를 따로 제공하곤 한다. 특히 세련된 광동인들 사이에서는 통상 이렇게 한다. 해외의 중국 식당에서 튀긴 고기에 소스를 부어 놓고 먹는 방식은 맛을 잘 모르는 사람들 때문에 용인되고 있다. 많은 요리에는 그들의 '공식적인' 소스가 있다. 예컨대 광동 요리에서는 삶은 새우를 위해 고추와 간장으로 만든 소스가 있고, 신선한 게를 위해서는 식초가 있다. 조주 음식에서는 찐 거위고기에 금방 찧은 마늘을 곁들인 식초를 쓰며, 생선완자 요리에는 천연 감미료를 기본재료로 하여 만든 특이하고 환상적인 소스를 사용한다. 다른 사례들도 많이 있다. 먹는 사람에게 재량권이 가장 많은 요리는 물론 훠궈이다. 이 요리는 식사하는 사람이 직접 자신의 입맛에 맞게 요리를 한다. 쌀밥 위에 요리를 올려서 먹는 광동 요리의 관행도 동일한 현상이다. 먹는 사람이 맛을 어떻게 섞고 결합할 것인가를 조절한다. 한 숟가락씩 떠먹을 때마다 맛이 다르다. 그 때마다 각기 조합을 달리해서 먹기 때문이다.

다양성은 의식적으로 그리고 지속적으로 추구되고 있다. 특정한 시기에 무엇을 먹을 것인가에 대해서는 규칙이 없다. 다만 특정한 날의 축제음식은 그 음식이 축제의 일부분이라는 것을 입증하기만 하면 된다. 축제는 축제음식을 만드는 수고와 비용 때문에 평소에 먹기 어려운 음식을 먹기 위한 핑계거리로 이용된다. 이러한 일들이 최근에 더 많아졌다.

음식에 대한 타부taboo는 남부 중국에는 많지 않다. 오래 전 발생한 기근 때문에 타부를 따질 겨를이 없었다고 볼 수 있다. 낙농제품은 운남성을 제외하면 그렇게 많이 사용되지 않았다. 그러나 상당한 변화가 일어났다. 동물의 피는 민난어족 이외에는 그렇게 많이 먹지 않는다. 그러나 그것을 먹지 못하게 하는(유대교와 이슬람교와 같은) 종교적인 규칙이나 (미국과 같은) 성문화되지 않은 문화적 금기가 있는 것도 아니다. 유사한 현상으로서 특정음식에 특별히 경도되는 일도 없다. 문화적으로 최고의 음식superfood인 쌀은 맛이 담백하여 무엇과 함께 먹어도 잘 어울린다. 남부 중국인들은 보통 새롭고 남다른 음식을 재빨리 실험해 본다. 다른 음식문화권의 사람들이 낯선 음식과 마주했을 때 저항하는 만큼 그들도 약간의 거부감을 보이기도 한다. 그러나 다른 음식문화권의 사람들에 비해 훨씬 더 빨리 그리고 더 쉽게 적응한다(우리의 경험상 이렇게 말할 수 있으나 이것은 추측일 뿐이다. 음식이 더 다양하고 좋으면 사람들은 다른 음식에 더 쉽게 적응하는 것 같다. 그 반대 또한 사실이다).

남부 중국인들은 음식의 질에 대해서 지속적으로 관심을 갖고 있다. 분명하게 말하자면 지구상 어떤 문화도, 심지어 프랑스인조차도 중국인들만큼 미식에 관심을 갖지 않는다. 이 점은 너무나 잘 알려져 있기 때문에 상세한 설명이 필요하지 않으나 너무 중요하기 때문에 무시할 수도 없다. 아래로는 걸인(버리는 음식을 찾아다니는)부터 위로는 고위 관리에 이르기까지 모든 사람들이 어디에 가면 최상의 음식을 찾을 수 있는지 알고 있다. 홍콩의 신계지역인 운용雲龍에는 물만두 가게가 지난 번 보고(1971)를 할 때까지는 있었다. 그곳은 서부 신계지역 전역에서 유명한 가게이며, 누구든지 그 가게에서 먹기를 갈망하는데 완전히 평범한 노동자 주거지역의 물만두와 국수를 파는 가게이다. 아무 장식도 없는 작은 방에 몇 세트의 테이블과 의자가 있을 뿐이며, 환상적인 식당은 아니다. 그럼에도 사회의 각계각층의 사람들이 여기에 모여들었다. 서구의 미식가들은 식사의 일부로서 우아한 분위기를 요구하는 경향이 있다. 반면 중국인들은 음식에만 관심이 있다.

음식의 질의 천차만별이며 분석이 불가능하다. 그러나 일부는 앞서 언급한 바가 있다. 즉 톡톡 튀는 맛과 흡수재의 조화로운 조합, 완벽하면 완벽할수록 더 좋은 신선도, 바삭바삭한 맛을 유지하면서도 대조를 이루는 식감, 계절과 시간, 그리고 목적과의 적합성, 맛의 특수성과 절묘함 등이다. 음식의 질에 관한 규칙은 적어도 이론상 모든 요리 과정에서 준수되고 있다. 물론 예외도 있다. 중국에는 불량한 요리사도 일부 존재한다. 더욱이 해외 공동체는 주요 음식문화의 전통으로부터 격리되어 있고 때로는 편견과 차별 때문에 요리의 표준이 붕괴해 버리는 일이 자주 있다. 예컨대 가난한 말레이시아의 중국인들, 특히 경제적·정치적 지위가 악화된 그들은 음식에 관해서 자포자기에 빠졌다. 표준은 유지되지 못하였고, 음식의 질에 대한 관심은 사라져 버려 생각의 편린으로만 남아 있다(Anderson and Anderson 1973b). 중국 음식의 전통을 포기하고 서구의 가장 나쁜, 그리고 영양적으로도 파괴적인 전통이 점차 지배적인 현상이 되어 가고 있다. 그러나 여기에서도 많은 부분이 유지되고 있어서, 경제적으로 호전되면 뒤이어 다시 좋은 음식에 몰두하게 될 것이다. 그러한 현상이 개발도상 지역에서는 발생하고 있다.

앞글의 목적은 독자들에게 레시피 없이도 중국 음식을 요리할 수 있도록 하는 데 있었다. 마지막으로 주목할 점은 중국의 취사도구에 대한 약간의 안내이다. 우리는 여기서 도구 모두를 나열할 필요가 없을 것 같다. 왜냐하면 좋은 요리책에서는 이것을 다 다루고 있기 때문이다. 그러나 전반적인 미니맥스 게임으로 볼 때는 조금은 논의할 여지가 있다. 취사도구에 있어서의 관건은 최소한으로 구입하고, 그러면서도 조리의 효용성을 극대화시키려면 도구들, 그중에서도 특히 가장 자주 쓰게 되는 도구는 내구성이 좋아야 한다. 좋은 도구는 평생 사용할 수 있어야 하고 저렴한 재료로 만들어져 쉽게 교체할 수가 있어야 한다. 그런 도구는 어떤 것이든, 그리고 무엇이든 만드는 데 유용해야 한다.

당연하게도 이 분야의 극치는 웍[55](표준중국어에서는 후 또는 휘鑊, 광동어에서는 uok, 영어의 wok은 외래어로 완전히 정착되었다)이다. 이것은 바닥이 우묵한 표준적인 요리용 솥으로 볶음 요리나 튀김 요리에 이상적인 도구이다. 약간의 기름만 넣어도 바닥중심에 기름이 고이고 오래 사용할 수 있다. 한편 음식을 빼내기 위해선 내벽 한쪽으로 밀어 올릴 수가 있다. 마찬가지로 웍은 끓이는 요리에도 유용하다. 웍에 찜시루를 올려놓고 뚜껑을 덮으면 찜통으로도 변신한다. 웍은 요리를 휘젓기 위해 날이 납작한 금속 주걱과 국물에서 음식을 퍼내기 위한 대나무 손잡이가 달린 철사망으로 된 뜰채와 잘 어울린다. 이것들과 함께 대나무로 만든 찜통과 뚜껑, 그리고 도마와 칼을 더하면 주방은 기본적인 것을 갖추게 된다. 칼은 우리에게 친숙한 커다랗고 네모진 식칼이다. 칼은 장작을 쪼개고, 생선의 내장을 제거하고 비늘을 제거하며, 채소를 얇게 썰고, 고기를 다지며, 마늘을 찧고(칼의 무딘 쪽으로 찧는다), 손톱도 자르며, 연필도 깎고, 새 젓가락을 만들기도 하며, 돼지를 잡고, 면도도 하며(면도를 할 수 있을 정도로 예리해야 한다), 해묵은 원수를 갚거나 당장 적을 응징하는데도 사용된다. 마체테machete[56]도 이만큼 다용도로 사용되지는 않는다.

완벽한 주방은 몇 개의 작은 냄비와 뚝배기砂鍋, 가능하면 길쭉하고 좀 더 큰 달걀모양의 질그릇을 갖추게 된다. (이런 질그릇을 중국어로) 사과砂鍋라고 부르는 이유는 모

---

55 한자로 확(鑊)이며 발이 없는 솥이다. 중국 요리에서 가장 많이 사용하는 솥으로 볶음, 튀김, 삶기, 찜 등 다양한 용도로 사용된다. 북경식 확은 양손잡이이며, 상해식은 왼쪽에 손잡이가 달려 있다.
56 중남미 원주민들이 벌채도구나 무기로 사용하는 날이 넓은 칼.

래가 많이 포함된 거친 점토로 만들었기 때문이다. 질그릇은 기름을 흡수하고 수분을 증발시킨다. 이렇게 하여 질그릇은 맛을 보존하고(그릇 내벽의 모래에 흡수된 향은 해가 지남에 따라 질그릇에 스며든다) 밀폐된 상태에서도 과도한 수분을 서서히 방출시킨다. 또한 이것들은 열전도율이 느리다. 질그릇은 이상적인 스튜냄비이며, 이상 기술한 내용이 질그릇의 기능이다. 웍은 너무 빨리 뜨거워지고 또 빨리 식기 때문에 뭉근히 끓이는 데는 적합하지 않다. 내부에 유약을 바른 뚝배기로 밥은 지을 수 있으나 최근에는 금속냄비를 쓴다. 국물 속에 들어 있는 큰 덩어리를 꺼낼 때 필요한, 대나무를 비틀어서 만든 집게나 조리용 긴 젓가락과 같은 수많은 보조적인 도구는 경우에 따라서 즉흥적으로 다른 것으로 대체할 수도 있고, 아주 싸게 구입할 수도 있다. 이런 것들은 대체로 비용이 딱히 많이 드는 것은 아니다. 가장 예외적인 것은 찰떡이나 과자를 만드는 데 사용되는 목제 떡살인데, 얇은 케이크용으로 금속제 와플틀과 같은 것이 있으며 월병을 찍어내는 용도의 특별한 월병틀도 있다. 이러한 것들은 구입해서 써야 하며 (중국의 기준으로 보면) 결코 싼 것도 아니고 쉽게 만들 수 있는 것도 아니다. 찻주전자와 같은 다도용 도구도 중요한 주문 구매 항목이다. 사람들은 아름답고 잘 만든, 그리고 실용적인 다구茶具를 선호하며, 그런 것들은 단연코 주방에서 가장 비싼 물건일 가능성이 있다.

주방의 화덕은 두 종류로 구성되어 있다. 작고 이동가능한 것이 있고, 바닥에서부터 쌓아올린 큰 화덕이 있다. 후자는 흡사 제단같이 생겼으며 실제로 제단이기도 하다(비록 향 등을 피우기 위한 작은 제단은 뒤쪽의 벽에 설치되어 있기는 하지만 화덕은 조왕신의 주거공간으로, 혹은 그의 특별한 관심대상으로 간주된다). 작은 화덕은 오늘날에는 대개 전기팬이거나 석유스토브이다. 그러나 지금도 전통적인 숯불 화로가 발견된다. 화로를 만드는 방법은 다음과 같다. 양동이의 내면을 점토로 발라서 점토가 고정되면, 양동이에서 이를 빼내서 바닥에 공기구멍을 낸다. 그리고 점토판에 구멍을 뚫어 만든 살대를 끼워 넣어 그다음에 그 전체를 가마에서 구워낸다(화덕에 관한 좀 더 자세한 기술은 Hommel 1937을 참조할 것). 숯은 중국 요리를 하는데 최고의 수단이다. 숯은 적정한 열량을 공급할 수 있고 적절한 속도로 열을 내릴 수도 있다. 또한 부채질을 하면 놀랄만큼 온도를 높일 수 있으며 열 조절이 가능하고, 원하는 만큼 음식에 풍미를 더할 수 있다. 그러나 프로판가스와 같이 더 높은 온도를 얻을 수 있는 가스연료들은 좋은 대체물이 된다.

식사도구는 남부 중국의 음식문화세계에 통일성을 제공하는 또 하나의 특징이며, 마찬가지로 내구성, 품질, 경제성에 역점을 두고 있다(내구성과 품질은 경제성의 측면이다). 젓가락, 자기로 만든 밥그릇, 주요리용 접시, 작은 소스용 접시 이외에는 별다른 것이 없다. 일반 가정은 특별한 행사를 위한 환상적인 접시는 몇 개 있겠지만 보통은 개인용 밥그릇 몇 개와 보조 접시를 약간 갖고 있을 것이며, 주요리는 요리냄비 채로 상에 올릴 것이다. 가장 보편적인 밥그릇은 자기이며 대부분은 청화백자(500년간 형태와 문양이 별로 변하지 않았다)이다. 액체를 담을 경우 용량은 12온스(약 340그램) 정도 된다. 식사가 끝난 다음 밥그릇은 술잔으로 자주 사용된다. 그것은 가난한 사람들의 전통적인 술잔이다. 아주 최근에 들어서는 전통적인 찻잔 이외에 서구식 유리컵이 일상적으로 사용되고 있다. 찻잔은 보통 5~6온스(142그램에서 170그램 정도)들이지만, 민난의 차 감정가들은(적어도 다른 차의 주 생산지에서도 마찬가지이다) 약 1온스(약 28그램) 들이의 작은 컵을 선호한다. 이런 다양한 기본적인 도구 이외에도 수프 그릇과 죽 그릇, 다양한 유형의 소스 접시, 자기로 만든 국물용 수저, 딤섬을 먹을 때 사용하는 작은 접시와 수많은 다른 형태의 식사 도구가 있다. 이것들은 북부 중국에서 발견되는 것들이나 이전 시대의 것들과 큰 차이가 있는 것은 아니다. 그렇지만 최근 서양에서 들어온 것은 다르다. 이전 시대의 것들에 관해서는 이 책의 다른 장에서 잘 기술되어 있다. 여기서 중요한 점은 그것들이 흔하게 구할 수 있고 사용하기 쉬우며, 값싼 재료인 점토와 대나무로 만들어졌고(재료의 선택에서부터 최종적인 유약처리와 새김질에 이르기까지), 또 내구성이 강하고 장식성이 있는 것들이라는 것이다. 다시 말하자면 최소한의 투입으로 최대한의 효용성이 거의 실현되고 있다(서양식 식사도구는 너무 복잡하고 많은 에너지와 금속과 플라스틱과 같은 원자재를 너무 많이 소비하는데 반해 인도처럼 접시 대신에 바나나의 잎을 사용한다든지, 식사도구 대신에 손가락을 사용하는 너무나 단순한 방식을 채용하는 곳도 있다. 그러나 이것들은 중국인들이 실제로 사용하기에는 지나치게 엄격하거나 검박한 것으로 생각할 것이다).

음식의 비물질적 측면

마들렌 레닌저Madeleine Leininger는 모든 사회는 여러 가지 방식으로 음식을 사용한

474

다는 것을 지적하였다. 음식의 사용에는 다음과 같은 것들이 포함되었다. 즉 (1) 영양공급을 위해 (2) "대인관계를 시작하고 유지"하기 위해 (3) "대인관계상의 거리의 유형과 정도를 결정"하고, (4) "사회적 종교적 사상의 표출"을 위해 (5) "사회적 지위, 사회적 위신, 그리고 특정한 개인과 집단의 업적"을 위해서 (6) 인간의 심리적 필요와 스트레스에 대처하는데 도움을 주기 위해 (7) 타인의 행동에 상을 주고, 벌을 주며, 영향을 주기 위해 (8) 어떤 집단의 정치적·경제적 지위에 영향을 주기 위해 (9) 사회적, 물리적, 그리고 문화적 일탈행위와 병증의 징후를 발견하고, 치료하고, 예방하기 위해 식사가 사용된다(Leininger 1970, pp.153~79). 이것이 확정된 목록은 아니겠지만, 모든 기초를 다루고 있다. 이러한 음식의 사용은 남부 중국의 식습관이 잘 구현하고 있다. 기본 개념은 음식이 위대한 사회적 촉진제라는 점이다. 음식은 매일 필요한 것이며, 아주 작게도 나눌 수도 있고 양을 측정하는 것도 가능하다. 음식은 일반적으로 조리된 다음에 사회적으로 소비된다. 거의 모든 식사는 사회적 이벤트이다. 이와 같이 음식의 공유는 큰 사회적 유대이다. 음식의 공유를 통해 사회적 상호작용의 형태와 내용이 전달된다. 사실 영양학적 가치에 버금가는 음식공유의 두 번째 가치는 소통의 가치이다. 언어가 정중함을 표현하는 의례적 형태에 갇혀 소통이 불편할 때, 음식은 메시지를 전달하는 소통의 기능을 가질 때가 있다. 비중국인들 가운데 많은 사람들은 단조롭고 의례적인 말만 늘어놓는 '뜻 모를' 중국인을 저주하면서 식사자리를 뜬다. 그러나 이때 음식 그 자체가 메시지라는 사실이 중국인들에게는 너무나 자명한 일이었다. 간단하게 말하자면 음식의 관리는 모든 조화, 즉 그의 신체, 사회적 생활, 그리고 세계와의 상호작용에 있어서 매우 중요하다.

타인과의 조화 유지는 많은 남부 중국인들 행동에서 기본으로 삼는 목표이다. 여러 가지 증거를 기초로 우리는 신체적 조화, 사회적 조화, 그리고 우주적 조화의 유지와 의학적, 사회적, 그리고 종교적 행위체계의 주된 목표 간에 기본적으로 일치하는 점이 있다는 것을 제시하고자 한다. 음식은 다음과 같이 연관성이 있다. 즉 고전적인 의학전통에서보다 민속신앙에서 적절한 음식의 선택은 신체의 조화를 유지하는 유일한 방법이며, 특히 '더운' 음식과 '찬' 음식을 적절하게 조정함으로써 몸의 '열기熱氣'와 '냉기冷氣'의 균형을 이룰 수 있다는 것이다. 친구들과 함께하는 다과에서부터 공식 만찬까지 식사는 사회적 연대의 가장 중요하고도 구체적인 표현으로, 사실 이 연대를 만들고 지속시킨다.

음식을 제물로 바치는 것은 모든 주요 의례의 의무이며, 신들과 소통하는 중요한 방법이다. 인간의 축제와 신에게 바치는 제물을 동일시하는 것은 중국의 민간신앙에서는 너무나도 자명한 사실이다. 우리의 정보제공자는 "신들이 흡족하도록 우리는 제물을 바친다"고 말했으며, 심지어 귀신이나 염라대왕에게 제물을 바칠 때도 "신들이 술을 마시고 행복에 취한 사이에 조상들이 지옥에서 빠져나올 수 있도록 하는 것이 우리의 목적"이라고 말하였다. 특정한 음식과의 대응관계도 발견된다. 우주적 조화와 신체적 조화와의 동일시 또한 너무나 명백하다. 음과 양이 우주에서 균형을 이루 듯이 신체도 그렇게 되어야 한다(열/냉 구분은 이것을 나타내는 하나의 징표이다). 몸에 적합한 음식을 적당량만큼 먹음으로써 건강을 유지하고, 질병에 맞는 음식과 약초를 먹어 병을 고치듯이(간혹 무당들이 처방하여 축복을 내리고 혹은 부적을 붙여주기도 한다), 마찬가지로 사회적·종교적 구성원들은 적합한 음식을 통해서 안정과 균형을 유지한다. 일종의 상호보완성도 있다. 신체는 여러 가지 음식의 결합점이다. 마찬가지로 식사는 여러 다른 사람들, 혹은 사람과 신과의 결합점이다. 기본 신념은 세계는 조화로운 곳이며 이러한 조화는 철저히 현실주의적인 방법으로 유지되어야 한다는 것이다. 모든 음식의 교환은 성스러운 것이며, 심지어 아주 초라한 식사조차도 신성한 제물이라는 인디언들의 태도는 찾아 볼 수가 없다. 중국인들의 신념은 그 반대이다. 신에게 바치는 제물은 식사의 한 형태이거나 투영이며, 일반적인 식사 가운데 하나이고, 그 식사는 신들과 죽은 영혼이 실재하는 인간과 함께한다는 것이다.

이러한 음식의 영역에서는 미니맥스 게임은 적용되지 않는다. 오히려 그 반대다. 세속적 축제이든 종교적 제사이든 축제 행사는 가장 비싼 것들도 포함된 여러 등급의 사치스러운 특징을 보여준다. 대만에서 몇 년에 한 번씩만 열리는 주요 의례는 가장 비싼 종류의 제물을 요구하며, 이를 위해 사람들은 수 년 동안 모아야 한다.

다음 부분부터 우리는 음식의 비물질적인 세 가지 주요 측면에 대해 자세하게 논의할 것이다. 즉 개인적 측면, 사회적 측면 그리고 우주적 측면에 대해 논하겠다.

•개인적 측면

남부 중국의 민간요법은 주로 구두로 처방을 한다. 침술과 수술과 같은 것은 식자층에게나 해당되는 사항이고 일반인들에게는 너무 비싼 데다가 이해하기도 쉽지 않다. 주된 치료법은 늘 사용하고 있는 식이요법과 생약치료법이다. 필자들은 최근 이주제에 관해 다른 글에서 자세하게 검토하였다(Anderson and Anderson 1974 참조). 여기에서는 아주 개략적으로 요약하고자 한다.

음식의 범주는 약초의 범주로도 나누어진다. 원추리와 같은 음식은 다소 중간적인 것이다(상기 식재료 부분의 언급을 참조). 음식은 거의 대부분이 약이 될 수 있다. 음식으로서만 섭취되기도 하지만 건강상의 측면을 갖고 있다는 점도 잘 알려져 있다. 약초는 식생활의 상당 부분을 차지한다. 미나리와 당근은 아마도 식용으로 쓰이는 만큼이나 의학적인 이유로도 빈번하게 섭취되고 있다. 이 두 가지는 적어도 광동의 민간요법에서는 몸을 아주 "차게 하는" 효과를 가지고 있다. 생약과 식이요법에는 세속적인 자기치료나 무당이 신이나 조상신과 접신하여 그들에게 처방을 받고 진행하는 성스러운 치료도 포함된다. 무당 치료사가 다루는 병 가운데 많은 사례는 환자에게 무언가 말을 통해서 치료한다. 가장 자주 사용되는 방법은 무당이 자신의 피로 부적을 써서 태운 다음, 그 재를 차에 타서 환자가 마시도록 하는 것이다. 그 차는 약초로 만들어지기도 한다. 신이나 영혼은 환자에게 (무당을 통해서) 음식습관을 고치거나 바꾸라고 말해 줄 때도 있다. 보양식을 더 먹으라든지, 혹은 몸을 차게 하는 음식을 먹으라든지, 혹은 특정한 식품 또는 식품들을 취하라는 식이다.

음식이 건강에 필요하며 중요하다는 것은 일반적인 신념이다. 음식에 대한 주요 관심은 그것이 열熱('더운 것, 덥게 하는 것')인지 냉凉('찬 것, 차게 하는 것')인지에 관한 것이다. 여기에는 연속성이 있다. 균형을 유지하고 있는 음식이 중간 지점에 있다. 그중 가장 대표적인 사례는 쌀이다(광동의 정보제공자들에 의하면 일반적으로 끓여서 지은 밥은 균형점에 있지만, 죽은 물이 많이 들어가 있기 때문에 찬 음식이라고 한다. 말레이시아의 복건성 출신 중국인들 사이에서는 연속성의 방향이 더운 쪽으로 바뀌어, 죽이 균형점에 있고 밥은 더운 음식으로 본다. 다른 음식도 그에 맞춰지게 되었다. 이것은 아마도 미래에 대한 확신이 없고 불안감이 컸던 복건 출신 화교들이 음식의 음양체계에 대해 잘 모르면서도 몸을 데우는 음식을 적게 먹어 쇠약해질까 두려웠고, 건강을 위해 몸을 따뜻하게 해주는 식료품이 꼭 필요하다고 생각한 데서 비롯된 것으로 보인다). 몸을 식히는 음식은 맛이 밍밍하고, 칼로리가 낮으며, 식물성이 많다. 미나리와 원추리는 다른 생약과 마찬가지로 극도로 찬 음식이다. 반면 따뜻한 음식은 더 강하고, 영양이 더 많으며, 더 자극적인 맛을 낸다. 독한 알코올음료와 맵고 기름진 축제 음식은 가장 더운 음식이다(축제와 다른 양陽의 행사와의 관련성은 명확하며 의도적이다). 조리방법에 따라 음식은 더 차게도 더 덥게도 변화시킬 수 있다. 가장 차게 하는 방법으로는 찬물에 담그기이며, 조금 차게 하는 방법으로는 물에 삶기, 덥게 하는 방법으로는 기름에 볶기, 굽기, 그리고 가장 덥게 하는 방법으로는 튀기기 등이 있다. 그 과정이 길어지면 음식은 더욱 덥혀지며, 따라서 오래 구운 음식이 특별한 관심의 대상이 된다. 열과 냉의 균형은 유지되어야 한다. 남자는 양陽에 가까워서 더운 쪽을 약간 더 지향하지만 잘못하면 열을 과도하게 취할 위험이 있고, 한편 여성은 음陰에 가까워서 더 차게 유지해야 하나 너무 차가워지면 안된다.

열/냉의 이분법과 교차되는 것으로서 별로 많이 언급되지 않는 건乾/습濕의 이분법이 있다. 어떤 음식이 마르거나 혹은 차가운 동시에 습한 것은 없지만, 메기와 일부 조개는 더운 동시에 습한 것이다. 그것들은 일반적으로 독이 있다. 성병은 독과 연관된 덥고 습한 병이며 이것들과 관련이 있다. 어떤 사람이 식사 때 조개를 기피한다면, 그는 악의 없는 놀림을 받을 것이다. 그 외에는 우리가 알고 있는 남부 중국에서는 건/습 이분법은 별 다른 의미가 없지만, 다른 지역에서는 당연히 큰 의미가 있을 것이다.

일반적으로 이러한 체계는 어디에서나 변형이 존재하며 남부 중국도 예외는 아니다 (Anderson and Anderson 1974). 이러한 '체액' 의료체계는 구세계 전체와 구세계의 영향을 받은 신세계의 많은 지역에 확산되었으며, 사람과 사람 사이, 혹은 촌락에서 촌락 사이를 거치면서 수정되었다. 전혀 불가능한 것은 아니겠지만 중국이나 그 외 지역에서 두 명의 정보제공자로부터 열/냉 음식에 관한 동일한 리스트를 연이어 얻는 것은 매우 어려운 일이다. 물론 그 체계의 일반적인 경향은 명백하다. 영양이 풍부한 음식은 항상 더운 음식으로, 그리고 영양가가 적고 맛없는 낮은 칼로리의 음식은 일반적으로 차가운 것으로 여겨진다.

이와 관련이 있으면서도 어느 정도 독특한 성격을 가진 보양식, 즉 기氣를 북돋우는 음식류가 있다. 이것들은 다양한 방식으로 신체의 생명기능을 보조한다. 인삼이나 생강과 같이 일반적으로 전신에 영향을 주는 강장제는 여기에 속한다(엄격하게 말해서 널리 알려진 정력제 혹은 생식력 증진의 속성은 사실이 아닌 것으로 보이며, 그것들은 일반적인 흥분제이자 강장제라는 믿음에서 유래한 것이다). 닭고기 수프도 또한 가치 있는 것(닭고기 수프는 세계에서 가장 보편적인 만병통치 음식이다)이며 산후조리 중인 여성들에게 제공된다. 토속적 속설도 많다. 광동의 어부들 사이에서는 힘세고 큰 그루퍼(농어과의 식용어)가 죽을 때 그 기가 그 물고기의 아가미 기생체로 들어가 버린다는 속설이 있다. 그 부분은 기가 가장 농축된 곳이며, 적어도 사람들의 기를 흥분시키는 자극제라는 것이다. 이러한 지방적 신념과 변형에 대해 더 많은 연구가 이루어져야 한다. 그것들에 대해서 거의 알려진 바가 없다.

일반적으로 환자에게는 약간 더운 음식을 공급하여 치료한다. 왜냐하면 병에 걸려서 몸이 식게 되면, 혹은 반대로 너무 몸을 냉하게 굴리면 병에 걸리기 때문에 이에 대처해야 한다고 생각하기 때문이다. 건강한 사람도 때때로 약간의 인삼과 생강 등을 추가로 먹고 모든 분야에서 균형을 유지하도록 노력해야 한다. 그러나 실제로 사람들이 아프지 않으면 심기증心氣症[57]의 성향을 가진 사람들만이 균형에 대해 많은 걱정을 한다. 그러나 배탈이 난다거나 숙취와 같은 것은 '열'병이기에, 보통 자가 치료로 고친다. 축제의 음식과 알콜음료는 문자 그대로도 비유적으로도 '열'의 음식인 것(술을 데우는 전통은 추운 북부 지방에 비해 뜨거운 남부 지방에서는 훨씬 덜 중요하다)이 일반적이기 때문에, 그리고 대응책을 세울 수 있기 때문에 대개의 경우 자가 치료가 가능하며, 이렇게 해 오면서 그 체계에 대한 신념이 더욱 굳어졌다.

어린이들에게 적합한 음식은 균형 잡힌 것이어야 한다(어린이들은 어른들에 비해 열과 냉 사이의 불균형에 빠지기 쉽기 때문이다). 특히 담백한 전분 음식이 어린이들에게 적합하다. 아마도 쌀죽은 그 본보기가 된다. 말레이시아의 가난한 복건성 출신 중국인들 사이에서 어린이들의 식사는 거의 전적으로 쌀밥, 묽은 국물에 담은 국수, 사탕이다. 이러한 식단은 영양적으로 너무나 빈약할 뿐만 아니라 어린이들의 충치도 많이 발생시킬 수 있다(Anderson and Anderson 1973b, 1974). 일반적으로 어린이들은 아주 어릴 때부터 채소와 약간의 생선, 그리고 다른 단백질이 풍부하고 기름기가 적은 식사를 접하게 되고 대부분의 집단에서는 이러한 것들이 어느새 식사의 중심이 되었지만, 말레이시아의 복건 중국인들과 다른 몇몇 집단에서는 상당 기간 동안 식사는 거의 전분과 설탕으로 구성되어 있었다. 특히 말레이시아에서는 흔히 그렇듯이 어른들이 먹는 식

---

57 Hypochondria. 건강에 대해 지나치게 걱정하고 아무 이상이 없는데도 자신이 병들었다고 생각하는 심리 상태를 말하며, 일종의 건강염려증이다.

사는 매우 강한 향신료를 사용한다.

민간 식이요법과 의료의 다른 측면에는 독과 음식에 관련된 믿음을 음식문화 체계 내에서 유지하거나 아니면 없애버리는 것들도 있다. 이 점은 중요하기는 하나, 그 원칙이 무엇이며 어떤 변형이 있는지는 여기에서 논의할 만큼 자세하게 알려져 있지 않다. 민간 의료와 식사 전체의 문제에 대해서는 향후 연구가 필요하다. 이제 여기에서는 이 문제에서 빠져나와 이 논문에서 조금 더 중심이 되는 주제로 돌아가고자 한다.

• 사회적 측면

전통적인 남부 중국에서는 거의 모든 식사과정이 사회적이다. 균형은 언급할 가치도 없다. 각 개인은 스낵을 먹고 약간의 차를 마신다. 그러나 이것은 진정한 의미에서의 '차 마시는 행위喝茶'는 아니다. 대부분의 식사를 혼자서 먹는 것은 극도로 가난하게 살아가는 개인의 경우에 한정된다. 다른 사람들은 가족과 함께, 가족이 없을 경우에는 찻집에서 친구들과 하거나 직장에서, 혹은 다른 사회적 환경에서 식사를 한다. 설사 모든 가족이 각기 다른 시간에 귀가하고 따로따로 식사를 한다고 하더라도, 거기에는 확고한 유대가 있으며 밥을 공유하고 함께 먹는다는 느낌이 있다. 어쨌든 음식은 가족의 중심인 주부가 화덕에서 만든다. 뒤늦게 돌아와 혼자 먹는 가족에게는 다른 식구들이 사교적인 말을 걸며 식사도 조금 나누어 먹는 것이 일반적이다. 평범한 식사—쌀밥이나 다른 주식 위에 곁들일 만한 반찬을 올려서 먹는 평상시 식사(밥을 먹는 것)—는 가족끼리, 혹은 위에서 언급한 것과 같은 상황에서 먹는다. 다른 형태의 식사행위는 일반적으로 외식이다. 이제부터 중요성과 형식성이 낮은 것에서 높은 순서로 논의해 보자.

국수와 같은 간단한 간식은 노점상에서 살 수 있다. 사람들은 끼리끼리 이러한 가게에 아무 때고 자주 들리게 된다. 국수를 파는 이동 노점상은 학교와 직장에 '출장' 서비스도 제공한다.

최근에 와서 차뿐만 아니라 커피, 소다, 맥주, 그리고 다른 수입음료를 마시게 된 것은 좀 더 진지한 이벤트에 해당한다. 이것은 격식이 없고 친한 사람들의 사교모임일 수도 있지만 좀 더 공식적이고 구체적인 의미를 가질 때도 있다. 성인 남성들은 특정한 시간, 적어도 대체로 알려진 특정 시간에 으레 지역의 찻집이나 그와 동등한 장소(예컨대 말레이시아, 싱가포르, 인도네시아에서는 커피숍)에 가서 사람들을 만나고, 지역의 최신 소문을 듣고 진행 중인 거래를 처리하곤 한다. 젊은이들도 이러한 의례를 서서히 접하게 된다. 그들은 처음에는 가끔 들려 소다수를 사 마시고, 그다음에는 아버지와 함께 앉아 있고, 마지막으로 점차 스스로 그 가게를 찾아가게 된다. 그러나 젊은이들이 딱 정해진 시간에 가는 일은 드물며, 그들의 부친들에 비해 눈에 잘 띄지 않는 곳에 앉곤 한다. 그러다가 드디어 가장이 되면 그들은 고정적으로 출석하게 된다. 지역의 지도자 —분쟁을 해결하고 직접 사람들을 만나 정치를 하는 비공식적 전문가— 는 특정한 시간과 특정한 가게에 매일매일의 '집무시간'을 지키는 일에 특히 많은 주의를 기울인다(홍콩에 관해서는 Anderson 1970a 참조; 동남아시아에 관해서는 비공개 자료). 이러한 사실은 범중국인적인 현상이나 인류학 연구문헌에서는 너무나 적게 논의되고 있다.

이상과 같은 것을 포함하여 좀 더 공식적인 부분집합은 차를 마시고 딤섬이나 국수와 같은 스낵을 먹는, 혹은 위에서 언급한 종류의 작은 가게에서 약간의 술까지 마시는 특별히 준비된 모임을 포함한다. 아주 중요하지는 않지만 특정한 사안을 논의해야 할 때이거나 상당히 오랫동안 헤어져 있다가 재회할 때라든지, 때로는 사람들이 처음 대면할 때 이러한 모임이 준비된다.

또 하나의 관련된 행동은 사람들의 집을 방문하여 차와 스낵을 먹는 경우이다. 이 경우 먹는 것은 대체로 동일하지만 배경은 다르다. 일반적으로 이러한 것은 남자들의 찻집에 해당하는 여성들의 등가물이다. 찻집에 가는 것은 확실히 남성의 전유물이다. 때로는 온 가족이 차를 마시러 방문하는 경우도 있다. 그러나 그 남성들도 대부분의 지역에서는 가게로 자리를 옮겨 가정생활을 침범하지 않도록 할 것이다.

식당에서의 식사는 공식성을 따지는 척도로 볼 때 좀 더 상위에 있다. 사업상의 거래와 다른 중요하고 구체적인 사안이 논의되고 마무리된다. 가족끼리도 오래간만에 모이거나 하면 외식을 할 수 있다. 가장과 가족 이외의 그와 동급의 사람이 참석하는 모든 중요한 행사에서 무엇을 먹을 것인가도 논의되어야 한다. 행사가 중요하면 중요할수록, 식사에 참가하는 사람들이 중요하면 중요할수록 음식은 더 좋아야 한다. 음식의 질은 가격보다 훨씬 더 중요하다.

결혼이나 회갑연처럼 대단히 중요한 행사는 가까운 친척과 오랫동안 보지 못했던 친척 등 상당히 중요한 손님들이 찾아오게 되는데, 이러한 경우에는 미리 계획을 세워 준비한 공식적 연회가 요구된다. 이러한 연회에는 많은 종류의 주요리가 연이어 제공된다(최소한 여덟 개로, 행사의 중요성과 주인의 경제력에 따라 더 많을 수 있다). 연회에는 대량의 술과 고기가 제공되나 밥이나 다른 간단한 전분 요리는 나오지 않으며, 4~6시간 혹은 그 이상 지속된다. 이러한 행사에서 보여주는 가장 중요한 공식성은 상어지느러미 요리와 같은 고급요리가 제공된다는 것이다. 이러한 요리의 유일한 기능은 이 연회가 평범한 것이 아니라는 것을 보여주기 위함이다. 또 이러한 연회에는 밴드를 부르거나 다른 오락도 끼어든다. 요리사는 최고인 데다가 가장 특징적인 향토음식을 창작해 내어야 한다. 축연에 참가하는 손님의 수는 평소 끼니를 때울 때보다 많으며 8명이나 10명 이상이 된다. 이것도 행사의 중요성이나 주인의 재산의 동원 규모와 지역에서의 얼마나 중요인물인지에 따라 달라진다.

지역의 비공식 지도자—모든 종류의 공식적인 사람들도 또한 그렇다—가 그 지역의 찻집에 정기적으로 등장해야 하는 것과 마찬가지로 그는 연회 또한 주재해야 한다. 지도자가 보다 공식적이고 보다 더 중요할수록 그는 더 빈번히, 그리고 더 화려한 연회를 열어야 한다. 비슷한 지위에 있는 손님들도 연회로서 화답해야 하기 때문에, 집 밖에서 식사를 하는 횟수가 바로 그 사람의 중요도를 재는 적당히 좋은 척도가 된다. 이러한 정형화는 가난하지만 신분상승을 추구하는 사람의 자산을 소모시킨다. 정작 중국에서는 이 문제점에 관해 대수롭지 않게 생각하고 있다. 따라서 결코 없어지지 않을 것이다.

형식성의 정도—지켜야 할 식사예절의 가짓수와 엄격함—는 행사의 중요도와 행사에 참가하는 집단의 사회적 계급에 따라 증가한다. 홍콩의 선상 생활자나 말레이시아의 가난한 어촌의 중국인 어민들(오히려 그들은 결코 가난하지 않은 사람들이다. 정말 가난한 사람들은 연회를 열 수가 없다)의 연회는 당연히 공식행사가 아니다. 이러한 연회는 느긋하게 많이 먹고, 도수가 높은 술을 마시며, 아주 일찍 시작해서 식사 후에는 더욱 격렬해진다. 홍콩의 선상생활자들은 직업상 대식가이자 대주가들이다. 왜냐하면 어업은 모든 직업 중 신체적인 열량 소모가 가장 많은 직업 중 하나이기 때문이다. 중산층과 상류층 중국인들은 심지어 가정에서조차 일련의 식사 규칙을 지키고 있다. 따라서 연회는 진지한 정도나 세세한 면에서 서양세계의 공식성에는 미치지는 못하지만 매우 공식적이다(어쨌든 용도에 맞지 않는 포크를 사용할 일은 없다). 기본 규칙은 꽤 간단하나 사회적 지위가 높아질수록 이 규칙들이 지나칠 정도로 까다롭게 구체적으로 적용된다. 식사 규정에 대한 자세하고 훌륭한 기술은 필스베리와 왕(Pillsbury and Wang, 1972), 그리고 B. Y. 차오(Chao, 1963)에서 찾아 볼 수 있기 때문에 여기에서 언급할 필요는 없다. 다음은 일반 가정에서의 가족 식사를 제외한 모든 상황에서 적용되는 주요한 규칙에 대해 논의하겠다.

기본적으로는 일종의 역할상 과장된 부분이 있다. 주인은 손님들이 잘 먹고 마시도록 과도한 관심을 보여야 한다. 손님들은 주인에게 너무 폐를 끼치고 싶지 않다는 마음을 내보여야 한다. 이와 같이 주인은 손님을 초대하면 아주 성의껏 손님에게 음식을 끊임없이 권하고, 손님들의 접시에 음식을 올려주고, 술잔이 비면 바로 채워주며, 돌아다니면서 이런저런 방식으로 먹고 마시는 것을 독려한다. 손님들은 모든 것을 두 번 이상 거절하고(두세 번째 거절할 때 어조의 진지한 정도는 그들이 그것을 받아들일 것인지 거절할 것인지를 알 수 있는 실제적인 신호이다), 아무리 강요를 받더라도 적당히 먹고 마시려고 노력하며, 수없이 많은 감사표시와 무엇보다도 주인에게 너무 폐를 끼쳤다고 사과하고, 대접을 받을 자격이 없다는 것을 수없이 말한다. 주인은 손님에게 격식을 차리지도 말고, 정중하게 말하지도 말 것이며, 사과하지도 말라고 한다. 그러면 손님은 하는 척이 아니라 실제로 정중하게 대응한다. 손님들은 음식의 질에 관해 주인을 칭찬해야 하며, 일반적으로 최상의 칭찬을 하는데 위선적일 필요가 없다. 앞서 언급한 바와 같이 주인은 질적으로 최상의 것을 준비하려고 한다. 아마 유사한 감정의 관례는 세계 어느 곳에서나 존재한다. 단지 중국인들은 다른 사람들에게 그 관례를 더 많이 반복할 뿐이다. 남자들은 적당히 마시고, 여자들은 훨씬 더 적게 마시는 것으로 되어 있다. 그러나 '적당히'의 정의는 상황과 사회적 집단에 따라서 달라진다. 많은 중산층 복건 여성들은 연회에서 전혀 술을 마시지 않는다. 반면 선상 사람들의 결혼식에서 지도급 인사(남성)들은 자기들끼리, 그리고 그들의 손님들과 심한 음주 시합을 벌이고, 믿을 수 없을 만큼 많은 술을 마시다가 심지어 술에 약한 사람이 죽는 일까지 발생할 정도이다[4].

앞서 간단히 짧게 언급한 바와 같이 어떤 특정한 음식은 명망의 지표가 된다. 가장 유명하고 보편적으로 가장 높은 지위를 차지하며 가치 있는 음식은 상어지느러미(진한 수프를 우려낸 것)이다. 지역 특산물도 꽤 중요하다. 홍콩에서는 활어와 환상적인 최고급 건어물과 염장어물이 이에 속한다. 말레이시아의 페낭에서는 병어와 다른 해산물,

특히 게가 대표식품으로 꼽힌다. 다른 지역에서는 제비집과 곰발바닥과 같은 것이 사용된다. 방금 언급한 것과 같은 유명하고도 색다른 중국 요리 가운데 많은 것들은 맛이나 호기심으로서의 가치 때문이 아니라, 그들의 지위와 행사의 특별한 의미를 표시하려는 기능을 위해 사용된다. 그것들은 귀하기도 하고 비싼 데다가 눈에 딱 들어오기 때문에, 이것은 그냥 연회가 아니라 진짜 특별한 것을 대접한다는 메시지를 전달한다. 물론 주인의 지위가 높으면 높을수록, 행사가 특별하면 특별할수록 제공되는 음식의 지위도 더 높이 올라간다. 그리고 음식의 지위는 대체로 가격으로 결정된다. 희귀성이 부분적으로는 가격을 결정할 때도 있으나, 아주 일반적이며 일견 뛰어나지 않은 식품도 강력한 지위를 가진 음식이 될 수 있다. 페낭에서 격이 높다고 대접받는 생선은 다른 많은 생선에 비해 더 희귀한 것도 아니며, 더 맛있는 것도 아니고, 또한 더 신선하거나 이색적인 것도 아니다(실제로 지금은 희귀생선이 되었다. 왜냐하면 어부들이 그것들을 노리고 너무 많이 잡았기 때문이다). 그것들은 다른 어떤 생선보다도 아마 남부 중국에서 먹는 이상적인 생선(육즙이 많고 맛있는 흰살 생선)을 약간 닮은, 비교적 작은 생선이다. 이 때문에 이 생선은 지위음식이 되었으나 지금은 그 가치가 맛의 차이이상으로 너무 부풀려져 있고 순전히 사회적 요인에 의해 그 가치가 매겨져 있다(최근에는 그 희소성이 가격에 약간 영향을 미치고 있다). 그와 대조적으로, 당연한 얘기지만 너무나 평범하고 일상적이며 가격이 싼 다른 음식들은 빈곤과 동일시되고, 따라서 그것들이 아주 좋은 것이고 사람들이 아주 선호하는 것이라 하더라도 연회에 등장하는 일이 없다. 소금에 절인 채소와 부차적인 주요 식품은 그러한 사례에 속한다. 사람들은 특별한 행사에서는 평소 먹지 않는 음식을 추구하는 경향이 있다. 그래서 홍콩의 광동인들은 대량의 희귀하고 맛있는 해산물을 찾아다닌다. 한편 광동 어민들은 그들이 통상적으로 취하는 생선음식에 변화를 주기 위해 육고기를 찾아낸다. 위대한 주식인 밥도 너무 일반적이어서 두드러질 수는 없으나, 너무 중요하고 기본적이기 때문에 무시할 수도 없다. 맨밥 혹은 볶음밥은 환상적인 연회의 마지막 순서에 제공되며, 걸신들린 (아니면 요령 없는) 사람들이나 밥을 많이 먹는다. 밥은 평상시의 점심이나 저녁식사에서는 여전히 위대한 기판[58]으로서 기능한다.

---

58 기질(subtrate) 혹은 기판은 위에 다른 물질을 올려서 결합시키는 기본 물질을 의미한다.

음식을 선택함에 있어 지위 모방은 명백하다. 전통적으로 사람들은 황궁 안이나 제국 내 거점도시에서나 얻을 수 있는 것들을 모방하려고 했다. 오늘날에는 서구세계의 것들을 모방하려는 경향이 있다. 설령 계급을 고려하지 않는다 하더라도 다른 것을 고려하는데, 예컨대 수출용 상품생산의 필요성, 그 결과로 생긴 '국제적' 양식의 제품에 대한 지역민의 친밀성, 다른 지역에서 성공한 새롭고 색다른 물건을 사용해 보고픈 욕망, 다양성에 대한 관심 등으로 인해 사람들은 외국음식을 선택하도록 유도된다. 경제적 필요성과 광고의 감언이설, 그리고 기타 이해당사자들이 음식 선택에 영향을 준다. 깡통 우유와 분유는 어린이들에게 좋은 영양공급을 위해 사용된다는 이유 때문에 처음부터 인기를 얻었지만 지금은 많은 지역에서 실제로 필요한 수준을 넘어서서 수요가 확산되고 있다(Berg 1973). 중국 본토는 서양 음식의 영향을 가장 적게 받았다. 중국에서는 민족적 자존심과 경제적 독립이 통조림 제조와 보존, 병조림과 수출산업의 찬란한 성공을 야기하고, 그 과정에서 중국 음식의 보존과 유통을 위해 서구의 기술(통조림 제조와 같은)을 많이 채용하였다. 안정성과 표준화는 일찍이 이루어졌다. 생산물의 품질은 지속적으로 향상되었다. 흥미로운 사실은 중국인들이 서구를 자신들의 땅에서 접하고 중국 음식을 외국으로 수출했다는 점이다. 그들은 주로 중국인 시장(예컨대 홍콩과 싱가포르)을 대상으로 하였지만 최근에는 보다 넓은 범위의 집단을 대상으로 수출하고 있다. 우리들 주변, 즉 로스앤젤레스에서는 중국 음식 전문점이 차이나타운에 있지만 결코 고객 모두가 중국을 배경으로 둔 사람들로 구성되어 있는 것은 아니다. 위에서 언급한 외국 내 커뮤니티에서 이러한 다양하고 고품질의 생산품은 서양식의 그것에 비견할 만한 명망을 얻고 있다. 중국 음식으로의 선회는 이전에 서구의 음식 맛을 획득한 집단 가운데서 뚜렷하게 보인다. 그러나 중국 생산품에는 특히 술이나 청량음료, 덜 중요한 것으로는 캔디, 쿠키 등과 같이 서구의 것을 모방한 것도 포함되어 있다.

중국으로부터 아주 멀리 떨어진 곳에 있는, 규모가 작고 미약한 해외 커뮤니티는 점차 빠른 속도로 서구화되어 가고 있다. 이러한 현상은 캘리포니아에서는 놀라운 일이 아니지만, 말레이시아의 서양식 식습관의 모방은 놀라울 정도이다. 그 이유를 간단히 말하자면 독립 이후 중국인들과 말레이인들 사이의 긴장으로 인하여 중국식을 거부하고 말레이식의 식습관을 채택하였을 뿐만 아니라, 자신들의 전통에 대한 자부심이 없는 젊은 세대들이 중국의 식습관을 거부하게 되었기 때문이다. 세계적 기업과 정부 커뮤니티의 새로운 '국제' 문화도 그들을 유혹하고 있다. 우리는 이러한 경향에 대해 위에서, 그리고 다른 곳(Anderson and Anderson 1973b)에서도 길게 논의하였다. 대조적으로 태국과 인도네시아에서는 중국인들이 서구의 식습관과 함께 지역(태국과 인도네시아 각각)의 식습관에 동화되는 경향이 더 강한 것 같다.

그러나 이러한 해외의 중국인 커뮤니티에서조차도 중국 음식이 사라지는 현상이 일어나고 있다는 것에는 의문의 여지가 없다. 중국 식당이 서구적인 음식의 현장에 자기 자신을 추가하듯이 우유와 아이스크림, 캔디, 빵이 중국인의 식사에 포함될 수도 있다. 그러나 중국인들은 자신들의 전통음식에 대한 자존심과 의식을 과도할 정도로 견지하고 있어서 그것을 상실할 수가 없다. 이것은 전통의상과 건축, 심지어 음악, 민중연극 등의 예술과는 대조된다. 이 모든 것들은 대부분의 영역에서 서양식으로 대체되고 있다. 그러나 그 반면에 세계의 음식은 반대로 나아가고 있는 것으로 예측된다. 세계의 식량문제가 위기에 빠지면, 다른 나라들은 토지와 자본의 이용에서 가장 효율적인 질과 다양성을 결합한 음식을 채택하게 될 것이다. 결국에는 전 세계의 식당들과 마찬가지로 개인들도 점점 다양한 형태의 중국 음식을 더 많이 요리하게 될 것이다.

마지막으로 음식에 의한 민족적 특성화에 관련된 단어가 추가적으로 언급되어야 한다. 음식은 민족 집단을 비한非漢과 한漢으로 나눈다(혹은 당唐과 비당非唐으로 나누고, 남부 중국인들은 스스로를 당인唐人이라 부르며, 북부인들은 한인漢人을 자칭한다. 이것은 두 지역이 특정한 시기에 통일되고, 중국화되었다는 것을 함의한다). 이 점에 있어서 남부 중국의 비한인 소수민족에 대한 연구는 이뤄지지 않았다. 그러나 추측컨대 그들에게도 그들 자신을 표지標識하는 특별한 음식이 있을 것이다. 도처에 살고 있는 중국인들은 모두 민족성을 의식적으로 재확인하는 특정한 음식과 요리 스타일을 간직하고 있다. 중국인 커뮤니티 내에서도 출신지역이 음식으로 표현된다. 광동의 새콤달콤한 요리와 하카의 속을 채운 두부 요리와 같은 몇몇 요리는 널리 수용되고 공인된 표지물이 되었다. 싱가포르나 말레이시아와 같이 많은 중국인 집단이 모여 살고 있는 지역에서는 각자 다른 음식 스타일을 서로 배우고 빌려 사용한다. 그래서 음식 스타일의 경계가 흐려지는 경향이 있다. 말레이어나 영어를 모국어로 사용하는 중국인들은 말할 것도 없거니와, 다양한 수준으로 다른 집단에 동화된 일부 집단의 사람들에게는 특히 그러한 현상이 나타난다. 그러나 대만에서는 본토 각지에서 건너온 집단들이 크게 서로 융합하는 일이 없으며 대만인들과의 융합은 더욱 적다. 여기에서 요리는 아직도 출신의 표지이자, 정체성을 확인하는 요소로서 대단히 중요하다. 그리고 상업적인 이익면에서도 (모든 지역 출신의) 열성적인 구매자들을 위한 전통적인 음식의 조달은 대만에서 인기 있는 사업이기 때문에 대단히 중요하다.

간단히 말해서 음식은 소통이다. 음식을 나누지 않고는 어떤 결정적인, 혹은 중요한 사업거래나 빈틈없는 접근도 이루어질 수 없으며, 어떠한 중요성도 표시되거나 주장될 수 없다. 식사의 비용, 지위가치, 질과 설정은 매우 중요한 사회적 상황의 역동성에 관한 의사소통을 할 때, 언어보다 더 많은 것을 해낼 수 있다. 말로는 표현할 수 없는 많은 것들, 말로 표현하기에는 실례가 되는 더 많은 것들을 이러한 경로를 통해서 의사소통한다. 모든 인류학자들이 알고 있는 바와 같이 세상 어느 곳에서나 음식을 이러한 방식으로 사용한다. 그러나 어떤 문화도 중국인들보다 이것을 더 발전시키지 못했다.

• 우주적 측면

우리는 음식이 의사소통의 수단이 된다는 것을 보았다. 언어와 마찬가지로 음식도 규칙(조리방법, 보다 심층적인 수준에서는 사회적 상호작용과 세계관의 원칙)에 따라 음소 단위(식재료)를 결합하여 사회와 개인 등에 관련된 메시지를 전달한다. 언어와는 달리 그 과정은 신체에 영양을 공급하는 실용적이고도 긍정적인 가치를 갖고 있다.

음식이 가장 절실하고 어려운 커뮤니케이션─즉 보이지 않는 세계와의 커뮤니케이션─의 매우 중요한 부분으로 사용되어야 한다는 것은 자연스러울 뿐만 아니라 사실상 불가피한 것이다. 남부 중국의 민속신앙에서는 신성과 속세, 혹은 이 세상과 저 세상과의 확실한 구별도 없다. 거기에는 단지 하나의 우주만이 있을 뿐이다. 사람들은 숭배와 제사(중국어로는 **바이**拜, 광동어로는 **바아이**)를 통해서만 우주에 있는 존재가 속한 일종의 영역과 계급에 접근할 수 있다. 일반적인 민속종교는 유교, 도교, 불교의 혼합물이 아니라 이름은 없지만 이전부터 있어왔던 독립적인 존재이다(Anderson 1970a). 종교, 숭배, 종교적 가르침의 실천과 가장 근접한 용어는 **바이션**拜神(신을 숭배한다)이다. 종교체계에 대해서는 다른 곳에서 여러 번 기술했기에 여기에서는 자세하게 언급하지 않겠다(다음 논의에 나오는 참고문헌을 볼 것). 여기서 우리는 종교적 실천에서의 음식사용법에 관심을 갖고 있다.

남부 중국인들의 민속종교는 현세 영역과 명부冥府 영역의 유사성을 상정한다. 현세 부분의 전략, 구조, 체계는 기본적으로 각각 다른 쪽과 동일하다는 생각을 갖고 있다. 이쪽에서 효과적이고 성공적이며 유용하고 또 바람직한 것이라면, 저쪽에서도 마찬가지일 것으로 가정하고 상호보완성도 있다. 우리가 통제할 수 없는 것(구체적으로는 건강과 행운)은 다른 영역에 속한 존재가 통제하며, 우리가 통제할 수 있는 것(구체적으로는 음식을 포함한 물질적 소유)은 '우리 쪽'이 전문이기 때문에 신이 통제할 수 있는 것은 아니라고 가정한다. 이러한 가정은 충분히 논리적이다. 이와 같이 우리는 우리의 건강과 행운의 상당 부분에 대해서는 그들에게 의존하고 있으며, 그들은 옷, 돈, 음식과 같은 것의 상당 부분에 대해서는 우리들에게 의존하고 있다. 돈, 옷, 그리고 재화(심지어 집과 자동차도 포함)의 표상을 그림으로 그리고, 그 종이를 불태우는 일은 제의의 중심이다. 적절한 의례를 갖추어 태울 때 표상은 명부 영역에서는 진품이 된다. 음식을 제사상에 올리면 신은 음식의 정신적인 진수, 혹은 그 음식의 어떤 측면만을 소비하고 이승에 남은 자들은 신들이 소비하고 남은 모든 음식을 취한다. 이 책의 다른 장에서 보여주고 있듯이, 진정한 물질적인 음식(과 다른 재화)은 고인과 함께 한 번 매장된다. 현대의 절약 정신으로 인해 제사 음식의 양은 많이 줄어들었다. 이로 인해 고고학자들은 풍부한 정보를 얻을 수가 없게 되었지만 또 다른 절약도 그치지 않고 계속되었다. 중국 본토에서는 민속종교는 기본적으로 폐지되었을 뿐만 아니라 모든 중국인들 사이에서 급속하게 사라지고 있다. 오늘날, 예컨대 말레이시아에서는 조상 제사에 쓰기 위해 구운 돼지를 빌리는 것과 같은 수상쩍은 숭배행위가 실행되고 있다. 청명절에는 돼지 한 마리를 스무 집에서 돌아가며 조상 제사의 제물로 쓰는데, 돼지의 본질적인 의미가 그때마다 갱신되는 것인지 아니면 각각의 조상신들은 돼지 한 마리의 1/20만을 받아먹는 것인지 사람들은 의문을 갖게 된다. 우리의 정보제공자들은 그것을 알지 못하였고 더욱이 그에 대해 관심조차 없었다. 이렇게 신앙은 세속화되어 가고 있는 우리 시대에 쇠퇴하고 있다.

명부 영역은 전체 세계의 일부이기 때문에, 음식은 종교에서도 사회에서와 마찬가지의 기능을 발휘한다. 음식의 종교적 사용은 분명히 사회적 사용의 연장이다. 힌두교에서 명확하게 보여준 그 반대의 경향, 즉 음식을 엄격한 신학적·의례적으로 고려하면서 사회적으로 사용한다는 경향은 없다. 음식에는 상하 서열이 있기 때문에 어떤 행사의 중요성을 나타내는 표지로서 사용된다. 또한 음식은 제의의 시간과 공간을 표지한다. 실제로 행사가 중요하면 중요할수록 더 큰 제의를 올리고, 특정한 행사에는 특정한 의례음식이 사용되며, 특정한 장소와 시간에 맞춰 음식을 제물로 바친다. 제의에는 일반적인 규칙이 있으나, 어떤 신은 독특한 음식을 선호하고 주요한 축제날마다 먹는 고유한 전통적인 음식이 있다.*5

가장 낮은 급의 제의는 음식을 차리지 않고 간단하게 세 자루의 향을 피우는 것으로 구성된다. 그것보다 높은 급의 제의에는 제사음식이 들어간다. 차와 과일도 여기에서 가장 낮은 수준에 속한다. 과일과 차는 모든 의례, 거의 모든 제의에서 발견된다. 그래서 그보다 상위의 제의는 이를 대체하기보다는 높이 쌓아 올리게 된다. 일반적으로 꼭 사용하는 과일은 붉은색 혹은 주황색 과일이다. 스칼렛골드(붉은 색과 금색의 혼합)색은 종교적 색깔이기 때문에 이 색은 일반적으로 행운, 길사吉事, 종교와 잘 어울린다. 이와 같이 통상 사용되는 과일은 대추, 오렌지, 감귤이다. 포멜로59도 사용되고 있으며 마법과도 같은 성질을 지녔다고 믿고 있다. 포멜로의 껍질에 함유된 물을 짜서 의례 때 씻으면 귀신을 쫓아내고, 참배자를 정화하는 의례가 된다고 한다. 포멜로가 다홍색 과일처럼 제의에 사용되는 감귤류라는 것이 사실일까, 아니면 그것을 중요시하는 오래되고 깊은 신앙심으로부터 기원한 것일까? 붉은색도 아니고 감귤류도 아닌 다른 과일도 제물로 사용되는 경우도 있다. 그러나 그런 것들은 영험함으로서의 연관성은 낮다. 바나나와 사과는 이러한 것들 중 가장 일반적으로 사용되는 과일이다. 사탕수수는 수많은 종교적 사용과 연관성을 갖고 있지만, 대부분의 문헌에는 그 기원이 모두 불확실하다고 실려 있고, 기록 자체도 부실하다. 사탕수수는 많은 의례에 사용되며 사찰의 개원과 같은 중요한 길사의 표지로서 사용되는 것이 일반적이다. 일반적으로 과일은 중국의 종교에서 매우 중요한 의미를 갖는다. 복숭아는 설사 제물로 사용되지 않는다 하더라도 마법과 종교예술에서 지극히 중요하다(de Groot 1892~1910). 어헌Ahern은 대만의 농촌에서 여성과 과일나무를 동일시하는 신기하고 독특한 현상을 기술하였다(Ahern 1973).

---

59 그레이프프루트와 유사한 모양을 하고 있지만 그보다 더 단맛이 나는 동남아시아산의 과일.

보다 더 중요한 제의에는 차와 함께 술, 과일과 함께 국수 한 그릇, 혹은 덜 중요한 다른 주식도 개입된다. 여기에서도 이전의 순서와는 다르지만 삼三의 패턴이 특징적이다. 마치 최소한의 제물이 세 자루의 작은 향이었던 것과 마찬가지로 세 접시의 과일, 세 잔의 술, 세 잔의 차와 같은 것들이 특징이다. 제물은 일반적으로 하나씩, 혹은 세 개씩 구성되어 있다. 네 개씩 진설한 것도 보인다. 하나의 접시에 네 개의 오렌지나 감귤을 올린 경우도 자주 눈에 띈다. 두 개씩 사용하는 경우는 아주 드물다. 이것은 현세에서는 두 개씩 제공하는 것이 올바르다는 사실과 연관되어 있음에 틀림없다(사람들은 술 두 병, 과일 두 바구니 등 두 개씩 선물로 보낸다). 그렇지만 때로는 두 개씩 놓는 것도 발견된다.

그다음 수준은 어느 정도 통상적 음식이 제공되는 제의이다. 이러한 제의에는 거의 항상 통닭 혹은 통오리 한 마리가 요리의 하나로 사용된다(때로는 이것만 사용하는 경우도 있다). 이것보다 더 크게는 닭이나 오리의 마릿수를 늘리거나 돼지고기 요리 (돼지고기와 채소, 돼지고기와 국수, 구운 돼지), 혹은 이 두 종류를 모두 사용하는 것을 포함한다.

네 번째 단계이자 최고급 제의에는 통돼지 한 마리나 그와 유사한 동급의 제물이 사용된다. 광동인들의 제의에는 '황금돼지金猪'가 사용된다. 설탕을 발라 광택을 낸 구운 통돼지는 종교와 관련된 스칼렛골드색을 드러낸다. 대추와 감귤과 같이 이 색은 상서로운 색이다. 복건인의 제의에서 황금돼지는 제사의 주요개념으로 발견되지 않는다. 복건인의 제의에는 날음식과 익힌 음식의 복잡한 변형과 유형화가 포함되어 있다. 어떤 의례에서는 날것이 필요하고 다른 의례에서는 요리한 것이 필요하다. 또 다른 의례에서는 의식을 치르는 중간에 날음식을 요리하기도 한다. 이러한 것들은 공동체마다 다르다(Ahern 1973과 개인적 소통; Gary Seaman과의 개인적인 소통을 통해 얻은 자료이다. 우리는 말레이시아와 싱가포르에서 이러한 현상을 관찰하였지만 연구하지는 않았다). 많은 의례에서, 특히 신에게 복을 내려달라고 청하는 의례에서는 찐 밀가루 빵, 만두와 비슷한 모양이나 소가 들어 있지 않는 빵은 다홍색으로 물들여 의례에서 대량으로 사용한다. 빨간색으로 물들인 달걀도 비슷한 상황에서, 특히 아들을 낳게 해달라고 기원할 때 발견된다. 이런 경우에는 달걀을 올리는 것은 여성들이다. 물들이지 않은 달걀은 보다 일상적인 의례에서 발견된다. 복을 내리는 신들을 위한 연례 축제에서는 산더미같이 많은 붉은 찐빵을 볼 수 있다. 주로 장주長州섬에서 거행되는 홍콩의 어떤 불교사원의 축제에서는 이 찐빵이 너무나 유명하여, 대중적으로 이 축제는 '빵 축제'로 알려졌다. 세 개의 거대한 탑이 세워지는데 일단 빵으로만 탑을 세우고 대나무와 종이를 얇게 덮은 다음 그 외부에 빵을 다시 꽂아서 빵탑이 가급적 오랫동안 유지될 수 있도록 한다.

　대부분의 음식은 어떤 것이든지 신에게 바치는 제물로서 사용될 수 있으나, 가장 중요한 규범상의 제물은 돼지와 가금류이다. 예컨대 닭은 종교적 의미에서 매우 중요하다. 예를 들자면 수탉의 피는 귀신을 쫓아낸다. 그러나 오리와 거위도 제물로 많이 사용된다. 이러한 돼지와 닭의 종교적 중요성은 동남아시아에 널리, 그리고 오랫동안 전파된 패턴이며 지금은 개종(예컨대 이슬람교로 개종)으로 많은 지역에서 사라졌지만, 전통적 종교를 실천하는 사람들 사이에서는 여전히 이 관습이 강하게 남아 있다. 다른 많은 남부 중국 종교와 마찬가지로, 특히 지역의 제례와 식습관은 중국인들이 남쪽으로 퍼져 나가 비중국인 집단과 동화할 때 전파되었을 것이다.

　음식은 직접 신상神像이나 신전에 제공된다. 과일은 주요 제물의 왼쪽과 오른쪽에, 술과 차는 그 앞에, 그리고 다른 요리는 그것을 둘러싸는 형태로 배치된다. 이것은 제례나 지역에 따라 차이가 있을 수 있으나 일반적으로 규칙이 있다. 불교사원에는 통상적으로 탱화를 배경으로 한 제사상이 설치되어 있으며 명부의 심판 혹은 적어도 심판정의 장면이 그려져 있는 그림의 한 쪽이 참배자를 향하도록 배치되어 있다. 이 제사상에 제물을 올리고 그 양쪽에 향불을 피운다. 동일한 신상에 여러 사람들이 제물을 바칠 때 사람들은 끊임없이 돌 것이다. 사람들은 각자 자신들의 제물을 제사상에 잠시 올려놓았다가 다시 갖고 나간다. 과일과 빵, 그리고 음료는 그대로 두고 나올 수도 있지만 고기와 주요리는 언제나 갖고 나와서 먹는다. 만약 어떤 집단이 임의로 함께 제물을 바쳤을 경우 고기는 추첨에 의해, 혹은 미리 정한 공식에 따라 비교적 공평하게 몫을 나눈다. 제물로 사용된 음식은 마법의 속성을 획득하기도 한다. 거대한 종이 장치에 걸어 제물로 사용된 생강은 생식력 증대를 위한 아주 강력한 힘을 가지게 되기 때문에, 자원집단의 축제와 음식분배의 순서에서 경매에 붙여질 수도 있다. 그것을 획득한 자는 스스로 적절한 행동규칙을 준수하면 일 년 내에 아들을 얻을 수 있다. 이러한 믿음은 적어도 홍콩에서는 널리 퍼져 있다. 그러나 다른 곳에서는 이것을 발견하지 못했다.

시간의 유형에는 날日, 달月, 해年와 심지어 길게는 60년을 하나의 주기로 한다. 이른 새벽과 일몰시에 어떤 특정한 혹은 모든 가정의 수호신, 그리고 가정의 다른 신들에게 향불을 올리고 어떤 경우에는 음식도 제물로 바친다. 주요한 연례 축제는 규범적인 제물―즉 과일, 주요리, 돼지고기 등―을 누군가 어디선가 거의 정해진 시간에 바친다는 것을 의미한다. 각 가정도 일 년에 두세 차례 제사를 지낸다. 새해에는 조상신이나 어떤 강력한 힘을 가진 신에게 제사를 지내고, 청명절에는 조상신에게 제사를 지내며, 일 년 중 특정한 날에 공동체의 수호신에게 제사를 지낸다. 이와 같이 남부 중국 해안 지방의 일부 육지공동체뿐만 아니라 어업 및 해양과 관련된 많은 공동체에서는 그들의 수호여신, 즉 마조신媽祖神이라고도 불리는 천후天后**60**에게 음력 3월 23일에 큰 제사를 지낸다. 그러나 그들 자신의 수호신이 따로 있는 어촌에서 천후는 큰 제물을 받지 않는다. 그 대신 지역의 수호신이 큰 제물을 받는다. 이웃 마을끼리는 다른 수호신을 모시는 경향이 있는 것 같다. 이로써 특별한 축제를 열 수 있을 정도의 큰 마을이라면 마을 사람들은 마치 그들이 다른 (세속적) 축일을 지내는 것처럼 이웃 마을의 축제에 상호 방문할 수 있다.

규범적인 제물에 더하여 특별한 음식은 특정한 절기에 먹는다. 그 음식들을 여기에서 다 열거하는 것은 필요하지도 않을 뿐더러 유용하지도 않다. 그뿐만 아니라 남부 중국의 어떤 곳에서도 구할 수 있는 완벽한 리스트 같은 것은 존재하지 않는다(베이징에 관해서는 Tun 1965 참조). 가장 유명하고 널리 퍼진 특별음식은 중추절에 먹는 월병과 단오절의 달콤한 찹쌀밥을 잎으로 싼 쫑즈粽子**61**, 그리고 새해에 먹는 과일과 씨앗들이다. 마지막의 과일과 견과는 각각 자기만의 신화를 갖고 있다. 그러나 그 모든 것이 과일이나 견과라는 점이 흥미롭다. 이러한 견과와 과일에는 일반적으로 생식력을 보장하는 측면이 있다. 많은 특정한 견과들이 이에 해당하기 때문이다. 예컨대 연밥은 연자蓮子라고 불리고 있는데, 이것을 '많은 아들連子'이라는 말과의 유사성으로 잘 알려져 있다. 이러한 음식의 배경에 있는 민간전승은 흥미로운 것이며 비교적 유명하

---

60 중국의 남부와 중부의 바닷가 일대와 대만의 민간신앙에서 추앙받는 바다의 여신.

61 찹쌀을 대나무 잎사귀나 갈대잎에 싸서 삼각형으로 묶은 후 찐 음식이다. 이는 단오절에 모함을 받고 자살한 초나라 시인 굴원(屈原)을 기리기 위한 풍습이라고 전해진다.

다(Eberhard 1958 참조). 일반적으로 특별한 축제날 먹는 음식은 작고 단맛이 나는 과자—즉 케이크, 쿠키 등—이거나 과일 및 견과이다. 이러한 것들은 값이 싸며 독특하고, 무한한 변형이 가능하며, 일상적인 음식이 아니라는 점에서 특별하다. 사탕은 전통적인 식사에서는 매우 희귀한 음식류에 속한다. 작은 사탕은 항상 행사의 특별함을 연출할 수 있는 저렴하면서도 쉬운 방법이다. 사탕은 어린이들에게 항상 인기가 아주 많기 때문에 모든 고급문화와 원시문화에서도 다 같이 특별한 날을 표지하고, 그것을 추억할 만한 것으로 만들며, 젊은이들이 그날을 간절히 기다리도록 하는 강력한 물질이다. 이와 같이 사탕은 사람들을 축제 활동에 동화시키는 필수사항일 것이다.

좀 더 일반적으로 말하면 남부 중국의 축제에는 많이 먹고 많이 마시는 축제의 행동이 포함된다. 축제는 사람들이 재미없는 세상에서 벗어나도록 가급적 놀라고 들뜨게 만들기 위해 의도적으로 기획된다. 일반적으로 냄새와 흥분은 말할 것도 없고, 강렬한 색감, 고막을 찢는 듯한 소음, 오랫동안 고대해 왔던 강한 풍미를 가진 최고의 축제 음식이 일상과 축제를 구별시키며, 이러한 음식 때문에 사실 가장 감정적으로 그리고 신체적으로 강렬한 경험을 겪게 된다. 음식은 그날을 중요한 날로 만들 뿐만 아니라, 사람들이 황홀경에 빠지고 비범한 종교적 경험을 쉽게 그리고 자주 유발하는 분위기도 만들어낸다. 이것은 견고한 종교적 전통을 유지하는 중요한 부분이다.

결론

이 장에서 우리는 중국 음식이 자원을 최대한 효율적으로 이용하는 것을 보여주는 것을 출발점으로 삼아 호화로운 축제와 제물을 기술하는 데까지 기술했다. 우리는 중국 음식이 최소한의 토지와 자본의 투입으로 식사의 적합성을 최대한 증대시키는 경향이 있음을 규명하였다. 즉, 중국 음식은 통상 가장 효율적인 방법으로 영양소의 가장 생산적인 원천을 사용한다. 이것은 화려한 축제 음식과 조화를 이룰 수 있을 것인가? 우리는 그렇다고 생각한다. 문화생태학의 권위자들은 일견 낭비적 관습이라고 보이는 것도 매우 실용적인 기능을 갖고 있다고 세상에 일침을 고했다(Beals 1974; Harris 1966, 1968). '실용적'인 중국은 고사하고 '내세적'인 인도에서조차도 그렇다는 것이다. 부정적인 의미에서 중국의 축제가 궁극적으로 비용이 많이 들지 않는다는 것을 보여주기란 어렵지 않다. 왜냐하면 모든 음식은 몇 개의 과일과 빵을 제외하고는 모두 소비되며, 또 그것들은 모두 평범한 일상적인 음식이기 때문이다. 우리가 본 것처럼 돼지와 닭은 쓰레기를 고품질 단백질로 최대한 효율적으로 바꾸는 변환장치이다. 축제와 제사와 같은 비상상황을 이용하여 사람들은 고품질 단백질과 다채로운 채소 요리를 취할 수 있다. 축제는 경제적 고갈을 가져올 수 있지만 생태학적으로는 유용한 것이다. 이렇게하여 축제는 사람들로 하여금 이것이 없었더라면 먹을 수 없다고 느끼는 영양가 높은 식품을 재배하고 먹을 수 있게 한다. 따라서 축제가 없었더라면 장기적으로 건강에 큰 희생을 치르게 되고, 따라서 생태계의 기능 작용에도 큰 희생을 가져오게 될 것이다.

그러나 긍정적인 의미로는 어떠한가? 축제 자체가 아무리 비용이 들더라도, 아무리 지위상의 편향이 있다고 하더라도(가장 부족하지 않은 사람이 가장 많은 음식을 취하는 것과 같은 것), 그것이 단순히 체제를 안정화시키고 도와주는 것을 넘어서서 실제로 체제 개선을 위해 기능할 것인가? 여기에서도 다시 우리는 그렇다고 믿는다. 몹시 실용적이고 경제적 사고를 강하게 하는 현대 중국 정부조차도 이러한 좋은 음식을 폐기하지 않았다는 것을 증거로서 제시할 수 있다. 그러나 우리는 축제의 혜택이 영양적인 영역, 좁은 의미에서의 생태영역에만, 혹은 심지어 주로 그러한 영역에만 해당한다고 생각하지 않는다. '사람은 빵만으로 살지 못하며' 영양만으로도 살지 못한다. 음식은 빵만도 영양만도 아니다. 만약 음식이 전 세계에서 인간 상호 간의 유대를 유지하고 만들어 내는 데 보편적으로 사용된다면(실제로 그렇다), 음식을 나누는 것이 인간의 진정한 동반자(com-panion는 '빵을 나누는 사람들'이라는 의미)를 만드는 보편적 방법이라면, 중국인들이 사회적 상호작용의 표지와 의사소통수단으로서 그것을 특별히 섬세한 방식으로 사용해야 한다는 것은 논리적이며 진정으로 불가피한 일이다. 더욱이 이 세상에서 즐길 만한 모든 일 가운데 먹고 마시는 일은 공적인 행사에서 다루고 처리하기에 가장 쉬운 일이다. 음식은 집단의 감정을 고조시키거나 풀어주는 데 사용될 수 있으며, 사소하거나 중요한 메시지를 전달하는 데 사용될 수 있다. 누구나 먹는다. 그것도 아주 자주 먹을 뿐만 아니라 누구든지 좋은 음식을 즐기는 법을 배울 수 있다. 따라서 누구든지 다양성을 추구하는 자연환경 속에서 음식의 다양성과 질을 쫓을 충분한 이유가 있다. 음식체계는 공동체가 공유하고 있는 실재를 구체적으로 표현하고 유형의 상징을 표출하는데 의지할 수 있는 가장 자연스런 체계이다. 음식의 질에 대한 지속적이고 세심한 주의는 빈약한 식사나 건강에 해로운 음식을 먹는 것을 방지하기 위한 가장 확실하고 가장 좋은 수호자이다. 더욱이 이것은 생존의 단순한 보장 그 이상이다. 음식은 인생을 즐기는 모든 방법 중 가장 변함이 없고, 가장 믿을 만하며, 가장 돈이 적게 드는 방법이다.

미주

1. 최근 Buck이 얘기한 한계선보다 훨씬 북쪽 지역에서도 농업기술과 농업조직의 현대적 발전에 의해 벼가 대량으로 재배되고 있다. 애석하게도 우리는 그에 따른 식생활의 변화에 대한 자료를 갖고 있지 않다. 또한 많은 곡물 가운데 하나인 벼가 이행과정에 있는 지역이 틀림없이 있겠지만, 우리는 단지 그 지역에 대해 산발적인 증거만을 갖고 있을 뿐이다.

2. 녹두의 과학적 명칭은 *Phaseolus mungo*가 아니라는 점을 주의할 것. 인도 고유어 명칭인 황금색녹두*Phaseolus aureus*가 라틴어로 표시될 때 18세기의 식물학적 혼란으로 인하여 인도의 검은 녹두Indian black gram에 잘못 붙여졌다.

3. 홍콩 주변에서 잡히는 주요한 생선과 조개의 설명에 대해서는 Anderson(1972)을 참조할 것. 대부분은 연안 주변에 서식하고 있다. 양식장에 관해서는 Anderson and Anderson (1973a)을 참조할 것.

4. 연회에서뿐만 아니라 선상생활자들은 항상 술을 많이 마시며, 일상생활에서도 적지 않은 양을 소비하는 일이 자주 있다. 그러나 그들 중 알코올 중독자는 거의 없다. 우리의 관찰에 따르면, 그들 내에서 알코올 중독자의 발생은 알코올 중독자가 적은 것으로 널리 알려진 일반 중국인보다 훨씬 적다. 알코올음료의 비용과 소비와 관련한 사회적 규칙이 이를 부분적으로 설명한다. 그러나 중국사회의 상부상조와 상호연관의 성격이 강한 점 또한 매우 중요하다.

5. 불행하게도 남부 중국의 종교적 식습관, 특히 현대의 것에 대해서는 잘 기술되어 있지 않다. 이전 시대의 de Groot(1892~1910)과 Doré(1914~38)의 편집본과 조금이라도 비교가 될 만한 현대의 편집본이 존재하지 않는다. 베이징의 축제와 축제 음식을 아주 잘 설명한 Tun의 저서(1965)에 대응할 만한 남부 중국에 관한 어떤 저서도 우리들에게 알려져 있지 않다. 남부 중국 공동체의 종교에 관한 많은 설명은 음식관련 사항을 거의 완전히 무시하고 있다. 최근에 나온 문헌 중 우리의 목적에 부합하면서도 가장 좋은 것은 Emily Ahern(1973)의 설명이지만 그것도 전체를 포괄하고 있는 것은 아니다. 지역 공동체를 다루고 있는 다른 유용한 설명으로서 Jordan(1972, 개인적인 소통을 통해서 얻음), Gary Seaman(개인적 소통을 통해서, 그리고 주요 제례의 영상 자료를 통해서 얻음), Baker(1968, 특히 사진자료. 이 자료에는 조상신에 올리는 제사에 관한 약간의 가장 훌륭하고 흥미로운 사진자료가 포함되어 있다) 등의 설명이 있다. 우리는 다른 곳(Anderson 1970a, 1973; Anderson and Anderson 1973a, 1973b)에서 광동과 말레이시아의 복건사람들의 종교적 식습관을 비교적 자세하게 기술하였다. 이러한 주제에 관해서 Geertz(1960)과 Lévi-Strauss(1964~1971)의 작업에 비견할 만한 진지한 작업이 필요하다. 민족지학의 기법(특히 Frake, 1964의 영향)이 이용되고 있으나 Lévi-Strauss, Douglas(19710, 1971), Lehrer(1969) 등과 유사한 성찰적 방법은 충분히 이용되고 있지 않다. 우리가 이렇게 말하

는 이유는 민족지학자들이 민족지의 자극을 받아 중국인들만큼 음식에 대해서 크게 주목하게 될 것이라는 희망이 있기 때문이다. 청교도문화의 영향을 적게 받은 민족지학자들은 예외이지만, 탐욕스럽게 배를 만족시키는 것에 대한 영국계 미국인의 명백한 편견 때문에 민족지학자들은 아주 중요한 이 영역을 무시해 왔다. 프랑스인들(특히 Lévi-Strauss)이 이 분야에서 앞서가고 있으며, 또한 Nils-Arvid Bringeus가 중심이 된 스웨덴의 집단과 같은 다른 대륙의 민족지학자들이 영국계 미국인들보다 더 많은 주도권을 쥐고 있다는 것(Bringeus and Wegelmann, eds., 1971)은 놀라운 일이 아니다. 남부 중국은 불행하게도 영미 출신의 민족지학자들과 영미권에서 교육받은 중국인들에 의해 연구되었다.

동식물의 학명

한글명	학명
가물치(鱧)	*Ophicephalus argus*
가시연밥(芡實)	*Euryale ferox*
가지(茄)	*Solanum melongena*
갈매(椑)	*Rhamnus japonicus*
감(柿)	*Diospyros kaki*
미국감	*Diospyros virginiana*
감당(甘棠)(팥배나무)	*Pyrus betulaefolia*
감람(橄欖)	*Canarium album*
갓(芥菜)	*Brassica juncea*
개	*Canis familiaris*
개망초(蓬)	*Erigeron Kamschaticum*
거미줄곰팡이	*Rhizopus spp.*
거북(黿)	*Pelochelys bibroni*
계수나무(桂)(육계나무)	*Cinnamomum cassia*
거위(개리)	*Anser cygnoides*
검미목(劍尾目)	*Xiphosuran*
겨자	*Brassica cernua Hemsl*
계피	*Cinnamomum chekiangense Nakai*
고량(高粱)	*Andropogon sorghum va. vulgaris*
고량생강(高粱薑)	*Alpinia kumatake*
고사리(蕨)	*Pteridium aquilinum*
고수(胡荽 혹은 芫荽)	*Coriandrum sativum*
고추(단맛)	*Capsicum annuum*
고추(매운맛)	*C. frutescens*

곤들매기(嘉魚)	*Salvelinus sp.*
골풀(고랭이속)	*Scirpus*
공심채(空心菜 혹은 蕹菜)	*Ipomoea aquatica*
공작새	*Pavo cf. muticus*
굴	*Ostrea sp.*
귤(橘)(쓴 껍질)	*Citrus deliciosa*
감귤(柑)(단 껍질, '만다린')	*Citrus nobilis*
광동오렌지(광귤, 橙)	*Citrus aurantium*
금귤(金橘)	*Fortunella spp.*
왕귤(柚)(포멜로)	*Citrus grandis*
포멜로	*Citrus mitis*
기장(黍)	*Panicum miliaceum L.*
김(紫菜)	*Porphyra sp.*
까치	*Pica pica L.*
꾸지뽕	*Cudrania tricuspidata (Carrière) Bureau ex Lavallée*
꿩(野鷄 혹은 雉)	*Phasianus colchicus*
귀꿩(鶡鷄)	*Crossoptilon mantchuricum*
꿩(은색)	*Cennaeus cf. nycthermerus*
낙타가시	*Alhagi camelorum* 혹은 *Alhagi maurorum*
냉이	*Bursa bursa-pastorum*
너구리(狸)	*Nyctereutes procyonoides*
녹두	*Phaseolus aureus*
농어	*Siniperca sp.*
눈불개	*Squaliobarbus curriculus*
능금(海棠)(야생)	*Malus spectabilis*
능어(鯪魚)	*Cirrhina molitorella*
달강어(鯒)	*Lepidotrigla sp.*
닭	*Gallus gallus domesticus*
당근	*Daucus carota*
당아욱(葵)	*Malva verticillata*
딸기	*Myrica rubra Sieb et Zucc.*
땅콩	*Arachis hypogaea L.*
대나무속	*genus Phyllostachys*
대나무쥐(中華竹鼠)	*Rhizomys sinensis*
대두(大豆)(콩)	*Glycine max*

대추(棗)	*Zizyphus vulgaris, syn. Z. jujuba*
대추야자	*Phoenix dactylifera*
대황(大黃)	*Rheum officinale*
도꼬마리(菪)	*P. reynoutria*
도룡뇽(鱓)	*Fluta sp., Monopterus sp.*
독수리(잿빛)	*Aegypius monachus*
독수리	*Aquila sp.*
돌능금(林檎)	*Malus asiatica*
동아(冬瓜)	*Benincasa hispida*
동갓(芥蘭)	*Brassica alboglabra*
돼지	*Sus scrofa domestica*
두구(益智子)	*Amomum amarum*
둑중개	*Trachydermus sp.*
락교(薤菜)	*A. chinense*
람부탄(韶子)	*Nephelium lappaceum*
량(粱)	*Setaria Italica Beauv. var. maxima Al.*
레몬(枸橼)	*Citrus medica*
마(麻)(삼)	*Cannabis sativa L.*
마(山藥)	*Dioscorea sativa*
참마(薯蕷)	*Dioscorea sp.*
마(山芋)	*D. batatas*
마늘(蒜)	*Allium sativum*
마름	*Trapa bicornis*
매실(梅)	*Prunus mume*
메추라기(鶉)	*Coturnix coturnix*
멜론(瓜)	*Cucumis melo*
멧비둘기	*Oenopopelia tranquebarica Temminck*
모과(木瓜)	*Cydonia sinensis*
목이버섯	*Auricularia* 혹은 *Tremella*
무(萊菔)	*Raphanus sativus*
물밤(남방개)	*Eleocharis* 혹은 *Scirpus tuberosa* 혹은 *E. dulcis*
물사슴(고라니)	*Hydropotes inermis*
물소	*Bubalus mephistopheles*
미꾸라지(鰍)	*Cobitis or Misgurnus sp.*
미나리(芹)	*Oenanthe stolonifera*

미로발란(訶子)(가자나무)	*Myrobalans*
미로발란(庵摩勒) 엠블릭	*Phyllanthus emblica*
미로발란(毗黎勒) 벨레릭	*Terminalia bellerica*
미로발란(訶黎勒) 체불릭	*Terminalia chebula*
밀(麥)	*Triticum aestivum L.(vulgare)*
밀(마카로니용)	*Triticum turgidum L.*
바나나(芭蕉)	*Musa basjoo*
바나나(甘蕉)	*Musa paradisiaca*
바나나(美人蕉)	*Musa coccinea*
바위자고(鷓鴣)	*Alectoris sp.*
박(葫)	*Lagenaria leucantha*
박(뱀오이)	*Trichosanthes cucumerina*
박(瓠)(호리병박)	*Lagenaria siceraria*
밤(栗)	*Castanea vulgaris*
방가지똥(茶)	*Sonchus arvensis*
배	*Pyrus pyrifolia*
배추(白菜)	*Brassica pekinensis*
백련어(白鰱)	*Hypophthalmichthys molitrix*
백모(白茅)	*Imperata cylindrica*
백목련	*Magnolia denudata*
버들여뀌(蓼)	*Polygonum hydropiper*
벚나무(중국)	*Prunus pseudo-cerasus*
벨벳콩	*Stizolobium hassjoo*
벼	*Oryza sativa L.*
쌀(인디카)	*Oryza sativa var.indica*
야생벼	*Zizania aquatica*
병어(鯧)	*Stromateoides*
보리	*Hordeum vulgare L.*
부들(蒲)	*Typha latifolia*
부추(韭)	*Allium odorum*
야생부추(韭)	*Allium ramosum*
붕어	*Carassius auratus L.*
비둘기	*Streptopelia sp.*
비로야자(蒲葵)	*Livistona chinensis*
비름(莧菜)	*Amaranthus mangostanus*

비자나무(榧實)	*Torreya grandis*
비파(枇杷)	*Eriobotrya japonica*
사고야자	*Metroxylon sp.*
사백어(死白魚)	*Leucopsarion sp.*
사불상(麋鹿)	*Elaphurus menziesianus, E. davidianus*
사슴(시카)	*Pseudaxis hortulorum*
큰뿔사슴	*Sinomegaceros pachyosteus*
대륙사슴	*Cervus nippon Temminck*
산사(楂子)	*Crataegus sp. Crataegus pinnatifida*
산초(椒)	*Zanthoxylum armatum D.C.* 그리고 *Z.planispinum Sieb. et, Zucc.*
살갈퀴	*Vicia angustifolia*
살구(杏)	*Prunus armeniaca*
상추(苣)	*Lactuca denticulata*
생강(薑)	*Zingiber officinale*
석필어(石鮅魚)	*Barilius sp.*
설탕야자(桄榔)	*Arenga saccharifera*
소	*Bos taurus domesticus Gmelin*
소귀나무(楊梅)	*Myrica rubra*
수박	*Citrullus vulgaris*
수세미	*Luffa acutangula* 그리고 *L.cylindrica*
순무(蔓菁)	*Brassica rapa*
순채(蓴)	*Brasenia purpurea*
쑥(蔞)	*Artemisia vulgaris*
쑥(蘩)	*A.sieversiana*
쑥(艾)	*A.argyi*
쑥(蘻)	*A.apiacea*
쑥(薇)	*A.japonica*
숭어(鯔)	*Mugil cephalus*
승냥이(豺)	*Cuon sp.*
아몬드(偏桃人)	*Prunus amygdalus*
아욱(葵)	*Malva verticillata*
당아욱(蒫)	*M.sylvestris*
아스파라거스(天門冬)	*Asparagus lucidus*
악티노무코르곰팡이	*Actinomucor spp.*

얌(소형)	*Dioscorea esculenta*
얌(대형)(자주색 참마)	*D.alata*
양	*Ovis aries Linn.*
양강근(良薑根)	*Alpinia officinarum Hance*
양배추	*Brassica oleracea*
양송이버섯	*Agaricus bisporus*
양하(蘘荷)	*Zingiber mioga*
여뀌(蓼)	*Polygonum hydropiper*
여주	*Momordica charantia*
여지(荔枝)	*Nephelium litchi*
연	*Nelumbo nucifera*
염교(薤)	*Allium bakeri*
오리	*Anatidae*
오수유(吳茱萸 혹은 食茱萸)	*Evodia officinalis*
오얏(李)	*Prunus salicina*
오이(胡瓜)	*Cucumis sativus*
오크라	*Hibiscus esculentus*
올빼미	*Strigidae*
옻나무류(鹽麩)(붉나무)	*Rhus semialata*
완두	*Pisum arvensis*
운태(蕓苔)	*Brassica chinensis v. oleifera*
원앙	*Aix galericulata L.*
원추리	*Hemerocallis sp.* 혹은 *spp.*
월과(越瓜)	*Cucumis conomon*
유산균	*Lactobacillus bulgaricus*
유채(油菜)	*Brassica campestris*
율무(염주)	*Coix lacryma—jobi*
인삼(人蔘)	*Panax ginseng*
잉어(1)	*Cyprinus carpio L.*
잉어(푸른색)(강청어)	*Mylopharyngodon aethiops*
잉어(부림)	*Acanthobrama simoni Bleeker*
잉어(2)	*Xenocypris argenteus Gruether*
잉어(3)	*Elopichthys bambusa Richardson*
황금잉어(鯽)(금붕어)	*Cyprinus auratus*
자가사리(동자개)	*Pelteobagrus fulvidraco*

자라(鼈)	Amyda[=Trionyx] sinensis
자죽(慈竹)속	Genus Sinocalamus
잠두(누에콩)	Vicia faba
잣(조선)	Pinus koraiensis
전동싸리	Melilotus sp.
점농어	Lateolabrax sp.
젖산간균	Lactobacillus
제비꽃(菫)	Viola verecunda
조	Setaria italica Beauv.
조(신종)	Foxtail maxima
종려야자(棕櫚)	Trachycarpus excelsus
죽계(竹鷄)	Bambusicola thoracica Temminck
죽순	Polygonum aviculare, Phyllostachys edulis
줄풀줄기(菰白)	Zizania latifolia
지황	Rehmannia
직(稷) 기장	Setaria italica var.germanica Trin
진주담치(淡菜)(섭조개)	Mytilus edulis
참나무(櫧子)	Quercus myrsinaefolia
참새	Passer montanus L.
참외	Cucumis melo
채심(초이삼)	Brassica var.parachinensis.
천궁(川芎)	Conioselinum bnivittatum
철갑상어(鱘)	Psephurus sp.
청경채(菘 혹은 靑菜)	Brassica sinesis or Brassica chinensis
청둥오리	Anas platyrhynchos
청미래(土茯苓)	Heterosmilax japonica
청어(靑魚)(검은 잉어)	Mylopharyngodon aethiops 혹은 Mylopharyngodon piceus
초두구(草豆蔻)	Amomum globosum
초어(草魚 혹은 鯇)	Ctenopharyngodon idellus
측백(柏)	Thuja orientalis
파(葱)	Allium fistulosum
파속식물	Genus allium
파래(石蓴)	Ulva sp.
팥	Phaseolus angularis

팽나무	*Celtis barbouri*
표고버섯(冬菇)	*Lentinus edodes*
푸른바다 거북	*Chelonia mydas*
풀버섯	*Volvariella volvacea*
타로토란	*Colocasia antiquorum*
타발(駝鼥)	*Marmota himalayana robusta*
탱자(枳)	*Citrus trifoliata*
털곰팡이	*Mucor spp.*
토끼(중국 멧토끼)	*Lepus sinensis Gray*
토란(蕷)	*Colocasia esculenta*
통탈목(通草)	*Aralia papyrifera*
코코넛(椰子)	*Cocos nucifera*
크레송(물송이)	*Nasturtium officinale*
학	*Grus sp.*
한련(蓴荔)	*Nasturtium indicum*
해마(水馬)	*Hippocampus kelloggi*
헛개나무(枳椇)	*Hovenia dulcis*
헤이즐넛(榛實)	*Corylus sp.*
호두	*Juglans regia*
홍국균	*Monascus sp.*
홍합	*Tellina*
홍합담치	*Mytilus*
황비(黃枇)(왐피)	*Clausena lansium*
황상어(黃顙魚)(동자개, 바가사리)	*Pelteobagrus fulvidraco*
흑련(黑鰱)(대두어)	*Aristichthys nobilis*
흰겨자(白芥)	*Brassica alba*

참고문헌

모든 참고문헌은 저자와 편자의 성姓의 알파벳 순으로 정리되어 있다. 역사적인 고전 가운데 수많은 편집본이 있는 표준적인 텍스트는 참고문헌 리스트의 앞부분에 따로 정리되어 있다. 그 밖의 역사적인 문헌은 최초 편집본의 출간연도, 혹은 이 책의 저자들이 참고로 사용한 특정연도의 편집본이라는 것을 표기하였다. 후자의 경우 "ed."라는 약어가 첨가되어 있으며, 예컨대 '1939 ed.'라고 되어 있는 경우에는 고전 텍스트의 '1939년판'을 지칭한다.

이 책의 각 장을 담당하고 있는 저자들이 같은 책의 다른 편집본을 참고하고 인용할 때도 있다. 그러한 편집본은 모두 참고문헌에 포함되어 있다. 일부 유명한 고전은 본문에는 인용되었지만 참고문헌 리스트에 들어 있지 않다. 왜냐하면 그러한 리스트에 실린 편집본은 개수가 너무 많아서 독자들에게 도움이 되지 않기 때문이다.

이 책 본문에서 인용한 참고문헌은 괄호 안에 제시하였으며, 저자와 편자의 성(같은 성을 가진 다른 저자들을 구분하기 위해서는 성과 이름의 첫 자를 표시하였다)과 출판연도(예컨대 현대의 작품에 대해서는 '1939'로, 고전의 현대적인 중판본에 대해서는 '1939 ed.'로 표시하였다)와 페이지로 표시하였다. 표준적인 고전기록, 전집, 문집, 관청기록, 고전텍스트는 전체제목 혹은 제목을 줄인 다음 괄호 안에 넣어 표시하였다.

구당서(舊唐書, Chiu Ta'ng Shu) 1. 유후(劉昫). 사부약요(四部略要) 편. 상하이: 중화서국(中華書局), 1936 ed.

구당서(舊唐書, Chiu Ta'ng Shu) 2. 유후(劉昫). 태평어람(太平御覽)(vol. 857, p.2)에서 인

용, 상하이: 1892 ed.

주례정주(周禮鄭註, Chou Li Cheng chu) 정현(鄭玄) 주례 주해. 사부약요 편. 상하이: 중화서국, 1936 ed.

전당시(全唐詩, Chüan T'ang shih) 타이베이: 부흥서국(復興書局), 1967 ed.

전당문(全唐文, Chüan T'ang wen) 타이베이: 문우서국(文友書局), 1972 ed.

한서(漢書, Han Shu) 반고(班固). Po-na 편. 상하이: 상무인서관(商務印書館), 1932 ed.

후한서(後漢書, Hou Han shu) 1 범엽(範曄). 상하이: 개명서국(開明書局), 1935 ed.

후한서(後漢書, Hou Han shu) 2 범엽(範曄). Po-na 편. 상하이: 상무인서관, 1932 ed.

신당서(新唐書, Hsin T'ang shu) 구양수(歐陽修). 사부약요 편. 상하이: 중화서국, 1936 ed.

신원사(新元史, Hsin, Yüan shih) 가소민(柯劭忞). 톈진: 퇴경당(退耕堂), 1922 ed.

의례정의(儀禮正義, I li cheng i) 호배휘(胡培翬), 주해. 만유문고(萬有文庫) 편. 상하이: 상무인서관, 1933 ed.

고금도서집성(古今圖書集成, Ku chin 'tu shu chi ch'eng) 진명뢰(陳夢雷), 장정석(蔣廷錫) 편찬. 상하이: 중화서국, 1934.

고본(孤本, Ku pen)(고본원명잡극 孤本元明雜劇) 원·명 시대의 144개의 극을 수록. 32권. 함분루(涵芬樓) 편. 상하이: 1941. 베이징에서 재쇄, 1957.

광록사(光祿寺, Kuang-lu Ssutse-li)(광록사칙례 光祿寺則例) 베이징: 제국출판, 1839.

예기(禮記, Li chi) 사부약요 편, 상하이: 중화서국, 1936 ed.

역대직관표(歷代職官表, Li-tai chih-kuan piao) 상하이: 중화서국, 1936 ed.

명태조실록(明太祖實錄, Ming T'ai-tsu shih-lu) 타이베이: 중앙연구원, 1963 ed.

삼국지(三國志, San kuo chih) 진수(陳壽), Po-na 편. 상하이: 상무인서관, 1932 ed.

삼십종(三十種, San-shih chung)(교정원간잡극 30종 校訂元刊雜劇30種) 정건(鄭騫) 편. 타이베이: 세계서국, 1962.

사기(史記, Shih chi) 1 사마천(司馬遷), 베이징: 중화서국, 1959 ed.

사기(史記, Shih chi) 2 사마천(司馬遷), Po-na 편. 상하이: 상무인서관, 1936 ed.

송사(宋史, Sung shih) 탈탈(脫脫) 등 편집, 상하이: 개명서국.

대명회전(大明會典, Ta Ming hui-tien) 228권, 만유문고 편. 상하이: 1929.

대당육전(大唐六典, Ta Ming liu-tien) 현종(玄宗), 교토: 교토(京都)대학, 1935 ed.

태평광기(太平廣記, T'a p'ing kuang chi) 문광유기장판(文光裕記藏板), 1846 ed.

태평어람(太平御覽, T'a p'ing yü lan) 빠오(라는 사람)의 소장품. 상하이: 1892 ed.

당대총서(唐代叢書, T'ang tai ts'ung shu) 타이베이: 신흥서국, 1968 ed.

책부원귀(册府元龜, Ts'e fu yüan kui) 왕흠약(王欽若), 1642 ed.

좌전 〔좌전주소(左傳 Tso chuan 〔左傳注疏〕) 사부약요 편, 상하이: 중화서국.

자치통감(自治通鑑, Tzu chih t'ung chien) 사마광(司馬光), 법문관(法文館) 편, 도쿄: 1892.

문선(文選, Wen hsüan) 소명태자(昭明太子) 편찬, 타이베이: 문화도서, 1971 ed.

Ahern, Emily. 1973. *The Cult of the Dead in a Chinese Village*. Standford: Standford Univ. Press.

Aisin-Gioro Pu Yi. 1964. *From Emperor to Citizen—the Autobiography of Aisin-Gioro Pu Yi*. Translated by W. T. F. Jennes. Vol. 1. Peking: Foreign Language Press.

Altschul, Aaron M. 1965. *Proteins, their Chemistry and Politics*. London: Chapman and Hall.

아마노 모토노스케(天野元之助, Amano, Motonosuke). 1965. 「원, 사농사찬 '농상집요에 관해'(元, 司農司撰 『農桑輯要』について)」 동방학 30:7.

안지민(安志敏, An Chih-min). 1972. "약설 우리나라 신석기시대 연대문제(略說 我國新石器時代 年代問題)." 『考古』 1972, no. 6:35-44, 47.

안지민(安志敏, An Chih-min), et. al. 1959. "묘저구와 삼리교(廟底溝與三里橋)." 베이징: 과학출판.

안금괴(安金槐, An, Chin-huai), 왕유강(王有康, Wang, Yu-kang). 1972. "밀현 타호정 한대 화상석묘 및 벽화묘(密縣打虎亭漢代畵像石墓和壁畵墓)." 『文物』 1972, no. 10:49-62.

Anderson, E. N., Jr., 1970a. *The Floating World of Castle Peak Bay*. Anthropological Studies no. 3, Washington, D.C.: American Anthropological Association.

——————. 1970b. "Réflexions sur la cuisine." *L'Homme* 10, no. 2: 122-24.

——————. 1972. *Essays on South China's Boat People*. Taipei: Orient Cultural Service.

——————. 1973. "Oh Lovely Appearance of Death: The Deformations of Religion in an Overseas Chinese Community." Paper read at the annual meeting of the American Anthropological Association at New Orleans, Louisiana.

Anderson, E. N., Jr., and Anderson, Marja L. 1973a. *Mountains and Water: Essays on The Cultural Ecology of South Coastal China*. Taipei: Orient Cultural Service.

——————. 1973b. "Penang Hokkien Ethnohoptology." *Ethnos* 1972: 134-47.

——————. 1974. "Folk dietetics in two Chinese communities, and its implications for the study of Chinese medicine." Paper read at the Conference on Chinese Medicine, February 1974, at the University of Washington, School of Medicine.

Annonymous. 1885. *China, Imperial Maritime Customs, Returns of Trade at the Treaty Ports for the Year 1884*. Shanghai.

——————. 1936 ed. 『본심재소식보(本心齋蔬食譜)』. 진달수(陳達叟)의 추종자가 씀. 총서집성 편. 상하이.

——————. 1966 ed. 『농상집요(農桑輯要)』. 1314, 서문 1273. 원조(元朝)의 정부 사농사(司農司, 농업관할기구)에서 편찬한 책. Reprint of Chü-chen-pan ed., 1774, 2권, 타이베이.

——————. 1973. *The Genius of China*. An exhibition of archaeological finds of the

People's Republic of China, held at the Royal Academy, London, from 29 September 1973 to 23 January 1974. Sponsored by the *Times* and *Sunday Times* in association with the Royal Academy and the Great Britain/China Committee: Westerham, Kent: Westerham Press.

──────. 1974. 『한당벽화(漢唐壁畫)』. 베이징: 외어출판.

Ayers, William, 1971. *Chang Chih-tung(張之洞) and Educational Reform in China*. Cambridge, Mass.: Harvard Univ. Press.

Baker, Hugh. 1968. *A Chinese Lineage Village*. Stanford: Stanford Univ. Press.

Beals, Alan R. 1974. *Village Life in South India*. Chicago: Aldine.

Bell, John. 1965. *A Journey from St.Petersburg to Pekin, 1719-1722*. Edited by J. L. Stevenson. Edinburgh: Edinburgh Univ. Press.

Bennet, Adrian. 1967. *John Fryer, the Introduction of Western Science and Technology into Nineteenth Century China*. East Asia Monographs. Cambridge, Mass.: Harvard Univ. Press.

Berg, Alan D. 1973. *The Nutrition Factor*. Washington, D.C.: Brookings Institute.

Bishop, Carl W. 1933. "The Neolithic Age in Northern China," *Antiquity* 7:389-404.

Boodberg, Peter A. 1935. "Kumiss or Arrack." *Sino-Ataica* 4, no. 2. Berkeley.

Bringeus, Nils-Arvid, and Wiegelmann, Gunter, eds. 1971. *Ethnological Food Research in Europe and USA*. Göttingen: Otto Schwartz.

Brock, J. F., and Autret, M. 1952. *Kwashiorkor in Africa*. FAO Nutritional Studies, no. 8. Rome: Food and Agriculture Organization of the United Nations.

Brothwell, Don, and Brothwell, Patricia. 1969. *Food in Antiquity*. New York: Praeger.

Buchanan, Keith. 1970. *The Transformation of the Chinese Earth*. London: G. Bell and Sons.

Buck, John Lossing. 1930. *Chinese Farm Economy*. Chicago: Univ. of Chicago Press. Chicago Press.

──────. 1937. *Land Utilization in China*. Nanking: Univ. of Nanking.

Chaney, R. W. 1935. "The Food of Peking Man." *News Service Bulletin*, Carnegie Institute, Vol. 3, no. 25:199-202. Washington.

Chang, Kwang-chih. 1964. "Some dualistic phenomena in Shang society." *Journal of Asian Studies* 24:45-61.

──────. 1968. *The Archaeology of Ancient China*. 2d ed., rev. New Haven: Yale Univ. Press.

──────. 1972. "Preliminary remarks on a comprehensive study of form, decoration and inscription of Shang and Chou bronzes." *Bulletin of the Institute of Ethnology*,

Academia Sinica, no. 30:239–315.

─────. 1973a. "Food and food vessels in ancient China." *Transactions of the New York Academy of Sciences*, 2d ser. 35:495–520.

─────. 1973b. "Radiocarbon dates from China: Some initial interpretations." *Current Anthropology* 14:525–28.

장로(張鹵, Chang, Lu). 1966~67 ed.『황명제서(皇明制書)』2권. 도쿄: 고전연구회.

장병권(張秉權, Chang, Ping-ch'üan). 1970. "殷代的農業與氣象"(은대의 농업과 기상), *Bulletin of the Institute of History and Philology*, Academia Sinica, no. 42:267–336. Taipei.

장사정(張師正, Chang, Shih-cheng). N.d. "권유잡록(倦遊雜錄)."『오조소설(五朝小説)』. 항주: Yüan Wei Shan Tang. 17세기 초.

장수중(張守中, Chang, Shou-chung). 1960. "1959年侯馬牛村古城南東周遺址發掘簡報 (1959년 후마우촌 고성남동 지역에서 주대의 유적 발굴 약식보고)."『文物』1960, no. 8/9:11–14.

Chang, Te-ch'ang. 1972. "The economic role of the Imperial household in the Ch'ing dynasty." *Journal of Asian Studies* 31:243–73.

장통지(張通之, Chang, T'ung-chih). 1947. "백문식보(白門食譜)."『남경문헌(南京文獻)』, no. 2, 12 pages.

장강유역 제2기 문물고고공작인원훈련반(長江流域第2期文物考古工作人員訓練班). 1974. "호북강릉봉황산서한묘발굴간보(湖北江陵黃山西漢墓發掘簡報)."『文物』1974, no. 6:41–54.

Chao, Buwei Yang. 1963. *How to Cook and Eat in Chinese*. New York: John Day.

─────. 1972. *How to Cook and Eat in Chinese*. New York: Vintage Books.

조공(趙珙, Chao, Hung) ed. 1936 ed.『몽달비록(蒙韃備錄)』. Vol. 25. 국학문고 편.

Chao, Y. R. 1953. "Popular Chinese plant words; a descriptive lexico-grammatical study." *Language* 29:379–414.

절강성 문물관리위원회. 1957. "소흥리저지한묘(紹興漓渚地漢墓)."『考古學報』1957, no. 1:133–40.

─────. 1960. "오흥전산양유지 제2차 발굴보고(吳興錢山漾遺址第2次發掘報告)." 『考古學報』1960, no. 2:73–91.

진기유(陳奇猷, Ch'en, Chih-yu) 편. 1974.『한비자집석(韓非子集釋)』. 홍콩: 중화서국.

Ch'en, Han-seng. 1936. *Agrarian Problems in Southernmost China*. Shanghai: Kelly and Walsh.

─────. 1949. *Frontier Land Systems in Southernmost China*. New York: Institute of Pacific Relations.

Ch'en, Ta. 1939. *Emigrant Communities in South China*. New York: Institute of Pacific

Relations.

정건(鄭騫, Cheng, Ch'ien), 1962. 『교정원간잡극삼십종(校訂元刊雜劇三十種)』. 타이베이: 세계서국.

Cheng, F. T. 1962. *Musings of a Chinese Gourmet*. 2d ed. London: Hutchinson.

제사화(齊思和, Ch'i, Ssu ho). 1949 "Mao Shih ku ming k'ao(『毛詩穀名考』)." *Yenching Journal of Chinese Studies* 36:263–311.

가명(賈銘, Chia, ming) 1968 ed. 『음식수지(飲食須知)』(『음찬보록(飲饌譜錄)』에 수록), Yang chia-lo 편, 타이베이.

가의(賈誼, Chia, I). 1937 ed. 『신서(新書)』. 상하이: 상무인서관.

가욕관시 문물청리소조(嘉峪關市文物淸理小組). 1972. "가욕관 한화상전묘(嘉峪關漢畵像磚墓)." 『文物』 1972, no. 12:24–41.

장명천(蔣明川, Chiang Ming-chu'an). 1956. 『중국적주채(中國的酒菜)』. 베이징: 재정경제.

강소박물관(江蘇博物館). 1959. 『강소성 명청이래비각자료선집(江蘇省明淸以來碑刻資料選集)』. 베이징: 문물출판.

전목(錢穆, Ch'ien, mu). 1956. 「중국고대북방농작물고」, *New Asia Journal 1*, no. 2:1–27.

진광걸(秦光杰, Ch'in, Kuang-hsien), et al. 1962. "강서수수산배지구고고조사와 시굴(江西修水山背地區考古調查與試掘)." 『考古』 1962, no. 3:353–67.

김선보(金善寶, Chin, Shan-pao). 1962. "회북평원적신석기시대소맥(淮北平原的新石器時代小麥)." 『작물학보(作物學報)』 1962, no. 1:67–72.

제남시박물관(濟南市博物館). 1972. "시담제남무영산출토적서한악무잡기연음토용(試談濟南無影山出土的西漢樂舞雜技宴飮陶俑)." 『文物』 1972, no. 5:19–23.

주밀(周密, Chou, Mi). 1957 ed. 『무림구사(武林舊事)』. 상하이: 고전문학출판사.

————. 1959 ed. 『제동야어(齊東野語)』. 총서집성 편, 상하이: 상무인서관.

구선영(瞿宣穎, Chü, Hsüan-ying). 1937. 『중국사회사료총초(中國社會史料叢鈔)』. 상하이: 상무인서관.

주굉(朱肱, Chu, Hung). 1927 ed. 『북산주경(北山酒經)』. Shuo-fu 편.

주국정(朱國禎, Chu, Kuo-chen). 1959 ed. 『용당소품(湧幢小品)』. 2권. 베이징.

주혹(朱彧, Chu, yü). 1939 ed. 『평주가담(萍洲可談)』. 총서집성 편. 장사(長沙).

————. 1957 ed. 『전등신화(翦燈新話)』. 상하이.

전한승(全漢昇 Ch'üan, Han-sheng). 1948. 『남송도미적생산여운소(南宋稻米的生產與運銷)』, *Bulletin of the Institute of History and Philology*, Academia Sinica, no. 10:403–32. (Summarized in de Francis and Sun, *Chinese Social History*, 1956, under title "Production and distribution of rice in southern Sung.")

권형(權衡, Chü'an, Heng). 1963 ed. 『경신외사(庚申外史): *Eine Quelle zur späten Mongolenzeit*(후기 몽골시대에 관한 역사자료)』. Translated by H. Schulte-Uffelage.

Berlin: Akademie-Verlag.

장계유(莊季裕, Chuang, Chi-yü). 1936 ed. 『계륵편(鷄肋編)』. 총서집성 편. 상하이.

중경시박물관(重慶市博物館). 1957. 『사천한묘화상전선집(四川漢墓畵像磚選集)』. 베이징: 문물출판.

중국과학원 고고연구소(中國科學院 考古硏究所). 1958. 『고고학기초』. 베이징: 과학출판.

──────. 1959. 『낙양중주로(洛陽中州路)』. 베이징: 과학출판.

──────. 1962. 『풍서발굴보고(灃西發掘報告)』. 베이징: 문물출판.

중국과학원 고고연구소 만성(滿城)발굴대. 1972. "만성한묘발굴기요(滿城漢墓發掘記要)." 『考古』 1972, no. 1:8-18.

중국과학원 고고연구소, 호남성박물관. 1975. "마왕퇴 2, 3호 한묘발굴적주요수확(馬王堆2, 3號漢墓發掘的主要收穫)." 『考古』 1975, no. 1:47-61.

Church, Charles F., and Church, Helen N. 1970. *Food Values of Portions Commonly Used: Bowes and Church*. 11th ed. Philadelphia: Lippincott.

Clair, Colin. 1964. *Kitchen and Table*. New York and London: Abelard-Schuman.

Committee on Food Protection, Food and Nutrition Board. 1973. *Toxicants Occurring Naturally in Foods*. 2d ed. Washington, D. C.: National Research Council.

Cooper, William C., and Sivin, Nathan. 1973. "Man as a medicine: pharmacological and ritual aspects of traditional therapy using drugs derived from the human body." In *Chinese Science*, edited by Nakayama and Sivin, pp. 203-12. Cambridge, Mass: MIT Press.

Creel, H. G. 1937. *The Birth of China*. New York: Ungar.

Crook, David, and Crook, Isabel. 1966. *The First Years of Yangyi Commune*. London: Routledge & Kegan Paul.

Dardess, John W. 1974. "The Cheng Communal Family: Social Organization and Neo-Confucianism in Yüan and Early Ming China." *Harvard Journal of Asiatic Studies* 34:7-52.

Dean, R. F. A. 1958. "Use of processed plant proteins as human food." In *Processed Plant Foodstuffs*, edited by A. M. Altschul. New York: Academic Press.

Der Ling, Princess. 1935. *Son of Heaven*. New York: Appleton.

Doré, Henri. 1914-38. *Researches into Chinese Superstitions*. 31 vols. Shanghai: T'usewei.

Douglas, Mary. 1970. *Natural Symbols*. London: Barrie and Rockliff.

──────. 1971. "Deciphering a Meal." *Daedalus*, Winter 1971. pp.61-81.

Eberhard, Wolfram. 1958. *Chinese Festivals*. New York: Abelard-Schuman.

Edie, Harry H., and Ho, B. W. C. 1969. "*Ipomoea aquatica* as a vegetable crop in Hong Kong." *Economic Botany* 23, no. 1:32-36.

Egerton, Clement, trans 1939. *The Gold Lotus*〔금병매〕. 4 vols. London: Routledge & Sons. 1939.

Elvin, Mark. 1973. *The Pattern of the Chinese Past*. Stanford: Stanford Univ. Press.

Epstein, H. 1969. *Domestic Animals of China*. Farnham Royal, England: Commonwealth Agricultural Bureaux.

Fairbank, John King. 1969. *Trade and Diplomacy on the China Coast: the Opening of the Treaty Ports, 1842-54*. Stanford: Stanford Univ. Press.

Fairbank, Wilma. 1972. *Adventures in Retrieval*. Harvard-Yenching Institute Series, no. 28. Cambridge, Mass: Harvard Univ. Press.

방천리(房千里, Fang, Ch'ien-li). 1846 ed. 『투황잡록(投荒雜錄)』. 태평광지(太平廣記) 편. 산양목기(山讓睦記).

방호(方豪, Fang, Hao), 1971. "건륭오십오년 자휴녕지북경여행용장(乾隆五十五年自休寧至北京旅行用帳)."『食貨』1, no. 7:366-70.

────. 1972a. "건륭십일년지십팔년 잡장급가장장(乾隆十一年至十八年雜帳及嫁妝帳)."『食貨』2, no. 1:57-60.

────. 1972b. "광서원년 자휴성지금릉향시장(光緒元年自休城至金陵鄉試帳)."『食貨』2, no. 5:288-90.

방양(方揚, Fang, Yang). 1964. "아국양주당시우용산문화(我國釀酒當始于龍山文化 우리나라 술 빚는 법은 용산문화에서 비롯하였다)."『考古』1964, no. 2:94-97.

Fei, Hsiao-tung. 1939. *Peasant Life in China*. London: Routledge & Kegan Paul.

Fei, Hsiao-tung, and Chang, Chih-i, 1948. *Earthbound China*. London: Routledge & Kegan Paul.

풍췌(馮贄, Feng, Chih). 1939 ed. 『운선잡기(雲仙雜記)』. 총서집성 편. 상하이: 상무인서관.

풍한기(馮漢驥, Feng, Han-chi). 1961. "사천적화상전묘급화상전(四川的畵像磚墓及畵像磚)."『文物』1961, no. 11:35-45.

풍몽룡(馮夢龍, Feng, Meng-lung). 1947 ed. 『고금소설(古今小說)』. 상하이(타이베이, 1958).

──── 1958. 경세통언(警世通言). T. Y. Li 편 2 vols. 타이베이(베이징, 1957)

──── 1959. 성세항언(醒世恒言). T. Y. Li 편 2 vols. 타이베이(베이징, 1956).

Firth, Raymond. 1939. *Primitive Polynesian Economy*. London: Routledge & Sons.

Fitzgerald, C. P. 1941. *The Tower of Five Glories*. London: Cresset Press.

Fong, Y. Y., and Chan, W. C. 1973. "Bacterial production of di-methyl nitrosamine in salted fish." *Nature* 243:421.

Fortune, Robert. 1857. *A Resident Among the Chinese: Inland, On the Coast, and at Sea*. London: John Murray.

Frake, Charles. 1961. "The diagnosis of disease among the Subanun of Mindanao."

American Anthropologist 63:113–32.

──────── . 1964. "A structural description of Subanun Religious Behavior." In *Explorations in Cultural Anthropology: Essays in honor of George Peter Murdock*, edited by W. H. Goodenough, pp.111–29. New York: McGraw-Hill.

Franke, H. 1970. "Additional notes on non-Chinese terms in the Yüan Imperial Dietary Compendium *Yin shan cheng-yao*(飲膳正要)." *Zentralasiatische Studien* 4:7–16.

──────── . 1975. "Chinese texts on the Jurchen: a translation of the Jurchen monographs in the *San-ch'ao pei-meng hui-pien*(三朝北盟會編)." *Zentralasiatische Studien* 9:172–77.

Franke, W. 1968. *An Introduction to the Sources of Ming History*. Kuala Lumpur: Univ. of Malaya Press.

Fu, Pei-mei, 1969. *Pei-Mei's Chinese Cook Book*. Taipei: Chinese Cooking Class.

부찰돈숭(富察敦崇, Fuca, Tun-ch'ung). 1969 ed. 『연경세시기(燕京歲時記)』. 타이베이: 광문서국(廣文書局).

Gamble, Sidney. 1954. *Ting Hsien, a North China Rural Community*. New York: Institute of Pacific Relations.

Geertz, Clifford. 1960. *The Religion of Java*. Glencoe, Ill.: Free Press.

Gernet, Jacques. 1962. *Daily Life in China on the Eve of the Mongol Invasion 1250-76*. Stanford: Stanford Univ. Press.

Goodrich, L. C. 1940. "Brief communication." *Journal of the American Oriental Society* 60:258–60.

Grist, F. 1965. *Rice*. 4th ed. London: Longmans.

Groot, J. J. M. de. 1892–1910. *The Religious System of China*. 6 vols. Leiden, Netherlands: Brill.

Gulik, Robert van. 1951. *Erotic Color Prints of the Ming Period*. 2 vols. Privately printed. Tokyo.

Guy, R. A., and Yeh, K. S. 1938. "Peking diets." *Chinese Medical Journal* 54:201.

Hagerty, Michael J. 1940. "Comments on Writings Concerning Chinese Sorghums." *Harvard Journal of Asiatic Studies* 5:234–63.

Hahn, Emily, and the Editors of Time-Life Books. 1968. *The Cooking of China*. New York: Time-Life Books.

한언직(韓彦直, Han, Yen-chih). 1936 ed. 『귤록(橘錄)』 총서집성 편. 상하이.

Hanan, Patrick. 1961. "A landmark of the Chinese novel." In *The Far East: China and Japan*, edited by Douglas Grant and Millar McClure. Toronto: Univ. of Toronto Press.

──────── . 1962. "The text of the *Chin P'ing Mei*(금병매)." *Asia Major*, n.s. 9, no. 1:1–57.

──────── . 1963. "Sources of the *Chin P'ing Mei*." *Asia Major*, n.s. 10, no. 1:23–67.

──────. 1973. *The Chinese Short Story: Studies in Dating, Authorship, and Composition*. Cambridge.

Handy, Ellice. 1960. *My Favourite Recipes*. 2d ed. Singpore: M. P. H.

Harlan, Jack R., and de Wet, J. M. 1973. "On the quality of evidence for origin and disposal of cultivated plants." *Current Anthropology* 14:51-62.

Harris, Marvin. 1966. "The cultural ecology of India's sacred cattle." *Current Anthropology* 7, no. 1:51-66.

──────. 1968. *The Rise of Anthropological Theory*. New York: Crowell.

Hawkes, David. 1959. *Ch'u Tz'u*(楚辭), *The Songs of the South*. Oxford: Clarendon Press.

하야시 미나오(林巳奈夫, Hayashi, Minao). 1961-62. "전국시대의 화상문(戰國時代の畵像紋)."『考古學雜誌』47: 190-212; 264-92; 48:1-22.

──────. 1964. "은주청동이기의 명칭과 용도(殷周靑銅彝器の名稱と用途)."『東方學報』34:199-297. 교토.

──────. 1975. "한대의 음식(漢代の飮食)."『東方學報』48:1-98.

Herklots, G. A. C. 1972. *Vegetables in South-East Asia*. London: Allen and Unwin.

Hinton, William. 1966. *Fanshen*(翻身). New York: Monthly Review Press.

하호천(何浩天, Ho, Hao-t'ien). 1958.『한화여한대사회생활(漢畵與漢代社會生活)』. 타이베이: 중화총서.

하병체(何炳棣, Ho, Ping-ti). 1955. "The introduction of American food plants into China." *American Anthropologist* 57:191-201.

──────. 1956. "Early ripening Rice in Chinese History." *Economic Historical Review*, 2d ser., 9:200-18.

──────. 1959. *Studies on the Population of China, 1368-1953*. Cambridge, Mass.: Harvard Univ. Press.

──────. 1966.『중국회관사론(中國會館史論)』. 타이베이: 학생서국.

──────. 1969a.『황토여중국농업적기원(黃土與中國農業的起源)』. 홍콩: 홍콩중문대학.

──────. 1969b. "The loess and the origin of Chinese agriculture." *American Historical Review* 75:1-36.

Hommel, Rudolf P. 1937. *China at Work*. New York: The John Day Company.

하남성박물관. 1973. "제원사간구삼좌한묘적발굴(濟源泗澗溝三坐漢墓的發掘)."『文物』1973, no. 2:46-53.

하남성 문화국 문물 공작대. 1959.『정주이리강(鄭州二里崗)』. 베이징: 과학출판.

──────. 1964. "낙양서교한벽화묘발굴보고(洛陽西郊漢壁畵墓發掘報告)."『考古學報』1964, no. 2:103-49.

하북성 문화국 문물 공작대. 1959. 『망도이호한묘(望都二號漢墓)』. 베이징: 문물출판.

Hosie, A. 1897. *Three Years in Western China*. New York: Dodd, Mead.

——————. 1914. *On the Trail of the Opium Poppy*. London: George Philip and Son.

Howe, Robin. 1971. *The International Wine and Food Society's guide to Far Eastern Cookery*. New York: Drake.

서호노인(西湖老人, 필명). 1957 ed. 『서호노인번승록(西湖老人繁勝錄)』. 상하이: 고전문학 출판사.

Hsia, C. T. 1968. *The Classic Chinese Novel, a Critical Introduction*. New York: Columbia Univ. Press.

Hsia, Tsi-an. 1968. *The Gate of Darkness: Studies on the Leftist Literary Movement in China*. Seattle: Univ. of Washington Press.

향달(向達, Hsiang, Ta). 1957. 『당대장안여서역문명(唐代長安與西域文明)』. 베이징: 생활·독서·신지 삼련서점.

사조제(謝肇淛, Hsieh, Chao-che) 1959 ed. 『오잡조(五雜組)』. 2 vols. 상하이: 중화서국.

허탁운(許倬雲, Hsü, Cho-yün). 1971. "양주농작기술(兩周農作技術)." *Bulletin of the Institute of History and Philology*, Academia Sinica, no. 42:803-27.

Hsu, F. L. K. 1967. *Under the Ancestor's Shadow*. 2d ed. Garden City, N. Y.: The Doubleday Anchor Book and The American Museum of Natural History.

서가(徐珂, Hsü, K'o) 편. 1918. 『청패류초(淸稗類鈔)』. 상하이.

허신(許愼, Hsü, Shen). 1969 ed. 『설문해자(說文解字)』. 홍콩: 태평서국.

서송(徐松, Hsü, Sung) 편. 1957 ed. 『송회요집고(宋會要輯稿)』. 1809년판 팩스 자료. 베이징: 중화서국.

Hsu-Balzer, Eileen; Balzer, Richard; and Hsu, Francis L. K. 1974. *China Day by Day*. New Haven: Yale Univ. Press.

호창치(胡昌熾, Hu, Ch'ang chih). 1966. 『소채학각론(蔬菜學各論)』. 타이베이: 중화서국.

호후선(胡厚宣, Hu, Hou-hsüan). 1945. "복사중소견지은대농업(卜辭中所見之殷代農業)." 『갑골학상사논총(甲骨學商史論叢)』. Vol. 2. 청두: 제로대학(齊魯大學).

홀사혜(忽思慧, Hu, Ssu-hui). 1938 ed. 『음선정요(飮膳正要)』. 사부총간속편(四部叢刊續篇) 편. 상하이: 상무인서관.

호도정(胡道靜, Hu, Tao-ching). 1963. "사서편(史書編)." 『중화문사논총』. Vol. 3:111-19, 상하이: 중화서국.

화동 문물공작대 산동조(華東文物工作隊 山東組). 1954. "산동기남화상석묘(山東沂南畫像石墓)." 『文物參考資料』 1954, no. 8:35-68.

환관(桓寬, Huan K'uan). 1974 ed. 『염철론(鹽鐵論)』. 상하이: 인민출판사.

황창건(黃彰健, Huang, Chang-chien). 1961. "논황명조훈록 소기명초환관제도(論皇明朝

訓錄所記明初宦官制度." *Bulletin of the Institute of History and Philology*, Academia Sinica, no. 33:77-98. Taipei.

황육홍(黃六鴻, Huang, Liu-Hung). 1973 ed. 『복혜전서(福惠全書)』. 야마네 유키오(山根幸夫) 편. 도쿄.

황성장(黃盛璋, Huang, Sheng-chang). 1974. "강릉봉황산한묘간독급기재역사지리연구상 적가치(江陵凤凰山汉墓简牍及其在历史地理研究上的价值)." 『文物』 1974, no. 6:66-77.

황사빈(黃士斌, Huang, Shih-pin). 1958. "낙양금곡원촌한묘중출토유문자적 도기(洛陽金谷園村漢墓中出土有文字的陶器)." 『고고통신(考古通訊)』 1958, no. 1:36-41.

Huang, Tzu-ch'ing, Chao, Yün-ts'ung, and Tenny, L. Davis. 1945. "The preparation of ferments and wines by Chia Ssu-hsieh of the later Wei." *Harvard Journal of Asiatic Studies* 9:24-44.

Hucker, C. O. 1958. "Governmental organization of the Ming dynasty." *Harvard Journal of Asiatic Studies* 21:21.

—————. 1961. *The Traditional Chinese State in Ming Times, 1368-1644*. Tucson: Univ. of Arizona Press.

Hughes, Richard. 1972. "A toast to Monkey Head." *Far Eastern Economic Review* (April 29), pp.27-28.

Huizinga, J. 1949. *Homo Ludens; A Study of the Play-element in Culture*. London: Routledge & Kegan Paul.

Hummel, Arthur, ed. 1943. *Eminent Chinese of the Ch'ing Period, 1644-1912*. 2 vols. Washington, D.C.: U. S. Government Printing Office.

호남(湖南)성박물관. 1973. 『장사마왕퇴 1호 한묘(長沙馬王堆1號漢墓)』. 베이징: 문물출판.

—————. 1974. "장사마왕퇴 2, 3호 한묘발굴간보(長沙馬王堆2, 3號漢墓發掘簡報)." 『文物』 1974, no. 7:39-48.

호남성박물관; 중국과학원고고연구소; 문물편집위원회. 1972. 『장사마왕퇴 1호 한묘발굴간보(長沙馬王堆1號漢墓發掘簡報)』. 베이징: 문물출판.

홍매(洪邁, Hung, Mai). 1941 ed. 『이견지(夷堅志)』. 장사: 상무인서관.

Hung, William. 1952. Tu Fu(두보, 杜甫), *China's Greatest Poet*. Cambridge, Mass.: Harvard Univ. Press.

Hunter, William C. 1885. *Bits of Old China*. London: Kegan Paul.

Hutchinson, J. G. 1973. "Slash and burn in the tropical forests." *National Parks and Conservation Magazine* (March), pp.9-13.

Hymowitz, T. 1970. "On the domestication of the soybean." *Economic Botany* 24:408-44.

이시다 미키노스케(石田幹之助, Ishida, Mikinosuke). 1948. 『당사총초(唐史叢鈔)』. 도쿄: 요

서방(要書房).

Ishida, Mosaku, and Wada, Gunichi. 1954. The Shosoin(正倉院): An Eighth-Century Treasure House. Tokyo: Mainichi Shimbunsha.

Jametel, Maurice. 1886. La Chine inconnue. Paris: J. Rouam.

──────. 1887. Pékin, Souvenirs de l'Empire du Milieu. Paris: Plon.

Jordan, David. 1972. Gods, Ghosts and Ancestors. Berkeley and Los Angeles: Univ. of California Press.

완열(阮閱, Juan, Yüeh). 1922 ed. 『시화총귀(詩話恩龜)』. 사부총간(四部叢刊) 편. 상하이: 상무인서관.

고정(高正, Kao, Ch'eng). 1969 ed.,『식물자원지류(食物資源之類)』. 타이베이: 신흥서국.

고홍(高紅, Kao, Hung). 1974. "군중음식활동적사회의의(群衆飲食活動的社會意義)." 『班固』71:11-13. 홍콩.

고고편집부. 1972. "관우 장사마왕퇴 1호 한묘적좌담기요(關于長沙馬王堆一號漢墓的座談紀要)." 『考古』1972, no. 5:37-42.

고명(高明,Kao, Ming). 1963. 『예기신탐(禮記新探)』*. Hong Kong: Chinese Univ. and Union College.

고사손(高似孫, Kao, Ssu-sun). 1927 ed. 『사략(史略)』. Shuo-fu 편.

고요정(高耀亭, Kao, Yao-t'ing). 1973. "마왕퇴 1호 한묘수장품중공식용적수류(馬王堆一號漢墓隨葬品中供食用的獸類)." 『文物』1973, no. 9:76-80.

Kates, George N.1967. The Years That Were Fat: The Last Years of Old China. Cambridge: MIT Press.

경이레(耿以禮, Keng, I-li) 편. 1959. 『중국주요식물도설─화본과(中國主要植物圖說─禾本科)』. 베이징: 과학출판.

King, F. H. 1911. Farmers of Forty Centuries. Madison: Mrs. F. H. King.

기타무라 지로(北村次郎, Kitamura Jiro). 1963. "유용잡초의 식물기지(有用雜草の植物基地)." 『中國中世科學技術史の研究』, 도쿄.

갈홍(葛洪, Ko, Hung). 1937 ed. 『서경잡기(西京雜記)』. 한위총서(漢魏叢書) 편.

구종석(寇宗奭, K'ou, Tsung-ch'ou). 1930 ed. 『본초연의(本草衍義)』. 『본초강목(本草綱目)』에서 인용. S. C. Li. 엮음. 상하이: 상무인서관.

Krapovickas, A. 1969. "The origin, variability, and spread of the groundnut(Arachis hypogaea)." In The Domestication of Plants and Animals, edited by P. J. Ucko and W. Dimbleby, pp.427-41. London: Duckworth.

고기원(顧起元, Ku, Ch'i-yuan). 1618. 『객좌췌어(客座贅語)』. Peking Rare Books on

* 高明의 『禮學新探』으로 타이완에서 발표된 논문.

Microfilm, Library of Congress(『金陵叢刻』를 재판).

고록(顧祿, Ku, Lu). 1985 『청가록(清嘉錄)』, 청대필기총간(清代筆記叢刊) 편. 상하이: 문예
출판사.

고염무(顧炎武, Ku,Yen-wu). 1929 ed. 『일지록(日知錄)』. 만유문고 편. 상하이: 상무인서관.

관포내득옹(灌圃耐得翁, Kuan P'u Nai Te Weng). 1957 ed. 『도성기승(都城紀勝)』. 상하이:
고전문학출판사.

광주(廣州)시 문물관리위원회. 1957. "광주시문관회(廣州市文物管會) 1955년 청리고무장공
작간보(清理高墓葬工作簡報)." 『문물참고자료(文物參考資料)』 1957, no. 1:71-76.

귀주(貴州)성 박물관. 1972. "귀주검서(黔西)현 한묘발굴간보." 『文物』 1972, no. 11: 42-47.

Kulp, Daniel Harrison, II. 1925. *Country Life in South China*. New York: Columbia Univ.
Press.

곽무천(郭茂倩, Kuo, Mao-ch'ien) 편. 1955 ed. 『악부시집(樂府詩集)』. 베이징: 문학고적(文
學古籍).

곽말약(郭沫若, Kuo, Mo-jo). 1964. "낙양한묘벽화시탐(洛陽漢墓壁畵試探)." 『考古學報』
1964, no. 2:1-7.

구와바라 지츠조(桑原騭藏, Kuwabara, Jitsuzō). 1935. 『장건서정고(張騫西征考)』. Yang
Lien 번역. 2d ed. 상하이: 상무인서관.

구와야마 류헤이(桑山龍平, Kuwayama, Ryūhei). 1961. "금병매음식고(金瓶梅飮食考)" 2권,
"어패(魚介)." 『天理大學學報』 35, 1961년 7월, pp.41-48.

랑영(郎瑛, Lang, Ying). 1959 ed. 『칠수류고(七修類稿)』. 51권, 2 vols. 베이징.

Langlois, John D. 1973. "Chin-hua(金華) Confucianism Under the Mongols 1279-1368."
Ph.D. dissertation, Princeton.

로간(勞幹, Lao, Kan). 1939. "논로서화상삼석(論魯西畵像三石)." *Bulletin of the Institute
of History and Philology*, Academia Sinica, vol. 8, no. 1:93-127.

—————. 1960. 『거연한간고석(居延漢簡考釋)』. Taipei: Institute of History and
Philology, Academia Sinica.

Lao, Yan-shuan. 1969. "Notes on non-Chinese terms in the Yüan Imperial Dietary
Compendium *Yin-shan cheng-yao*(飮膳正要)." *Bulletin of the Institute of History and
Philology*, Academia Sinica, no. 39:399-416. Taipei.

Lau, D. C., trans. 1970. *Mencius*. Harmondsworth, Middlesex, England: Penguin Books.

Laufer, Berthold. 1909. *Chinese Pottery of the Han Dynasty*. Leiden, Netherlands.

—————. 1919. *Sino-Iranica; Chinese contributions to the history of civilization in
ancient Iran, with special reference to the history of cultivated plants and products.*
Field Museum of Natural History, Anthropological Series, vol. 15, no. 3. Chicago.

Legge, James, trans. 1872. *The Ch'un Ts'ew(春秋), with the Tso Chuen(左傳). The

Chinese Classics, vol. 5. Oxford: Clarendon Press.

──────. 1885. *The Li Ki(禮記, trans. of the Li-chi). The Sacred Books of the East*, edited by F. Max Müller, vols. 27, 28. Oxford: Clarendon Press.

──────. 1893. *Confucian Analects(論語, trans. of Lun Yü). The Chinese Classics*, vol. 1. Oxford: Clarendon Press.

──────. 1895. *The Works of Mencius(孟子, trans. of Meng Tzu). The Chinese Classics*, 2d ed., vol. 2. London: Henry Frowde.

──────. 1967. *Li Chi(禮記): Book of Rites*. New York: University Books.

Lehrer, Adrienne. 1969. "Semantic cuisine." *Journal of Linguistics* 5, no. 1:39-56.

뢰진(雷瑨, Lei, Chin). 1969 ed. 『청인설회(清人說薈)』. 타이베이. 광문서국.

Leininger, Madeleine. 1970. "Some cross-cultural universal and non-universal functions, beliefs and practices of food." In *Dimensions of Nutrition*, edited by J. Dupont, pp.153-79. Denver: Colorado Associated Universities Press.

Leppik, E. E. 1971. "Assumed gene centers of peanuts and soybeans." *Economic Botany* 25:188-194.

Lévi-Strauss, Claude. 1964-71. *Mythologiques*. 4 vols. Paris: Plon.

──────. 1965. "Le triangle culinaire." *L' Arc(Aix-en-Provence)*, no. 26:19-29.(English translation in *New Society*, December 22, 1966, pp.937-40. London.)

이교평(李喬蘋, Li, Ch'iao-p'ing). 1955. 『중국화학사(中國化學史)』. 2d ed. 타이베이: 상무인서관.

여금(黎金, Li, Chin). 1961. "광주적양한묘장(廣州的兩漢墓葬)." 『文物』 1961, no. 2:47-53.

이진화(李晉華, Li, Chin-hua). 1932. 『명대칙찬서고(明代敕撰書考)』. 베이핑(베이징): 연경대학도서관.

이준(李濬, Li, Chün). 1968 ed. 『척이기(摭異記)』. 당대(唐代)총서 편. 타이베이: 신흥서국.

이한삼(李漢三, Li, Han-san). 1967. 『선진양한지음양오행학설(先秦兩漢之陰陽五行學說)』. 타이베이: 종정문화(鍾鼎文化).

이화남(李化楠, Li, Hua-nan). 1968 ed. 『성원록(醒園錄)』, 『함해(函海)』에 수록, 이조원(李調元) 엮음. 타이베이: 예문인서관(藝文印書館).

Li, Hui-lin. 1959. *The Garden Flowers of China*. New York: Ronald Press.

──────. 1969. "The vegetables of ancient China." *Economic Botany* 23:253-60.

──────. 1970. "The origin of cultivated plants in Southeast Asia." *Economic Botany* 24:3-19.

이박(李朴, Li, P'o) 편. 1963. 『소채분류학(蔬菜分類學)』. 타이베이: 중화서국.

이시진(李時珍, Li, Shih-chen) 엮음. 1930 ed. 『본초강목』. 상하이: 상무인서관.

──────. 1957 ed. 『본초강목』. 1885년판의 재판본. 베이징.

─────────. 1965 ed. 『본초강목』. 홍콩: 상무인서관.

이 책에는 식물과 관련된 다음과 같은 저작도 포함되어 있다. 이 저작들은 제3장에서 Schafer가 많이 인용하고, 선대의 다른 저자들도 참고했으며 대체로 지금 판본에는 포함되어 있지 않다.

견권(甄權, Chen, Ch'üan), 『약성본초』(藥性本草)

진장기(陳藏器, Ch'en, Ts'ang-ch'i), 『본초십유』(本草拾遺)

소병(蕭炳, Hsiao, Ping), 『사성본초』(四聲本草)

이순(李珣, Li, Hsün), 『해약본초』(海藥本草)

맹선(孟詵, Meng, Shen), 『식료본초』(食療本草)

소공(蘇恭, Su, Kung), 『당본초』주(唐本草注)

손사막(孫思邈, Sun, Ssu-mo), 『천금식치』(千金食治)

Li, Shu-fan. 1964. *Hong Kong Surgeon*. New York: Dutton.

이두(李斗, Li, Tou). 1795. 『양주화방록(揚州畫舫錄)』. 18권. Tzu Jan An.

이문신(李文信, Li, Wen-hsin). 1955. "요양발견적삼좌벽화고묘(遼陽發見的三座壁畫古墓)." 『文物參考資料』1955, no. 5:15-42.

이앙송(李仰松, Li, Yang-sung). 1962. "대아국양주기원적탐토(對我國釀酒起源的探討)." 『考古』1962, no. 1:41-44.

이어(李漁〔李笠翁〕, Li, Yü〔Li, Li-weng〕). 1730. "입옹우기(笠翁偶奇)." 『입옹일가언전집(笠翁一家言全集)』에 수록. Chieh-tzu-yüan 편.

─────────. 1936 ed. 『한정우기(閑情偶奇)』. 상하이: 중국문학진본총서.

양장거(梁章鉅, Liang, Chang-chü). 1969a ed. 『귀전쇄기(歸田瑣記)』. 타이베이: 광문서국.

─────────. 1969b ed. 『낭적속담(浪跡續談)』. 타이베이: 광문서국.

Lin, Hsiang Ju, and Lin, Tsuifeng. 1969. *Chinese Gastronomy*. New York: Hastings House.

임내신(林乃燊, Lin, Nai-hsin). 1957. "중국고대적팽조여음식(中國古代的烹調與飲食)." 『北京大學學報(人文科學)』1957, no. 2:59-144.

임어당(林語堂, Lin, Yutang). 1935. *My Country and My People*. New York: John Day.

능몽초(凌濛初, Ling, Meng-ch'u). 1957 ed. 『이각박안경기(二刻拍案驚奇)』. 왕고로(王古魯, Wang Ku-lu) 편. 상하이: 고전문학출판.

─────────. 1967 ed. 『초각박안경기(初刻拍案驚奇)』. T. L. Li 편. Hong Kong. 왕고로 편. 상하이: 고전문학출판.

능순성(凌純聲, Ling, Shun-sheng). 1957. "중국여동아적작주문화(中國與東亞的嚼酒文化)." *Bulletin of the Institute of Ethnology*, Academia Sinica, no. 4:1-30.

─────. 1958. "중국구치치원(中國求治馳援)." *Bulletin of the Institute of History and Philology*, Academia Sinica, no. 29:883−907.

─────. 1961. "비창여예사고(匕鬯與醴柶考)." *Bulletin of the Institute of Ethnology*, Academia Sinica, no. 12:179−216.

유지만(劉枝萬, Liu, Chih−wan). 1974. 『중국민간신앙논집(中國民間信仰論集)』. Institute of Ethnology, Academia Sinica, Monograph Series, no. 22. Taipei.

유희(劉熙, Liu, Hsi) 편. 1939 ed. 『석명(釋名)』. 상하이: 상무인서관.

유향(劉向, Liu, Hsiang). 1967 ed. 『설원(說苑)』. 함미(含味)총서 편. 타이베이: 예문인서관(藝文印書館).

유헌정(劉獻廷, Liu, Hsien−t'ing). 1957 ed. 『광양잡기(廣陽雜記)』. 베이징: 중화서국.

유순(劉恂, Liu, Hsün). 1892 ed. 『영표록이(嶺表錄異)』. 『太平御覽』에 수록. 상하이.

─────. 1913 ed. 『영표록이(嶺表錄異)』. Jung yuan ts'ung shu 편. Kuang−ling mo hsiang wu.

유이징(柳詒徵, Liu, I−cheng), 왕환표(王煥鑣); 편집 및 엮음. 1935. 『수도지(首都志)』. 엽초창(葉楚傖)의 주도로 편찬. 2 vols. 난징: 정중서국(正中書局).

유몽(劉蒙, Liu, Meng). 1934 ed. 『국보(菊譜)』. 古今圖書集成 편. Vol. 96:57. 상하이: 중화서국.

Liu, Pin−hsiung. 1965. "An interpretation on the kinship system of the royal house of the Shang dynasty." *Bulletin of the Institute of Ethnology*, Academia Sinica, no. 19:89−114.

유동(劉侗, Liu, T'ung). 1957 ed. 『제경경물략(帝京景物略)』. 베이징: 고전문학출판.

유문전(劉文典, Liu, Wen−tien) 주해. 1974. 『회남홍렬집해(淮南鴻烈集解)』. 타이베이: 상무인서관.

라복이(羅福頤, Lo, Fu−i). 1956. "내몽고자치구탁극탁현신발견적한묘벽화(內蒙古自治區托克托縣新發見的漢墓壁畵)." 『文物參考資料』 1956, no. 9:41−43.

Lo, Kenneth. 1971. *Peking Cooking*. New York: Pantheon.

─────. 1972. *Chinese Food*. Harmondsworth, Middlesex, England: Penguin Books.

낙양구고고발굴대(洛陽區考古發掘隊). 1959. 『낙양소구한묘(洛陽燒溝漢墓)』. 베이징: 과학출판.

Lu, Gwei−djen, and Needham, Joseph. 1951. "A contribution to the history of Chinese dietetics." *Isis* 42:13−20.

여사면(呂思勉, Lü, Ssu−mien). 1941. 『선진사(先秦史)』. 상하이: 상무인서관.

─────. 1947. 『진한사(秦漢史)』. 홍콩: 태평서국(太平書局).

─────. 1948. 『양진남북조사(兩晉南北朝史)』. 대만: 개명서점(開明書店).

육문욱(陸文郁, Lu, Wen−yü). 1957. 『시초목금석(詩草木今釋)』. 톈진: 인민출판사.

육유(陸游, Lu, Yu). 1922 ed. 『입촉기(入蜀記)』. 사부총간 편. 상하이.

─────────. 1930 ed. 『노학암필기(老學庵筆記)』. 송인소설(宋人小說) 편.

육우(陸羽, Lu, Yü). 1968 ed. 『차경(茶經)』. 당대총서 편. 타이베이: 신흥서국.

마승원(馬承源, Ma, Ch'eng-yüan). 1961. "만담전국청동기상적화상(漫談戰國青銅器上的畫像)." 『文物』 1961, no. 10:26-29.

Macartney, Lord George. 1962. *An Embassy to China, being the Journal kept by Lord Macartney during his embassy to the Emperor Ch'ien-lung(乾隆) 1793-94*. Edited by J. L. Cranmer Byng. London: Longman's Green.

MacGowan, D. J. 1886. "Chinese Guilds or Chambers of Commerce and Trade Unions." *Journal of the North China Branch of the Royal Asiatic Society*, n.s., 21:133-92.

─────────. 1907. *Sidelights on Chinese Life*. London: Kegan Paul.

MacNair, Harley Farnsworth. 1939. *With the White Cross in China*. Peking: Henry Vetch.

맥영호(麥英豪, Mai, Ying-hao). 1958. "광주화교신촌서한묘(廣州華僑新村西漢墓)." 『考古學報』 1958, no. 2:39-75.

Mallory, Walter H. 1926. *China: Land of Famine*. American Geographical Society, Special Publication, no. 6. New York.

Mao, Tse-tung(마오쩌둥). 1927. "Report on an Investigation of the Peasant Movement in Hunan" In Selected Works of Mao Tse-tung, vol. 1, Peking, 1968.

Marugame, Kinsaku(丸龜金作). 1957. "唐代の酒の專賣(당대의 술의 전매)." 『東洋學報』 40, no. 3:66-332.

McCracken, Robert D. 1971. "Lactase deficiency: an example of dietary evolution." *Current Anthropology* 12, nos.4-5:479-517.

Mei, Yi-pao. 1929. *The Ethical and Political Works of Motse(墨子)*. London: Probsthain.

Mendoza, Juan Gonzãlez de. 1853. *The History of the Great and Mighty Kingdom of China*. Edited by George Staunton. London: Hakluyt Society.

Meng, T'ien-p'ei, and Gamble, Sidney. 1926. *Prices, Wages and the Standard of Living in Peking, 1900-24. The Chinese Social and Political Science Review*, Special Supplement, July 1926.

맹원로(孟元老, Meng, Yüan-lao). 1956. 『동경몽화록(東京夢華錄)』. 상하이: 고전문학출판사.

Miller, Gloria Bley. 1966. *The Thousand Recipe Chinese Cookbook*. New York: Atheneum.

Morse, Hosea Ballou. 1932. *The Gilds of China*. New York: Longman's.

Mote, F. W. 1974. "Introductory Note." In *A Catalogue of the Chinese Rare Books in the Gest Collection of the Princeton University Library*, compiled by Ch'ü Wan-li. Taipei.

Moule, A. C., and Pelliot, Paul, trans. 1938. *Marco Polo: The Description of the World*. 2 vols. London: George Routledge and Sons.

Movius, H. L., Jr. 1948. "Lower Palaeolithic cultures of Southern and Eastern Asia." *Transactions of the American Philosophical Society*, n.s., 38:329-420.

Museum of Fine Arts, North Kyushu. 1974. 『중화인민공화국한당벽화전(中華人民共和國漢唐壁畵展)』. Tokyo.

나카가와 다다테루(中川忠英, Nakagawa, Tadateru). 1966. 『청속기문(淸俗紀聞)』. 도쿄: 동양문고(平凡社).

Nakao, Sasuke(中尾佐助) and Wang, Zhong Shu(王仲殊). 1957. "하남성낙양한묘출토적도미(河南省洛陽漢墓出土的稻米)." 『考古學報』 1957, no. 4:79-82.

Nakayama, Shigeru, and Sivin, Nathan, eds. 1973. *Chinese Science: Explorations of an Ancient Tradition*. Cambridge, Mass.: MIT Press.

Naquin, Susan. 1974. "The Eight Trigram Rising of 1813." Ph.D. dissertation, Yale University.

Needham, Joseph. 1970. *Clerks and Craftsmen in China and the West*. Cambridge: University Press.

내몽고 문물공작대, 내몽고박물관. 1974. "화림각이발견일좌중요적동한벽화묘(和林格尔發現一座重要的東漢壁畵墓)." 『文物』 1974, no. 1:8-23.

Neill, Peter. 1973. "Crossing the bridge to Yunnan." *Echo* 13, no. 5:20. Taipei.

Nichols, Francis H. 1902. *Through Hidden Shensi*. New York: Scribner's Sons.

누노메 조후(布目潮渢, Nunome, Chōfū), 1962. "唐代における茶道の成立(당대 다도의 성립)." 『立命館文學』 200:161-187.

Odoric of Pordenone. 1913 ed. *The Travels of Friar Odoric of Pordenone, 1316-30*. Translated by Henry Yule. *Cathay and the Way Thither*. New ed., revised by Henri Cordier, vol. 2, London: Hakluyt Society.

Okazaki Tsutsumi(岡崎 敬). 1955. "中國古代におけるかまどについて：釜甑形式より鍋形式への變遷を中心として." 『東洋史研究』 14, no. 1/2:103-22.

Osgood, Cornelius. 1963. *Village Life in Old China*. New York: Ronald Press.

구양수(歐陽修, Ou-yang, Hsiu). 1967 ed. 『구양문충공집(歐陽文忠公集)』. 국학기본총서편. 타이베이.

북경역사박물관, 하북성 문물관리위원회. 1955. 『망도한묘벽화(望都漢墓壁畵)』. 베이징: 중국고전예술출판사.

Peking United International Famine Relief Committee. 1922. *The North China Famine of 1920-21, with special reference to the West Chihli area*. Peking: The Commercial Press Works.

Pelliot, P. 1920. "*A propos des Comans*."*Journal Asiatique*, 11th ser., 15:125−203.

Perkins, Dwight, assisted by Wang, Yeh−chien, et al. 1969. *Agricultural Development in China, 1368−1968*. Chicago: Aldine Transaction.

Pillsbury, Barbara. 1974. "No Pigs for the Ancestors: the Chinese Muslims." Paper read at the Conference on Chinese Religion, at the University of California, Riverside.

Pillsbury, Barbara, and Wang, Ding−ho. 1972. *West Meets East: Life Among Chinese*. Taipei: Caves Books.

Piper, Charles V., and Morse, William J. 1923. *The Soybean*. New York: McGraw−Hill.

Potter, Jack M. 1968. *Capitalism and the Chinese Peasant*. Berkeley and Los Angeles: Univ. of California Press.

P'u, Sung−ling(蒲松齡). 1969 ed. *Contes extraordinaires du pavillon du loisir(聊齊志異)*. Translated by Yves Hervouet et al. UNESCO, Chinese Series. Paris: Gallimard.

Pulleyblank, E. G. 1963. "The consonantal system of Old Chinese"(part 2). *Asia Major* 9:205−65.

Pyke, Magnus. 1970. *Man and Food*. New York: McGraw−Hill.

Rawski, Evelyn Sakakida. 1972. *Agricultural Change and the Peasant Economy of South China*. Cambridge, Mass.: Harvard Univ. Press.

Renfrew, Jane M. 1973. *Paleoethnobotany : The Prehistoric Food Plants of the Near East and Europe*. New York: Columbia Univ. Press.

Rexroth, Kenneth, and Chung, Ling. 1972. *The Orchid Boat: Women Poets of China*. New York: McGraw−Hill.

Rockhill, W. W. 1900. *The Journey of William of Rubruck to the Eastern Parts of the World, 1235−55*. London: Hakluyt Society.

Roi, Jacques. 1955. *Traité des plantes médicinales chinoises. Encyclopédie biologique*, vol. 47. Paris.

Root, Waverley. 1958. *The Food of France*. New York: Random House.

──────. 1971. *The Food of Italy*. New York: Atheneum.

Schafer, E. H. 1950. "The camel in China down to the Mongol dynasty." *Sinologica* 2:165.

──────. 1954. *The Empire of Min*. Tokyo: C. E. Tuttle for Havard−Yenching Institute.

──────. 1956. "Cultural history of the Elaphure." *Sinologica* 4:250−74.

──────. 1959a. "Falconry in T'ang times." *T'oung Pao* 46:293−338.

──────. 1959b. "Parrots in Medieval China." In *Studia Serica Bernhard Karlgren Dedicate*, edited by S. Egerod, pp.271−82. Copenhagen: E. Munskgaard.

──────. 1962. "Eating turtles in ancient China." *Journal of the American Oriental*

Society 82:73-74.

─────. 1963. *The Golden Peaches of Samarkand; a Study of T'ang Exotics*. Berkeley and Los Angeles: Univ. of California Press.

─────. 1965. "Note on T'ang culture, II; Bacchanals." *Monumenta Serica* 24:130-34.

─────. 1967. *The Vermilion Bird; T'ang Images of the South*. Berkeley and Los Angeles: Univ. of California Press.

─────. 1970. *Shore of Pearls; Hainan Island in Early Times*. Berkeley and Los Angeles: Univ. of California Press.

Schafer, E. H., and Wallacker, Benjamin. 1958. "Local tribute products of the T'ang dynasty." *Journal of Oriental Studies* 4:213-48.

Schery, Robert W. 1972. *Plants for Man*. Englewood Cliffs, N. J.: Prentice-Hall.

상병화(尚秉和, Shang, Ping-ho). 1938. 『역대사회풍속사물고(歷代社會風俗事物考)』. 상하이: 상무인서관.

산동성 문물관리위원회. 1955. "우성한묘청리간보(禹城漢墓清理簡報)." 『문물참고자료』 1955, no. 6:77-89.

심복(沈復, Shen, Fu). 1960 ed. *Chapters from a Floating Life(浮生六記): the Autobiography of a Chinese Artist*. Translated by Shirley M. Black. London: Oxford Univ. Press.

심방(沈榜, Shen, Pang). 1961 ed. 『완서잡기(宛署雜記)』. 베이징: 북경출판사.

심원(沈元, Shen, Yüan). 1962. "급취편연구(急就篇研究)." 『역사연구』 1962, no. 3:61-87.

시바 요시노부(斯波信義, Shiba, Yoshinobu). 1968. 『송대상업사연구(宋代商業史研究)』. Tokyo(Partially translated by Mark Elvin as *Commerce and Society in Sung China*, Michigan Abstracts of Chinese and Japanese Works on Chinese History, no. 2, 1970): 풍간서방(風間書房).

석장여(石璋如, Shih, Chang-ju). 1950. "총변두간대만여대륙(從籩豆看台湾与大陆)." 『대륙잡지(大陸雜志)』 1, no. 4:7-10. 타이베이.

─────. 1953. "하남안양소둔은묘중적동물유해(河南安陽小屯殷墓中的動物遺骸)." *Bulletin of the College of Arts*, National Taiwan University, no. 5:1-14.

─────. 1969. "은대적두(殷代的豆)." *Bulletin of the Institute of History and Philology*, Academia Sinica, no. 39:51-82.

Shih, Chung-wen. 1973. *Injustice to Tou O: A Study and Translation*. New York and London: Cambridge University Press.

─────. 1976. *The Golden Age of Chinese Drama: Yuan Tsa-chü*. Princeton: Princeton Univ. Press.

석흥방(石興邦, Shih, Hsing-pang), et al. 1963. 『서안반파(西安半坡)』. 베이징: 과학출판.

석성한(石聲漢, Shih, Sheng-han) 주해. 1957. 『종제민요술간중국고대적 농업과학지식(從齊民要術看中國古代的農業科學知識)』. 베이징: 생활·독서·신지 삼련서점.

————. 1958. 『제민요술금석(齊民要術今釋)』. 베이징: 과학출판.

————. 1959a. *On "Fan Shêng-chih Shu(範勝之書)": an Agriculturist's Book of China Written by Fan Shêng-chih(範勝之) in the First Century B.C.* 베이징: 과학출판.

————. 1959b. 『제민요술개론(齊民要術概論)』. 베이징: 과학출판.

————. 1962. 『제민요술개론(齊民要術概論)』. 2d ed. 베이징: 과학출판.

시노다 오사무(篠田統, Shinoda, Ōsamu). 1953. "明代の食生活." 『天工開物の研究』에 수록, 藪內淸 편, pp.74-92. 도쿄: 고세이샤 고세이가쿠(恒星社厚生閣).

————. 1959. "古代シナにおける割烹." 『東方學報』 30:253-74. 도쿄: 고세이 고세이가쿠(恒星社厚生閣).

————. 1963a. "中世の酒." In 『中國中世科學技術史の研究』, 藪內淸 편, 도쿄: 가도카와 서점(角川書店).

————. 1963b. "식경고(食經考)." In 『中國中世科學技術史の研究』, 藪內淸 편, 도쿄: 가도카와 서점.

————. 1963c. "당시식물석(唐詩植物釋)" In 『中國中世科學技術史の研究』, 藪內淸 편, 도쿄: 가도카와 서점.

————. 1967. "송원주조사(宋元酒造史)." In 『宋元時代の科學技術史』, 藪內淸편. 교토: 교토대학 인문과학연구소.

————. 1974. 『중국식물사(中國食物史)』. 도쿄: 시바타 서점(柴日書店).

시노다 오사무(篠田統, Shinoda, Ōsamu)와 다나카 세이치(田中靜一, Tanaka, Seiichi). 1972. 『중국식경총서(中國食經叢書)』. 2 vols. 도쿄.

Simon, G. E. 1868. "Note sur les petites sociétés d'argent en Chine." *Journal of the North China Branch of the Royal Asiatic Society*, n.s., 5:1-23.

Singer, Rolf. 1961. *Mushrooms and Truffles*. New York: Wiley-Interscience.

Sis, Vladmir, and Kalvodova, Dana. 1966. *Chinese Food and Fables*. Prague: Artia.

Smith, Allen K., and Circle, Sidney J. 1972. *Soybeans: Chemistry and Technology*. Westport, Conn.: Avi.

Spuler, Bertold. 1972. *History of the Mongols, Based on Eastern and Western Accounts of the Thirteenth and Fourteenth Centuries*. Translated by Helga and Stuart Drummond. Berkeley and Los Angeles: Univ. of California Press.

Steele, John. 1917. *The I-Li(儀禮), or Book of Etiquette and Ceremonial*. London: Probsthain & CO.

Steinhart, John S., and Steinhart, Carol E. 1974. "Energy use in the U.S. food system." *Science* 184, no. 4134:307-16.

Stobart, Tom. 1970. *Herbs, Spices and Flavorings*. London: David and Charles.

Stuart, G. A. 1911. *Chinese Materia Medica; Vegetable Kingdom*. Shanghai: American Presbyterian Mission Press.

Su, Chung(Lucille Davis). 1966. *Court Dishes of China: the Cuisine of the Ch'ing Dynasty*. Rutland and Tokyo: Tuttle.

소식(蘇軾, Su, Shih). 1970 ed. 『동파칠집(東坡七集)』. 송판(宋版)을 재판. 타이베이.

소식(蘇軾, Su, Shih), 심괄(沈括, Shen, Kua)(attributed to). 1939 ed. 『소심양방(蘇沈良方)』. 총서집성 편. 장사: 상무인서관.

소송(蘇頌, Su, Sung). 1930 ed. 『도경본초(圖經本草)』. 『본초강목』에 수록, S. C. Li 엮음, vol. 44:120. 상하이: 상무인서관.

손승택(孫承澤, Sun, Ch'eng-tse). 1881 ed. 『춘명몽여록(春明夢余錄)』.

─────. 1968 ed. 『천부광기(天府廣記)』. 1704 ed. 베이징에서 재편집, 1962. 홍콩에서 재판.

손면(孫愐, Sun, Mien). 1935 ed. "당운(唐韻)." 『용제속필(容齊續筆)』에 수록(洪邁 저). 국학집본총서 편. 상하이: 상무인서관.

손작운(孫作雲, Sun, Tso-yun). 1959. "한대사회사료적보고(漢代社會史料的寶庫)." 『사학월간(史學月刊)』 7:30-32.

송응성(宋應星, Sung, Ying-hsing). 1966 ed. 『천공개물(天工開物)』, Translated and annotated by E-tu Zen Sun and Shiou-chuan Sun. University Park and London: The Pennsylvania State Univ. Press.

Swann, Nancy, trans. and annotator. 1950. *Food and Money in Ancient China: the Earliest Economic History of China to A.D. 25*. Princeton: Princeton Univ. Press.

Takakusu, J. 1896. *A Record of the Buddhist Religion as Practised in India and the Malay Archipelago(A.D. 671-95) by I-Tsing(義淨)*. Oxford: Clarendon Press.

담바 야스요리(丹波康賴, Tamba, Yasuyori). 1935. 『의심방(醫心方)』. 일본고전전집, 아츠오 마사무네(正宗敦夫) 편찬 및 엮음. 도쿄: 일본고전전집간행회.

Tannahill, Reay. 1968. *The Fine Art of Food*. London: Folio Society.

─────. 1973. *Food in History*. New York: Stein and Day.

도곡(陶谷, T'ao, Ku). 1920 ed. 『청이록(淸異錄)』. Liu Heng-mao.

Tao, L. K. 1928. *Livelihood in Peking, an Analysis of the Budgets of Sixty Families*. Peking: Social Research Dept.

도종의(陶宗儀, T'ao, Tsung-i). 1939 ed. 『철경록(輟耕錄)』. 총서집성 편. 상하이.

도세(道世, Tao-shih). 1922 ed. 『법원주림(法苑珠林)』. 사부총간 편. 상하이: 상무인서관.

Teilhard de Chardin, P., and Young, C. C. 1936. *Palaeontologia Sinica, On the mammalian remains from the archaeological site of Anyang*, C ser., vol. 12, no. 1.

등사우(鄧嗣禹, Teng, Ssu-yü), and Fairbank, John K. 1954. *China's Response to the West; a Documentary Survey 1839-1923*. Cambridge, Mass.: Harvard Univ. Press.

Treudley, Mary B. 1971. *The Men and Women of Chung Ho Ch'ang*. Taipei: Orient Cultural Service.

Trubner, Henry. 1957. *The Arts of the T'ang Dynasty*. A loan exhibition organized by the Los Angeles County Museum from collections in America, the Orient, and Europe, January 8-February 17, 1957. Los Angeles: Los Angeles Museum.

채양(蔡襄, Ts'ai Hsiang). 1936 ed. 『차록(茶錄)』. Pai-ch'uan hsueh-hai 편. 상하이: 상무인서관.

──────. 1936b ed. 『여지보(荔枝譜)』 총서집성 편. 상하이: 상무인서관.

조설근(曹雪芹, Ts'ao, Hsüeh-ch'in). 1973 ed. *The Story of the Stone. The Golden Days*, translated by David Hawkes, vol. 1. Harmondsworth, Middlesex, England: Penguin Books.

조여림(曹汝霖, Ts'ao, Ju-lin), 1966. 『일생지경험(一生之經驗)』. 홍콩: 춘추잡지사.

증소귤, 장보경, 려충의(曾昭橘, 蔣寶庚, 黎忠義, Tseng, Chao-yü; Chiang, Pao-keng; and Li, Chung-i). 1956. 『기남고화상석물발굴보고(沂南古畫像石物發掘報告)』. 베이징: 문화부 문물관리국.

최식(崔寔, Ts'ui, Shih). 석성한(石聲漢) 주해. 1965 ed. 『사민월령(四民月令)』. 베이징: 중화서국.

단성식(段成式, Tuan, Ch'eng-shih). 1937 ed. 『유양잡조(酉陽雜組)』. 총서집성 편. 상하이: 상무인서관.

단공로(段公路, Tuan, Kung-lu). 1968 ed. 『북호록(北戶錄)』. 당대총서 편. 타이베이: 신흥서국.

단옥재(段玉裁, Tuan, Yü-ts'ai) 해설. 1955 ed. 『설문해자주(說文解字注)』. 경운루장판(經韻樓藏版). 타이베이: 예문인서관.

Tun, Li-ch'en. 1965. *Annual Customs and Festivals in Peking*. Translated by Derke Bodde. Hong Kong: Hong Kong Univ. Press.

동곡(董谷, Tung, Ku). 1937 ed. "벽리잡존(碧裡雜存)." 『염읍지림(鹽邑志林)』(반유성樊維城 편)에 수록, 28~29장, 1623년판 팩스 자료. 상하이.

동북박물관. 1955. "요양삼도호양좌벽화묘적청리간보(遼陽三道壕兩座壁畵墓的清理簡報)." 『文物參考資料』1955, no. 12:49-58.

Uphof, J. C. T. 1968. *Dictionary of Economic Plants*. Würzburg: Cramer.

Vavilov, N. I. 1949/50. *The origin, variation, immunity and breeding of cultivated plants. Chronica Botanica* 13, no. 1/6.

Verdier, Yvonne. 1969. "Pour une ethnologie culinaire." *L'Homme* 9, no. 1:49-57.

Vogel, Ezra. 1969. *Canton under Communism*. Cambridge, Mass.: Harvard Univ. Press.

와다 세이(和田清, Wada, Sei). 1957. 『명사식화지역주(明史食貨志譯注)』 2 vols. 도쿄: 동양문고.

Waley, Arthur. 1956. *Yuan Mei, Eighteenth Century Chinese Poet*. London: Allen and Unwin.

──────. 1960. *The Book of Songs*(trans. of 『시경(詩經)』, the Book of Poetry). New York: Grove, Evergreen Books.

왕정(王禎, Wang, Chen). 1956 ed. 『농서(農書)』. 베이징: 중화서국.

왕진탁(王振鐸, Wang, Chen-to). 1963. "재론한대주준(再論漢代酒樽)," 『文物』 1963, no. 11:13–15.

──────. 1964. "논한대음식기중적치화괴(論漢代飲食器中的卮和魁)." 『文物』 1964, no. 4:1–12.

왕충(王充, Wang, Ch'ung). 1937 ed. 『논형(論衡)』. 국학집본총서 편. 상하이: 상무인서관.

──────. 1974 ed. 『논형(論衡)』. 상하이: 인민출판사.

왕중수(王仲殊, Wang, Chung-shu). 1956. "한대물질문화약설(漢代物質文化略說)." 『考古通訊』 1956, no. 1:57–76.

왕인유(王仁裕, Wang, Jen-yü). 1968 ed. 『개원천보유사(開元天寶遺事)』. 당대총서 편. 타이베이: 신흥서국.

왕국유(王國維, Wang, Kuo-wei) 해설. 1929 ed. 『교송강본 급취편 서(校松江本急就篇序)』. 왕충각공예술(王忠慤工藝術) 편.

왕념손(王念孫, Wang, Nien-sun) 해설. 1939 ed. 『광야소증(廣雅疏証)』. 총서집성 편. 상하이: 상무인서관.

왕패정(王佩諍, Wang, P'ei-cheng) 편. 1958. 『염철론찰기(鹽鐵論札記)』. 베이징: 상무인서관.

왕부(王溥, Wang, P'u). 1935 ed. 『당회요(唐會要)』. 국학집본총서 편. 상하이: 상무인서관.

왕작(王灼, Wang, Shao). 1936 ed. 『당상보(糖霜譜)』. 총서집성 편. 상하이.

왕도(王韜, Wang, T'ao). 1969 ed. 『옹유여담(瓮牖餘談)』. 타이베이: 광문서국.

왕정보(王定保, Wang, Ting-pao). 1968 ed. 『당척언(唐摭言)』, 당대총서 편. 타이베이: 신흥서국.

Wang, Yeh-chien. 1973. *Land Taxation in Imperial China, 1750–1911*. Cambridge, Mass.: Harvard Univ. Press.

왕우칭(王禹偁, Wang, Yü-ch'eng). 1922 ed. 『소축집(小畜集)』. 사부총간 편, 상하이: 상무인서관.

Watson, Burton, trans. 1961. *Records of the Grand Historian of China*(trans. of 『사기史記』). New York: Columbia Univ. Press.

Watt, Bernice and Merrill, Annabel. 1963. *Composition of Foods*. Rev.ed. U.S.

Government, Agriculture Handbook no. 8. Washington, D.C.

Weber, Charles D. 1968. *Chinese Pictorial Bronze Vessels of the Late Chou Period*. Ascona, Switzerland: Artibus Asiae Publisher.

위거원(韋巨源, Wei, Chü-yüan). 1920 ed. "식보(食譜)." 『청이록(淸異錄)』에 수록. Liu, Heng-mao.

위백양(魏伯陽, Wei, Po-yang). 1937 ed. 『삼동계정문(參同契正文)』. 총서집성 편. 장사: 상무인서관.

문물편집부. 1972. "좌담장사마왕퇴1호한묘(座談長沙馬王堆一號漢墓)." 『文物』 1972, no. 9:52-73.

West, Stephen H. 1972. "Studies in Chin Dynasty(1115-1234) Literature." Ph.D. dissertation, Univ. of Michigan.

Wheatley, Paul. 1965. "A note on the extension of milking practices into Southeast Asia during the first millennium A.D." *Anthropos* 60:577-90.

Whyte, Robert O. 1972. "The gramineae, wild and cultivated, of monsoonal and equatorial Asia(Section) I. Southeast Asia." *Asian Perspectives* 15, no. 2:127-51.

Wilbur, C. Martin. 1943. *Slavery in China during the Former Han Dynasty 206 B.C.-A.D. 25)*. Reissued 1967. New York: Russell and Russell.

Wilkinson, Endymion. 1973. "Chinese merchant manuals and route books." Ch'ing-shih-wen-t'i(淸史問題) 2, no. 9:8-34.

Williams, S. Wells. 1883. *The Middle Kingdom; a Survey of the Geography, Government, Literature, Social Life, Arts and History of the Chinese Empire and its Inhabitants*. rev. ed. 2 vols. New York: Scribner' Sons.

Wolff, Peter H. 1972. "Ethnic differences in alcohol sensitivity." *Science* 175, no. 4020:449-50.

오기준(吳其濬, Wu, Ch'i-chün). 1936 ed. 『식물명실도고장편(植物名實圖考長編)』. 상하이: 상무인서관.

오경재(吳敬梓, Wu, Ching-tzu). 1957. *The Scholars*(『유림외사』). Translated by Yang Hsien-yi and Gladys Young. Peking: Foreign Language Press.

오함(吳晗, Wu, Han). 1935. "만명사환계급적 생활(晩明仕宦階級的生活)." 『大公報』 (톈진), History and Geography Weekly Supplement, April 19. 1935.

————. 1957. "금병매적저작시대급기사회배경(金瓶梅的著作時代及其社會背景)." 『圖書雜誌』에 수록. 베이징: 생활·독서·신지 삼련서점.

————. 1960. 『등하집(燈下集)』. 베이징: 생활·독서·신지 삼련서점.

Wu, Hsien. 1928. "Checklist of Chinese foods," *Chinese Journal of Physiology* 1:153-86.

오헌문(伍獻文, Wu, Hsien-wen). 1949. 『기은허출토지어골(記殷墟出土之魚骨)』. *Chinese*

Journal of Archaeology. 4:139-53.

오자목(吳自牧, Wu, Tzu-mu). 1957 ed. 『몽량록(夢梁錄)』. 상하이: 고전문학출판사.

야부치 기요시(藪內淸, Yabuuchi, Kiyoshi) 편. 1955. 『天工開物の研究』. 도쿄: 고세이샤 고세이가쿠(恒星社厚生閣).

―――――――. 1967. 『宋元時代の科學技術史』. 교토: 교토대학 인문과학연구소.

야부치 기요시(藪內淸, Yabuuchi, Kiyoshi)와 요시다 미츠쿠니(吉田光, Yoshida, Mitsukuni 邦) 편. 1970. 『明淸時代の科學技術史』. 교토: 교토대학 인문과학연구소.

야나이 와타루(箭內亘, Yanai, Wataru). 1925. "蒙古の詐馬宴と只孫宴." 『東洋史論叢白鳥博士還曆記念』에 수록: 도쿄: 이와나미 서점(岩波書店). 야나이의 『蒙古史硏究』을 재판. 1930. 도쿄: 도코서원(刀江書院).

Yang, C. K. 1965. *Chinese Communist Society: the Family and the Village*. Cambridge, Mass.: MIT Press.

Yang, Chien-fang(楊建芳). 1963. "안휘조어대출토소맥연대적상각(安徽釣魚台出土小麦年代的商榷)." 『考古』 1963, no. 11:630-31.

양방(楊方, Yang, Fang). 1935 ed. 『오월춘추(吳越春秋)』. 사고전서(四庫全書) 편. 상하이.

Yang, Hsien-yi, and Yang, Gladys, trans. 1974. *Records of the Historian*〔trans. of 『史記』〕. Hong Kong: 상무인서관.

Yang, Lien-sheng. 1961. *Studies in Chinese Institutional History*. Harvard-Yenching Institute Studies, no. 20. Cambridge, Mass.: Harvard Univ. Press.

Yang, Martin C. 1945. *A Chinese Village*. New York: Columbia Univ. Press.

Yang, Simon, and Tao, L. K. 1931. *A Study of the Standard of Living of Working Families in Shanghai*. Peiping: Institute of Social Research.

엄가균(嚴可均, Yen, K'o-chün) 편집. 1958 ed. 『전상고삼대진한삼국육조문(全上古三代秦漢三國六朝文)』. 베이징: 중화서국.

엽소옹(葉紹翁, Yeh, Shao-weng). 1774. 『사조문견록(四朝聞見錄)』. Chih Pu Tsu Chai Ts'ung Shu ed.

엽자기(葉子奇, Yeh, Tzu-ch'i). 1959. 『초목자(草木子)』. 베이징: 중화서국.

엽화(葉華, Yeh, Hua) 편. 1967. 『중국명채대전(中國名菜大全)』. 타이베이: 굉업서국(宏業書局).

요사린(姚士麟, Yao, Shih-lin. 1937 ed. "견지편(見只編)." 『염읍지림(鹽邑志林)』에 수록. 53~55장. 1623년판 팩스 자료. 상하이.

윤중용(尹仲容, Yin, Chung-jung) 편집 및 주해. 1958. 『여씨춘추교석(呂氏春秋校釋)』. 타이베이: 중화총서위원회.

응소(應劭, Ying, Shao). 1937 ed. 『풍속통의(風俗通義)』. 한위총서 편. 상하이: 상무인서관.

―――――――. 1962 ed. "한관의(漢官儀)" 『한관대종(漢官大種)』에 수록, Sun Hsing-yen 엮

음. 타이베이: 중화서국.

Young, C. C., and Teilhard de Chardin, P. 1949. "Supplementary materials on the mammalian remains from the archaeological site at An-yang." 『中國考古學報』, no. 4:145-52.

우경양(于景讓, Yü, Ching-jang). 1956. "서직조량여고량(黍稷粟粱与高粱)." 『大陸雜誌』 13:67-76, 115-20.

우성오(于省吾, Yü, Hsing-wu). 1957. "상대적곡류작물(商代的穀類作物)." 『東北大學人文學報』, no. 1:81-107.

Yü, Huai, 1966 ed. *A Feast of Mist and Flowers: the Gay Quarters of Nanking at the End of Ming*. Translated by Howard Levy. Mimeographed edition. Yokohama.

Yü, Ying-shih. 1967. *Trade and Expansion in Han China*. Berkeley and Los Angeles: Univ. of California Press.

원국번(袁國藩, Yüan, Kuo-fan). 1967. "13세기몽고인음주지습속의례급기유관문제(十三世紀蒙古人飮酒之習俗儀禮及其有關問題)." 『大陸雜誌』 34, no. 5:14-15.

원매(袁枚, Yüan, Mei). 1824 ed. 『수원식단(隨園食單)』. 소창산방(小倉山房) 편.

────────. 1933 ed. 『소창산방문집(小倉山房文集)』. 상하이: 중화서국.

Yuan, Tsing. 1970. *Aspects of the Economic History of the Kiangnan Region During the Late Ming Period, ca. 1520-1620*. Ann Arbor, Microfilm.: University Microfilms Library Service.

Yudkin, John. 1972. *Sweet and Dangerous*. New York: Wyden.

사항 찾아보기

인명 찾아보기

지은이 K. C. CHANG (張光直, 1931~2001)

- 타이완대학에서 인류학 및 고고학 전공. 미국 하버드대에서 1960년 중국 선사 주거에 관한 연구로 박사학위 받음.
- 예일대에서 교수 생활을 시작, 1977년부터 하버드대 인류학과 교수로 후학 양성.
- 미국 국립과학아카데미, 타이완 아카데미 시니카 회원으로 활동하면서 근대 서구의 고고학 방법론을 중국 고대사 연구에 도입했으며, 중국 고고학의 새로운 성과를 서구 학계에 알리는 역할을 함. 저서와 논문으로는 The Archaeology of Ancient China (1986, 4판), Early Chinese Civilization: Anthropological Perspectives (1976), The Cambridge History of Ancient China: From the Origins of Civilization to 221 BC (1999) 등이 있다.

옮긴이 이시재

- 가톨릭대학교 명예교수. 서울대학교, 도쿄대학에서 사회학 수학(사회학박사).
- 환경운동연합공동대표, 환경사회학회장, 성공회대학교 초빙교수 역임. 대학에서는 이론사회학, 환경사회학, 음식사회학, 사회사 등 강의. 문화재위원 역임.
- 현재 대통령직속 농어촌·농어촌특별위원회 위원. 에코생활협동조합 이사장, 두레생활협동조합 부회장 등 생활협동조합활동을 통해서 음식과 생활세계와 관련된 운동과 연구를 진행하고 있다. 저서로서는 『일본의 도시사회』(공저), 『환경사회학 이론과 환경문제』(공저) 등이 있다.

중국음식문화사

1판 1쇄 펴낸날 2020년 1월 30일

지은이 | K. C. CHANG 외 9인
옮긴이 | 이시재
펴낸이 | 김시연

펴낸곳 | (주)일조각
등록 | 1953년 9월 3일 제300-1953-1호(구 : 제1-298호)
주소 | 03176 서울시 종로구 경희궁길 39
전화 | 02-734-3545 / 02-733-8811(편집부)
　　　02-733-5430 / 02-733-5431(영업부)
팩스 | 02-735-9994(편집부) / 02-738-5857(영업부)
이메일 | ilchokak@hanmail.net
홈페이지 | www.ilchokak.co.kr

ISBN 978-89-337-0768-5 93910
값 45,000원

* 옮긴이와 협의하여 인지를 생략합니다.
* 이 도서의 국립중앙도서관 출판예정도서목록(CIP)은 서지정보유통지원시스템 홈페이지(http://seoji.nl.go.kr)와 국가자료종합목록 구축시스템(http://kolis-net.nl.go.kr)에서 이용하실 수 있습니다.
  (CIP제어번호 : CIP2020000611)